부동산시장, 정책, 투자심리를 설명하는

부동산경제론

Theory of Real Estate Economy

김지현 정성훈 공저

이프레스

머리말

"부동산경제론"이라는 과목을 학생들에게 가르친 지 10년 이상이 되었다. 그동안 이 과목을 강의하면서 가장 흔하게 들었던 질문은 "부동산경제학이란 무엇이며 왜 필요한가?"였다. 이에 대해 나는 경제이론을 이용하여 부동산시장과 정책을 설명하는 학문이라 대답하여 왔다. 하지만 이 질문에 대한 명쾌한 답을 찾기 위한 노력은 앞으로도 계속될 것이다.

세월의 흐름과 함께 부동산시장과 정책도 수없이 많은 변화를 겪어왔다. 2000년대 초반 부동산시장이 활황이었던 시기에는 부동산불패신화가 사회적으로 만연하면서 부동산으로 야기되는 소득불균형문제와 이를 시정하기 위한 정부의 적극적 개입과 이에 따른 부작용이 사회적 갈등의 원인을 제공하였다. 2007년 미국 발 서브프라임 모기지(sub-prime mortgage) 사태는 부동산시장과 자본시장의 비도덕적 결합이 국가 및 세계경제에 치명타를 줄 수도 있음을 보여 주었다. 최근 우리나라는 노령화와 계속되는 경기침체로 부동산시장의 활기가 사라지면서 내 집 마련을 위해 고전 분투하였던 수많은 가장(家長)들이 부채로 고통받고, 더 나아가 나라경제에 위협적 존재로 커져나갈까 전전긍긍하고 있다. 따라서 부동산과 관련된 수많은 변화와 문제들을 경제학적 시각에서 체계적으로 정리하고 분석하고자 본서를 집필하게 되었다. 완전경쟁시상과는 거리가 먼 부동산시장의 특성을 인정한다고 하여도 시장의 원리가 작동하는 것을 무시할 수 없기 때문이다. 그런데 정통경제학에서는 설명하지 못한 시장현상들, 예를 들어 왜 경기변동이 발생하는지? 사람들은 그들의 효용에 영향을 주지 않는 부동산투자를 왜 거침없이 하는지? 등에 대한 답을 구할 수 없었다. 이에 사람들의 일관적이지 못하고 불안정한 심리를 고려하는 행동경제학(behavior economics)과 투자심리를 분석하는 행동재무론(behavior finance)의 이론을 추가하여 기존 경제학에서 설명하지 못하거나 부족한 부동산 시장현상을 보다 풍요롭게 해석하고자 시도하였다.

본 책의 내용구성 체계는 다음과 같다. 제1부는 서론으로써 부동산경제학이라는 학문을 정의하고 추구하는 목표 및 특성, 그리고 세 가지 접근방식을 소개하고 있다. 부동산경제학의 첫 번째 접근방식은 미시적인 접근법으로 도시공간구조와 가격결정 체제를 설명하고, 두 번째는 거시적인 접근법으로 시장성장과 역동성을 설명한다. 세 번째는 시장에서 나타나는 비합리적 의사결정을 설명하는 행동경제학과 행동재무론 접근방식이다.

제2부는 부동산과 부동산시장에 대한 전반적인 이해를 도모한다. 완전경쟁시장과 구별되는 부동산이라는 상품과 부동산시장의 특성을 파악한다. 물론 이때 시장의 기본적 작동원리는 반드시 숙지되어야 할 내용이나, 이미 경제학적 지식이 있다면 통과해도 좋다. 또한 부동산시장을 공간시장과 자산시장으로 구분하여 각 시장의 작동원리를 설명하고, 두 시장의 장 · 단기관계를 분석한다.

제3부는 도시공간구조와 부동산시장의 관계를 이해한다. 우선 지가(地價)와 지대(地代)

의 결정 및 거품(bubble)현상을 설명하는 다양한 경제이론들을 소개한다. 그리고 도시토지이용 및 가격결정과 지가결정에 대한 기본 법칙을 습득하고 단일도심도시모형을 이용하여 도시구조를 이해한다. 마지막으로 어떤 도시는 성장하고 어떤 도시는 그렇지 못하는가를 설명함으로써 도시의 역동적 변화와 이것이 부동산시장에 미치는 영향력을 이해한다.

제4부는 부동산시장을 주거용과 비주거용으로 구분하여 설명한다. 먼저 주거용 부동산시장의 특성을 장단기로 구분하여 살펴보고, 주거지개발의 최적밀도 및 주택가격의 변화요인, 주택점유형태, 주택순환과정을 이해한다. 비주거용 부동산시장 분석에는 대도시지역의 상업용 건물과 공업용 건물의 입지결정 및 근로자의 주거지와 어떤 관계를 갖고 있는지를 분석한다. 또한 현대도시에서 주목을 받고 있는 오피스시장은 입지결정요인을 설명하고 서울시 오피스시장의 특성을 소개한다.

제5부는 부동산시장의 거시경제적인 면에 초점을 맞추어 국민경제와 부동산과의 관계를 조명하고 부동산시장의 경기변동 현상과 원인을 설명하는 다양한 이론들을 소개한다. 또한 지역경제의 변화가 어떻게 지역부동산시장에 영향을 미치는가를 분석한다. 마지막으로 다양한 부동산금융 및 부동산간접투자시장에 대하여 알아보고 부동산시장과 자본시장이 통합되면서 중요성이 점차로 부각되는 금융 · 자본시장의 활용방안을 모색한다.

제6부는 부동산시장에 개입하는 정부의 명분과 방법 및 효과와 그 한계를 살펴보고 대표적 부동산정책수단인 조세, 토지이용규제, 분양가규제가 부동산시장에 미치는 효과를 분석한다.

마지막으로 제7부는 부동산시장에서 자주 목격되는 투자자들의 비합리적 의사결정 및 비효율적 부동산 시장가치에 대한 분석을 시도한다. 즉, 부동산시장에서 사람들의 심리가 어떻게 작용하는지를 행동재무론을 이용하여 분석하고 부동산시장에서 목격되는 투자자들의 편향적 사고를 유형별로 구분하여 그 특성을 소개한다.

빠르게 변화하는 사회와 경제구조와 더불어 급변하는 부동산시장을 어떻게 경제학적 논리로 명쾌하게 설명하고 예측할 수 있을 것인가는 아직까지도 제대로 해결하지 못한 과제이다. 본서를 출간하면서 아쉬움이 많지만, 책도 자식처럼 한 번 세상에 나온 이상 그대로 방치하지 말고 계속 바로잡아가야 한다는 마음의 과제를 다독거려 본다.

책을 집필함에 있어 이제까지 내가 수많은 사람들에게 빚을 지고 있었음을 새삼 깨닫게 되었다. 끝없는 사랑과 격려로 나의 정신적 버팀목이 되어 주셨던 부모님과 학자의 길이란 어떠해야 하는가를 몸소 행동으로 보여주셨던 이정전 스승님, 그리고 부동산시장의 이상(異狀)적 현상에 대해서 치열하게 논의하고 행동재무론을 소개하였던 정성훈 교수님은 집필에 직접 참여하여 본서의 완성도를 높여주셨다. 마지막으로 도서출판 이프레스의 최용구 사장님은 부동산경제론이 출간될 수 있도록 2년 동안 기다려 주셨고, 편집부 직원들은 손이 많이 가는 여러 작업과 편집에 애를 많이 써주셨다. 이 모든 분들께 진심으로 감사의 마음을 전한다.

2016년 2월

김지현 씀

차례

PART 03 도시공간구조와 부동산시장

PART 07 부동산투자와 심리

CHAPTER 16 부동산시장과 행동재무론

C O N T E N T S

Theory of Real Estate Economy

PART 01

서 론

CHAPTER 01

부동산경제학이란?

1. 부동산경제학의 정의

2. 부동산경제학의 특성과 목표

CHAPTER 01 부동산경제학이란?

1. 부동산경제학의 정의

최근 들어 부동산시장을 둘러싼 사회 · 경제적 환경이 급변하고 이에 따라 사람들의 의사결정 및 행동도 이전에는 예상하지 못하였던 유형들이 속속 목격된다. 부동산활동의 능률화 원리 및 그 응용기술을 개척하는 종합응용과학으로서의 부동산학을 지향할 때 이러한 부동산시장의 변화를 이해하고 더 나아가 부동산을 대상으로 한 의사결정과 행동에 대한 지식을 높이며 법칙을 찾아내는 것은 필요한 작업이 될 것이다.

이때 경제학이라는 학문은 대단히 유용한 이론적 바탕과 방법론을 제시할 수 있다. 합리적인 존재로서의 인간을 가정하는 경제학은 자기이윤의 극대화(maximizing self-interest)를 목표로 논리적이고 합리적인 의사결정 및 행동을 하는 경제주체들의 현재 및 예상행위들을 논리정연하게 설명하기 때문이다.

그렇다면 부동산경제학이란 학문을 어떻게 정의할 것인가라는 질문에 대하여 경제학이론을 이용하여 다양한 경제주체들이 부동산시장(real estate market)에 미치는 영향을 연구하는 학문으로 대답하는 것이 무난한 듯싶다. 본서에서는 부동산경제학을 부동산관련 의사결정 및 행동 그리고 부동산가치(real estate value)에 영향을 주는 경제적 원칙들에 초점을 맞추어 부동산시장(real estate market)을 설명하는 학문으로 규정하도록 하겠다. 이때 경제원칙(economic principles)이란 자원의 희소성에서 필연적으로 발생하는 경제행위, 즉 합리적인 선택을 함에 있어서 각 경제 주체들은 주어진 자원으로 최대의 효과를 얻으려는 '최대효과의 원칙'과 목표로 하는 효과를 얻고자 할 때 소요되는 비용을 최소화하려는 '최소비용의 원칙'을 지키고자 최선의 노력을 기울인다는 것을 말한다. 또한 이 두 가지 원칙이 지켜질 때 희소한 자원은 가장 효율적으로 사용되게 되므로 흔히 경제원칙은 자원의 효율적 배분(resource allocation)이라고도 한다.

주지하듯이 경제학(economics)이라는 학문은 사회가 희소한 자원을 어떻게 관리하는가를 연구하는 학문이다. 따라서 공간적 측면을 분석할 여지가 없다. 예를 들어 각 가정이 예산 제약하에서 효용을 극대화하도록 주택과 여타 재화의 소비량을 결정하는 과정을 설명하는 소비자이론은 이들이 어디에(where) 주택을 매입할 것인가를 결정하는지에 대한 문제에 대하여는 다루지 않는다. 기업의 생산이론도 마찬가지이다. 기업이 주어진 기술 여건과 생산요소의 가격만을 감안하여 어떤 생산요소들을 어떻게 결합하여 얼마만큼의 재화를 생산하는 것이 이윤을 극대화하는 것인지 만을 설명하지 공장을 어디에 세우고 판매시설을 어디에 설치할 것인가는 고려하지 않는다.

다시 말해서 경제학에서는 모든 경제활동이 마치 한 지점에서 이루어지는 것처럼 가정하기 때문에 사회가 특정 지역 부동산시장에 어떻게 영향을 주는지에 대하여는 관심이 없다.

이런 측면에서 부동산경제학은 넓은 의미의 공간경제학(spatial economics)의 한 부분이라 생각해도 무방하다. 왜냐하면 공간경제학의 핵심은 경제학에서 간과하는 공간에 관한 선택을 명시적으로 다루기 때문이다. 공간경제학의 분석틀은 무엇이 어디에 왜 위치하며, 그 결과 어떤 현상이 발생하는지(what is where, why and so what?)를 요긴하게 설명할 수 있기 때문이다.[1)]

그렇다면 공간경제학과 구분하여 부동산경제학이 대두한 이유는 무엇인가? 그

1) 김경환 · 서승환 (2002). 도시경제론(제3판), p.7. 홍문사.

이유는 두 가지로 생각해 볼 수 있다.

먼저, 부동산시장은 생산물시장 및 노동시장과 상호밀접하게 연계되어 국가 전체의 경제 또는 지역경제의 성장과 쇠퇴에 영향을 주고받게 된다는 점을 고려해야 된다. 이에 생산물시장이나 노동시장에서의 변화가 부동산시장에 어떠한 변화를 초래하고 이와 같은 변화가 다시 생산물시장과 노동시장에 어떤 영향을 미치는가를 분석해야만 할 것이다. 특히 부동산은 다른 생산요소에 비하여 지역에 따른 차이가 현격하게 나타나므로 입지에 따라 생산활동에 커다란 차이를 유발할 수 있다.

두 번째, 최근 들어 우리나라 부동산시장의 변화 중에 가장 주목받는 특성 중의 하나로써 부동산시장이 자본시장과 통합되어 가면서 부동산 금융 및 투자 등 보다 전문적인 분야에 대한 지식이 필요하게 되었다. 다시 말해서 기존의 공간경제학 또는 공간경제학의 한 분파로서 도시구조 및 기능, 그리고 이에 따른 지가결정의 메커니즘에 초점을 맞춘 도시경제학을 가지고는 부동산시장과 자본시장의 통합과 관련된 여러 가지 현상을 설명하는 데 근본적인 한계가 있다는 것이다.

따라서 이와 같은 시대적 변화의 흐름 속에서 국가경제의 중추로서 자리매김하고 있는 부동산시장의 작동원리를 체계적으로 설명함에 있어 부동산경제학의 필요성이 부각되고 있다.

2. 부동산경제학의 특성과 목표

이상의 논의를 통해 부동산경제학은 단순히 순수 경제이론을 공부하는 것도 아니고, 부동산 실무과정을 습득하는 것은 더더욱 아니라는 것이 명백해졌다. 부동산 실무과정은 부동산 거래를 성립시키는 데 필요한 구체적인 기법(techniques)들을 다루는 데 초점을 맞출 뿐, 부동산투자로 예상하는 수익률의 결정에 미치는 경제적 영향에 대한 논의는 거의 하지 않는다.

이런 점에서 우리는 부동산경제학이 부동산과 관련된 의사결정 및 활동의 변화를 설명하기 위하여 일반 경제이론과 부동산실무에서 법칙(principles)을 이끌어내어 이를 결합시키는 고리역할을 하는 학문적 특성이 있다는 점을 발견할 수 있다.[2)]

부동산경제학의 이러한 학문적 특성은 사람들이 부동산 관련 의사결정 및 활동의 변화를 가져오는 여러 가지 요인들과 이러한 요인들의 변화가 어떻게 국가 및 특정 지역의 부동산시장에 영향을 미치는가를 이해하는 데 도움을 줄 것이다.

즉 투자자들과 대행기관이 특정 지역의 자산의 유형과 가치에 영향을 미치는 부동산 관련 의사결정을 할 때 부동산경제학은 오늘의 부동산과 관련한 행위가 미래의 부동산가치에 어떠한 영향을 가져올 것인가를 이해하고 예측하는 데 도움을 줄 수 있다는 것이다.

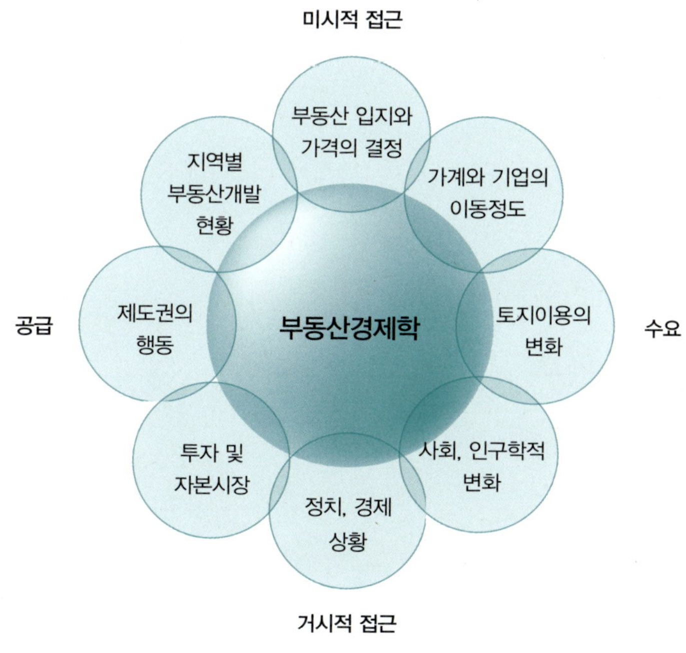

그림 1-1 부동산경제학의 연구대상

2) McKenzie, Dennis J. & Betts, Richard M.(1992). *Essentials of Real Estate Economics*, p.2. NJ: Prentice -Hall, Inc.

이에 부동산경제학을 연구하는 가장 근본적 목표는 경제학 이론과 방법론을 활용하여 부동산 관련 활동 및 변화를 유발하는 요인들을 이해하고, 이러한 변화들이 어떻게 특정 지역 및 국가 전반의 부동산가치에 영향을 주는지를 파악할 뿐만 아니라, 향후 부동산시장의 지역적 · 국가적 전망까지도 가능하도록 도움을 주는 데 있다고 하겠다.

여기서 우리는 부동산경제학이 다루어야 할 연구대상은 매우 다양할 수밖에 없음을 감지할 수 있다. 부동산이라는 공간의 기초 수요자로서의 가계와 기업의 특성을 파악하고 더 나아가서 사회 · 인구학적 변화를 분석 · 예측하여야 하며, 이와 더불어 토지이용의 변화, 제도권의 행동 및 각 지역별 부동산개발현황, 그리고 점차적으로 중요성이 더해지는 자본시장과의 관계도 살펴보아야 한다.

이상의 부동산경제학에서 다루어야 할 연구 분야를 정리하면 [그림 1-1]과 같다.

CHAPTER 02 부동산경제학의 3가지 접근방법

1. 부동산미시경제학: 도시공간구조와 가격결정

2. 부동산거시경제학: 시장성장과 역동성

3. 행동경제론과 행동재무론: 비합리적 시장상황과 의사결정

CHAPTER 02 부동산경제학의 3가지 접근방법

잠깐만

미시경제학(microeconomics)과 거시경제학(macroeconomics)

경제학은 전통적으로 크게 두 분야로 구분된다는 것을 잘 알고 있을 것이다. 하나는 가계나 기업들이 어떻게 의사결정을 내리며, 이들이 각각의 시장에서 어떻게 상호작용하는가를 연구하는 미시경제학(microeconomics)이고, 두 번째는 인플레이션, 실업, 경제성장 등과 같이 국가경제 전체에 관한 경제현상을 연구하는 거시경제학(macroeconomics)이다. 미시경제학과 거시경제학은 이렇게 서로 다른 연구과제를 가지고 있기 때문에 구별되기도 하지만, 다른 한편으로는 매우 밀접하게 연결되어 있기도 하다. 왜냐하면 국가경제 전체의 변화라는 것이 수많은 개인과 기업의 개별적인 의사결정에 의해 이루어지기 때문에 이와 관련된 미시경제현상을 고려하지 않고는 거시경제현상을 이해하기가 곤란하기 때문이다.

- 맨큐의 핵심 경제학(2001) 중에서-

디파스퀠리와 위튼(DiPasquale & Wheaton, 1996)은 부동산시장에 영향을 주는 요인들을 크게 미시적 영향력과 거시적 영향력으로 구분하였다.[1] 그들에 의하면 미시적 영향력(micro forces)은 특정 지역의 부동산 가치나 토지이용에 영향을 주는 입지(location)와 관련된 요인을 말하고 이에 비하여 부동산에 영향을 주는 거시적 영향력(macro forces)은 부동산 자산의 가치, 수익성과 이용, 시장의 조절에 영향을 주

1) DiPasquale, D. & Wheaton, W. C. (1996). *Urban Economics and Real Estate Markets*. Englewood Cliffs, NJ: Prentice Hall.

는 광범위한 경제적 요인들을 일컫는다.

부동산시장을 분석함에 있어 미시적 영향과 거시적 영향을 나누어 부동산경제학이라는 틀 속에서 보면 미시적 분석(real estate microeconomics)방법과 거시적 분석(real estate macroeconomics)방법으로 구분할 수 있을 것이다.

미시적 접근방식은 개인 또는 기업이 특정 지역의 토지 및 주택과 같은 여러 가지 형태의 부동산을 개발 · 이용하고 이에 따라 부동산가격이 어떻게 결정되는가를 분석하는 것이고, 이에 반해 거시적 접근방식은 전반적인 부동산시장의 변화를 분석하는 것이다. 이렇게 볼 때 부동산경제학에서 연구하고자 하는 대상의 부동산이 어떤 특정 장소에 입지(location)하였는지, 아니면 한 나라 또는 지역 부동산시장을 일컫는지가 바로 부동산시장에 대한 미시적 접근과 거시적 접근을 구분하는 잣대가 되는 것이다.

마지막으로 2007년 세계금융위기 이후 소비자들의 심리요인(consumer sentiment)이 부동산시장에 미치는 영향에 대한 관심이 높아지면서 기존 경제학으로 도저히 설명하지 못하거나, 설명이 부족한 현상을 보다 풍요롭게 해석하고자 하는 대안으로 등장한 행동경제학(behavior economics)적 접근을 활용하여 부동산시장의 비합리적 현상에 대하여 설명하고자 한다. 행동경제학은 20세기 대표적인 신고전경제학(neoclassical economics)에서 가정하는 합리적인 인간에 대한 비판세력으로 등장한 이론이다. 즉 언급한 경제학적 접근방식들이 모두 합리적인 인간을 가정한 기대효용이론 또는 합리적 선택이론을 기초로 한다고 한다면 행동경제학은 사람들의 비일관성이나 불안정성 또는 집단심리와 비이성적 행동을 고려하는 것이다. 이에 따라 부동산가격 거품이 왜 발생하는지, 부동산시장에서 사람들은 왜 비합리적으로 의사결정하고 행동하는지를 설명해 보고자 한다.

1. 부동산미시경제학: 도시공간구조와 가격결정

부동산경제학의 미시적 분석은 대부분의 이론적 개념과 틀을 도시경제학(urban economics)[2]에서 빌려왔다. 따라서 미시적 분석은 기본적으로 부동산 공간시장[3]의 작동원리와 그 특성을 설명하려 한다.이에 부동산미시경제학(real estate microeconomics)은 도시토지시장의 작동원리를 연구하고, 도시의 공간구조를 이론적으로 설명함으로써 어떤 특정 지역의 부동산 수요, 부동산을 가장 효율적으로 이용하는 방법, 부동산가격의 결정과정, 그리고 입지결정 등을 설명한다.

대도시권역에서 부동산시장은 토지, 주택, 빌딩 등 다양한 상품으로 구성되어 있고, 그 재고량도 매우 크다. 또한 개인 또는 기업이 소유하고 있는 부동산은 한 가지 속성만을 갖기 보다는 일련의 부동산 상품의 집합(real estate parcels)으로 이루어져 있다. 이때 각각의 부동산은 특정 장소에 입지하고 있는데, 이로 인하여 각각의 상품들이 저마다 다른 상품차별화시장(product differentiated market)을 형성한다. 상품차별화시장의 특성은 다음과 같다.

첫째, 개인의 부동산 관련 자산이나 토지의 가격은 그 자산의 물리적 또는 위치적 특성에 따라 다르지만 나름대로 체계적인 차이를 보인다. 둘째, 경기변동 또는 장기간 성장과 비교할 때 부동산의 상대적 가격은 장기적으로 안정적이며 변화폭이 별로 크지 않다.[4] 물론 전반적인 부동산시장의 움직임은 시장균형을 잡아가도록 가격을 올리기도 하고, 내리기도 한다. 셋째, 부동산 상대가격의 변화가 경기변

2) 도시경제학의 연구목적은 도시라는 공간경제 단위체계의 상호의존성을 고려하면서 도시 내부와 도시 간의 자원의 효율적 배분과 공정한 분배달성을 위한 정책을 도출하고 제시하는 데 있다. 따라서 도시경제학의 과제는 도시의 경제적 구조와 기능을 체계적 · 종합적으로 분석하여 도시발전이나 변동의 법칙을 발견함으로써 복잡한 도시문제의 해명에 초점을 둔다.

3) 부동산시장은 공간사용을 목적으로 하는 공간시장(space market)과 공간보다는 자산으로써의 이용가치가 목적인 자산시장(asset market)으로 구분된다. 보다 자세한 내용은 이 책의 5장에서 설명하기로 한다.

4) 하지만 부동산경기변동이 일반경기에 비하여 상대적으로 그 변화의 폭이 크다는 데에 대하여는 많은 학자들이 의견을 같이 한다. 즉, 부동산공급시장의 비탄력적인 성향으로 인하여 부동산경기의 변동폭에 있어서는 오히려 일반경기보다 호황과 침체의 폭이 크다는 것이다.

화에 비하여 비교적 안정적인 것은 주로 부동산상품의 특성변화에서 야기된다. 부동산의 특성변화란 구조적인 변화, 부동산의 입지 또는 근린지역과 관련된 특성들의 변화를 말한다.

도시 부동산시장의 특징으로 언급되는 이상의 세 가지 상품차별화시장에 대한 특성은 많은 도시경제학자들과 부동산학자들이 입지이론 및 토지시장을 적용하여 설명을 시도하고 있다. 그럼 이 3가지 특성에 대하여 하나씩 살펴보도록 하자.

우선 부동산의 가치(value)와 입지(location)의 관계를 보자. 우리는 일반적으로 부동산의 가치는 입지에 의하여 크게 좌우된다는 것을 경험적으로 잘 알고 있다. 예를 들어 유사한 물리적인 특성, 즉 주택의 크기나 노후 정도가 유사해도 이 집이 어디에 입지하였느냐에 따라 어마어마한 가격 차이를 보인다. 주택가격에 영향을 주는 것으로 알려진 입지적 특성은 통근시간, 공공시설, 학군, 범죄율과 같은 근린지구의 특성들을 대표적으로 꼽을 수 있다. 입지적인 특성은 주택가격의 절반 이상을 차지한다고 해도 과언이 아닐 것이다.

서울시의 상류계층의 거주분포 특성과 형성요인을 심층적으로 분석한 김창석(2002)의 연구는 부동산의 가치는 입지적 요인들과 높은 상관관계가 있음을 보여주고 있다.[5)] 예를 들어 교육환경과 지자체의 재정 및 고용기반 등이 우월한 서울의 강남지역은 1980년대 후반부터 우리나라 파워엘리트의 거주지로 각광을 받고 있으며, 이러한 추세는 이 지역의 아파트 수요증가와 가격상승에 커다란 영향을 주고 있는 것으로 나타났다.[6)]

5) 김창석 (2002). 서울시 상류계층(파워엘리트)의 주거지역 분포특성과 형성요인에 관한 연구. 국토계획, 제37권 5호. 대한국토·도시계획학회.

6) 포럼서울비전과 한길리서치가 서울시민을 대상으로 한 조사에 따르면 서울 비강남권 주민들은 강남구와 서초구 등 이른바 강남권에 비해 낙후된 교육환경에 가장 큰 불만을 갖고 있으며, 이것이 강남·북지역 간 갈등을 부추기는 주요 원인으로 인식되고 있는 것으로 나타났다(대한매일, 2002.1.25). 또한 한국개발연구원 이주호 교수가 2000년 명문대 진학률을 자치구별로 분석한 결과, 강북의 고등학교의 명문대 진학률은 강남구와 서초구에 비하여 1/5~1/10 정도 밖에 되지 않는 것을 보여주고 있다(중앙일보, 2002.1.15). 이는 강남지역은 교육환경이라는 입지성이 이 지역의 주택수요 및 주택가격 상승에 주요 원인임을 보여주고 있는 단적인 예라 할 수 있다.

이와 같은 경향은 단지 우리나라의 대도시에서만 목격되는 현상은 아니다. 미국의 경우에도 교육환경과 같은 입지적 특성은 주택가격에 지대한 영향을 주는 변수이다. 디파스퀠리와 위튼(DiPasquale & Wheaton, 1996)은 1990년 미국의 보스턴 대도시권역(Metropolitan Boston)의 단독주택가격과 매사추세츠 교육평가 프로그램(Massachusetts Educational Assessment Program)에서 시행한 고등학교 3학년을 대상으로 치른 시험의 평균점수 간에는 통계학적으로 높은 상관관계가 있음을 보여주고 있다.

이는 주택시장에서만 나타나는 현상은 아니다. 상가의 임대료는 보행자의 기대통행량에 따라 결정되며, 오피스의 임대료는 도심의 대중교통이 좋은 지역에서 더 높다. 현실 속에서 우리는 부동산시장 전반에 걸쳐 부동산가격과 입지적 특성 사이에는 강한 상관관계가 존재한다는 것을 알고 있다. 다시 말해서 부동산 자산의 입지적 또는 공간적 특성에 따라 확정된 가격의 프리미엄이나 할인이 존재하는 것이다.

둘째, 부동산의 가격은 상대적으로 장기간 매우 안정적이며 변화폭이 별로 크지 않다는 의견에 대하여 생각하여 보자. 입지이론(location theory)에 따르면 부동산의 가치는 일반경기의 변화에 비하여 상대적으로 안정적이다. 이는 모든 지역의 임대료와 가격은 시장경기에 따라 오르기도 하고 떨어지기도 하나 입지가 좋은 지역 부동산의 상대가격은 거의 변화가 없다는 것을 의미한다.

미국 보스턴지역은 1980년대 초기 국방, 컴퓨터, 금융부문의 활황에 힘입어 지역경제가 번창하였으며, 이에 따라 건설 활동과 오피스시장도 호황을 누렸다. 그러나 1990년대 초 컴퓨터기술시장의 변화와 국방예산의 감축은 이 지역을 강타하여 지역경제는 급속하게 후퇴하고 실업률도 증가하였다.

놀라운 사실은 호황을 누렸던 1980년대와 불황의 늪에 빠진 1990년대의 오피스시장의 임대료를 비교하였을 경우, 높은 인플레이션과 전반적인 경제상황이 많이 다름에도 불구하고 사무실에 대한 상대적인 임대가격이 10년 동안 거의 변화하지 않았다는 것이다. 하지만 이러한 현상을 보편적인 것으로 해석하는 데는 많은 논란의 소지가 있다. 단적인 예로 우리나라의 경우는 특정시기에 오히려 부동산가격

보다 자세히

부동산가격이 변화하는 이유

도시입지이론(urban location theory)에 따르면 서로 다른 속성을 가진 부동산의 상대적 가격은 두 가지 경우에만 변화한다.

첫 번째는 특정한 물리적 또는 입지적 속성에 대하여 소비자가 느끼는 가치가 변화할 때의 경우로 이때 대도시권 부동산시장의 상대적 가격이 변화한다. 예를 들어 휘발유가격이 갑자기 상승하게 되면, 소비자들은 통근거리가 가까운 곳의 주택을 선호하게 된다. 어떤 지역에서 각 가정이 자녀출산을 기피하여 점차적으로 인구가 줄게 될 경우, 방이 많은 주택의 가치가 떨어지게 된다. 유사하게 직업에 대한 공간적 분포가 장기적으로 변동하게 되면 어떤 특정 오피스 또는 공장에 대한 상대적 가치 또한 변화하게 될 것이다. 일반적으로 이와 같은 가격의 변화는 매우 느리게 나타나는데 그 이유는 그 지역의 인구 또는 경제 구성의 기본적인 변화에 근거를 두고 있기 때문이다.

두 번째는 부동산 자산의 속성 그 자체가 변화하는 경우이다. 재건축(rehabilitation), 수리(renovation), 또는 확장(expansion)과 같은 부동산 구조물의 물리적 변화가 그 예라 할 수 있다. 입지 또는 근린의 특성 변화 역시 부동산가격에 엄청난 영향을 줄 수 있다. 가장 보편적인 예로 새로운 고속도로 또는 교통시설의 건설을 들 수 있는데, 이리한 시설은 많은 지역으로의 통행유형을 변화시킨다. 대도시권에서 새로운 교통체계 또는 기존시설에 대한 연장공사가 있을 경우, 이 교통체계 주변에 새로운 개발사업이 추진되는 것을 흔하게 목격할 수 있다. 그렇지만 교통체계의 변화가 토지가격과 개발에 직접적으로 미치는 영향을 측정하는 것은 어려운 작업이다. 왜냐하면 이용 가능한 데이터를 가지고 보여주기에는 그 영향이 너무 지역적으로 국한되어 있기 때문이다. 이웃의 범죄율 또는 학교의 질에 대한 변화 역시 어떤 지역의 상대적인 부동산가격에 영향을 주는 것으로 예상된다.

-DiPasquale, D., & Wheaton, W. C. (1996). *Urban Economics and Real Estate Markets* 중에서-

의 변화폭이 경기변동폭보다 훨씬 크게 나타난다. 삼성금융연구소(2003)에 따르면 1991~2002년간 주택가격 상승률은 실질가격 기준으로 연평균 0.4%에 불과하였으나, GDP(Gross Domestic Products, 국내총생산)성장률은 연평균 6.2%에 달하여 주택가격이 경제성장률에 비하여 지속적으로 하회하였다. 그러나 2001년도부터 2003년 상반기까지는 매우 다른 모습을 보인다. 이 기간 GDP의 명목성장률이 연평균 6.5%인 반면 서울 아파트가격 상승률은 연평균 25.2%에 달해 거시경제 명목성장률의 약 4배 정도의 속도로 급등하였다. 이는 우리나라에서 부동산가격이 상대적으로 안정적이라고 결코 묘사할 수 없다는 것을 단적으로 보여주는 것이라 하겠다. 부동산가격 변화에 있어 왜 이렇게 상이한 현상을 초래하는지에 대한 원인분석은 지속적으로 연구될 필요가 있을 것이다.

마지막으로 대도시권역 내의 부동산 가격의 변화폭이 상대적으로 적다면 그 원인은 무엇일까? 경제학자들은 이에 대한 원인을 도시토지시장의 두 가지 특성에서 찾는다.

우선 부동산시장의 수요자인 가계와 기업들이 어떠한 부지(site) 또는 입지의 가격 변화에 대하여 매우 민감하게 반응하기 때문에 대체재, 즉 다른 경쟁부지를 찾을 가능성이 높아서 특정 부동산가격이 급등할 수 없다고 설명한다. 물론 이는 대단히 경제학적인 관점이다. 그렇다고 해서 여기서 우리가 결코 간과하여서는 안 되는 중요한 사실이 있다. 그것은 대체재와의 경쟁, 수요의 가격탄력성, 자산의 무위험 단기차액(arbitrage) 등으로 말미암아 한 지역의 부동산가격이 다른 지역의 부동산가격과 무관하게 변화할 수 없다는 것이다. 다시 말하여 지역적으로 구분되어 있는 부동산시장이라고 해도 어떤 한 지역의 시장 내 입지(위치)는 서로 밀접하게 연관되어 있고 가격의 움직임이나 경기에 결코 무관할 수 없음을 의미하는 것이다.

두 번째로 부동산가치가 결정되는 방법이다. 어떤 지역에 입지한 부동산가치의 입지 프리미엄(location premium)은 소비자효용의 가치 또는 다른 지역에 입지하였을 경우 예상되는 비용절감에 대한 현재의 할인가치를 반영한다. 예를 들어 교통이 편리한 곳에 있는 부지의 프리미엄은 교통편이로 얻을 수 있는 시간 및 비용절감의 할인가치를 포함하고 있다. 만약 어떤 부동산의 물리적 · 입지적 특성이 천천히 변화한다면, 또한 이러한 특성들에 대한 소비자 가치가 합리적으로 고정되어 있다면, 부동산의 상대적 가격 또한 매우 천천히 변화하는 것은 당연한 결과라고 할 수 있다.

이제까지 우리는 부동산경제학의 미시적 분석은 부동산의 임대료 또는 가격이 지역에 따라 어떻게 결정되는지를 연구할 뿐만 아니라 도시토지시장에서 가격이 어떻게 개발의 밀도와 토지이용을 결정하는지를 연구대상으로 한다는 점에 대하여 간단히 설명하였다.

6장에서 자세히 다루겠지만 부동산미시경제학은 도시토지의 가격, 밀도, 이용의 양태가 동시에 결정되는 과정을 설명한다. 즉, 토지의 조밀한 이용은 높은 토지가격을 유발하지만, 역으로 비싼 토지가격이 토지의 조밀한 이용을 유도한다는 것이다. 또한 미시적 접근은 토지이용이 분리되어 이루어지고 있다는 점을 인식시켜준다. 토지시장은 각각의 사용목적에 따라 개발되고 점유되면서 작동한다는 것이다. 이러한 과정을 통하여 각각의 다른 용도로 사용되는 토지는 어떤 특정 지역을 점유함으로써 시장을 자연스럽게 조성하게 된다. 결과적으로 도시 내 이루어지는 수많은 부동산개발은 미시경제학적 원칙하에서 이루어지는 것이다.

부동산경제학의 미시적 분석의 원칙들을 철저하게 이해함으로써 우리는 도시의 발전, 토지가격의 공간적 유형, 토지이용과 밀도를 이해할 수 있다. 대도시권의 토지시장 메커니즘을 연구하여 공간시장의 장기균형(long-term equilibrium)의 결과로써 아래의 현상을 설명하는 데 도움을 줄 수 있는 것이다. 즉 주거지의 밀도는 일반적으로 도시의 중심지 또는 강변이나 해변, 또는 쾌적한 환경에서 왜 높은지, 중심업무지역(Central Business Districts: CBD)은 어떻게 존재하게 되었으며, 최근에는 도시 외곽의 고용이 왜 엄청나게 증가하고 있는지, 부동산의 뚜렷한 계층적 유형은 어떻게 설명되어야 하는지, 다시 말해서 작은 규모의 상점들은 왜 숫자가 많으며, 큰 규모의 상가는 수적으로 왜 적은지, 왜 부동산가격과 밀도는 도시가 성장하면서 상승하게 되는지 등을 이해하는 데 도움을 줄 수 있다는 것이다.

하지만 이와 같은 미시경제학적 접근 방법은 장기간의 대도시권 성장을 결정하는 경제적 요인이나 특정 지역의 경제 혹은 국가경제의 장·단기 경기변동과의 관계를 설명하는 데는 한계가 있다. 여기서 거시경제적인 분석의 필요성이 대두된다.

2. 부동산거시경제학: 시장성장과 역동성

부동산미시경제학이 특정 시장 내의 부동산가격과 토지이용을 연구하는 반면 부동산거시경제학(real estate macroeconomics)은 총괄적으로 한 나라 또는 대도시권역 부동산시장에 있어 전반적인 가격의 움직임과 부동산개발을 연구한다.

부동산시장의 거시적 분석은 공간적 한계에서 벗어남으로써 단기간의 움직임과 일시적인 불균형을 강조하는 시간적인 차원에 보다 초점을 맞출 수 있다. 이런 점에서 부동산거시경제학은 시장 내 각 공간적 · 시간적 지점에서 측정된 데이터의 평균 또는 총계로 구성된 종합변수(aggregate variables)들을 다룬다.

디파스퀠리와 위튼(DiPasquale & Wheaton, 1996)에 의하면 부동산거시경제학에서 설명하고자 하는 부동산시장의 총체적 행동을 지배하는 법칙들은 3가지로 요약될 수 있다.

첫째, 부동산시장은 전반적으로 국가경제의 움직임에 의하여 단기적으로 결정된다는 것이다. 미국의 경우를 보면 1974년부터 1982년까지 경기침체를 겪던 시기에 상당히 다른 지역경제구조를 갖고 있는 보스턴과 댈러스의 주택가격이 모두 상당한 수준 하락하였던 경험이 있다.

우리나라에서도 비슷한 경험이 있다. [그림 2-1]은 우리나라 GDP성장률을 위시한 거시경제지표와 주택매매가격지수의 증감률을 비교하여 보여주고 있는데, 1997년 가을 외환위기가 우리나라 경제를 강타한 직후 경제 전반에 걸친 추락과 더불어 주택가격의 하락을 목격할 수 있다.[7] 그렇지만 주택시장, 특히 아파트시장은 2001년 이후 급속도로 가열되어 경기가 침체되고 있는 상황에서도 아파트가격이 폭등하여 2002년부터 정부에서 이를 저지하기 위한 각종 조치들이 쏟아지면서 2004년 후반기부터 안정을 되찾고 있다. 국가경제와 상관없이 맹목적인 자기실현

7) 우리나라는 1990년대 초반 주택 200만 호 건설로 인하여 주택의 절대부족문제가 빠르게 해소되고, 단기적으로 아파트 미분양이 급증하는 등 공급과잉이 가시화되면서 주택가격이 하락세로 돌아선 후 2000년대 초까지 장기적 하락조정과정을 겪었다. 이에 비하여 거시경제지표는 외환위기 직전까지 비교적 안정정인 성장률을 보여주고 있다.

적 기대심리에 기반을 두어 부동산가격이 계속 상승하게 되면 거시경제에 큰 장애요인으로 작용할 수 있기 때문에 정부에서는 강력한 의지를 가지고 이에 대처한 것이다.[8)]

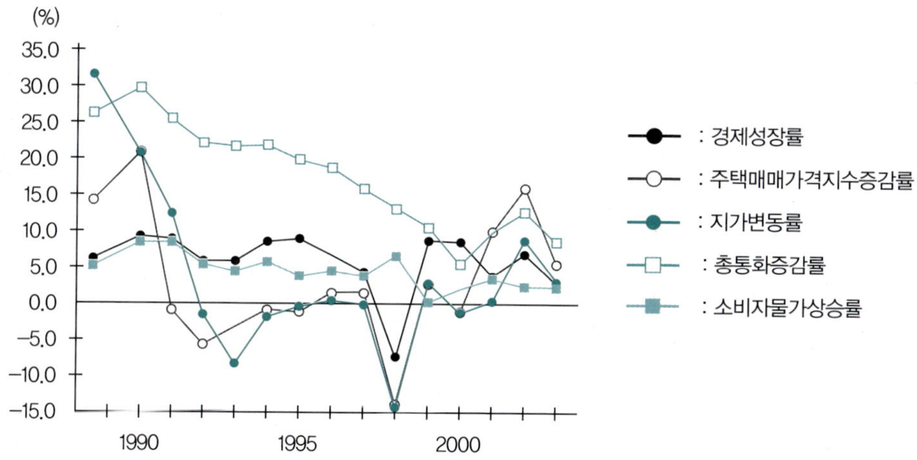

그림 2-1 주택매매가격지수와 거시경제 지표의 비교

출처: 전해정 · 박헌수 (2012). 주택시장과 거시경제변수 요인들 간의 동태적 상관관계 분석. 주택연구, 제20권 2호, pp.125~147. 주택학회.

역사적인 경험에서도 공통적으로 기대심리가 시장의 근본가치를 무시한 채 과장되어 형성될 경우 부동산가격에 거품이 발생하게 되고, 결국 붕괴과정을 거친 적이 있었다. 예를 들어 1980년대 중반 이후 일본, 영국처럼 주택가격이 계속 오를 것이라는 과장된 기대심리로 거품이 발생했던 경우 적정 가치를 크게 넘어선 주택가격은 거시경제에 부담으로 작용했고 결국 거품의 붕괴로 막을 내린 바 있었다.[9)] 따

8) 물론 정부가 주택가격 안정을 위해 개입하는 데는 위에서 설명한 경제적 이유도 있었지만, 주택가격 급등으로 인한 지역간 · 계층간 소득격차 심화문제를 해결하려는 의도가 다분히 크다고 할 것이다.

9) 1980년대 버블경제의 붕괴 이후 일본 부동산시장은 지속적인 가격하락과 이에 따른 부동산 경기침체가 장기화되고 있다. 동경지역의 경우 현재 택지가격은 버블경기가 정점이었던 1990년대 초와 비교하면 30% 수준에 불과하고, 상업지는 20%에도 미치지 못한다. 그리고 이러한 부동산가격 하락에 따른 기업 및 개인파산증가, 금융기관의 부실화, 내수 위축, 경기침체 심화라는 악순환은 일본경제를 장기침체로 몰아넣었다.

라서 국가경제의 움직임을 전혀 반영하지 못하는 부동산시장은 건전하다고 평가하기는 어려울 것이다.

2007년 미국의 서브프라임 모기지사태로 세계금융 및 실물경제, 부동산시장에 커다란 충격을 주었던 경험도 국가경제와 부동산시장의 밀접한 관계를 보여주는 것이라 하겠다. 2005년부터 경기과열을 우려하여 미연방정부에서 금리를 인상하기 시작하면서 모기지 대출자들의 금리부담과 주택가격의 하락이 심화되었고[10] 이는 결국 모기지회사의 대출부실화와 파산을 초래하게 되었던 것이다. 주택대출의 부실화는 자산유동화시장의 모기지 관련 채권 및 각종 파생상품의 부실화로 연계되어 미국뿐만 아니라 세계적인 경기침체를 야기하였다.

부동산시장의 움직임을 설명함에 있어 이처럼 국가경제는 매우 중요하다. 하지만 장기적으로 보면 인구학적 변화, 사람들의 라이프스타일, 선호도와 같은 변수들이 보다 중요한 설명변수로 작용할 때도 있다. 이러한 점을 고려할 때 부동산거시경제학은 부동산가격의 장기추이와 단기간의 변화를 설명하는 것이 중요한 목적이 된다.

[그림 2-2]는 우리나라 주요 대도시 주택매매가격의 변화를 나타내는 것으로 1997년 외환위기가 발생한 다음 해인 1998년은 서울을 비롯한 모든 도시의 주택가격이 큰 폭으로 하락하였지만, 이후 전반적으로 상승세로 돌아섰지만 각 도시별로 다른 추이를 보여주고 있다. 이는 각 지역별 주택가격은 국가 전반적인 경제상황에 영향을 받지만, 동시에 지역경제의 영향력에 크게 좌우된다는 특징을 반영하고 있는 것이다. 따라서 부동산시장의 총체적 행동을 지배하는 두 번째 법칙은 각 대도시권역의 부동산시장은 그 지역의 경제성장과 밀접하게 움직인다는 것이다. 어떤 경우에 부동산의 공급 또는 가격은 그 지역의 전반적인 경제성장에 실질적으로 영향을 받을 수도 있지만 역으로 영향을 줄 수도 있다는 것이다.

10) 이영수(2008)는 1987년부터 2008년까지 우리나라의 주택시장과 거시경제를 분석한 결과 금리가 인상되면 주택가격이 하락하고, 주택가격이 하락하면 생산과 소비가 감소한다고 주장하였다. 특히 우리나라는 가계의 총자산 중 주택이 차지하는 비율이 높기 때문에 주택가격 하락이 소비에 미치는 효과가 미국과 유럽에 비하여 크다고 하였다.

[그림 2-2]에서도 나타난 바와 같이 대부분의 도시들이 2000년 이후 아파트가격이 상승 가도에 진입하고 있는데 광주만이 그렇지 못하다. 광주는 산업화과정에서 소외되어 그동안 자구적인 노력에도 불구하고 상대적인 개발격차를 좁히지 못하고 있는 지역이다. 이에 따라 2002년 지역총생산(Gross Regional Domestic Products: GRDP)이 약 12조 원으로 전국의 2.3%, 16개 시도(市道) 중 15위를 차지하고 있으며, 산업발전이 낙후되어 제조업 비중이 전국대비 2.2%에 불과하다. 취약한 산업구조에 따라 재정현황도 광역시 중 가장 열악하여 재정자립도가 57.24%에 지나지 않는다.[11] 낙후된 지역경제는 주택시장에 그대로 반영되어 2002년 광주의 아파트 매매가격 지수는 1988년 정도에 머무르고 있는 실정이었고 이후 완만하게 상승세를 유지하고 있다. 반면에, 인천지역은 각종 신도시개발정책들이 발표되고 시행되면서 2005년 이후 가장 높은 주택가격지수 상승률을 보이고 있다.

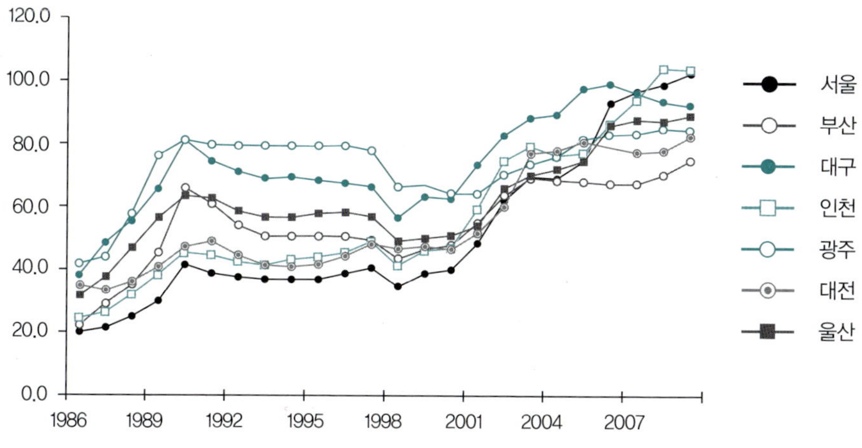

그림 2-2 우리나라 대도시의 주택매매가격지수의 추이(1986~2012년)

주: 2011년 6월 = 100.0, 매년 12월 기준

출처: 통계청.

11) 박혜자 (2003). 광주 · 전남 공동발전을 위한 協力機制 구축방안. 광주전남발전을 위한 세미나 발표논문. 광주전남발전연구원.

부동산시장이 지역경제에 영향을 받는 현상은 미국에서도 쉽게 발견된다. 1970년 후반 석유산업에 힘입은 댈러스(Dalas)는 경기가 매우 좋았으며 이에 주택가격 또한 상당한 수준까지 상승하였다. 반면 같은 시기 미국 동북부 보스턴(Boston)지역의 주택가격에는 별다른 변화가 없었다. 하지만 1980년대 보스턴의 주택가격은 기술 산업의 번영과 함께 상승 가도를 달렸고 반대로 1970년대 활황이었던 댈러스는 유가의 폭락과 함께 주택가격도 떨어졌던 경험이 있었다. 지역의 경제상황은 오피스시장에 잘 반영된다. 사무실의 공실률은 흔히 경제적 상황에 매우 민감하게 반응하여 움직이는 경향이 있기 때문이다. 따라서 1970년대 경기침체 직후와 1980년대 텍사스 경제 불황시기 댈러스의 공실률이 엄청나게 치솟았던 현상에 대하여 놀랄 필요가 없다([그림 2-3] 참조). 보스턴의 공실률도 1975년의 경기침체기 직후에 정점에 달하였다. 그런데 여기서 한 가지 의문점이 제기된다. 경제성장이 가장 활발하게 이루어졌던 1980년대 중반에 보스턴의 공실률이 올라간 것이다. 이유는 무엇일까? 대답은 시장수요에 비하여 엄청난 양의 새로운 공간을 건축한 공급 측면에서 찾을 수 있다. 흔히 시장의 수요가 가격변화의 많은 부분을 설명하는 것처럼 보인다. 그러나 부동산 가격변동을 설명하는 데 있어서는 공급의 변동이 더 설득력이 있을 때도 있다.

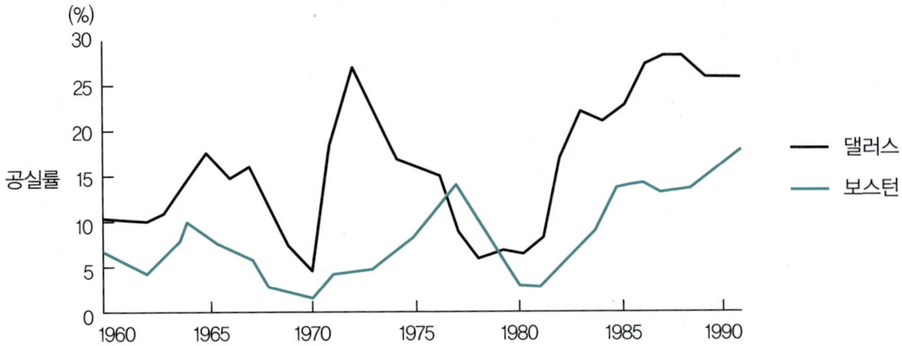

그림 2-3 보스턴과 댈러스의 사무실 공실률 추이(1960~1991년)

출처: DiPasquale & Wheaton (1996). 재인용.

이제 우리는 부동산거시경제학의 마지막 법칙, 즉 부동산공급이 시장변화에 빠르게 대응할 수 없기에 시장의 경기변동을 유도할 수 있다는 사실을 발견하게 된다. 대도시권을 비롯한 대부분 지역들의 부동산시장은 경제변화에 천천히 적응한다. 왜냐하면 각 지역 시장들 사이에서 자원이 상대적으로 자유롭게 이동할 수 없기 때문이다. 수요의 변화에 대응한 그 지역의 공급요소(노동, 자본, 구조)는 종종 느리게 반응하며 또한 부동산건설은 일정한 시간을 요하기에 부동산시장의 적응지연 문제(lag of market timing)가 발생하게 되며, 적응지연의 문제는 부동산시장의 단기적 불균형을 가져오고 주기적 유형(cyclical patterns)을 창출하게 된다.

다시 말해서 부동산의 공급이 언제나 수요와 일치하지 않는다는 것, 특히 시간의 간격이 짧으면 짧을수록 일치하지 않는다는 점이 시장에 반영된다는 것이다. 따라서 부동산공급의 움직임과 이를 결정하는 요인들을 이해하는 것은 장 · 단기간 수요에 영향을 주는 요인들을 이해하는 것만큼 중요하다고 할 것이다.

이상 부동산시장의 거시경제현상들은 앞서 논의한 미시경제 분석과는 현저한 차이를 보인다. 시장 안에서 개개의 부동산은 서로 매우 경쟁적이며 균형을 유지하기 위하여 신속하게 적응하며 이것은 가격에 반영된다. 물론 지역들도 장기간에 걸쳐 서로 경쟁을 하지만 지역간 자원의 이동은 단기적으로 볼 때 그리 신속하지 못하기에 종종 불균형을 초래하기도 한다.

정리하면 부동산시장의 미시적 분석은 시장 내의 다양한 입지의 토지와 부동산간의 균형관계에 중점을 두고 있는 반면 거시적 분석은 시장이 성장하고 경제변화에 적응과정 중 발생하는 불균형을 다룬다고 볼 수 있을 것이다.

3. 행동경제론과 행동재무론: 비합리적 시장상황과 의사결정

부동산시장은 신고전학경제학에서 설정한 완전경쟁시장과 상이한 여러 가지 특성을 보인다. 4장에서 자세히 설명하겠지만, 완전경쟁시장과는 전혀 다른 부동산시장의 특성은 매우 다양하며 이에 따라 자유방임정책(laissez-faire)을 지향하는 신고전학파 경제학자들조차 정부의 부동산시장 개입에 중요성을 부정하지 않는다. 그런데 시장상황을 설명할 때 기존 경제학적 접근방법으로는 한계가 있다. 대표적인 예로 거시경제학적 접근에서는 국가경제 및 지역경제의 장·단기 부동산경기변동과의 관계를 설명하고 있으나, 왜 경기변동이 발생하는지에 대한 이유에 대해서는 자세히 설명하지 않는다.[12] 이에 기존 경제학에서 설명하지 못하거나, 부족한 현상을 보다 풍요롭게 해석하고자 시도하는 행동경제학(behavior economics)은 사람들의 일관적이지 못하고 불안정한 심리를 고려한다.

대부분의 사람들에게 가장 큰 자산이면서 동시에 가장 비합리적인 구매의사 결정이 내려지기도 하는 부동산의 경우는 특히 가격거품 논란도 끊임없이 야기된다. 실제로 학계에서는 사람들이 부동산가격이 상승하면 시장의 자기조정능력을 믿지 않고 계속 가격이 오를 것이라는 착각으로 부동산매입을 계속하여 가격을 상승시키고 이런 믿음이 실현되는 것을 목격한 사람들의 구전(口傳)효과는 믿음으로 강화되어 이른바 '묻지 마! 투자'라는 떼짓기 행위(herd behavior)를 야기하여 부동산가격의 거품(bubble)을 형성한다는 주장이 수용되고 있다. 이에 본서에서는 5장에서 자산가격의 결정과정에서 왜 가격거품이 발생하며 11장에서는 부동산경기변동의 원

12) 거시경제학에서는 경기변동이 발생하는 이유에 대하여 케인스(John M. Keynes)가 언급한 '야성적 충동(animal spirits)'이라고 간략하게 언급하고 있으나, 정작 케인즈는 야성적 충동이 거시경제에서 차지하는 역할이 매우 중요하다고 보았다. 즉 케인즈는 실제로 사람들은 비경제적 동기를 가지고 있으며, 그 동기는 언제나 합리적으로 경제적 이익을 추구하지 않는데 이러한 야성적 충동이 경기순환과 비자발적 실업의 주된 요인이라고 주장하였다. 보다 자세한 내용은 Akerlof George A. and Robert J. Shiller (2009)를 참조할 것.

인에 대하여 설명할 때 기존 경제학적 접근방식뿐만 아니라, 행동경제학적 접근법을 이용하여 설명하기로 한다. 즉 심리적 요인에 의하여 자산 가격이 어떻게 왜곡되며 이것이 어떻게 경기변동을 야기하는지에 대하여 설명한다. 마지막 18장에서는 행동재무론(behavioral finance)[13)]을 이용하여 부동산 투자자의 과거 경험이 현재의 투자와 관련된 의사결정에 어떠한 영향을 주는지에 대하여 설명하기로 한다. 즉 부동산시장에서 투자자들이 과거의 행복한 경험(가령, 부동산매매 이익)에 대해서는 과도한 낙관론을 가지며, 과거의 불행한 경험(가령, 부동산매매 손실)에는 지나친 비관에 빠지는 경향이 있음을 설명한다.

13) 올센(Olsen, 1998)은 행동재무론을 "인간의 투자행위 이해와 심리적 메커니즘을 금융적으로 판단하는 데 중요한 요인"이라고 정의하였다. 기존의 정통 금융이론으로는 설명되지 않는 이례 현상들 중에 대표적인 인간의 지속적이고 체계적인 행동 오류를 분석하는 것이 행동재무론의 목표이다. 행동재무론은 투자자들이 가지고 있는 판단과 인지의 오류의 개념을 기반으로 과도한 낙관(over-optimism), 과도한 자신감(over-confidence), 인지부조화(cognitive dissonance), 확인오류(confirmation bias), 유지오류(conservatism bias), 근거 찾기(anchoring), 손실 회피(loss Aversion), 심적 계산(mental accounting), 선호 역전(preference reversal), 대표성 임의 부여(representativeness heuristics), 과잉 · 과소반응(over & underreaction), 군집행동(herd behavior) 등의 심리적 요인에 따른 투자행위와 결과를 설명한다.

Theory of Real Estate Economy

PART 02

부동산과 부동산시장

CHAPTER 03

부동산의 이해

1. 부동산의 정의

2. 상품으로서의 부동산

3. 부동산의 특성

4. 거래 유형별 부동산의 종류

CHAPTER 03 부동산의 이해

1. 부동산의 정의

오늘날 부동산은 많은 사람들이 여러 가지 이유에서 관심을 갖는 자원(resource)으로 부상하고 있다. 그렇다면 부동산이란 무엇이라고 정의내릴 수 있을까? 원래 우리에게는 부동산이라는 용어가 없었다고 한다. 그 대신 토지와 가옥이 일상생활에서 흔히 사용되었다. 부동산(不動產)이라는 용어는 일본의 식민지화 전략 중 하나로써 도입되었다. 즉, 조선시대의 봉건 토지제도를 붕괴시키면서 토지의 개인 소유권확립과 구(舊) 권리의 소속을 보장하는 부동산등기제도(不動產登記制度)를 확립하는 과정에서 처음으로 우리나라에 소개되었으며, 부동산이 공식적으로 사용되기 시작한 것은 1900년대 초로 추정하고 있다.[1)]

미국에서 부동산은 real estate, real property, realty, land로 인식된다. 이 중 real estate가 가장 보편적으로 사용되는 용어로 토지와 그에 부착되는 정착물(land and its attachments)을 의미하는 물리적인 측면의 자산(physical property)의 특성을 강조한다. 영국에서는 real property, lands and buildings, landed property and landed estate라는 용어들이 많이 사용되는데, 특히 real property는 물리적인 토지와 부속물의 소유에서 비롯되는 여러 가지 권리와 이익까지도 의미한다.

1) 보다 자세한 내용은 '방경식, 장희순 (2002). 부동산학개론, pp.82-84. 부연사'를 참조할 것.

우리나라는 민법(民法) 제99조 제1항에서 부동산을 토지 및 그 정착물로 규정하고 있다.[2)] 그렇지만 방경식, 장희순(2001)에 의해서 주장된 바와 같이 학문적 대상으로의 부동산은 자원(資源, resource)으로서 부동산이 갖고 있는 경제 · 법률 · 사회 · 물리적인 특성과 이들이 복합적으로 부동산 관련 의사결정 및 활동에 직 · 간접적으로 영향을 주고 있음을 모두 고려하여야 할 것이다. 그래야만 부동산과 관련된 행동 및 의사결정에 대한 지식과 이해를 높일 수 있기 때문이다.

2. 상품으로서의 부동산

상품(commodity)으로서의 부동산[3)]의 성격은 대단히 복잡하다. 물론 부동산이 위치한 사회와 문화에 따라 특별한 제도적 · 경제적 요인들이 작용하기는 하나, 일반적으로 상품으로서의 부동산은 그 하나하나가 뚜렷한 물리적 특성을 지니고 있다.

대부분의 도시에 입지한 부동산은 오랜 기간 사용될 목적으로 인공적으로 만들어진 공간(man-made space)이다. 인공(人工)공간의 창조부터 사용, 처분에 이르는 전 과정에는 여러 주체들이 참여하게 된다. [그림 3-1]에서 보이는 바와 같이 건축업자와 개발업자는 부동산의 공급과 개량을 담당하고, 투자자들은 지분(equity)이나 필요한 자금을 대출해 주는 과정 중에 담보설정을 통해 부동산의 소유권을 확보하게 된다.

2) 우리나라 민법에서 규정하는 부동산은 좁은 의미의 정의이다. 넓은 의미의 부동산은 협의의 부동산에 특정의 부동산 또는 동산과 부동산의 집합물을 말하는 준부동산(공장재단, 광업재단, 선박, 입목, 항공기 · 자동차 · 중기, 어업권)을 합친 개념을 말하며 이를 의제(擬制)부동산이라고도 한다.

3) 부동산 중에서 특히 토지의 경우는 이를 상품으로 규정할 것인가 그렇지 않을 것인가부터 상반된 의견이 팽팽히 맞서고 있다. 이정전(1999)은 이러한 이견의 원인을 토지에 대한 경제철학의 차이에서 비롯된다고 설명하고 있다. 즉 토지를 대자연의 무상공유물로서 보는 입장은 공급의 고정성과 공공성을 강조하고 이에 따라 계획지향형(planning-oriented) 토지관을 갖고 있으므로 근본적으로 토지의 상품화를 반대한다. 하지만 토지의 경제성과 가변성을 강조하고 토지와 관련된 사익보호에 관심 있는 시장지향형(market-oriented) 토지관을 갖고 있는 사람들은 토지의 상품화를 적극 찬성하게 된다.

한편 부동산이라는 인공공간의 사용은 소유자뿐만 아니라 임대료를 지불하고 일정한 책임을 준수하면 누구나 가능하다. 또한 중앙 및 지역공무원들은 부동산의 개발 · 이용 · 거래과정 중 정부의 계획이나 법령에 따라 이루어지는지를 감독하고 그렇지 못한 경우는 여러 가지 수단을 동원하여 제재를 가한다.

그런데 여기서 주목해야 될 점은 이러한 다양한 주체들은 저마다 공간과 시간에 대하여 다른 효용함수를 가지고 있으며, 이러한 공간-시간효용(space-time utility)[4]에 따라 제각기 의사결정을 하고, 이것이 부동산의 가치를 결정함에 있어 중요한 영향을 준다는 것이다. 결국 공간과 시간이라는 변수는 부동산시장을 다른 시장과 구분하여 분석해야 할 필요성을 낳는다.

이에 우리는 부동산을 상품으로서 규정한다고 해도 시장에서 거래되는 다른 상품과는 분명한 차이가 있으므로 부동산시장의 이해에 앞서 우선 부동산의 특징부터 살펴보아야 할 것이다.

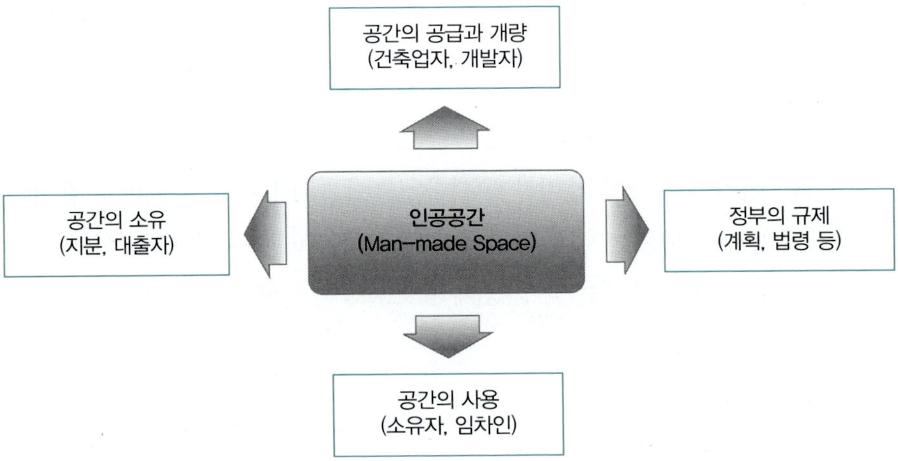

그림 3-1 인공(人工)공간으로서의 부동산과 부동산시장 참여자들

출처: Shilling, James D. (2002). *Real Estate*, p.7. South Western.

4) 부동산에 있어 공간-시간 효용이라는 새로운 개념을 창안한 사람은 위스콘신 대학의 James Graaskamp 교수로서 보다 자세한 내용은 그의 1981년 저서 *Fundamentals of Real Estate Development*를 참조할 것.

3. 부동산의 특성

상품으로서 부동산은 다른 일반 상품과는 구별되는 독특한 특성이 있다. 여기에서는 부동산의 특성을 물리적 · 경제적 · 제도적 특성에 따라 구분하여 살펴보기로 한다. 물론 현실에서 이처럼 부동산의 특성을 3가지로 구분한다는 것이 언제나 가능하지도 않을 뿐더러 항상 옳은 것은 아니라는 점을 주지하여야 할 것이다.

1) 물리적 특성

우선 부동산의 물리적 특성으로 비이동성(immobility) 또는 고정성을 생각할 수 있다. 토지는 물리적 또는 지리적으로 이동이 불가능하다. 물론 토지를 구성하는 흙, 광물 등은 이동시킬 수 있지만, 어떤 지점의 지리적인 위치(geographic location)는 절대로 이동시킬 수 없다. 따라서 토지의 이동이 불가능하다는 것은 위치가 고정되어 있다는 것을 의미하며, 이는 곧 각 지점의 토지가 다른 지점의 토지와는 최소한 위치가 다르다는 것을 뜻한다. 이와 같은 위치의 고정성은 토지시장에서 입지지대(location rent)를 발생시킨다. 입지지대는 농지의 경우 덜 비옥한 토지에서 얻을 수 있는 소득을 초과하는 잉여소득이 될 것이고, 도시토지의 경우는 이러한 이점이 토지의 비옥도보다는 입지조건에서 나타나게 된다.

부동산의 비이동성은 부동산시장이 지역시장(local market)을 형성하도록 해준다. 즉, 서울에 집이 필요한 사람은 마음에 맞는 집이 서울이나 통근이 가능한 주변 도시 외에 부산, 대구 등 다른 지역에 있을 경우 아무 소용이 없다. 이처럼 부동산이 대체적(substitutionally)으로 거래되는 지역적인 범위를 동일수급권 또는 지역시장이라고 한다. 비이동성은 위치에 따라 부동산의 가치를 차별화시키며 주변 환경에 민감하게 반응하게 하는 원인을 제공하기 때문이다. 예를 들어 똑같은 30평형 아파트라고 해도 그것이 서울 강남에 위치하느냐 아니면 지방 소도시에 위치하느냐에 따라 아파트의 가격은 엄청난 차이를 보인다. 그렇지만 만일 서울 강남이라도 쓰레기 소각장과 같은 소위 혐오시설이 입지하게 되면 소각장 주변의 아파트가격은 폭락하게 될 것이다. 이처럼 부동산 주변의 환경이 부동산가격에 영향을 주는 것을 외부효과(external effect)라고 한다.[5)]

비이동성은 또한 정부에서 부동산이 어느 곳에 입지하였느냐에 따라 세금을 차별화하여 부과 또는 감면하는 근거를 제시하기도 한다.[6)] 부동산의 위치고정성은 다음에 언급할 이질성과 함께 부동산시장이 불완전경쟁시장이 될 가능성을 높이며, 이를 시정하기 위하여 정부의 개입이 요구된다.

두 번째로 토지의 영속성(indestructibility)이다. 공간으로서의 토지는 계속 이용한다고 하더라도 소모나 마멸되지 않으며, 파괴도 불가능하기에 물리적으로 영속성 또는 내구성을 갖는다. 보통 자본재[7)]도 내구성을 갖지만, 이들은 이용됨에 따라 마모되고 설령 이용하지 않고 내버려 두어도 자연적으로 손상되기에 시한부(時限附)적으로 내구성을 갖는다는 점에서 토지와 대비된다. 즉 토지는 시간이 경과한다고 해서 마모되고 손상되지 않는다.

농업용 토지의 경우 화학비료와 살충제의 남용으로 토지가 척박해졌다 해도 시간을 들여 잘 관리하면 다시 생산성이 좋은 토지로 거듭날 수 있다. 물론 현명한 투자자라면 물리적 내구성과 경제적 가치의 내구성(durability)을 구별할 수 있지만, 어찌 되었건 간에 이러한 토지의 내구성이 투자자들을 끌어 모으는 힘이 된다. 다시 말해서 물리적으로 토지는 영구적이지만, 그 가치는 상황의 변화에 의하여 파괴될 수도 있다. 예를 들어 폐광지역과 같이 어떤 지역 토지의 가치는 폭락하기도 한

5) 예로 든 쓰레기 소각장과 같은 혐오시설처럼 부동산가격에 부정적인 영향을 주는 것을 부정적 외부효과(negative external effect)라 한다. 토지이용에 있어서 부정적 외부효과를 방지하기 위하여 도입된 대표적인 제도는 용도지역제도(zoning)이다. 보다 자세한 내용은 14장 부동산문제와 정부개입에서 다루기로 한다.

6) 정부에서는 2002년 폭등하는 부동산투기를 억제하기 위하여 투기억제지구를 지정하여 이 지역에서 거래되는 부동산에 대하여 세금을 더 거두는 정책을 실시하였는데, 이러한 정책이 실시가능한 것도 부동산의 비이동성이라는 특성이 있기 때문이다.

7) 자본재(capital goods)는 자연자원과 달리 사람이 만든 생산수단(man-made means of production)으로서 기계 · 공장 · 선박 등과 같이 생산자가 생산에 사용하는 재화를 말한다.

다. 토지와 공간의 영속성은 그 위에 있는 건물들을 받쳐주고 있다는 것을 의미한다. 이에 비하여 건물 자체는 물리적 의미로나 경제적 의미로나 내구성을 갖고 있지 않다는 것은 잘 알고 있는 사실이다. 즉, 부동산의 공급 측면에서 보면 기존의 건물은 시장에 다시 공급될 수 있으므로 재고시장의 역할이 대단히 중요하다. 또한, 일단 한 번 지어 놓으면 상당기간 존재하므로 이를 다시 지을 경우 철거비용과 기회비용으로써의 임대료를 고려하여야 할 것이다. 따라서 재건축이나 재개발의 경우에는 이러한 비용을 상쇄하고도 남을 만큼의 이익이 기대될 때 이루어지게 되는 것이다.

세 번째 물리적 특성으로 이질성(heterogeneity)이 있다. 우선 이 세상에 똑같은 토지란 존재하지 않는다. 토지가 규모, 모양, 지형적으로 다르다는 것은 일반적으로 모든 사람들이 수긍하는 사실이다. 이에 전문가들은 부동산은 위치에 특성화된 이질성을 갖는 상품이라고 한다. 이질성은 토지사용이나 판매를 둘러싼 계약에 있어 법적으로 대체가능성(substitutability)이 없게 하는 원인이 되기도 한다. 즉 삼양라면이나 삼성전자 주식의 경우는 꼭 제조번호 몇 번의 삼양라면이나 특정의 삼성전자 주식을 고집할 이유가 없다. 또한 삼양라면은 농심라면 또는 오뚜기라면으로, 삼성전자 주식은 다른 블루칩 주식으로 대체가 가능하다. 그러나 토지는 경우는 그렇지 못한 것이 사실이다. 이 때문에 삼양라면과 삼성전자 주식과 같은 재화는 법적으로 대체가 가능한 재화라고 한다.

이질성은 토지뿐만 아니라 건물에서도 발견된다. 즉 이 세상에 똑같은 건물이라는 것이 없다는 것이다. 보통 건물은 건축규모, 외관, 구조가 모두 다르며 똑같은 건축도면에 의하여 건물을 짓는다 하더라도 인부와 자재에 따라 차이가 나게 마련이다. 또한 입지와 방향에서도 차이가 난다.[8] 게다가 소유자와 점유자의 취향과 사용 그리고 관리하는 방식의 차이가 건물을 토지처럼 이질적인 재화로 만든다.

부동산의 이질성은 유사하면서도 다른 속성을 함께 갖고 있는 부지(site)나 자산

8) 특정한 위치에 자리 잡게 마련인 도로와 같은 공공기반시설(public infrastructure)은 건물 및 토지의 이질성을 더욱 부추기는 요인이 된다.

(property)을 동시에 비교하는 것을 대단히 복잡하게 만들어 부동산가치 또는 가격 결정을 어렵게 하는 원인이기도 하다. 따라서 부동산가치의 추계는 보다 전문적인 지식을 가진 감정평가사가 하게 되는 것이다. 경제학적 관점에서 부동산과 같이 이질적인 특성이 있는 상품은 시장을 불완전하게 만든다. 즉 일반적인 수요 · 공급곡선은 상품 간의 완전 대체관계에 기초하고 있음에 비하여 부동산시장은 이질성으로 인하여 완전한 대체관계가 제약되므로 수요 · 공급의 틀 속에 억지로 맞추어 가격을 설명한다는 것이 어렵다.[9] 이는 또다시 가격이 수급조절의 기능을 제대로 할 수 없음을 의미하기 때문에 여기서 국가의 개입명분이 성립된다.

2) 제도적 특성

부동산의 제도적인 특성은 사회에서 받아들여지고 정착된 속성을 말하는 것으로 조직, 신념, 법 또는 관습을 일컬을 때 흔히 사용되는 용어이다. 물론 우리가 생각하고 행동하는 방식이 제도를 만들기도 하지만, 제도는 역으로 우리의 가치에 심오한 영향을 주기도 한다.

우선 부동산은 단일재화로서는 드물게 소유 · 이용 · 판매 및 취득 등 거의 모든 부동산 관련 활동에 대하여 법규(real property law)가 있다는 특성이 있다. 동산의 소유와 이용에 관한 법은 크게 사법(私法)과 공법(公法)으로 구분된다. 부동산사법은 개인의 이익을 위한 소유권 등에 중점을 두며 사적자치를 인정하고 당사자의 자율에 의한 자유로운 결정을 널리 인정하는 것을 주된 내용으로 하고 있으며, 민법(물권법, 계약법, 채권법)에 의해서 규율된다. 부동산공법은 공익을 위한 재산권의 제약을 중심으로 국가나 지방자치단체가 공익을 위하여 부동산의 소유 · 이용 · 개발 · 보전 · 거래 등에 관하여 규제를 하는 법규의 총체를 말하며 부동산과 관련된

9) 이진순 (1993). 한국의 지가: 토지투기와 시장실패. 손재영 편. 토지시장의 분석과 정책과제, p.80. 한국개발연구원.

모든 행정법을 총칭한다. 부동산은 개인자산의 일부로서 인식되기보다는 별개의 부동산 자산으로서 소유된다고 인식한다. 이는 부동산 소유와 자금조달에 영향을 주는 법과 개인자산의 소유와 자금관리에 영향을 주는 법이 다르다는 것을 의미하기도 한다.

정부규제(public regulation) 역시 부동산 관련법처럼 재화 또는 상품으로서의 부동산에 영향을 준다. 지구단위계획, 지역·지구제(zoning), 임대료규제, 자산유동화 및 자산관리 관련법, 건축물에 대한 규제 등과 같은 정부의 규제는 부동산의 개발과 이용에 커다란 영향을 주고 있다. 우리나라에서는 각종 법률에 의한 공적계획(public planning)들이 있으며, 이러한 계획은 개인의 부동산 활용에 직·간접적으로 영향을 미친다. "국토의 이용 및 계획에 관한 법률" 등의 공법에 근거하여 용도지역을 설정하여 토지이용에 대한 제한을 가하는 것은 대표적인 예라 할 것이다. 또한 사회간접자본시설의 입지나 도시계획시설과 같은 공공사업들도 부동산의 소유와 이용에 엄청난 영향을 주게 된다.

마지막으로 지역적 관습(local and regional custom)도 부동산의 제도적 특성이 된다. 관습이라는 것은 특정 지역의 사고 및 행동양식으로 개인으로 치면 습관과 유사하다. 예를 들어 도시 외곽의 전원주택은 넓은 마당을 가진 집이 될 것이고, 대도시의 경우는 빼곡히 들어 찬 아파트단지가 될 것이다. 또한 어떤 지역은 자전거가 보편적인 교통수단으로 자리 잡은 곳도 있겠지만, 또 다른 지역은 자전거가 대중교통수단으로 이용되기에는 많은 무리가 따르는 곳도 있을 것이다. 이와 같은 지역적 차이는 세계화 흐름 속에 다소 줄어들고는 있지만 아직도 지역마다 차이가 존재하는 것이 현실이다.

부동산 관련 금융기관의 종류나 업무관행도 지역에 따라 차이가 있다. 과거 미국에서는 저축대부조합(Savings and Loan Association), 영국에서는 건축조합(Building Society)이 주택금융에서 큰 역할을 담당하였다. 일반은행과 이러한 지역금융기관 간의 업무분담은 시대에 따라 약간의 차이가 있으나, 자조정신과 지역완결주의에 입각하여 이루어지고 있다.

3) 경제적 특성

부동산의 물리적 특성으로 언급된 이동성과 밀접히 관련된 부동산의 경제적 특성으로 위치성(situs)이 있다. 위치성은 토지이용과 관련된 외부효과의 문제가 입지(location)와 연관되어 있는 경우를 뜻한다. 여기에는 물리적, 경제적 입지의 개념이 모두 작동하지만 특히 주목해야 하는 것은 경제적 위치성이다.

위치성은 개인이나 단체의 특정 부지(site)에 대한 선택이자 선호의 결과이다. 위치성의 차이는 다른 유사한 부동산의 이용과 가치에도 영향을 준다. 위치 선택에 영향을 주는 주요한 요소로서 우리는 그 자산에 접근하는 데 필요한 시간, 돈, 노력 등을 뜻하는 접근성(accessibility)을 꼽을 수 있다. 특정 자산이 있는 곳으로(또는 있는 곳으로부터)의 이동에 대한 상대적 비용이 낮을 때, 그 자산은 높은 접근성을 갖고 있다고 한다. 이것은 그 자산의 가치가 높을 가능성이 있다는 것을 의미한다. 반대로 접근성이 상대적으로 좋지 않거나 어려운 자산은 그 가치도 낮을 가능성이 높다. 예를 들어 비슷한 규모와 서비스를 갖춘 A백화점과 B백화점이 있다고 할 때, 상대적인 접근성이 수월하여 항상 많은 고객으로 몰려드는 A백화점의 가치가 B백화점보다 높을 가능성이 크다는 것이다. 그 외에 위치성과 관련된 요인들로 인구 성장의 방향, 서비스와 기반시설들의 사용가능성, 상업중심지역, 제조업체의 이동, 삶의 방식(lifestyle)의 변화 등이 있다.

두 번째 경제적 특성으로 학자들이 매우 중요하게 생각하는 희소성(scarcity) 또는 공급의 한정성 내지 부증성(不增性)이 있다. 토지의 경우 실질적인 목적으로 이용되는 모든 토지의 물리적 공급은 언제나 고정되어 있다. 건축물도 수요가 있다고 해서 시장에서 즉각적으로 공급될 수 없는 매우 비탄력적인 공급곡선을 가지고 있다. 그러나 토지가 여러 가지 용도로 이용될 수 있음을 고려한다면 현실적으로 완전한 부증성이란 없다.[10] 건축물의 경우는 더욱 적절치 못하다. 즉 돈, 시간, 그리

10) 농림부와 국립농산물품질관리원에 따르면 우리나라의 2014년 말 총 경지면적(논과 밭)은 1,923천ha로 1994년의 2,033천ha에 비해 11만ha가 감소했다. 이는 농업용 토지가 도시화와 산업화에 따라 다른 용도로

고 노력만 있다면 건물과 같은 인공공간의 공급은 장기적으로 수요에 따라 계속 증가시킬 수 있기 때문이다. 그럼에도 불구하고 토지이용에 있어 물리적 한계를 느끼는 이유는 용도지역 규제가 수요에 대응하는 충분한 토지공급을 억제하고 있기 때문이다. 요컨대, 우리나라에서 토지공급의 한정성은 물리적 측면보다는 인위적으로 이용가능한 토지를 적게 지정함에서 비롯된 측면이 많다.

세 번째, 토지이용, 건물의 건축, 필지의 가치는 상호 영향을 주고받으며 상호작용을 하는데 이를 상호의존성(interdependence)이라 한다. 예를 들어, 길 건너 쇼핑센터의 개발은 내 소유의 토지를 어떻게 이용하느냐에 크게 영향을 주기도 하지만 또한 역으로 내 토지의 이용에 따라 영향을 받기도 한다. 고속도로 주변에 식당을 개업하였다면 이 식당의 영업성과는 주변 모텔이나 여관에 투숙하는 손님의 수에 크게 좌우될 것이다. 고속도로가 통과도로의 역할을 수행하게 된다면 현재 경영하는 식당뿐만 아니라 모텔, 여관의 경영에도 커다란 손실을 가져올 수도 있어 식당과 모텔이라는 두 가지 유형의 부동산가치도 급락할 것이다. 즉 주어진 부동산 자산의 이용과 가치는 다른 관련 요인의 의사결정 및 변화에 민감하게 반응할 수 있다는 것이다.

마지막으로 부지나 부동산 개발사업에 투입된 비용을 회수하기까지 상당한 시간이 걸리는 특성이 있다. 이런 특성을 투자의 고정성 또는 내구적 투자성이라고 한다. 다시 말해 어떤 구조물을 건설하기 위하여 일단 부지를 매입하고 노동력과 자금이 투입되면, 그 지역사회 또는 전체 사회의 입장에서 볼 때 투자가 오랜 기간 동안 묶여 있게 됨을 의미한다. 일단 건축물과 시설물이 착공되면 되돌리기 어렵고 수요가 더 많은 지역으로 옮겨갈 수도 없다. 따라서 투자는 부동산에 '매몰(sunk)' 되었다고 하고 후에 개량사업을 통하여 다시 복구되어야만 한다. 이와 같은 투자의 고정성 때문에 부동산의 가치는 장래의 현금흐름에 영향을 미치는 각종 개발계획

전환되고 있음을 보여주는 것이다. 그렇다고 토지이용의 용도전환이 토지공급의 한정성을 해결할 수는 없다. 물리적으로 한정되어 있는 토지공급에 비해 인구증가가 계속 진행된다면 인구는 결국 토지가격의 급격한 급등과 몰락의 원인을 제공할 수 있기 때문이다.

이나 조세정책에 영향을 받게 된다.[11]

이상에서 살펴본 부동산의 특성은 다음의 〈표 3-1〉로 정리될 수 있다.

표 3-1 부동산의 특징

물리적 특성	경제적 특성	제도적 특성
비이동성	위치성, 장소성(situs)	부동산 관련법
	희소성	정부규제
내구성	상호의존성	지역적 관습
이질성	투자의 고정성	기관, 단체

4. 거래 유형별 부동산의 종류

이제까지 살펴본 부동산의 독특한 특성은 부동산이라는 상품이 매우 다양하게 분할된 수요를 유발하며, 하위시장(sub-markets)을 구성하게 하는 요인으로 작용한다.[12] 이는 곧 부동산 실무자의 다양한 전문분야를 유도하기도 한다.

거래 유형별로 부동산을 분류해 보자.

우선 주거용 부동산(residential real estate)을 들 수 있다. 주거용 부동산은 일반적으로 도시, 교외, 농어촌 어느 곳이든 하나의 가구 또는 여러 가구가 거주하는 공간으로 인식된다. 물론 기술적으로 아파트단지와 같은 대단위 주거지는 일반적으로 주거용으로 분류되지만 높은 자산가치와 그 복잡성으로 인하여 투자용으로 분류되는 경우도 있다.

두 번째, 상업투자용 부동산(commercial investment real estate)이 있다. 흔히 콘도미니엄, 오피스빌딩, 상가, 쇼핑센터, 극장, 호텔/모텔, 상업용부지 그리고 기타 사

11) 감정평가방법 중 수익환원법은 투자의 고정성이 현재가치에 자본화되는 과정을 반영한다.

12) Shilling, James D. (2002). *Real Estate*, p.9. South Western.

업용도의 부동산을 말한다. 대부분의 상업투자용 부동산은 임대나 소득창출이 목적이기에 도시에 입지하는 경우가 대부분이다.

세 번째, 산업용 부동산(industrial real estate)으로 공장, 창고, 시설, 광산, 공업용부지 등을 말한다. 일반적으로 대규모 공장은 노동력공급을 고려하여 도시지역이나 근교에 위치하게 되지만 원자재나 에너지원에 대한 의존율이 높은 경우에 공장은 비도시지역에 입지하기도 한다.

네 번째, 농지와 토지(farm and land)가 있다. 임야, 초지, 목장, 과수원, 농작물재배농지를 말한다. 때때로 위락용(recreational properties) 농지는 다르게 분류되기도 한다.

다섯 번째, 특수목적의 부동산(real estate for special purpose)은 묘지, 골프장, 공원, 과수원 등 특수목적으로 지정된 부동산을 말한다.

마지막으로 공공용 부동산(public real estate)은 공공기관이 고속도로, 공원, 학교 등 공공의 목적으로 사용하기 위한 부동산을 일컫는다. 공공용 부동산은 정부가 일반적으로 오랜 기간 소유하고 부동산 자산이 지나치게 많다고 판단될 때만 매각하므로 시장에서 자유롭게 매입 · 매각하는 자산으로 고려되지 않는다.

CHAPTER 04

부동산시장의 이해

1. 부동산시장의 정의
2. 시장의 작동원리: 수요와 공급
3. 부동산시장의 특성

CHAPTER 04 부동산시장의 이해

1. 부동산시장의 정의

경제학적 관점에서 시장(market)이란 특정한 재화나 서비스를 사고파는 사람들의 모임을 말한다. 경제학에서는 시장의 논리가 완벽하게 작동할 수 있는 완전경쟁시장을 가정하기에 가격은 희소한 자원을 가장 효율적으로 배분하는 기구가 된다. 시장에서 거래되는 재화 또는 서비스를 부동산으로 한정짓는다면, 부동산시장(real estate market)은 부동산을 사고, 팔고, 교환하고, 사용하고 또한 개발하는 모든 활동에 참여하는 사람들 간의 활동과 상호작용이라고 정의할 수 있을 것이다. 그렇다고 해서 부동산 자체가 이동되며 거래되는 것은 아니다. 이에 보이스(Byrl N. Boyce)는 부동산시장에서 거래되는 상품은 부동산 그 자체가 아닌 추상적인 부동산권리(right in real property)라는 사실을 고려하여 부동산시장을 "부동산권리의 교환, 가격결정, 경쟁적 이용에 따른 공간분배, 토지와 공간이용의 유형결정 및 수요 공급의 조절을 돕기 위하여 의도된 상업 활동을 하는 곳"이라 정의한 바 있다.

부동산시장을 이해하기 위해서는 수요와 공급모형을 통해 시장의 작동원리를 습득하는 것이 필수적이다. 따라서 본 장에서는 기초적인 경제이론인 수요와 공급모형을 설명하고 부동산시장의 특성을 이해하도록 한다.

2. 시장의 작동원리: 수요와 공급

수요와 공급은 시장에서 사람들이 상호작용하는 행위를 말한다. 수요와 공급 모형은 경제학의 가장 기본적인 분석의 틀로써 경쟁시장에서 소비자와 판매자가 어떻게 행동하며, 어떻게 상호작용하는지를 설명한다. 이때 경쟁시장(competitive market) 혹은 완전경쟁시장이란 소비자와 판매자가 다수여서 개별 소비자나 판매자가 시장가격에 거의 영향을 미치지 못하는 시장을 뜻한다.

1) 수요

소비자들은 어떤 재화나 서비스를 이용하기 위해서는 일정한 대가를 지불해야 하는데, 소비자들이 값을 치르고 구입할 의사와 능력이 있는 재화의 양을 수요량(quantity of demand)이라 한다. 수요량은 재화의 가격, 소득, 연관재화의 가격, 취향, 미래에 대한 기대 등에 의하여 결정된다.[1)]

어떤 재화의 수요곡선(demand curve)은 그 재화의 가격과 소비자가 구입하려는 재화의 양(수요량) 사이의 관계를 나타내는 것이다. [그림 4-1]에서 보이는 바처럼

1) 가격을 제외한 수요량 결정에 영향을 주는 요인들은 다음과 같다. 우선, 소비자들의 소득변화로 소득이 감소하면 지출할 수 있는 돈이 적어지므로 대부분 재화의 구입량은 감소한다. 이같이 소득이 감소(증가)함에 따라 수요가 감소(증가)하는 재화를 정상재(normal goods)라 하고 이에 반하여 소득이 감소(증가)함에 따라 수요가 증가(감소)하는 재화는 열등재(inferior goods)라 한다. 연관재의 가격도 수요량에 영향을 준다. 아파트 가격이 하락하면 수요법칙에 의하여 소비자는 아파트를 구입하려 하고 다세대(다가구)주택의 수요는 감소하게 될 것이다. 이와 같이 한 재화의 가격하락이 다른 재화의 수요 감소를 유발하는 경우 두 재화를 대체재(substitutes)라 한다. 이와는 반대로 한 재화의 가격하락이 다른 한 재화의 수요를 증가시키는 경우 두 재화를 보완재(complements)라 한다. 승용차와 휘발유는 대표적인 보완재의 예이다. 취향은 수요를 결정하는 가장 분명한 변수이다. 인간의 취향은 경제학의 영역을 벗어난 역사적, 심리적, 사회적 요인 등에 의하여 결정되므로 경제학에서는 취향을 설명하지는 않지만 취향이 변할 때 나타나는 현상은 경제학의 분석대상이다. 마지막으로 미래에 대한 기대는 재화나 서비스에 대한 현재 수요에 영향을 미칠 수 있다. 만일 다음 달부터 소득이 증가할 것이라면 미리 자동차를 구입할 수도 있다는 것이다. 부동산은 미래가격의 기대심리에 따라 수요에 영향을 받는 대표적인 상품이다. 이에 대한 자세한 논의는 5장 4) 자산가격의 결정과 거품에서 하도록 한다.

사과의 가격이 오르면 해당 소비자의 사과수요량은 줄어들고 반대로 사과가격이 내리면 사과수요량이 증가하는데 이를 '수요의 법칙(law of demand)'이라고 한다. 즉 수요의 법칙이란 해당 소비자의 수요량에 영향을 미치는 다른 변수들이 변화하지 않을 때, 어떤 재화의 가격이 상승하면 그 재화의 수요량이 감소하는 것을 말한다.

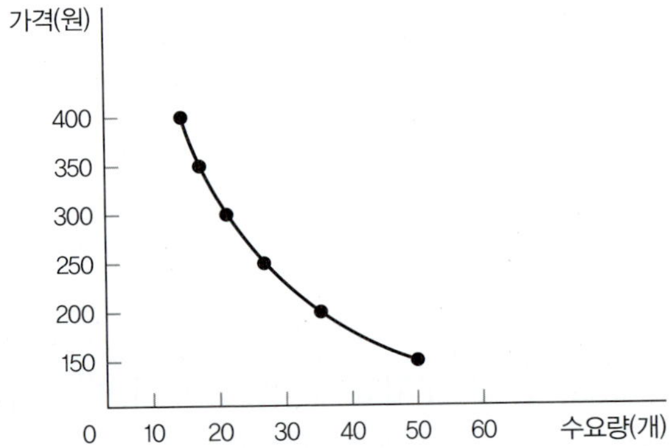

그림 4-1 사과의 수요곡선

시장수요는 개별수요를 합한 것이다. 갑과 을만 존재하는 시장을 가정할 때 [그림 4-2]는 갑과 을의 사과에 대한 각각의 수요곡선과 가격에 대응하는 개별수요곡선의 가로축에 나타난 두 사람의 수요량을 더한 시장수요를 보여주고 있다. 시장수요는 개별수요로부터 도출되기 때문에 시장 전체의 수요량은 개별 소비자들의 수요량을 결정하는 변수들에 의해 영향을 받는다.

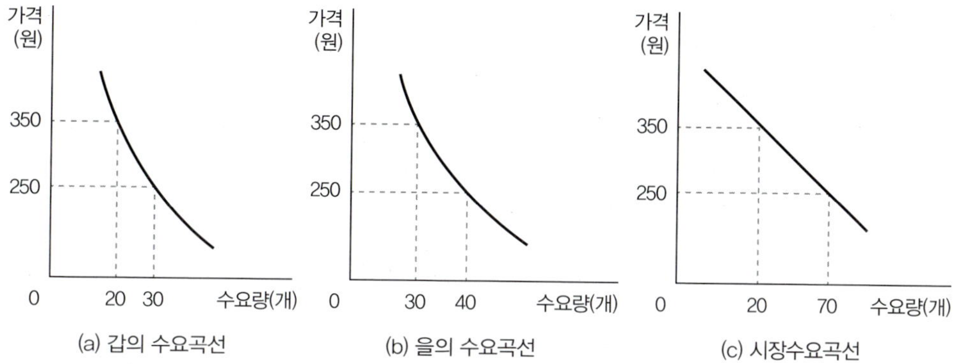

그림 4-2 사과의 개별수요곡선과 시장수요곡선

사과수요에 영향을 미치는 가격 이외의 다른 변수가 변하면 수요곡선은 이동(shifting the demand curve)한다. 즉, 해당 재화의 가격을 제외한 소비자의 소득, 연관재 가격, 취향, 미래에 대한 기대, 소비자의 수 등이 변화하게 되면 [그림 4-3]에서 보이는 것처럼 주어진 가격에서 수요량의 증가를 가져오는 변화는 수요곡선을 오른쪽으로 이동시키며, 반대로 주어진 가격에서 수요량의 감소를 가져오는 변화는 수요곡선을 왼쪽으로 이동시킨다. 이와 같은 수요곡선의 이동은 앞서 가격에 변화에 따른 수요곡선상의 운동(moving along the demand curve)과는 구별하여야 한다.

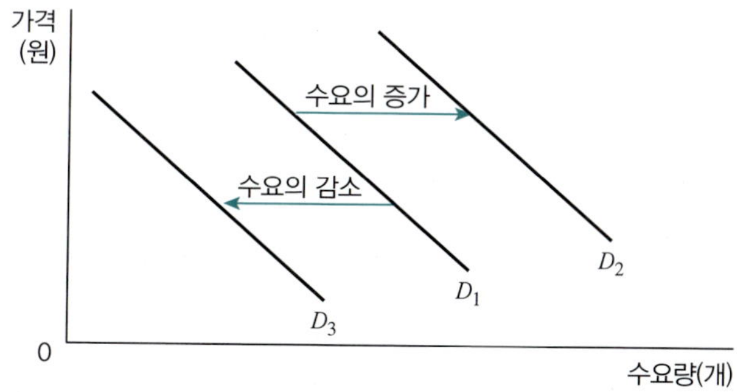

그림 4-3 수요곡선의 이동

2) 공급

어느 재화나 서비스의 '공급량(quantity of supply)'이란 생산자가 팔 의사와 능력이 있는 수량을 말하며, 이를 결정하는 변수들은 해당 재화의 가격, 생산요소의 가격, 기술, 미래에 대한 기대 등이 있다.[2)]

[그림 4-4]는 어떤 사과생산자의 사과가격과 공급량 사이의 관계를 나타낸 것으로 다른 조건이 불변일 때 사과가격이 상승하면 사과의 공급량이 늘고, 가격이 하락하면 공급량이 줄어들고 있다. 이와 같은 재화의 가격과 공급량 사이의 관계를 '공급의 법칙(law of supply)'이라고 한다.

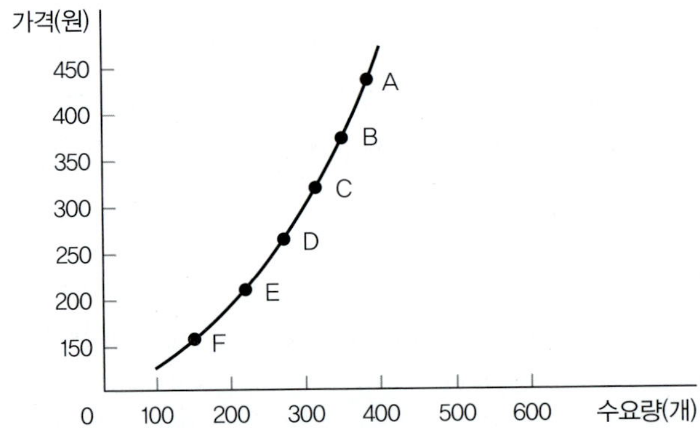

그림 4-4 사과의 공급곡선

시장공급도 시장수요와 마찬가지로 생산자들의 개별공급을 수평적으로 합산한 것이다. [그림 4-5]는 갑과 을로 구성된 사과시장에서 사과의 가격변화에 따라 사과 시장공급량의 변화를 보여준다.

2) 경제학에서는 토지, 자본, 노동을 3대 생산요소라 한다. 부동산 공급량에 영향을 주는 변수 중 토지는 매우 중요한 생산요소이며 토지의 가격에 따라 생산량이 좌우된다. 예를 들어 주택을 공급할 때 필요한 택지가격이 상승하게 되면 주택공급이 감소한다는 것이다. 또한 기술도 공급량에 영향을 준다. 건설기술의 발전은 인력절감 및 비용감소를 가져와 부동산개발과 공급량을 증가시킨다. 또한 수요와 마찬가지로 미래에 대한 기대도 현재의 공급량에 영향을 미치게 된다. 추후 아파트가격이 하락할 것으로 예상되면 건설업체들은 분양시기를 서둘러 앞당긴다.

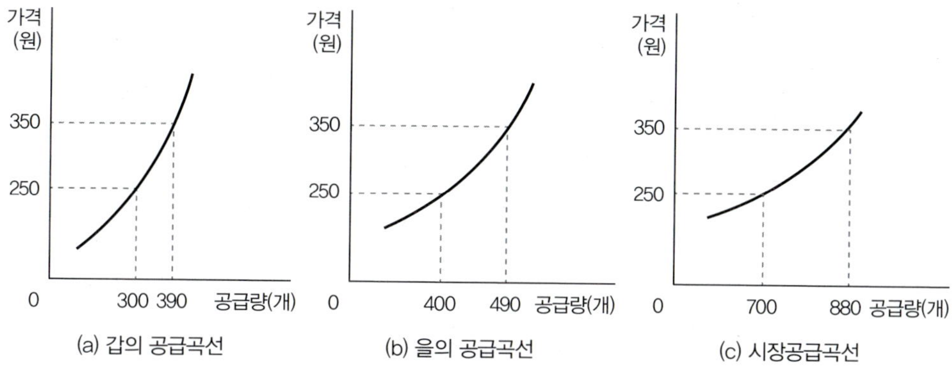

그림 4-5 사과의 개별공급곡선과 시장공급곡선

만약 농업기술이 획기적 발전에 힘입어 사과를 품종개량하여 당도가 높고 수확량이 높은 사과재배기술이 보급된다면 사과의 공급량이 증가하게 된다. 이렇게 주어진 가격에서 공급량이 증가하므로 공급곡선은 오른쪽으로 이동한다. [그림 4-6]에서처럼 각 가격에서 공급량을 증가시키는 변화가 일어나면 공급곡선은 오른쪽으로 이동하며 반대로 공급량을 감소시키는 변화가 일어나면 공급곡선은 왼쪽으로 이동한다.

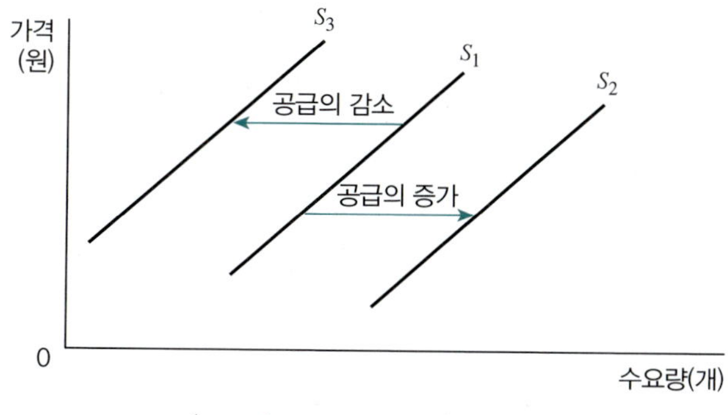

그림 4-6 공급곡선의 이동

시장공급량의 결정변수와 이들 변수의 변화가 시장공급곡선에 미치는 영향을 정리하면 다음과 같다. 어떤 재화의 가격이 변화하고 나머지 변수들이 변하지 않는다면 공급량의 변화는 공급곡선상의 운동(moving along the supply curve)으로 나타날 것이며, 가격을 제외한 나머지 변수 중 어느 것이라도 변하면 공급곡선 자체가 이동(shifting the supply curve)하게 된다.

3) 수요와 공급의 균형

[그림 4-7]에서 보이는 것처럼 시장수요곡선과 시장공급곡선이 만나는 점을 '균형점(equilibrium)'이라고 하며, 두 곡선이 만나는 점의 가격을 '균형가격(equilibrium price)', 거래량을 '균형거래량(equilibrium quantity)'이라 한다. 균형가격에서는 소비자들이 구입할 의사와 능력이 있는 수량이 생산자들이 공급할 의사와 능력이 있는 수량과 정확하게 일치하므로, 소비자들은 원하는 만큼의 재화를 살 수 있고 생산자들은 원하는 만큼의 재화를 팔 수 있는 모두 만족스런 상태이다. 이에 예시로 든 사과의 균형가격은 300원이 되고, 이때 거래량은 7개가 된다. 균형가격은 시장청산가격(market-clearing price)이라고도 한다.

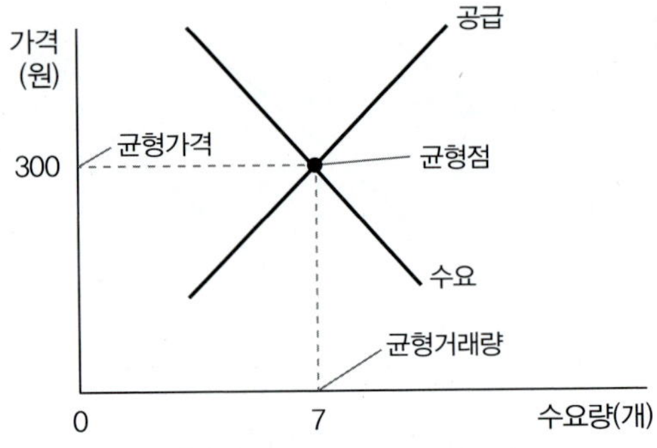

그림 4-7 수요와 공급의 균형

그런데, 만약 사과시장에서 사과가격이 350원으로 결정되면, 생산자는 10개의 사과를 공급하고, 소비자는 4개의 사과만을 구입하므로 결과적으로 6개의 사과가 남게 된다. 이 상황을 초과공급(surplus)이라 한다. 이 경우 사과의 재고량이 점점 쌓이게 되므로 생산자는 가격을 낮출 것이고, 조정과정은 가격을 다시 300원으로 내리게 한다. 반면, 사과가격이 250원으로 결정되면 수요량이 10개로 4개의 공급량을 초과하는 초과수요(shortage)가 발생하며, 소비자는 더 높은 가격을 지불하더라도 사과를 사고자 하므로 생산자는 판매 걱정 없이 가격을 올릴 수 있으며, 사과가격이 300원에서 멈춘다.

이와 같이 어느 재화의 가격이 그 재화에 대한 수요와 공급이 일치하도록 조정되는 현상을 '수요·공급의 법칙(law of demand and supply)'이라 한다. 이에 시장경제에서 가격은 희소한 자원을 배분하는 장치로써의 역할을 수행하게 되는 것이다.

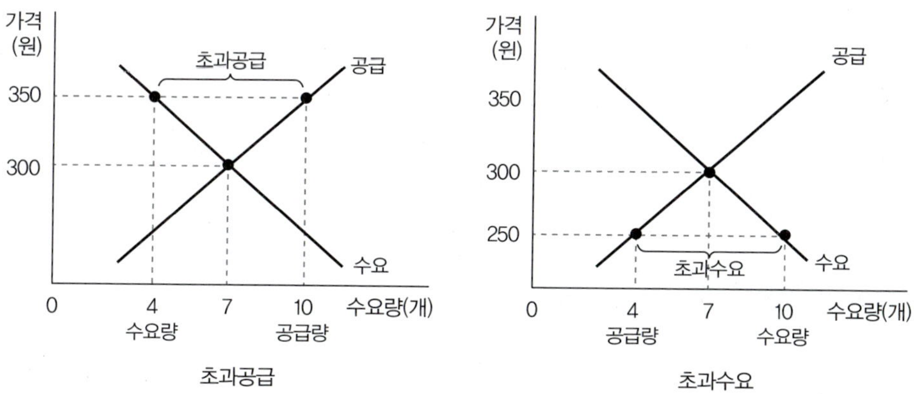

그림 4-8 균형이 아닌 시장

4) 탄력성

탄력성(elasticity)이란 수요량이나 공급량이 그 결정변수의 변화에 대해 반응하는 정도를 나타내는 지표이다. 탄력성은 소비자와 판매자가 시장 환경변화에 어떻게 반응하는지를 보여주므로 시장의 작동원리를 보다 정교하게 분석할 수 있다.

① 수요의 탄력성

수요의 법칙에 의하면 어느 재화의 가격이 하락하면 재화의 수요량은 증가한다. 수요의 가격탄력성(price elasticity of demand)은 가격이 변할 때 수요량이 얼마나 변하는지 나타내는 지표로서, 수요량의 변화율을 가격의 변화율로 나눈 수치를 말한다.

$$\text{수요의 가격탄력성} = \frac{\text{수요량의 \%변화율}}{\text{가격의 \%변화율}}$$

한 재화의 수요량이 가격변화에 대해 민감하게 변하면 그 재화의 수요는 탄력적(elastic)이라고 하며, 가격이 변할 때 수요량이 약간만 변하면 수요는 비탄력적(inelastic)이라 한다. 그렇다면 한 재화의 수요가 탄력성을 결정하는 변수들은 무엇인가? 재화에 대한 수요는 소비자의 취향에 의해 좌우되므로 개인의 욕구를 형성하는 경제 · 사회 · 심리적 요인들에 의해 결정되지만 일반적으로 필수품은 비탄력적, 사치품은 탄력적이고 밀접한 대체재가 존재하는 재화는 탄력적이다. 또한 시장의 범위가 좁을수록 탄력적이고 시간을 길게 잡을수록 탄력적이다.

중간점을 이용한 탄력성의 계산방법

수요곡선상의 두 점 사이의 가격탄력성을 계산할 때 문제가 하나 있다. 점A에서 점B로 변할 때의 탄력성이 점B에서 점A로 변할 때의 탄력성과 같지 않다는 것이다. 예를 들어 점A에서 가격은 4만 원, 수요량은 120개, 점B에서 가격은 6만 원, 수요량은 80개라면, 점A에서 점B로 변할 때 가격변화율은 50%, 수요량변화율은 33%이므로 수요의 가격탄력성은 0.66이 되지만, 점B에서 점A로 변할 때 가격변화율은 33%, 수요량변화율은 50%여서 수요의 가격탄력성은 1.55가 된다. 이러한 문제를 해결하기 위하여 탄력성을 계산할 때 중간점을 이용하면 된다. 즉 가격 5만 원, 수요량 100개로 계산하면 점A(B)에서 점B(A)로 변할 때 모두 가격변화율이 40%이고 수요량변화율은 40%여서 수요의 가격탄력성은 1이 된다. 중간점을 이용한 수요의 가격탄력성 계산식은 다음과 같다.

$$\text{수요의 가격탄력성} = \frac{(Q2-Q1)/[(Q2+Q1)]/2}{(P2-P1)/[(P2+P1)]/2}$$

수요곡선은 탄력성의 크기에 따라 분류할 수 있다. 즉 탄력성이 1보다 크면 수요가 탄력적으로 가격변화폭보다 수요량의 변화폭이 더 크며, 탄력성이 1보다 작으면 수요가 비탄력적이고 가격변화폭보다 수요량의 변화폭이 더 작다. 탄력성이 1이면 수요량이 가격과 똑같이 변화하는 것으로 이를 단위탄력적(unit elasticity)이라고 한다. 수요의 가격탄력성은 가격변화에 대해 수요량이 얼마나 민감하게 변화하는지를 나타내므로 가격탄력성은 수요곡선의 기울기와 밀접한 관계를 갖는다.

어느 시장에서 수요 또는 공급의 변화를 분석할 때 중요한 변수중의 하나는 '총수입(total revenue)'이다. 총수입은 어느 재화에 대한 소비자의 지출액이며 동시에 재화 생산자의 생산수입으로서 그 재화의 가격(P)에 거래량(Q)을 곱한 수치이다. 수요가 비탄력적일 때 가격이 오르면 총수입도 증가하게 된다. 왜냐하면 가격상승률에 비하여 거래량의 감소율이 낮기 때문이다. 반대로 수요가 탄력적일 때 가격이 오르면 총수입은 감소하게 된다. 이는 가격이 상승할 때 수요량이 가격상승을 상쇄하고도 남을 정도의 큰 폭으로 감소하기 때문이다. 따라서 수요의 가격탄력성이 1보다 작은 경우, 가격이 상승하면 총수입이 증가하고, 가격이 하락하면 총수입도 감소한다. 수요의 가격탄력성이 1보다 큰 경우, 가격이 상승하면 총수입이 감소하고, 가격이 하락하면 총수입도 증가한다. 수요의 가격탄력성이 정확히 1인 경우에는 가격이 변해도 총수입은 변화하지 않는다.

이외에도 소비자의 소득이 변할 때 어느 재화의 수요량이 얼마나 변하는지를 나타내는 지표로 수요의 소득탄력성(income elasticity of demand)이 있다. 정상재의 경우 소득이 상승하면 수요량이 증가하지만, 대중교통과 같은 열등재는 소득상승이 수요량의 감소를 가져온다. 물론 정상재들 사이에도 소득탄력성의 크기에는 차이가 있다.

$$\text{수요의 소득탄력성} = \frac{\text{수요량의 \%변화율}}{\text{소득의 \%변화율}}$$

수요의 교차탄력성(cross-price elasticity of demand)은 한 재화의 가격이 변할 때 다른 재화의 수요량이 얼마나 변화하는지를 나타내는 지표이다. 교차탄력성의 부호가 음인지 양인지에 따라 두 재화의 관계가 대체재인지 보완재인지 판정된다.

$$\text{수요의 교차탄력성} = \frac{\text{재화1의 수요량변화율}}{\text{재화2의 가격변화율}}$$

② 공급의 탄력성

공급의 법칙에 따르면 어느 재화의 가격이 상승하면 그 재화의 공급량은 증가한다. 공급의 가격탄력성(price elasticity of supply)은 가격이 변할 때 공급량이 얼마나 변하는지를 나타내는 지표이다. 어떤 재화의 공급량이 가격변화에 대해 민감하게 변하면 그 재화의 공급은 탄력적이라 하고, 그와 반대면 공급이 비탄력적이라고 한다.

공급의 가격탄력성은 공급자들이 생산량을 얼마나 신축적으로 조절할 수 있는가에 좌우된다. 예를 들어 해변에 인접한 지역의 택지는 추가공급이 불가능하므로 공급이 비탄력적이다. 반면 책, 자동차 등 공산품은 가격이 높아지면 공장 조업시간을 연장해서라도 생산량을 늘릴 수 있기에 공급이 탄력적이다. 대부분의 시장에서 공급의 가격탄력성을 결정하는 중요한 변수는 분석대상 기간이다. 대체로 단기보다 장기의 공급이 더 탄력적이다. 단기적으로 기업이 생산을 늘리거나 줄이기가 어렵기 때문에 공급량이 가격변화에 민감하지 않으나, 장기적으로 공장을 새로 짓거나 기존의 것을 폐쇄할 수 있으며, 기업의 시장 진입 및 퇴출이 가능하기 때문이다.

$$\text{공급의 가격탄력성} = \frac{\text{공급량의 \%변화율}}{\text{가격의 \%변화율}}$$

공급의 가격탄력성은 가격변화에 대해 공급량이 얼마나 민감하게 반응하는지를 나타내므로, 가격탄력성은 공급곡선의 기울기와 밀접하다. 탄력성이 0이고 공급이 완전 비탄력적인 극단적 경우에는 공급곡선이 수직이다. 이 경우에는 가격과 무관하게 공급량은 일정하다. 예를 들어 공급이 거의 고정되어 있는 토지에 대하여 경쟁이 벌어지면, 토지가격만 올라가게 되고 결과적으로 이 자원의 소유자에게 돌아가는 경제적 특혜만 커지게 될 뿐이다. 탄력성이 커질수록 공급곡선은 점점 더 완만해지며 가격변화에 대한 공급량의 변화폭도 커진다. 반면 공급이 완전 탄력적인 경우에는 탄력성이 무한대에 접근하여 공급곡선이 수평선이고 가격이 조금만 변해도 공급량은 매우 큰 폭으로 변한다. 공급의 가격탄력성은 공급곡선상의 위치에 따라 다른 경우가 있다. [그림 4-9]는 생산능력이 한정되어 있는 공장을 보유한 업체들로 구성된 공급자의 행태를 보여준다. 공급량이 작을 때는 공급의 탄력성이 높은데, 이는 가격이 변함에 따라 기업의 공급량이 큰 폭으로 변한다는 뜻이다. 공급량이 적은 경우 업체들은 유휴생산력이 존재한다. 예컨대 공장이나 설비가 놀고 있는 상태가 되는 것이다. 따라서 가격이 조금만 오르면 기업들은 이 유휴생산시설과 장비를 가동하는 것이 이익이다. 그러나 공급량이 증가하여 생산능력의 한계에 도달하면 생산량 증가를 위해서는 새로운 공장건설이 불가피하다. 기업들로 하여금 추가비용을 들여서 공장을 짓도록 유도하려면 가격이 큰 폭으로 상승해야 되므로 공급은 비탄력적이 된다.

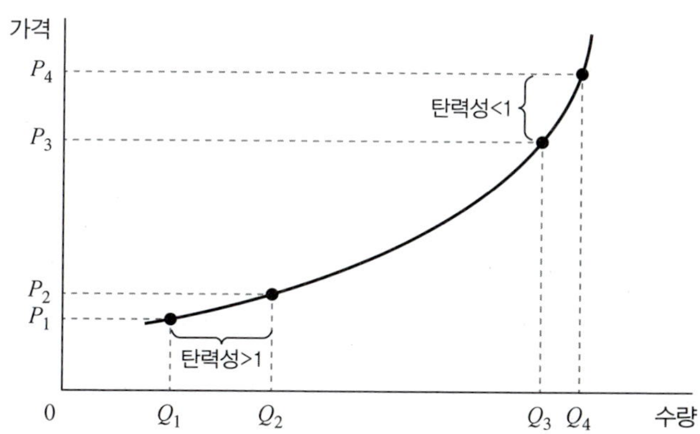

그림 4-9 공급곡선 위의 여러 점에서 가격탄력성이 다를 수 있는 경우

3. 부동산시장의 특성

완전경쟁시장이란?

1. 어느 누구도 해당 시장에서 형성된 가격을 마음대로 조작할 수 없을 만큼 수많은 수요자와 공급자가 존재한다.
2. 해당 시장에서 거래되는 자원이나 재화는 거의 동질적이다.
3. 공급자나 수요자 모두 자신이 거래하려고 하는 자원이나 재화에 대한 정확한 정보, 특히 그것의 현재 및 미래의 가격에 대한 정확한 정보를 가지고 있어야 한다.
4. 해당 자원이나 재화의 공급자의 수가 이윤의 정도에 따라 신축성 있게 변할 수 있도록 해당 산업에 자유롭게 진입하고 퇴출할 수 있다.

〈표 4-1〉은 완전경쟁시장과 부동산시장을 비교하여 정리한 것으로써 이를 통하여 부동산시장은 왜 완전경쟁시장을 가정하는 신고전학파 경제학의 틀 속에서 분석되는 데 한계가 존재하는지에 대하여 이해할 수 있을 것이다. 물론 이러한 비교는 부동산시장이 완전경쟁시장의 성격을 보다 많이 가지고 있는 주식이나 채권시장에 비하여 덜 조직적이고 비효율적으로 보이게 하기도 한다.

부동산시장과 완전경쟁시장이 구별되는 차이점들은 각종 형태의 규제나 정책 등을 통하여 정부가 부동산시장에 개입하는 범위와 앞서 살펴본 부동산의 물리적 · 경제적 · 제도적 특성들에서 기인한다. 그렇지만 부동산시장이 불완전하더라도 할당효율적일 수는 있다는 사실을 염두에 두어야 할 것이다.

여기서 할당적 효율성(allocational efficiency)은 부동산투자와 다른 투자대안에 따르는 위험을 감안할 때, 부동산투자의 위험감안 수익률과 다른 투자의 수익률이 서로 같도록 할당되었다는 것을 의미한다. 일반적으로 완전경쟁시장에서는 할당적 효율성이 자동적으로 달성되지만, 불완전경쟁시장에서 할당적 효율성이 달성될 수 없는 것은 아니다. 즉 불완전경쟁시장에서 발생하는 초과이윤이 초과이윤을 발

표 4-1 완전경쟁시장 대 부동산시장

특 징	완전경쟁시장	부동산시장
1. 구매자와 판매자의 수	대다수의 구매자와 판매자가 존재하기에 독점(monopoly), 과점(oligopoly), 독점적 경쟁시장(monopolistic competition market)이 존재하지 않는다.	상대적으로 소수의 시장참여자가 존재하기에 "매입자 중심의 시장(buyer's market)"이 조성될 수도 있고, "판매자 중심의 시장(seller's market)"이 조성될 수도 있다.
2. 상품에 대한 지식과 거래의 용이성	구매자와 판매자 모두 상품에 대한 충분한 지식을 갖고 있기에 상품에 대한 거래가 쉽게 이루어진다.	구매자와 판매자 모두 상품에 대한 충분한 지식을 갖고 있지 않기에 거래가 쉽게 이루어지기 어렵다.
3. 상품의 표준화 정도	모든 제품은 동일하며 교환가능하다. 따라서 서로 다른 구매자가 구입한 상품 간에 차이란 거의 없다.	실질적으로 이 세상에는 동일한 부동산이 존재하지 않는다. 따라서 부동산 상품의 표준화란 불가능하다.
4. 이동성	제품은 보다 이윤을 더 창출할 수 있는 시장으로 언제든지 이동이 가능하다.	부동산은 입지가 고정되어 있기에 다른 곳으로의 이동은 불가능하다. 따라서 부동산 시장은 국가단위가 아닌 지역/지점에 형성된다.
5. 규모와 구매의 빈도	구매하는 품목은 소량이고 상대적으로 값이 비싸지 않기에 빈번하게 구매된다.	거래시 거액의 자금이 필요하고, 상당한 거래비용이 소요되므로 빈번하게 구매되지 못하는 상품이다.
6. 가격	가격은 수요와 공급에 의하여 원활하게 조정된다.	가격은 수요와 공급의 상호작용에 의하여 영향을 받지만 원활하게 조정되지는 않는다. 구매자와 판매자의 정보 부족은 가격을 왜곡시킬 수 있다.
7. 정부의 역할	정부의 개입은 불필요하므로 자유방임정책(laissez-faire)이 선호된다.	정부는 재정정책/금융정책과 같은 경제정책 및 토지이용, 환경규제 등을 이용하여 부동산개발을 장려 또는 위축시키는 데 강력한 영향력을 행사한다.

생하도록 하는 데 드는 비용과 일치한다면 할당효율적일 수 있다는 것이다(안정근, 1995).

이하에서는 부동산시장만이 가지고 있는 독특한 특성들 중에 주목해야 몇 가지 사항에 대하여 논의하도록 하겠다.

1) 지역성으로 인한 경쟁(localized competition)의 제한

부동산의 비이동성, 이질성, 영구성이라는 특성은 부동산시장이 지역 또는 지역사회(community)별로 형성되어 경쟁이 이루어지도록 하므로 가격에 있어 지역적인 차이가 크게 나타나는 지역시장(local market)을 갖게 한다. 이에 구매자는 동질적이지도, 표준화되지도 않은 이질적인 부동산이라는 상품을 쉽게 비교할 수 있는 수단이 없기 때문에 상품들 간의 경쟁이라는 것이 매우 제한적이다.

지역성으로 인한 경쟁(localized competition)의 제한성은 투자목적의 상업용 · 공업용 부동산보다 주거용 부동산을 구입할 때 보다 두드러진다. 왜냐하면 상업용 또는 공업용 부동산투자자들은 투자규모가 크기 때문에 보통 더 많은 지식과 정보를 수집하는 등 자산을 매입하기 전 매우 신중하게 검토하는 것이 보편적이기 때문이다. 부동산시장이 지역적으로 차이가 있다 해도 거시경제의 영향력을 배제할 수는 없다. 즉 이자율과 같은 국민경제 전반에 영향을 주는 요인들이 부동산시장 전반에 영향을 미치지 않는다는 것은 아니다. 그러나 국가경제보다도 각 지역마다 상당히 차이가 있는 고용, 임금수준과 같은 지역경제 상황이 지역 부동산시장에 더 강력하게 작용할 수 있다는 것이다. 이는 전국적으로 부동산가격이 보합세를 유지하더라도 특정 지역만은 부동산 가격이 국지적으로 상승하는 현실을 보아도 알 수 있을 것이다.[3)]

2) 계층화된 수요(stratified demand)

사람들은 일반적으로 특정 목적으로 부동산을 찾고 사용한다. 예를 들어 아파트를 구입하고자 하는 가정은 다른 유형의 주택은 관심이 없다. 이처럼 부동산시장은 특정 수요자에 따라 움직인다. 예를 들면 아파트시장이 활발하게 움직일 때, 단

3) 김지현 · 최윤영(2015)의 실증분석에 의하면 아파트 거래량에 대한 지역수준별 소비자심리의 영향도 차이가 있는 것으로 나타났다.

독주택시장은 그렇지 않을 수도 있다는 것이다. 따라서 부동산은 계층화된 수요(stratified demand)에 따라 분화되고, 이렇게 수요자들에 의하여 분화된 시장을 시장분할(market segmentation)이라고 한다. 즉 국가 전체에 한 개의 부동산시장이 있다고 보기보다는 부동산시장은 지역, 유형, 규모 등에 따라 구분되는 하위시장(sub market)이 존재하는 것이다. 따라서 계층화된 수요를 충족시키기 위하여 전문분야가 발달하게 된다. 예를 들어 부동산중개자, 감정평가사, 관리자들은 자신들이 전문적으로 다루는 부동산 유형이 있다.

부동산의 공급자들도 점차 분화 내지 전문화하려는 경향이 심화되고 있지만 수요보다는 아직 그 정도가 약한 편이다. 예를 들어 아파트건설업자들은 주로 아파트건설을 전문화하고, 단독주택건설업자들은 단독주택건설을 전문화하는 것이다. 이처럼 전문화된 공급자 시장을 시장분리(market disaggregation)라고 한다.

3) 높은 거래비용(high transaction cost)

부동산거래는 다른 재화에 비하여 거래비용(transaction cost)이 높다. 거래비용의 주요 항목은 세금과 중개수수료이다. 우리나라의 경우 주택의 취득 시 6억 원 이하는 1%, 6~9억 원은 2%, 9억 원 이상은 3%의 취득세를 납부하여야 한다. 또한 주택 양도 시에도 일정요건을 충족하지 못할 경우 양도차액에 따라 최고 38%의 세율이 적용된다. 또한 공인중개사나 중개인에게 지불하는 법정수수료율은 매매-교환의 경우 거래가액의 0.15~0.9%, 임대차는 0.15~0.8% 이내로 규정되어 있다. 이처럼 부동산거래에 참여하고자 하는 사람들은 의사결정을 위하여 부동산가격과 가치에 대한 정보를 취득하고 분석하여야 하며 이 과정에서 비용이 발생한다. 기업에서는 특정 부동산을 매입 또는 매각하기 위한 정보취득을 위하여 부동산전문가를 활용하는 사례가 점점 증가하고 있다. 최근 개인들도 자신의 이윤을 극대화하기 위하여 관련 정보를 구하는 데 많은 비용을 지불한다. 이처럼 부동산은 거래비용이 높기 때문에 부동산 수요가 변동하더라도 수요자들이 즉각적으로 부동산 소비를 조정하지 않는다. 예를 들어 어떤 가계의 소득이 증가하면 더 크고 좋은 주택으로 이사를 갈 것을 고민하게 될 것이다. 그러나 주택 탐색비용과 세금, 이사 등 거래비용을 모두 고려할 때 현재 살고 있는 주택이 그다지 효용에 문제가 없다고 판단되면 그대로 현재의 주택에서 거주하는 것이 낫다고 결정할 수도 있다는 것이다.

4) 비조직적인 시장(unorganized market)

부동산은 유형에 따라 거래가격이나 내용이 상이하여서 상품별 시장의 조직화가 어렵다. 시장에서 거래는 양자의 협상능력과 시장상황에 영향을 받기에 가격 또한 상이하게 결정된다. 이는 지역적으로나 국가적으로나 마찬가지의 현상이다. 이처럼 시장이 비조직적인 것은 하위시장(sub-market)이 존재하기 때문이다. 선진화되지 못한 지역에서 부동산거래는 매입자와 판매자가 개별적으로 만나 이루어지고 그들의 협상내용 및 결정가격은 누설하지 않는 경우가 많다. 더구나 부동산거래는 세금과 직결되므로 거래쌍방이 상호이익을 위하여 사실상의 거래가격을 변경하기도 한다. 이처럼 분산되고 비밀스런 거래는 부동산 시장정보 수집이 어렵고 비용이 많이 들도록 만들고 있다.

5) 수급조정의 어려움(poor adjustment of supply and demand)

부동산시장은 그 특성상 수급조정의 어려움이 있다. 단기(短期)적으로 부동산시장의 공급은 고정되어 있다. 수요가 증가하더라도 새로운 건축물을 완성하기에는 일정한 시간이 소요되기 때문이다. 현재의 부동산 성격을 변경시키는 데도 시간이 필요하다. 일반적으로 1년 정도의 기간 동안 부동산공급은 약 2~3%만이 증가한다. 이에 반해서 특정한 지역 또는 커뮤니티의 수요는 단기간이라도 쉽게 불안정해진다. 수요가 급격하게 증가할 수 있다는 것이다. 결과적으로 수요가 공급을 초과하면 가격은 폭등하게 된다. 이와 반대로 부동산 소유자는 수요가 감소한다 해도 팔고자 하는 가격대에서 거래를 하고자 버틸 수 있기에 가격은 서서히 떨어진다. 그렇지만 초과공급이 계속되면 매입자 중심의 시장(buyer's market)을 유도하여 결국 부동산가격은 떨어지게 마련이다. 이와 같이 부동산시장의 신속하지 못한 수급조정능력은 좁게는 특정 구역이나 지역, 넓게는 국가적으로 부동산의 수요와 공급의 불균형을 초래하게 된다.

6) 불안전한 시장(absence of market stabilizing factors)

이질적인 재화로써 부동산은 대체가 불가능하다. 이러한 특성은 부동산을 팔기 전 가격하락을 막기 위한 판매자의 대응력을 떨어뜨리는 요인으로 작용한다. 대체재가 없는 부동산의 가격은 안정적이지 못하기에 투기(speculation)의 대상이 되기가 쉽지 않고, 공매(空賣, short selling)라고 알려진 시장의 안전운용을 방해한다.

공매는 상품을 소유하지 않고 가격이 오르면 팔고, 내리면 사는 방식을 말한다. 즉 증권, 곡물, 주식과 같이 합법적으로 대체(substitutable)가 가능한 재화를 대상으로 미래의 특정시점, 특정가격에 재화를 양도하되, 대금은 양도시점에 지불하는 거래를 함으로써 가격의 잠재적인 하락에서 오는 피해를 막을 수 있는 것이다. 그런데 가격의 잠재적인 하락에 대응하는 공매와 같은 시장에서 안정적인 이윤을 얻을 수 있도록 하는 기법은 부동산시장에는 잘 작동하지 않는다. 시장의 비조직성과 상품으로서 부동산의 대체불가능성은 현재 부동산을 소유하지 않은 사람이 부동산을 매각하려 할 때, 다른 부동산을 매입하여 이것을 합의된 높은 가격에 매입자에게 양도하는 시점을 결정할 수 없기 때문이다. 이는 부동산시장의 가격파동을 일으키는 원인이 되기도 한다. 더욱이 시장이 하향국면에 있을 때에는 거래의 동결과 보합상태를 이루기 쉬우므로 시장은 더욱 불안전해진다.

CHAPTER 05 부동산 공간시장과 자산시장

1. 부동산시장의 구분: 공간시장과 자산시장
2. 부동산 공간시장
3. 부동산 자산시장
4. 공간시장과 자산시장의 관계

CHAPTER 05 부동산 공간시장과 자산시장

1. 부동산시장의 구분: 공간시장과 자산시장

부동산시장은 공간(space)을 사용하려는 목적으로 형성된 공간시장(space market)과 공간보다는 자산으로서의 이용가치가 목적인 자산시장(asset market)으로 구분할 수 있다. 공간시장에서는 특정 목적으로 사용하려는 공간의 필요성과 부동산의 유형과 상태에 따라서 그리고 재산보유의 한 형태로써 공간의 임대 또는 소유가 결정된다.

한편 자산시장에서 부동산은 증권이나 채권처럼 자산증식을 위한 투자의 대상으로 투자자들 사이에서 사고, 팔고, 교환된다. 이러한 목적의 거래행위는 자본시장(capital market)에서 발생하지만 공간으로서의 부동산의 자산가격(asset price)을 결정하기도 한다.

2. 부동산 공간시장

1) 공간시장의 정의와 구분

공간시장(space market)은 토지 또는 건물과 같은 부동산 그 자체를 사용하기 위한 시장을 말한다. 따라서 이 시장은 부동산 이용시장(usage market) 또는 임대시장(rental market)이라고도 한다. 공간시장에 있어 수요자는 소비 또는 생산의 목적으로 공간을 이용하고자 하는 개인, 가구(household), 기업 등이다. 예를 들어 상가를 임대하여 제과점을 운영하고자 하는 개인사업자, 자취방을 구하는 대학생, 결혼하여 살 집을 찾는 예비신혼부부 등이 공간시장의 수요자가 되는 것이다. 반면 공급자는 공간을 임차인에게 임대하여 수익을 올리려는 부동산소유자가 된다. 신규주택의 경우 정부나 공공단체 또는 민간 개발업자들이 공급자가 되기도 한다.

특정한 기간에 특정 목적으로 공간을 이용하는 권리에 대하여 지불되는 대가를 임대료(rent)라 한다. 임대료는 보통 이용면적당 그리고 연(年) 단위로 거래가격이 결정되며, 경우에 따라서 월(月) 단위로도 결정된다. 공간시장의 수요 · 공급에 의하여 결정되는 임대료는 건축되어진 공간의 가치(가격)와 공간에 대한 수요와 공급의 현재 균형상태를 알려주는 신호등이다. 이에 공간 사용목적의 수요는 증가하는데 이에 반하여 공급이 증가하지 않는다면, 임대료는 오르게 마련이다.[1)]

공간시장의 공급은 위치(location)와 유형(type)에 따라 명확히 구분된다. 앞에서 설명한 비이동적이고 이질적인 부동산의 물리적 특성을 고려할 때 공간시장의 이와 같은 특성은 쉽게 예측이 가능하다.

서울 도심에 사무실을 찾고 있는 기업이 있다고 하자. 부산 도심에 비어 있는 사무실이 건축학적으로 이 기업 특성에 아무리 완벽하다고 하더라고 아무 소용이 없다. 유사한 맥락에서 특정용도로 지어진 건물은 그 유형을 쉽게 변화시킬 수 없다.

1) 물론 내가 소유하고 있는 주택에 대하여 임대료를 지불할 필요가 없지만, 주택을 임대하지 않음으로 포기한 기회비용을 고려한다면 임대료가 지출되고 있다고 생각할 수 있다. 실지로 미국이나 유럽과 같이 많은 비용을 들여 개인이 굳이 집을 소유할 필요가 없는 경우 주택을 임대하여 사용하는 경우가 빈번하므로 부동산의 임대료는 부동산의 가격과 동일시된다. 즉 지대(地代)와 지가(地價)는 1대 1의 상관관계가 인정되어 이것이 혼용되어 사용된다. 그러나 부동산이 재산증식의 주요 수단인 나라에서는 사정이 좀 달라진다. 즉 자산으로서의 부동산은 임대료와 이를 사고팔았을 때 주고받는 절대금액, 즉 부동산 자산으로 구분된다. 우리나라에서는 부동산 자산을 부동산 이용에 대한 임대료로 이해하지 않는다. 다시 말해서 우리나라에서 지가라고 하면 대부분의 사람들이 땅을 사고팔았을 때에 주고받는 금액으로 생각하지 이것을 지대로 생각하는 사람은 거의 없다는 것이다.

즉 아파트로 지어진 건물은 상가로 변화시키기가 어렵고, 상가로 지어진 건물은 반대로 아파트로 전환하기 힘들다. 물론 상당한 개조비용과 시간을 투입하여 특정 용도로 건설된 건물을 다른 용도로 개조할 수도 있다. 그러나 투입되는 비용과 시간이 만만치 않다는 점은 인정해야만 한다. 이처럼 공급과 수요가 위치(location)와 유형(type)에 따라 명확히 구분되기 때문에 공간시장은 다양하게 구분될 수 있다. 앞에서 설명하였듯이 부동산 공간시장은 부동산이 입지한 지점 또는 지역에 따라 그리고 사용목적에 따라 구분된다. 울산지역의 주택시장은 울산에서만 그 기능을 하는 것이지 이것이 우리나라 전체의 단일한 하나의 주택시장으로 기능하지 않는다는 것이다.

일반적으로 유류, 철강제품, 금융상품 등과 같은 동질적인 상품(homogeneous commodities)들은 공간에 제약받지 않고 상품들이 자유롭게 이동할 수 있기 때문에 국가적으로 통합된 중앙시장(central market)이 존재한다. 공간시장의 구분은 물리적으로 유사한 공간이라도 어디에 위치하였느냐에 따라, 그리고 같은 곳에 위치하였다 하더라도 어떤 유형의 건물이냐에 따라 임대료가 엄청나게 차이가 있을 수 있음을 의미 한다.

공간시장 구분에 있어 가장 중요한 지리적 단위는 대도시권역(metropolitan areas)이다. 대도시권역은 중심도시와 그 주변의 도시외곽을 포함하며, 경제적 · 문화적 · 사회적으로 밀접하게 관련되어 있다. 대도시권은 보통 그 지역 내 자동차 통근이 가능한 거리에서 그 규모가 결정되지만, 중심업무지역(Central Business District: CBD)과 도시외곽과 같이 지리적으로 나누어지는 공간하위시장(geographic segmentation of space market)이 있다. 이상의 지리적 구분 이외에도 부동산 이용 또는 거래별 유형에 따라 구분될 수 있다. 예를 들어 앞에서 살펴본 부동산 거래 유형별로 주거용부동산, 상업용부동산, 산업용부동산 등이다.

2) 공간시장의 수요와 공급

공간시장으로서 부동산시장은 부동산이라는 표준화되지 못한 상품의 특성, 차입금을 이용하여 투자수익률을 높일 수 있는 레버리지(leverage effect)의 사용, 세금의 은닉처, 신규공급에 장시간이 요구되는 등 불완전시장의 특성을 보이기는 해도 수요와 공급의 변화에 대응하며 이론적인 경쟁시장과 유사하게 작동한다. 공간시장의 역동적인 작동과정을 이해하기 위한 몇 가지 경제원칙들을 간단하게 정리하면 다음과 같다.

- 규모와 질적인 면에서 비교가 가능한 부동산 단위나 유형은 시장에서 유사한 가격에 거래되는 경향이 있다.
- 공급과 수요가 균형을 이루면 가격은 안정적이 된다.
- 만약 수요가 공급을 초과하면 판매자 중심의 시장(seller's market), 즉 공급자시장이 만들어지고 가격은 상승한다. 공급자시장이란 상품 및 서비스시장에서 공급이 수요에 미치지 못하여(초과수요) 공급자가 일방적으로 공급물량 조절을 통해 가격결정을 주도하는 시장이다. 높은 가격은 수요를 감소시키며 동시에 신규건설을 자극한다. 초과수요가 인식된 후 이루어지는 신규건설에는 일정한 기간이 소요된다. 신규건설은 공급과 수요가 다시 균형을 이루고 가격이 안정될 때까지 계속된다.
- 만약 특정 지역 또는 지역사회에서 공급이 수요를 초과하게 되면, 매입자 중심의 시장(buyer's market), 즉 수요자시장이 조성되고 가격은 떨어진다. 수요자시장은 공급이 수요보다 많아 공급자들 간 경쟁이 치열해지면서 수요자가 거래조건을 지배하는 시장이다. 가격의 하락은 수요를 자극하지만 신규건설은 침제를 맞게 한다. 가격은 수요와 공급이 다시 균형을 이루게 될 때까지 떨어지게 된다.
- 낮은 이자율은 수요의 자극을 유발하는 등 신용비용의 변화(changing cost of

credit)를 초래하는 등 상당한 영향력을 갖고 있으며 종종 거래비용(transaction cost)에도 영향을 미친다.

수요에 영향을 주는 변수들에 대하여 좀 더 이야기하여 보도록 하자. 대부분의 부동산에 대하여 인구는 수요의 필수조건이다. 인구증가(감소)는 잠재적인 수요의 증가(감소)를 의미한다. 물론 잠재수요가 실질적인 수요로 바뀌기 위해서는 부(副)와 소득이 필요하지만 부동산시장에 있어 인구는 수요에 영향을 주는 매우 중요한 변수이다.[2)]

이외에도 공간시장은 소득수준, 고용기회, 소득안정성의 변화에 대하여 민감하게 반응한다. 미국과 같이 주택금융이 잘 발달한 나라에서 주택매입에 필요한 자금은 대부분 임금근로자의 경우 자신의 소득에서 25~35% 정도만 충당하고 나머지는 금융기관에서 주택저당대출 또는 모기지(mortgage)를 이용하고 있기에 고용상태와 소득 정도가 주거용 공간수요에 미치는 영향은 대단히 크다.

저축, 신용도, 이자율도 수요에 지대한 영향을 준다. 임금수준의 상승은 개인이 처분할 수 있는 전반적인 소득의 증가를 의미한다. 금융기관은 개인의 저축과 투자를 통하여 모기지 펀드를 조성하고 그 규모에 따라 대출가능금액 및 이자율을 결정한다. 일반적으로 개인 신용도에 따른 대출금액의 규모와 이자율은 주거용 부동산시장 활동을 결정짓는 매우 중요한 요인으로 작용한다. 높은 대출금리와 까다로운 대출조건은 신규주택건설 및 주택매매에 즉각적으로 부정적인 영향을 미친다. 금리도 낮고 대출조건도 까다롭지 않다면 정반대의 효과가 있을 것이다. 대부분의 가정은 대출을 이용하여 주택을 매입하기 때문에 이자율은 주택매입에 있어 매우 중요하며, 종종 거래비용에도 영향을 미친다. 대부분의 매입자들, 특히 분할분의 계약금(down payment)이 적은 매입자들에게 주택매입에 있어 가장 우선하여 고려하는 사항은 매달 지불해야 하는 원금, 이자, 세금, 보험의 규모이다.

2) 거주특성상 주거용 부동산의 경우 수요는 인구보다는 가구(households)의 수로 측정된다.

한편, 공급량을 결정하는 변수들 중에는 완전경쟁시장에서 전혀 고려대상이 되지 않지만 부동산시장에서는 매우 중요한 것들이 있다.

우선 임대료(rent)와 공실률(vacancy levels)[3]이다. 부동산 임대시장은 매우 경쟁적이다. 임대료가 조금이라도 높게 설정되면, 임차인은 공간을 줄일 것이고 이에 따라 공실률이 올라간다. 여러 가지 실질적인 이유로 인하여 주택공급은 시장에서 철회가 불가능하다. 따라서 100% 점유율을 유지하기 위한 경쟁은 가격이 일정하도록 유도한다. 공실률이 5~8%에 이르게 되면 공간에 대한 공급이 초과되었거나 가격이 지나치게 높다는 것을 말해준다. 또는 시장상황이 좋아질 때까지 건설이 자제되어야 함을 뜻한다.

두 번째로 조세(taxation)와 토지이용규제(land-use controls)도 공급에 지대한 영향을 준다. 조세는 정부에서 부동산개발을 부추기거나 저지시키는 수단으로 또는 특정 목적으로 토지를 이용하도록 유도하는 수단으로 이용된다. 토지이용규제도 역시 부동산시장에 영향을 준다. 엄격한 규제와 허가는 부동산 자산의 가치를 올리고 부동산거래 및 신규건설을 침체시킨다.

셋째, 이용가능한 토지의 가격, 노동력, 건축자재의 가격도 부동산공급에 영향을 준다. 건물부지의 부족은 현 부동산 자산의 가격을 상승시키는 압력으로 작용하여 시장거래는 부진하게 만들기도 한다. 반대로 낙관적인 투기적 심리는 과도한 토지개량공사(land improvements)[4]를 유도하고, 그 결과 시장은 장기간의 침체기로 빠질 수 있다.

---

3) 부동산시장에서 공실(vacancies)은 중요한 역할을 수행하고 있다는 점을 인식하여야 한다. 우선, 상품차별성이 큰 부동산의 특성으로 인하여 수요자가 원하는 물건과 공급자들이 공급하려는 물건이 일치하지 않는 경우가 많은데 공실은 수요와 공급이 원활하게 연결되도록 도와준다. 또한 수요자는 원하는 부동산을 찾기 위하여 탐색의 시간과 비용이 필요한데 공실은 이런 수요자들의 탐색을 도와주는 역할을 한다. 마지막으로 공실은 공간수요의 증가를 큰 비용 없이 수용할 수 있는 완충장치(buffer)의 역할을 수행하기도 한다. 부동산 공간에 대하여 수요가 증가하더라도 이에 대응하여 신속하게 신규공급이 이루어질 수 없기에 건축물의 임대업자는 수요증가에 대비하여 여유 있는 공간을 보유하는 것이 바람직할 수도 있기 때문이다.

4) 토지개량공사는 토지의 생산성을 높이고 토지의 가치를 높이기 위하여 노동과 자본을 토지에 투입하는 행위를 말한다.

넷째, 건설기술과 건물의 질도 공급에 영향을 줄 수 있다. 물리적으로 이상이 없는 건축물들을 철거하는 것은 건축물의 조기노화를 가져온다. 건축설계와 건설기술의 빠른 발전은 더욱 편안한 삶을 제공할 수 있는 현대식 주거공간에 대한 수요를 자극한다. 많은 가정은 난방, 조명, 단열, 단음, 냉방시설을 현대화하고 인테리어가 세련된 주거공간을 원하며, 이는 수요로 연결된다. 이는 물론 상업 및 산업공간에도 적용된다.

전반적으로 공간시장에서 수요는 경제학의 이론적 시장과 유사하게 역동적으로 움직인다. 그러나 공급은 기존 경제이론에서 보이는 모습과는 약간 다른 양상을 보인다. 경제학자들은 전형적인 부동산시장의 공급곡선을 기간에 따른 공급의 조정능력을 고려하여 단기(短期)와 장기(長期)로 구분한다.

공간시장에서 현재의 공급량은 가격변화에 거의 변함이 없기에 단기간의 공급곡선은 수직에 가깝게 서 있는 모습이다([그림 5-1] 참조). 이는 공간공급이 거의 완벽하게 가격에 대하여 비탄력적임을 의미한다. 또한 상품으로 건설된 공간의 수명이 길며, 다른 용도로 사용하는 데도 시간과 비용이 든다는 점을 반영한다. 따라서 수요가 감소하더라도 시장은 현재와 거의 같은 양의 공급량을 유지할 수밖에 없는

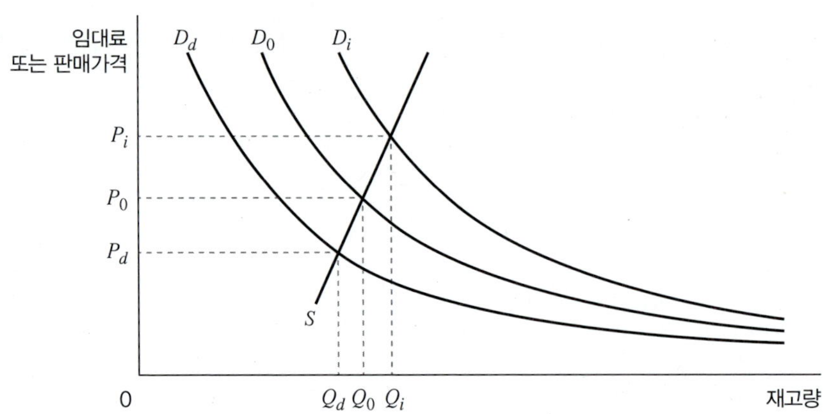

그림 5-1 부동산시장의 단기(short-run) 공급곡선과 수요곡선

것이다.

대도시지역으로 통근하는 주민들이 거의 없기에 외부적 요인에 영향을 적게 받는 중간규모 지역의 주택시장을 가정하여 보자. 설명을 위하여 주택은 거의 비슷한 수준의 다른 주택으로 대체가 가능하다고 하자. [그림 5-1]에서 D_0는 주택에 대한 최초의 수요곡선을, 곡선 S는 공급곡선을 나타낸다. 이때 종축은 주택의 임대료 또는 가격을, 횡축은 주택의 재고량을 나타낸다. 수요곡선이 우하향하는 것은 가격이 낮으면 낮을수록 주택수요가 증가하기 때문이다. 하지만 부동산 자산의 하방경직성으로 인하여 일정수준 이하의 가격으로는 주택가격이 떨어지지 않기에 수요곡선도 우측으로 갈수록 거의 수평이 된다. 이에 비하여 공급곡선은 주택가격이 올라갈수록 공급이 증가하므로 우상향한다. 초기에 수요와 공급은 곡선 D_0와 곡선 S가 만나는 지점에서 균형을 이루게 되고, 이 지점에서 가격은 P_0가 되며, 주택의 균형거래량은 Q_0가 된다.

이 지역의 인구 또는 소득이 갑작스럽게 증가하였다고 하자. 수요곡선은 오른쪽으로 이동하게 되어 곡선 D_i가 된다. 그러나 이에 따른 신규주택공급이 신속하게 이루어질 수 없기에 가격은 P_i로 폭등하게 된다. 이 가격에서 수요와 공급의 새로운 균형거래량은 Q_i가 된다. 반대로 수요가 감소하면 수요곡선은 D_d로 이동하게 되며, 가격은 P_d 지점까지 떨어지고 균형거래량도 Q_d로 감소하게 된다. 여기서 우리는 단기간에 수요가 갑작스럽게 증가(D_i)하면 가격이 아무리 P_i로 올라갔다고 해도 이에 맞추어 주택공급을 증가시킬 수 없다는 사실에 주목해야 한다. 공급을 증가시키기 위해서는 최소한 몇 달 이상의 시간이 소요된다. 물론 이때 추가적으로 공급되어야 하는 주택의 양은 $Q_i - Q_0$이다. 그러나 이를 당장 공급하기가 어렵기 때문에 우선 이 부족분은 공가(vacancies)에서 흡수할 것이나, 이후 초과수요는 주택매입가격과 임대료를 증가시키게 된다. 이와 같은 상황이 발생하게 되면 높은 임대료를 견디지 못하는 친구나 친지들을 도우려는 동기에서 사람들은 주거공간을 더 조밀하게 이용할 수도 있다. 높은 임대료를 지불할 능력이 부족한 소득수준이 낮은 사람들일수록 공간의 조밀한 이용 정도는 더욱 심해질 것이다. 그리고 주택가격상승과 공급량 부족으로 인하여 원거리 통근을 무릅쓰고 도시근교나 타 지역으로 이사를 가는 가구들이 발생하게 된다.

한편, 장기적 부동산시장의 새로운 균형결정은 신규주택의 건설비용이 고려된다. 앞서 가정한 중간규모의 지역에 새로운 산업체들이 진출한다고 가정하여 보자. 새로운 산업체의 진출은 인구증가와 이로 인한 주택수요의 증가를 유도하므로 앞서 설명하였듯이 주택에 대한 수요곡선을 D_0 에서 D_1 으로 이동시키게 된다([그림 5-2] 참조).

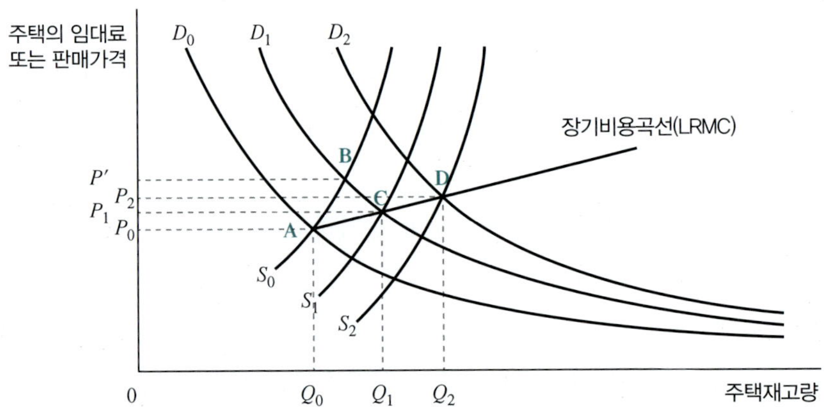

그림 5-2 부동산시장의 장기(long-run) 공급곡선과 수요곡선

경쟁시장에서 공급곡선은 상품의 추가적인 생산에 드는 한계비용(marginal cost) 곡선과 같다. 수요의 증가로 인하여 수요곡선이 D_0 에서 D_1 으로 이동하면, 주택 한 단위를 추가적으로 생산하기 위한 비용, 즉 주택생산의 한계비용(marginal cost) 이상으로 단기가격은 P' 로 상승한다. 이는 [그림 5-2]에서 보면 공급곡선 S_0 와 수요곡선 D_1 으로 곡선이 교차하는 지점 B가 된다. 이 지점에서는 주택을 공급하는 업체에서 보면 추가공급에 따라 이윤이 발생하므로 장기적으로 신규주택건설이 증가하게 될 것이다. 그 결과 곡선 S_1 과 D_1 이 만나는 C지점에서 새로운 균형가격

P_1이 형성된다. 새로운 균형가격 P_1은 생산비용과 같아지는 지점이며 신규주택건설은 Q_1까지만 이루어지게 된다. 왜냐하면 이 이상 신규건설을 하여 주택을 공급할 경우 비용이 가격보다 높아 이윤이 발생하지 않기 때문이다.

수요가 계속 증가하여 수요곡선이 D_2로 이동하게 되어 다시 수요초과현상이 발생하게 되면 가격은 또 다시 오르게 된다. 물론 수요가 이와 같이 계속 증가하는 상황하에서는 지가, 임금, 건축자재비 모두 인상하는 경향이 있다. 그렇지만 가격상승분이 건설비용을 초과하는 한 이윤이 발생하여 추가공급이 이루어지게 마련이므로 수요곡선 D_2와 공급곡선 S_2가 만나는 D지점에서 새로운 균형을 이루게 된다. 이때 이 지역의 주택재고량은 Q_2가 되고, 새로운 주택가격은 P_2가 된다. 따라서 전체적으로 증가된 주택재고량은 $Q_2 - Q_0$가 된다. 반대로 수요가 감소하면(즉 왼쪽으로 수요곡선이 이동하게 되면) 가격은 빠르게 떨어질 것이며, 신규주택건설을 추진해야 하는 아무런 이윤상의 동기가 발생하지 않게 된다. 이상의 과정을 거쳐 시장에 주어진 부동산 자산(또는 임대료)에서 현재 건설된 공간으로서의 부동산 재고량에서 추가적인 부동산을 공급하는 데 필요한 장기한계비용(long-run marginal cost: LRMC)이 결정되며 이것이 곧 장기의 부동산공급곡선이 된다. 물론 공간시장에서 한계비용은 새로운 건물을 개발하는 데 소요되는 비용으로 이에는 부지매입, 건설비용, 개발업자들의 이윤 등이 포함된다. 이처럼 가격 외에 다른 변수들이 변화하여 수요곡선 또는 공급곡선이 이동하여 새로운 균형이 생길때 새로운 균형과 최초의 균형상태를 비교하는 것을 비교정태분석(comparative statistics)이라고 한다.

공간시장에서 새로운 부동산개발(공급)을 자극할 만한 수준의 임대료 또는 가격은 시장의 장기균형임대료(long-run equilibrium rent)가 되는 경향이 있기 때문에 임대료 대체비용(replacement cost)이라 불리기도 한다. 시장에서 부동산 가격이 대체비용보다 낮다면 개발업자들은 새로운 개발사업을 하여 수익을 창출하기 어렵다는 것을 안다. 그러나 가격이 대체비용수준 위로 올라가게 되면 신규개발사업은 이윤을 창출할 것이고 이에 따라 많은 개발사업이 이루어질 것이다. 물론 이는 가격이 다시 장기적으로 균형가격 이하로 떨어지게 하는 힘으로 작용하게 된다.

공간시장의 공급, 개발비용, (임대)가격의 관계를 설명하기 위하여 다음과 같이 가정하여 보도록 하자. 현재 서울의 새로운 사무공간을 개발하는 데 $3.3m^2$당 2,000만 원이 소요된다고 하자. 여기에는 물론 부지매입비용, 건설비, 기타 개발관련비용뿐만 아니라 개발업자에게 돌아가는 이윤까지도 모두 포함되어 있다. 즉 $3.3m^2$당 2,000만 원은 서울이라는 시장에 추가적인 사무실 공간을 공급하는 데 소요되는 한계비용인 셈이다. 개발한 새로운 사무용 건물을 200만 원/m^2에 매각한다면 이후 추가적인 개발이 발생할 수 있다. 그러나 실제로 사무실 매각 가격은 투자자가 이를 지불할 용의에 달려 있다. 왜냐하면 투자가는 미래에 사무용 건물로부터 얼마만큼의 수익을 예상하는지에 따라 투자 여부를 결정하기 때문이다. 사무실이 거둘 수 있는 수익은 공간시장에 청구할 수 있는 임대료에 따라 좌우된다. 현재의 개발비용과 비교한 미래의 임대료와 현재의 사무실 가치(가격)는 부동산 공간시장에서 [그림 5-3]에서 보이는 바와 같이 공급곡선이 꺾이는 지점에서 대체비용을 결정하게 된다.

[그림 5-3]은 단기와 장기 공급곡선을 대조하여 설명하기 위하여 극단적으로 표현한 것으로 여기서 수직으로 서 있는 단기공급곡선은 그 시점의 부동산 재고량(quantity of space)을 보여준다. 장기공급곡선(LRMC)은 꺾인 지점(kink)을 시작으로 오른쪽으로 올라가거나, 떨어지거나 아니면 수평을 유지하는 3가지 방향의 가능성이 있다.

우선 장기공급곡선이 우상향하는 경우는 시장에 신규 부동산을 추가적으로 공급하려 할 때 개발비용이 증가하는 한계비용 상승 국면이다. 이는 바로 직전의 부동산 개발비용보다 다음 부동산을 개발하는 데 비용이 많이 소요된다는 것을 의미한다. 일반적으로 토지가 부족한 곳, 특히 도시와 같은 특정장소는 이러한 현상이 심하고 이와 더불어 개발비용의 증가로 인하여 장기공급곡선이 우상향하는 모습을 보여주는 경우가 많다. 반대로 신규개발비용이 적게 들면 한계비용이 감소하여 장기공급곡선은 우하향하게 된다. 미래에도 현재와 개발비용이 같다면 장기공급곡선은 꺾인 지점(kink)에서 수평을 유지하게 된다.

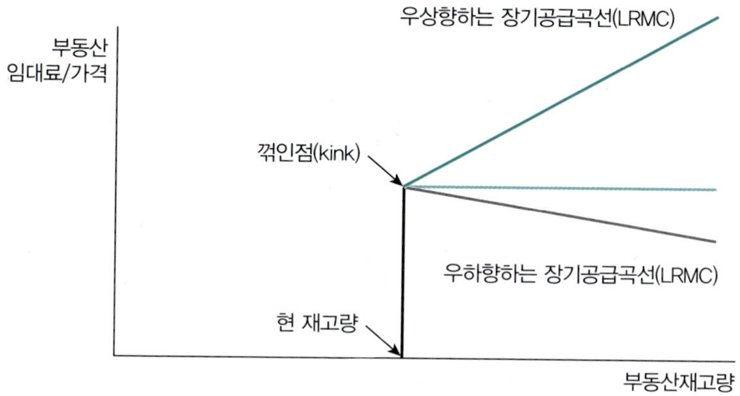

그림 5-3 부동산 공간시장의 공급곡선

공간시장의 공급곡선 모양은 시간에 따른 수요변화에 대하여 임대료 수준을 근본적으로 결정하여 주기 때문에 매우 중요하다. 공급곡선에 꺾인 지점이 있다는 것은 공간시장이 현재는 균형상태에 있다고 하더라도 미래에 수요가 증가하게 되면 단기적으로 공급이 비탄력적으로 대응하기에 부동산 자산의 폭등을 야기하지만 장기적으로는 대부분의 시장에서 부동산 자산이 크게 오르지 못할 것이라는 것을 보여준다.

반대로 단기적으로 공급이 비탄력적으로 대응하기에 수요의 감소가 상대적으로 더 빠르고 심각하게 시장가격을 떨어뜨릴 수 있다는 것을 알려준다. 이와 같은 공급곡선의 특성은 공간시장이 주기적인 경기변동, 즉 공급이 초과되는 기간 후에는 수요초과 시장의 모습을 보여주는 주요한 원인을 제공한다.

3) 공간시장의 동태적 분석

앞서 부동산 공간시장에서 공급곡선이 단기적으로 비탄력적이나, 장기적으로는 탄력적이 될 수 있다는 것을 설명하였다. 부동산공급이 단기적으로 비탄력적인 데 반해 부동산수요는 탄력적으로 움직이므로 공급과 수요의 시간차(time lag)가 발생하게 된다. 이러한 수요와 공급의 시차는 통상적인 균형가격 결정과정이 아닌 독특한 형태의 균형가격 결정과정을 보이는데 이를 체계적으로 설명하는 것이 거미집모형(cobweb model)이다.

거미집모형은 기본시장모형에서 설정된 가정 위에 시장의 동태적 성격을 나타내는 몇 가지 가정을 추가한다. 첫 번째, 수요와 공급이 다른 시점에서 시장이 형성된다. 즉 t기의 수요량은 t기의 가격의 함수이지만, t기의 공급량은 t기가 아닌 $t-1$기 가격의 함수이다. 두 번째, 수요곡선은 정상적인 방향의 기울기를 갖는다. 세 번째 공급자는 현재의 균형가격이 아닌 초과가격에서 공급을 계획한다. 일단 결정된 공급계획은 변경될 수 없고 또 실제로 공급된 양은 어떠한 가격수준에서도 모두 처분된다고 가정한다.

이와 같은 가정 아래 거미집모형은 앞서 수요와 공급이 즉각적으로 균형가격과 균형거래량을 찾아가는 시장의 작동원리와는 다르게 좀 더 복잡한 가격결정과정을 보이게 되며, 이는 [그림 5-4]에서 보이는 것처럼 발산형과 수렴형의 2가지 형태를 띠게 된다.

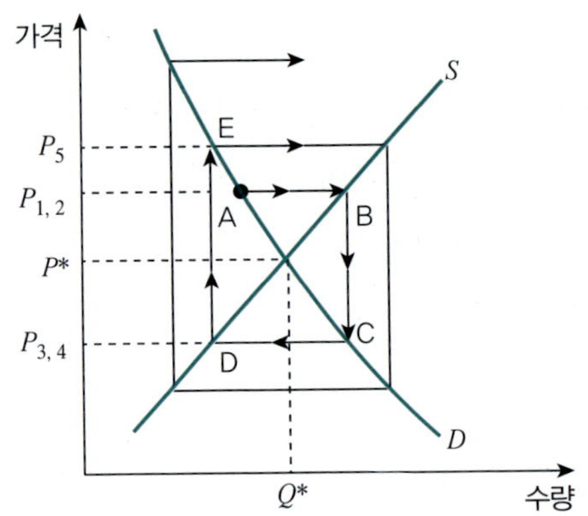

(a) 발산형(불안정 균형)

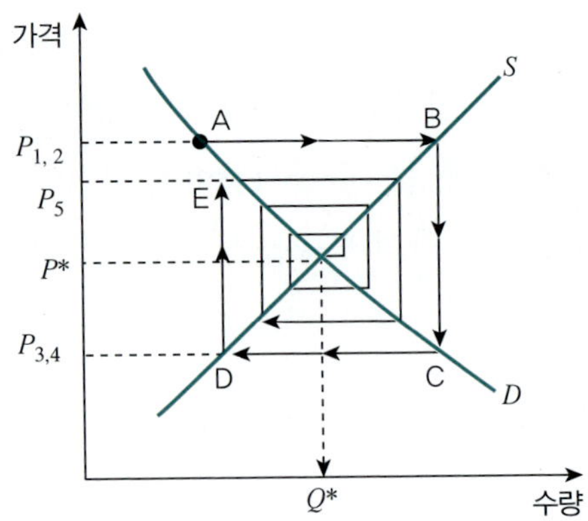

(b) 수렴형(안정 균형)

그림 5-4 거미집모형(cobweb model)

우선, 거미집모형의 발산형과 수렴형 모두 공통으로 [그림 5-4]에서 보면 출발점 A에서 공급자는 *t*기의 가격 $P_{1,2}$에 대응하여 B만큼의 공급을 계획하여 *t*+1기에 실현시키려 한다. 그런데 *t*+1기에 공급량은 B인데 비해 수요량은 부족하여 수요곡선상의 C에 머물기 때문에 가격은 $P_{3,4}$로 하락하게 된다. 가격이 하락하면 수요가 증가하게 되어 초과수요가 발생하게 되면 수요곡선상의 E지점의 P_5까지 가격이 상승하게 된다. 이 가격에서 공급자는 *t*+3기에 공급량을 계획하므로 이전과 같은 과정이 반복되게 된다. 발산형과 수렴형의 차이는 새로운 균형으로 회복될 수 있는 안정성(stability)의 존재 여부이다. 발산형의 경우 가격 P_5가 $P_{1,2}$보다 높아서 앞으로 순환이 반복될수록 새로 형성되는 가격이 공급곡선과 수요곡선의 접점인 장기균형가격 *P**와 장기균형거래량 *Q**에서 점점 멀어지기 때문에 균형가격에 안정성이 없는 반면, 수렴형은 P_5가 $P_{1,2}$보다 낮기 때문에 계속적으로 순환이 반복될수록 장기균형가격 *P**와 장기균형거래량 *Q**에서 수렴될 가능성이 크다. 이처럼 거미집모형은 공급이 비탄력적으로 주어졌을 때 그에 비하여 수요가 얼마나 탄력적으로 움직이느냐에 따라 발산형과 수렴형이 결정된다. 두 경우 모두 가격형성과정을 선으로 표현하면 거미줄을 연상시킨다 해서 거미집모형이라 명명하게 된 것이다.

거미집모형은 원래 제2차 세계대전 이전 미국의 옥수수 및 돼지가격의 주기적인 변동을 분석하는 데 사용되었으나, 공급의 시차가 존재하는 부동산시장에도 잘 적용될 수 있다. 그러나 거미집모형은 공급과 수요의 시차가 시장참여자의 정보부족으로 인하여 현재의 정보만으로 미래의 경제활동을 결정한다고 가정하고 있기에 수요자와 공급자 모두 미래를 합리적으로 예측하고 행동하게 된다면 그 설명력은 떨어지게 될 것이다.

3. 부동산 자산시장

부동산 자산시장(real estate asset market)은 부동산과 관련된 자산의 현금흐름(cash flow)과 관련된 시장으로 자본시장(capital market)에서 증권과 채권과 같은 유형의 자본자산들과 경쟁관계에 놓이게 된다. 이에 자본시장의 일부분으로서 부동산 자산시장을 이해할 필요가 있다.

1) 자본시장(capital market)의 분류

자본시장은 크게 공개시장(public market)이냐 비공개시장(private market) 또는 자기자본(equity assets)이냐 타인자본(debt assets)이냐에 따라 구분될 수 있다.

공개시장(public market)은 시장참여자 모두가 가격이 결정되는 과정을 알 수 있으며, 수많은 매입자와 판매자가 시장에 동시에 참여하고, 공개적으로 교환되는 자산거래(asset trade)에 있어 소유하고 있는 동일한 자산의 단위(또는 지분이나 몫)가 작은 시장을 말한다. 주식시장은 공개시장의 대표적인 예라고 할 수 있다.

공개시장에서 자산거래의 단위당 거래내용은 매일 또는 더 빈번하게 공개적으로 발표된다. 공개시장은 상대적으로 유동성(liquidity)이 높은데 이는 가장 최근에 결정된 가격 또는 근접한 가격에 자산을 빠르게 매각할 수 있다는 것을 의미한다. 높은 유동성은 공개시장에서 자산의 가격이 그 가치에 대한 관련 소식에 따라 빠르게 변화하는 원인과 결과를 동시에 제공하게 되며 이러한 특성을 정보의 효율성(informational efficiency)이라 한다.

비공개시장(private market)은 자산의 거래가 매입자와 매각자 각각 개인적으로 만나 이루어지기에 흔히 중개인이 개입한다. 비공개시장에서는 회사 전체, 또는 특정자산, 주택저당대출(모기지, mortgage)과 같이 자산 전체(whole assets)가 단일거래의 대상이 되는 경우가 흔하기에 거래의 평균규모는 상당히 크다. 비공개시장은 자산을 매각하고자 하는 경우 구입하려는 사람을 찾아야 하고, 거래하려는 자산의 가격이 공정하다고 확신하기가 어렵기 때문에 공개시장보다 유동성이 떨어진다. 이에 거래비용과 정보비용이 높으며 거래 자체가 빈번하게 이루어질 수 없다. 따라서 비공개시장에는 거래되는 자산의 가격을 관찰하기 매우 어렵다. 예술작품이나 토지와 같은 자산은 관련 자산의 거래가격으로 해당 자산의 가치를 결정할 수 없다. 거래가격이 알려졌다고 해도 이것이 거래에 참여한 자들만의 합의된 금액이지 전체 시장에서 동의하는 가격이 아니기 때문이다. 따라서 비공개시장의 자산가치는 공개시장의 가격처럼 빠르고 신속하게 관련 정보와 뉴스를 반영하지 못한다. 그러므로 공개시장보다는 정보적으로 효율적이지 못하다고 한다.

타인자본(debt assets)은 대출금에 대하여 이자를 지불하는 것과 같이 채무자가 지불해야 하는 미래의 현금흐름(cash flow)에 대한 권리를 지칭한다. 타인자본의 특징은 특정자산이 창조할 수 있는 현금의 취득에 있어 자산소유자(임대업자나 채권보유사)가 상대적으로 우선(senior)하여 권리를 주장할 수 있다는 데 있다. 그리고 채무의 현금흐름은 구체적으로 계약을 할 수 있기에 수령자는 그들이 받게 될 미래의 현금이 얼마나 되는지, 언제 받는지에 대한 보다 정확한 정보를 알 수 있다. 따라서 타인자본은 자기자본(equity assets)에 비하여 위험도가 떨어진다. 타인자본에 의한 수익창출은 보통 만기일(maturity)이 구체적으로 설정되어 있기에 해당 기간이 지나면 더 이상의 현금흐름이 발생하지 않는다.

자기자본(또는 자기투입자본, equity assets)은 특정자산(또는 회사)에 의하여 창출되는 현금흐름에 대하여 타인자본의 권리 몫을 제외한 나머지 잉여수익에 대한 권리를 말한다. 따라서 자기자본은 타인자본에 비하여 순위가 밀리게 되며 위험도는 더 높다. 하지만 그 특정자산을 관리할 수 있는 통제권리가 있을 뿐만 아니라 이 자산에 의하여 창출되는 현금흐름이 성장 내지 상승세를 타게 되면 그만큼 더 이익을 받을 수 있게 된다. 주식, 부동산과 같은 자기자본이 투입된 자산은 본인이 소유권을 청산하기 위하여 그 자산을 반드시 매각하여야 한다. 이상의 내용을 정리하면 다음 〈표 5-1〉과 같다.

표 5-1 자본시장(capital market)의 구분

구분	공개시장(public market)	비공개시장(private market)
자기자본 (equity assets)	증권(stocks) 릿츠(REITs) 뮤추얼펀드(mutual fund)	부동산관련 자산(real property) 개인기업(private firm)
타인자본 (debt assets)	채권(bonds) MBS(mortgage-backed securities)	은행대출(bank loans) 주택저당대출(whole mortgage)

자본시장에서는 부동산을 기반으로 한 자본자산상품(capital asset products)들이 개발되어 거래되고 있는데 이는 〈표 5-1〉에서 쉽게 찾아볼 수 있다. 대표적인 예로 REITs(Real Estate Investment Trusts, 부동산투자신탁)는 회사에서 소유하고 있는 소득 창출 자산과 주택저당채권(mortgage)이 공개적으로 거래되는 주식의 지분으로 구성되어 있다.

MBS(mortgage-backed securities, 저당담보부증권 또는 모기지유동화증권)는 공개적으로 거래되는 채권과 같은 상품으로 부동산담보 채무상품이라 할 수 있는 모기지 풀(pools of mortgages)에 기초한다. MBS는 주거용 MBS(residential mortgage-backed securities: RMBS)와 상업용 MBS(commercial mortgage-backed securities: CMBS)로 구분되는데 이 중에 규모가 큰 상업용 CMBS는 개인적으로 소유하고 거래도 개인적으로 하는 경우도 종종 있다. 그렇지만 무엇보다 부동산 자산의 가장 기본적인 형태는 개인이 직접 소유하는 형태의 상업용 빌딩, 아파트, 토지 등의 부동산으로 일반적으로 부동산중개업자의 서비스를 통하여 비공개시장에서 거래된다.

궁극적으로 부동산에 기초한 자본상품은 모두 특정자산으로서 비공개적으로 거래되고 있는 부동산에 근거한다. 즉 부동산은 REITs와 모기지와 같은 부동산 관련 상품의 수익을 창출하거나 가치를 끌어올리는 현금흐름의 궁극적인 원천(source)인 것이다.

부동산 자산시장의 수요자는 부동산 자산의 지분을 늘이거나, 더 많은 부동산을 구입하고자 하는 투자자들이다. 한편 공급자는 반대로 현재 소유하고 있는 부동산

자산의 일부 또는 전부를 팔고자 하는 투자자들이다. 일반적으로 자산시장의 투자자들은 개인과 기관(institutions)으로 구분되는데 주요한 기관투자자들로는 REITs, 연금펀드, 보험회사, 뮤추얼펀드(mutual funds) 및 다양한 유형의 펀드들이 있다. 개인투자자들은 직접 자산시장에 투자하기도 하고, 펀드나 부동산 신디케이트(기업조합 또는 연합, syndicate)[5]에 간접적으로 투자하기도 한다.

현대의 고도경제사회 자본시장에서는 엄청난 양의 자금과 정보가 복잡하지만 매우 정교하게 관리 · 운용되고 있다. 자본시장은 사회의 부(富)와 자본이 배분되는 방법을 결정하고 이는 경제의 미래성장률과 생산 유형을 결정하는 데 영향을 주게 된다. 예를 들어 투자자들이 비행기 산업이 향후 높은 수익을 올릴 것이라 예상하는 반면, 오피스 임대업은 그렇지 않다고 판단하면 많은 자금이 비행기 산업에 몰리게 될 것이다. 반대로 오피스 빌딩의 가격은 하락하게 될 것이다. 또한 개발업자들도 새로운 오피스 빌딩을 건설할 자금을 구하기가 어려워진다. 이런 방식으로 자본시장은 경제에 있어 생산자원의 물리적 배분을 지배하게 되는 것이다.

2) 부동산 자산의 가격결정

언급하였듯이 자산시장의 공급자는 부동산 자산의 지분을 팔거나 줄이기를 원하는 투자자이며, 수요자는 부동산 자산의 지분을 늘이거나 더 많은 부동산을 매입하고자 하는 투자자이다. 자산시장의 수요와 공급의 균형은 한 국가의 물리적 자본의 다른 형태와 비교하여 부동산 자산가치의 전반적인 수준을 결정한다. 전반적이고 일반적인 가치 측면에서 개개 부동산 자산 또는 건물의 가치는 각 자산이 미래에 발생시킬 수 있는 현금흐름의 수준과 위험을 투자자들이 어떻게 인식하고 있느냐에 따라 결정된다. 그런데 부동산의 유형과 규모, 크기 등에 있어 엄청난 차이가

5) 부동산 신디케이트(syndicate)는 여러 명의 투자자가 부동산전문가의 경험을 동원하여 공동의 부동산 프로젝트를 수행하는 것을 말한다. 자세한 내용은 13장에서 설명한다.

나기 때문에 자산의 가격과 가치를 측정하는 것은 간단한 일이 아니다. 부동산, 특히 상업용 자산시장에서는 부동산 자산에서 창출되는 순수입을 이용하여 자산의 가치를 계산하는 경우가 많다.

부동산투자의 수익성 고려 시 흔히 사용되는 개념으로 자본환원율(capitalization rate, 흔히 Cap Rate 또는 CRP이라 부른다)이라는 것이 있는데 부동산의 연간 순임대수익(Net Operating Income: NOI)을 부동산의 적정 시장가치(fair market value)로 나눈 비율이다. 상업용 부동산의 경우 연간 순임대수익(NOI)을 산출한 후 이를 Cap Rate로 나누면 해당 부동산의 적정가치가 산출된다.[6)]

자본환원율(Cap Rate)은 다음의 3가지 중요 원리에 따라 자산시장에 있어서 자본투자의 공급과 수요에 의하여 결정된다.

우선 자본의 기회비용(opportunity cost of capital)이다. 현재의 이자율과 다른 유형의 투자에 대한 수익기회는 투자자들이 얼마나 부동산 자산에 투자할 것인가를 결정하는 데 매우 중요한 요인이 된다. 언급하였듯이 부동산 자산은 자본시장에서 다른 투자상품과 경쟁하고 있기 때문이다. 예를 들어 이자율과 채권 및 주식수익률이 저조한 시기에 일반적으로 투자자들은 부동산 자산시장으로 대거 몰리게 된다.

---

6) 연간 순임대수익(NOI)을 자산의 시장가치로 나눈 비율로 구해진 Cap Rate는 부동산투자 평가 시 흔히 사용되고 있으나 다음과 같은 이론적 한계가 있다. 첫째, Cap Rate의 가장 큰 단점은 시간가치를 고려하지 않는다는 점이다. Cap Rate 산출과정에서 나타나듯이 특정 연도의 NOI를 그 시점의 부동산가치로 나누어 산정하기 때문에 화폐의 시간가치 등은 고려되지 않는다. 둘째, Cap Rate는 NOI 계산방식에 있어 이론적으로 통일화된 기준이 없다. 예를 들어 보증금이 높고 월임대료가 낮은 받은 경우가 그 반대의 경우보다 Cap Rate가 하락하는 등 임대방식에 따라 Cap Rate에 차이가 발생할 수 있다. 또한 관리비 수익의 포함 여부에 대한 기준이 불투명하고 비경상적 · 비반복적 수입과 지출, 대규모 수선 등에 대한 비용을 어디까지 포함시켜야 하는지에 대해서도 기준이 명확하지 않다. Cap Rate는 투자 구조, 즉 자기자본과 타인자본의 자본 구조에 대해서는 전혀 고려하지 않는다. 부동산 투자는 투자자별 재정상태나 금융시장의 상황 변화와 밀접한 관계를 가지고 있어 소위 레버리지 효과(타인자본 활용)를 통한 수익률 상승 여력이 있을 수 있는데, Cap Rate는 이 부분을 고려할 수 없다. 넷째, Cap Rate는 부동산 세금의 영향도 고려하지 못한다. 현실적으로 투자자가 개인일 경우와 법인일 경우 적용세율이 다르며, 법인인 경우에도 조세특례 적용으로 인해 법인 간에 한계세율이 다를 수 있다. 본질적으로 투자자에게 귀속되는 현금흐름 관점에서 가치평가가 이루어져야 하는 측면에서 볼 때, 세금효과를 구분하여 고려해야 한다. 마지막으로 Cap Rate는 미래의 부동산가격 변화가 반영되지 못한다. 부동산투자에는 자본이득(capital gains)의 추구가 대단히 큼에도 불구하고 Cap Rate는 이를 반영하지 못한다는 단점이 있다.

현재 부동산 임대수입이 변함이 없다고 한다면, 투자수요 증가로 인하여 투자대상 자산의 가격이 상승하게 되는데 이것이 바로 Cap Rate를 낮추게 하는 요인이 된다.

두 번째는 순임대료(net rent)의 상승가능성 또는 성장잠재력(growth expectations)이다. 미래에 부동산 자산이 창출할 것이라 기대되는 순(net) 임대료의 상승 또는 하락은 투자자들에게 있어서 매우 중요한 고려사항이 된다. 물론 미래의 순임대료라는 것은 공간시장의 수요와 공급의 균형에 의하여 결정되는 것이지만, 투자자들은 임대료 상승가능성에 대한 잠재력을 알아보기 위하여 투자하려는 부동산이 입지한 공간시장의 미래를 예측하고자 한다. 즉 성장잠재력이 커 보이는 지역에 투자자들은 더 많은 자금을 투입하려 할 것이고, 이에 따라 Cap Rate도 떨어지게 된다. 이 밖에도 임대료의 상승은 현재의 시장상황, 미래의 수요, 시장의 장기공급곡선의 모양 등에 따라 결정되기도 한다.

마지막으로 위험(risk)이다. 투자자가 부동산투자에서 예상하는 미래의 잠재적 순수입의 위험도가 떨어지고 안정적이라고 판단한다면 더 많은 자금을 투입할 것이고 이는 또한 Cap Rate를 낮추게 된다. 다른 조건이 같다면 투자자들은 위험을 좋아하지 않기에 위험 정도가 낮은 자산에 투자하게 마련이다. 물론 투자자들의 위험회피 성향과 안정적인 투자에 대한 선호는 시간의 흐름에 따라 변화하기도 한다. 예를 들어 어떤 투자자들은 투자포트폴리오를 짜는데 있어 투자의 다양성을 확보하기 위해 위험도가 높은 자산을 포함시키기도 한다. 그렇지만 일반적으로 대부분의 투자가들은 안정적인 투자를 원하기에 특정형태의 자산을 선호하고 이런 자산일수록 투입하여야 되는 자금이 더 크기에 결과적으로 Cap Rate는 떨어지게 된다.

3) 자산시장의 통합성

이제 우리는 부동산 공간시장과 자산시장을 명확하게 구분할 수 있다. 공간시장에서 수요자인 오피스빌딩의 사용자는 특정 입지, 특정 유형의 공간과 같이 부동산

자산의 물리적 특성을 요구하게 되지만, 부동산 자산시장의 수요자인 투자자의 경우는 그렇지 않다. 자산시장의 투자자는 물리적 특성보다는 미래의 현금흐름(cash flow in future)을 중시한다.

기본적으로 투자자는 현금이 어떻게 어디서 발생하느냐에 관심이 있지 않다. "현금은 언제나 대체가능하기 때문이다(Money is fungible)." 다시 말해서 천안의 물류창고 임대업에서 발생한 수입과 서울의 대형 쇼핑센터 임대수입은 주식이나 채권시장에서 얻은 수입과 같을 뿐이라는 것이다. 이는 부동산 자산시장이 부동산 공간시장보다 훨씬 통합되어 있음을 의미한다.

언급하였듯이 부동산 공간시장은 중앙시장으로 통합되기 어려운 특성으로 인하여 하위시장(submarket)이 발달되어 있다. 물리적으로 유사한 부동산이라고 하더라도 그 가격은 부동산이 있는 위치에 따라 차이가 날 수밖에 없다는 것이다. 반대로 부동산 자산시장의 통합 정도는 공간시장과는 정반대의 영향력을 행사하게 된다. 즉 두 개의 자산이 물리적으로 매우 다르고, 공간에 대한 임대료 수준도 차이가 있다 할지라도, 이 자산들이 유사한 성장잠재력과 위험도를 가지고 있는 것으로 인식된다면 유사한 자본환원율(Cap Rate)에 팔릴 것이라는 것이다.

[그림 5-5]는 1994년 미국에서 다양한 유형의 상업용 부동산의 Cap Rate를 보여주고 있다. 이에 따르면 대부분의 도시들에 있어 오피스, 소매업, 창고, 아파트와 같은 자산들이 연간 약 9~10%의 Cap Rate로 지역의 차이를 넘어 유사하게 나타나고 있다. Cap Rate가 지역별로 차이가 없다는 것은 임대료 수준이나 부동산의 물리적 특성이 위험도와 지역의 성장기대감보다 더 영향을 주는 것으로 해석될 수 있다. 이는 공급이 초과된 오피스나 상대적으로 위험도가 높고 경쟁이 심한 호텔의 Cap Rate가 높은 점에서 확인할 수 있다.

우리나라의 경우 Cap Rate가 서울시 업무중심지역의 주요 오피스빌딩을 중심으로만 조사되어 있기에 미국처럼 부동산 유형별, 지역별 Cap Rate를 비교 · 분석하기가 곤란하다.

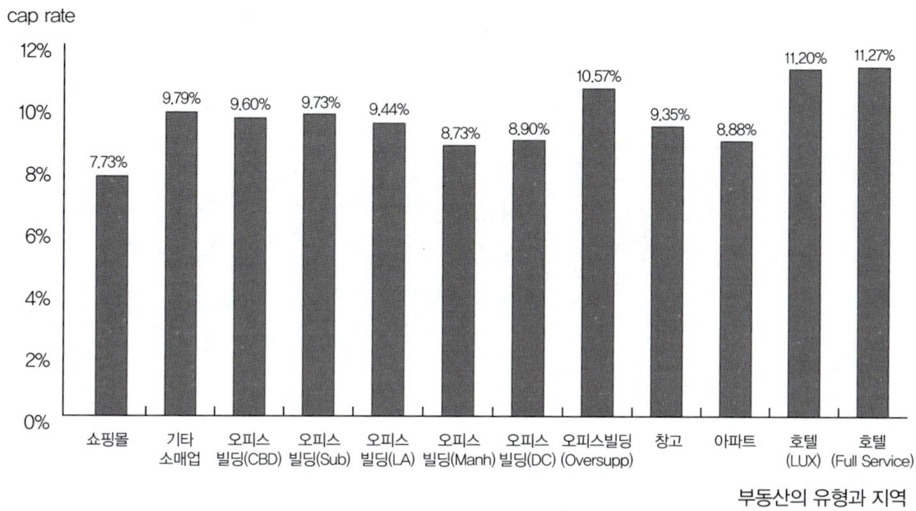

그림 5-5 1994년 3사분기 미국 상업용 부동산의 자본환원율(cap rate)

참고: Manh - 뉴욕 맨하탄, DC - 워싱톤 DC, Oversupp - 미국 전역의 오피스빌딩, Lux - 고급호텔, Full service - 일반호텔

출처: Geltner, David and Miller, Norman G. (2001) Commercial Real Estate Analysis and Investment, South-Western

[그림 5-6]은 서울, 시드니, 동경, 홍콩의 대형오피스빌딩의 Cap Rate를 비교한 것이다. Cap Rate의 추세는 각 도시의 부동산시장을 반영하면서 2016년까지 전망되고 있으며 전 세계 투자자들에게 투자결정에 영향을 준다. 예를 들어 2007년 세계금융위기를 겪으면서 오피스건물의 가격이 급등하였는데 전 세계에서도 가장 높은 편에 속하는 홍콩은 자산 가격이 워낙 높기 때문에 NOI가 높더라도 Cap Rate는 낮다. 그리고 이런 추세는 한동안 지속될 것으로 예상되기에 투자를 고려할 만한 시장은 아니라고 판단된다. 우리나라의 경우는 2007년 금융위기 후 자산가격의 하락과 공급 감소로 Cap Rate가 상승하자 많은 투자자들이 부동산시장에 몰렸으나, 이후 오피스빌딩의 빠른 공급증가로 계속 하락하고 있다. 이처럼 자산시장은 지역시장이 존재하는 공간시장과 다르게 전 세계적으로 투자를 위한 비교대상이 가능한 통합시장의 모습을 보인다.

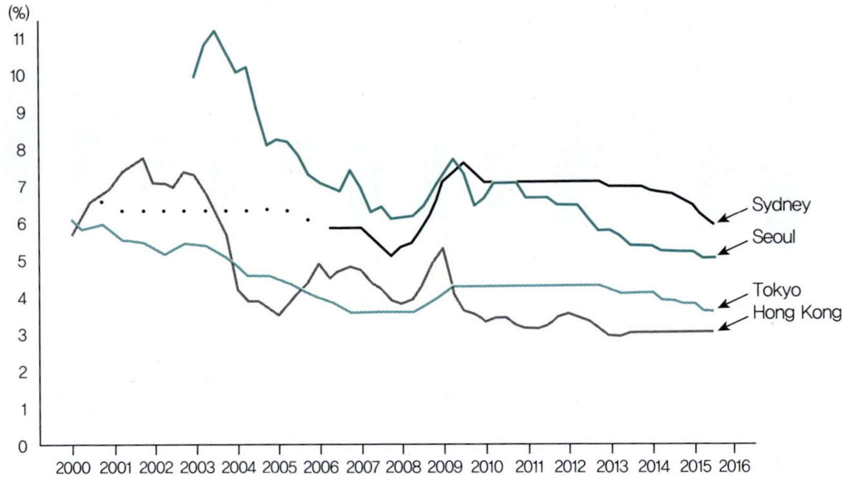

그림 5-6 주요 도시의 Cap Rate

출처: Ciemniak (2015). "충격에 대한 대비? 미연준, 채권수익률, 통화 및 Cap Rate: 과거 오피스 시장 분석을 토대로". 미국 금리인상이 세계 부동산시장에 미치는 영향 2015 SREF 창립기념 세미나.

실제로 부동산은 앞서 자본시장과의 관계에서도 언급하였듯이 다른 투자상품과 비교대상이 된다. [그림 5-7]은 서울과 홍콩의 대형 오피스빌딩과 10년 만기 국채의 수익률을 비교한 것으로 이러한 정보에 의해서 투자자들의 의사결정이 이루어지는 것이다.

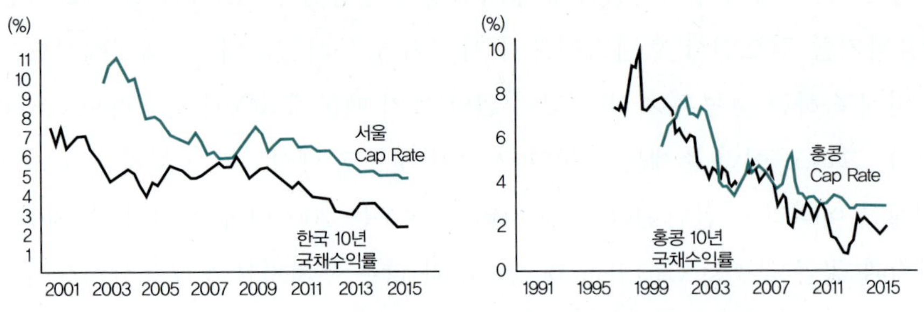

서울의 대형오피스건물의 Cap Rate vs. 국채수익률　　홍콩의 대형오피스건물의 Cap Rate vs. 국채수익률

그림 5-7 Cap Rate와 국채수익률: 서울과 홍콩

출처: Ciemniak (2015). "충격에 대한 대비? 미연준, 채권수익률, 통화 및 Cap Rate: 과거 오피스 시장 분석을 토대로". 미국 금리인상이 세계 부동산시장에 미치는 영향 2015 SREF 창립기념 세미나.

4) 자산가격의 결정과 거품

(1) 자산가격의 결정논리와 거품형성

자산시장에서 논란의 중심에 서 있는 주제로 '자산가격의 적정성' 여부가 있다. 즉 자산가격이 지나치게 높아 거품(bubble)이 존재하느냐는 것이다. 경제학적 관점에서 시장이 원활하게 작동할 때 시장가격은 자산의 내재가치와 같아진다. 그러나 어떤 이유로 인하여 가격이 내재가치보다 더 커지고 그 차이가 지속되거나 점점 더 커지게 되면 내재가치와 시장가치의 격차가 발생하게 되는데 이를 가격거품이라 한다.[7)]

자산가격의 거품이 형성되는 이유는 크게 두 가지로 나누어 생각할 수 있다. 첫 번째는 유동성 과잉공급이다. 유동성은 자산시장에서 투자를 실현시키는 수단인 자금의 확보를 가능하게 하기 때문에 유동성이 충분하게 공급되지 않는다면 자산가격의 거품이 형성되기 어렵다. 유동성은 정부에서 경기부양책으로 통화공급을 증가시킬 때, 금융기관들이 호황을 예상하여 과도하게 대출을 증가시킬 때, 해외에서 자금이 유입될 때 증가한다. 두 번째는 미래가격에 대한 불확실성이다. 경제 내부의 사정, 즉 시장근본요인(fundamental factors)에 의해 현재가격이 상승하고 그 상승세가 일정기간 유지되면 미래가격이 상승할 것으로 예상한다. 이렇게 되면 자산시장에서 투자가 몰리게 되면서 현재 자산가격이 더 빠르게 상승할 것이며 그 결과 미래가격에 대한 예상치가 더 상승하면서 자산시장에 투자자들이 더욱 몰리게 된다. 특히 부동산시장의 경우 소비자는 가격상승 시 부동산 공급에는 시간이 필요하지만 궁극적으로 공급이 증가하여 가격이 하락하는 '시장의 자기조절능력'을 믿지

7) 자산가격이 내재가치와 차이가 있다고 해서 반드시 거품이라고 단언할 수는 없다. 모든 재화와 서비스의 시장가격은 일시적으로 균형가격과 다를 수 있으며, 시장가격이 균형가격을 찾아가는 과정에서 과잉조정이 발생하는 경우도 흔하다. 더구나 부동산시장은 완전경쟁시장과 차이가 크기가 때문에 가격과 가치가 다른 경우가 빈번하며 이를 이용한 재정거래(arbitrage)가 많아지면서 그 차이가 줄어든다. 이처럼 가격이 내재가치에 접근하는 방향성을 가지고 움직인다면 거품이라고 단언할 수 없는 것이다. 보다 자세한 내용은 김경환 · 손재영(2014) pp.247-249를 참조할 것.

않고 계속 가격이 오를 것이라는 착각을 하여 부동산투자를 멈추지 않음으로써 가격폭등(거품)을 유발하는 사례가 많다. 이때 시장의 자기조절능력이란 수요의 법칙에 따라 가격이 상승하면 수요량이 감소하고 가격이 하락하면 수요량이 증가하여 수요와 공급이 균형을 이루게 되는 과정을 의미한다. 실러(Robert J. Shiller)[8]는 이러한 사람들의 비합리적 사고가 '부족의 착각(shortage illusion)'에서 야기된다고 하였다. 부동산시장에서는 일단 물량 부족이 관찰되면, 구매자들은 이것이 특정 가격하에서 공급이 부족한 것이라 생각하지 않고 모든 가격에서 절대적으로 공급부족이 있다고 생각하는 경향이 있기에 앞으로 가격이 계속 오를 것으로 기대한다는 것이다. 이런 경우 수요곡선은 [그림 5-8]에서 보이는 것처럼 우상향하며 가격상승 기대에 따라 수요량이 증가하기에 수요의 법칙이 작동하지 않게 된다. [그림 5-9]에서 보이듯이 비정상적인 수요곡선이 존재할 때는 정부에서 부동산 공급을 증대시키면 오히려 자산가격의 상승을 초래하는 부작용이 발생할 수 있다.[9]

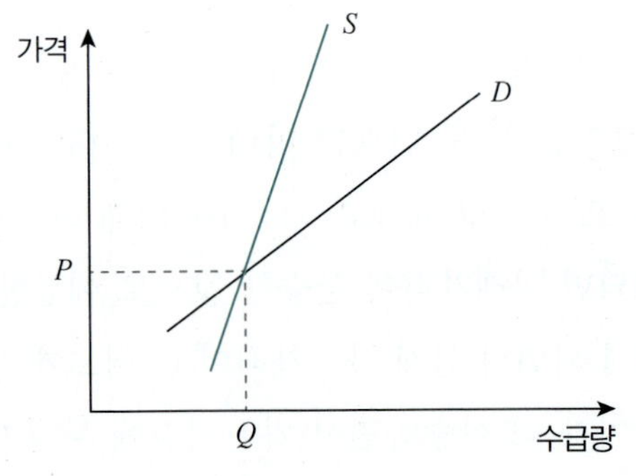

▶그림 5-8 우상향하는 수요곡선과 공급곡선

8) Shiller, Robert J. (1990). Speculative Prices and Popular Models, *Journal of Economic Perspectives*, 4(2).

9) 실제로 2000년대 초반 참여정부는 급등하는 주택가격을 안정화시키기 위하여 주택공급을 증가시키는 정책을 집행하였으나, 오히려 주택가격이 더 급등하는 결과를 초래한 경험이 있었다.

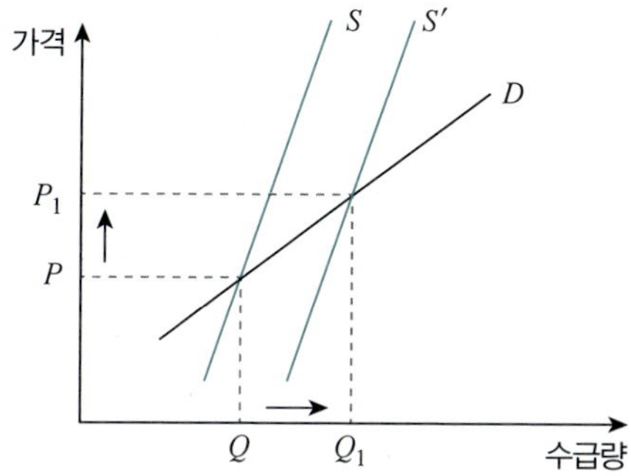

◆ **그림 5-9** 공급 증가 시 균형가격과 균형거래량의 변화

(2) 거품의 변화

이제까지 살펴본 자산시장에서 가격거품이 변화함에 따라 어떠한 현상이 발생할 것인가에 대하여 분석하여 보도록 하자.

t 시점에 부동산자산의 가격을 P라 하고 α를 거품이라 할 때, 부동산자산의 가치는 앞서 설명한 것처럼 임대료(R)를 이자율(i)로 나눈 것이 값이므로 이를 식으로 표현하면 다음과 같다.

$$P_t = \frac{R}{i} + \alpha \quad \text{식 5-1}$$

(식 5-1)에 따르면 부동산가격은 부동산이용수익의 가치라 할 수 있는 임대료 외에 이자율에 의해서 영향을 받는다. 즉 이자율이 떨어지면 부동산가격은 상승하고, 이자율이 올라가면 부동산가격은 하락하게 된다. 이처럼 부동산가격이 이자율과 역(−)의 관계가 있다는 사실은 부동산 자산시장이 금융시장의 영향을 크게 받는다는 것을 의미한다. 이제 두 가지 상황을 가정하여 보도록 한다.

첫 번째, 시간이 지나도 자산가격에 거품이 발생하지 않는다고 가정하자. 이 경우, $\alpha = 0$이 되므로 $P = \frac{R}{i}$이 되며 이를 부동산이용수익의 자본화가치(capitalization value)라고 한다. 임대료는 앞서 설명하였듯이 공간시장의 수요와 공급에 의하여 결정된다. 따라서 자산시장의 수익률은 (식 5-2)가 된다.

$$수익률 = \frac{(자본이득 + 임대료)}{투자금액} = \frac{(0+R)}{P_t} = \frac{R}{\frac{R}{i}} = i \quad \text{식 5-2}$$

두 번째, 부동산의 가격 또는 가치가 증가하는 경우를 가정하여 보자. t시점의 거품을 α, $t+1$ 시점의 거품을 α_{t+1}으로 표시한다면 수익률은 다음 (식 5-3)과 같다. 이때 투자금액은 부동산의 시장가격에서 보증금과 대출금을 제외한 금액을 말한다.

$$수익률 = \frac{(자본이득 + 임대료)}{투자금액} = \frac{\alpha_{t+1} - \alpha_i + R}{\frac{R}{i} + \alpha_i} \quad \text{식 5-3}$$

투자자들은 수익률이 이자율(i) 이상이어야 부동산투자를 결정하게 된다. 이를 식으로 나타내면 다음과 같다.

$$\frac{\alpha_{t+1} - \alpha_i + R}{\frac{R}{i} + \alpha_i} \geq i, \quad \frac{\alpha_{t+1} - \alpha_t}{\alpha_i} \geq i \quad \text{식 5-4}$$

이처럼 $\alpha_{t+1} \geq \alpha_t(1+i)$ 되므로 t 시점의 거품의 크기는 $(t-1)$보다 $(1+i)$배만큼 크기에 빠른 속도로 거품이 자라게 된다. 투자자들은 자산시장에 투자할 경우 실제수익률이 최소한의 요구수익률이라 할 수 있는 이자율보다 크다는 것을 알기 때문에 금융시장에서 부동산 자산시장으로 자본을 유입시키게 된다. 자본유입은 부동산가격의 상승기대를 높이기에 더욱 빠르게 자산의 거품이 커질 수 있다. 반대로 $\alpha_{t+1} \leq \alpha_t(1+i)$ 이라면, 이자율이 자산투자 실제수익률보다 높기 때문에 투자자들은 반대로 자산시장에서 금융시장으로 자본을 이동시킬 것이다.

마지막으로 시장이 효율적일 경우 거품의 성장속도에 대하여 알아보도록 하자. 만약 거품의 성장속도가 안정적이라면 $\alpha_{t+1} = \alpha_t(1+i)$ 이 되며 이때 수익률은 다음과 같다.

$$수익률 = \frac{\alpha_{t+1} - \alpha_t + R}{\frac{R}{i} + \alpha_t} = \frac{\alpha_t(1+i) - \alpha_i + R}{\frac{R}{i} + \alpha_i} = i \qquad \text{식 5-5}$$

즉, 투자의 수익률은 이자율이 되는 것이다. 이는 거품이 처음 생성될 때 투자자들은 큰 수익을 거둘 수 있지만, 거품이 어느 정도로 성장하게 된다면 거품이 있는 자산에서 추구할 수 있는 수익이 다른 자산과 동일해진다는 것을 의미한다. 이것이 바로 '시장의 자기조절 능력'이며 동태적 의미의 균형상태(dynamic equilibrium status)를 의미한다.

자산의 거품이 커지게 되면 자산가격에서 차지하는 내재가치의 비중은 점차 작아진다. 매 시점마다 이자율과 같은 비율로 안정적으로 성정하는 거품의 예를 들어보면 쉽게 알 수 있다.

$$P_t = \frac{R}{i} + \alpha_i$$

$$P_{t+1} = \frac{R}{i} + \alpha_t(1+i)$$

$$P_{t+2} = \frac{R}{i} + \alpha_t(1+i)^2$$

$$P_{t+3} = \frac{R}{i} + \alpha_i(1+i)^3$$

이처럼 시장근본요인(fundamental factors)에 의하여 결정되는 내재가치는 일정한데 자산가격은 계속 증가하므로 그 비중이 감소하게 되는 것이다. 부동산시장에서 형성되는 부동산가격은 시장가격(market price) 또는 매매가격이라고 한다. 이 가격은 시장에서 수요와 공급을 일치시키는 가격이므로 내재가치와 같을 수도 있고 다를 수도 있다. 즉 시장의 자기조절능력이 제대로 작동한다면 시장가격과 내재가치는 같겠지만, 초과공급 또는 초과수요 상태에서 결정된 시장가격은 내재가치와 다를 것이다.

4. 공간시장과 자산시장의 관계

이제까지 우리는 부동산시장을 토지 및 건물 등과 같이 공간사용을 목적으로 하는 공간시장(space market)과 자산시장(asset capital market)으로 구분하여 살펴보았다. 실제로 1997년 외환위기 후 부동산가격이 떨어지자 많은 외국인들이 국내 부동산을 취득하였는데, 이처럼 투자를 목적으로 부동산을 매입하였을 때와 국내 기업에서 업무공간 확보를 목적으로 부동산을 구입하였을 때와는 사뭇 다를 것이다.

그렇다면 이제 공간시장과 자산시장을 어떻게 연결지을 것인가라는 중요한 문제에 봉착하게 된다. 또한 현재 자산의 현금흐름이 부동산 자산의 가치(가격)로 전환되는 직접적인 단기간의 관계뿐만 아니라 두 시장이 상업용 부동산개발산업에 의하여 중·장기적으로 어떻게 연결되는지를 이해하는 것은 매우 중요하다.

1) 부동산 시스템

공간시장과 자산시장 그리고 이들 시장을 연결하는 매개체로써의 건설업으로 구성된 부동산 시스템을 소개하면서 논의를 시작하기로 한다.

부동산개발산업은 금융 및 물리적 자원을 동원하여 새로운 공간을 건설하는 기업행위를 지칭한다.[10)] 부동산개발은 여러 분야의 전문지식과 경험을 필요로 하는 복잡하고도 창조적인 과정이다. 투자적인 측면에서는 위험과 이윤을 적절히 배분하는 방식으로 투자자들을 모집하여야 하고, 계획에 따라 재원을 배분하여야 할 것이다. 또한 건설 중에는 건축가, 엔지니어, 건축도급업자 사이의 조정이 필요하며, 정부의 규제에 위반되지 않도록 공공부문과의 상호작용 및 협력이 필요하다.

그렇지만 투자자의 입장에서 보면 부동산개발산업은 공간시장에 공급을 추가함

10) 물론 신규주택의 경우 민간기업뿐 아니라 정부나 공공단체에 의해서도 공급이 이루어진다. 따라서 정부의 시장개입 정도가 비교적 높은 주택부문(특히 공공주택)은 반드시 다음에서 설명하는 경제적 논리에 따라 움직이지 않을 수도 있다.

으로써 자산시장을 공간시장과 연계하는 다시 말해서 금융자본(financial capital)을 물적 자본(physical capital)으로 전환하는 역할을 수행한다고 볼 수 있다.

[그림 5-10]은 공간시장, 자산시장 그리고 개발산업으로 이루어진 부동산시장의 시스템이 어떻게 서로 연계되어 있으며 국가와 지역경제 및 국내외 자본시장과 같은 외생변수들과 어떻게 상호 영향을 주고받는지를 보여주고 있다.

우선 공간시장을 보면, 공간에 대한 수요와 현재의 물리적 공급수준에 의하여 공간시장의 현 임대료와 점유 정도가 결정된다는 것을 알 수 있다. 공간시장의 수요는 국가 및 지방경제를 반영한다는 사실을 고려할 때, 수요는 다양한 유형의 물리적 공간의 필요량을 결정하며 이것이 어떤 공간의 가격(임대료)에 영향을 줄 수 있다는 것을 알 수 있다. 반면 공급 측면에서 물리적 공간의 수량이라는 것은 개발산업의 과거와 현재의 활동 결과물로써 이해할 수 있다.

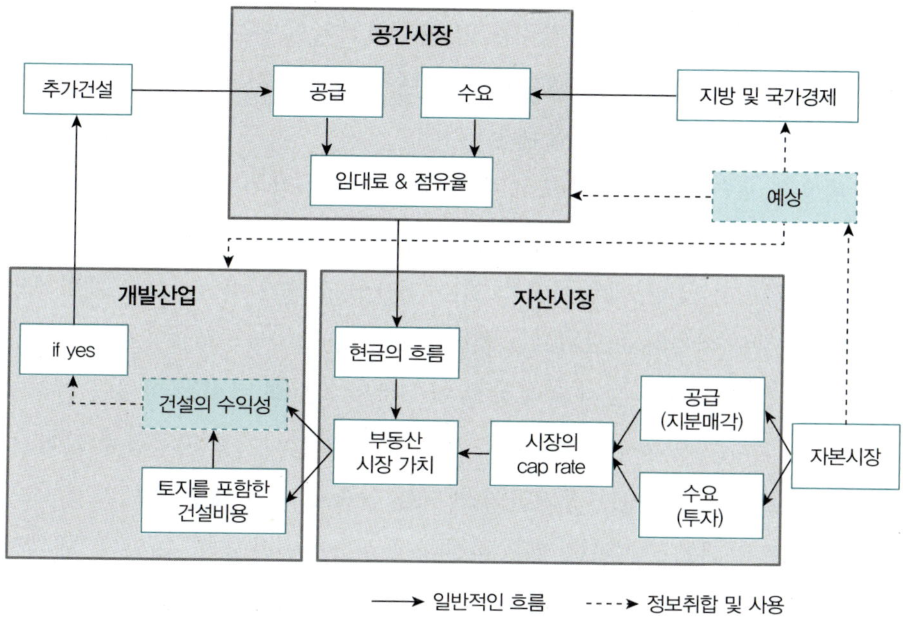

그림 5-10 부동산 시스템 : 공간시장, 자산시장, 개발산업

출처: Geltner, David & Miller, Norman G. (2001). *Commercial Real Estate Analysis and Investment*. South-Western. 재인용.

한편, 자산시장은 공간시장에서 공급된 부동산 자산에 의하여 창출된 현금흐름이 작동하는 곳이다. 부동산 자산이 창출하는 현금흐름은 Cap Rate와 상호작용하여 자산의 시장가치를 결정하게 된다.

언급하였듯이 부동산 자산시장에서 수요자와 공급자는 모두 투자자들이다. 모든 부동산투자자들은 여러 가지 유형의 자산을 포괄하는 자본시장에서 움직이는데 이들이 자본시장에서 다른 투자대상과 비교하여 부동산 자산의 투자위험과 수익률을 어떻게 인식하느냐에 따라 부동산거래에 있어 필요한 정보인 현 시장의 Cap Rate가 결정되게 된다. 물론 공간시장의 향후 전망도 Cap Rate를 결정짓는 데 있어 커다란 영향을 준다.

이상과 같이 공간시장과 자산시장은 경제상황 및 자본시장을 반영하면서 상호작용하여 현재 부동산 자산의 가치 또는 가격을 결정하게 된다. 그런데 이 가치는 자산시장에서 개발산업체에 중요한 신호등 역할을 한다. 건설비용 및 토지비용을 포함한 개발비용은 현재의 자산가치와 언제나 비교되기 마련이다. 만약 자산의 가치가 개발비용과 같거나 더 높다면 개발이 이루어져 공간시장의 공급증가, 즉 물리적 재고(stock)가 추가적으로 투입된다.

개발비용은 토지의 기회비용으로 이는 역으로 기회가치(opportunity value)라고 생각할 수 있다. 개발의 기회가치는 부동산 자산의 한 유형으로써 토지가격이 자산시장에서 결정된다. 물론 개발이라는 것은 시간이 걸리기 마련이므로 개발산업은 어느 정도 미래를 예측하고 고려하는 것이 요구된다.

실제로 [그림 5-10]에서 묘사된 부동산 시스템은 정도의 차이는 있지만 원칙적으로 미래를 고려하고 있음을 보여준다. 개발산업은 건설시기를 결정함에 있어 공간사용자들은 공간수요에 대한 장기간의 계획을 필요로 하기 때문이다. 그렇지만 가장 장기적으로 미래를 고려하는 것은 자산시장 시스템이라고 할 수 있다. 왜냐하면 자산시장의 참가자들은 모두 투자자이며 이들은 앞으로의 수요전망 및 공급자로써의 개발산업의 활동, 그 외에 자본시장의 움직임, 이자율, 인플레이션, 투자자의 선호 등 국가 거시경제 지표들을 예측하여야만 그들이 보유하거나 매입을 고려하는 부동산 자산이 어느 정도 현금흐름을 창출할 것인지 예측할 수 있기 때문이다.

마지막으로 부동산 시스템에는 부정적 반응고리(negative feedback loop)가 있다. 이 메커니즘은 시스템 자체를 스스로 조절하여 악순환과정에 빠져드는 것을 방지한다. 부동산 시스템에 가장 중요한 부정적 반응고리의 역할은 자산시장이 개발산업으로 가는 금융자본의 흐름을 조절하는 것이다. 예를 들어 신규개발이 공간시장에서 과잉공급을 한다면 투자자들은 미래의 임대수익이 감소할 것이라 예상한다. 이에 따라 현 자산시장의 가치가 떨어지게 될 것이고 자산가치의 감소는 추가적인 개발이 더 이상 이윤을 발생시킬 수 없음을 알려준다. 반대로 추가적인 공급이 없는 상태에서 공간에 대한 수요가 증가하면 점유율과 임대료는 상승하게 되고 자산시장의 현금흐름이 증가하게 되어 결국 신규개발을 촉진한다. 결과적으로 신규개발은 수요증가를 충족시키고 임대료를 장기균형상태로 낮추게 된다.

부동산 시스템의 모든 주체들이 충분히 미래지향적이고 빠르게 반응한다면 부정적 반응고리는 공간시장의 수요와 공급이 균형상태를 유지할 수 있게 할 것이다. 물론 지금까지의 경험을 보면 그렇지 못했다는 것을 인정할 수밖에 없다. 그러나 1990년대 미국에서 정보효율적인 자본시장의 역할이 증대함에 따라 부동산 자산시장의 효율성도 상당히 개선되었다는 사실을 인지할 때 향후 우리나라 부동산 시스템이 보다 바람직한 기능을 수행하리라 기대할 수 있을 것이다.

2) DW모형을 이용한 부동산시장의 분석

공간시장과 자산시장간의 상호관계를 보다 체계적으로 이해하고 분석하기 위하여 디파스퀠리와 위튼(Dipasquale & Wheaton, 1996)의 4사분면 모형(이하 DW모형)을 소개하기로 한다.

[그림 5-11]의 DW모형은 공간시장과 자산시장이 각각 어떻게 작동하며 이 두 시장의 관계에 대한 장기균형효과를 설명하는 데 매우 유용하다. 물론 부동산의 장기

균형(long-run equilibrium)이란 수요를 충족하기 위하여 공간을 추가공급할 때 소요되는 시간을 고려하였다는 것을 의미한다.

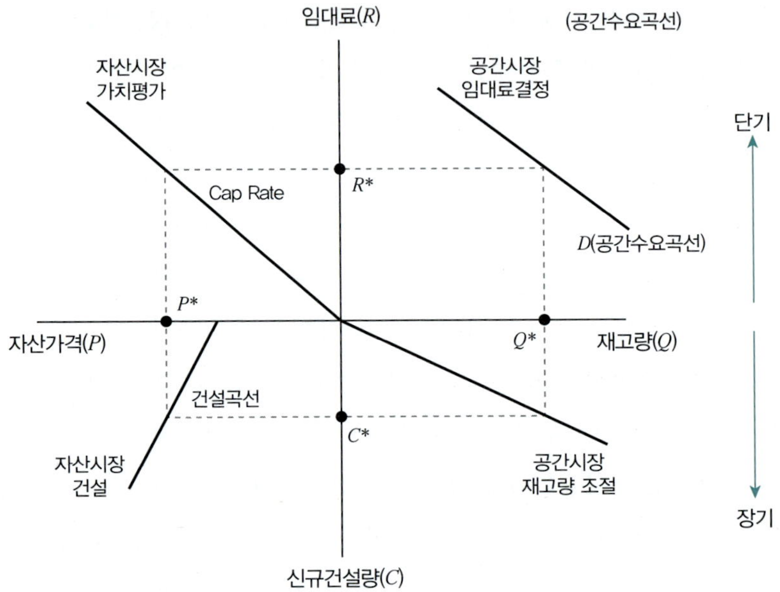

◆ 그림 5-11 부동산시장의 DW모형

[그림 5-11] DW모형에서 오른쪽의 제1, 제4사분면은 공간시장을 나타내고 왼쪽의 제2, 제3사분면은 부동산의 소유권을 다루는 자산시장을 나타낸다. 점선으로 이루어진 사각형의 각 축은 오른쪽 수평선부터 시계반대방향으로 건축된 공간의 재고량, 임대료, 자산가격, 그리고 신규건설량을 나타내는 것으로 각각의 균형가격과 균형량은 Q^*, R^*, P^*, C^*로 표시되어 있다. 이제 단기임대료수준이 결정되는 제1사분면부터 살펴보기로 하자.

단기적으로 공간시장에서 결정되는 임대료를 설명해 주고 있는 제1사분면에서 횡축은 부동산공간의 물리적 재고량(Q)을 말하고 종축은 공간단위당 연간임대료(R)이다. 여기서 수요곡선(D)은 경제이론에 근거한 공간시장의 균형가격과 균형거래량을 설명하는 것으로 공간이용에 대한 수요가 임대료나 주어진 경제상황에 의해 어떻게 결정되는가를 보여준다. 즉 공간시장의 현재 재고량을 나타내는 지점 Q^* 에서 위로 직선으로 올라가게 되면 수요곡선과 만나는 지점에서 현재의 임대료가 결정된다. 다시 말해서 공간시장의 수요와 공간재고량 Q^*가 정확히 일치하는 점에서 임대료 R^* 이 결정된다.[11)]

제1사분면에서 결정된 임대료를 가지고 제2사분면으로 이동하게 되면 여기에서는 자산시장에서 현재의 임대료 수준과 부동산 자산의 가격(*P*)과의 관계를 설명한다. 제2사분면에서 원점에서 시작되는 곡선은 부동산 자산시장에서의 자본환원율, 즉 Cap Rate를 나타낸다. 이는 언급하였듯이 임대료와 자산가격과의 비율을 뜻하는 것으로 투자자들이 부동산 자산을 보유하기 위해 요구하는 현재의 수익률이다.

Cap Rate가 높아지면 Capt Rate 곡선은 시계방향으로 이동하며 반대로 떨어지면 시계반대방향으로 이동한다. Cap Rate는 부동산시장의 외부요소인 증권, 채권, 단기성 예금 등 모든 금융자산을 포함하고 있는 광범위한 자본시장에서의 수익률에 기초하여 결정된다. 임대료 R^* 에서 수평으로 직선을 그리면 Cap Rate를 나타내는 직선과 만나게 되는데 이 지점에서 다시 밑으로 내려오면 부동산 자산가격(*P*)을 나타내는 축과 만나게 된다. 여기서 우리는 현재의 임대료에 의하여 부동산가격(가치) P^*가 결정되는 것을 알 수 있다.[12)]

정리해 보면 제1사분면과 제2사분면에서는 공간시장과 자산시장에서 단기간에 결정되는 임대료와 부동산가격을 설명한다.

개발 산업부문에서 새로운 부동산을 추가 공급할 것인가를 결정하는 제3사분면은 자산시장이다. 여기에서 보이는 곡선은 주어진 부동산의 가격수준과 신규건설뿐만 아니라 재건축과 재개발을 포함하는 연간 부동산의 신규건설량과의 관계를 나타내기에 건설곡선(construction function line) 또는 부동산의 재조달원가[13)]곡선이

---

11) 이를 수식으로 표현하면 $D(R, 경제변수) = Q$가 된다. 여기서 D는 수요, Q는 재고량, R은 임대료이다.

12) Cap Rate을 i라고 하고 부동산 자산의 가격을 P라 하면 $P = \frac{R}{i}$ 로 표시할 수 있다.

13) 부동산의 재조달원가는 같은 건물을 건설하는 데 드는 비용을 말한다. 일반적으로 공간건설의 장기한계

라고 한다. 건설곡선은 좌(左)하향하는데 이는 부동산 자산이 높으면 높을수록 신규건설이 촉진되고 자본의 이용가능성을 높여주어 개발과정 자체도 빠르게 진행될 수 있음을 의미한다. 건설곡선이 부동산 자산가격을 나타내는 축의 원점에서 떨어진 지점에서 시작하는것은 부동산 가격이 어느 시점 이하로 떨어지게 되면 개발 자체가 이루어질 수 없음을 반영한 것이다. 제2사분면에서 결정된 부동산가격 P^*에서 수직으로 내려와 건설곡선과 만나고 여기에서 다시 오른쪽으로 수평 이동하게 되면 연간시장에서 신규로 건설되는 건설량 C^*와 만나게 된다. 건설량이 적으면 초과이득이 발생하고, 많으면 이익이 감소하므로 새로운 건설량은 자산가격과 신축 건설(재조달)비용과 같아지는 점에서 결정된다.

마지막으로 제4사분면에서는 공간시장에서 이용가능한 부동산공간의 총량과 신규로 개발되는 건설량을 연계시키므로 공간과 자산시장의 장기적 통합이 완성된다. 원점에서 시작되는 직선은 시장에서 꼭 유지하여야 하는 공간의 재고수준을 유지하기 위하여 필요한 신규 건설량과 공간유실분과의 관계를 나타낸 것이다. 이를 통하여 장기적으로 시장에서 이용가능한 공간의 총 재고량을 유지하기 위하여 연간 공급되어야 하는 평균 신규건설량을 알 수 있다. 부동산공간에서 필요로 하는 재고량이 많으면 많을수록 장기적으로 이 수준을 유지하기 위하여 필요한 연간신규건설의 비율 또한 올라간다. 따라서 건설활동 수준을 나타내는 C^*은 총 건설된 공간공급량 Q^*와 연계된다. 제3사분면과 제4사분면은 시장에서 공급된 총 부동산 재고량에 대한 건설산업의 영향을 보여줌으로써 부동산개발산업의 장기효과를 보여준다고 할 수 있다.

DW모형은 모든 변수들의 결정과정과 장기간의 지속적인 균형(long-run steady-state equilibrium)이 어떻게 이루어지는가를 설명하고 있다. 즉, 공간시장의 부동산 재고량과 수요가 임대료를 결정하고, 이것이 자산시장에 의해 부동산 가격으로 전환된다. 자산가격은 다시 새로운 건설을 유도하고 이것이 다시 공간시장에서 새로

비용(long-run marginal costs)은 올라가기 때문에 그림에서 보이는 곡선은 좌하향하게 된다.

운 부동산 재고량을 산출하게 된다. 여기서 우리는 부동산의 재고량 수준이 모두 같다면 공간시장과 자산시장의 결합은 균형을 이루게 되지만, 재고수준의 처음과 끝이 같지 않다면 임대료, 가격, 건설량, 재고량은 균형상태가 되지 않을 것이라는 것을 알 수 있다.

3) DW모형의 한계

DW모형은 부동산시장의 공간시장과 자산시장을 통합하는 장기균형모형(general equilibrium model)으로써 두 개의 시장은 명확하게 구분하면서도 상호밀접하게 연계되어 있음을 간단하지만 명료하게 보여줌으로써 부동산시장을 설명함에 있어 현격한 공헌을 하였다. 그러나 Colwell(2002)은 DW모형이 다음과 같은 심각한 문제점이 있음을 지적하였다.

첫째, 2사분면에서 Cap Rate가 외생변수(exogenous variables)로 주어지고 임대료와 만나 자산가격이 결정된다고 하였는데, Cap Rate는 자본시장의 여러 가지 요인들에 의하여 결정되는 내생변수(endogenous variables)라는 것을 간과하였다. 둘째, DW모형은 단기조정 요인들을 내포하지만, 균형관계가 깨어지고 난 후의 조정과정의 중요한 특징들을 보여주지 못하고 있다. 즉 균형관계가 깨어지면 과잉조정(over-shooting)과정이 명확하게 드러나서 장기균형관계를 바로 파악할 수 있는 것이 아니라, 무수한 시행착오(trials and errors)과정을 통하여 균형관계가 다시 성립하게 된다는 것이다. 마지막으로 부동산시장에 대한 사람들의 기대심리(expectations)와 공실(vacancies)을 무시하고 있다. 그러나 기대심리와 공실은 임대료와 자산가격 조정과정에 커다란 영향을 준다는 점을 고려하여야 한다.

Theory of Real Estate Economy

PART

03

도시공간구조와 부동산시장

CHAPTER 06 지가와 지대의 결정에 대한 경제이론

1. 고전적 지대이론

2. 고전적 지대론의 응용

3. 고전적 지대론에 대한 신고전경제학의 비판과 보완

4. 현대의 지대이론: 수요와 공급의 법칙

CHAPTER 06 지가와 지대의 결정에 대한 경제이론

1. 고전적 지대이론

경제학에서 토지는 생산용, 자산용, 그리고 소비재용으로 구분되며 그 용도에 따라 가치가 결정되는 메커니즘이 다르다고 설명한다. 토지의 여러 가지 용도 중에서 어느 용도가 사회적으로 특히 중요시되고 관심의 대상이 되는가는 시대에 따라 변해 왔지만 경제학에서 오랫동안 관심의 대상이 되었던 것은 생산용도였다(이정전, 2006).

도시라는 지역적으로 한정된 공간시장에서 건축물과 시설을 공급할 때 토지는 꼭 필요한 생산요소이기 때문에 도시토지의 가치는 토지를 이용하여 생산되는 재화와 서비스에 대한 수요량에 의하여 결정된다고 할 수 있다. 이에 도시토지의 수요는 토지 그 자체를 소비한다기보다 토지를 이용하여 생산한 재화와 서비스의 수요에 결정되기에 파생수요(derived demand)라고 한다.

고전학파 경제학은 18세기 중엽 아담 스미스(A. Smith)의 《국부론》으로부터 데이비드 리카르도(D. Ricardo)를 거쳐 존 스튜어트 밀(J. S. Mill)에 이르기까지 약 100년간의 경제학을 일컫는다. 고전학파 경제학은 생산요소로서 토지에 관심을 집중하였으며 특히 토지의 고정성을 강조하였다. 고전적 지대론[1]에서 토지는 대체가 불

1) 고전적 지대론에 대한 보다 자세한 설명은 이정전(2006). 토지경제학. 박영사, pp.84~123을 참조할 것.

가능한 완전 독립재이기에 특정장소 또는 입지에 대한 토지의 공급은 아무리 수요가 증가하더라도 이에 따라 증가할 수 없는, 다시 말해서 가격의 변화와 무관한 비탄력적인 재화로 인식된다. 이와는 달리 특정 입지에 있는 토지수요는 가격에 대하여 대단히 민감하고 탄력적이다. 이것은 가격변화에 따라 수요자들이 다른 대체할 만한 토지를 찾는다는 것을 뜻한다. 이는 결국 지가(地價)는 거의 전적으로 수요에 따라 결정된다는 뜻이다. 반면 신고전학파 경제학자들은 토지 역시 효율적으로 이용해야 하는 자원이라는 점에서 노동과 자본과 같은 생산요소와 유사하므로 토지의 특수성을 인정하지 않는다. 이에 다른 자원과 마찬가지로 토지 역시 효율적으로 이용하기 위해서는 시장 기구를 통해 각 용도에 배분되어야 한다고 주장한다.[2)]

본 장에서는 고전적 지대론 중에서 현재까지 지대의 설명에 유용한 리카르도의 지대론을 소개하고 이를 응용한 입찰지대이론을 살펴보기로 한다. 마지막으로 고전적 지대론에 대한 신고전학파 경제학자들의 비판과 이를 보완한 마샬(A. Marshall)의 지대론을 소개한다.

1) 리카르도의 차액지대설

리카르도(David Ricardo)는 1951년에 출간된 《Principles of Political Economy and Taxation》의 서문에서 노동과 자본을 토지에 투입해서 생산한 생산물은 임금, 이윤, 그리고 지대라는 명목 아래 각각 노동자, 자본가, 지주의 세 계층에 분배되는데, 경제학의 기본과제는 바로 이 소득분배 양태를 결정하는 법칙을 규명하는 것이라 천명하였다.

그는 지대(地代)란 "토지의 생산물 중에서 토양의 원초적이고 파괴할 수 없는 힘을 이용한 대가로 토지소유자에게 지불되는 부분"이라고 정의하였다. 리카르도는

2) 19세기 후반 이후 경제학계를 주도하는 신고전학파 경제학은 오늘날 현대경제학의 주된 흐름이 되면서 고전학파의 경제학이론은 밀려나고 있지만, 토지에 관해서만은 아직도 고전학파적 사고와 신고전학파의 사고방식이 팽팽한 대립을 하고 있다. 보다 자세한 설명은 이정전(2006)의 pp.36-37을 참조할 것.

지대가 발생하기 위한 조건으로 '비옥한 토지의 부족'과 '수확체감의 법칙'을 언급하였다. 비옥한 토지는 언제나 부족하기에 집약적으로 이용하게 되는데 이렇게 되면 '수확체감의 현상' 때문에 토지에 투입된 생산요소의 생산성이 떨어져 더 이상 집약적으로 생산하는 것이 경제적으로 손해가 되는 집약적 한계현상이 발생한다. 비옥한 토지의 부족과 수확체감의 현상은 늘어나는 인구를 지탱하기 위하여 덜 비옥한 토지도 경작하도록 하며 이러한 상황에 이르면 종전의 비옥한 토지의 소유자는 지대를 요구하게 되며, 이때 비옥한 토지에서의 생산성과 덜 비옥한 토지에서의 생산성의 차이가 곧 지대의 크기를 결정하는 것이다.

리카르도는 모든 상품의 교환가치는 "가장 불리한 상황"에서 생산될 때에 소요되는 노동의 양에 의해서 결정된다고 주장하면서 이에 따라 곡물의 가격은 경작되는 토지 중에 가장 척박한 토지, 즉 조방적 한계의 생산비에 의하여 결정된다고 하였다. 이때 조방적 한계의 토지는 무지대(無地代)이다. 무지대 토지에서는 생산자가 지대를 지불하지 않으므로 무지대 토지의 생산비에는 지대가 포함되지 않는다. 이처럼 생산물의 가격은 조방적 한계토지의 생산비에 의해서 결정되기에 지대는 단순히 그 결과로 인식하여야 한다. 리카르도는 지대(地代)는 잉여(剩餘, surplus)이기에 생산물의 가격에 영향을 주지 않는다고 주장하였다. 다시 말해서 지대는 토지 생산물의 가격이 일단 결정된 다음에 총수익에서 토지 이외의 다른 모든 생산요소에 대한 대가를 지불하고 남은 잉여에 불과한 것이다. 따라서 리카르도의 지대론(Ricardian Rent)을 차액지대설이라고 부른다.

리카르도의 지대론에 생산물의 가격이 높으면 지대도 높아지면, 생산물의 가격이 낮아지면 지대도 낮아진다. 생산물의 가격이 많이 떨어지면 지대는 '0'이 될 수도 있다. 그러나 생산물의 가격이 아무리 떨어진다고 임금이나 이자마저 '0'이 될 수는 없다. 이런 점에서 리카르도는 지대는 다른 생산요소에 대한 대가와 성격을 근본적으로 다르다고 주장하였다. 잉여의 크기는 농산물에 대한 수요와 생산비에

의해 결정되며, 생산비는 토지의 비옥도와 위치에 따라 달라진다.[3)]

리카르도가 지대론을 주장하였던 18세기에는 식량생산을 위한 토지의 자연적 생산력이 강조되었던 시기였기 때문에 토지의 가치는 비옥도에 의해서 좌우되었겠지만, 오늘날 도시토지의 가치는 토지의 비옥도보다는 입지에 의하여 좌우된다고 해도 과언이 아닐 것이다.

그렇다면 구체적인 예를 하나 들어보기로 하자. 어떤 의류기업이 연간 1억 원의 총판매수입을 거두고 있다고 하자. 이 기업은 총수입에서 원자재 구입을 위하여 4,000만 원, 근로자들의 임금으로 5,000만 원의 비용을 지출하고 1,000만 원이 남았다고 한다. 기업주는 1,000만 원에서 의류제조를 위해서 투입된 공장, 사무실, 설비 기계 및 장비와 같은 물적 자본(physical capital) 이용에 대한 비용을 지불하여야 되는데 일반적으로 투자된 금융자본(financial capital)에 대한 수익의 형태로써 지불된다. 만약 투자된 물적 자본에 대한 연간 금융비용이 900만 원이라면 이 의류기업에서 지출하는 연간 총비용은 9,900만 원이 된다. 따라서 토지를 임대해준 토지소유자가 가져갈 수 있는 100만 원만 남게 된다. 즉 100만 원은 기업운영을 위하여 지불해야만 하는 입지와 공간에 대한 토지 임대료의 잠재적인 금액이 되는 것이다.

이처럼 토지의 가치가 토지를 제외한 이동가능한 생산요소(mobile factors of production)에 대하여 지불한 비용을 모두 빼고 남은 잉여라고 해서 이를 토지가치에 대한 파생적 잉여이론(the derived residual theory of land value)이라고도 한다.[4)]

그런데 기업운영에 있어 공장이 어디에 위치하였는지는 원자재, 운송비, 임금 등 기업의 생산비용에 직접적으로 영향을 준다. 만약 공장을 특정 지역으로 이전시켜 운송비와 임금이 감소하여 총비용이 9,500만 원이 된다면 지대는 500만 원이 된다. 물론 생산비용의 추가 감소 없이 의류판매 수입이 1억 400만 원으로 증가하여

3) 즉 농산물의 생산량이 증가할수록 수확체감현상 때문에 생산비가 증가하여 지대가 감소하게 되고 반면 농산물에 대한 수요가 증가하여 농산물가격이 상승하면 지대는 증가하게 된다는 것이다.

4) 토지가치에 대한 파생적 잉여이론에서는 기업가는 이윤을 남길 수가 없다. 그러나 보통 기업가는 생산시설 또는 토지 소유자일 경우가 많을 뿐만 아니라, 사업운영에 필요한 경영서비스와 같은 노동력을 제공하는 것으로 간주되기에 여기에서 기업가의 소득을 확보할 수 있게 된다.

도 결과는 마찬가지가 될 수 있다.

한편, 토지를 임대하여 지대를 받는 토지소유자의 입장에서는 지대를 한 푼이라도 더 지불할 수 있는 임차인을 선호할 것이다. 현재 100만 원의 임대료를 지불하는 의류업체보다 500만 원의 임대료를 지불할 수 있는 기업이 나타난다면 전 기업주와 혈연으로 맺어지거나 절친하지 않은 이상 기꺼이 500만 원의 임대료를 지불할 수 있는 기업에게 토지를 임대한다는 것이다. 이처럼 특정 토지를 사용하기 위하여 기업 간에 경쟁이 일어난다면 경쟁결과는 가장 높은 임대료를 지불할 수 있게 충분히 이윤을 창출해내는 기업이 해당 토지를 임대하는 것으로 나타날 것이다.

위의 예시에서 나타나듯이 리카르도의 지대론(Ricardian rent)에 따르면 토지의 가치는 소비자가 얼마를 지불하려는 의사가 있는지에 의하여 결정된다. 왜냐하면 다른 생산요소와 달리 토지는 이동이 불가능하기 때문에 토지를 구입하는 대부분의 수요자들은 우선 구입하려는 토지가 어디에 입지하였으며 이로 인한 이점이 무엇인가 그리고 내가 이를 지불할 용의가 있는가를 제일 먼저 고려하기 때문이다.

2) 부동산시장의 경쟁과 균형

제대로 작동하는 토지시장이라면 이동가능한 생산요소의 공급자들 간에 그리고 토지소유자들 간에 경쟁이 일어나게 마련이다. 이 세상에는 똑같은 토지란 존재하지 않지만 특정목적에 이용되는 토지의 경우 대체가 가능할 수 있다. 이에 토지시장에서는 대체가 가능한 부지들 간 경쟁이 일어난다. 물론 건축물은 한 번 지어지면 일정기간은 대체가 불가능하다는 특성이 있기 때문에 토지이용의 유형이 상황에 따라 재빠르게 변화하는 데 한계가 있다. 그러나 장기적으로 볼 때 토지이용에는 변화가 있게 마련이고, 그래서 우리가 앞으로 분석하고자 하는 토지이용의 유형은 변화를 초래하는 기본적인 경제적 요인들이 있고 또한 토지이용의 유형 자체가 토지의 가치를 반영하는 것이다.

가장 강력한 경제요인은 공급과 수요가 균형을 이루려는 방향으로 시장이 움직인다는 것이다. 완전경쟁시장에서 수요와 공급이 균형을 이루면 총효용(total utility)이 극대화된다. 이를 파레토최적(Pareto optimality)이라 하는데 어떤 재화나 서비스의 분배상태가 다른 모든 실현가능한 배분상태와 비교할 때 구성원의 누구 하나도 후생(=효용)이 감소되지 않으면서 적어도 한 사람의 후생이 증가되는 파레토우위(Pareto superior) 또는 파레토개선(Pareto improvement)이 없는 배분상태를 말한다. 즉 파레토최적이란 사회 내의 어떤 사람의 후생을 감소시키지 않고서는 다른 사람의 후생을 증대시킬 수 없는 실현가능한 최적의 배분상태를 말한다.

파레토최적의 개념을 도시토지시장에 적용하면 토지수요와 토지공급 간의 균형이 이루어질 때 총임대료가 극대화된다. 언급한 의류업체의 예를 확장시켜 토지시장에서 '균형상태(equilibrium)'가 의미하는 바가 무엇인지 구체적으로 생각하여 보자.

지금 사용가능한 부지가 두 곳 있는데, 여기에 의류공장과 슈퍼마켓이 입지하려 한다고 하자. 부지 1은 고속도로 톨게이트에 근접하며, 부지 2는 주거지역과 인접한다. 〈표 6-1〉은 앞서 언급한 의류업체가 고속도로 톨게이트 부근에 위치한 부지 1에서 연간 1억 원의 판매수익을 올리고 생산비용으로 9,900만 원을 지출하기에 지불할 수 있는 토지의 지대는 100만 원이 됨을 보여주고 있다. 그런데 이 의류업체가 주거지역 부지 2에 입지하게 되면 교통비용이 90만 원이 추가되어 생산비용이 9,990만 원이 되고 이에 따라 지대비용으로 지출가능한 금액이 10만 원이 된다. 슈퍼마켓은 의류업체와 상황이 좀 다르다. 부지 1에서는 운송비용은 감소하나 소비자들의 접근성(accessability)이 떨어져 판매수익이 4,600만 원으로 떨어지게 되어 지대비용으로 지불가능한 금액이 50만 원이 된다. 반면 부지 2에서는 운송비용이 75만 원이 추가되지만 주거지역이니만큼 판매수익이 5,000만 원으로 증가하여 결과적으로 375만 원의 지대가 남게 된다. 슈퍼마켓은 주거지역에 입지하게 되면 운송비용이 증가하지만 그 증가의 폭이 판매수익 증가폭에 미치지 못하여 결국 지대가 증가하는 것이다.

표 6-1 입지별 지대 (단위 : 만 원)

구분	부지 1 (고속도로 톨게이트 주변)		부지 2 (주거지역)	
	의류업체	슈퍼마켓	의류업체	슈퍼마켓
판매수익	10,000	4,600	10,000	5,000
이동가능한 생산요소 비용	9,900	4,550	9,990	4,625
지대	100	50	10	375

결과적으로 부지 1에서 의류업체는 슈퍼마켓보다 50만 원 더 지대를 낼 수 있게 되고, 부지 2에서 슈퍼마켓은 의류업체보다 지대를 375만 원이나 더 많이 지불할 수 있게 된다. 토지소유자는 항상 더 많은 지대를 지불할 수 있는 업체를 선호하므로 결국 부지 1에는 의류업체가, 부지 2에는 슈퍼마켓이 입지하여 영업하게 된다.

위의 예는 토지시장에서 수요와 공급이 균형을 이루게 되면 각각의 입지에서 최고-최상의 토지이용(highest and best use: HBU)이 된다는 것을 설명한다. 다시 말해서 이와 같은 방식으로 토지가 이용될 때 가장 생산적이라는 것이다.

여기에서 생산성이란 어떤 부지에서 생산되는 생산물의 가치에서 이를 생산하는 데 필요한 이동가능한 생산요소에 지불하는 비용간의 순(純) 차이, 즉 앞서 정의한 잉여분의 토지가치를 의미하게 된다. 따라서 장기적으로 토지시장에서 균형상태는 토지가 가장 생산성이 높도록 최적으로 사용되는 것을 의미한다. 이것이 바로 파레토최적에 입각한 도시토지의 이용이며 곧 최고-최상의 토지이용(HBU)이다.

2. 고전적 지대론의 응용

1) 입찰지대이론(bid-rent theory)

앞에서 우리는 각 생산 활동에 따라 최고-최상의 토지이용(HBU)이 다르고 이로 인하여 각 지점의 지대(지가)가 다르다는 것을 이해하였다. 그렇다면 입지에 따른 지대의 차이는 어디에서 오는 것일까? 고전적인 도시경제이론은 입지에 따른 지대의 차이를 교통비(transportation costs)[5]의 차이로 설명하는데 이것이 입찰지대이론(bidrent theory)이다.

1826년 독일의 경제지리학자 폰 튀넨(Johann Heinrich von Thünen)은 그의 저서 《고립국》에서 농업활동의 공간적 분화를 설명하였다. 이는 토지이용에 관한 최초의 경제학적 이론으로 이후 버제스(Ernest W. Burgess)와 알론소(William Alonso)에 의하여 더욱 발전하게 된다. 튀넨은 지대가 위치에 따라 달라지며, 이는 생산유형과 관련된 토지이용의 결정과 밀접한 관련이 있음을 강조한다.

다시 말해서 튀넨의 토지이용분화이론의 요점은 농산물이 생산되는 토지와 이 농산물이 판매되는 시장과의 거리, 즉 접근성(accessibility)이 지대를 좌우하므로 서로 다른 두 토지의 생산성이 같더라도 시장으로부터의 거리에 따라 지대가 달라진다는 것이다. 토지이용분화이론에서 기본 가정은 다음과 같다.

> "비옥도가 동일한 평탄한 농지가 단 한 개의 소비시장인 도시 주변을 둘러싸 위치하고 있으며, 이 농촌지역에서 생산되는 모든 농산품(낙농제품, 곡물, 가축)은 이 시장에서 판매된다고 가정한다.…"

5) 여기서 교통비란 생산요소의 투입물과 산출물을 이동시키는 비용 및 판매자에 의하여 직접적으로 그리고 구매자에 의하여 간접적으로 발생하는 모든 비용을 포함한다.

위와 같이 가정한 농촌지역에서 생산되는 신선한 우유는 주변 도시에서 연간 헥타르(ha)당 100만 원에 판매되고 그 생산비용은 연간 30만 원이라고 하자. 이에 우유판매에 따른 헥타르당 연간 이윤은 70만 원이 된다. 한편, 1ha에서 생산된 우유를 시장이 있는 도시까지 운송하는 교통비용은 1km당 10만 원이 든다고 하자. 우유 생산농가가 우유를 판매할 때, 도시에서 멀어지면 멀어질수록 교통비의 증가로 인하여 이윤은 감소하게 될 것이다.

[그림 6-1]에서 보면 도심에서 4km 떨어진 지점에서 우유판매에 소요되는 교통비용은 *X*가 되고, 총이윤에서 교통비용 *X*를 뺀 *Y*가 순이윤이 된다. 그 결과 우유를 생산하는 농가는 도시에서 7km에 떨어진 지점에 입지하게 될 때 우유판매금액 100만 원에서 생산비용 30만 원과 운송비용 70만 원을 제외하면 순이윤(net profit)은 '0'이 된다. 순이윤이 '0'이 되는 지점에서는 지대도 '0'이 되므로 생산의 한계점이 된다. 이 한계점을 생산의 한계입지라고 한다.

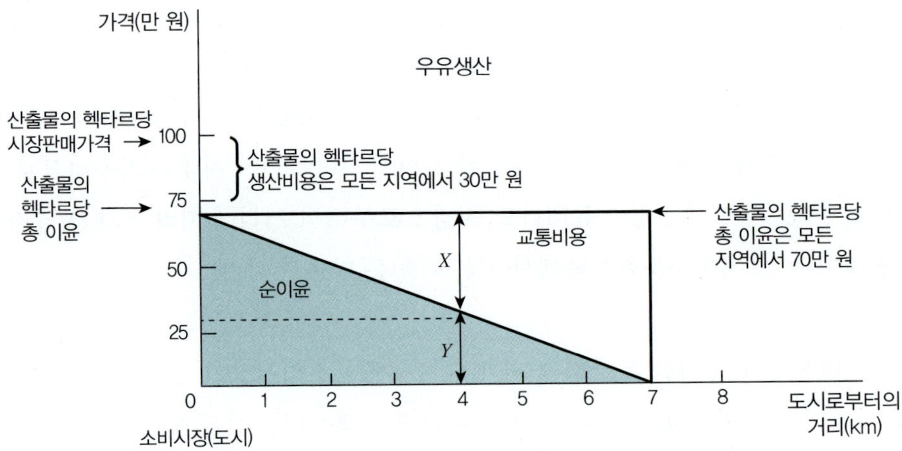

그림 6-1 거리에 따른 낙농제품생산의 이윤과 비용 간의 관계

출처 : Abler et al. (1971). *Spatial Organization*. Prentice Hall.

그런데 우유를 생산하는 농가의 순이윤이 도시와 생산장소 간의 거리에 따라 변화하듯이, 생산하는 농산품에 따라 생산비용 및 판매가격이 다를 것이고 또한 시장과 생산지점과의 거리에 따라 각 농산품의 생산한계점, 즉 생산한계입지가 다를 것이다.

〈표 6-2〉는 낙농제품, 곡물제품, 그리고 육류제품을 같은 지점에 있는 도시에 판매한다고 가정하였을 경우 각 제품의 판매가격, 생산비용, 총이윤 및 교통비용과 이를 근거로 계산된 각 제품별 생산한계점이다.

표 6-2 생산 활동별 이윤발생이 가능한 생산한계입지

(단위 : 만 원)

농산품 또는 토지이용	연간 산출물의 헥타르당 시장가격	연간 산출물의 헥타르당 생산비용	연간 산출물의 헥타르당 총 이윤	산출물의 헥타르당 교통비용	이윤이 가능한 생산한계점(km)
낙농제품	100	30	70	10	7
곡물	65	20	45	3	15
육류제품	45	15	30	1	30

〈표 6-2〉에서 주어진 정보를 그림으로 표현하면 [그림 6-2]가 된다. 그림에서 직선 *D*는 낙농제품의 지대곡선을 나타내고, *G*는 곡물제품의 지대곡선, *M*은 육류제품의 지대곡선이다. 이 직선은 소비시장인 도시로부터 각 농산물별 생산한계점 사이에 거리가 달라짐에 따라 각 지점별로 어떤 농산품을 생산하는 것이 가장 큰 이윤을 낼 수 있으며 이에 따라 토지이용자의 최대 지불용의액을 보여준다.

예를 들어 도시에서 1km 떨어진 지점의 토지를 확보하기 위해 세 가지 농산품이 경합을 벌이면 순이윤(net profit)이 가장 높은 낙농제품이 이 토지를 점유하게 된다는 것이다.

이상과 같은 경합과정을 거친 결과 도시에서 3.6km까지의 토지에는 가장 높은 지대를 낼 수 있는 낙농제품을 생산하는 것이 바람직하며, 3.6~7.5km 사이에는 곡물제품을, 그리고 7.5~30km에는 육류제품을 생산하는 것이 가장 바람직하다.

이처럼 각 지점에 위치한 토지는 가장 높은 지대를 지불할 용의가 있는 농부가 차지하게 되므로 이런 의미에서 입찰지대곡선(bid-rent curve) 또는 시장균형 지대곡선(equilibrium rent curve)이라고 부르기도 한다. 입찰지대곡선은 여러 개의 지대곡선 중 가장 높은 부분을 연결한 곡선, 즉 포락선(envelope curve)이 되며 이는 [그림 6-2]에서 시장지대곡선 DGM으로 표시된다. 이것이 농업토지이용이 순이윤을 극대화하는 지대곡선의 기울기(rent gradient)가 되는 것이다.

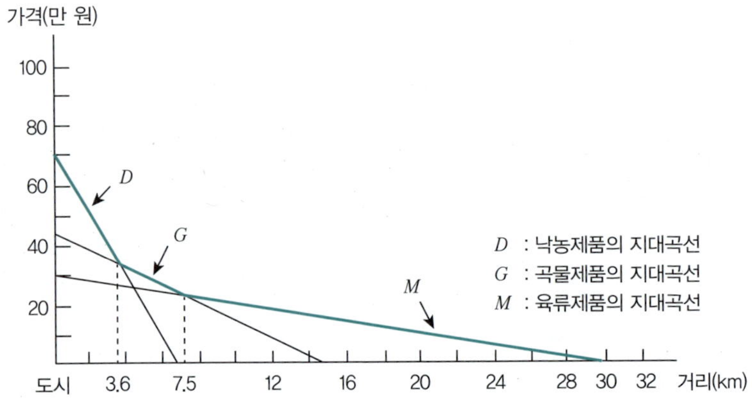

그림 6–2 지대곡선의 기울기

이상의 토지이용 행태는 도시를 중심으로 360° 회전시켜 보면 [그림 6-3]과 같이 동심형 모양으로 표시되며 그림에서 보이는 바와 같이 3가지 농작물의 생산지역은 전혀 겹치지 않는다.

이제까지 설명한 생산유형에 따른 토지이용과 지대결정을 식으로 나타내면 다음과 같다. 우선 재화의 가격을 p, 토지이용에 대한 대가를 제외한 생산비용을 C, 그리고 생산량을 Q라고 하자. 앞서 본 것처럼 단위당 운송비는 도시(또는 도심)로부터의 거리의 함수이므로 $f(d)$라고 표시하면, 지대 r도 거리 d의 함수가 된다. 이에 (식 6-1)이 된다.

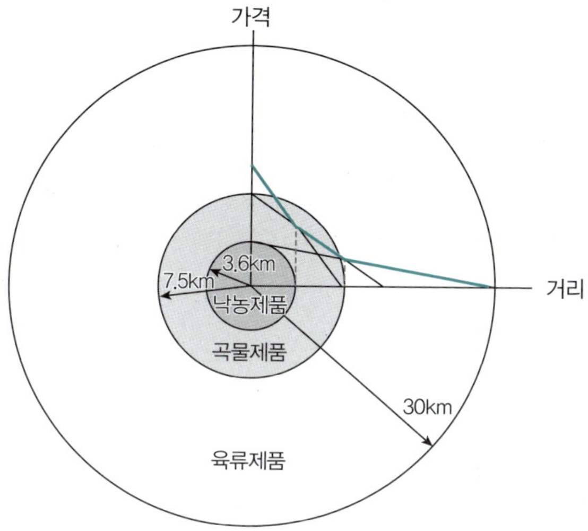

그림 6-3 농업토지이용의 유형

$$r(d) = Q \times [p - C - f(d)]$$ 식 6-1

(식 6-1)에서 p, C, Q의 값이 주어지면 d의 값이 커짐에 따라 $f(d)$의 값도 커지게 되므로 지대 r은 줄어들게 된다. 이처럼 토지이용은 각 생산물로 얻는 이득에서 생산비와 수송비를 뺀 지대가치의 경쟁에 의하여 결정되는 것이다.

2) 현대도시구조와 지대결정

현대도시에서 경제활동의 공간적 배치, 다시 말해서 토지이용형태의 결정원리도 입찰지대이론(bid-rent theory)으로 설명될 수 있다. 도시 내에 일어나는 경제활동을 상업, 경공업과 도매업, 가정 그리고 농업으로 구분하고 이들 각각 활동의 지불용의에 따라 입찰지대곡선을 구하면 [그림 6-4]와 같다.

[그림 6-4]에서 도심 '0'부터 a지점 사이의 토지에는 상업활동이 다른 유형의 경제

활동보다 더 많은 금액을 지불할 용의가 있으므로 이 지역의 토지를 독점한다. 그렇지만 *a*지점부터 *b*지점 사이의 토지에 대해서는 경공업·도매업활동의 지불용의액이 다른 경제활동의 지불용의액보다 더 크다. 따라서 경공업·도매업이 이 지역의 토지를 집중적으로 이용하게 된다. 같은 이유로 *b*부터 *c*까지의 토지는 주거용으로 사용될 것이며 마지막으로 *c*지점 밖의 토지는 농업활동에 투입될 것이다. 결과적으로 도심부분에서는 상업활동이, 그 외곽으로 경공업·도매업 그리고 그 외곽에는 주거지, 마지막으로 변두리지역 근처에서는 농업활동이 관찰된다. 주지하고 있듯이 이 도시 전체로서 실제 관찰되는 입찰지대곡선은 각각의 경제활동에 대한 지대곡선이 아니라 이들 지대곡선의 높은 부분을 연결한 포락선(envelop curve)이 된다. 또한 점 a, b, c는 토지의 용도가 바뀌는 곳이기에 용도전환점이 된다.

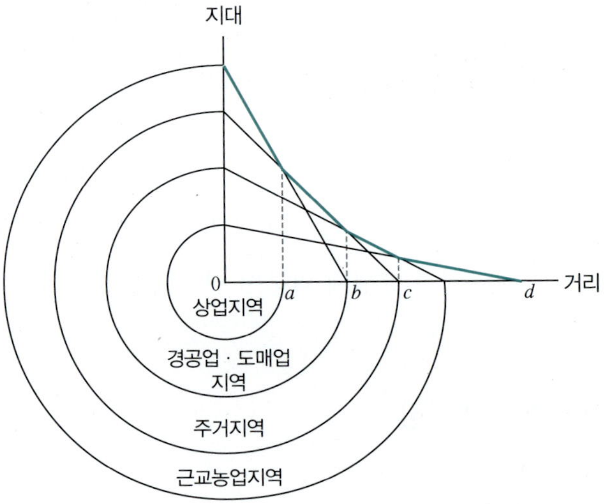

그림 6-4 단일도심도시의 토지이용형태

입찰지대곡선의 기울기는 도심에 더 가까워짐에 따라 얻게 되는 추가적 이익을 나타낸다. [그림 6-4]에서 상업지역의 지대곡선은 다른 용도의 지역보다 기울기가 더 가파른데 이는 도심에 가까이 입지함으로써 얻는 경제적 이익의 증가 정도가 매우 크다는 것을 의미한다. 이 말은 반대로 도심에서 멀어지면 이로 인한 불이익이 급속도로 증가한다는 것을 뜻한다.[6)]

은행을 비롯한 각종 금융기관, 각 기업의 본사, 대형 백화점 등 고도의 상업기능 및 기업체 사이에 빈번하고 긴밀한 접촉, 즉 '중심업무기능'들이 도심에 입지하려고 하는 현상은 바로 이러한 논리에 의해 설명될 수 있다. 이제까지 살펴본 입찰지대곡선의 핵심을 정리하면 다음과 같다.

- 각 개별토지마다 토지이용자 간의 지불능력, 즉 지대의 경쟁(competition)이 발생한다.
- 각 개별토지마다 가장 높은 지대를 지불할 수 있는 토지이용자가 해당 토지를 이용하게 된다. 이에 지대는 각 토지용도의 지불능력에 따라 토지를 배분한다.
- 지대곡선의 기울기가 급할수록 중심지(도심)의 위치를 차지하게 된다.
- 교통비용이 최소가 되는 지점이 입찰된 지대가 가장 높은 도심(중심지)이 된다.

3. 고전적 지대론에 대한 신고전경제학의 비판과 보완

1) 고전학파 지대론에 대한 초기 신고전학파의 비판

19세기 후반 등장한 초기 신고전학파 경제학은 고전학파 경제학과 달리 토지의 특수성을 인정하지 않았다. 이들은 생산요소를 노동, 자본, 토지로 분류하는 3분법

6) 경제활동에 따른 도시토지이용과 지대곡선의 차이는 9장 기업의 입지선정에서 보다 자세히 논의하도록 한다.

대신 생산요소를 노동과 자본을 나누는 2분법을 주창하였는데 이는 모든 생산요소들 사이에 상당한 정도의 원활한 대체관계가 존재한다고 생각하였기 때문이다.

즉, 신고전학파는 고전학파가 토지공급량이 고정되어 있다는 고정관념에 사로잡혀 있어 주어진 토지에 노동과 자본 등 다른 생산요소의 투입량을 증가시켜서 생산량을 증가시키는 식으로만 생각하고, 노동과 자본의 투입량을 고정시켜 토지의 투입량을 증가시켜서 생산량을 증가시키는 것은 생각하지 않았다고 주장하였다. 이에 노동과 자본의 한계생산[7]은 고려할 수 있으나, 토지의 한계생산을 생각할 수 없어 토지에 귀속되는 소득은 한계생산과 관계없는 소득, 즉 잉여로 인식할 수밖에 없다고 주장하였다. 이러한 신고전학의 비판은 [그림 6-5]로 분명하게 설명된다.

우선 (a)는 고전학파의 지대론에 대한 설명으로 토지 *Y*량에 노동투입량을 한 단위씩 증가시키는 상황이다. 이때 노동에 대한 총지불액, 즉 총임금은 노동의 총투입량 *X*에 마지막으로 투입된 노동의 한계생산(*BX*의 높이)을 곱한 값이므로 *OWBX*의 넓이가 된다. 그리고 총생산에서 임금을 지불하고 남은 *AWB*의 넓이는 토지에 귀속되는 소득, 즉 지대가 된다. 이처럼 노동투입량이 결정되면 노동의 한계생산과 총생산의 규모가 결정되고 그 다음에 총임금이 결정되며 지대는 임금이 지불되고 남은 잉여에 불과하게 된다. 그러나 [그림 6-5 (a)]를 뒤집어 (b)로 표현하면 *X*만큼 주어진 노동에 토지 투입량을 한 단위씩 증가시켜 총 *Y*량을 투입하게 된다. 이에 따라 사각형 *ORB′Y*가 지대의 총액이 되고 삼각형 *A′B′R*이 임금이 된다. 지대총액은 토지의 한계생산에 토지투입량을 곱한 만큼 결정되는 것이다. 따라서 (a)에서 잉여로 결정된 지대총액은 뒤집어 (b)에서 토지의 한계생산으로 결정된 지대총액과 같다. 이는 모두 노동과 토지의 투입은 똑같으므로 총생산 역시 같다는 것을 보여준다. 이에 신고전파는 고전학파가 주장하는 지대란 토지의 한계생산에 불과한 것에 지나지 않는다고 하였다.

만일 지대가 토지의 한계생산을 반영한다면, 마치 노동의 한계생산을 반영하는

7) 생산요소의 투입량이 증가함에 따라 그 요소의 한계생산물이 줄어드는 현상을 설명하는 한계생산물체감현상(diminishing marginal product)이라고 하는데, 이것이 바로 수확체감의 법칙이다.

임금이 비용이 되듯이 지대도 비용이 된다. 즉 자유경쟁시장에서 토지이용자는 토지의 한계생산 혹은 한계생산가치[8)]에 해당하는 만큼을 대가로 지불해야 하며 토지소유자 역시 한계생산 혹은 한계생산가치에 이상을 받지 못하므로 결국 모든 지대는 토지이용자가 실제로 지불하는 비용이 될 수밖에 없다고 신고전학파는 주장하였다.

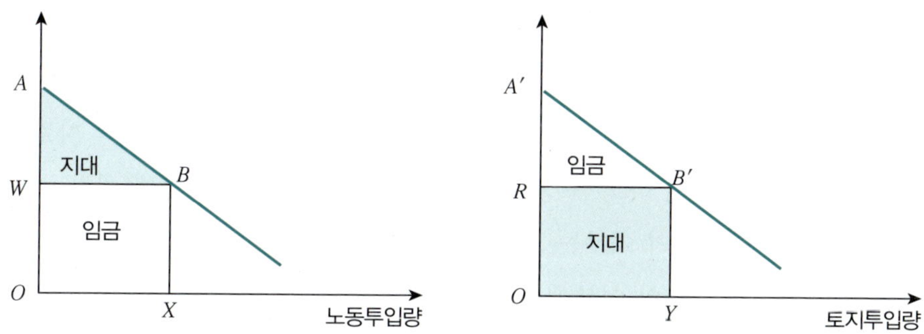

(a) 토지투입량이 고정되었을 때의 지대

(b) 노동투입량이 고정되었을 때의 지대

그림 6–5 신고전학파의 지대 결정

8) 토지의 한계생산가치는 기업의 금전적 수입에 대한 토지의 기여도를 반영한 것이다. 기업에 있어 가장 중요한 것은 실물적 생산이나 단순한 수입이 아닌 이윤(수입-비용)이기에, 생산요소와 관련에서 기업이 이윤극대화를 추구하기 위해서는 각 생산요소들을 얼마만큼씩 사용할 것인가를 결정하는 것이 중요하다. 이윤을 추구하는 기업의 입장에서 보면, 어떤 생산요소를 이용할 때 그 한계생산가치가 생산요소의 가격보다 더 커야만 그 차액만큼 순이익을 얻게 될 것이다. 그런데 한계생산가치는 해당 생산요소를 많이 고용할수록 감소하는 경향을 가지므로 생산요소를 너무 많이 고용하면, 한계생산가치가 생산요소의 가격 이하로 감소할 수 있다. 한계생산과 한계생산가치는 기업의 이윤을 극대화하기 위한 생산요소 고용량 결정에 매우 중요한 개념이지만, 국민경제 차원에서 생산요소의 효율적 이용을 판단할 때도 매우 중요하다. 즉 생산요소는 모든 용도에서의 한계생산가치가 균일화되도록 각 용도에 배분될 때 주어진 생산요소로부터의 사회적 총생산이 극대화되며 이 원칙은 토지의 경우에도 적용된다. 즉 똑같은 토지라면 모든 용도에서 한계생산가치가 균등해지도록 각 용도에 배분되어야 한다는 것이다.

2) 마샬의 비용과 지대

신고전학파의 한계생산이론에 의하면 자유경쟁시장에서는 토지를 비롯한 각 생산요소는 한계생산가치만을 지불받기에 생산요소의 한계생산가치가 곧 생산요소의 가격이며 또한 소득이 된다. 알프레드 마샬(A. Marshall)은 고전학파의 지대론과 초기 신고전학파의 지대론을 조화시키는 데 많은 기여를 하였다. 실제로 마샬은 초기 신고전학파에 속하면서도 지대가 잉여라는 주장을 하였다.

마샬은 "비용이란 생산요소의 공급량이 증가하면 해당 생산요소의 가격뿐 아니라 그 생산요소를 이용하여 생산된 상품의 가격에도 영향을 주는 금전적 지출만이 진정한 의미의 비용이다."라고 주장하였다. 즉 어떤 특정 생산요소에 대한 금전적 대가가 비용인가 아닌가의 여부는 그 대가가 해당 생산요소의 공급에 영향을 미치는 도구적 역할을 하는가의 여부에 달려 있다는 것이다. 이를 위하여 여러 가지 비용의 개념을 정립하면서 지대와 지가의 성격을 규명하였다.

우선 마샬은 생산량에 따라 변화하는 비용을 가변비용(variable cost)으로 정의하였다. 가변비용은 가변생산요소에 대한 지출하는 것으로 직접적으로 생산량에 영향을 준다는 점에서 생산에 직결되는 비용이다. 이에 반하여 생산(산출)량에 따라 변하지 않는 비용은 고정비용(fixed cost)이라 정의하였으며 고정비용은 고정생산요소에 대한 지출을 의미한다. 즉 고정비용은 당장 생산에 심각한 지장을 주는 비용이 아니지만, 단기적으로 고정비용을 어느 정도 탕감해 나갈 수 있을 만큼 생산이 채산성이 있어야 장기적으로 생산규모를 축소시키는 조정이 필요하지 않기에 간접적으로 생산에 영향을 미치게 된다. 부동산 공간사용에 대한 임대료는 대표적인 고정비용이라 할 것이다. 이에 따라 생산에 필요한 총비용은 가변비용과 고정비용을 합한 것이다.

마샬은 가변비용의 생산요소, 즉 생산량에 따라서 투입량이 변하는 생산요소에 대하여 한계생산 혹은 한계생산가치에 상응하는 만큼을 지불하고 남은 부분을 잉여라고 정의하였다. 즉 [그림 6-5 (a)]에서 삼각형(AWB)가 잉여에 해당하는 것이다.

만약 토지소유자가 직접 토지를 경작할 경우에는 이 잉여는 토지소유자에게 귀속되게 된다. 그러나 이 잉여부분이 곧 지대가 되는 것은 아니라고 하였다. 즉 마샬은 지대는 양면성이 있다고 하였다. 일상생활에서 주택, 재봉틀, 피아노 등을 빌릴 때에는 임대료를 지불하는데 개별경제 주체의 입장에서 볼 때는 이 임대료를 지대라고 불러도 무방할 것이나, 개인의 관점을 벗어나 사회 전체의 관점에서 논의할 때는 언제나 지대란 대자연의 무상공여물(無償供與物)로부터 얻는 소득에 한정시키는 것이 보다 더 유리하다고 하였다.[9]

마샬이 의미하는 순수한 의미의 지대란 대자연의 무상공여물부터 얻은 소득 중에서 소유자의 경비지출과 관계없이 발생하면서 또한 노력과 희생이 원활한 공급에 직접적으로 기여하지 못해 이러한 지출에 대한 직접적 동기도 형성하지 않는 소득이다. 대자연의 무상공여물의 공급량은 이미 자연적으로 주어져 있기에 지대의 많고 적음은 이 공급량에 아무런 영향을 주지 못하며 따라서 임금이나 이자의 변동에서 볼 수 있는 반사적 영향을 초래하지 않는다. 이에 지대는 어떤 경제적 동기를 형성하지 않기에 바로 이러한 점이 지대와 다른 소득을 구별하는 중요한 기준이 된다. 현재 이용되는 거의 모든 토지는 개량공사로 구체화되는 자본의 요소를 내포하고 있어 토지로부터 얻는 소득의 대부분은 투자에서 유래한 요소를 내포하므로 이런 의미에서 엄격한 의미의 순수지대를 찾기는 거의 불가능할 것이다. 순수지대와 구분하여 마샬은 생산을 위하여 사람이 만든 기계나 기구들로부터 얻는 소득을 준지대(quasi-rent)라고 하였다. 기계가 기구 또는 어떤 특별한 재능 등과 같은 소위 공정생산요소에 귀속되는 소득은 이들을 이용해서 생산한 상품의 총판매수익에서 가변비용을 뺀 잉여분이며, 이 소득의 많고 적음은 해당 생산요소의 공급량을 현저하게 변화시키지 못한다는 점에서 순수지대와 공통점을 가진다. 따라서 이런 생산요소들에 귀속되는 소득은 지대라고 할 수 있다. 그러나 토지는 그 공급량이 고정되어 있는 반면, 토지 이외의 고정생산요소들은 그 공급량이 장기적으로는 얼마든지 증가할 수 있다는 커다란 차이점이 존재한다.

9) 보다 자세한 내용은 이정전(2006)을 참조할 것. pp. 317-352.

4. 현대의 지대이론: 수요와 공급의 법칙

1) 지가결정에 대한 수요와 공급의 원리

신고전학파 경제학에서 수요와 공급의 법칙이 작동하기 위해서 경제 주체들의 행태는 합리적이며 모든 경제 주체들은 완전경쟁시장의 상황에 있음을 가정한다. 이때 지가를 비롯한 모든 상품의 가격은 모든 개별 경제행위자의 경제적 결정을 주도하는 객관적 지표가 된다. 즉 가격은 모든 수요자와 공급자의 경제적 결정에 있어서 중요한 지표가 되는 능동적 측면을 가지고 있다. 예를 들어 각 토지수요자의 토지구매량은 지가에 의하여 좌우되며, 토지공급자의 공급량 역시 지가에 의하여 좌우된다. 그런데 이 가격은 각 개별 경제행위자의 경제적 결정을 반영한다. 즉 각 개별 경제주체들이 어떤 경제적 결정을 내리느냐에 따라 가격수준이 달라진다는 것이다. 토지수요자들의 토지구입이 갑자기 증가하기 시작한다든가 또는 토지공급자들이 갑자기 토지공급을 늘리면 지가는 크게 오르거나 하락할 수 있다. 이하에서는 토지수요와 공급에 대하여 좀 더 자세히 이해하여 보도록 하자.

토지수요는 생산요소로서의 수요, 재산으로서의 수요, 소비재로서의 수요를 합한 것이기에 지가의 성격 및 그 결정이 대단히 복잡하다. 이 중 생산요소로의 토지에 대한 수요를 가장 기본으로 파악하는 경향이 있는데, 이는 토지가 각종 재화와 서비스를 생산하는 데 중요한 생산요소로 인식되기 때문이다. 따라서 생산요소로써 토지수요는 토지를 이용하여 생산되는 각종 재화에 대한 수요 증가로 인하여 파생된 수요이기에 파생수요(derived demand) 혹은 유도수요라고 한다. 이윤을 극대화하기 위한 토지의 투입량은 마지막 단위의 한계생산가치가 토지의 가격과 같아지는 지점까지 이루어진다. 즉 합리적인 토지수요자는 토지 이외의 다른 생산요소들의 투입량을 변하지 않는다고 전제했을 때, 지가가 떨어지면 토지구입량을 증가시키고, 지가가 올라가면 토지구입량을 감소시킨다. 이와 같이 지가가 변함에 따라 토지의 한계생산가치와 지가를 일치시키는 토지투입량의 값들을 연결하면 지가와 토지수요량 사이의 관계를 보여주는 우하향하는 토지수요곡선을 유도할 수 있다.

한편 경제 전체 차원에서 보면 토지의 공급은 물리적으로 한정되어 있다. 그러나 토지이용자의 입장에서 보면, 토지의 공급량은 가변적이다. 따라서 토지의 공급이 용도에 따라 변화할 수 있다고 한다면 토지공급도 지가의 변화에 따라 변하게 된다. 엄밀히 말해서 우리가 보통 말하는 토지는 노동과 자본을 투입하여 이용가치가 높은 용도를 위해 생산한 토지라고 할 수 있다. 이런 의미에서 토지공급도 다른 보통 재화의 공급처럼 '생산비'를 반영한 개념이다. 그런데 토지의 경우 관례상 생산이라는 용어보다는 개발이라는 용어를 더 많이 사용한다. 그렇다면 토지의 개발비는 자연상태 그대로의 토지라 할 수 있는 소지(素地: raw land) 매입에 소요되는 비용, 토지개량공사비용, 시간비용으로 구성된다.

소지는 토지개발비 중에서 가장 큰 비중을 차지하는 비용으로 토지소유자들로부터 토지를 매입하기 위하여 보상하여 주는 비용을 말한다. 토지매입비는 처음에는 완만하게 증가하다가 매입량이 어느 수준을 넘어서면 점차 가파르게 상승하며, 매입량이 매우 클 때는 급속도로 높아지는 추세를 보인다. 이것은 토지매입량이 많아짐에 따라 남아 있는 토지의 수익률이 점차 커지기 때문이다. 소지의 매입비용은 토지개발자가 토지를 가공하여 매각할 때 토지매입자에게 전가될 가능성이 크다. 두 번째로 토지개량공사비 또는 가공비는 도로, 관개시설, 상하수도시설 등을 설치할 때 소요되는 비용이다. 토지개량공사에는 흔히 규모의 경제가 존재하기에 토지 단위당 개량공사비는 토지개발규모가 커질수록 감소하는 경향이 있다. 마지막으로 시간비용(time cost)은 토지개발에 투입될 노동과 자본에 대한 경비가 지출되는 시점부터 개발된 토지가 팔리거나 혹은 실제로 이용되어서 투자비를 회수할 수 있을 때까지 기다림으로써 토지개발자가 부담해야 할 여러 가지 비용을 총칭한다.

언급한 여러 가지 비용항목들을 합산한 토지개발비도 토지공급량에 따라 변하는 가변비용과 그렇지 않은 고정비용으로 구성되며 토지개발비의 한계비용곡선이 토지공급곡선이 된다. 하나의 국가경제로 보면 토지의 공급은 고정되어 있으므로 토지공급곡선은 가격변화에 대하여 완전비탄력적이라 할 수 있다. 그러나 특정 용도에 이용되는 토지는 가공된 토지라는 점을 생각하면 토지곡선은 여타 재화의 수요곡선과 같이 우상향하는 모양의 곡선이 된다. 토지공급곡선이 우상향한다는 것은 토지공급이 지가가 상승함에 따라 증가한다는 것을 의미하는데 그렇다고 해서 토지공급이 지가변동에 대단히 민감하게 반응한다는 것은 아니다. 대부분의 경우 토지의 공급, 특히 생산요소로서의 토지공급은 지가변동에 따라 민감하게 변하지는 않기 때문이다. 즉 비교적 비탄력적이다. 토지공급의 탄력도는 토지개발비의 구성요소와 관련된 다양한 요인에 의해서 영향을 받으며 토지용도에 따라 달라진다.

이와 같이 시장에서 수요와 공급에 의하여 결정된 지가는 토지수요자와 공급자들에게 적정 수요량과 적정 공급량을 결정하도록 하는 능동적 지표의 역할을 수행하는 동시에 토지수요자와 공급자는 땅값이라는 신호를 지표로 삼아 각자의 수요량과 공급량을 조정하게 된다.

그러나 토지시장은 완전경쟁시장과는 거리가 멀기 때문에 토지수요와 토지공급이 균형을 이룬 상태에서 결정된 토지의 양은 사회적으로 최적의 배분량이 되기 어렵고, 또 이때의 가격은 토지의 사회적 가치, 즉 사회적 순편익을 최대한 달성하도록 각 용도에 토지이용량을 배정하지 못한다는 사실을 숙지하여야 할 것이다.

2) 지가변동의 요인

지가변동의 요인을 수요와 공급을 구분하여 살펴보도록 하자.

우선 토지의 수요곡선을 이동시키는 요인들을 생각해 볼 수 있다. 토지에서 생산되는 생산물의 가격이 변화하면 토지수요곡선이 이동한다. [그림 6-6]에 보이는 바처럼 토지생산물의 가격이 오르면 토지의 한계생산가치가 증가한다. 이는 그만큼 토지의 수익성이 높아진다는 것을 의미하므로 토지에 대한 수요가 증가하기 때문이다. 거의 모든 상품은 토지를 이용하여 생산되므로 토지생산물 가격은 곧 물가상승을 의미한다. 물가상승은 토지수요곡선을 오른쪽으로 이동시킴으로써 지가상승을 유발할 가능성이 높다([그림 6-6] 참조). 임금상승, 이자율 등과 같은 토지 이외의 다른 생산요소의 가격변동도 토지수요를 이동시킨다. 이와 같은 직접적 요인들을 유발하는 배경적 원인으로써 인구증가 및 인구밀도, 도시화, 경제성장 내지는 전반적 소득수준의 향상도 토지의 수요곡선을 이동시키는 요인이다.

공급곡선을 이동시키는 요인은 토지공급에 필요한 노동력, 원자재, 자본과 같은 생산요소들의 가격변화가 있다. 또한 도로, 지하철, 운하 등 교통시설의 건설은 교통비 및 운송비를 절감시킴으로써 교통이 불편해서 이용할 수 없었던 토지의 경제적 이용을 가능하게 하므로 토지공급자의 수를 증가시키고, 토지공급비용을 절감시켜 토지공급곡선을 이동시키며 이에 따라 지가를 하락시키는 효과가 있다([그림 6-7] 참조). 각종 토지정책도 토지공급에 영향을 준다. 대표적인 예로 토지세는 토지개발비용을 증가시키므로 토지공급곡선을 왼쪽 위로 이동시키게 된다.

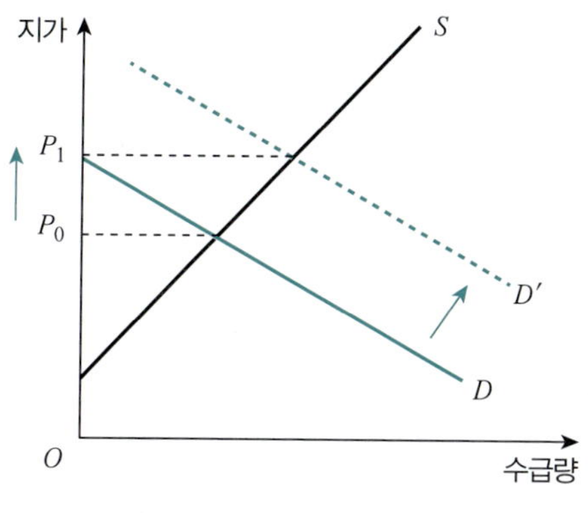

그림 6–6 토지수요곡선의 이동과 지가상승효과

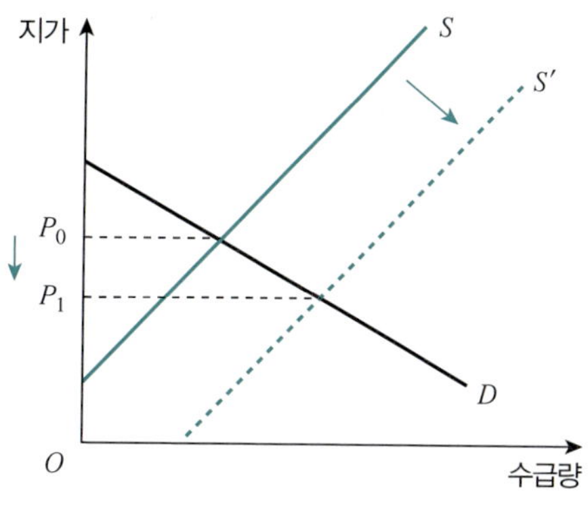

그림 6–7 토지공급곡선의 이동과 지가하락효과

CHAPTER 07

단일도심도시의 공간구조

1. 단일도심도시모형과 도시공간구조의 분석
2. 단일도심도시모형의 활용 : 지대와 도시규모의 변화
3. 지가상승의 기대효과
4. 단일도심도시모형의 평가와 대안

CHAPTER 07 단일도심도시의 공간구조

1. 단일도심도시모형과 도시공간구조의 분석

단일도심도시모형(monocentric city model)은 도시공간구조를 설명하는 매우 유용한 이론이다. 가장 간단한 형태의 모형은 하나의 도시가 지형적으로 평탄하고 동질적인 지역에 위치하고 있으며, 도시의 모든 경제 · 사회 · 문화활동이 도심(central business district: CBD)이라는 한 지점에 집중되어 있고, 같은 소득과 취향을 가진 모든 주민들이 어느 지점에 살든 방사선형의 도로망을 따라 도심으로 이동할 수 있으며, 단위거리당 교통비용이 일정하다는 등을 가정한다. 물론 이와 같은 가정이 성립하는 도시는 현실에서 찾아보기 힘들지만, 복잡한 현실을 추상화하여 도시공간구조를 결정하는 핵심적인 원리들을 찾아낸다는 것이 이 모형의 취지이다.

단일도심도시모형을 구체적으로 설명하기 위해서 다음과 같이 가정하여 보자. 도시외곽은 모두 농업용으로 이용되고 있는 '갑'이라는 원형의 단일도심도시의 토지를 주거용으로 개발 · 이용한다고 한다. 1단위 주택당 투입되는 토지의 양은 0.25헥타르(ha)[1]로 하고 개발밀도는 1ha당 4인으로 한다.[2] 분석의 편의상 한 주택

1) 1헥타르(ha)는 길이와 높이가 각각 100m인 정사각형 면적의 크기이다. 그러나 여기서는 편의상 도시외곽 어디에서든 도심에 이르는 거리가 일정하다는 것을 보여주기 위하여 원형도시의 면적단위를 ha로 사용하기로 한다(1ha = 10,000m2 = 0.01km2).

2) 1주택당 투입되는 토지의 양이 0.25헥타르(ha)로 하고, 개발밀도는 1ha당 4인으로 가정한 것에 대하여 아

에는 1명씩만 산다고 하자. 계획하는 도시의 면적을 500,000ha라 하면 도심에서 도시경계지점까지의 거리는 약 40km가 된다.[3)] 따라서 이 도시는 2백만 명의 인구를 수용한다.

가정(assumption)

- 주택당 투입되는 토지의 양 : 0.25ha/주택
  (참조 : 1ha = 0.01km^2, 100ha = 1km^2)
- 인구밀도 : 4명/ha = 400명/km^2
- 도시면적 : 500,000ha = 5,000km^2
- 도시반지름 : $\sqrt{\frac{5,000\text{km}^2}{\pi}}$ = 39.9km = 40km
  (참조 : 원의 면적 = πr^2)
- 인구 : 500,000ha × 4명/ha = 2,000,000명

도시의 주거용 토지이용과 농업용 토지로의 용도전환지점, 다시 말해서 도시경계지역인 도심에서 40km 떨어진 지점에서 주택과 토지의 연간임대료는 얼마나 될 것인지에 대하여 계산하여 보자.

우선 농업용 토지를 주택건설을 위한 택지로 전용하기 위해서는 농부에게 토지 매각을 유도할 수 있는 수준의 보상이 이루어져야 한다. 즉 농업용 토지가 택지로 개발되기 위해서 주택개발업체는 농지에 대한 기회비용을 반드시 지불하여야 된다. 이는 농업생산물가치에서 이동 가능한 생산비용을 제외한 순(net)이윤, 즉 지대에 해당한다.

무리 가정이라고 하더라도 주택면적이 너무 커서 지나치게 비현실적이라고 지적할 수 있다. 그렇지만 보통 도시에는 주택뿐만 아니라 시민들의 주거생활에 필요한 각종 기반시설, 즉 공원, 도로, 상가 등이 함께 제공돼야 하므로 이런 점을 고려한다면 어느 정도 수긍이 갈 수 있다고 생각한다.

3) 단일도심도시 모형에 있어 도시규모를 고정시키는 대신 인구를 고정시켜도 같은 논리가 전개된다. 예를 들어 인구 2백만 명을 수용하는 도시를 계획함에 있어 개발밀도는 앞의 예와 같이 1ha당 4인으로 하면, 도시규모가 자동적으로 결정된다(= 2백만명 × 0.25ha/인 = 500,000ha).

농업용 토지의 지대가 연간 1ha당 100만 원이라고 한다면, 1단위 주택을 건설하기 위해 투입해야 하는 토지의 양은 0.25ha이므로 농업용 토지의 지대는 25만 원이 된다. 주택건설비용으로 1단위 주택을 건설하는 데 총 비용이 1억 원 소요되며 필요한 1억 원의 70%를 연리 10%로 대출하였다면 주택당 연간 총 건설비용은 700만 원이 된다.

이제 주택임대료가 도시경계지역에서 도심으로 이동하면서 어떻게 변화하는가를 살펴보기로 하자. 도시경계지점에서부터 도심(CBD)으로 가까이 접근하면 할수록 교통비가 감소하게 되므로 도심에 근접한 지역의 거주자는 절감된 교통비용비를 주택임대료로 지불할 수 있게 된다. 이로써 도시 내 모든 사람들이 복지수준이 같아질 수 있다. 즉 주택임대료는 교통비용이 감소하는 비율과 똑같이 도심으로 접근하게 되면서 증가하여야만 한다. 이것이 바로 균형조건이다.

만약 이와 같은 균형조건이 성립되지 않은 경우는 어떻게 될 것인가? 도심에 근접할수록 교통비용은 감소하지만 교통비용의 감소분만큼 주택임대료가 상승하지 않았다고 하자. 이러한 경우 많은 사람들은 도심으로 거주지를 옮기고자 할 것이다. 이에 따라 도심에 가까운 지역일수록 입주하고자 하는 사람들 간의 경쟁이 치열해지게 된다. 반면, 도시외곽에서는 사람들이 도심으로 빠져나가게 되어 주택소유자들은 임차인을 찾아다니느라 분주해진다. 이처럼 도심에 입주하려는 수요가 공급을 초과하게 되면 주택임대료는 상승하게 될 것이고, 반면에 도시외곽 주택은 공급초과로 임대료가 하락하게 될 것이다. 결국 교통비용절감효과가 주택임대료에 모두 반영될 때까지 도심의 주택임대료는 올라가고 도시경계지역의 주택임대료는 내려가서 다시 균형조건이 성립되며, 이로써 도시 전체에 거주하는 모든 사람의 복지수준이 같아지게 된다.

이와 같은 현상은 앞서 설명한 농업용 토지의 용도별 지대가 기본적으로 교통비에 의하여 결정되는 원리와 같다. 즉 원형도시에 있어 주택임대료 곡선은 입찰지대곡선(bid-rent curve)과 마찬가지로 반드시 거리에 따른 교통비용과 일치하는 기울기를 갖게 되며, 이것이 바로 주택임대료 곡선의 기울기(housing rent gradient)가 된다는 것을 설명하는 것이다.

그렇다면 이를 원형도시 '갑'에 적용하여 보자. '갑'이라는 원형의 단일도심도시에서 한 사람(또는 1인가구)이 도심(CBD)에서 외곽으로 1km씩 이동할 때의 왕복 교통비가 연간 20만 원이라고 하면 이 도시경계지점인 40km에 이르게 될 때 총 교통비용은 800만 원이 된다. 이는 거꾸로 교통비용이 발생하지 않는 도심(CBD) 주택의 임대료는 주택당 800만 원이 비싸다는 것을 의미하다. 이에 800만 원은 입지지대(location rent)가 된다.

정리해 보면 도심에서 1단위 주택에 대한 연간 주택임대료(housing rent)는 기회비용으로서의 농업용 토지지대 25만 원, 건설비용(이를 건물지대라고 하자) 700만 원, 그리고 입지지대(location rent) 800만 원으로 구성된다. 이를 식으로 표현하면 다음과 같다.

$$R(d) = (r^a \times q + c) + k(b - d) \qquad \text{식 7-1}$$

여기서 $(R)d$: 연간 1단위 주택당 주택임대료

r^a : 농업용 토지지대/ha

q : 주택건설에 투입된 토지의 양/주택, 따라서 주거 밀도는 $1/q$ 이 된다.

$r^a \times q$: 농업용 토지지대/주택

c : 건설비용(건물지대)/주택

k : 도심으로부터의 통근비용/km

b : 도심에서 도시경계지역까지의 거리

d : 도심으로부터의 통근거리

위 가정을 (식 7-1)에 대입하였을 경우 도심에서의 주택임대료(housing rent)를 계산한 결과는 다음과 같다.

도심에서의 연간 주택임대료(housing rent)

- 농업용 토지지대($r^a \times q$)	1,000,000원/ha
- 주택건설에 투입된 토지의 양(q)	0.25ha/주택
- 주택건설에 투입된 농업용 토지지대($r^a \times q$)	250,000원/주택
- 건설비용(c)	7,000,000원/주택
- 교통비용(k)	200,000원/km
- 도심의 입지지대($k \times (b-d)$) ($b = 0$)	8,000,000원/주택

⇒ 도심의 연간 주택임대료($R(d)$) = 250,000 + 7,000,000 + 8,000,000
= 15,250,000원/주택

한편, 도시경계지역의 주택임대료는 교통비 증가로 인하여 입지지대가 발생하지 않으므로 도심의 주택임대료에서 입지지대 800만 원이 적은 주택당 총 725만 원이 된다.

[그림 7-1]은 이제까지 설명한 단일도심도시의 주택임대료 곡선을 그림으로 나타낸 것으로 입지지대는 교통비의 절약분이며, 주택임대료 곡선의 기울기는 교통비용(k)의 음(negative)의 값이라는 것을 알 수 있다. 또한 [그림 7-1]은 도심에서부터 d_1떨어진 지점에서 주택임대료 $R(d_1)$에 농업지대, 건물지대, 그리고 입지지대가 얼마큼씩 차지하고 있는가를 보여준다. 물론 도시경계지역인 b밖으로는 교통비용과 건축비용을 고려할 때 농업용 토지의 지대보다 더 높은 주택임대료를 감당할 수 없으므로 주택건설이 이루어질 수 없다.

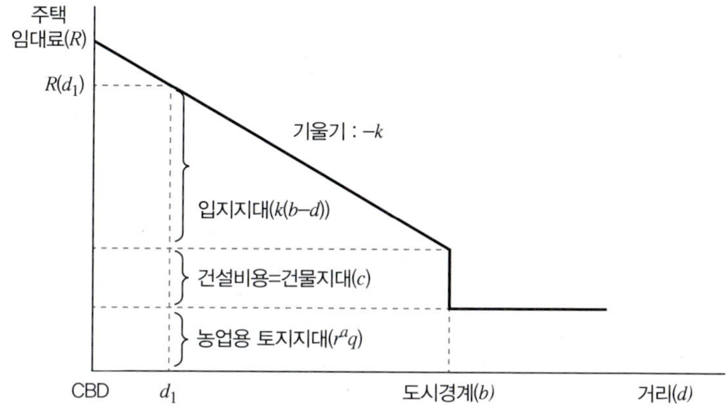

그림 7-1 단일도심도시의 주택임대료 곡선

이제 주택임대료에서 주택건설비용을 제외한 도시토지지대(urban land rent)를 구해보기로 하자. (식 7-1)에서 도심에서 d만큼 떨어진 지점에서 토지지대 $r(d)$는 주택임대료 $R(d)$에서 건물건축에 대한 연간비용 c를 빼고 이를 주택에 투입된 토지 면적으로 나누면 된다.

$$r(d) = \frac{R(d) - c}{q} \qquad \text{식 7-2}$$

(식 7-2)에 (식 7-1)을 대입하게 되면 도시토지지대는 다음과 같이 표현될 수 있다.

$$r(d) = r^a + \frac{k(b - d)}{q} \qquad \text{식 7-3}$$

(식 7-3)을 이용하여 도심과 도시경계지역에서의 도시지대를 구해 보면 도심에서 연간 도시토지지대 $r(d)$는 33,000,000원/ha이 되고 계산하지 않아도 이미 알고 있는 도시경계지역에서의 연간 도시토지지대는 1,000,000원/ha이 된다.

도심에서의 연간 도시토지지대(urban land rent)

- 농업용 토지지대(r^a)	1,000,000원/ha
- 주택건설에 투입된 토지의 양(q)	0.25ha/주택
- 통근거리(d)	0~40km/가구
- 교통비(k)	200,000원/km
- 도심에서 도시경계까지의 거리(b)	40km
⇒ 도심의 연간 도시토지지대($r(d)$)	33,000,000원/ha

[그림 7-2]는 이상에서 설명한 도시토지지대를 나타낸 것으로 지대곡선의 기울기는 앞서 논의한 것처럼 단위 교통비를 주택건설에 투입된 토지의 양으로 나눈 값 $\left(-\frac{k}{q}\right)$이다.

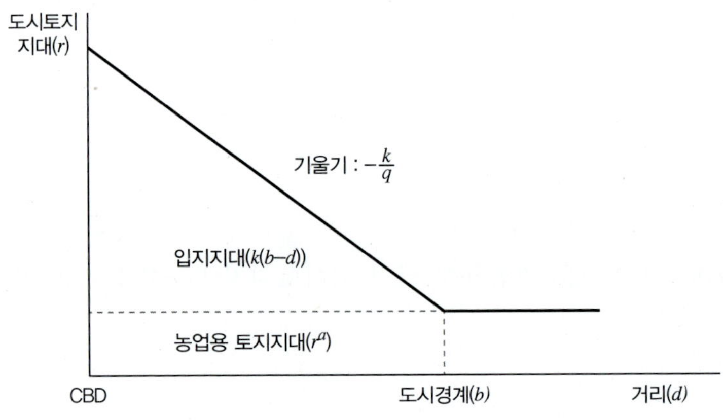

그림 7-2 단일도심도시의 도시토지지대곡선

2. 단일도심도시모형의 활용: 지대와 도시규모의 변화

단일도심도시모형은 여러 가지 현상을 설명함에 있어 매우 유용하다. 이 모형은 도시형태의 중요한 몇몇 특성이 나타나는 이유를 분명하게 설명하고 있기 때문이다. 또한 주택임대료 및 토지지대, 도시의 형태가 인구 및 소득의 성장 또는 교통비의 변화와 같은 경제 또는 사회의 변화에 따라 영향을 받을 수도 있음을 설명한다. 물론 사회 · 경제의 변화는 부동산개발 및 투자기회에도 매우 중요한 영향을 준다.

여기에서는 단일도심모형을 이용하여 주요 변수들이 변화함에 따라 어떠한 영향을 미치는지, 이에 따라 주택임대료와 도시토지지대, 도시의 형태는 어떻게 변화하는지에 대하여 살펴보기로 한다.

1) 인구의 증가

도시의 밀도와 교통비는 변함이 없는데, 인구가 증가할 경우 어떠한 변화가 야기되는지 살펴보기로 하자. 도시밀도에 변화가 없다면 인구가 증가함에 따라 도시면적이 확대될 것이다. 이는 [그림 7-3]에서 보는 바와 같이 도시의 반지름이 연장된다는 것을 뜻한다.

동일한 예로서 '갑'도시의 인구가 50% 증가하여 3백만 명이 되었다고 가정할 경우, 도시의 반지름은 22.5%가 증가한 49km로 늘어나게 된다.[4] 도시 확대에 따라서 새롭게 도시경계지역이 된 곳 b_1의 주택임대료 $R(b_1)$은 마찬가지로 건물지대와

---

4) 원형도시가 p% 증가한다면 (신지역면적($AREA_{new}$)/구지역면적($AREA_{old}$) = $1+p$),

$$\frac{RADIUS_{new}}{RADIUS_{old}} = \frac{\sqrt{AREA_{new}/\pi}}{\sqrt{AREA_{old}/\pi}} = \sqrt{1+p} \approx 1 + p/2$$

따라서 p가 50%라면 $\sqrt{1.5} - 1$은 22.5%가 된다.

농업용 토지지대를 더한 값과 동일하므로 725만 원이 될 것이다. 새로운 도시경계지역으로부터 도심으로 움직이게 되면서 교통비와 도시밀도에는 변함이 없기 때문에 주택임대료의 기울기 또한 동일하다. 이는 인구가 증가할 때 밀도와 다른 가격들이 변화하지 않는다면, 도심의 주택임대료가 전반적으로 상승함을 의미한다.

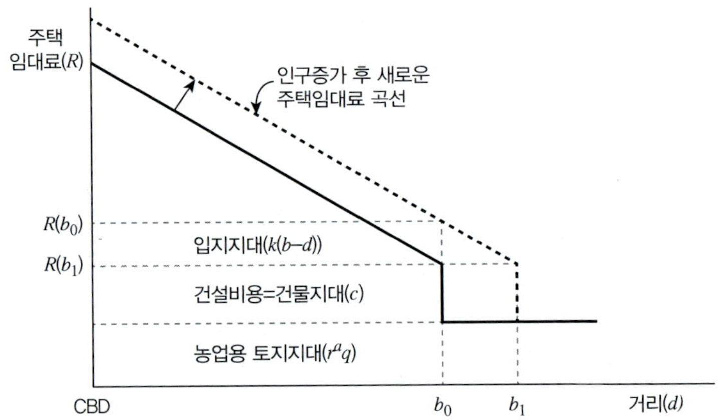

그림 7-3 밀도와 교통비가 일정할 때 인구증가의 효과

(식 7-1)을 이용하여 도심(CBD)의 주택임대료를 구하면 17,050,000(원/주택)이고, 구 도시경계지역(b_0)의 주택임대료 $R(b_0)$은 9,050,000(원/주택)이다. 결국 도심의 주택임대료는 11.8%의 증가율에 그친 반면 구 도시경계지역의 주택임대료는 24.8%의 증가율을 보여 도시밀도의 변화 없이 도시규모가 증가할 때 도심보다는 도시경계지역의 주택임대료가 더욱 많이 상승하게 된다는 것을 알 수 있다.

원형도시의 인구증가에 있어 무엇이 지대를 상승시키고 있는가를 주목하여 보자. 설명한 모형에서 밀도는 변화하지 않았지만 주택임대료는 도시규모가 크면 클수록 올라가는 것을 확인할 수 있다. 이는 대도시에서 중소도시와 같은 수준의 주택임대료를 유지하려면, 더욱더 고밀도로 개발되거나 건설비용이 훨씬 저렴하여야만 가능하다는 점을 설명해 준다.

앞에서 우리는 인구증가가 주택임대료를 끌어올릴 수 있었던 동력이 인구 자체나 도시면적이라기 보다는 반지름의 길이, 즉 도심(CBD)에서 도시경계지역까지의 거리임을 알았다. 도시경계지역의 임대료는 기본적으로 농업용 토지의 기회비용과 건설비용으로 구성되어 있다. 따라서 주택임대료의 변화를 유발하는 것은 도심으로부터 얼마나 더 외곽으로 도시가 확산되었는가에 달려 있다는 결론에 이르게 된다. 이것은 매우 중요한 의미를 가지고 있다. 인구와 밀도가 주어졌을 때, 도시가 사방 360° 이용가능하지 않다면 도시의 반지름(즉 도심에서 도시경계까지의 거리)은 보다 길어야만 한다는 것이다. 현실적으로 도시에 있어 지리적 제약요인은 흔히 목격된다. 물론 서울도 예외는 아니다.[5] 우리는 여기에서 매우 중요한 원칙 하나를 이끌어 낼 수 있다.

원칙 1

모든 조건이 같을 때, 도시가 크면 클수록 평균 주택임대료가 올라간다.

이상과 같이 도시형태와 주택임대료의 단순한 모형에서 유도된 기본적인 법칙은 서울, 부산과 같은 규모가 큰 도시의 주택임대료와 지대가 다른 소규모 도시에 비하여 매우 비쌀 수밖에 없다는 것을 설명하는 주된 이유가 되기도 한다.

이제 도시주변이 그린벨트 구역으로 지정되었거나, 또는 지형적으로 산이나 하천이 존재하여 더 이상 공간적으로 확장하기 어려운 상황에서 인구가 증가하는 경우를 생각하여 보자. 단일도심도시 모형을 적용하여 결론부터 말하자면 이런 경우 인구증가는 더 높은 지대상승을 초래하게 된다. 그러나 앞서 도시규모가 확대되었던 것과는 그 이유가 사뭇 다르다. 도시의 반지름은 변함이 없는 상황에서 인구가

5) 도시들은 역사적으로 항구의 역할로부터 발전해온 경우가 많기 때문에 반원형의 도시구조를 보이는 사례를 흔히 발견할 수 있다. 실제로 교통비용과 가격은 주어진 반지름 하에서는 여전히 같지만, 도시의 둘레길이는 보스턴의 경우 겨우 270°이고 시카고는 180°에 불과하다(Dispaquale and Wheaton, 1996).

증가하면 밀도가 상승할 수 밖에 없다. 즉 1인당 교통비용의 변화가 없다면 단위 토지당 거주자의 수가 증가하게 되고, 결국 토지당 교통비도 증가하여 도시토지지대의 기울기(rent gradient)가 매우 가파르게 된다.

예로 들었던 '갑'도시의 인구가 똑같이 50% 증가하여 3백만 명이 되었지만 도시의 공간적 확산을 방지하도록 규제가 가해지거나, 자연조건이 허락하지 않아서 도시의 면적이 증가할 수 없는 경우 도시밀도는 올라갈 수밖에 없다. 주택건설에 투입되는 토지의 양도 감소하여 0.17(ha/주택)만 사용되므로 그만큼 1단위 주택당 농지지대 $(r^a \times q)$는 166,667원으로 하락하게 된다.[6] 따라서 이번에는 주택임대료의 변화보다는 도시토지지대의 변화를 살펴보도록 하자.

[그림 7-4]는 인구증가에 따라 도시의 반지름이 연장될 수 없을 경우 도시토지의 밀도를 나타내는 지대곡선의 경사 기울기가 더욱 급하게 되며 특히 도심의 지대는 $r(0)$에서 $r(0)'$로 급격하게 증가한다는 것을 보여준다. 물론 이때 도시경계지역의 지대에는 변함이 없다.

(식 7-3)을 이용하여 도심의 도시토지지대를 구하여 본 결과 49,000,000원/ha가 되어서 인구변화가 없던 처음보다 48.5%가 증가한다. 똑같은 인구증가에 대하여 도시규모가 확산가능한 경우에는 도심 토지지대가 40,200,000원/ha 증가하였기에 도시 확대가 불가능할 때 지대상승의 폭이 훨씬 크다는 것을 알 수 있다.[7]

---

6) 주택건설에 투입되는 토지의 양을 감소시키는 대신 단위 주택당 거주하는 사람의 수를 증가시켜도 1인당 주택 및 소비하는 토지의 양이 감소하므로 같은 결론에 이르게 된다.

7) 인구 증가 시 도시규모가 확산되는 경우 구 도시경계지역의 토지지대의 증가폭은 대단히 크다. '갑'도시의 예를 계산한 결과 인구가 3백만 명이 되었을 때 도시경계는 49km로 연장되며, 도심에서 40km 떨어진 구경계지역의 지대 r(b)는 8,200,000원/ha가 되어 무려 720%의 증가를 보였다.

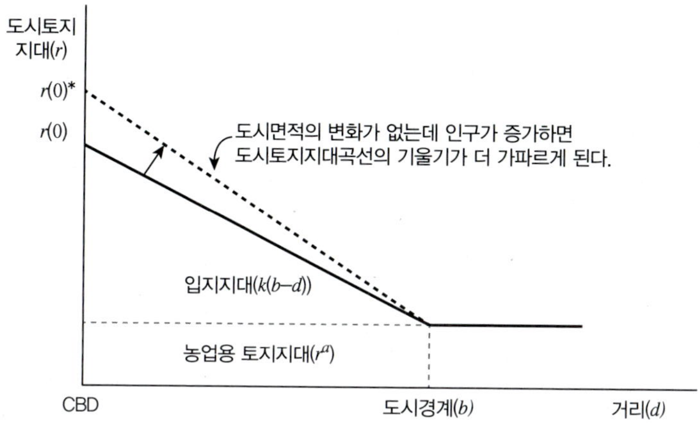

그림 7-4 도시지역의 면적이 일정할 때 인구증가의 효과

도시면적이 증가할 수 없는 상태에서 인구의 증가는 언제나 도시토지지대를 상승시키지만, 지대 상승이 도시 내 모든 지역에서 일어나는 것은 아니라는 것을 알 수 있다. 이에 여기서 두 번째 원칙에 도달하게 된다.

원칙 2

어떤 도시가 밀도는 변함이 없고 면적만 증가할 때, 구(舊) 도시경계지역의 토지지대는 다른 주변지역보다 상대적으로 많이 상승한다. 그러나 도시면적에는 변함이 없고 밀도만 올라갈 때는 도시토지지대는 도심에 가까울수록 상대적으로 더 많이 상승하게 된다.

2) 교통비의 변화

인구의 성장뿐만 아니라 교통비의 변화도 주목할 변수이다. 어떤 도시의 인구와 이 도시의 시민들의 소득이 변화하지 않았을 경우, 교통기술의 발전 또는 기반시설의 확충[8] 등으로 1인당 단위거리 교통비용(즉 교통비용/km/인)이 감소하게 되면 어떤 변화가 일어나는지를 살펴보도록 하자.

1인당 단위거리 교통비용이 줄어들게 되면 주택임대료의 경사도 완만하게 될 것이다. 이것은 지가와 도시형태에 있어 다양한 효과로 나타날 수 있다.

우선, 교통비가 감소하여 원형도시의 시민들이 저감된 교통비만큼을 주택매입에 사용하였을 경우이다([그림 7-5] 참조). 인구와 소득의 변화가 없을 경우 교통비가 감소하였다는 것은 소득이 증가한 것과 마찬가지의 효과를 갖게 된다. 이를 '소득효과(income effect)'라고 하는데 도시민들은 소득증가로 인하여 더 큰 주거 및 여가공간을 원하게 되고, 이는 곧 상대적으로 지대가 싼 도시 외곽지역의 큰 주택매입을 유도하게 된다. 이러한 주택구매 행위는 결국 도시의 밀도를 떨어뜨려 실선의 주택임대료 곡선에서 점선의 주택임대료 곡선으로 변화하게 한다. 물론 점선의 지대곡선 경사의 기울기가 보다 완만하다. 이에 [그림 7-5]에 나타난 바와 같이 도심의 주택임대료는 하락하게 되는 반면, 도시외곽의 주택임대료는 상승하게 된다.

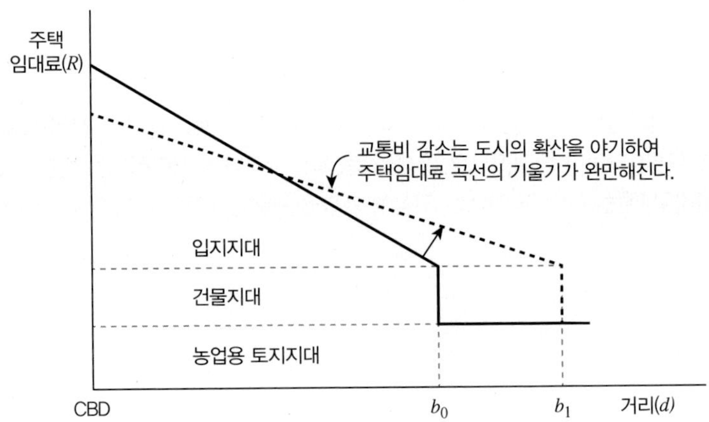

그림 7-5 교통비 감소로 인한 소득증가분을 주택매입에 사용하였을 때의 효과

8) 최근 정보통신의 발달은 시공(時空)의 장벽을 극복하게 함으로써 업무 및 상업활동의 교통비용을 효과적으로 감소시키고 있다.

둘째, 교통비용은 감소하였지만 이로 인한 소득증가분을 주택매입에 사용하지 않았을 경우이다([그림 7-6] 참조). 만약 단일도심의 거주자들이 교통개선으로 인한 교통비용의 하락에도 불구하고 도시가 공간적으로 확산되지 않아 이전과 같은 주거밀도를 유지하고 있다면 주택임대료 곡선이 실선에서 점선으로 바뀌게 된다. 이에 따라 도시경계지역을 제외한 도시전체의 주택임대료는 떨어지게 된다.

이때 [그림 7-6]에서 나타난 바와 같이 도시경계지역보다 도심의 주택임대료 하락의 폭이 더 크다. 교통비용의 감소분만큼, 다시 말해서 저감된 교통비만큼의 소득증가분을 시민들이 주택매입에 사용하지 않고 다른 재화와 서비스를 더 많이 소비하였다는 것을 의미한다. 이에 따라 전반적인 복지수준 및 사회적 생산성을 향상시키는 기술발전, 즉 교통비용의 감소는 도시의 총지가(地價)를 절대적으로 하락시키는 결과를 초래하게 된다.

이는 공간적으로 제약을 받는 경우 교통비의 하락은 실질 임대료가 감소할 수 있는 가능성을 보여주는 것이다. 즉 기술발전과 기반시설공급으로 인한 교통비용의 감소는 입지 프리미엄(location premium)이라 할 수 있는 도시토지의 가치를 하락시키게 된다.

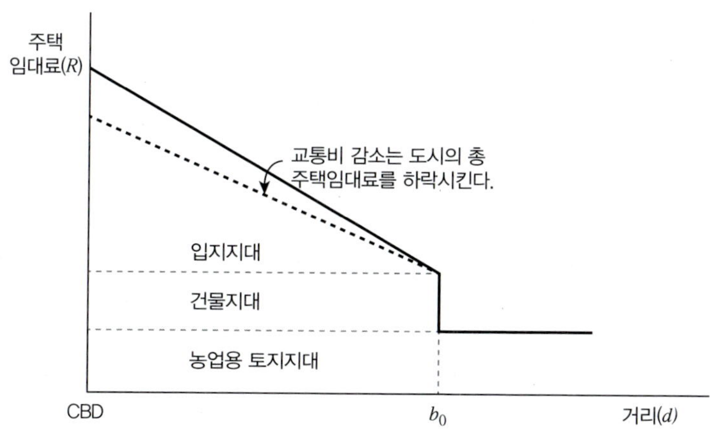

그림 7-6 교통비 감소로 인한 소득증가분을 주택매입에 사용하지 않은 경우

이상의 내용을 정리하여 보면, 교통비용의 감소는 입지에 있어 도심으로 몰리는 지리적 구심성(geographic centrality)의 가치를 낮춤으로써 모든 지역의 주택임대료를 보다 균등하게 만든다는 결론에 이르게 된다. 도시면적이 확장된다 하더라도 전 지역의 임대료를 이처럼 균등하게 만드는 힘이 보다 강력하다면 도심지역의 주택 및 토지가치가 적어도 상대적으로 감소하여만 한다는 것이다.

원칙 3

도시민의 수입에는 변화가 없을 때 교통비용이 감소하면, 도심지역 토지지대의 절대적 가치(absolute value of land rent)는 언제나 감소하게 되고, 대도시지역 주변토지지대의 상대적 가치(relative value of land rent)는 언제나 증가하게 된다. 주변지역의 절대 토지지대에 미치는 영향은 밀도의 변화에 따라 다르기 때문에 획일적으로 설명할 수는 없다.

3) 소득의 변화

인구가 변화하지 않았을 경우 소득이 증가하게 되면 어떤 현상이 발생하게 되는지 살펴보도록 하자. 소득증가의 효과는 보다 복잡하다. 왜냐하면 사람들은 그들의 추가적인 소득을 매우 다양한 방법으로 사용하기 때문이다. 즉 소득증가는 교통비용의 부차적 효과(secondary effect)를 유발할 수 있다.

보통 우리는 사람들이 추가적으로 증가한 소득을 더 큰 주택 또는 휴양지, 콘도 등의 토지를 구입하는 데 사용할 것을 기대할 수 있다. 이 경우 소득의 증가는 공간적으로 도시를 확산시켜 밀도와 지대경사의 기울기를 완만하게 유도한다. 이와 같은 경향은 [그림 7-5]에서 교통비용의 감소가 도시를 공간적으로 확산시켰을 때 나타난 현상과 마찬가지로 도심의 지대는 내려가게 하며, 반면에 도시외곽의 지대는 올라가게 한다. 그렇지만 소득증가에 따른 도시의 확산은 소득증가의 간접효과에 의하여 상쇄되거나 역전될 수 있다. 고소득계층은 시간낭비에 대한 기회비용이 대단히 크기 때문에 일반적으로 통행시간을 줄이기 위하여 더 많은 비용을 지불할 용의가 있다. 이와 같은 소득증가의 간접적 영향은 지대경사를 더 가파르게 만들 수도 있다는 것이다. 결국 언급한 소득증가에 따른 지대경사의 감소효과는 어느 정도 상쇄될 수 있음을 알 수 있다.

이제까지의 소득변화에 따른 지대의 변화는 다음과 같은 네 번째 원칙으로 정리될 수 있다.

원칙 4

인구가 증가하지 않았을 경우 1인당 실질소득의 상승은 도심 지대의 절대적 하락을 가져올 수 있는 지대경사 기울기의 하락을 유발하는 경향이 있다. 물론 소득향상으로 인한 제2의 교통비용증가가 이러한 효과를 약화시키거나 뒤집을 수도 있으며 도시의 공간적 확장이 무한정 이루어질 수 없는 곳일수록 이러한 경향이 크다.

3. 지가상승의 기대효과

엄밀히 말해서 지가(地價)와 지대(地代)는 매우 밀접하게 연관되어 있지만 정확하게 같은 용어는 아니다. 우선 지가(地價, land value)는 말 그대로 땅의 가격을 의미한다. 이때 가격이란 상품의 유용성에 대하여 치르는 대가이다. 토지의 영속성을 고려할 때 토지의 가치는 앞으로 발생될 수익을 현재가치로 환산해서 이를 전부 합친 값이 된다. 이는 다음과 같이 토지가치방정식으로 표현된다.[9)]

$$p = \frac{y_0}{(1+i)} + \frac{y_1}{(1+i)^2} + \frac{y_2}{(1+i)^3} + \cdots \quad \text{식 7-4}$$

9) (식 7-4)는 (식 5-1)에서 가격거품이 없다면 동일하게 인식하여도 무방하다.

여기서 p : 토지의 가치(= 지가)

y_t : t년도에 얻게 되는 순수익

i : 할인율(또는 이자율)

위의 식으로 계산된 가치를 토지의 자본화가치(資本化價値 : capitalized value of land) 또는 자본가치라 한다. 토지자본가치방정식은 토지가치가 할인율에 매우 민감하게 변화하며[10] 토지가치의 계산은 미래에 대한 예측을 필연적으로 거쳐야 하는 것을 의미한다. 그런데, 미래란 불확실성을 내포한 것이어서 토지가치의 계산은 자연히 매우 부정확할 수 밖에 없고 따라서 땅값도 매우 불확실할 수 밖에 없는 것이다.

한편 지대(地代, land rent)는 토지를 이용할 권리에 대하여 매년 지불되는 대가를 말한다. 즉 (식 7-4)에서 y가 지대에 해당한다. 토지가치가 곧 지가가 된다면, (식 7-4)에 따라 지가와 지대는 1대 1의 상관관계가 있기에 지가는 곧 지대가 된다.

서구 유럽과 같이 국가가 개인에게 토지를 장기임대하는 일이 흔하고, 주택이 주로 주거용 목적으로 이용된다면 지가와 지대를 동일시해도 큰 문제가 없다. 그러나 투자(혹은 투기)대상으로서의 토지의 경우 중요한 것은 지대라기보다는 토지 자체를 사고팔았을 때의 절대금액이므로, 우리나라의 경우 지가와 지대를 명확하게 구분할 필요가 있다. 그렇다면 지대(地代)와 지가(地價)와 다르게 취급하여야 되는 이유에 대해 좀 더 논하여 보자.

우선 지가상승의 기대심리를 기대할 수 있다. 미래의 높은 성장이 있을 것이라는 기대심리는 지대의 현재가치를 높이고, 이는 지가의 인상을 가져온다. 언급하였듯이 시간의 흐름에 따른 도시공간의 확장은 기존 도시지역이 입지임대료 상승효과(location rent premium)를 얻을 수 있음을 설명하였다. 이를 성장의 기대가치(growth premium)라 한다. 도시공간 확장의 잠재성은 도시외곽 경계지역에 있는 농

10) 이러한 특성은 앞서 부동산 자산시장에서 설명한 투자재로써 자산가격의 거품형성 논리와 같다.

업용 토지의 가치가 미래의 농업용 토지지대의 현재가치를 초과할 것을 의미한다. 도시경계에 가까이 입지할수록 도시성장의 속도가 빠를수록 농업용 토지의 가치에 대한 성장프리미엄이 올라가는 것이다.

간단한 예를 들어보도록 하자. 어떤 건축물을 건설하는 데 토지비용을 제외하고 1천만 원이 소요된다고 하자. 만약 토지비가 2백만 원이라면 총 개발비용은 1천 2백만 원이 되고 토지비가 5백만 원이라면 총 개발비는 1천 5백만 원이 된다. 어떤 투자자가 이 건축물이 임대료로 벌어들이는 수입의 10배를 지불하겠다고 한다면, 이 개발 프로젝트는 토지비용이 2백만 원일 때 연간 120만 원을, 토지비용이 5백만 원일 때 연간 150만 원의 임대수입을 올려야만 손익분기점에 다다르게 된다.

물론 이 예는 자산의 매입자가 기꺼이 지불하고자 하는 미래의 임대료 상승이 현재 임대료에 미치는 영향 및 불확실성에 포함되어 있지 않기에 아주 단순화된 것이다. 그럼에도 불구하고 빠른 미래의 임대료 성장률과 연관이 있는 지가상승에 대한 이와 같은 일반적 견해는 단순한 도시모형보다 훨씬 복잡한 현실에서 가치를 발휘한다.

미래의 성장가능성 기대로 인한 지가상승에 대한 기대와 함께 지가와 지대를 상이하게 만드는 요인으로 성장률을 둘러싼 위험(risk) 또는 불확실성(uncertainty)이 있다. 부동산시장의 불확실성은 예측불허의 시장 활황과 침체 가능성과 연관된다. 불확실성이 미치는 효과는 성장효과보다 분석하기가 더욱 어렵다.[11] 불확실성이 존재하기 때문에 개발업자들이 건설을 시작하기 전 상당한 기간을 기다리는 것이 합리적인 행위라고 할 수 있다. 토지가 소유자 또는 개발업자에게 일종의 콜옵션(call option)[12]을 제공하는 것이다. 다시 말해 토지 소유자는 언제라도 토지를 개발할 수 있는 권리를 소유한다. 일단 개발이 착수되면, 더 이상의 선택의 기회는 사라지고 건설비용이 발생하면서 그 대가로 개발된 자산의 가치가 발생하게 된다. 부동

11) 그러나 최근 금융경제학에서 고도로 발단된 수학기법을 응용하여 불확실성이 토지가치나 도시유형에 미치는 영향을 분석하고 있다.

12) 콜옵션은 매입자가 매도자로부터 만기일 또는 그 이전에 미리 정한 권리행사가격으로 대상자산을 매수할 수 있는 권리를 말한다.

산시장의 불확실성은 시장의 활황 또는 침체 발생가능성을 반영하여야 한다. 즉 토지소유자는 개발이 이루어지는 시기로 침체기를 가능하면 피하고 활황기를 최대로 이용하여야 된다. 일단 자산시장이 상승국면에 있다고 판단되면 토지소유자는 수익을 최대로 올릴 수 있는 자산의 유형을 선택하여 개발할 것이다.

Capozza와 Helsley(1990)의 연구에 따르면 이러한 불확실성은 도시규모가 작지만 지대가 비싸고 밀도가 높은 도시일수록 크다고 한다.[13] 이는 공사비용의 회수불가능성(irreversibility of construction)에 기인한 것인데, 일단 토지에 구조물이 건설되게 되면 이를 철거하거나 대체하기가 매우 어렵고 비용이 많이 든다는 것이다. 따라서 토지를 개발하려는 자들은 부동산시장이 침체되는 시점에 개발을 피하기 위하여 신중하게 주위 여건이 성숙되기를 기다려 개발하고자 하기에 부동산개발은 시간비용(time cost)이 많이 드는 경향이 있다. 이와 같은 비용은 도시 '갑'처럼 도시외곽지역의 농지가 주거용으로 개발되어 매각될 때 구매자에게 전가된다. 어떻게 보면 도시토지지대의 현재가치가 건설비용과 기회비용으로서의 농업용 토지의 지대뿐만 아니라 토지소유자가 더 높은 개발가치를 얻기 위하여 기다리는 시간비용까지도 보상하여야 한다는 측면에서 회수불가능성으로 인한 프리미엄(irreversibility premium)은 필요한 부분이기도 하다.

도시가 매년 외곽으로 확산되어 도심으로부터 도시경계지역까지의 거리 b가 매년 g%의 속도로 성장한다고 하자. 기존 도시의 모든 지점에서의 주택임대료는 앞서 [그림 7-3]에서 본 바와 같이 동일하게 올라가고 이러한 성장이 무한히 계속될 것으로 예상된다면 결국 주택가격은 현재의 주택임대료에 있어 이자율(i)에서 성장률(g)을 뺀 자본환원한 가치가 되므로 (식 7-1)을 환원이자율 i로 나누면 (식 7-5)가 되며 이를 통해 t시점에서 도심으로부터 d만큼 떨어진 곳에서의 주택가격 $P_t(d)$를 알아낼 수 있다.

13) Geltner, David & Miller, Norman G. (2001). *Commercial Real Estate Analysis and Investment*. South-Western. 재인용.

$$P_t(d) = \frac{r^a q}{i} + \frac{c}{i} + \frac{k(b_t - d)}{i} + \frac{kb_t g}{i(i-g)}$$ 식 7-5

(식 7-5)에서 첫 번째 항은 농업용 토지지대의 자본화가치이고, 두 번째는 건축비용의 자본화가치, 세 번째 항은 d지점에 거주함으로써 얻게 되는 교통비용 절약분의 자본화 가치, 마지막 항은 미래성장에 따른 주택가격 상승치를 자본화한 값이다.

한편 토지가격 $p_t(d)$는 (식 7-3)을 주택단위당 주택건설에 투입된 토지의 양 q로 나누고 건설비용 c를 제외하면 (식 7-6)을 구할 수 있다.

$$p_t(d) = \frac{r^a}{i} + \frac{k}{q}\frac{(b_t - d)}{i} + \frac{k}{q}\frac{b_t g}{i(i-g)}$$ 식 7-6

이를 그림으로 나타내면 [그림 7-7]이 되며 여기서 우리는 도시경계지역으로 접근함에 따라 미개발된 토지가치에 성장의 기대가치(growth premium)와 회수불가능성으로 인한 프리미엄(irreversibility premium)이 급격하게 증가하는 것을 볼 수 있다. 실제로 성장하는 도시주변 미개발토지의 시장가격 대부분은 성장기대 가치와 회수불가능이라는 두 가지의 프리미엄으로 이루어져 있다.

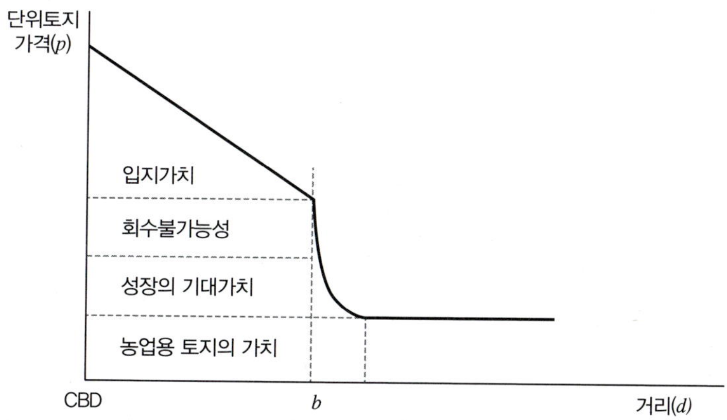

그림 7-7 도시성장기대와 불확실성하에 도시 지가(land value)의 구성

도시성장과 회수불가능성으로 인한 프리미엄은 개발되지 않은 토지의 투기가치(speculative value)라고도 하며 이러한 지가는 실질적이면서도 합리적인 현실적 반영에 기초한다고 볼 수 있다.[14] 도시성장에 따라 도시경계가 얼마나 빨리 도심에서 멀어지느냐에 따라 다르기는 하지만, 성장과 회수불가능성은 도시경계지역 미개발지의 지가가 매우 빠르게 올라가도록 유도하고, 토지소유자에게 고투자수익을 가져다 줄 수 있음을 의미한다. 그러나 이러한 수익은 도시가 쇠퇴국면에 접어들 때에는 상당한 위험요소를 안고 있다. 이상의 도시성장기대와 불확실성은 다음과 같은 다섯 번째 원칙을 유도한다.

원칙 5

도시성장이 빠르면 빠를수록, 도시토지의 가치가 증가할 수 있다는 가능성(불확실성, uncertainty)이 높아진다. 보통 합리적인 개발은 시간이 많이 걸리기 때문에 도시면적이 작고, 지대가 비싸고, 밀도가 높은 도시일수록 이러한 가능성이 높아진다.

4. 단일도심도시모형의 평가와 대안

1) 토지이용의 다양성

단일도심도시 모형에서 도시토지이용은 크게 주거용과 농업용으로 구분하여 분석하였지만, 현실적으로 토지는 주거용뿐만 아니라 상업용, 공업용 등의 다양한 목적으로 이용되고 있다.

14) 반면에 더 높은 지대와 더 조밀한 밀도의 결과가 회수불가능성 프리미엄이라고 한다면 이는 부동산시장의 불확실성에 대한 합리적 반응이 되는 것이고, 이것이 바로 부족한 건설자본, 교통자원, 토지의 효율적인 이용을 유도하게 된다.

대부분의 도시에서는 도심에 가까울수록 조밀해지고 집중적인 토지이용의 형태를 보이게 된다. 이는 입찰지대이론에서 설명한대로 특정한 위치에 있는 토지는 가장 높은 지불의사를 지닌 경제주체가 차지하기 때문이다. 즉 도심에 가까이 입지할 능력이 있고, 고밀도의 토지이용이 가능한 활동들은 지대경쟁(地代競爭)에 의하여 다른 활동을 도심외곽으로 밀어내게 되는 것이다. 현대사회에서 가장 높은 수익성을 낼 수 있는 4차 산업(금융, 무역 등) 등이 소위 중심업무기능을 수행하는 도심(CBD)에 입지하게 되고, 그 외곽에 경공업과 도매업, 주거지역, 농업지역이 차례로 위치하는 모습을 보이게 된다.[15] 결과적으로 자유로운 토지시장은 교통비용이 최소화되는 도심에 가까울수록 개발의 밀도가 높아지고, 토지이용의 생산성도 올라가도록 유인한다.

이와 같은 밀도의 특성과 단일도심도시모형을 결합하면 토지이용형태에 관한 버제스(Ernest W. Burgess)의 고전적인 동심원모형(concentric ring model)과 유사한 모습을 보인다.[16] 물론 사회학자인 버제스의 동심원이론은 미국의 시카고라는 도시를 실증적으로 관찰하여 도출한 이론으로 지대이론을 사용하지는 않았다. 즉 이상적인 토지이용의 유형과 주거지역을 강조한 도시사회구조의 혼합이라고 할 수 있다.

이제까지 소개한 단일도심모형은 도시의 공간구조를 이해하는 데 매우 유용한 분석모형이기는 하지만 몇 가지 중요한 문제점들을 안고 있다. 우선 이 모형은 장기균형에 입각한 이론이므로 통근비용이나 인구, 소득 등 외생변수의 값이 달라질 때 주택임대료 곡선이나 도시의 크기에 미치는 영향은 이러한 변화가 발생할 때마다 도시를 완전히 부수고 다시 건설하거나 모든 조정이 끝날 만큼 충분한 시간이 흐른 뒤에야 실현될 수 있다. 이에 단일도심도시모형은 도시를 새로 설계하여 건설

15) 물론 개별도시는 도시의 사회 · 경제적 구조에 따라 다른 토지이용 행태를 보일 수 있지만 입찰지대곡선의 기울기는 도시 활동의 집중화 및 분산화를 나타내는 척도라고 이해할 수 있다.

16) 동심원모형은 버제스(Ernest W. Burgess, 1905)에 의하여 최초로 제안되었고 그 후 1920년대와 1930년대 미국의 시카고대학을 중심으로 도시내부의 공간구조를 토지이용형태를 이용하여 설명하려고 시도한 시카고학파(Chicago School of Urban Geography)에 의하여 좀 더 진화하였다.

하는 경우에나 적용될 수 있다.

또 하나의 중요한 문제점은 단일도심 모형에서는 모든 경제 · 사회 · 문화활동, 즉 대부분의 직장이 외생적으로 정해진 위치, 즉 도심에 집중되어 있다고 가정하는 데 반해 현실적으로는 대부분의 직장이 도심에 존재하지 않는다는 데 있다. 1980년 미국의 30개 대도시들의 경우 평균적으로 8%의 직장만이 도심에 존재하며 나머지 92%의 직장은 도심 이외의 지역에 위치하고 있는 것으로 나타났다.[17] 모든 사람이 도심에서 일한다는 가정의 근본적인 문제점은 현실에 맞지 않는다는 데 있는 것이 아니라 이 가정을 없앨 경우에 입지균형조건 자체가 성립할 수 없다는 데 있다.

2) 다핵심도시

단일도심모형의 한계를 극복하기 위하여 도시에는 부도심이 존재할 수도 있다는 사실을 명시적으로 고려한 이론이 다핵심도시(polycentric or polycuclear city) 모형이다. 다핵심도시이론은 1945년 해리스(Harris)와 울만(Ullman)에 의하여 최초로 주장되었다.

다핵심도시란 전문화된 중심지(도심)가 여러 개 존재하는 도시를 말하는 것으로 수많은 실증연구결과 대체로 인구수가 5백만 이상인 거대도시(megalopolis)들은 예외 없이 다핵심도시이며, 인구수가 백만 명을 상회하는 상당수의 대도시들도 다핵심도시 구조를 갖는 것으로 나타났다.

인구 천만 명의 서울도 물론 예외는 아니다. 서울에는 종로, 을지로, 신문로, 남대문 지역의 도심권역(CBD), 강남대로를 중심으로 한 강남권역(KBD), 그리고 여의도권역(YBD) 등 3개의 중심업무지역이 존재한다는 사실이 학계 및 업계에서 모두 받아들여지고 있다. 부도심의 존재는 도시의 규모가 커질수록 다양한 토지이용이

17) Richardosn (1988). Monocentric vs. Policentric Models: The Future of Urban Economics in Regional Science. *Annals of Regional Science*, 22(2); 김경환 · 서승환 (2002). 도시경제. 재인용.

이루어지고 이에 따라 각각 나름대로 다른 기능의 중심지를 요하기 때문에 발생하는 것으로 파악된다. [그림 7-8]에서 보듯이 대도시에는 한 개의 도심(CBD) 이외에 필요한 공항, 종합병원, 종합운동장 등 주요 활동시설(major activity centers: MAC)이 들어서게 되는데 이런 시설들이 입지한 곳의 밀도는 올라가게 마련이다. 또한 지역 단위 수요에 따라 서비스를 제공하는 근린경제지역(neighborhood business districts: NBDs)도 형성된다. 대표적인 예는 대도시권에 권역별로 들어서는 대형쇼핑센터들이다.

결론적으로 도시의 토지가치에 대한 현실적인 관점은 토지를 가장 경제적으로 이용하려는 중심지는 매우 다양하며, 이러한 다수의 중심지로 이동하는 데 필요한 교통비용은 지대와 지가에 영향을 미친다는 것이다([그림 7-8] 참조).

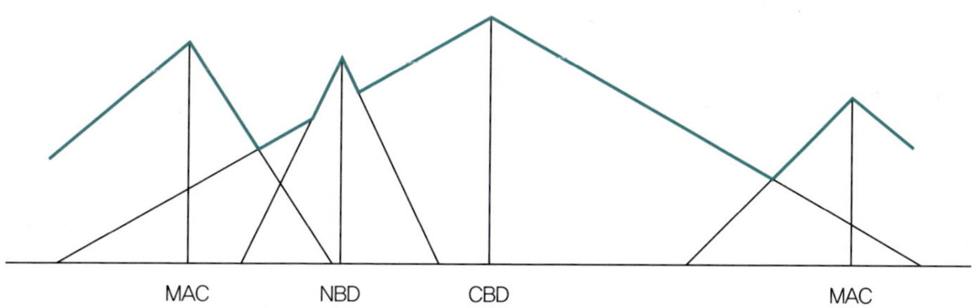

그림 7-8 다핵심도시의 지대곡선의 기울기

3) 근린역동성과 생애주기

단일도심도시모형은 장기균형에 있어 교통비용만을 고려할 뿐 도시구조물의 수명과 도시근린을 고려하지 않는다.[18] 그러나 일반적으로 건축물이 노후화될수

18) Bugess의 동심원이론과 Hoyt의 선형이론에서는 지대와 지가에 있어 토지에 건설된 구조물의 노후화 현상을 고려하였다.

록 생산성이 떨어지고 수요자도 감소하게 되는 반면 유지 · 관리비용은 증가하게 된다. 물론 노후건축물도 가치가 있지만 이를 철거하는 데는 상당한 비용이 소요된다.

도시구조물의 수명과 도시근린을 고려한 근린승계모형(neighborhood succession model)은 [그림 7-9]에서 보이는 바처럼 승계이론에 따라 근린의 전형적인 생애주기(life cycle)를 보여주고 있다.

제1단계에서 도시경계지점에 전원의 모습이 그대로 유지되어 있는 농촌지역은 도시개발이 진행됨에 따라 지가가 급격하게 상승하게 되는 성장(growth)의 국면에 들어가게 된다. 이때 개발의 유형은 보통 저밀도이다. 개발이 어느 정도 완성되면 성장은 멈추게 되고 미개발지의 급격한 지가상승도 멈춘다. 그러나 성숙의 단계로 접어들게 되면서 가치는 일반적으로 그대로 유지된다.

제2단계에는 구조물들이 노후화되더라도 재건축, 재개발 또는 건축물의 리모델링에 의하여 토지가치가 장기적으로 유지될 수 있다. 이때 이 지역주민들은 계속 저밀도를 유지하려고 한다. 그러나 주변의 대도시가 거대도시(metropolitan)로 성장하게 된다면 이 지역은 전혀 다른 두 가지의 방향으로 변화될 수 있다.

첫 번째 방향은 주변 대도시의 공간적 확산으로 이 지역이 거대도시권의 중심에 보다 근접하게 됨으로써 성장기대감이 올라갈 수 있는 가능성이다. 이때는 근린지역의 재개발이 고밀도 주거지 및 상업용 부동산개발과 같이 좀 더 생산성이 높은 토지이용으로 되는 경향이 있다. 두 번째 방향은 다양한 경제 · 지리 · 사회적 요인들로 인하여 대도시가 오히려 이 지역의 가치를 떨어뜨리는 것이다.

이에 따라 제3단계에서 도시가 쇠퇴하는 경우도 발생한다. 예를 들어 대도시를 중심으로 한 교통시설이 개선된다면 이 지역은 통과지역으로 전락하여 가치가 오히려 떨어질 수 있다는 것이다. 또한 구조물들이 상대적으로 노후함에 따라 저소득계층이 이주하게 되어 지가와 자산의 가치가 떨어질 수도 있다. 물론 이러한 쇠퇴현상은 슬럼화되어 지속될 수도 있지만 구조물들이 사실상 완전히 망가지고 저소득계층으로 구성된 근린으로 인하여 지가가 폭락하면 오히려 비용이 하락하여 재개발이 손쉽게 이루어질 수 있는 가능성이 있음을 암시한다. 이는 곧 투자가치를 인정받을 수 있다는 것을 뜻한다.

따라서 제4단계를 거치면서 지역의 재개발이 가능할 수 있으며 만약 재개발이 이루어지게 되면, 다시 회생가능성이 생겨 활기를 되찾을 수도 있다.

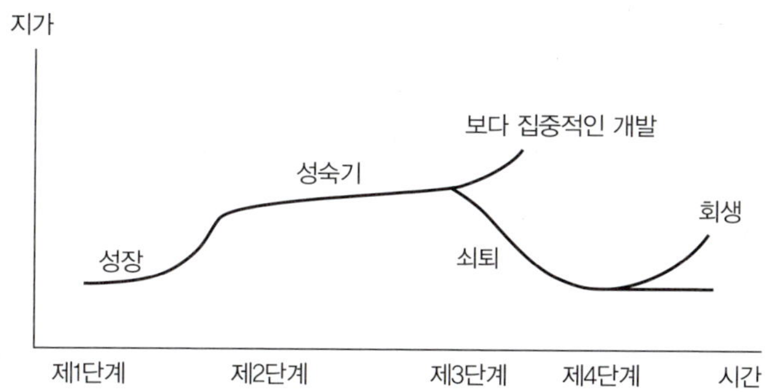

그림 7-9 근린승계모형

부동산투자가들의 입장에서 근린승계이론은 다음과 같은 중요한 시사점이 있다. 첫째, 지가와 지대는 장기적으로 볼 때 실질적으로 거의 변화하지 않는 경향이 있다. 둘째, 대도시 내 근린의 최적 역할과 기능의 변화는 예측하기 어려운 지가와 지대의 급격한 변화를 유발할 수 있으며, 이는 주기적인 부동산시장의 경기변동을 가져올 수 있다. 설명한 것처럼 지대 변화의 예측가능한 범위에 상응하여 지가도 미리 변화한다는 것이다.

4) 자산의 수명과 구조물 감가상각의 영향

근린의 생애주기와 마찬가지로 해당 건축물, 즉 특정 부동산자산의 수명도 부동산투자자에게는 고려하여야 할 대상이 된다. 자산의 가치(property value)는 토지가치와 구조물 가치로 구성되어 있는데 이들의 관계는 자산생애주기(property life cycle) 모형으로 설명될 수 있다([그림 7-10] 참조). 그림에서 묘사되고 있는 자산생애주기의 단순모형은 개발의 선택시점과 마찬가지로 지가모형과 일치하는 점이 있다.

[그림 7-10]에서 종축은 자산가치를, 횡축은 시간을 나타내고 있다. 어떤 토지에 구조물의 건축 또는 재건축이 발생하는 불연속적인 시점은 시간의 축을 따라 *C*라 표기되어 있으며 이를 통해 건축 또는 재건축이 어느 시점에 일어나는지를 알 수 있다. 이들 시점은 각 토지가 최고-최상으로 사용(HBU)되기 위하여 건축이나 재건축이 언제 이루어져야 하는지를 알려준다.

새롭게 개발된 또는 재개발된 자산의 가치는 최고-최상의 이용(HBU)원칙에 입각할 때 시간경과에 따라 토지의 사용가치(*U*)가 점차적으로 올라가는 경향을 보인다. *U*를 연결한 점선은 바로 이러한 경향을 반영한 것이다. 물론 현실에서 주어진 토지의 사용가치는 반드시 상승해야 할 필요는 없다. 실질변수로 측정한다면 더욱 더 그럴 것이다.

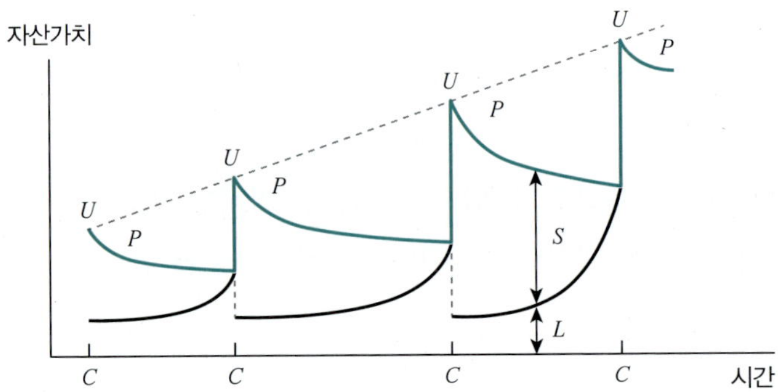

C = 건축/재건축 시점
U = 재건축의 최고-최상의 이용(HBU) 시점의 사용가치
P = 자산의 가치
S = 구조물의 가치
L = 토지가치 또는 재개발 선택가치

그림 7-10 시간경과에 따른 자산 구성요소의 변화

[그림 7-10]에서 구조물의 가치는 *S*로 표시되어 있다. 재건축이 이루어진 직후에 구조물의 가치는 자산가치의 대부분을 차지한다. 그러나 건물은 시간이 지남에 따라 감가상각되므로 구조물의 가치는 하락하게 된다. 이는 물리적 노후화뿐만 아니라 경제적 노후화를 반영한 것이다. 여기서 경제적 노후화(economic obsolescence)란 어떤 부지가 최고-최상 토지이용(HBU)의 조건을 만족하지 못하는 상태에서 사용된다는 것을 의미한다. 경제적 노후화는 또한 기술적 변화와 취향의 변화가 관련된 HBU 조건을 만족시킨다는 차원에서 새로운 구조물에 어떠한 영향을 미치는가를 반영한 것이기도 하다.

자산가치의 또 다른 구성요소인 토지가치(*L*)는 성장과 공사비용의 회수불가능성을 반영한 재개발 선택(redevelopment option)의 가치와 관계가 있다. 토지가치는 토지가 최고-최상으로 사용(HBU)되어 건물이 지어지기 때문에 재개발 직후에는 매우 낮으나, 시간이 지남에 따라 점점 더 올라가게 된다. 즉 시간이 경과함에 따라 구조물이 물리적 또는 기능적으로 감가상각(depreciation) 되고 현재의 건축물이 제공하는 서비스가 시간이 경과함에 따라 변질되고 공실률이 증가하게 되면서 토지가치는 점차적으로 증가하는 것이다.

토지가치와 구조물 가치의 합은 특정시점의 자산가치가 되며 이는 [그림 7-10]에서 *P*로 표시되어 있다($P=S+L$). 재재발이 발생하는 시점은 어떤 자산의 가치가 토지가치만 있을 때이다. 즉 이 시점의 구조물은 토지의 재개발 선택가치에 따라 가치가 전혀 없게 되는 것이다($S=0$).

그림에서 건축/재건축시점(*C*)는 *L*과 *P*가 같아지는 시점에서 발생하는 것으로 묘사되고 있다. 전형적으로 구조물은 토지에 부착되어 있기에 이들의 가치를 따로 구분하지 않고 거래도 따로 하지 않는 것이 상식이다. 그러나 [그림 7-10]에 의하면 굵은 실선으로 표시되어 있는 구조물의 가치(*S*)와 토지가치(*L*)의 합, 즉 자산의 가치 *P*는 어느 시점에서든 관찰이 가능하다. 시간이 경과함에 따라서 *P*는 지속적으로 변화하며 바로 이러한 변화가 재개발사업이 발생하는 시점 사이에 있어 투자자들의 자본이익(capital gain) 또는 자본손실(capital loss)을 결정하게 되는 것이다.

또한, [그림 7-10]은 구조물의 감가상각이 자산가치(P) 성장률이 일반적으로 사용가치(U)의 성장률보다 낮도록 유도하는 것을 보여준다. 이 결과는 신규로 재개발된 자산의 가치에 있어 건설비용이 토지매입비용보다 많다는 사실로서 확인된다. 이상의 논의는 다음의 중요한 원칙에 이르게 한다.

원칙 6

감가상각 원칙(Depreciation Principle)

시간이 변화함에 따라 토지가치의 변화는 대출을 받지 않고 자신의 자금으로 이미 건설된 자산(property)에 투자하는 투자자들의 평균 자본이익(capital gain)에 있어 이론적으로 상한을 주게 된다.

CHAPTER 08 도시의 성장과 쇠퇴

1. 도시규모와 순위
2. 도시성장을 결정하는 요인들
3. 도시의 성장
4. 중심지이론과 도시계층

CHAPTER 08 도시의 성장과 쇠퇴

신고전학파의 경제이론에 의하면 사람들은 소득이 높은 곳으로 이동하는 경향이 있기 때문에 도시와 도시 간 인구이동의 자유를 허용한다면 각 도시의 인구규모는 모든 도시들에 있어 주민들의 효용이 같아지는 시점에서 결정된다.[1] 그러나 현실적으로 각 도시의 시민들은 동일한 효용수준을 누릴 수 없기에 인구과밀문제로 고민하는 대도시도 있고 이와는 반대로 인구감소를 걱정하는 작은 도시도 있다.

도시규모의 크고 작음은 한 국가의 도시체계(system of cities)를 구성하며 부동산 공간시장에 시사하는 바가 많다. 예를 들어 인구 1,000만 명의 서울시에서 거대규모의 국제금융센터나 대형평수의 초호화고층 주상복합아파트가 성공적으로 분양되었다는 사실을 근거로 대형건축물을 중소규모 도시에 개발한다고 가정하여 보자. 누구든 그 성공 여부를 선뜻 장담하지 못할 것이다. 왜냐하면 이미 부동산 공간시장의 성격은 그 부동산이 입지한 도시나 지역의 인구규모와 경제 활동 특성에 좌우된다는 사실을 알고 있기 때문이다.

이 장에서는 도시의 규모와 이를 결정하는 변수 및 어떤 도시는 성장하고 다른 도시는 그렇지 못하는가에 대하여 살펴보기로 한다.

---

1) 신고전학파에 의하면 노동은 생산성이 낮기에 임금이 낮은 지역에서 임금이 높은 지역으로 이동한다고 보기 때문에 이러한 지역 간 노동의 이동은 결국 두 지역의 노동생산성과 임금수준을 같게 할 것이라고 주장한다. 이에 반하여 미르달(Myrdal)은 인구이동은 농촌지역에서 도시지역으로 역류하는 경향이 있기에 도시지역의 자본 대 노동비율은 인구이동이 있기 전보다 떨어지지 않고 같거나 오히려 커짐으로써 도시의 노동생산성은 향상되고 이와 반대로 농촌의 자본-노동비율과 노동생산성은 크게 향상되지 못하기에 지역 간 격차가 더욱 벌어질 수 있다고 주장하였다.

1. 도시규모와 순위

1) 도시규모분포의 규칙성

우리나라 도시[2]의 규모는 인구 2만 명에서 1,000만 명에 이르는 서울시에 이르기까지 매우 다양하다. 다양한 도시규모에 관한 자료를 검토하면 인구규모에 따른 도시순위가 비교적 안정적임을 알 수 있다.

〈표 8-1〉은 1960~2014년 동안 우리나라 상위 10개 도시의 인구추이를 보여주고 있다. 이에 따르면 규모 측면에서 상위 4개 도시인 서울, 부산, 대구, 인천의 순위는 전혀 변함이 없다가 2014년 인천이 인구규모 3위의 도시로 부상하였다. 인구규모 순위 5위를 차지하였던 광주는 2000년대 들어 6위로 내려가고 6위를 차지하였던 대전이 5위로 올라오면서 순위가 변했을 뿐 상위 도시의 순위는 큰 변화가 없다. 7위 이하의 도시들에는 시간이 경과함에 따라 성장과 쇠퇴가 교차되는 것이 목격된다. 즉 1980년대 이후 경상남도 임해지역의 전략적 개발에 따른 울산의 빠른 성장이 오늘날까지 계속되었고 2010년 창원시, 마산시, 진해시가 통합되면서 특히 산업단지가 밀집한 창원시는 인구 1백만 명 도시가 되었다. 반면, 호남권의 대표적 도시인 전주, 목포는 1990년 들어 10위권 밖으로 밀려났다. 이에 비해서 대규모 주거단지로 개발되었던 성남, 고양과 같은 경기도의 도시들의 성장이 눈에 띄면서 인구집중현상이 서울과 수도권지역으로 심화되고 있음을 보여주고 있다.[3]

---

2) 우리나라의 「지방자치법」 제7조는 시(市)가 되기 위한 요건으로 "그 대부분이 도시의 형태를 갖추고 인구 5만 명 이상이 되어야 한다."라고 정하고 있다. 그리고 이를 보다 구체화하여 동법 시행령 제7조에서는 "당해 지역의 시가지를 구성하는 지역 내에 종사하는 가구의 비율이 전체의 60%이상일 것과 상업·공업 기타 도시적 산업에 종사하는 가구의 비율이 전체의 60% 이상일 것"이라고 규정하고 있다. 그러나 도시화율을 산정할 때는 인구 2만 명 이상의 읍(邑)까지를 도시로 정의하고 있다.

3) 2014년 성남시의 인구는 974천 명으로 인구규모 순위 11위이다.

표 8-1 우리나라 10대 도시의 규모추이(1960~2012년) (단위: 1,000명)

순위	1960		1970		1980		1990		2000		2014	
	도시	인구	도시	인구	도시	인구	도시	인구	도시	인구	도시	인구
1	서울	2,445	서울	5,536	서울	8,367	서울	10,628	서울	9,854	서울	10,103
2	부산	1,163	부산	1,881	부산	3,160	부산	3,798	부산	3,655	부산	3,519
3	대구	676	대구	1,083	대구	1,607	대구	2,229	대구	2,474	인천	2,903
4	인천	402	인천	646	인천	1,084	인천	1,818	인천	2,466	대구	2,493
5	광주	315	광주	503	광주	723	광주	1,145	대전	1,366	대전	1,531
6	대전	229	대전	415	대전	652	대전	1,062	광주	1,351	광주	1,475
7	전주	189	전주	263	울산	418	울산	683	울산	1,012	울산	1,166
8	마산	158	마산	191	마산	387	부천	668	수원	944	수원	1,174
9	목포	130	목포	178	성남	376	수원	645	성남	912	창원	1,075
10	청주	92	수원	171	전주	366	성남	541	고양	763	고양	1,006

출처: 통계청 국가통계포털(http://kosis.kr/statisticsList).

인구규모별 도시규모에 따른 도시 수의 분포를 정리해보면 도시규모가 큰 도시의 수는 적고 중소도시의 수는 많은 것을 알 수 있다. 2012년 기준 인구 2만 이상의 142개 도시 중에서 인구가 500만을 넘는 도시는 서울이 유일하며, 인구 50만~100만의 도시는 5개, 30만~50만인 도시는 6개가 있었다. 이에 반하여 인구가 10만~30만인 도시는 23개, 5만~10만의 도시는 22개였고, 2만~5만인 도시의 수는 80개에 달한다.

이와 같이 도시의 인구규모와 그 인구규모를 갖는 도시의 수 사이에는 역의 관계가 존재하여 도시규모가 편중된 분포(skewed distribution)를 보이고 있는 현상은 결코 놀라운 사실은 아니다. 즉 이러한 현상은 우리나라뿐만 아니라 세계의 다른 나라에서도 흔하게 관찰된다.

2) 도시순위규모법칙

도시인구의 수, 즉 규모와 순위 간의 상관관계에 대한 통계적 연구로부터 학자들은 여러 가지 일반화 이론을 도출하였다. 이 중에 가장 잘 알려진 것으로 도시순위규모법칙(rank-size rule)이 있다. 도시순위규모법칙은 도시인구규모와 그 인구규모를 갖는 도시의 수 사이의 역의 관계를 설명하는 것으로 Zip의 법칙(Zip's Law)이라고도 한다. 이 법칙은 파레토 분포함수를 이용하여 다음과 같이 나타낼 수 있다.

$$R = AX^{-a} \quad \text{식 8-1}$$

여기서 X는 인구, R은 도시순위, A는 순위가 1위인 도시의 규모이고, a는 도시규모분포의 형태를 결정하는 모수로서 파레토계수(Pareto coefficient)라고 부른다. a의 값이 크면 클수록 순위의 변동에 따르는 도시규모의 변화가 작아 도시규모분포가 균등해지고, a의 값이 작을수록 도시규모분포는 불균등해진다. 그런데 a가 1인 경우에 (식 8-1)은 다음과 같이 (식 8-2)로 표시할 수 있고, 이에 따라 도시순위에 인구를 곱한 수치는 일정하게 된다.

$$RX = A \quad \text{식 8-2}$$

(식 8-2)에서 A는 순위가 1위인 도시의 규모, 즉 한 나라에서 가장 큰 도시의 인구가 되기에 두 번째로 큰 도시의 인구는 가장 큰 도시인구의 1/2, 세 번째로 큰 도시의 인구는 가장 큰 도시인구의 1/3, …이 된다. 이를 그림으로 그려보면 다음의 [그림 8-1]과 같이 된다.

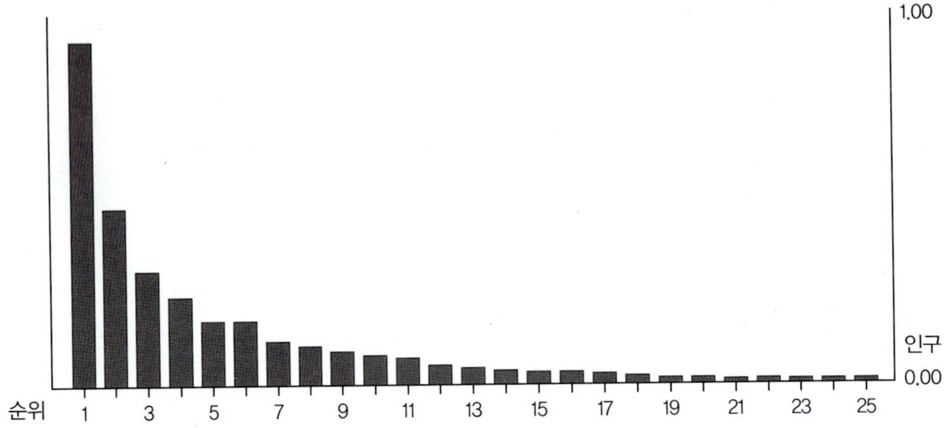

그림 8-1 이론상으로 표현된 도시순위규모규칙

도시순위규모법칙이 현실세계를 얼마나 잘 반영하고 있는가를 알아보기 위한 시도 중의 하나로써 1970~1971년간 세계의 주요 도시규모분포를 추정한 로젠과 레스닉(Rosen & Resnick, 1980)[4]의 연구를 들 수 있다. 연구결과에 따르면 대부분의 도시규모분포가 순위규모법칙을 크게 벗어나지 않는 것으로 나타났다. 이때 대체로 국토면적이 넓은 나라일수록, 지방분권화의 정도가 높을수록 a의 값이 커져서 균등한 분포를 보이고 있었다. 반대로 국토가 적은 영국과 웨일즈의 도시들은 대부분 런던의 예외적 지배 때문에 도시순위규모법칙을 잘 따르지 않는 것으로 나타난 바 있다.[5]

그렇지만 도시순위규모법칙은 어떻게 보면 단지 실제 지역의 순위와 규모의 통계적 조사에 의해 나타난 것의 일반화에 지나지 않는다고 볼 수 있다. 즉 도시순위와 규모 간의 엄격한 상관관계가 존재하기보다는 개인들의 수많은 입지결정에서 나타나는 규칙적 모습을 표현하는 것으로 간주된다.

4) Rosen, Kenneth. & Resnick, M. (1980). The Size Distribution of Cities: An Examination of the Pareto Law and Primacy. *Journal of Urban Economics*, 8, pp.165-186.

5) Jack Harvery (1999). 부동산경제학. 노태욱 역 (2004). 부연사.

우리나라에서도 도시순위규모법칙이 적용되는지를 판단하기 위한 김경환 · 서승환(2002)의 연구결과에 따르면 1960~1990년도의 파레토계수 a의 추정치가 대체로 1과 비슷하여 비교적 순위규모법칙이 적용되고 있는 것으로 나타났다. 그러나 1975년 이후로 a의 값이 점점 작아져 도시규모분포의 불균등이 심화되고 있는 것으로 나타났다.

[그림 8-2]는 통계청의 자료를 이용하여 2012년 상위 20개 도시의 순위규모를 그린 것으로 보이는 바와 같이 우리나라 도시규모분포는 서울시와 수도권에 인구가 집중되어 불균등이 심화되어 있는 것으로 나타나고 있다.

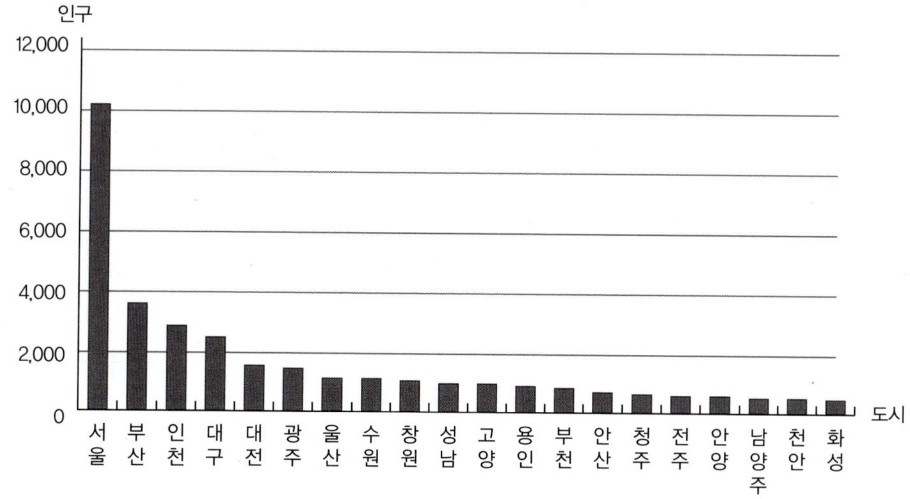

그림 8-2 한국의 도시순위규모(2012년) (단위: 천 명)

출처: 통계청 국가통계포털(http://kosis.kr/statisticsList).

특히 서울은 수위도시(primate city)의 모습을 띄고 있는데, 수위도시란 도시인구가 제 1위인 도시로써 그 다음 순위의 도시보다 여러 배가 되는 도시를 말한다.

2. 도시성장을 결정하는 요인들

그렇다면 왜 어떤 도시는 성장하고 또 어떤 도시는 쇠퇴하는 것일까? 하비(Harvey, D., 1999)는 최근 선진국의 도시성장을 네 가지 형태로 구분한 바 있다. 첫째는 도시밀도를 높이는 도시재개발, 둘째는 특정 도시의 성장과 쇠퇴결과에 따른 도시 간(inter-cities) 이동을 낳는 도시들 간의 경쟁, 셋째는 소득증가 그리고 교통발달에 따른 도시 내(intra-cities) 외곽으로의 이동, 마지막으로 규모와 중요성이 서로 다른 도시중심의 계층구조이다. 그러므로 우리는 도시성장과 쇠퇴를 이해하기 위하여 도시가 어떻게 성장하며, 도시계층구조가 어떻게 이루어지는지에 대하여 설명해야 한다. 우선 도시성장을 결정하는 요인들부터 살펴보기로 하자.

1) 구심력

구심력(centripetal forces)은 도시를 형성하게 하는 원인이자 또한 몇 개의 큰 도시로 집중하게 하는 경향을 말한다. 일반적으로 도시의 구심력은 집적(集積)이익 또는 집적경제(agglomeration economy)[6]로 알려져 있는데, 이는 일정 지역에 많은 사람이나 어떤 활동이 상호 호혜적인 작용을 하는 것을 말한다.

집적이익은 여러 능력을 가진 노동자들과 생산과정이 물리적으로 근접하게 위치함으로써 서로에게 도움을 줌으로써 발생한다. 생산과정의 흐름과 같은 수직적인 연계효과(vertical linkages)와 함께 시너지효과(synergy effect)를 뜻하는 수평적인 연계효과(horizontal linkages)에 기인한다. 이처럼 도시라는 일정 지역에 집중되고 누적되면 될수록 더 큰 경제 · 사회 · 문화 등 다양한 이익이 발생하기 때문에 도시로 인구가 유입되고 산업이 발전한다. 집적이익은 [그림 8-3]과 같이 구분할 수 있다.

6) 이에 도시는 전문화된 인간 활동이 모여 집적이익이 확보된 공간으로 이해되므로 흔히 도시의 이점을 도시경제 또는 집적경제라고도 한다.

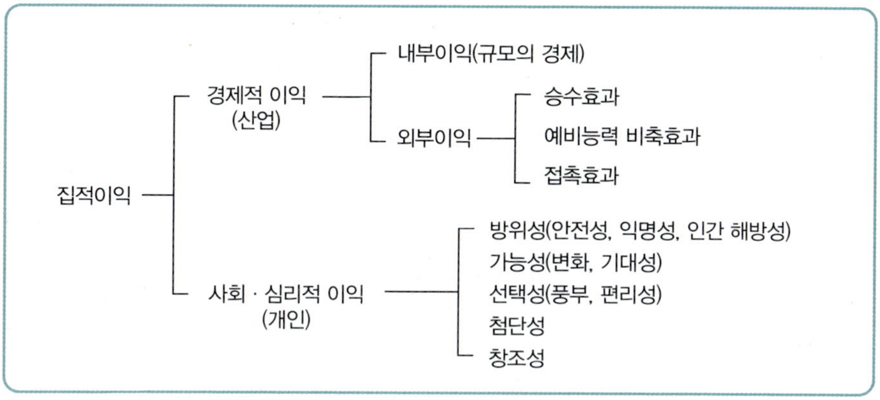

그림 8-3 도시의 구심력(집적이익)

출처: 노춘희 · 김일태 (2001). 도시학 개론. 형설.

도시의 집적이익은 특히 산업 측면에서 경제적 이익이 중요한데 이는 내부이익과 외부이익으로 구별된다. 내부이익을 말하는 규모의 경제(economies of scale)는 산출량이 증가함에 따라 장기 평균총비용이 하락하는 현상, 즉 재화나 서비스를 많이 생산하는 것이 비용도 적게 들고 효율성도 높은 대량생산의 이익을 의미한다. 근본적으로 규모의 경제는 주어진 지점에 고정된 생산비용 때문에 발생한다. 이때 고정비용은 그 지점에서 생산되는 양과는 무관하다.

자동차 공장에 필요한 부지 및 장비 등을 예로 들어보자. 규모의 경제에 의하면 한 공장에서 연간 200대의 자동차를 생산하는 것이 저마다 다른 지역에 입지한 4개의 공장에서 50대의 자동차를 생산하는 것보다 훨씬 효율적이다. 특히 제조업은 규모의 경제가 작용하는 경우가 많기에 상대적으로 많은 인구의 집중, 즉 도시 형성을 가져오는 중요한 계기가 된다. 또한 기간시설(infrastructure)도 대체로 규모의 경제성을 띠게 되므로 그 시설이용자가 늘어날수록 1인당 비용부담이 줄어들게 된다.

긍정적인 외부이익 또는 외부효과(positive external effect)는 경제 활동 과정에서 시장 기구를 통하지 않고 나타나는 경제적 후생의 변화를 말하는 것으로 비용을 지불하지 않고 무상으로 얻는 이익을 의미한다. 후버(Hoover, E.)는 외부이익을 경제승수효과, 예비능력의 비축효과, 접촉효과로 구분하였다.[7] 승수효과(乘數效果, multiplier effect)란 중요 활동이 연쇄적으로 다른 활동을 유발하듯이 하나의 경제활동이나 산업이 입지하면 그에 연관된 지원 산업들이 파생적으로 입지하여 서로 외부효과를 추구하게 되는 것을 말한다.

예비능력(豫備能力)의 비축효과(massing of reserve)란 재고감소의 효과로서 여러 개의 기업이 인접하여 입지하면 각 기업마다 상황변동에 대비해 비축해야 할 재고의 부담을 골고루 나누어 가짐으로써 결과적으로 전 기업이 일정량의 재고를 줄여 경영상의 이익을 얻을 수 있는 효과를 말한다.

마지막으로 접촉효과(接觸效果, contact economies)란 관련업종이나 전문용역업체 등과 인접함으로써 자신의 활동에 필요한 기술과 정보에 접근하는 데 드는 비용을 서로 줄일 수 있는 효과를 말한다.

도시로 몰려들어 유착하게 하는 이상의 힘들이 함께 작용하여 누적적인 인과관계(cumulative causation)로 알려진 도시성장의 역동성이라는 중요한 특성을 갖게 한다. 이는 어떤 도시가 성장하고 있다면 거기에는 추진하는 힘(momentum)이 있다는 뜻이다. 즉 성장은 성장을 낳는다는 것이다. 도시순위규모에서 보았듯이 특정도시가 성장하기 시작하면 적어도 몇 년간은 이런 경향이 계속되며, 반대로 쇠퇴하면 마찬가지로 계속 쇠퇴하는 것도 바로 추진력과 관계된다.

2) 원심력

구심력이 도시를 성장하게 하는 힘이라면 원심력(centrifugal force)은 그 반대로 도시를 쇠퇴하게 만드는 힘이다. 도시의 원심력은 인구가 지나치게 집중될 경우 도시의 집적이익보다 사회적 비용이 더 늘어나게 만든다. 따라서 도시의 원심력은 대

7) 김형국 (1991). 국토의 개발과 이론연구. 박영사. 재인용.

도시의 집적불이익(agglomeration diseconomies)이라고도 한다.

적정도시인구규모(optimal urban size)를 넘어서 인구가 계속 증가하게 되면 원심력이 작동하여 도시규모가 더 이상 커지는 것을 제어하게 되고 이에 따라 주변지역에 소규모 도시들이 자리잡게 된다. 환경오염, 교통 혼잡, 범죄, 높은 임대료 등은 대표적인 도시의 원심력이다.

한 나라의 인구가 하나의 도시에 집중적으로 몰리게 되면, 다른 도시의 인구는 감소하기 마련이다. 이에 따라 도시 간 인구분포의 왜곡을 초래하게 되며 이는 곧 사회비용을 증가시킨다. 원심력은 대도시인구집중에 의한 사회비용 간의 관계를 이해함으로써 보다 명확해진다. 그럼 이를 설명하기 위하여 먼저 노동의 사회적 한계생산물가치와 사적 한계생산물가치부터 정의하여 보자.

노동의 사적(私的) 한계생산물가치(value of private marginal product of labor: VPMPN)는 한 사람이 어떤 도시에 들어와 취업하여 생산에 참여하면 그 도시의 총생산은 그 사람의 노동 한계생산물만큼 증가하는데 이 증가분을 시장가격으로 환산한 금액을 말한다. 따라서 VPMPN은 이 사람의 사회에 대한 공헌이라고 볼 수 있다. 그런데 이 사람이 도시로 이사하면 도로교통이 더 혼잡해지고 공해가 증가하기 때문에 도시에 사회비용도 발생시키게 된다. 따라서 이 사람이 도시로 이주할 때 그 도시에 기여하는 사회적 순가치는 노동의 사적 한계생산물가치에서 부정적 외부효과(negative external effect), 즉 대도시의 집적불이익으로 인한 사회적 비용의 증가분을 뺀 금액이 된다. 바로 이 금액을 노동의 사회적 한계생산물가치(value of social marginal product of labor: VSMPN)라고 한다.

이제 어느 나라의 전체 인구가 *N*이고 이 나라에는 대도시 *A*와 중소도시 *B*만이 있다고 가정하자. 이 경우 두 도시 간 인구는 한 근로자가 어느 도시에 거주하든 사회적 한계생산물가치가 같아지는 수준에서 인구를 배분하는 것이 가장 사회적으로 바람직하게 된다.[8)] 만일 현재의 인구배분상태에서 도시 *A*에서의 VSMPN이 도

8) 이는 소비자들의 주어진 소득에서 최대의 효용을 얻기 위하여 한계효용균등의 법칙(law of equi-marginal utility)에 따라 자원을 배분하는 것과 같은 맥락에서 이해할 수 있다.

시 B의 VSMPN보다 높으면 근로자들을 도시 *B*에서 도시 *A*로 이주시킴으로써 이 나라 전체의 사회적 순가치를 증가시킬 수 있다. 따라서 도시 *A*의 최적인구는 N_A^* 이고 도시 B의 최적인구는 $N-N_A^*$가 된다([그림 8-4] 참조).

그러나 두 도시에 위치한 개별기업이 근로자를 고용할 때는 근로자를 생산에 투입함으로써 얻을 수 있는 추가적인 수입, 즉 노동의 사적 한계생산물가치가 그 근로자에게 지불해야 하는 임금보다 높은 한 고용을 확대하게 될 것이다. 그런데 근로자의 입장에서 보면 어느 도시에서 일하든지 임금이 같으면 더 이상 이동할 필요가 없게 되므로 균형상태에서는 두 도시의 임금이 같아지고 따라서 노동의 사적 한계생산물가치(VPMPN)도 같아진다. 이에 따라 [그림 8-4]에서 두 도시의 균형인구는 각각 N_A', $(N-N_A')$이다.

일반적으로 대도시일수록 교통 혼잡 및 공해와 같은 외부효과가 심할 것이다. 따라서 [그림 8-4]에서 보이는 것처럼 노동의 사회적 한계생산물가치와 사적 한계생산물가치의 차이가 중소도시인 *B*보다 대도시인 *A*에서 더 클 것이다($VPMPN^A - VSMPN^A > VPMPN^B - VSMPN^B$). 결과적으로 대도시 A의 인구($N_A'$)는 적정규모($N_A^*$)보다 크게 되고 중소도시 *B*의 인구($N-N_A'$)는 적정규모 $(N-N_A^*)$보다 작아지게 된다.[9] 도시 간 인구배분의 왜곡이 발생하면 사회비용이 증가한다. 즉 적정인구규모를 넘은 대도시 *A*는 집적불이익의 문제가 증가하고 중소도시 *B*는 쇠퇴현상이 나타나게 된다.

9) 이와 같은 결과가 나오게 된 핵심적인 가정은 대도시의 공해나 환경오염이 다른 도시에 비해 더 심하다는 것이다. 그런데 이 가정은 당연한 것으로 생각할 수 있겠지만 반드시 그런 것은 아니다. 즉 인구가 비교적 적지만 공해가 유달리 심한 도시가 있으며, 대도시임에도 불구하고 환경오염이 별로 없는 곳도 있다. 다시 말해서 도시환경오염은 인구뿐 아니라 기후조건과 같은 자연여건과 산업구조, 사용되는 에너지원, 환경오염방지를 위한 투자 등 많은 변수에 의하여 결정된다.

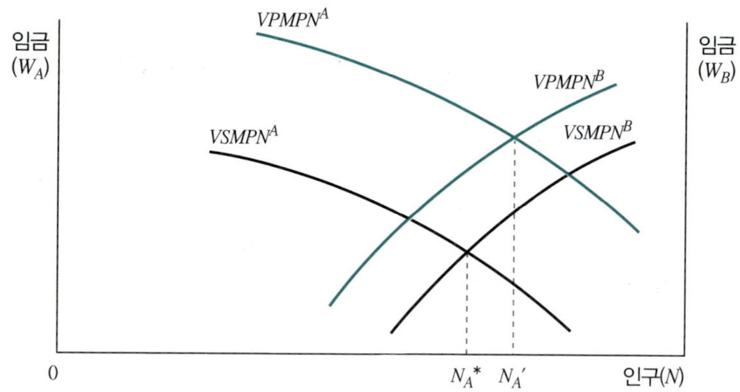

그림 8-4 인구배분의 왜곡과 사회비용

출처: 김경환 · 서승환 (2002). 도시경제(제3판). 홍문사.

이제까지 우리는 도시를 성장시키는 구심력과 쇠퇴시키는 원심력을 살펴보았다. 이제까지의 경험은 어떤 사회에서 중앙집권화(中央集權化)가 점점 더 강해지고 중요해지면 질수록, 한 개 또는 몇 개의 소수 대도시들이 인구를 빨아들이고 중소도시보다 빠르게 성장하는 경향이 있는 것으로 나타났다(김경환 · 서승환, 2002).

예를 들어 교통과 통신비용이 저렴해지고 고도의 중앙권력이 모이는 정부기관들이 증가하였던 19세기와 20세기 초 런던, 파리, 모스크바와 같은 제국주의 국가의 수도들은 매우 빠르게 번창하였으며 순위규모분포법칙에서 예상되는 인구수보다 훨씬 많은 인구를 수용하였다. 그러나 분권화(分權化)가 점차 중요해지고 힘을 얻게 되면서 중소도시들이 발전할 수 있는 계기가 제공되었다. 실제로 미국에서는 20세기 후반부터 중소도시들이 대도시들을 뛰어넘는 눈부신 성장을 거두었다.

도시의 체계를 형성하는 데 있어 구심력과 원심력의 역할에 대한 가장 중요한 시사점은 어떠한 행동유형에 있어서는 구심력이 원심력보다 상대적으로 유리하다는 것이다. 예를 들어 국가 고위행정업무와 국제금융서비스는 가장 크고 비싼 소수의 도시에 중점적으로 집중시키고 반대로 경공업, 유통업, 기업과 정부의 조사 활동, 지방정부의 역할, 기업의 관리업무들은 중소도시를 포함하는 모든 도시에 넓게 퍼져 있어야 한다는 것이다. 왜냐하면 이런 활동들은 구심력은 상대적으로 약하고, 원심력이 강하게 작용하기 때문이다.

3. 도시의 성장

동일한 규모와 특성의 도시들은 장기적으로 성장하기도 하고 쇠퇴하기도 한다. 도시들의 엇갈린 운명을 체계적으로 분석하기 위하여 각 도시의 자체 경제상황을 구체적으로 살피는 미시적인 수준의 노력이 필요하다. 도시경제학자들은 각각의 도시들이 경제적으로 어떻게 기능하고, 발전해 나가는지를 경제기반이론에 입각하여 설명하고 있다.[10)]

1) 경제기반이론

도시의 성장요인을 설명하기 전 우선 경제기반이란 무엇인가를 이해하여야 할 것이다. 일반적으로 한 도시의 경제적 기반(economic base)은 그곳의 소득원천으로 이해될 수 있다. 도시지역의 경제적 기반은 그 지역의 부동산 관련 활동을 유발하고 그 지역의 가치를 결정하는 원동력이 된다.

경제기반은 도시의 내수와 도시 외부로의 수출을 위한 재화와 서비스의 생산, 해당도시 자본의 투자수익, 그리고 마지막으로 정부의 사회보장기금 양도 등으로 구성되어 있다. 이중에서 외부수요를 위한 재화와 용역을 생산하는 산업, 즉 수출이 가장 중요하다.

10) 12장에서는 지역경제성장에 대한 거시적인 분석을 시도하기로 한다.

도시성장요인에 있어 경제기반을 분석하는 이유는 다음과 같은 장점이 있기 때문이다. 우선, 도시나 지역의 성장잠재력을 알 수 있다. 둘째, 성장의 특성을 파악할 수 있다. 마지막으로 도시나 지역이 얼마나 성장할 수 있는지 계량화할 수 있다.

언급한 3가지 유형으로 구분되는 경제기반 중 가장 중요하다고 인식되는 수출에 초점을 맞추어 도시성장의 원인을 설명하는 것이 수출기반이론이다. 수출기반이론(export base theory)은 도시나 지역의 경제성장을 유도하는 선도적인 힘은 내수시장을 만족시키고 남은 여분의 재화와 서비스를 외부로 수출하는 수출산업(export industry)에서 나온다고 주장하면서 수출부문의 중요성을 강조한다.[11] 왜냐하면 지역주민들은 수출산업에 의하여 비로소 소득을 창출할 수 있게 되고, 그 수입으로 그 지역 또는 외부지역에서 생산된 재화와 서비스를 구입할 수 있게 되기 때문이다. 수입은 다른 도시나 지역으로 다시 빠져나가지 않고 가급적 그 도시 내에서 소비되거나 투자되면 그만큼 지역소득의 승수효과(regional income multiplier effect)는 높아지게 된다.[12]

수출기반이론의 가장 중요한 원칙은 "도시나 지역의 경제발전은 지역경제의 수출부문의 성장에 의하여 절대적으로 결정된다."고 할 수 있다. 수출기반이론에 따르면 모든 노동자들은 수출부문(export or basic sector)과 내수부문(service or non-basic sector)의 종사자로 구별된다. 일반적으로 지역에서 소비되는 것보다 많은 재화와 용역을 생산하는 산업은 수출부문일 가능성이 높다. 이에 대도시지역의 성장

11) 프리드먼(John Friedmann)은 한 지역의 초기 경제성장을 유도하는 선도적인 힘을 잘 이끌어 오는 지역은 그 지역의 특정 자원의 조합이 외부수요를 효과적으로 공급하는 데 있어 상대적 이점을 갖고 있다고 주장하였다. 보다 자세한 내용은 'John Friedmann (1970). *Regional Development Policy: A Case Study of Venezuela*, MIT Press. pp. 20~28.'를 참고하기 바란다.

12) 승수효과를 식으로 나타내면 다음과 같다.

$$Y = E + X - M, \quad E = a + bY, \quad M = c + eY \Rightarrow Y = \frac{a + X - c}{1 - (b - e)}$$

여기에서 Y는 지역의 총생산, E는 지역의 소비, 순투자 및 정부지출, X는 수출, M은 수입을 나타내며 지역소득승수는 지역의 한계소비성향(b)이 클수록, 한계수입성향(e)이 작을수록 높아지게 된다.

은 지역경제에 수출기반산업이 존재하는가의 여부와 이 산업에 종사하는 노동자의 예상증가인원을 알아보는 두 단계로 예측할 수 있다.

2) 입지상과 표준산업분류

입지상(location quotients: *LQ*)은 특정 지역의 수출부문이 산업부문에서 어느 정도를 차지하고 있는지 계량적으로 파악하기 위하여 개발된 가장 보편적으로 사용되는 기법으로 다음의 (식 8-3)으로 표현될 수 있다.

$$LQ_{mi} = \frac{N_{mi}/N_m}{N_i/N} \qquad \text{식 8-3}$$

여기에서 N_{mi} = 도시 m에서 산업 i에 고용된 노동자의 수
N_m = 도시 m에서 모든 산업에서 고용된 노동자의 수
N_i = 국가 전체에서 산업 i에 고용된 노동자의 수
N = 국가의 모든 산업에서 고용된 노동자의 수

*LQ*가 1.0이라는 것은 국가 전체로 볼 때 특정 산업에서 일하고 있는 노동자의 수가 그 산업에 종사하는 지역노동자의 수와 같은 비율임을 의미하다. *LQ*가 1.0보다 크면 다른 지역 또는 국가 전체와 비교하였을 때 그 지역에는 이 산업에 종사하는 노동자의 수가 많다는 것이다. 실제로 어떤 산업이 지역의 경제기반 중 수출산업부문의 일부임을 나타내기 위해서는 *LQ*가 1.0보다 커야만 하는 것으로 인지되고 있다.

예를 들어 보기로 하자. 어떤 나라의 전체 취업자의 수가 13,000,000명이고 이 중 음료산업의 취업자의 수는 13,000명이라고 한다. *A*도시의 취업자 수는 75,000명인데 이 중 음료산업의 취업자의 수는 300명이라고 한다. *A*도시의 *LQ*는 (식 8-3)을 이용하여 다음과 같이 계산될 수 있다.

$$A\text{도시의 } LQ = \frac{300/75,000}{13,000/13,000,000} = \frac{0.004}{0.001} = 4.0$$

계산결과 A도시의 LQ는 4.0으로 1.0보다 크기에 이 지역의 음료산업은 수출기반산업으로 고려해도 무리가 없을 것이다. A도시에서 음료산업의 성장은 이 지역에 더 많은 일자리를 창출할 것이고 이는 곧 이 지역의 성장을 의미하게 된다. LQ는 산업별 고용현황에 대한 데이터를 활용하여 쉽게 계산할 수 있다.

입지상(LQ)과 함께 특정 지역에 고용현황을 분석하게 되면 이 지역에 어떠한 산업이 중요한지를 쉽게 파악할 수 있다. 보통 많은 나라에서는 표준산업분류(standard industrial classification, SIC)체계를 가지고 있는데 이는 사업체가 주로 수행하는 산업활동의 유사성에 따라 체계적으로 유형화(분류)한 것이다. 우리나라는 통계청에서 한국표준산업분류를 제공하고 있다.[13]

한국표준산업분류에 의하면 우리나라의 부동산업(68)은 〈표 8-2〉와 같이 분류된다. 이에 따르면 부동산임대 및 공급업은 681, 부동산관련 서비스는 682이다. 자릿수가 증가하면서 부동산임대 및 공급업은 보다 세밀하게 분류되어 부동산임대업은 6811, 부동산개발 및 공급업은 6812가 된다. 이처럼 한국표준산업분류체제하의 3자릿수, 4자릿수, 5자릿수는 각 산업이 점차 세분되어가는 것을 보여주며, 산업활동이 세분되어 분류될수록 이 부분에 종사하는 노동인원수도 줄어들게 된다.

13) 〈표 8-2〉의 한국표준산업분류는 산업구조의 변화를 반영하기 위하여 2008년 2월 1일 제9차 개정 고시한 내용이다. 한국표준산업분류는 산업관련 통계자료의 정확성 및 비교성을 확보하기 위하여 작성된 것으로 일반 행정목적과 맞지 않을 수 있다.

표 8-2 한국표준산업분류

SIC #				산업활동의 내용
68				부동산업
	681			부동산임대 및 공급업
		6811		부동산임대업
			68111	주거용 건물임대업
			68112	비주거용 건물임대업
			68119	기타 부동산임대업
		6812		부동산개발 및 공급업
			68121	주거용 건물개발 및 공급업
			68122	비주거용 건물개발 및 공급업
			68129	기타 부동산개발 및 공급업
	682			부동산 관련 서비스
		6821		부동산관리업
			68211	주거용 부동산관리업
			68212	비주거용 부동산관리업
		6822		부동산중개 및 감정평가업
			68221	부동산자문 및 중개업
			68222	부동산 감정평가업

출처: 통계청(http://www.nto.go.kr).

3) 내수부문과 수출부문의 승수효과

수출부문에 종사하지 않는 노동자는 식품점 판매원, 보모, 수리업 등 주로 지역 인구를 위해 종사하는 업무를 담당한다. 그런데 이러한 직업들은 직접적 또는 간접적으로 그 지역의 수출부문에 따라 좌우되는 경향이 있다. 수출부문이 약화되면 내수부문의 수요도 감소하기 때문이다. 따라서 내수부문 직업의 변화는 수출부문 직업의 함수가 된다. 그 결과 수출부문의 성장은 도시의 총고용에 고용승수효과(employment multiplier effect)를 낳게 된다. 내수부문에 종사자들의 *LQ*는 일반적으로 대부분의 도시에서 1.0에 가깝다. 한 도시에 있어 내수부문 직업의 수는 일반적으로 수출부문의 직장수보다 많다.

예를 들어 대전에 새로운 생물공학연구소를 건립하여 1,000명에 해당하는 과학자, 실험실보조연구원, 행정요원 및 연구소 운영을 위한 직원을 고용한다고 가정하여 보자.신규 채용되는 대부분의 사람들은 전문 과학자를 제외하고 그 지역주민일 가능성이 높다. 우선 새로운 연구소 건물이 신축되어야 할 것이고 이에 따라 임시적으로 건설노무자들이 고용된다. 일단 연구소가 건설되면 유지되고 관리되기 위한 장기 직업이 발생한다. 1,000명의 신규고용자들은 대부분 가족이 있기에 새로운 연구소와 직접적으로 관련된 대전지역의 인구는 적어도 2,000명이 유입될 것이다. 1,000명의 신규고용자들은 곧 1,000가구가 되며, 생물공학연구소에서 지급하는 월급으로 주택, 식품, 여가와 같은 그 지역 상품과 서비스를 구입할 것이다.

이에 따라 대전시내 소매업은 번창하고 새로운 소매업종들이 대전으로 이전하여 더 많은 사람들을 고용함으로써 결과적으로 더 많은 사람들이 이주하여 취업하고 소득이 증가하게 된다. 이러한 연쇄효과로 최초의 연구소 고용 1,000명은 직 · 간접적으로 5,000명의 취업자를 창출하므로 고용승수율(employment multiplier ratio)은 5.0이 된다. 또한 새롭게 취업된 사람들의 가족인원이 10,000명이라면 인구승수율(population multiplier ratio)은 10.0이 된다.

수출부문으로 인하여 어떤 한 도시에 창출되는 순(net)신규직업은 수출부문뿐만 아니라 내수부문을 포함한 총고용에 있어 승수효과(multiplier effect)를 가져온다. 이와 같은 두 가지 유형의 승수는 다음과 같이 정리될 수 있으며 이를 통하여 수출부문의 변화로 인한 성장을 예측할 수 있다.

$$\text{고용승수율} = \frac{\text{총고용의 순증가}}{\text{수출부문의 고용증가}}$$

$$인구승수율 = \frac{총인구의\ 순증가}{수출부문의\ 고용증가}$$

보통 고용승수율은 2.0~4.0의 범위에 있으며, 인구승수율은 이보다 큰 2.5~9.0이 되는데 이들은 순신규직종의 임금수준과 새롭게 확장하는 수출부문의 기업수익에 따라 좌우된다.

고용 및 인구증가에 있어 승수효과는 두 가지 측면에서 중요한 시사점을 갖고 있다. 첫째, 수출부문의 직업이 감소하게 되면 그 효과는 간접적인 내수직종뿐만 아니라 인구의 감소까지 연결된다. 둘째는 어떤 직업이 증가 또는 감소할 때, 사람들은 즉시 그 지역으로 또는 그 지역 밖으로 이동하지 않기 때문에 인구효과는 고용의 변화보다는 몇 달에서 몇 년 늦게 나타날 수도 있다.

이상에서 설명한 기법들을 이용하여 다음과 같이 도시 및 특정지역의 성장 또는 쇠퇴를 예측할 수 있다.[14] 먼저 표준산업분류를 기준으로 그 지역의 각 산업에 종사하는 노동자들의 *LQ*를 계산하고, 취업자들의 수가 많아 높은 *LQ*를 보이는 산업들을 분류한다. 다음 분류된 산업부문의 미래 고용자 수를 예측하고 주요 산업의 임금수준에 따라 승수효과를 고려하여 인구 또는 총고용성장의 영향력을 계산한다. 물론 이와 같은 예측에는 국가와 세계의 총체적인 경향이 반영되어야 하며 또한 각 지역의 독특한 기업 및 상황들도 고려되어야 할 것이다.

수출기반모형은 도시의 성장이 도시에서 생산되는 재화의 외부수요에 의해 결정됨에 기초한다. 하지만 수출기반모형을 이용하여 도시를 예측할 때 다음과 같은 문제점이 있다.

첫째, 도시 내 산업특성이 시간이 경과하여도 동일하다는 것이다. 즉 수출산업은 계속 수출산업으로 그리고 수입산업은 계속 수입산업으로 남는다는 것이다. 그

14) 김창석(2002)은 서울시를 대상으로 *LQ*를 분석한 결과, 강남구, 서초구, 송파구의 *LQ*가 타 자치구보다 높으며, 특히 상류계층의 집중이 강한 것으로 나타났다. 이는 강남과 강북의 불균등현상을 반영하며, 당분간 이런 경향이 지속될 것을 암시한다.

러나 현실적으로 도시 내적 또는 외적인 조건변화에 의해 산업구조는 변할 수 있고 따라서 수출산업이 수입산업으로, 수입산업이 수출산업으로 전환될 수 있다. 그러나 수출기반모형에서는 이러한 변화가 반영될 수 없다.

둘째, 특정 도시의 수출산업의 성장은 바로 전국의 해당 산업성장률과 동일하다는 가정이다. 현실적으로 지역의 입지적 특성 등의 내적인 요인에 의해 특정 도시의 성장률은 국가경제 성장률과 달라질 수 있다. 그러나 이러한 현실적인 면을 수출기반모형에 고려하기는 한계가 있다.

마지막으로 수출기반모형에서는 각 산업의 수출량 증가가 도시의 경제성장에 미치는 효과는 동일하다고 본다. 그러나 현실적으로 보면 농산물 한 단위 수출증가의 효과와 제조업 한 단위 수출의 증가는 서로 다를 것이다. 왜냐하면 각 산업의 산업간 연관관계가 다르기 때문이다.

이와 같이 수출기반모형에서는 산업간 연관관계가 구체적으로 고려되지 못하므로 산업별 수출량의 증가가 해당 도시경제에 미치는 효과를 구분하기는 한계가 있다. 수출기반모형의 한계는 변이할당모형(shiftshare model)[15)]이나 투입산출모형(input-output model)에서 부분적으로 해소된다. 예를 들어 변이할당모형은 지역이 가지고 있는 입지특성이나 생산 환경 변화에 따른 추세가 고려되며, 투입산출모형은 산업간 연관관계를 바탕으로 각 산업이 수요변화가 지역경제에 미치는 효과가 구체적으로 제시된다. 이러한 모형들은 기본적으로 외부수요가 지역경제를 유도한다는 면에서 수출기반모형과 맥을 같이 하는 모형이다.

15) 변이할당모형에 대해서는 12장에서 설명하기로 한다.

4. 중심지이론과 도시계층

이제까지 도시의 성장을 결정하는 요인들에 대하여 살펴보았다. 그렇다면 다양한 규모의 도시가 분포하는 이유를 설명함에 있어 매우 유익한 중심지이론을 소개하기로 한다. 중심지이론은 규모와 기능에 따라 결정되는 도시체계에 대한 기본적 이해에 도움을 준다.

1) 중심지이론과 도시계층

중심지이론(central place theory)[16]은 폰 튀넨(von Thünen)의 토지이용분화이론과 마찬가지로 인구와 자원이 균일하게 분포한 평평한 들판, 즉 공간상의 동질성(spatial homogeneity)을 가정하고 경제적 공간구조를 분석한 이론이다. 중심지이론은 도시(중심지)의 규모와 기능 그리고 지리적 배치를 정의하고 나아가 도시의 계층구조를 설명하고 있다. 1933년 독일의 지리학자인 크리스탈러(Christaller, Walter)의 'Central Places of Southern Germany'(1966년 영어로 번역)의 출간으로 시작된 이 이론은 그 뒤 로쉬(Lösch, August, 1945)에 의하여 크게 보완되고 이후 여러 학자들에 의하여 체계화되었다.

중심지이론에 있어 중요한 몇 가지 개념을 정리하면서 이것이 시사하는 바를 생각하여 보도록 하자. 우선, 공급자가 확보하여야 하는 시장규모를 말하는 최소요구치(threshold)가 있다. 최소요구치는 일정상품이나 서비스를 파는 개개 기업이 현상유지를 하는 데 필요로 하는 최소한의 규모, 즉 상점을 운영하는 데 반드시 확보하여야 하는 고객의 수를 의미한다. [그림 8-5 (a)]에 따르면 이 상점이 들어서기 위해서는 반경 25km의 최소요구치가 필요하다.

16) '중심지'라는 용어는 '장소'뿐만 아니라 '시(town)'를 의미하는 독일어의 변역으로 의미 전달에 있어 약간 부적절하다고 할 수 있다(Harvey, Jack, 1999).

둘째, 도달거리 또는 범위(range of goods or services)로서 소비자가 상품이나 서비스를 구입하기 위하여 기꺼이 가고자 하는 거리를 의미한다. [그림 8-5 (a)]에 의하면 이 상품을 구입하기 위하여 소비자가 기꺼이 이동하려는 거리는 반경 1.0km이다. 도달거리는 수요적 측면의 거리로서 상품과 서비스의 종류에 따라 길이가 결정되며 이 결과 계층(hierarchy)을 이루게 된다. 예를 들어 식빵을 사기 위해 소비자들이 이동하는 거리는 전문도서를 사기 위해 이동하는 거리보다 훨씬 짧기 때문에 전문도서를 파는 상점은 식빵을 파는 상점보다 우위에 놓이게 된다.

마지막으로 배후지(hinterland)는 중심지에서부터 그 기능이 미치는 도달거리 사이의 공간을 말하는데 보완구역(complimentary region)이라고도 한다.

그런데 [그림 8-5 (a)]에서 상점운영을 위하여 필요한 거리는 2.5km인데 반하여 소비자들이 이 상품을 구입하기 위하여 이동하려는 거리가 1.0km에 지나지 않아 1.5km의 간격(gap)이 발생하고 있다. 이에 [그림 8-5 (b)]처럼 소비자들의 도달거리 내 있지 않은 상품은 다른 중심지에서 상품을 공급하려 할 것이다. 이처럼 중심지들이 겹쳐 상품공급에 있어 경쟁이 이루어지는 곳도 발생하고 아예 소비자의 도달거리 내 상품이 공급되지 않는 곳도 발생하여 시장은 매우 불안하고 효율적이지 않는 과도기적 모습을 띄게 된다.

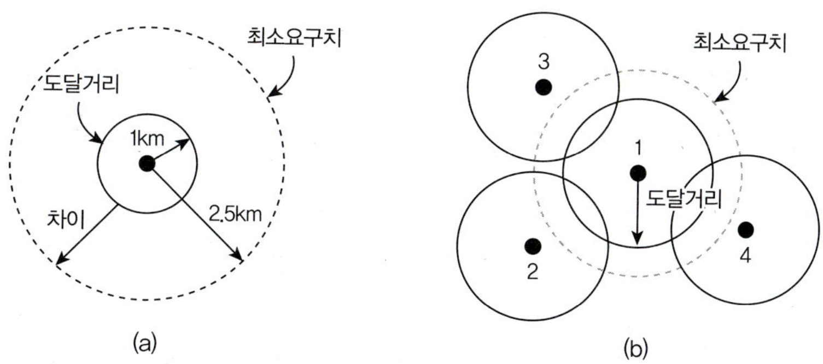

그림 8-5 최소요구치와 도달거리(범위)

크리스탈러는 경제 활동이 공간적으로 집중된 지역을 도시라 할 때 도시(중심지)의 주요 기능은 도시 자체뿐 아니라 그 주변지역에 재화와 서비스를 공급하는 것이라고 했다. 도시의 공급능력은 경제적 거리(수송비)에 달려 있기에 재화와 서비스를 먼 거리까지 공급하는 데 필요한 수송비를 감당할 수 있는 도시는 그만큼 규모가 크다. 결국 도시는 재화와 서비스의 공급능력에 따라 시장영역(배후지, hinterland)이 결정되고 이것이 도시의 규모(순위)를 결정하게 되는 것이다.

로쉬는 경제적 공간체계를 분석함에 있어 크리스탈러와 같이 공간적 동질성을 분석의 기본조건으로 하였으나 수요의 공간적 차이에 초점을 두었다. 로쉬는 가장 이상적인 시장체계로서 정육각형의 형상을 제시하였는데 그 이유는 다음과 같다.

[그림 8-5]에서 보았듯이 중심지가 공간상에 단 하나 존재한다면 배후지의 형상은 원형이 될 것이다. 그런데 동일한 규모와 기능을 갖는 중심지가 여러 개 분포할 경우 [그림 8-6 (a)]처럼 원형 배후지 사이에 공간이 발생하게 된다. 문제는 이곳에 사는 소비자들에게까지 상품이 공급되기 힘들다는 데 있다. 중심지는 이곳에 사는 고객을 확보하기 위하여 점점 간격을 좁히게 되어 결국 [그림 8-6 (b)]에서 보이는 것처럼 배후지가 중첩되게 된다. 중첩된 배후지를 갖는 중심지들은 고객(시장)확보를 위한 치열한 경쟁에 도입하게 된다. 반면 수요자의 입장에서는 어느 쪽의 중심지도 거리상 자신의 도달거리 내에 있으므로 가격이 더 싸든지 서비스가 좋은 쪽을 선택하게 될 것이다. 그 결과 중첩된 배후지는 매우 불안정하게 될 것이다.

만약 배후지가 정육각형의 형상을 취하게 되면 이론상 모든 중심지로부터 소비자들은 상품을 제공받을 수 있고, 공급자들 간의 공간적 마찰(spatial friction)도 사라져 시장이 안정되게 된다. 이로써 [그림 8-6 (c)]와 같이 이상적인 시장체계는 정육각형의 배후지 모습으로 완결된다. 결국 중심지의 최소요구치를 만족시키는 공간규모는 이론상 중심지 기능의 도달거리(R=수요)와 최소요구치(T=공급)의 공간 범위가 서로 일치하게(R=T) 되는 정육각형이 되며 이렇게 해서 중심지는 정상이윤(normal profit)을 만족하는 배후지를 확보하게 된다.

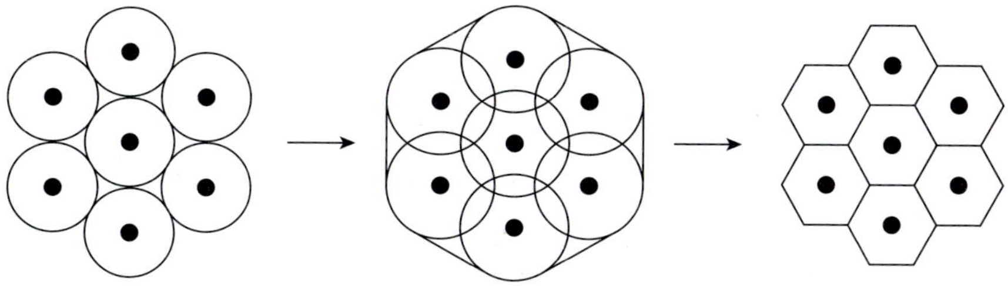

그림 8-6 중심지의 배후지 형성과정

정육각형의 시장은 네트워크를 형성하면서 특정 지역에 여러 종류의 시장이 겹치는 상위도시를 발생시킨다. 예를 들어 전문서적을 파는 상점에서 식빵도 함께 팔게 된다는 것이다. 도시의 위계는 중심성(centrality)의 차이에서 비롯되며 인구규모와 소유한 기능에 따라 중심성의 크기가 결정된다. 즉 인구규모가 작은 하급도시의 중심지는 일상생활에 가장 긴요한 생활용품 중심의 소규모 상점들이 주로 있고 대규모 인구를 가진 상급 중심지는 교통, 통신 금융 등 강력한 도시기능을 주변 여러 중심지와 배후지역에 행사하게 된다.[17] 일반적으로 규모도 크고 다양한 기능을 갖고 있는 높은 계층의 중심지일수록 그 개수가 적다. 반대로 소규모의 작은 도시, 즉 낮은 계층의 중심지는 다수 존재한다. [그림 8-7]에서 보이는 바와 같이 공간적 마찰(spatial friction)을 줄이기 위하여 같은 규모 · 순위 · 기능을 가진 중심지는 지리적 공간상에서 고르게 분포한다. 이때 상대적으로 개수가 적은 상위도시는 하급의 기능까지 수행하게 되는 포섭(包攝)의 원리(nesting principle)가 작동하게 된다.

17) 보다 자세한 내용은 '강대기 (1987). 현대도시론, pp. 61-62. 파주: 민음사' 참조.

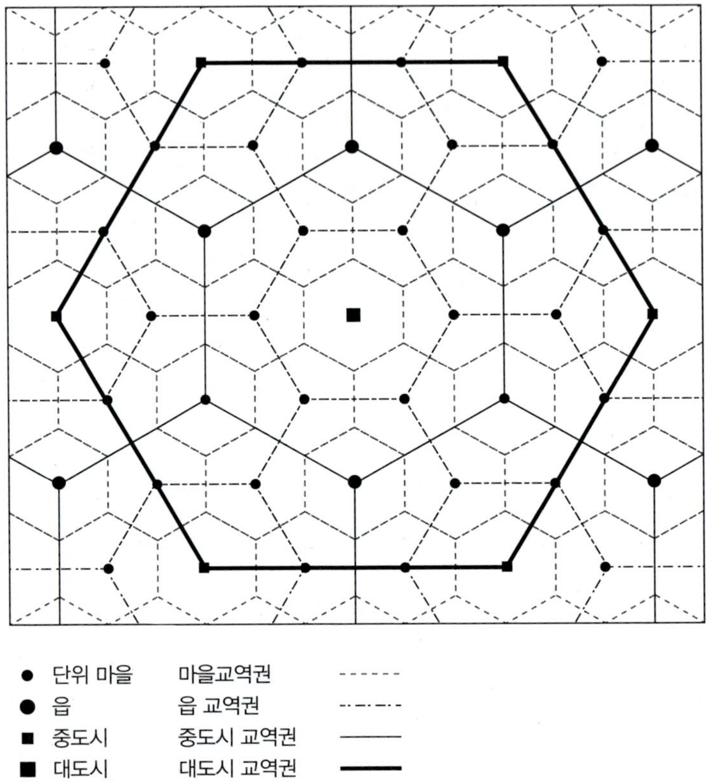

그림 8-7 중심지이론에 따른 도시계층

그 결과 공간계층의 위계는 [그림 8-7]과 같은 벌집모양으로 도시계층(hierarchy of cities)을 형성한다. 벌집모양의 도시계층에서 하급(작은) 도시는 상급(더 큰 도시)의 영향권 안에 있으며, 하급도시는 직접적으로 영향력을 행사할 좁은 배후지역을 가지게 된다. 반면 상급도시는 직접적으로 영향력을 행사하는 넓은 배후지역 안에 소규모 중심지와 배후지가 있다. 즉, 큰 대도시 안에는 중간규모의 중도시, 그리고 그 안에 소규모의 소도시의 교역권이 내포되는 벌집모양의 도시체계를 형성하는 것이다. 그리고 이러한 도시체계 안에 있는 중심지 또는 인구집결지는 인구규모와 기능면에서 위계서열을 이룬다.

중심지이론은 공간경제학에서 최초로 정형화된 이론이라는 평가를 받고 있다. 그러나 공간이 중심지를 축으로 하는 시장영역으로 분리되어 있어 도시 간에는 전문화를 인정하지 않아 도시 또는 지역간 교역이 불가능하게 되는 비현실성을 안고 있다.

2) 부동산시장과 중심지이론

중심지이론은 다분히 학술적 분위기가 강하여 현실세계를 제대로 표현하지 못하고 있다는 평가를 듣기도 한다. 그러나 부동산개발과 공간시장의 작동에 있어 기본적인 의사결정을 설명하는 데 매우 요긴하다. 현실적인 부동산개발에 있어 중심지이론은 다음과 같은 중요한 시사점을 제공한다. 그것은 모든 지역은 적어도 하나의 중심시장에 의하여 서비스를 받아야 한다는 것이다.

우선 모든 배후지가 도시를 필요로 하는 것처럼 모든 시장은 상점 또는 체인영업권을 필요로 하고 모든 생산지역은 이를 관리하기 위한 지점망이 필요하다. 이는 곧 어떤 활동은 어떤 지역에 입지하여야 하며 부동산 관련 활동에 대한 수요가 어느 곳에 발생하는지에 대한 통찰력을 준다. 중심지이론은 입지(location)의 중요성을 강조하기 때문이다. 현실적인 측면에서 중심지이론은 동전의 양면과 같은 중요한 두 가지의 원리를 제공한다.

첫째, 어떤 지역에 시장서비스가 만족스럽지 못하게 제공된다면, 여기에는 새로운 중심지가 들어설 공간이 있다는 것을 의미한다. 이것은 소매업의 입지 및 성장잠재력이 있는 도시를 개발하는 데 아이디어를 준다.

둘째, 하나의 중심지가 이미 효율적으로 입지하여 그 지역에 충분한 서비스를 제공한다면, 가까운 지역에 새로운 중심지를 개발한다는 것이 매우 어렵다는 것을 시사한다. 집적경제의 영향권(agglomeration shadow)에 있는 지역에는 유사한 규모(순위)와 기능의 개발이 어렵기 때문이다.

Theory of Real Estate Economy

PART 04

유형별 부동산시장 분석

CHAPTER 09

주거용 부동산시장 분석

1. 주택시장의 특성
2. 주택시장의 작동원리
3. 효율적인 주거지개발
4. 주택시장의 거시적 분석
5. 우리나라 주택시장의 변화

CHAPTER 09 주거용 부동산시장 분석

부동산시장의 유형은 주거용과 비주거용으로 크게 구분할 수 있다. 주거용 부동산의 대표상품이라고 할 수 있는 주택은 우리 생활에 필수적이며 부동산시장에 있어 비중이 가장 높다. 이 장에서는 도시의 주택시장을 이해하기 위하여 개별 부지로서 분석하는 미시적 접근뿐만 아니라 해당 지역 주택시장의 변화를 이해하는 거시적 분석을 함께 시도하도록 한다.

1. 주택시장의 특성

주택이라는 상품과 주택시장의 특징은 앞서 논의한 부동산의 특징 및 부동산시장 속에서 이해하면 되리라 본다. 다만 좀 더 눈여겨 볼 점은 주택시장에서 기존 주택의 재고량, 즉 스톡(stock)이 매우 중요하다는 것이다. 주택의 건설에는 수개월 내지 수년까지의 시간이 소요되며 매년 상당수의 기존 주택이 노후하여 소멸되므로 1년 사이에 증가하는 주택의 수는 그 전 해 말 현재 기존 주택스톡에 비해 미미할 수도 있다. 미국의 경우 1960~1970년 평균 2.2.%, 영국은 1% 정도가 증가하였다고 한다.[1] 우리나라의 경우는 주택 2백만 호 건설계획이 시행되기 전까지는 주

1) Harvey, Jack.(1999). 부동산경제학. 노태욱 역 (2004). 부연사.

택호수의 증가분이 전년도 스톡의 2~3%에 불과하였으나, 1989년 이후 크게 증가하였다.[2] 이에 1980년 71.2%에 불과하던 주택보급률은 2012년 기준 102.7%에 달하고 있다.[3]

주택시장은 신규주택시장과 재고주택시장으로 구분되는데, 신규주택시장은 분양을 목적으로 한 주택이 새로 건설됨으로써 형성된다. 신규주택건설은 주택건설 및 공급에 영향을 미치는 경제적 요인(이자율, 소득수준), 정책적 요인(중앙정부와 지방정부), 주택생산 · 기술적 요인, 그리고 주택수요요인(인구이동 등) 등에 의한 복합적 작용에 의하여 결정되며 재고주택시장에 비하여 정책적 영향을 많이 받는 경향이 있다.

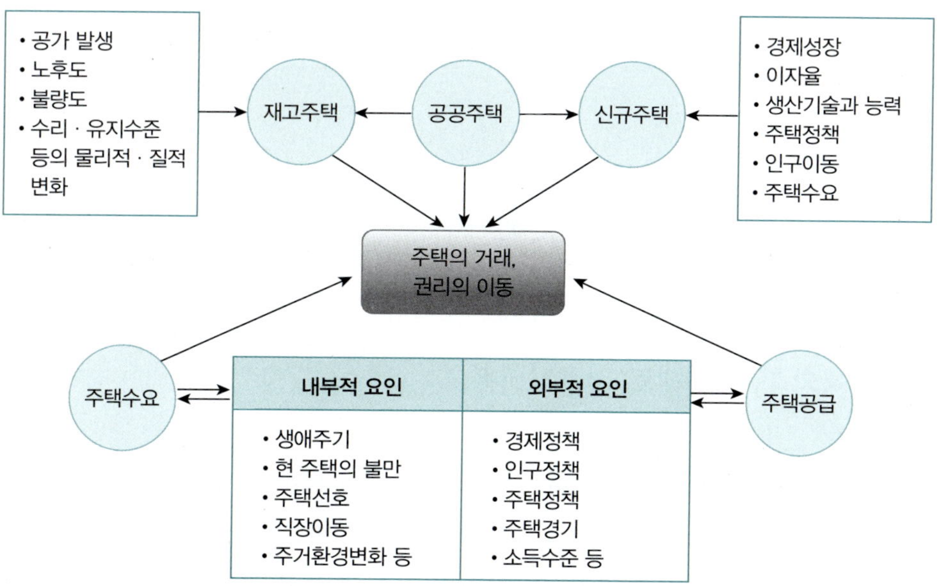

그림 9-1 주택시장의 작동 및 구성요소

출처: 하성규 (1991). 주택정책론. 박영사.

2) 김경환 · 서승환 (2002). 도시경제(제3판). p. 179. 홍문사.

3) 주택보급률은 2005년 이후 새로운 계산방식을 적용하여 신주택보급률이 사용되며 기존 계산식보다 약간 낮은 경향을 보인다.

한편 재고주택시장은 가구 및 인구이동에 의한 공가(公家, vacancies) 발생으로 형성된다. 재고주택은 물리적 상태(노후도, 불량도)에 따라 평가가치가 달라지므로 보수와 수리 · 유지수준에 따라 가격이 크게 달라진다.

주택시장의 작동은 시간이 흐름에 따라 변화하는 동태적 과정을 겪으며 다음과 같은 요인들의 상호작용에 의하여 이루어진다.

첫째, 주택수요의 영향을 주는 가구의 내부적 요인이다. 주택수요는 매우 다양한 요인들이 작용하지만 일반적으로 인구성장 및 이동 정도, 가구의 소득수준, 주택수요관련 정책의 변화, 해당 지역가구의 생애주기(life cycle) 특성, 현 주택의 불만족과 새로운 주택 및 주거지의 욕구 등으로 설명될 수 있다.

둘째는 주택공급에 영향을 끼치는 외부적 요인으로 해당 국가의 거시적 경제정책과 주택정책, 인구구조 및 인구이동, 주택경기변동 등이다. 이를 그림으로 나타내면 [그림 9-1]과 같다.

2. 주택시장의 작동원리

1) 주택의 가격, 임대료, 사용자비용

주택시장의 작동원리를 이해하기 위하여 주택의 매매가격(price), 임대료(rent), 사용자비용(user cost)의 개념을 정리해 보자. 5장에서 부동산 자산가격에 거품이 발생하지 않는다고 가정한 경우, 부동산의 가격은 이자율과 임대료에 의하여 결정된다는 것$\left(P = \frac{R}{i}\right)$을 이해하였다. 따라서 이를 주택시장에 그대로 적용할 수 있다.

이자율이 똑같이 i라고 하면, 주택의 임대료(R)는 주택가격(P)의 이자비용인 iP가 될 것이다. 따라서 주택의 매매가격과 임대료는 다음의 관계가 성립한다.

$$R = ip \qquad \text{식 9-1}$$

그런데 주택을 매입하거나 신축하여 거주하는 자가(自家)거주자는 대출, 세금, 유지비, 그리고 추후 주택을 매각한 후 취득할 수 있는 자본이득 등을 고려하여야 한다. 이처럼 일정기간 동안 주거서비스를 한 단위 사용하기 위해 부담해야 하는 비용을 주택의 사용자비용(user cost of housing)이라고 한다. 즉 주택의 사용자비용은 '주택서비스 생산에 소요되는 예상비용 흐름' 또는 '주택의 소유자가 한 단위의 주택서비스를 획득하기 위해 한 단위의 주택을 소유하는 데 드는 비용'으로 정의된다.

주택소비의 사용자비용을 구분해 보면 주택매입에 투입한 자기자금의 기회비용으로 금융소득의 이자율로 정의될 수 있는 이자비용(i), 주택취득관련 조세와 보유관련 조세, 그리고 이들 본 세액에 부가되는 조세(piggyback tax)를 모두 포함하는 조세비용(t), 건축물의 감가상각(δ) 그리고 수선비, 보험료 등 주택의 유지관리비용(m)과 주택매각 시 예상 자본이득(양도가격과 취득가격의 차액에서 양도소득세를 차감한 금액, g)으로 구성된다. 이를 수식으로 표식하면 다음과 같다.

$$\text{사용자비용} \simeq i + t + \delta + m - g \qquad \text{식 9-2}$$

주택소유자가 매매가격이 P인 주택을 임대하였을 경우 임대료 R은 (식 9-3)으로 표현될 수 있다.

$$R = (i + t + \delta + m - g)\,P = \pi P \qquad \text{식 9-3}$$

(식 9-3)에서 πP는 1단위의 주택을 1년간 사용하는 데 따르는 비용, 즉 사용자비용이다. 주택매입에 대출을 이용하였을 경우 대출금에 대한 이자율과 금융자산의 수익률이 모두 (i)로 같다면 사용자비용은 주택을 소유하거나 임차하거나에 관계없

이 적용된다. 물론 임차가구의 경우 세금, 조세비용 및 유지관리비용이 적고 자본이득을 추구할 수 없다.

어떤 투자자가 주택을 매입하여 임대주택사업을 하여 1년 동안 임대료수입(R)과 자본이득(gP)을 얻을 수 있으나, 조세(tP), 감가상각비(δ), 유지관리비용(mP)의 비용을 지불해야 하므로 임대주택사업으로 기대할 수 있는 순수익은 다음과 같다.

$$\frac{R + gP - (t + \delta + m)P}{P} = \frac{R}{P} + g - (t + \delta + m) = i \qquad \text{식 9-4}$$

(식 9-4)는 투자자가 임대주택사업을 하지 않고 이를 금융자산으로 매입하여 얻을 수 있는 순수익률은 이자율(i)이 된다는 것을 의미한다. 즉 균형상태에서 주택가격은 어떤 자산에 투자하던지 순수익률이 같아야 한다는 것이다.

만일 자가주택과 임대주택에 대해 동일한 세금이 부과된다면 (식 9-4)에서 임대가격은 자가주택에 사는 사람이 스스로에게 내는 임대료, 즉 귀속임대료(imputed rent)라 할 수 있다. 따라서 경제학으로 사용자비용은 자가주택 점유자나 임대주택 점유자에게 똑같이 적용된다.

2) 주택수요

주택수요에 대한 본격적인 논의에 앞서 주택수요와 유사하지만 차이를 구별해야만 하는 개념들을 우선 짚어 보아야 할 필요가 있다.

우선 주택소요(housing needs)이다. 주택소요란 '일정수준 이하의 주거수준에서 거주하는 사람들에게 요구되는 주택의 양과 질'을 의미한다. 경제적으로 주택시장에서 구매능력 또는 지불능력(affordability)이 거의 없는 계층들이 거주하는 주택을 국가가 사회정책차원에서 보호하거나 주택정책의 수혜대상으로 삼기 때문에 주택소요는 주택시장의 원리보다는 사회적 · 정책적 개념으로 이해되어야 한다. 주택

소요를 분명하게 파악하기 위하여 주택최저기준(housing minimum standard)이 제시되어야 하는데 이는 나라마다 경제수준, 사회·문화적 주거속성이 다르기 때문에 상이하다.

한편 주택선호(housing preferences, aspiration or wants)는 '지불능력이나 지불의사와 관계없이 인간의 주택에 대한 욕망, 기대, 그리고 원하는 바'를 표현한 것이다. 예를 들어 주택관련 설문조사에서 '앞으로 원하는 주택의 유형, 규모, 입지' 등을 묻는 문항이 있다면 이는 두 가지로 해석이 가능하다. 하나는 주택수요를 파악할 수 있는 질문이고, 다른 하나는 지불능력이나 지불의사와 관계없는 주택선호 내지 주택욕구를 알아보려는 질문이다. 주택설문조사에서 주택수요와 주택선호를 구분할 수 있는 설문지를 작성해야 하는 이유가 바로 여기에 있다.

그렇다면 주택수요(housing demand)는 어떻게 정의될 수 있을까? 주택수요(housing demand)는 '주택을 원하는 가구 혹은 개인의 소망·능력·욕구의 집합적 표현'이라고 할 수 있다. 물론 언급하였듯이 주택에 대한 소망은 주택수요 그 자체라기보다는 주택선호로 이해하여야 할 것이다. 따라서 주택수요는 그 소망을 수요로 바꾸기 위한 자금 내지 자금획득능력이 반드시 있어야 한다.[4] 즉 주택을 구입하려면 몇 년 또는 몇 십 년 이상의 가구소득에 해당하는 목독인 필요하기 때문에 주택수요를 현실화시키고 자금조달 부담을 주거서비스 소비기간에 걸쳐 분산시킬 수 있게 하는 주택금융(housing finance) 역할의 중요성이 부각된다.

주택수요함수는 개별 가구가 일정기간 동안 소비하고자 하는 주거 서비스의 양이 어떤 변수에 의하여 결정되는가를 설명하는 함수이다. 주택수요(D^H)를 결정하는 중요 변수로는 가구의 소득(Y), 사용자비용(πP) 그리고 가구의 인구·사회학적 속성(Z) 등이 있다.[5] 이를 식으로 표시하면 다음과 같다.

---

4) 주택수요가 공간으로서의 소비 또는 점유목적의 사용가치(use value)와 투자대상으로서의 교환가치(exchange value) 양자를 모두 반영한다는 것은 분명한 사실이다. 또한 주거입지 유형이나 사람들의 지불의사로 표현되는 것과 같은 명백한 수요(overt demand)와 주택시장에서 직접적으로 표현되지 않는 잠재수요(potential demand) 간의 차이점도 분명히 고려하여야 할 것이다.

5) 물론 이외에도 주택수요에 영향을 주는 많은 변수들이 존재하나, 여기에서는 이 세 가지 변수만을 고려하

$$D^H = f(Y, \pi P, Z)$$ 식 9-5

주택수요를 결정하는 소득(Y)은 주택이 내구재라는 점을 고려할 때, 통상소득과 임시소득보다는 오랜 기간 기대할 수 있는 항상소득(permanent income)이라고 할 수 있다. 사용자비용(πP)은 (식 9-3)에서 나타나듯이 주거서비스를 한 단위 사용하기 위해 부담해야 하는 사용자비용이므로 거주하는 주택이 임대주택이라면 지불하는 임대료(R)이고 자가소유주택이라면 귀속임대료가 된다. 따라서 주택의 매매가격이 상승하는 동시에 이자율이 하락하여 사용자비용(πP)의 변화가 없다면 주택수요량도 변화가 없을 것이다.

개별가구의 주택수요함수는 가계의 효용극대화 필요조건으로부터 도출되며 시장수요함수는 단순하게 개별수요함수의 합이 된다. 이에 따라 주택에 대한 전체 시장수요곡선은 임대가격에 대하여 마이너스의 기울기를 갖는다. 그렇지만 하성규(1991)에 의하면 주택수요는 지역별 그리고 소득계층별로 차이가 크기 때문에 주택수요의 측정이 용이하지 않다고 한다. 즉 주택은 가격이 매우 비싸고 이질적이며 내구재적 성격을 가지는 일반적 특성을 가질 뿐 아니라, 특정 부동산시장 내에서의 입지적 특성을 갖기 때문에 지역적 차이에 대한 고려가 중요하다.[6]

주택수요가 소득과 가격의 변화에 대해 얼마나 민감하게 반응하는지를 나타내는 탄력성 지표는 주택시장과 주택정책의 효과분석에 널리 쓰인다. 주택수요의 소득탄력성(income elasticity of housing demand)은 한 단위의 소득이 증가(감소)했을 때, 주택수요의 변화 정도를 나타내는 척도를 말한다. 예를 들어 한 가구의 실질소득이 증가하면 더 큰 주택을 원하거나 기존주택의 수준을 높이기 위한 보수 · 개선을 위한 지출을 늘리게 되는데, 소득탄력성은 이때의 주택에 대한 지출증가율이 소

기로 한다.

6) 특정 지역의 주택수요는 다음과 같은 변수들을 추가적으로 고려하여야 한다. 해당 지역의 가구 수, 한 시점의 공가, 주택의 철거 · 용도전환 · 화재 · 천재지변 등으로 줄어든 주택을 보충하기 위한 대체수요, 지역으로의 인구유입과 유출 및 인구, 인구구조의 변화 등이다.

득증가율보다 더 큰가(작은가)의 변화 정도를 나타내 준다. 주택수요의 소득탄력성은 경제발전의 정도 혹은 국민소득수준의 변화에 따른 주택수요의 변화추이를 나타내 주기 때문에 거시적 · 주택정책적 측면에서 매우 중요하다.

본(Bourne, 1981)[7]에 의하면 경제발전 초기에는 주택에 대한 소득탄력성이 낮으나 경제가 성장함에 따라 점차 증가하다가 어느 정도의 경제발전이 이루어지면 자원이 다른 부분으로 이전되므로 수요는 감소하는 형태, 즉 [그림 9-2]에서 보이는 바와 같이 역U자형 관계가 성립된다고 한다. 그러나 우리나라의 실증연구를 보면 소득이 주택수요에 탄력적이지 못한데, 특히 자가가구의 경우가 임차가구에 비하여 더욱 소득 비탄력적으로 나타났다.[8]

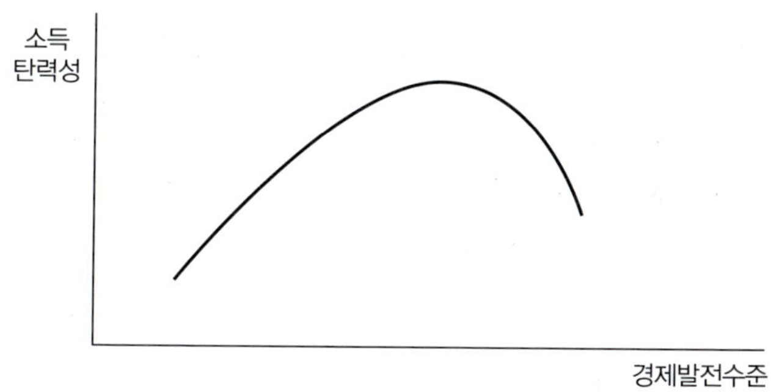

그림 9–2 경제발전과 주택수요의 관계

이에 비하여 주택수요의 가격탄력성(price elasticity of housing demand)은 주택가격이 변화할 때 주택수요량이 얼마나 변화하는가를 나타내는 척도이다. 예를 들어 주택의 상대적 가격(소비자물가지수 등)이 1% 증가하여 이 1%의 가격상승에 따른 3/4만큼의 주택에 대한 수요 감소를 가져온다면, 이때의 수요의 가격탄력성은 -0.75가 된다. 주택수요의 가격탄력성은 주택시장 내부에서 주택가격이 변화할 때,

7) Bourne, L. S. (1981). *The Geography of Housing*, London, NY: John Wiley & Sons,, pp. 128-129.

8) 김경환 · 서승환 (2002). 도시경제(제3판). 홍문사. p.185.

주택수요자가 얼마나 민감한 반응을 나타내는가를 반영하기에 주택정책의 주요 참고사항이 된다.

우리나라의 실증연구결과는 주택수요에 대한 가격탄력성이 −0.06~−2.42로 상당한 격차를 보이고 있다. 물론 이는 이용한 자료에 따른 차이 있을 수도 있겠으나, 선진국보다는 개발도상국에서 가격탄력성의 추정치 범위가 더 넓다는 김경환 · 서승환(2002)의 주장을 고려할 때 우리나라의 주택시장이 상대적으로 낙후돼 있다고 판단할 수 있는 근거가 될 수도 있다.

3) 주택공급

주택공급(housing supply)은 새로 건설되는 주택뿐만 아니라 매매를 목적으로 시장에 나온 재고주택을 모두 포함한다. 따라서 주택시장의 공급자는 신규주택공급자와 기존주택공급자로 구분되며, 이 두 주체는 주택공급을 결정할 때 생산기술과 요소가격 측면에서 각각 다른 조건을 지니고 있다. 이 같은 주택시장의 이원적 특성은 각 공급 주체별 분석을 요구하는 한편, 두 주체는 대체관계에 있는 등 밀접한 관련성이 있기 때문에 주택시장의 분석이 상당히 복잡하게 된다.

또한 신규주택은 민간기업뿐 아니라 정부나 공공단체에 의해서도 많은 물량이 공급될 수 있기 때문에 정부의 시장개입 정도가 비교적 높은 부문이 되어 결과적으로 주택시장은 또 다른 이원적 성격을 가지게 된다. 더구나 주택수요의 변화에 따른 신규주택의 공급은 비탄력적이기에 시차개념을 도입한 동태적 분석이 요구되기도 한다.

주택공급에 영향을 미치는 요인들을 구분하여 보면 우선 시장요인이 있다. 주택생산요소인 자재, 노동, 택지 등과 주택가격 및 주택과 경쟁관계에 있는 비주거용 건물의 가격 등이 주택공급에 영향을 주게 된다. 두 번째 제도요인으로 정부가 주택시장에 어느 정도 개입하느냐를 판단할 수 있는 주택금융제도, 주택관련세제, 주택건설에 따른 면허 · 허가 · 인가 등의 행정적 절차, 주택공급 및 가격규제와 주거지원 프로그램 등이 있다. 마지막으로 토지이용계획과 전반적 거시경제 요인, 사회변화, 정책변수가 주택공급에 영향을 미치게 된다. 주택의 공급곡선은 신규주택과 기존 주택, 그리고 분석기간에 따라 달라진다.

언급하였듯이 특정시점에 특정 지역에 존재하는 주택재고의 총량을 주택저량 또는 주택스톡(housing stock)이라고 한다. 주택을 새로 짓거나 건설하는 데는 일정한 시간이 소요되므로 단기적으로 주택스톡은 주택의 자산가격에 관계없이 일정하다. 즉 [그림 9-3]에서 보이는 바처럼 단기공급곡선(stock supply: SS)은 기준시점의 주택스톡(H_0)으로 완전비탄력적이므로 수직이 된다.

$$SS_0 = H_0 \quad \text{식 9-6}$$

시간이 경과함에 따라 신규주택의 건설, 기존 주택의 보수 및 증축 등 주택투자와 다른 용도로 사용된 건물을 주택으로 개조함으로써 주택스톡은 증가하기도 하지만, 기존 주택이 노후하여 철거되면 주택스톡은 감소하기도 한다. 이에 주택스톡의 변화는 공급곡선을 오른쪽 또는 왼쪽으로 이동시킨다. 만약 t=1기의 주택공급이 증가한다면 주택공급곡선은 오른쪽으로 이동하여 $SS_1 = H_1$ 이 된다([그림 9-3] 참조).

이에 반하여 장기적으로 신규주택의 공급곡선은 수평일수도 있고, 우상향 또는 우하향할 수도 있다. 왜냐하면 장기주택공급곡선은 주택생산의 한계비용을 반영하고 있으므로 주택생산이 증가할 때 한계비용이 증가하느냐, 떨어지느냐 아니면 그대로 유지되는가에 따라 공급곡선의 모양이 결정되기 때문이다.[9] 그러나 현실적으로 주택건설이 확대되면 생산요소가격을 비롯하여 금융비용이 상승하므로 장기공급곡선은 우상향하는 것이 보편적이다. 따라서 [그림 9-3]에서 보이는 바처럼 신규주택의 공급함수(FS = flow supply)는 우상향하여 다음 (식 9-7)이 된다.

9) 이는 5장 부동산 공간시장의 공급에서 이미 논의되었다([그림 5-3] 참조).

$$FS = \Delta H = f(P,\ P_L,\ P_N)$$ 식 9-7

이 식에서 ΔH는 주택스톡의 변화량으로 신규주택 공급량에서 멸실된 주택수를 뺀 것이다. 그리고 P는 주택의 매매가격이고, P_L과 P_N는 각각 주택생산에 투입된 토지와 노동, 건축자재 등 기타 생산요소의 가격이다. 여기서 수요함수와 달리 공급함수에 있는 가격변수는 주택임대료(R)가 아닌 매매가격(P)이라는 사실에 주목하여야 한다. 주택을 생산, 공급하는 건설업자의 입장에서 볼 때 그 주택의 임대료는 중요하지 않다. 토지와 같은 생산요소가격이 일정하다면 매매가격이 높을수록 이윤이 올라가기에 주택의 공급량은 임대료가 아닌 매매가격에 따라 좌우되기 때문이다.

한편 신규주택생산의 기술여건을 말해주는 주택생산 또는 주택건설 함수는 (식 9-8)로 표현된다.

$$H = f(L,\ N)$$ 식 9-8

여기서 L과 N은 주택생산에 투입되는 토지와 노동을 비롯한 기타 생산요소의 수량을 나타낸다.

그러나 주택을 자산시장에서 분석하여 보면, 투자 및 투기목적의 주택보유가 많은 경우 주택처분의 기민성이 있기에 단기라 하더라도 공급량은 가격변화에 따라 민감한 반응을 보일 수 있다. 특히 주택소유자의 기대수익을 크게 변화시키는 법적 · 제도적 장치(투기억제정책, 주택보유세 인상 등)가 마련되거나 폐지될 때 주택공급량의 변화는 더욱 커지게 된다.

주택공급에 관한 통계적 모형은 여러 학자들에 의해 개발되어 왔으며 주택수요 모형과 마찬가지로 전국을 대상으로 할 뿐만 아니라 지역마다 다른 상황을 반영하여 특정 지역을 대상으로 하기도 한다. 하지만 주택수요에 비하여 실증적 연구는 그 수가 훨씬 적고 수요함수 추정결과에 비하여 차이가 상당히 나는 편이다.

주택수요가 변화할 때 주택공급에 필요한 시간을 고려한 주택공급의 탄력성은 주택가격수준과 주택가격의 변동성에 영향을 준다. 배영균(2012)은 1993~2010년까지 우리나라의 주택공급함수를 추정하여 지역별로 주택공급의 탄력성 조사하였다. 그 결과, 수도권 주택공급의 가격탄력성은 0.3으로서 가격변화에 대하여 대체적으로 비탄력적이나, 지방 5대도시의 탄력성은 3.6으로 수도권지역에 비하여 훨씬 탄력적인 것으로 나타났다. 앞서 4장에서 설명하였듯이 공급의 가격탄력성이 낮으면 낮을수록 가격의 변동성은 더 커진다. 따라서 이 연구결과는 수도권이 지방의 대도시에 비해 주택공급이 적절히 이루어질 수 있도록 가용토지부족 문제를 해결하는 등 과도한 규제를 완화할 필요가 있음을 보여준다고 하겠다.[10)]

4) 주택시장의 균형

이제 앞서 도출한 주택수요와 공급함수를 이용하여 주택시장의 균형을 분석하여 보기로 하자. 여기서는 논의를 단순하게 하기 위하여 지역별 주택수요는 고려하지 않기로 한다.

주택시장은 신규주택과 기존주택의 두 부문으로 구성되며 이 둘은 완전대체재라고 가정하자. 주택스톡에 대한 시장수요함수[11)]는 다음과 같이 나타낼 수 있다.

$$D^H = f(P,\ \pi,\ y,\ HH) \qquad \text{식 9-9}$$

여기서 P는 주택의 실질자산 가격, 즉 주택스톡 1단위의 매매가격이며, π(사용자

10) 배영균 (2012). 주택공급의 가격탄력성과 주택가격변동성. 대한부동산학회지, 30(1), pp.67-84.

11) 주택시장분석은 주택서비스시장 또는 주택스톡시장을 대상으로 하는데 일정기간 한 단위의 주택스톡으로부터 일정 주거서비스가 창출하므로 어느 쪽을 분석하든 같은 결과를 도출한다.

비용)는 (식 9-3)에서 정의한 것처럼 금융비용, 재산세율, 예상 자본이득 가격상승률 등에 결정된다. y는 가구의 실질소득을 나타내며, HH는 가구 수이다.

(식 9-1)에서는 주택서비스의 임대가격 R을 가격변수로 사용했으나, 여기서 매매가격 P를 사용한 것은 π를 구성하는 변수들이 있기 때문이다. 주택스톡에 대한 시장수요량은 주택의 실질매매가격이 낮을수록, 실질소득이 높을수록, 그리고 가구의 수가 많을수록 증가한다.

한편 주택공급측면에서 기존 주택스톡은 단기에는 고정되어 있지만, 생산요소가격 P_L과 P_N이 주어졌을 때 매매가격은 신규공급량은 증가하면 주택스톡이 증가하므로 앞에서 도출한 (식 9-6)과 (식 9-7)을 그대로 이용할 수 있다.

$$SS = H = H_0 \quad \text{식 9-6}$$

$$FS = \Delta H = f(P,\ P_L,\ P_N) \quad \text{식 9-7}$$

주택수요함수와 공급함수를 이용한 시장균형은 [그림 9-3]으로 표현될 수 있다.

그림에서 최초의 주택스톡은 H_0이므로 단기균형은 수요곡선 D_0와 단기공급곡선 SS_0가 만나는 점에서 균형가격(P_0)과 균형거래량(H_0)이 결정된다. 인구증가나 실질소득의 증가 등으로 인하여 주택수요곡선이 D_0에서 D_1로 이동하게 되면 일시적으로 주택가격은 P_1로 상승할 수 있다. 주택매매가격이 P_1으로 결정되면 주택건설업자들은 FS곡선에 따라 ΔH_0만큼의 신규주택을 공급한다. 따라서 다음해의 공급곡선은 SS_1으로 이동하게 되고 주택스톡은 올해 주택스톡 H_0에 새로 건축된 주택을 더한 $H_1(= H_0 + \Delta H_0)$이 되므로 주택가격은 다시 P_0가 된다.

이제까지의 분석을 종합하면 주택시장의 공급은 단기적으로 완전 비탄력적이지만 장기적으로는 주택가격이 높을수록 신규공급물량이 증가하므로 장기주택공급곡선(LS)은 우상향하게 된다. 이에 [그림 9-4]에서 보이는 바와 같이 주택수요곡선 D_0와 장·단기 공급곡선 SS_0와 LS_0가 만나는 곳에서 주택스톡의 균형거래량은 H_0가 되고 주택매매가격은 P_0가 된다. 그럼 이러한 최초의 균형점에서 주택시장

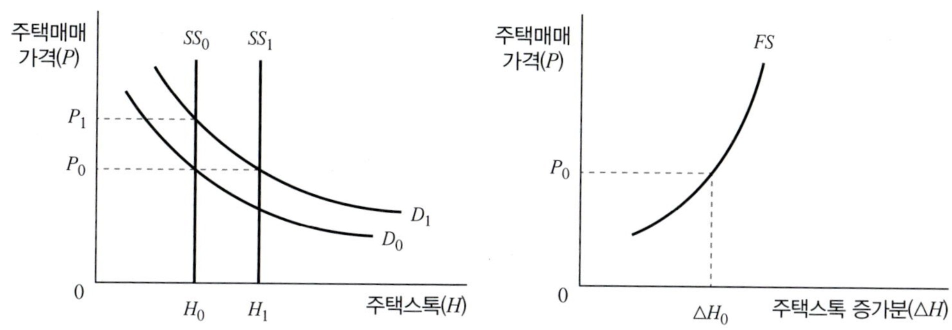

그림 9-3 주택시장의 균형

의 변화가 발생할 때 단기와 장기에 걸쳐 어떻게 변화하는지를 살펴보도록 하자.

앞서 우리는 소득 또는 인구증가로 인하여 주택수요가 증가할 경우 단기적으로 주택스톡이 고정되더라도 주택가격은 상승(P_1)압력을 받는다는 것을 알았다. 그렇지만 장기적으로는 주택가격은 우상향하는 공급곡선(LS_0)에 따라 주택스톡도 증가하게 된다. 그런데 여기서 주목할 점은 [그림 9-3]에서처럼 주택수요증가에 따라 주택공급이 주택가격을 최초 균형점(P_0)과 동일하게 할 만큼 증가하는 것이 아니라 장기공급곡선 LS_0과 만나는 점에서 결정된다는 것이다. 이에 새로운 장기균형가격은 P_2가 되고 균형 주택스톡은 H_2가 된다([그림 9-4] 참조).

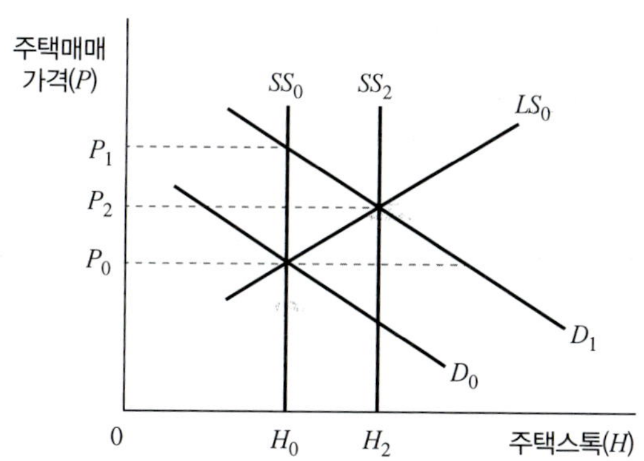

그림 9-4 주택수요 증가의 장 · 단기 효과분석

이번에는 택지가격이 상승하여 신규주택의 생산비용이 상승하였다고 하자. 신규주택건설비용의 상승은 단기에는 아무런 영향을 주기 못하므로 단기공급곡선은 변화가 없고, 주택수요도 변화하지 않기에 주택가격과 주택스톡은 일정하다. 그러나 장기적으로는 신규주택 공급곡선이 왼쪽으로 이동하게 되므로 주택수요가 변화하지 않는다면 주택가격은 상승하게 된다.

이제 주택대출 이자율이 상승하는 경우를 분석하자. 이자율이 상승하면 사용자비용이 증가하므로 주어진 매매가격에서 주택수요는 감소하고 주택수요곡선은 왼쪽으로 이동하게 된다. 단기적으로 주택공급이 고정되어 있으므로 주택수요곡선의 이동은 매매가격을 하락시킨다. 그런데 매매가격의 하락은 이자율의 상승효과를 상쇄시켜 사용자 비용은 일정하게 유지되므로 종전처럼 수요와 공급이 일치한다. 주택매매가격이 하락하면 신규주택건설이 감소하므로 장기적으로 주택공급 증가폭이 감소하게 된다. 따라서 장기적으로 주택매매가격이 다소 상승하지만 최초의 균형가격보다는 낮게 된다.

하지만 임대가격은 매매가격에 비해서 최초 균형상태에서 보다 높다. [그림 9-5]에서 종축은 임대가격을 나타내고 있으며 횡축은 주택서비스의 수량을 나타낸다. 이때 주택스톡 1단위에서 1년 동안 1단위의 주택서비스가 창출된다면 주택스톡과 서비스의 단위는 같아진다. 여기서 주택서비스의 수요곡선은 곧 사용자비용의 함수이므로 임대가격이 올라가면 수요곡선이 이동하는 것이 아니라 주어진 수요곡선 D_0 위에서 움직이게 된다. 단기적으로는 사용자비용에 변화가 없으므로 임대가격이 R_0 이지만, 장기적으로 이자율이 높아졌기 때문에 π가 상승하므로 단기주택공급곡선은 SS_1 이 되고 장기공급곡선이 LS_0 에서 LS_1 으로 이동한다. 결국 주택임대가격은 R_0 에서 R_1 으로 증가하게 되고 주택서비스 소비량은 H_0 에서 H_1 으로 감소하게 된다.

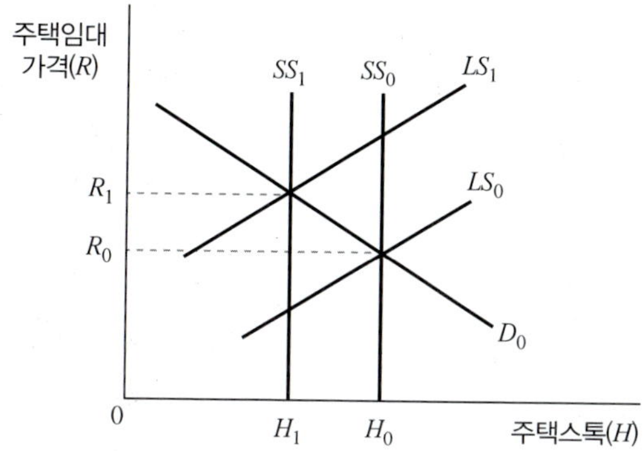

❖ **그림 9-5** 주택임대가격에 대한 이자율상승의 장 · 단기 효과분석

5) 주택점유형태의 선택

앞서 우리는 주택서비스를 소비하는 것에서 주택의 소유와 임대를 구분하지 않았다. 그러나 현실에서 자가를 보유할 것인가 임차를 할 것인가는 매우 중요한 문제이다. 여기서는 주택점유형태의 선택(tenure decision)에 대하여 알아보기로 한다.

주택점유형태의 선택에 영향을 미치는 요인으로 소비에 있어 자가주택과 임대주택이 완전한 대체재가 아니라는 점을 들 수 있다. 즉 일반적으로 같은 주택이라도 다른 사정이 없는 한 자신이 보유하는 것이 임차하여 사는 것보다 더 많은 주거서비스를 소비할 수 있기에 사람들은 자가를 선호한다. 특히 우리나라에서는 임대주택의 주거 안정성이 낮고 주어진 구조물로부터 얻을 수 있는 서비스에 제약이 있기에 임차인들의 주거만족도가 자가주택 거주자들보다 낮은 경우가 많다. 또한 사람들은 내 집을 가졌다는 그 사실만으로도 효용을 느낀다. 하지만 이러한 논리는 사람들이 언제나 자가주택을 선택한다는 순환논리에 빠지게 되므로 여기에서는 자가주택과 임대주택이 완전 대체재라고 가정하고 주택점유선택에 영향을 미치는 변수들을 살펴보기로 하자.

먼저 자가보유에 대한 세제지원이 있다. 정도에 차이는 있지만 많은 나라에서 자가보유를 촉진하기 위해 세제혜택을 부여하고 있다. 주택매입자금 대출이자 및 상환액, 재산세 납부액을 소득세 과표에서 공제해 주거나 일정한 여건을 갖춘 자가보유 가구에 대해 주택매각 시 양도소득세를 감면해 주는 것 등이 대표적인 예라 할 수 있다.[12] 이러한 세제혜택의 크기는 각 가구의 한계소득세율에 따라 다른데 대체로 주택가격이 비쌀수록 그리고 한계소득세율이 높을수록 커지기 때문에 가계소득이 높아짐에 따라 자가보유가 유리해진다. 그럼에도 불구하고 현실에서는 고소득층이라 해도 임대주택에 거주하고, 저소득층에도 자가보유 가구들이 있다는 사실은 소득이나 세제혜택 이외의 다른 경제적 요인들도 주택점유형태의 선택에 영향을 미친다는 것을 암시한다. 예를 들어 혼인 여부, 가구주의 연령, 자녀의 수 및 연령 등 인구학적 요인 및 일생주기(life-cycle)는 자가보유를 결정짓는 매우 중요한 변수이다.

주택매매에 따르는 거래비용과 예상 거주기간 또한 주택점유형태에 영향을 주는 주요 변수이다. 예를 들어 주택매매에 따르는 금전적 · 정신적 비용이 크기 때문에 특정 지역에 짧은 기간만 거주할 경우 주택을 구입하기보다는 임대를 하는 것이 보다 합리적인 결정이 될 수 있다.

주택가격이 상승할 것이라는 기대감도 주택소유에 중요한 영향을 미친다. 우리 사회에서 주택, 특히 아파트는 중요한 투자재로 여겨졌다. 이것은 이제까지의 경험상 아파트가격은 상승하는 경우가 많았기 때문이다. 주택가격의 상승폭이 크면 클수록 주택보유에 따르는 비용이 낮아지므로 자가를 선호하는 것은 당연하다. 우리나라는 2000년대 초까지만 해도 주택가격상승이 일반 물가상승보다 빨랐고, 자본이득에 부과되는 양도소득세의 실효세율이 매우 낮아 실질 사용자 비용이 거의 없었기 때문에 주택을 가장 유리한 투자대상의 하나로 인식하여 왔다. 이에 참여정부에서는 양도소득세를 강화하여 일정부분의 자본이득을 회수함으로써 국민들의 자가주택 수요를 축소시키는 정책을 펼쳤다. 그러나 최근 주택가격의 상승기대감이

12) 보다 근본적으로 임대주택의 소유주는 임대소득에 대해서 소득세를 내지만 자가보유 가구에 귀속되는 암묵적 임대소득에 대해서는 세금이 부과되지 않는다.

사라지면서 국민들의 자가소유 의식이 약화되고 있는 것은 주택가격의 상승기대감이 주택점유형태를 결정짓는 중요한 변수라는 것을 보여주는 예이다.[13)]

주택융자금액 및 융자조건 등도 중요한 변수이다. 주택가격이 주어졌을 때 매입가격에 대한 융자비용(loan-to-value ratio : LTV)이 높을수록, 대출이자율이 낮을수록 주택매입이 용이하다. 정부에서 주택시장 과열을 진정시키기 위하여 LTV를 하향조정하고 총부채상환비율(debt to income ratio : DTI)을 상향조정하는 것은 가구의 주택점유형태에 영향을 미치기 때문이다.

6) 주택가격결정모형

주택시장분석에 있어 주택가격결정은 매우 중요한 주제이다. 앞서 우리는 주택시장분석에 있어 가격과 수량에 대해 임의적으로 표준단위를 설정하여 분석하였지만 실제로 주택이 소비되는 가격단위는 매우 복잡하고 난해하다. 일반적으로 매체에 보고되는 주택가격 자료는 기존 주택의 평균적인 판매가격에 기초를 두고 있을 뿐이다. 그런데 여기에는 주택의 가격뿐만 아니라 주택의 질적 변화까지도 내포되어 있기에 주택가격의 변화와 주택품질의 변화를 분리하기 위하여 경제학자들은 동일한 주택 혹은 품질이 통제된 주택가격을 추정하기 위하여 다양한 계량경제학적 기법을 개발해왔다. 여기에서는 주택가격결정에 관한 모형을 소개하기로 한다.

(1) 특성(속성)가격함수(Hedonic Price Function)

주택의 시장가격을 결정하는 요인들은 주택자체의 물리적 속성, 주택의 입지 및

13) 현대경제연구원(2015)에 따르면 2010년 가구의 83.7%가 '내 집을 꼭 마련하겠다'고 하였으나, 2014년에는 79.1%로 감소하였다고 한다.

환경 등 매우 다양하다. 이러한 요인들은 주택의 수급에 영향을 미치며 궁극적으로 시장가격의 형성요인으로 작용한다. 그러나 주택은 다양한 속성(attributes)들의 집합으로 만들어진 상품이기에 일단 형성된 집합으로서의 상품은 분리하여 재조합하거나 분할하여 소비할 수 없다.

경제학자들은 소비자들이 주택이라는 재화에 포함된 다양한 속성을 소비함으로써 효용을 얻게 되기에 다양한 속성을 가진 차별적 재화의 수요나 공급의 분석은 동질적인 재화에 대한 분석과는 달리 이루어져야 한다고 주장한다. 경제학자들은 주택가격을 다양한 속성들의 함수로 나타내는데 이를 특성 또는 속성가격모형(Hedonic Price Model) 또는 헤도닉모형이라 한다. 주택특성변수를 독립변수로 하는 회귀함수식을 이용해 주택가격을 추정하는 단순 특성가격접근모형은 Lacaster(1966)와 Rosen(1974)의 연구에서 그 이론적 틀이 마련되었다.[14] Rosen(1974)의 연구에 따르면 주택은 그 주택이 갖는 서비스를 구성하는 교통시설, 지역적 특성, 공기오염도와 같은 환경적 특성, 방의 개수, 욕실개수, 평수 등과 같은 주택 본래의 주거 특성 등 여러 가지 특성들의 집합으로 간주된다.[15] 따라서 여러 가지 특성의 조합에 따라서 이질적인 주택이 존재할 수 있다.[16]

특성가격모형은 시간의 경과에 따른 주택특성의 변화가 일정한 주택가격지수를 산출하지만, 반복판매가격모형(Repeat Sales Price Model)[17]과 달리 주택 특성 변수들을 지수산출 과정에 반영하고 있다는 점이 그 특징이라고 할 수 있다.

그러나 이 접근법은 주택의 다양한 특성을 반영한다는 측면에서는 매우 훌륭하

14) 보다 자세한 내용은 '김현재 (2003). 서울시 아파트 매매 및 전세가격 결정요인의 분석. 부동산학보, 21호, pp. 98-123'을 참조할 것.

15) Rosen, Sherwin (1974). Hedonic Price and Implicit Market: Product Differentiation in Pure Competition. *Journal of Political Economy*, 82, 35-55.

16) 이러한 헤도닉 가설에 근거하는 헤도닉모형은 주택특성변수들로 구성되는 주택가격함수로 표현된다. 일반적인 헤도닉가격함수는 $\ln P_i = \beta' X_i + \delta' T_i + \varepsilon$ 으로 표현된다. 여기서 P_i는 i번째 주택매매가격, X_i는 i번째 주택특성변수, T_i는 시간에 대한 더미변수(dummy value), δ는 오차항이다.

17) 반복판매가격모형은 시간경과에 따라 가격이 변화하는 것을 파악하기 위해서, 시장판매 및 거래 자료를 이용하는 것을 말한다.

지만, 상당히 광범위한 그리고 정밀한 데이터를 필요로 한다는 점이 문제로 지적된다. 왜냐하면 이러한 데이터를 확보한다는 것은 대단히 어려우며 비용 또한 많이 소요되기 때문이다. 표본이용의 비효율성 문제점 이외에도 함수 형태의 설정오차로부터 추정치와 모수 간에 편의가 발생할 수 있다는 단점이 있다. 또한 주택거래에 관해 이용가능한 모든 정보를 충분히 사용하지 못하고 모형설정 과정에서 특성변수들을 누락할 가능성이 있다는 점에서 지적을 받고 있으며, 시간의 경과에 따라 주택특성변수들의 잠재가격이 변화할 수 있음에도 불구하고 단순히 지수산출 과정에서 특성변수들을 감안할 뿐 잠재가격의 변화를 간과하고 있다는 약점을 갖고 있다. 만약 잠재가격이 일시적으로 변한다면 편의를 지수에 반영하는 결과를 초래할 수 있기 때문이다.

(2) 자산가격함수(Market Fundamental Value Function)

앞 장에서 설명하였듯이 공간시장에서 임대료는 공간서비스에 대한 수요와 공급에 의하여 결정된다. 공간서비스에 대한 수요는 주로 소득, 공간서비스의 가격, 대체재나 보완재의 가격, 생활환경수준, 선호도 등에 의해 결정된다. 공간서비스에 대한 공급량은 단기적으로 임대료 수준에 관계없이 일정하지만, 장기적으로는 신규주택 개발에 따른 비용과 주택가격에 의해 공급량이 변화하게 된다.

공간시장에서 결정된 임대료와 자본시장에서 결정된 이자율에 의해 주택가격이 결정되는 과정은 자산가격이론으로 설명된다. 즉, 임대료와 이자율에 의해 자산의 가치(시장의 근본적 가치, market fundamental value)가 결정되면, 자산시장에서 재정거래(裁定去來)[18]가 일어나면서 자산가격이 자산가치와 일치하게 된다. 자산가격과 자산가치가 일치하는 점이 시장균형점이며, 시장균형점의 변화는 자산가치의 변화로부터 발생한다. 여기서 자산가치란 해당자산으로부터 나오는 현재와 미래의 소

18) 재정거래(arbitrage transaction)란 자산의 가치와 가격간의 차이를 이용하여 차익을 얻기 위해 이루어지는 무위험거래를 말한다.

득을 현재가치로 환산한 것이다.[19)]

자산가격이론에 따르면 주택가격은 해당 주택의 내재가치에 의해 결정된다. 주택의 내재가치는 임대료와 임대료 상승에 대한 기대, 할인율, 가격거품에 의해 결정된다. 그런데 공간시장은 지역별로 완전하지는 않다 해도 어느 정도는 상호 대체적인 관계가 있기 때문에 한 지역의 공간시장 변화는 다른 지역의 공간시장을 변화시키고, 이것이 최종적으로 다른 지역의 주택가격에 영향을 미칠 수 있다. 그렇지만 이는 공간시장의 변화에 따른 자산가격의 변화일 뿐이다. 이에 자산가격이론은 공간시장의 변화가 없는 상황에서 타 지역의 주택가격이 변화하고 이것이 자기 지역 주택가격에 변화를 야기하는 현상에 대하여는 설명할 수 없다는 한계가 있다.[20)]

3. 효율적인 주거지개발

1) 주택규모와 건설비용

주거용 부동산을 성공적으로 개발하는 데 있어서 주택의 규모에 대하여 소비자가 어떠한 가치를 부여하는지를 논의해 보도록 하자. 장기적으로 보면 소비자가 원하고 기꺼이 지불할 용의가 있는 주택유형 및 특성이 시장에 반영되어 공급되는 경향이 있다. 그리고 이와 같은 소비자의 성향을 잘 파악하는 주택 공급업체가 성공적으로 개발 및 분양을 하게 된다. 그렇지만 다른 재화와 마찬가지로 소비자 가격은 그 재화를 공급하기 위한 비용에 의해서 결정되어야 할 것이다.

19) 자산가격함수를 식으로 표현하면 $P_t = \frac{1}{(1+r)}R_t + E(P_{t+1} \mid \Omega_t)$ 이 된다. 여기서는 P_t 는 t기초의 주택가치를, r은 고정할인율을, R_t 는 t기 말에 받게 되는 주택임대료를 의미한다. 그리고 $E(P_{t+1} \mid \Omega_t)$ 는 t시점의 정보에 기초하여 기대한 $t+1$ 의 주택가치이다.

20) 보다 자세한 내용은 '이용만, 이상한 (2004). 강남지역의 주택가격이 주변지역의 주택가격을 결정하는가?. 국토계획, 39(1), pp. 73-91' 참조.

한 채의 단독주택을 건설할 경우에 어느 정도의 비용이 소요되는지를 생각하여 보자. 만약 m^2당 건축비용이 *C*라고 한다면, 주택건설비용은 $C \times$ 주택규모(size)가 될 것이다. 그런데 대부분 재화의 소비에는 한계효용체감의 법칙[21]이 작용하듯이 단위면적당 주택소비에도 한계효용체감의 법칙이 작용한다. 이를 소비자의 지불용의 정도, 즉 주택가격(*P*)에 반영하여 표현하면 [그림 9-6]에서 우상향하는 곡선이 된다.[22] 여기서 주택의 단위면적당 건설비용은 원점에서 출발하는 선으로 나타나 있다. [그림 9-6]에서 주택규모 *SIZE**에서 주택가격과 건설비용의 차이가 가장 크기 때문에 이윤이 극대화된다.[23]

오늘날 현대적인 건물의 모습은 규모가 커지는 경향을 보이고 있는데, 이는 기술개발로 인한 단위면적당 건설비용의 감소와 좀 더 넓은 공간 소비를 원하는 소비자들의 취향 변화에 따른 것이다. 단위면적당 건설비용의 감소는 [그림 9-6]에서 점선의 건설비용곡선에서 보듯이 비용곡선의 기울기를 보다 완만하게 만들 것이고, 주택공급자의 이윤을 증가시킨다.

대부분 주택규모의 결정은 건설비용과 유지비용이 좌우하게 된다. 따라서 시장에서 공급자들은 소비자들의 변화하는 성향을 빠르게 파악하여 건설되는 주택이 가장 수익성이 높도록 하여야 할 것이다.

21) 한계효용체감의 법칙(law of diminishing marginal utility)은 재화의 소비량이 1단위 증가할수록 제품이 제공하는 단위당 효용이 감소하는 현상을 말한다.

22) DiPasquale & Wheaton (1996)은 주택가격특성모형(Hedonic Model)을 이용하여 단위면적당 주택가치함수를 도출해 냈다.

23) 물론 이윤이 극대화되는 주택규모(*SIZE**)에서는 주택규모 1단위에 대한 지불의사의 미분값이나, 가격함수의 기울기 $\left(\frac{\partial P}{\partial SIZE}\right)$는 건축의 한계비용(*C*)이나 모든 비용함수의 기울기와 같을 것이다.

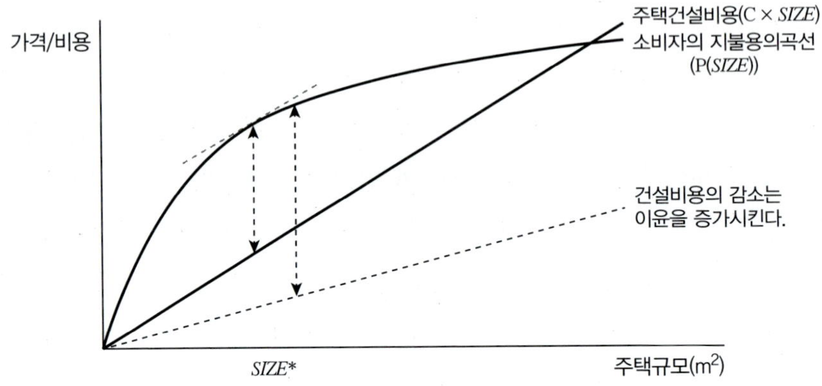

❖ 그림 9-6 주택규모와 소비자의 지불용의 곡선

2) 주거밀도

디파스퀠리와 위튼(Dipasquale & Wheaton, 1996)은 주거밀도(housing density)와 주택가격 및 최고-최상의 토지이용(HBU) 간의 관계를 밝히기 위하여 주택속성 중 주거밀도를 대표하는 변수로서 용적률을 사용하여 이론모형을 정립하고 보스턴 지역의 실증자료를 사용하여 적정 용적률의 대위개념인 적정 층수를 산정한 바 있다.[24] [그림 9-7]은 이를 그림으로 표현한 것으로 여기서 토지소유자는 자신이 소유한 토지를 개발할 때 건설비용을 제외한 수익이 최대화되도록 하는데 이는 곧 개발의 밀도가 토지가치를 극대화시키도록 결정되어야 한다는 것을 의미한다.

24) DiPasquale, Denise & William C. Wheaton (1996). *Urban Economics and Real Estate Markets*. pp. 60-90. Prentice Hall.

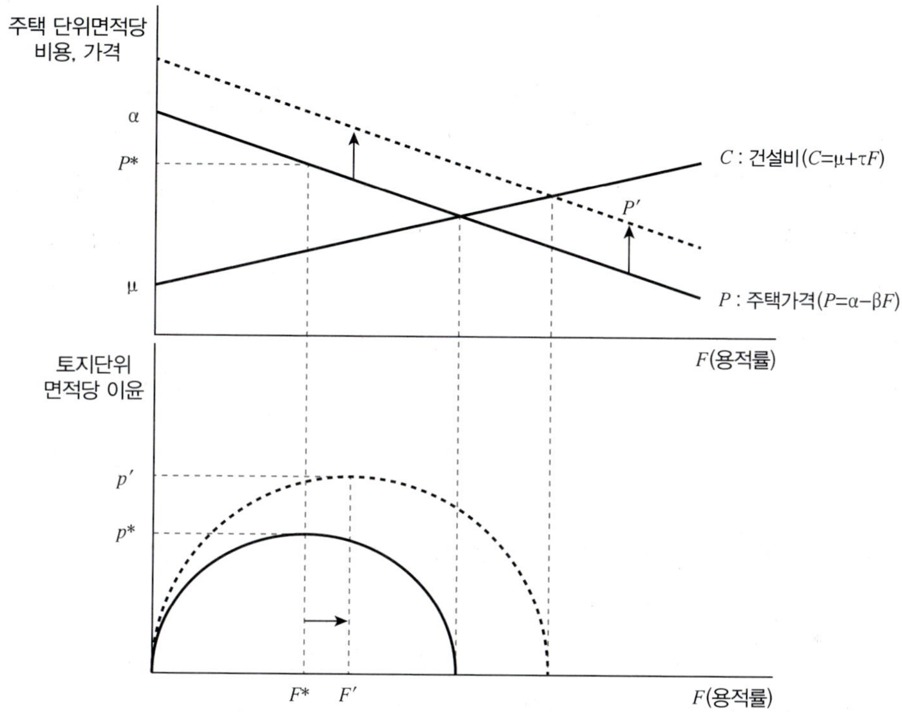

그림 9-7 용적률에 따른 주택가격과 비용

출처 : DiPasquale & Wheaton (1996). *Urban Economics and Real Estate Market*. Prentice Hall.

우선 계수 α는 주택가격에 영향을 줄 수 있는 다른 모든 주택속성들의 집합적 가치를 나타내고, β는 용적률이 증가함에 따라 나타나는 한계효용체감가치를 반영한다고 할 때, 주택 단위면적당 가격(P)은 주거밀도 또는 용적률(F) 증가와 함께 하락하게 되며 이를 식을 나타내면 다음과 같다.

$$P = \alpha - \beta F \quad \text{식 9-10}$$

한편 건설비(C)는 주택단위면적이 증가하면 따라서 자연적으로 증가하게 되는데 이를 식으로 표현하면 (식 9-11)이 된다.

$$C = \mu + \tau F$$ 식 9-11

여기서 μ는 공사의 기초비용을 말하고 τ는 용적률이 증가함에 따라 추가적으로 증가하는 비용을 말한다. 결국 주택 단위면적당 가격은 한계효용체감법칙에 따라 용적률 증가와 함께 하락하고, 건설비는 용적률 증가와 함께 기초보강과 공용면적의 증가로 인하여 상승하기에 이 양자의 차이에 용적률을 곱하면 밀도에 따른 토지 단위면적당 수익(p)이 산출되며 이를 식으로 표현하면 (식 9-12)가 된다.

$$p = F[P - C]$$ 식 9-12

[그림 9-7] 아래 그림에서 보이는 바와 같이 토지단위면적당 이윤(p)은 처음에는 $F = 0$ 이기에 때문에 '0'이 되지만, p가 올라감에 따라 F도 증가하다가 단위토지당 수익이 최대가 되는 F^*을 지나게 되면서 다시 떨어져 위의 그림에서 실선으로 표시된 건설비용(C)과 주택가격(P)이 만나는 지점에서 '0'이 된다. 결국 [그림 9-7]에서 F^*는 단위토지당 수익(residual value to the land)을 극대화하는 최적용적률이 되는 것이다.[25)]

입지적으로 유리한 지역으로 인구가 이동하게 된다고 가정하면, 주택가격에 영향을 줄 수 있는 다른 모든 주택속성들의 집합적 가치를 나타내는 계수 α가 상승하게 되어 [그림 9-7]에서 보듯이 주택단위면적당 가격의 함수인 P가 P'로 올라가게 된다. 이에 따라 최적용적률 F^*는 F'로 증가하게 하며, 결과적으로 토지 면적당 최대이윤 p^*도 p'로 상승시킨다. 결과는 α값이 커질수록 F^*도 증가한다는 것을 의미하게 된다.

이러한 원리에 의하여 도심이나 교외에 교통이 좋은 지점에 조밀한 개발이 이루

25) 토지단위면적당 최대이윤 p^*와 이때의 최적용적률 F^*를 수식으로 표현하면 다음과 같다.

$$F^* = \frac{[\alpha - \mu]}{2[\beta + \tau]} \qquad p^* = \frac{[\alpha - \mu]}{2} \qquad F = \frac{[\alpha - \mu]^2}{4[\beta + \tau]}$$

어진다는 것을 이해할 수 있었다. 오늘날 환경가치가 중시되면서 자연환경이나 인공환경이 좋은 지점에도 고밀도 개발이 이루어지고 있다. 즉, 입지에 따라 임대료가 상승하면 개발밀도는 높아진다는 것이다. 물론 우리는 앞서 밀도가 높아지면 교통이 더 좋은 지역에서 입지지대도 올라간다는 것을 설명한 바 있었다. 이상의 두 가지 효과를 합한다면 도심이나 강변에서의 초고밀도 개발은 쉽게 이해될 수 있을 것이라 본다.

조주현(1998), 김창석 · 김주영(2002), 최경관 · 조주현(2011)은 서울시 주요 아파트단지의 속성자료와 매매가격을 가지고 우리나라 아파트용적률과 매매가격의 관계를 분석하였다.[26] 그 결과 용적률로 대표되는 주거밀도가 주택가격에 전반적으로 의미 있는 영향을 주고 있으며, 시간이 흐름에 따라 점차 강화되고 있는 것으로 나타났다. 그리고 이러한 경향은 중대형 평형보다는 소형 평형에서 더욱 강하게 나타나고 있으며, 주택시장이 급격한 변화(예컨대 가격하락, 밀도규제의 변화)가 있는 경우에는 약화된다는 사실을 발견하였다.[27]

최근 대도시에서의 주택 재건축 및 재개발과 관련하여 조합과 주민간의 주요 쟁점 현안인 용적률 조정과 관련하여, 과연 용적률의 증가가 사업들의 수익성을 보장해 줄 것인지에 대한 충분한 검토가 없이 "최대용적(최대밀도)의 개발 = 최대수익"이라는 그릇된 인식을 바로잡는 데 어느 정도 기여를 할 것으로 기대된다. 즉, 이제까지는 도시화의 지속적 진전과 주택 물량의 부족으로 인하여 주택시장은 판매자 시장으로 전개되어 왔고, 주택투기를 잠재우기 위한 방편의 하나로 주택단지의 물리적 통제가 광범위하게 활용된 결과, 위와 같은 인식이 보편화되었다.

---

26) 조주현 (1998). 住居密度가 住宅價格에 미치는 影響에 관한 硏究. 사회과학논총 3집, 건국대학교사회과학연구소.
김창석 · 김주영 (2002). 아파트용적률이 주택가격에 미치는 연구: 주택재개발아파트를 중심으로. 국토계획, 제37권 4호. 대한국토 · 도시계획학회.
최경관 · 조주현 (2011). 공동주택부지 가격형성요인에 관한 연구: 공동주택가격 및 용적률을 중심으로. 부동산연구, 제21집 3호. 부동산분석학회. pp.149-168.

27) 아마도 이러한 경향은 재건축이나 재개발에 대한 기대의 변화에서 기인한 것이거나 주택의 기대 자본이득의 변화에 기인한 것이라고 추정된다.

그러나 도시화가 성숙단계에 접어들어 주택시장의 구도가 판매자 시장으로부터 구매자 시장으로 전환되고 소득이 증가하면서 주거환경이 주거선택에서 주요한 변수로 등장하게 되면 주거밀도에 따라 주택가격은 크게 영향을 받을 것이며, 이러한 현상을 정확히 이해하는 것은 재개발 및 재건축의 사업성을 평가하는 데 매우 중요한 요소로 활용될 것이다.

4. 주택시장의 거시적 분석

1) 주택가격의 변화요인

주택가격은 앞에서 살펴본 바와 같이 기본적으로 주택수요와 주택공급이라는 두 가지 힘에 의하여 결정되고 변화한다. 하지만 주택수요와 주택공급은 경제적 요인에서부터 경제외적 요인에 이르기까지 무수히 많은 요인에 의하여 결정되므로 주택가격 역시 궁극적으로는 그러한 요인들에 의하여 변화한다. 따라서 주택가격의 변화에 영향을 미치는 모든 요인들을 고찰한다는 것은 쉬운 일이 아니며 어떤 의미에서는 필요하지도 않을 수도 있다(이중희, 1997). 여기서는 주택가격에 변화를 야기하는 요인들을 거시적으로 살펴보도록 하자.

첫째, 주택가격은 관련 정책과 제도에 의하여 크게 변화한다. 주택관련 제도와 정책은 주택수요, 주택공급, 주택가격, 주택거래, 주택금융 등에 영향을 주는 각종 법령 · 규칙 · 계획 · 조세 등을 일컫는다. 주택정책과 제도가 주택가격에 미치는 효과는 우리나라와 같이 정부의 시장개입 정도가 큰 나라일수록 크고 미국처럼 주택시장의 자율적 조정기능을 강조하는 나라일수록 작다. 정부의 개입에 따른 주택시장의 영향은 이 책의 15장에서 보다 자세히 다루기로 한다.

둘째, 주택가격의 변화는 거시경제 환경에 의해서 영향을 받는다. 즉, 일반적인 경기상태 · 통화공급 · 인플레이션 등은 개별가계의 주택수요결정이나 개별기업의 주택공급결정에 직접적인 영향을 미칠 뿐만 아니라 주택정책과 제도에 대한 정부의 의사결정에도 영향을 미침으로써 간접적으로 주택가격을 변화시킨다. 이외에도 주택가격은 정치 · 문화 · 사회 · 심리적 요인 등과 같은 경제 외적요인에 의해서도 변화한다.

한편, 부르느(Bourne, 1981)는 주택가격의 급격한 상승을 설명하면서 수요증가, 개발비용의 상승, 개발 및 계획승인과정에서의 병목현상, 토지투기 및 토지소유권의 독점적 집중, 금융기관의 행태 등 다섯 가지의 요인이 복합적으로 작용한다고 주장했다. 그리고 이것을 각각 수요견인설, 비용상승설, 병목설, 도시독점설, 급진설이라 불렀는데 그 내용은 다음과 같다.

수요견인설(demand-pull argument)은 소득증가, 더 큰 주택을 소비하고자 하는 욕구, 주택을 상대적으로 매력적인 투자대상으로 만드는 조세구조 등에 기인하여 주택수요가 증가하고 이에 따라 주택가격이 상승한다고 보는 견해로써 가장 보편적으로 받아들여지고 있다. 실증적으로 소득의 증가율이 주택가격상승률과 높은 상관관계를 가지고 있으며, 소득증가가 가구규모의 변화와 같은 요소들과 결합하게 되면 그 효과는 훨씬 크게 작용한다.

비용상승설(cost-push argument)은 택지가격이나 택지에 대한 조세비용의 상승뿐만 아니라 건축자재비용, 노동비용, 자본비용과 같은 생산비용의 증가를 포함하는 개발비용의 상승으로 인하여 주택가격이 상승한다고 주장하는 이론이다.

병목설(bottle-neck argument)은 주거지역이 개발되는 과정에서 발생하는 개발계획 및 도시계획 승인 절차상의 불편과 복잡성으로 인해 병목현상이 나타나고 이것이 주거비용과 주택가격을 상승시킨다고 보는 견해이다.

도시독점설(city monopoly argument)은 소수의 기업이나 기관의 토지투기와 초과이윤을 누릴 수 있도록 하는 토지소유제도, 그리고 그들에 의한 금융독점 및 주택개발의 독점 등으로 주택가격이 상승한다고 보는 견해이다. 인플레이션 예상심리가 만연한 경우 투기 및 주택시장의 독점력이 발휘되면서 주택가격은 상승하게 된다. 이에 따라 주택시장에 추가투자를 유발하고 주택매입을 위한 자금수요도 증가한다. 소비자가 주택가격이 계속해서 상승할 것이라 예상하면 지불용의액도 따라서 올라가므로 그 결과 주택가격은 폭등하게 된다.

급진설(radical argument)은 주로 마르크스학파가 주장하는 것으로 주택공급에 있어 금융기관(다시 말해서 자본주의 체제)이 저소득층에게 주택을 적게, 비싸게, 그리고 불균등하게 배분하도록 유도하여 주택가격을 상승시킨다고 보는 입장이다.

위의 다섯 이론은 상호배타적인 것이 아니지만 그렇다고 종합적인 설명을 위해 단순히 합쳐질 수도 있는 것은 아니다. 어떤 견해가 주택가격의 상승을 가장 잘 설명할 수 있는가는 서로 다른 주택시장의 서로 다른 지역별 상황, 일반경제상황, 연구대상 기간과 연구자의 견해에 따라 달라질 것이다.

2) 주택순환과정

주택시장분석에 있어 가구 수와 마찬가지로 가구의 이동 또한 중요하다. 가구이동과 주택의 질적 변화의 관계를 설명해 주는 중요한 경제이론으로 주택순환과정(filtering process 또는 주택여과과정), 이른바 필터링이 있다.

필터링이론은 두 가지의 가정을 기초로 전개된다. 첫째, 시간이 흐름에 따라 주택은 물리적으로 노후화되어 주택서비스의 질이 떨어진다. 둘째, 주택서비스의 질이 떨어지면서 소득수준이 더 낮은 가구가 해당 주택을 점유하게 된다. 즉 필터링은 소득이 높은 계층의 가구가 신규주택으로 이동함으로써 생긴 공가(空家, vacancies)를 소득이 낮은 계층의 가구가 저렴한 비용으로 구매할 수 있게 되는 것을 말한다.

이때 시간이 지남에 따라 주택의 질이 좋아지거나 주택가격이 상승하거나 가구의 소득이 증가하는 경우를 상향순환과정(filtering-up process)이라 하고, 반대로 주택의 질이 나빠져 가격이 하락되는 경우와 가구의 소득이 떨어져 그 위치가 낮아지는 경우를 하향순환과정(filtering-down process)이라 한다.[28] 이상의 필터링은 [그림 9-8]로 표현된다.

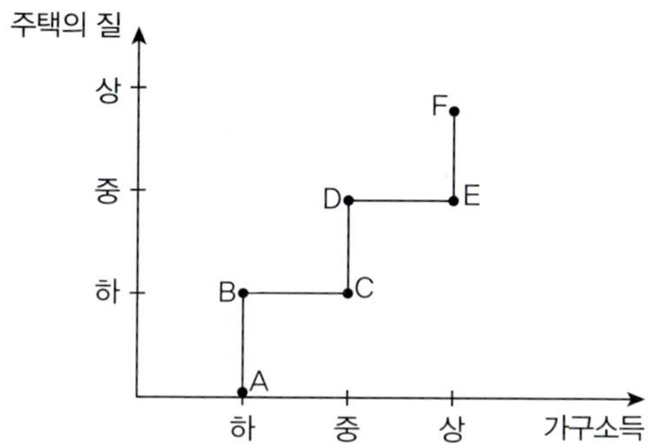

그림 9–8 주택시장의 주택순환과정

[그림 9-8]에서 횡축은 가구의 소득이고 종축은 주택의 질을 나타낸다고 하였을 때, 가구소득과 주택의 질은 각각 상 · 중 · 하로 구성되어 있고 주택의 질은 가구소득에 비례한다고 하자. 가구소득이 가장 높은 계층은 가장 좋은 주택에서 거주하고 반면에 가구소득이 낮은 계층은 가장 나쁜 주택에서 거주하게 된다. 시간이 흘러 주택서비스의 질이 저하되면 각 소득계층의 가구들은 기존 주택을 보수하여 원래 주택의 질을 회복하도록 하거나 이사를 가게 된다. 그런데 시간이 흐름에 따라 건축물 자체의 노후화가 심해져 보수비용이 크게 증가하면 이사를 선택하는 가구 수가 증가하게 될 것이다.[29]

즉 고소득층이 거주하는 주택의 질이 점 F에서 점 E로 떨어지면 고소득층은 F의

28) 가구의 자발적인 움직임의 유무에 따라 수동적 순환과정(passive filtering) 또는 능동적 순환과정(active filtering)으로 분류하기도 한다. 전자는 가구의 소득이나 기호의 변화 없이 근린주거의 변화에 따라 상향적으로 순환이 발생하는 경우를 말하고 후자는 가구의 이동에 의해 일어나는 순환현상을 말한다.

29) McDonald and Mcmillen(2010)은 주택을 매각하는 고소득층이 충분히 많아서 가격하락폭이 노후주택의 보수비용보다 크다고 가정한다. 이때 이사로 인하여 발생하는 거래비용은 고려하지 않는다. 필터링효과에 대한 자세한 내용은 McDonald and Mcmillen(2010)을 참조할 것.

수준이 되는 새로운 주택으로 이사하게 된다. 한편, 중간소득층 가구가 거주하던 점 D수준의 주택도 시간이 흘러 C수준으로 떨어지게 되면 중간소득층의 가구는 원래 주택의 질을 회복하기 위하여 고소득층이 거주하던 주택으로 이사하게 되어 결국 처음에 고소득층이 거주하던 주택은 점 E에서 점 D로 이동하여 중간소득층의 가구가 거주하게 된다. 똑같은 과정을 거치게 되면 저소득계층은 원래 살던 주택 점 A에서 점 B로 상향이동하게 되고 가장 질이 낮은 주택은 공실이 되거나 철거된다. 이와 같이 기존 주택의 질이 떨어져 더 소득수준이 낮은 계층에게 순차적으로 넘어가면서 각 소득계층은 원래 주거수준을 회복할 수 있다. 필터링 과정이 발생할 수 있는 것은 가장 질이 낮아 멸실되는 주택 대신 가장 높은 질의 신규주택이 공급되고 이 주택을 고소득층이 구입하면서 기존의 가장 높은 질의 주택이 다음 소득계층에게 매각되기 때문이다.

주택순환과정과 주거지이동의 가장 중요한 발생요인은 공가(公家, vacancies)의 출현이다. 공가연쇄(vacancy chains)란 새로운 주택이 건설 · 공급되거나 아니면 가족의 사망에 의하여 가구가 없어질 때 공가가 생겨 이로 인해 일련의 가구이동이 발생함을 의미한다. 이에 학자들의 관심은 하나의 새로운 공가가 발생하여 얼마나 많은 이동(the number of moves or chain links)이 발생하느냐인데, 미국의 경우 1단위 주택건설로 인한 공가발생으로 인해 100여 가구가 이동하는 것으로 관찰된 바 있다(하성규, 1991).

김태현 · 권영덕(2010)의 연구[30)]에 의하면 서울시의 경우 신규주택공급에 따른 재고주택시장의 공간적 파급효과가 약 5.4km로 공가연쇄의 길이가 그렇게 길지 않으나, 주거이동은 주택가격과 주거면적 모두 개선되는 상향적 주택순환과정이 나타나는 것으로 분석되었다. 그런데 이러한 변화는 주로 신규주택으로의 이동 시에 집중적으로 나타나고 재고주택에서의 주거이동시에는 나타나기 어려운 것으로 밝혀졌다. 즉 재고주택의 경우는 상향이동의 비중보다는 하향이동과 수평이동의

30) 김태현 · 권영덕 (2010). 주택필터링개념을 활용한 주택공급효과 실증분석. 서울시정개발연구원.

비중이 더 증가하였다. 이는 서울시의 경우 신규주택시장과 재고주택시장에서의 필터링효과가 이원화될 가능성이 높은 것을 보여 주는 것이다. 또한 서울의 경우 신규주택으로의 전입 시 상향적 이동의 비중이 크기 때문에 주택의 질적 수준을 제고하는 효과는 있지만 이러한 상향적 변화가 후속적인 주거이동으로 연결되지 않는 다는 점을 보여주는 것이다. 신규주택과 재고주택시장의 양극화는 두 주택 유형의 가격 차이에 따른 진입장벽을 주요 원인으로 지목되고 있다.

김경환 · 서승환(2002)은 공가연쇄 이외에도 소득분배구조의 변화, 저소득층의 유입에 의해서도 주택순환과정이 발생하며, 순환과정의 진전속도는 각 주택의 관리 · 유지 및 보수에 관한 주민들의 노력 정도에 의하여 영향을 받는다고 한다.

필터링은 주택정책에 매우 중요한 시사점을 제공한다. 필터링이 원활하게 작동하면 각 계층의 소득이 일정하게 유지될 경우, 소득층을 위한 신규주택이 공급된다면 그 이하 모든 소득계층의 주거수준이 유지될 수 있다. 따라서 정부가 신규주택 공급을 지원을 하게 되면 모든 가구들의 주거수준이 올라갈 수 있다. 그러나 필터링이 원활하게 작동하지 않는다면 저소득층의 주거문제는 저소득계층을 위하여 재단된 특별정책(targeted policies)에 의하여 해결될 수 있다.

3) 주택시장의 경기변동[31)]

주택시장의 경기변동 원인과 특징을 살펴보기로 하자. 우선 주택시장의 국지성과 개별성을 들 수 있다. 호이트(Hoyt, W.)가 "주택경기는 도시마다 달리 변동하고 같은 도시라 하여도 그 지역에 따라 각각 다른 변동양상을 보인다."고 주장한 바 있듯이 국지성과 개별성은 주택이라는 상품의 물리적 특성으로 인하여 나타난다. 장기적으로 호 · 불황의 리듬은 전국적으로 비슷한 양상을 보이지만 단기적으로 시차를 두고 변동한다.

31) 주택을 비롯한 전반적인 부동산경기변동에 대한 보다 심도 있는 논의는 11장에서 다루기로 한다.

표 9-1 주택가격 순환주기 (단위 : 월)

지 역	상승기간	하락기간	순환주기
서울 강북	16.3	13.3	29.6
서울 강남	16.5	11.3	27.8
서울 강남구	17.8	10.3	28.0
분 당	13.3	14.5	27.8
일 산	14.5	15.5	30.0
평 촌	13.0	17.3	30.3

자료 : 왕세종 (2005). 수도권 아파트 가격의 지역간 상관관계 분석. 주택금융월보, 12월호. 주택금융공사.

〈표 9-1〉은 수도권의 주택가격 순환주기를 보여주는 것으로 전국에서 집값이 가장 높은 서울 강남구는 집값 상승기간이 수도권 신도시보다 최고 5개월이나 길고 하락기간은 7개월이나 짧아 집값이 다른 지역에 비해 계속 더 큰 폭으로 오르고 있는 것으로 분석됐다.

둘째, 주택시장의 변동주기가 일반경기에 비하여 길고 진폭도 큰 경향이 있다. 일반경기의 주순환은 9~11년의 주기를 가지는 반면, 건축순환은 약 17년 정도의 주기를 갖으며 그 진폭의 크기도 커서 과열과 침체의 현상이 극단적으로 나타난다고 한다. 이러한 현상은 특히 주택시장의 경기과열 시 유효수요에 비교하여 과잉공급이 발생되는, 즉 타성기간이 작용하는 것이 주된 이유 중 하나이다.

셋째, 일반적으로 상업용 · 공업용 부동산의 경기는 일반경기와 대체로 일치하지만 주택경기는 일반경기와 선행 · 역행 또는 후행하는 것이 통상이라고 한다. 하지만 국가개입 정도에 따라 병행하기도 한다고 한다. 이에 선진국에서는 경기조절수단으로서 주택공급정책을 사용하는 경향이 강하다. 즉, 경기 전반이 침체된 경우 경기부양을 위해 정부는 공공주택 등의 투자를 늘리게 되며, 반면에 경기가 과열된 경우 경기를 진정시키기 위해서 주택투자를 억제하게 된다.

5. 우리나라 주택시장의 변화

1) 주택시장 변화의 개요

주택시장의 변화는 우리 경제의 성장단계와 그 궤를 같이 하는 것으로 여기에서는 시기별로 간단하게 우리나라 주택시장의 특성을 살펴보기로 한다.

우선 1960~1970년대 경제개발 초기 농촌붕괴와 함께 인구의 도시집중이 가속화되면서 대도시의 주택이 절대적으로 부족해졌다. 그러나 도시로 유입된 농촌인구 대부분은 아직 소득수준이 낮아 주택구매력이 전반적으로 취약했기에 주택가격을 급등시키지는 않았다.

1980년대는 급격한 산업화와 함께 도시인구 집중이 가속화되고 핵가족화가 확산되면서 주택기본수요인 가구 수가 증가하였다. 이때 주택기본수요란 매년 결혼 등으로 증가하는 신규 세대구성과 핵가족화 등에 따른 가구분화를 합한 수준으로 주거안정을 위해 매년 필요로 하는 주택수요의 크기를 말한다. 가계의 주택구매력은 그동안 고도성장에 따른 소득증가로 향상되었다. 더구나 베이비붐 세대가 결혼 등으로 1980년대 후반부터 본격적으로 가구를 구성하면서 엄청난 주택구매 세력으로 가세했다. 그 결과 주택부족이 표면화되었고 이때부터 주택가격은 본격적인 상승세를 타기 시작했다. 이에 1988년 주택 200만 호 건설계획이라는 우리나라 주택시장의 구조적 변화를 갖고 오는 정책이 발표되었다.

1990년대는 1980년대 후반부터 시행되었던 주택 200만 호 건설로 인하여 초반에는 주택의 절대부족이 빠르게 해소되었고 단기적으로 아파트 미분양이 급증하는 등 공급과잉이 가시화되었다. 주택시장은 5년 신도시 입주를 계기로 집값이 하락세로 돌아선 이후 장기 하락조정과정을 거쳐 1996~1997년 일시적인 반등 이후 아시아를 강타한 외환위기사태로 인하여 급락세를 보였다. 실물경제가 극심하게 침체하는 가운데 1998년 주택가격이 −12.4%로 폭락하자 정부에서는 토지공개념을 폐지하는 등 부동산 관련 규제를 대부분 해제하였다. 이에 힘입어 주택시장은 외환위기 이전 수준을 회복하더니 2001년부터 집값이 급등하기 시작하였으며 그 결과 초과수요현상이 나타나 일시적으로 공급자시장 구조가 다시 재현되었다.

이는 외환위기 당시 신규분양 격감에 따른 수급불균형이 심화된 상태에서 분양자격 규제완화와 분양권 전매허용으로 구매력이 뒷받침되지 않아도 전매차익(자본이득, capital gains)을 기대할 수 있는데다가 초저금리와 넘치는 유동성을 배경으로 한 투기적인 수요가 기승을 부릴 수 있는 여건이 마련된 데 따른 것이다. 또한 전세가격 급등에 따른 구매수요로의 전환이 일시적으로 집중되었고, 서울 등 수도권 전역에 걸친 대규모 재건축 붐에 따른 대량 주택소멸 등 복합적인 요인들이 한꺼번에 몰리면서 수급불균형을 가중시켜 주택가격은 지속적으로 급등하게 되었다.

주택가격이 급등했던 시기 집권했던 참여정부에서는 2003년 종합부동산세 도입, 1가구 3주택 양도세 중과, 투기지역 주택담보인정비율(LTV) 강화 등을 뼈대로 하는 10 · 29대책을 내놓은 데 이어 2005년에는 8 · 31대책을 발표하여 종합부동산세를 강화하고 2주택 소유자에 대해서는 양도세를 중과하는 조치를 단행하였다. 2007년에는 투기지역 담보대출을 강력히 제한하는 한편 분양가상한제를 재도입하였다.

참여정부의 고강도 주택가격 안정대책은 주택 및 건설시장을 위축시키기 시작하였으며, 2007년 미국의 서브프라임 모기지사태로 인한 세계금융위기와 맞물리면서 주택시장을 비롯한 경기 전반이 침체되었다. 이 시기 집권한 이명박 정부가 내놓은 부동산대책들은 경제위기 극복을 위한 전 방위 경기부양정책과 함께 한다. 즉 참여정부의 핵심정책이라 할 수 있는 종합부동산세를 완화하고 뉴타운 재개발 확대와 10년간 500만 호 공급계획, 개발제한구역 완화, 4대강 정비사업, 보금자리주택 보급 등 다양한 경기부양책이 동원되었다.[32)]

다음의 〈표 9-2〉는 각 시기별 주택시장구조의 특징을 정리한 것으로 우리나라는

---

32) 정부의 부양책과 경기침체를 벗어나기 시작했다는 의견들이 조심스럽게 제시되기 시작함에 따라 2009년 초 특정지역의 주택시장이 과열되는 양상을 다시 보이기 시작하였다. 이에 주택시장 과열을 우려한 정부에서는 총부채상환비율(DTI) 등 주택금융 관련 정책을 강화하게 되었고 이에 따라 주택시장은 다시 안정세를 보이게 되었다.

표 9-2 각 시기별 주택정책과 주택시장 구조의 특징

구분	주택정책	시장구조	시장의 특징
1980 년대	1. 공영개발방식 도입 : 대량생산체제 2. 주택 200만 호 공급계획 - 수도권 5개 신도시 건설 3. 토지공개념제도 등 강력한 투기 억제대책 마련	1. 절대부족(보급률 70% 내외) - 3저 호황기 구매력 확충, 유동성 풍부 - 5공 공급부족 후유증 가시화 2. 투기만연 - APT가 보편화된 투자수단으로 부상	공급자시장 가격 폭등기
1990 년대	1. 공급확대를 통한 시장안정 - 준농림지 택지 전환 허용 - 양적인 공급확대에도 불구하고 난개발로 인한 질적 저하 2. 토지공개념 본격 시행	단기공급과잉 미분양 급증 - 주택 200만 호 입주 본격화 - IMF 충격 투기억제, 실수요 위주 시장 형성 - 전세 투자 수요 급격히 위축 - 아파트 재테크 수단 의미 퇴색	수요자시장 주택가격 장기하락 조정기
2000 년대 초중반	1. 초기 경기부양에서 시장안정 우선으로 급선회 - 재건축, 분양권전매, 청약자격 다시 규제, LTV 강화 2. 임대주택 공급 본격화 - 그린벨트 해제로 용지난 해소 3. 종합부동산세 도입	1. 외환위기 후유증 및 수요 집중 - 주택건설업체 연쇄부도 및 구매력 저하로 공급부족 - 전세수요 일시 구매수요 전환 2. 초저금리로 가수요 폭발 - 분양권전매 허용 - 청약자격 완화 - 재테크 수단으로 다시 부상	일시적 공급자시장 가격 급등기
2000 년대 후반	1. 시장의 자율조정 기능 중시 - 직접적 수요억제에서 장기적으로 공급조절 통한 시장안정 2. 금리와 주택금융정책(LTV, DTI 등)이 주택 경기를 좌우하는 주요인으로 부상	1. 과잉공급으로 인한 하향 조정 - 특히 지방의 미분양아파트 증가 2. 부동산간접상품시장 성장 - 투자개념에서 주거개념 전환 본격화 - 그린벨트 해제로 용지난 해소	수요자시장 구조정책 안정기 진입
2010 년대 초중반	1. 서민주거안정을 위한 주택시장 정상화, 전월세시장 안정을 위한 다양한 대책 2. 행복주택(20만 호) 건설계획 3. 규제완화와 다주택 양도세 폐지	1. 인구감소, 1인가구 증가, 고령화, 베이비붐 세대 은퇴로 인한 주택시장의 구조적 변화 2. 주택가격의 하락 약보합, 전세수요증가와 가격폭등세 유지 3. 주택구매력 격차로 인한 양극화 현상 시작	수요자시장 주택가격 장기하락 조정기

출처: 김성식 (2002). 주택시장의 구조변화. 국토, 제253호. 국토연구원.
손경환 (2008). 경제난국 극복을 위한 부동산정책 방향: 주택시장 뉴딜전략. 국토, 제326호. 국토연구원.
이수욱 외 (2011). 사회 · 경제구조 전환기의 주택정책 패러다임 정립방안 연구. 국토연구원.
김지현 (2015). 제도권 민간매입임대주택 공급결정요인에 대한 연구. 도시행정학보 제28집, 제3호. 한국도시행정학회.

특히 각 시기의 주택정책의 기조에 따라 시장이 크게 영향을 받은 것을 알 수 있다.

[그림 9-9]는 1986년 1월부터 2012년 12월까지 우리나라 전국과 서울시의 종합 주택가격의 지수와 아파트가격지수(2011년 6월 기준)의 변화 동향을 보여주고 있다. [그림 9-9]에서 보듯이 주택매매가격지수의 변화추이는 크게 1980년대 후반의 상승, 1990년대의 약보합, 그리고 2000년대 초중반의 상승과 2010년대부터 현재까지 지역별로 상승과 하락이 교차하는 차별화현상이 보이고 있으나, 전반적으로 상승세는 둔화되고 있다고 할 수 있다.

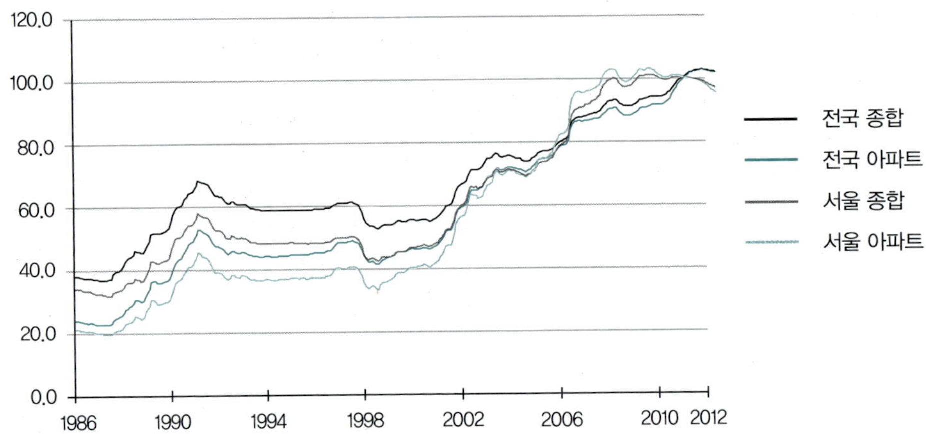

그림 9–9 전국과 서울시 주택가격지수 변화추이(1986.1~2012.12)

주: 2011년 6월 기준 (=100)
출처: 한국감정원 전국주택가격동향조사.

우선 1987년부터 1990년대 초반까지 주택가격이 급등하는 시기는 1988년 올림픽개최, 주택 200만 호 공급계획, 우리나라 경제의 고도성장, 저유가 · 저금리 · 저환율의 3저(低) 호황 등의 복합적 요인이 작용한 시기였다. 그렇지만 이로 인한 자금시장의 왜곡 및 기업 투자자금 유입억제 등의 폐해를 인식한 정부의 주택가격안정화 조치들이 시행되고 1991년 '토지공개념'이 도입되면서 주택가격은 다시 하락

국면으로 전환되었다.

1990년대 들어 10년 동안 거시경제 성장률은 연평균 6.2%를 기록한 반면 주택가격 상승률은 연평균 0.4%에 불과할 정도로 주택가격은 매우 안정적이었다. 그렇지만 이 기간 내내 하향조정과정을 거쳤기 때문에 외환위기 당시에도 자산디플레이션에 의한 장기복합불황의 악순환에서 빠져나올 수 있었다고 평가받는다. 1997년 외환위기 사태 이후 우리나라 경제 전반의 구조적 변화와 함께 고성장에서 저성장 체제로 전환되면서 부동산수요가 정체되고 가격상승의 기대가 감소하면서 주택가격의 상승여력의 둔화를 초래하게 되었다.

2000년부터 경기수축국면과정에서 기업 설비투자가 급감하고 자금수요가 둔화되면서 본격적 저금리시대가 도래하였다. 이에 정부는 1년 이내 분양권 전매허용, 금리인하 등 부동산경기 부양책 추진을 통한 내수부양책을 실시하였고 이 과정에서 '금융자산 수익률둔화, 부동산시장 자금유입'으로 수도권과 충청지역을 중심으로 주택가격 및 토지가격이 급등하게 되었다.

특히 2001~03년까지의 서울 아파트가격 상승률은 연평균 25.2%에 달해 같은 기간 경상GDP 연평균 성장률 6.5%에 비하여 4배가 넘었다. 이에 정부에서는 고강도의 주택가격안정책을 연속으로 내놓아 부동산시장의 과열 열기를 식히기에 여념이 없었으며 이러한 노력에 힘입어 점차 안정된 모습을 보이게 되었다.[33] 2007년 미국 발 서브프라임 모기지사태로 야기된 세계금융위기로 인하여 우리나라 경제 전반에 걸쳐 심각한 침체기를 맞았으나, 주택시장은 부동산 규제완화와 지역개발 호재 등으로 상대적으로 안정적인 모습을 보여주고 있다.

2010년대 들어서는 유럽 발 재정위기로 인한 금융시장 불안과 예상보다 부진한 국내 경제 성장률부동산 경기침체 장기화에 대한 우려로 매수심리가 크게 위축되며 전국의 주택매매가격은 약보합세를 보이고 있으며 특히 서울의 주택가격 하

33) 물론 이에 대하여 주택시장의 지나친 수요억제와 건설경기부진을 초래하여 단기적으로 시장이 안정된 것처럼 보일 수 있으나, 장기적으로는 주택수급이 원만하지 않아 오히려 시장이 불안해질 수 있다고 보는 견해도 있다.

락현상이 현저하였다. 그러나 2009년부터 나타나기 시작한 전세난 심화와 전세가격 폭등은 2014년 3월 9%라는 기록적인 전세가격상승률을 기록하였다. 물론 이후 상승세는 둔화되었지만, 소비자물가 상승률이 0.5%에 불가한 것을 고려한다면 최근 2%에 육박하는 전세가상승률은 매우 높은 수준이라고 하겠다. 전세가격의 폭등은 주택매매시장에도 영향을 미쳐 2014~2015년에 주택매매가격을 밀어 올리는 현상을 야기하였다. 즉 전국의 아파트전세/매매 비율이 2011년 1월 기준 57.3%에서 2015년 2월 70.6%로 상승하고 저금리기조가 지속되면서 30~40대 젊은 가구주들의 전세수요가 매매수요로 전환하였다. 이 결과 2014년부터 2015년까지 주택가격이 전국적으로 상승하고 있다. 그러나 주택가격이 상승하면서 대규모로 아파트 및 공동주택의 분양이 이루어지고 있어 주택공급량이 증가하고 인구구조의 변화로 인하여 수요증가에 한계가 있어 주택가격의 상승세가 지속되기 어렵다고 예측된다.

2) 주택시장의 구조적 특징

우리나라 주택시장의 구조적 특징을 이해하기 위하여 우선 미국, 일본, 독일 3개국과 비교하면서 다른 나라와 비교되는 특성을 파악하여 보도록 하자.[34)]

첫째, 우리나라는 주택유형 중 공동주택의 거주비중이 80% 이상이다. 미국과 일본의 경우는 각각 64%, 54%가 단독주택에서 거주하고 독일도 30%가 단독주택에 거주하고 있으므로 우리나라의 공동주택 거주비율은 상당히 높은 것으로 파악된다.

둘째, 주택점유형태별 비중을 살펴보면 자가거주가 2010년 기준 54.2%이고 임대거주가 45.8%로[35)] 독일의 자가거주율 45.7%, 임대거주율 54.3%와 유사하다. 미국의 경우는 자가보유를 권장하는 세액공제와 같은 여러 가지 정책지원 덕분에

---

34) 보다 자세한 내용은 다음을 참조할 것. 이창무 (2014). 민간임대주택시장의 변화추세와 장기전망. 공간과 사회, 제24권 제2호. 한국공간환경학회, pp.83-135.

35) 2014년 자가점유와 임대점유 비중은 각각 53.6%, 46.4%에 달해 임대주택 점유비율이 계속 증가하고 있다.

66.2%이라는 높은 자가거주율을 보이고 있다. 주목해야 될 점은 임대계약형식이 대부분 월세(月貰)인 해외와 달리 우리나라는 전세와 보증부월세가 가장 많다는 것이다. [그림 9-10]에서 보이는 바처럼 2012년 이후 전세가격 급등과 임대인들의 보증부월세로의 전환으로 전세공급이 부족해지면서 전세비율이 감소하여 2014년에는 19.6%로 감소한 반면 보증부월세의 비중이 급격하게 증가하여 21.83%가 되었다.

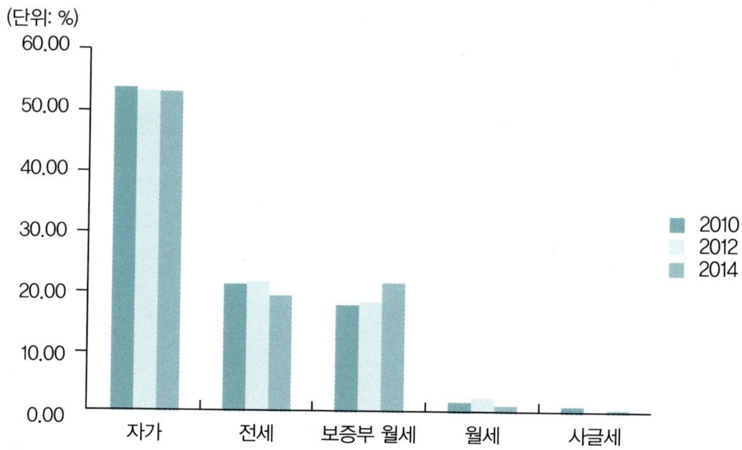

그림 9-10 우리나라 주택점유형태별 비중

출처: 통계청, 국가통계포털, 국토교통부 주택토지실(2015).

셋째, 주택유형별 점유형태를 보면 미국, 일본, 독일 3개국은 모두 단독주택의 경우 자가점유의 비율이 높고 공동주택일수록 임차의 비중이 높아 약 80% 정도에 달한다. 그러나 우리나라는 반대로 대규모 공동주택인 아파트에서 자가(自家)비율이 가장 높으며, 주택유형 간 임대비율은 큰 차이를 보이지 않는다. 즉 우리의 주택시장은 해외와 달리 임대시장이 매매시장과 구분되지 않고 중첩되어 있는 것이다.

넷째, 임대주택 공급자의 유형별 비중을 살펴보면 〈표 9-3〉에서 보이는 바처럼 우리나라는 민간매입임대는 3.5%, 민간법인은 3.9%에 불과하고 공공임대주택도

표 9-3 한국, 미국, 일본, 독일의 임대주택 공급자 유형

한국 (2011)		미국 (2011)	
사업자유형	가구 수(천)	사업자유형	가구 수(천)
민간임대	7,052(88.7%)	민간임대	37,686(97.1%)
개인	6,463(81.3%)	개인	17,184(44.3%)
민간매입임대	275(3.5%)	아파트	20,502(52.8%)
민간법인	314(3.9%)		
공공임대	898(11.3%)	공공임대	1,130(2.9%)
계	7,950(100%)	계	38,816(100%)
일본 (2008)		**독일 (2011)**	
사업자유형	가구 수(천)	사업자유형	가구 수(천)
민간임대	14,763(83.1%)	민간임대	18,956(88.0%)
개인	11,451(64.43%)	개인	13,798(64.1%)
민간법인	3,312(18.6%)	주택조합, 민간단체	2,389(11.1%)
공공임대	3,007(16.9%)	민간법인	2,769(12.9%)
(임대관리회사)	7,689(43.3%)	공공임대	2,576(12.0%)
계	17,770(100%)	계	21,532(100%)

출처: 이창무 (2014). 민간임대주택시장의 변화추세와 장기전망. 공간과 사회, 제24권 제2호. 한국공간환경학회, p.89.

11.3%에 지나지 않아 81.3%의 개인들이 임대사업자로 등록하지 않고 임대주택을 공급하고 있다. 미국은 전체 임차가구 중 52.8%가 기업형 임대주택에 해당하는 아파트에 거주하고, 개인이 소유한 민간임대주택에 거주하는 가구는 44.3%이다. 일본도 전체 임차가구 중 18.6%만이 민간법인의 임대주택에 거주하고 64.4%가 개인소유 민간임대주택에 거주하는 것으로 추정된다. 다만 소유자와 상관없이 임대관리회사에서 관리하는 주택수가 43.3%에 달한다. 독일은 시영 및 주(연방)정부가 소유하는 공공임대주택이 12%, 주택조합 및 비영리법인 민간단체의 임대주택이 11.1%, 민간법인의 임대주택이 12.9%를 차지하고 나머지 64.1%를 개인들이 공

급하는 임대주택이다. 이처럼 3개국 모두 개인이 공급하는 민간임대주택의 비중이 44~64%를 차지하고 있으나, 우리나라처럼 대부분 개인들이 비공식적으로 민간임대주택을 공급하는 모습을 보여주지는 않고 있다.

개인에 의해 공급되는 비제도권 민간임대주택이 많은 것은 주택임대계약이 해외와는 다른 전세나 보증부월세라는 독특한 임대계약구조를 가지고 있기 때문이다. 즉 우리나라 주택시장의 가장 큰 구조적 특징은 임대시장이 매매시장과 구분되지 않고 상호영향을 받고 있는 메커니즘이 작동하고 있기에 대부분의 임대주택이 개인에 의해 비공식적으로 공급된다는 것이다. 이에 우리나라 주택시장을 제대로 분석하기 위해서는 [그림 9-11]과 같은 매매와 전세, 그리고 전형적인 임차유형이라 할 수 있는 월세를 모두 함께 분석하여야 하는 삼차원적 접근법이 필요하다.

주택시장의 삼차원 접근방법은 전세시장이 매매시장과 월세시장에 동시에 영향을 받는다면 전세시장을 순월(연)임대료시장과 매매시장의 관계를 통해 이론적으로 해석할 수 있게 해준다. 그러나 이를 분석하려면 매매가격, 전세가격, 월(연)임대료를 포함한 가격지표 외 각 하부시장관계를 보여주는 전세가/매매가 비율, 잠재임대수익률(잠재자본환원율), 전환율[36]과 다양한 보증금 비중의 분포까지 파악되어야 할 것이다. 이에 이창무(2014)는 아직까지 필요한 다양한 지표들의 변화를 파악할 수 있는 충분한 시장정보가 축적되지 못하였기에 상당 기간 주택시장의 삼차원 구조를 적용하여 우리나라 주택시장을 해석하는 데 어려움이 있다고 하였다.

36) 현재 일반적으로 사용되고 있는 전월세전환율은 전세를 (보증부)월세로 전환 시 수익률을 의미하는 경우가 많다. 그러나 본서에서 의미하는 전환율은 단순히 임대주택의 유형의 전환에 따라 결정되는 예상수익률이 아니라, 자본시장과 주택시장의 상호관계 속에 결정되므로 보다 복잡한 개념이므로 전환율이라는 표현을 사용하기로 한다.

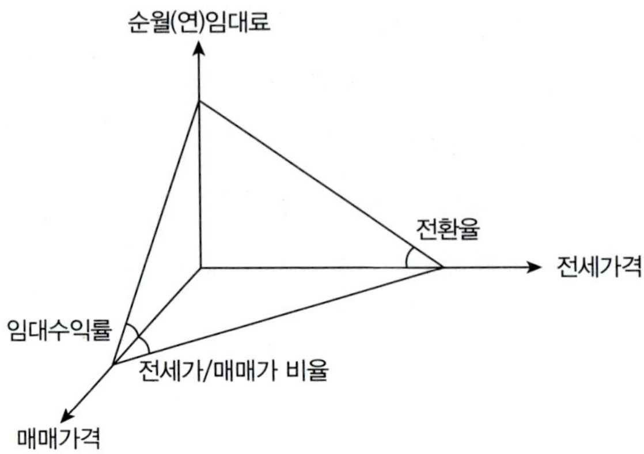

❖ **그림 9–11** 주택시장의 삼차원 구조

출처: 이창무 (2014). 재인용, p.97.

이런 점에서 레버리지가설[37]에 기초한 주택시장의 설명이 현재로써는 가장 설득력 있다. 우선, 레버리지가설에 기초한 임대주택의 기대수익률 함수는 다음과 같다.

$$r_e(D) = \frac{R(D) + a_e P}{P - D}$$ 식 9-13

여기서 R은 보증금에 대한 이자소득이 없는 임대계약시점에서 결정된 연간 임대수입이며, a_e는 기대가격상승률, $a_e P$는 미래 자본이득이다. 한편 임대인의 투자금액은 주택매입가격 P에서 보증금 D을 제외한 $P-D$가 된다. 보증금 비중이 올라가면 레버리지 증가에 따라 위험도도 증가하기 때문에 이를 반영하면 (식 9-14)가 된다.

$$r_e(D) = r_0 + \alpha\sigma_a \frac{D}{P - D}$$ 식 9-14

37) 레버리지가설은 투자자가 보증금을 은행이자로 대체하여 고려한다기보다 전세나 보증금이 유지되고 있는 임대주택을 구입할 때 자기투자금액을 줄이기 위하여 레버리지로 활용하는 현실을 수용한다.

여기서 r_0는 순수한 월임대료의 평균기대수익률 α는 단위위험에 요구되는 위험프리미엄, σ_a는 가격변동성이다. 이처럼 보증금의 비중을 높이게 되면 요구되는 위험프리미엄의 레버리지 비율 $\frac{D}{P-D}$에 비례하여 증가하므로 요구수익률 또한 보증금 증가에 따라 체증적으로 증가하게 된다. (식 9-14)는 주택시장의 주요 지표들 간의 관계를 보여주며 이를 $r(D)$에 대해 풀어 전환율을 구하면 (식 9-15)가 된다.

$$-\frac{\partial R}{\partial D} = \frac{R_0}{P} + a_e - \alpha\sigma_a$$ 식 9-15

여기서 R_0는 연간 순수임대료이므로, R_0/P는 자본환원율이 된다. (식 9-15)에 의하면 전환율은 자본환원율과 기대가격상승률이 높을수록, 위험프리미엄 및 가격변동성이 작을수록 높아지게 된다. 이때 5장에서 설명한 것처럼 자본환원율은 자본시장에서 자본의 기회비용 즉 시장금리와 밀접하게 연결되어 있으므로 금리의 영향을 자본환원율을 통해서 설명할 수 있다. 월세미납과 공실위험이 반영된 보증금의 비중에 따라 차별화되는 전환율의 결정기제는 단순히 전세에서 월세로의 전환 시 수익률이 아닌 복잡한 기제의 전환율이 시장균형을 형성하는 과정에서 결정되고 있음을 보여준다.

레버리지 위험을 고려하면 전세와 전세가격/매매가격의 비율은 각각 (식 9-16), (식 9-17)과 같다.[38)]

$$C = \frac{R_0}{\frac{R_0}{P} + a_e - \alpha\sigma_a}$$ 식 9-16

(식 9-16)은 전세가격(C)는 순수월세(R_0)가 높을수록, 주택가격이 높을수록 올라가지만, 기대가격상승률 a_e과 자본환원율(R_0/P)이 낮을수록 또한 올라간다. 또

38) 이상의 주택시장의 각 주요 지표를 유도하는 자세한 과정은 이창무(2012)를 참조할 것.

한 가격변동성이 작은 시장일수록 추가적인 영향을 받아 전환율이 높아진다.

$$\frac{C}{P} = \frac{1}{1 + \frac{a_e - \alpha\sigma_a}{R_0 / P}} \qquad \text{식 9-17}$$

(식 9-17)은 전세가격과 매매가격의 비율로써 기대가격상승률이 낮을수록, 자본환원율이 높을수록, 매매시장의 가격변동성이 클수록 높아지게 된다. 또한 전환율은 자본환원율과 기대가격상승률이 높을수록 가격변동성이 낮을수록 높아지게 된다.

3) 추후 주택시장의 변화예측

우리나라 주택시장은 구조적인 변화를 겪고 있는 바 이는 수요자시장, 연간 기본수요의 둔화, 주택수요의 차별화, 주택정책기조의 변화, 임대시장의 성장 등으로 정리할 수 있다. 이를 좀 더 자세히 살펴보기로 하자.

첫째, 주택시장의 성격이 공급자시장에서 수요자시장으로 전환되고 있다는 점이다. 1990년대 초반만 해도 우리나라 주택시장은 만성적인 초과수요 상황이었으나 주택 200만 호 공급이 이루어진 1990년대 중반 이후 시장의 구조적인 변화가 나타나기 시작했다. 즉 주택 200만 호 공급계획 이후 최근까지 전체 재고 주택물량 1,200만 호의 60% 이상이 집중공급되면서 주택시장의 구조가 수요자시장으로 가속화되기 시작하였다. 물론 2000년대 초반 초저금리 및 각종 부동산 규제완화에 힘입어 일시적으로 주택수요가 증가하면서 공급자시장으로 일시적으로 다시 돌아가는 듯 했으나, 2008년 금융위기로 시작된 세계적인 경제침체와 전국적으로 100%를 초과하기 시작한 신(新)주택보급률[39]은 수요자시장의 면모를 확실시하

---

39) 2005년부터 사용되고 있는 신주택보급률은 주택수의 산정방식(현행주택 수 + 다가구주택의 구분 거처호수)을 수정하고 가수 수를 기존 보통가구에서 일반가구로 계산하고 있다.(국토교통부 주택정책과, 2013).

였다. 이러한 상황에서 건설사들은 수요를 고려하지 않은 주택공급으로 인하여 미분양 물량이 점차 증가하여 2008년 전국적으로 165,599호의 주택이 미분양되었다. 이후 주택건설 경기침체로 인하여 공급이 감소되고 건설사들의 노력으로 매년 미분양주택 수는 감소되어 2013년 61,091호의 미분양주택이 있었으나, 2014년부터 주택시장의 경기가 활성화되면서 2014년 말 미분양주택은 40,379호로 급격하게 감소하였다. 그러나 2014년부터 주택시장이 회복되면서 건설사들이 주택공급계획이 급속도록 증가하고 있다. 2014년에는 515,251호의 주택허가인허가신청이 있었으며, 2015년에는 9월 기준으로 540,140호의 허가신청이 있었다. 따라서 단기간에 많은 주택들이 3~4년 후 준공되어 주택시장에 쏟아지게 되면 공급초과로 인하여 수요자시장으로의 정착이 불가피해질 것으로 전망된다. 더구나 아파트와 유사한 주거용 오피스텔과 다가구주택, 상가주택까지 포함할 경우 실제 주택공급량은 통계보다 훨씬 많을 것으로 추정된다.

둘째, 1980년대 들어 우리나라는 인구증가율이 빠르게 둔화되어 2010년대는 0.2%에 불과하지만, 주택의 연간 기본수요라 할 수 있는 가구의 수는 매년 증가하여 2010년 기준 1,757만 가구로 증가하였다. 이는 1990년 기준으로 54.6%가 증가한 것이다.

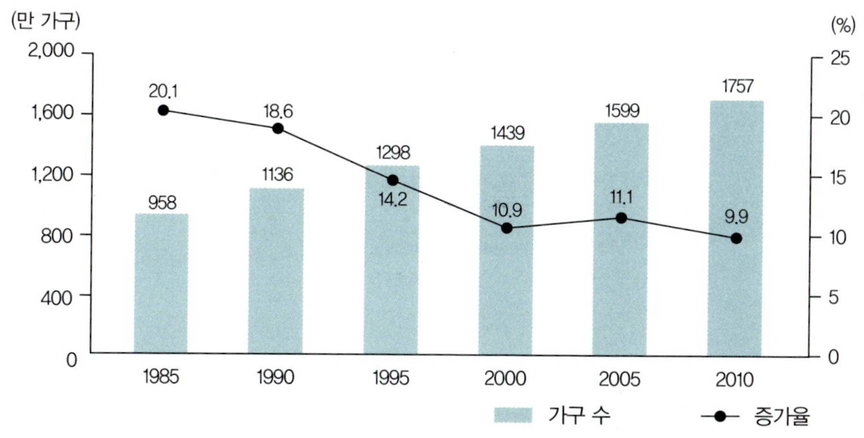

그림 9-12 가구 수와 가구증가율의 변화추이

출처: 통계청. 각 년도 인구주택총조사.

추후 결혼연령의 고령화, 여성의 출산기피 및 저출산으로 가구 수 증가세에 제약이 있으나, 1인 가구의 수는 계속 증가할 것으로 전망된다. 실제로 가족유형과 형태분화가 빠르게 진행되면서 가구당 평균 가구원 수는 [그림 9-13]에서 보이는 바처럼 계속 감소하여 2035년 가구당 가구원 수는 2.33명, 1인 가구비율은 34.3%에 이를 것으로 전망되고 있다. 2035년까지의 유형별 가구 수 변화추세를 보면 1·2인 가구 중 40세 미만의 청장년 가구 수는 현상을 유지하나, 60세 이상의 노년가구 수는 급격하게 증가할 것으로 예상되어 주택시장에서 노년 1·2인 가구의 주거소비 유형이 주택수요 변화에 중요한 요인을 작용할 것 같다. 즉 1·2인 가구의 증가는 대형주택보다 소형주택의 수요를 증가시킬 것으로 예상되나, 노년 1인 가구는 극소형 주택보다는 중소형 또는 중형주택을 소비하는 경향이 크므로 추가적인 극소형주택의 수요증가는 한계가 있을 것이다.[40)]

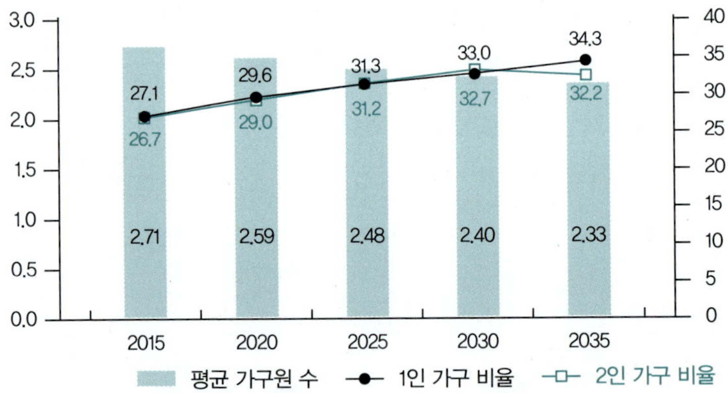

그림 9-13 평균가구원 수와 1인 가구비율의 전망

출처: 통계청. 추계인구 · 가구추계.

40) 조만 · 이창무(2014)에 의하면 노인 1인가구의 경우 50m^2 미만의 주택소비 비중이 2010년 35%에서 2035년 21%까지 감소할 것으로 예상되는 반면, 700m^{2}초과 주택에 대한 소비는 1995년 18%에서 2010년 35%로 증가하였고 2035년에는 52%까지 증가할 것으로 전망된다.

셋째, 주택수요의 차별화이다. 주택시장이 공급자시장에서 수요자시장으로 구조적 변화를 거치게 되면서 기존 주택시장은 물론 신규분양시장에서도 지역 · 상품 · 규모에 따라 수요차별화와 수요계층별 구매력 격차에 따른 양극화 현상이 나타나기 시작했으며 이러한 경향은 점차 가속될 것으로 본다. 주택시장에서 수요계층의 세분화는 주택공급의 다양화로 이어질 것이다. 주택수요자들이 질적인 만족을 추구함에 따라 주택공급방식도 소품종 대량생산에서 다품종 소량생산시대로 바뀌어 나가게 될 것이다. 한 주택건설업체가 전국에 걸쳐 한 해에 수만 가구를 공급하던 대량생산시대는 끝나고 선진 외국처럼 각 지역별, 수요자 계층별, 테마별로 다양한 주택을 공급하는 시대가 오리라 예상된다.[41)]

마지막으로 임대주택시장의 확대이다. 인구고령화 및 저출산과 같은 인구구조의 변화와 경제발전 둔화로 국민들의 자가(自家)소유의식이 약화되면서 '내 집을 꼭 마련하겠다'는 가구 수가 감소하고 있다. 현대경제연구원(2015)에 따르면 2010년 가구의 83.7%가 주택을 구입하고자 하였으나, 2014년에는 79.1%로 4년 만에 4.6%가 감소하였다. 또한 주택시장의 불확실성으로 자본이득을 추구하는 투자처로서의 매력도 약화되고 있다. 이러한 변화는 주택시장에 반영되어 [그림 9-10]에서 나타나듯이 주택점유형태에 있어 자가(自家)점유는 점진적으로 감소하고 임대점유는 증가하면서 주택의 임대수요 및 임대거래량이 계속 증가하고 있다.[42)] 이때 앞서 주택시장의 구조적 특징을 통해 시사하였듯이 임대시장의 확대는 전세보다는 월세에 의하여 견인될 것으로 예상된다. 즉 인구고령화에 따라 주택임대사업자의 연령이 높아지고 수요자시장으로의 전환에 따른 주택가격 상승도 예상하기 어려우므로 전세보다는 보증금 비중이 낮은 월세 중심의 임대계약을 선호하는 시장으로 정착할 것이다. 2015년 하반을 기준으로 아파트는 아직까지 공실에 따른 위험이 상

---

41) 박재룡(2004)에 의하면 2000년 1인당 주거면적은 20.2㎡로서 1980년 10.1㎡의 2배가 되었다고 한다. 또한 주거환경이 양호한 지역으로의 '쏠림현상'이 나타나면서 지역별 가격 차별화현상이 심화되고 있다고 한다. 이는 이미 우리나라에서 주택수요의 차별화가 가속되고 있음을 보여주는 증거라 할 수 있다.

42) 정은주 · 정봉현(2014)은 인구추계자료를 기반으로 임대거래량을 추계한 결과 향후 임대수요 및 임대거래량이 계속 증가할 것으로 전망하였다.

대적으로 적으나, 2017년부터 시장에 아파트가 대량으로 공급될 것으로 추정되므로 아파트도 정상적 수준의 공실이 유지되게 될 것이다. 이는 현재 이미 공실률이 높은 다세대와 오피스텔의 상황이 아파트에도 나타나게 됨을 의미하며 이렇게 되면 아파트시장에서도 임대인은 보증금 비중이 높은 임대계약을 선호하지 않으므로 보증금 비중을 지속적으로 줄이는 월세화가 가속화될 가능성이 높다. 다만 이창무(2014)는 보증금의 감소가 순수한 월세의 증가로 이어지기보다는 계약기간 중 월세미납을 충당할 수 있는 2년 치 정도의 월세수준으로 보증금이 결정되는 보증부월세를 중심으로 임대주택시장이 수렴하는 현상이 발생할 것이라 예상하였다.

이제까지 주택시장은 만성적인 공급부족에 따라 공급자 위주의 시장질서가 형성되어 왔고, 전세라는 독특한 기제로 인하여 시장의 안정성이 끊임없이 교란되어 시장실패를 막기 위한 정부개입이 빈번하고 개입의 정도 또한 강하였다. 공급이 절대적으로 부족한 시기에는 주택을 구입할 수 있는 기회는 특혜로 인식되었기에 정부는 주택공급과정부터 개입하여 무주택자 우선분양제 등 한정된 주택공급을 할당하는 제도를 시행했다.

그러나 주택시장이 공급자시장에서 수요자시장으로 변화되고 월세형태의 정상적인 임대시장이 성장하는 등 주택시장의 구조적 변화를 맞추어 주택정책의 성격 또한 바뀌어야 하리라 본다. 즉 정부는 주택시장의 기능이 제대로 작동할 수 있도록 반시장적인 규제들은 과감하게 폐지하거나 완화하면서 정부의 개입을 줄이고 시장의 자율규제(self-regulation)[43]기능이 활성화 내지 강화되도록 하여야 할 것이다. 주택시장의 자율규제란 정부개입 없이 시장 참여자들의 자발적으로 자유롭게 경제활동을 영위하는 것이 보장되면서 이에 따른 책임도 강화되어야 한다는 것을 의미한다. 이때 정부는 주택시장에서 기본적으로 준수해야 할 기준 내지 틀만을 제

43) 자율규제(self-regulation)란 규제의 주체가 정부가 아닌 규제의 상대방인 피규제 사업자 내지 피규제 사업자단체가 법령상 자신들이 준수하여야 할 기준을 스스로 수범하도록 함으로써 규제의 대상이 아니라 규제의 주체가 되는 질서체계를 의미하는 것으로 정부규제를 대신하는 정책수단으로 폭넓게 활용되고 있다. 자율규제는 행정규제가 지니고 있는 경직성 · 비효율성의 문제를 극복하면서 집행비용을 절감하고 규제에 적응하는 유연성을 확보하는 등의 장점이 있다. 보다 자세한 내용은 전재경(2009)을 참조할 것.

시하고 만약 시장에서 이를 준수하지 않을 경우[44] 누구에게 책임이 있다는 것만을 명시하는 '책임의 법리'를 적용하는 것이 바람직하다고 본다.[45] 정부는 시장개입을 감소하는 대신 저소득계층을 위한 주거서비스 강화에 보다 역량을 집중하는 것이 바람직할 것이다.

4) 장기주택 수요예측

이제까지 우리나라의 주택정책은 주택시장의 단기적 변동에 초점을 두어왔다. 그러나 언급한 것처럼 고성장시대가 끝나고 저성장의 시대로 접어드는 동시에 소득변화와 인구고령화 등 주택수요의 기본적 요인들이 변화하고 있기에 추후 장기적인 주택공급계획을 마련하여 대응할 필요가 있을 것으로 판단된다. 따라서 장기적으로 주택수요의 변화를 연구할 필요가 있다.

맨큐-와일(Mankiw & Weil, 1989, 이하 M-W)의 연구는 장기주택 수요예측에 인구구조와 소득 및 가격변화의 효과를 모두 반영한 대표적인 연구방법론을 제시하고 있으며 우리나라에서도 M-W의 모형을 이용하여 주택수요를 예측한 바 있다.[46]

M-W모형은 각 가구의 주택수요는 해당 가구의 구성원들의 주택수요의 합으로 구성되며 각 구성원의 주택수요는 연령에 의하여 결정된다고 가정한다. M-W는 미국의 인구주택센서스 자료를 이용하여 주택의 매매가격을 예측할 결과, 1987~2007년 기간 중 베이비붐 세대의 고령화로 주택수요가 감소하여 주택의 실질가격이 연간 3%씩 하락할 것이라고 하였다. 그러나 이 기간 중에 주택의 실질가격은 거꾸로 연간 3.5% 정도 상승하여 M-W의 예측은 크게 빗나갔다. 학계에서는 M-W가 주택수요는 단순히 인구구조에 영향을 받는 것이 아니라, 모든 재화와 서

44) 부동산시장에서 기본적 기준이나 틀을 준수하느냐의 감시역할은 소비자들이 맡게 되는 것이 이상적일 것이다.

45) 김지현(2010). 부동산가격규제개혁. 한국법제연구원.

46) 대표적인 장기주택 수요예측에 관한 연구로 김경환(1997), 건설교통부(2003), 차문중 외(2004) 등이 있다.

비스의 수요처럼 가격과 소득의 영향을 받는다는 사실을 고려하지 못하였기 때문이라고 비평하였다. 이후 연구는 인구구조뿐만 아니라 가격과 소득의 변화추이를 고려하여 이루어졌다.

차문중 외(2014)는 M-W와 함께 주택수요에 영향을 미치는 가격과 소득을 추가하여 2005~2030년까지의 장기주택의 수요를 예측한 바 있다. 이에 따르면 M-W모형을 그대로 이용할 경우 주택수요는 향후 1.5% 이하로 증가하다 2025년부터 감소하는 것으로 예측된다. 즉 M-W모형에 의하면 인구의 노령화가 진행되면서 주택수요는 장기적으로 감소할 수밖에 없는 것이다.

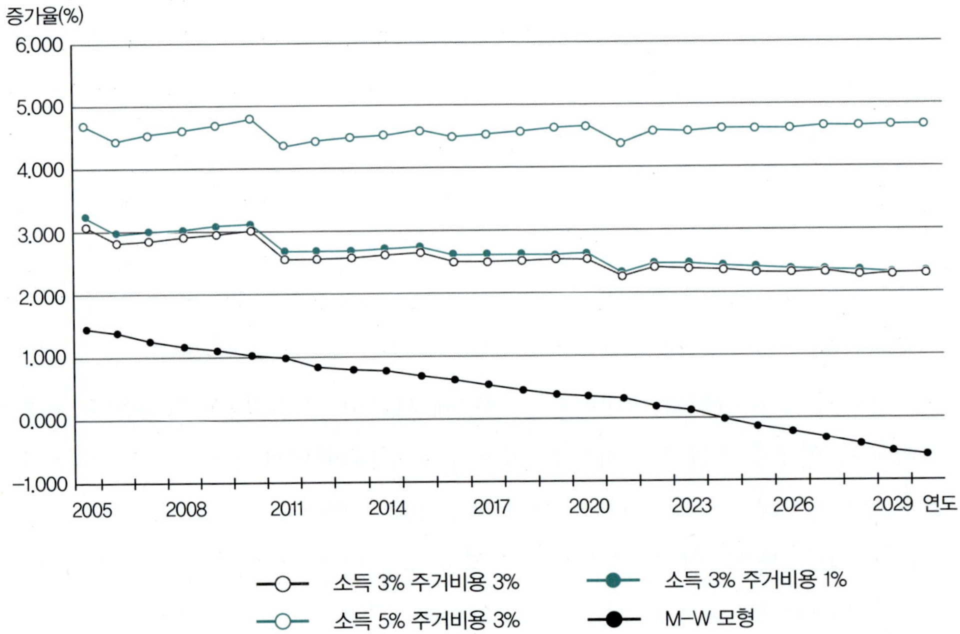

그림 9-14 장기주택 수요예측 증가율(2005~2025)

출처: 차문중 외 (2014). 주거여건의 추이와 장기주서수요 전망. 주택시장분석과 정책연구, p.77.

M-W모형에 주거비용과 소득을 추가하여 고려할 경우 주택의 수요변화율은 M-W모형의 추정결과보다 완만하게 나타나고 있다. 즉 소득과 주거비의 증가율이 모두 3%인 경우, 연평균 주택수요 증가율은 2.3~3.0%로 나타났고, 소득증가율 3%, 주거비증가율 1%인 경우는 연평균 주택수요 증가율은 2.3~3.2%로 조금 높게 나타난다. 반면, 소득증가율의 증가는 주택수요의 증가를 유발하는데, 장기적으로 주택수요는 주거비용의 변화보다는 소득변화에 더 민감하게 반응할 것으로 예측하였다.

CHAPTER

10 비주거용 부동산시장 분석

CHAPTER 10 비주거용 부동산시장 분석

1. 기업의 입지선정 이론

기업입지론이란 어떤 기업이 어느 곳에 위치하는 것이 생산활동의 최대이윤을 가져오는가를 설명하는 것이다. 기업활동의 입지를 장소의 이용이라는 관점에서 본다면 한정된 토지를 어떻게 사용하는 것이 토지의 효율성을 극대화시키는가의 문제로도 파악할 수 있으므로 토지이용에 관한 이론이 되므로 미시적 접근이라 할 수 있다.

1) 고전적인 기업입지론

기업입지론의 시조인 알프레드 베버(Alfred Weber)는 제조업의 입지를 설명함에 있어 이윤극대화라는 기본원칙에서 벗어나지 않고 있다. 즉 생산자인 기업은 합리적이고 기업의 수입은 위치에 따라 변하지 않고 항상 일정하며 다만 비용만이 변한다고 가정하고 최적입지로서 최소비용지점을 모색한다. 이때 베버가 고려한 중요한 3가지 입지인자는 운송비, 노동비, 집적이익이다. 그럼 이 세 가지 요인이 어떻게 기업입지를 결정하는지 알아보자.

첫 번째로 고려할 사항은 운송비이다. 이는 최소운송비지점(least transport cost

point)이 최적입지라는 주장의 근거에서 비롯된다. 1개의 상품 소비시장(C)과 두 개의 원료산지 M_1과 M_2가 있다고 한다면, M_1과 M_2에서 나오는 원료를 사용하여 제품을 만들고 이 제품을 소비시장(C)에 운송할 때 운송비의 합이 최소화되는 지점이 최적입지가 된다. 물론 이때 생산비용은 모든 지점에서 동일하다고 가정한다. [그림 10-1]에서 a, b, c는 각각 M_1, M_2, 그리고 소비시장(C)으로부터의 운송거리라 할 때 최적의 입지는 P에서 결정되게 된다.

만약 원료의 무게와 부피에 비해서 제품의 무게와 부피가 큰 경우 완제품의 운송비를 더 고려해야 하므로 기업의 입지는 시장지향적이 된다. 이와 반대의 경우 기업의 입지는 원료지향적으로 결정될 것이다.

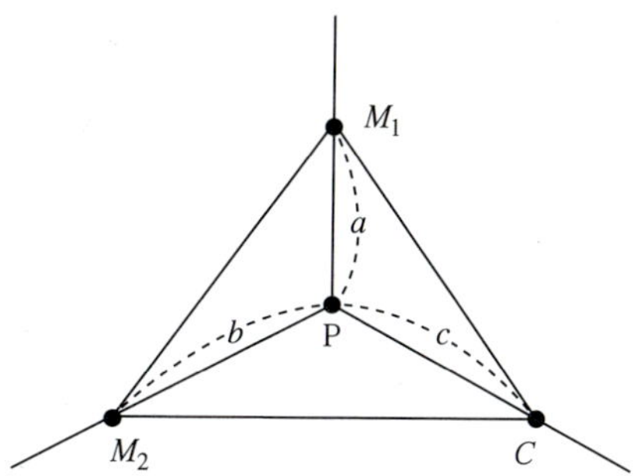

그림 10-1 베버의 입지삼각형과 최소비용입지

두 번째는 노동비를 고려하여야 한다. [그림 10-2]의 최소비용지점 P에서 한 단위거리를 이동할 때 운송비가 단위제품당 100만 원씩 증가한다고 할 때, P를 중심으로 그려진 동심원들을 등운송비선(isodapane)이라 부른다. 그런데 만일 지점 L에 노동력이 풍부하여 타 지점보다 임금이 제품당 300만 원이 저렴하다고 할 때 이 노동비의 절감에 상응하는 등운송비선을 한계운송비선(critical isodapane)이라 한다.

[그림 10-2]에서 원래의 최소비용지점은 P였으나 저렴한 노동력이 있는 L지점에서 제품당 300만 원씩 생산비용이 절감된다면 L지점이 최소비용지점으로서 최적

입지가 된다. *L*지점으로 생산공장의 위치를 옮기면 운송비용은 280만 원 정도 더 비싸지만 노동비용이 300만 원 정도 절감되기에 결국 제품당 20만 원의 비용절감을 얻게 되기 때문이다.

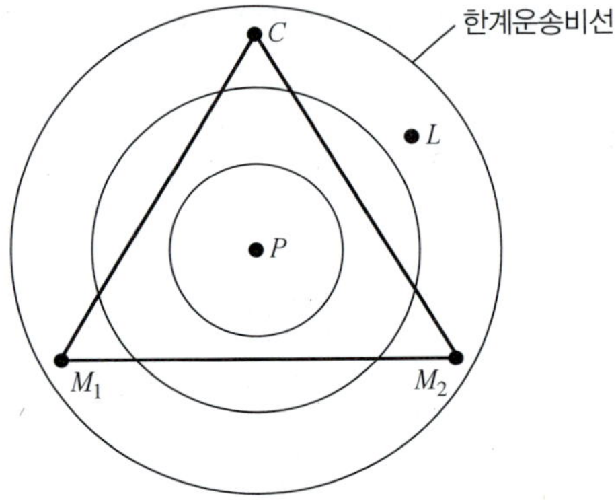

그림 10-2 등운송비선

마지막으로 집적이익(aggregation economy)을 고려하여야 한다. [그림 10-3]에 보이는 바와 같이 각각의 최적입지가 P_1, P_2, P_3인 3개의 생산 공장들이 한곳에 모이면 운송비의 절감, 노동자의 훈련 등 여러 가지 집적의 이점이 있고 이로 인해 제품당 300만 원의 비용절감이 있다고 가정하자. 이에 따라 A지점에 3개의 공장이 모두 입지하게 되고 결과적으로 *A*지점이 최소비용지점으로 3개의 공장 모두에 대한 최적입지가 된다. 이처럼 기술연관성이 높고 기술, 정보, 시설, 원료 등의 공동이용을 통해서 비용절감 효과를 얻을 수 있는 기업은 집적지향적이라 한다.

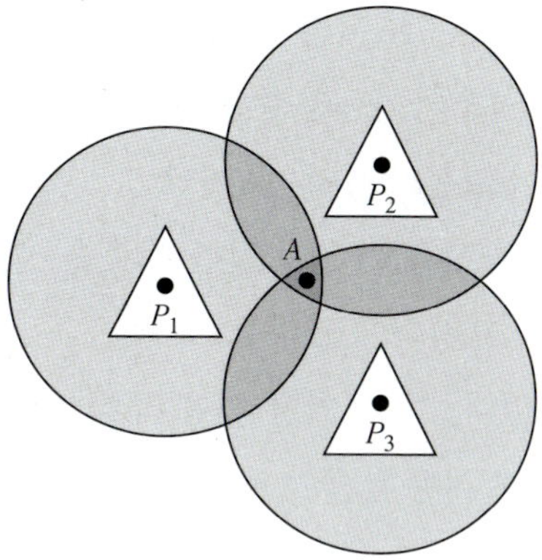

▶ 그림 10-3 직접이익과 최적입지

베버의 입지론은 제품의 수요가 일정하다는 비현실적인 가정 외에도 운송비를 '톤마일(ton-mile)'이라는 조잡한 개념으로 파악한 점 등이 큰 결함으로 지적되고 있지만 단순한 모형으로써 입지이론의 핵심을 보여주고 있다는 점에서 나름의 의미를 갖고 있다.

2) 단일도심도시모형에서 기업의 토지이용

앞서 7장의 단일도심도시모형에서 우리는 특정한 위치에 있는 토지를 입찰에 의하여 가장 높은 지불용의액을 가진 주체가 차지하는 과정을 설명하였다. 기업입지의 경우도 단일도심도시모형을 이용하여 설명할 수 있다. 기업의 입지선정에 관한 분석을 위하여 도시와 도시 내에 위치하는 기업들의 특징을 다음과 같이 가정하자.[1)]

1) 보다 자세한 내용은 'DiPasquale, D., & Wheaton, W. (1996). *Urban Economics and Real Estate Markets*'를 참조할 것.

1. 분석하고자 하는 '갑'이라는 도시는 기업들이 상품의 수출과 수입에 이용하는 1개의 화물터미널(즉 시장의 기능을 수행함)을 가지고 있으며 터미널로부터 상품 운송비는 s원/km이고 운반거리는 d이다.
2. 기업들은 동일한 생산공정을 거쳐 동일한 제품을 생산한다. 한 기업당 생산하는 산출물의 양은 Q로 고정되어 있다.
3. 생산요소 간 대체는 없다. 각 기업당 사용된 토지의 크기(f)와 구조물의 자본량은 같다. 기업에 의해 사용된 구조물의 임대료는 C로 고정되어 있지만 기업의 토지면적당 임대료($r_c(d)$)는 위치에 따라 달라진다. 고정된 토지와 구조물의 투입비율에서 단위토지당 생산량은 고정된다.
4. 제품(산출물)과 생산요소(투입물)시장은 진입이 자유로운 완전경쟁시장이다. 이는 각 기업이 주어진 시장가격을 수용하고, 경제적 이윤은 '0'이라는 것을 뜻한다.
5. 토지는 지대를 가장 많이 지불할 수 있는 용도로 이용되거나 임대된다.

이제 '갑'이라는 도시 내 존재하는 기업의 이윤은 어떻게 결정되는가를 보자. 각 기업이 상품 Q단위를 팔고, 그 상품의 단위가격이 p라면 기업의 총수입은 pQ가 된다. 가변비용은 단위제품당 임금과 재료비(A), 그리고 화물터미널(도심)로부터 단위당 운송비(sd)가 된다. 고정비용은 건물임대료(C), 기업의 토지면적당 지대($r_c(d)$), 기업에 의해 사용된 토지면적(f)이다. 따라서 이윤(π)은 다음과 같다.

$$\pi = Q(p - A - sd) - C - r_c(d)f \quad \text{식 10-1}$$

기업간 완전경쟁이 이루어져 균형상태가 되면 기업의 이윤은 '0'이 되므로 단위토지당 지대($r_c(d)$)는 잉여가 된다.

$$r_c(d) = \frac{Q(p - A - sd) - C}{f}$$ 식 10-2

(식 10-2)에서 지대는 기업에게 위치에 따라 '0'의 이윤을 확보하는 것으로 정의된다. 만약 위치에 따라 p, A, Q, C가 변하지 않는다면, 지대는 정확하게 화물터미널까지의 거리에 따라 증가하는 운송비를 보상하는 수준이 될 것이다.

이것은 7장에서 설명한 것처럼 도시의 입찰지대곡선은 반드시 도심으로부터의 거리에 따라 증가하는 교통비용과 일치하는 기울기를 갖게 된다는 단일도심모형의 논리와 같다. 이 모형에서 도시중심($d = 0$)에서 운송비는 0이고, $r(0) = \frac{Q(p - A) - C}{f}$가 되므로 기업이 터미널(도심)에서 외곽으로 이동하면 할수록 단위토지당 지대는 기업의 운송비가 증가하는 만큼 감소하게 된다. 만약 지대가 운송비보다 많거나 적게 감소하면 기업은 입지를 변화시켜 초과이윤을 실현할 수 있다. 하지만 이런 경우 다른 기업들도 초과이윤을 얻기 위하여 이동하려 할 것이고 이러한 기업 간 경쟁은 다시 지대의 상승 또는 하락을 초래하여 균형상태가 될 것이다. 잘 알고 있듯이 균형상태는 이윤이 '0'이 되어 더 이상 기업 이동을 유발하지 않게 된다.

별다른 교통수단이 없어 사람들이 주로 걸어 다녔던 18세기와 19세기까지 도시에서 상품이나 원료를 이동시키는 것은 사람을 이동시키는 것보다 비용이 많이 들었다. 이는 화물터미널에서 멀리 떨어질수록, 기업의 운송비용은 회사까지 노동자들이 통근하는 비용보다 더 많이 증가하게 된다는 것을 의미한다.

상업적인 용도의 단위토지당 운송비용이 주거용 토지당 통근비용보다 많다면 기업의 지대곡선의 기울기는 주거용 지대곡선의 기울기보다 더 가파르게 된다. 이를 그림으로 표시하면 [그림 10-4]가 된다. 즉 기업들은 화물터미널(CBD)로부터 용도전환점(m)까지에서 대부분의 토지를 차지하게 되고, m부터 도시경계지점까지 (여기에서는 주택의 지대곡선이 농업용 토지지대인 r^a 와 만나는 b지점) 주택이 들어서게 된다.

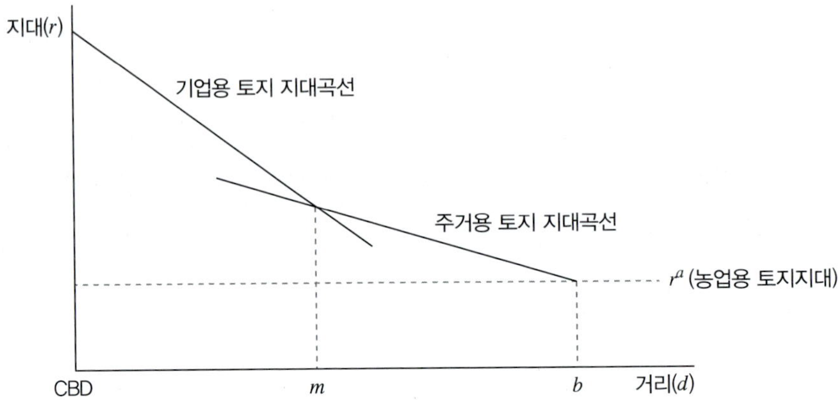

그림 10-4 기업과 주택의 공간분리와 지대곡선

기업은 CBD에서 주택과 기업의 경계지점인 m으로 이동하게 될수록 운송비가 증가함에 따라 지대가 감소하게 된다. 주거용과 기업용 토지가 접하는 지대의 지점 m에서 기업용 지대는 주거용도로의 기회비용과 운송비의 절감과 관련된 입지비용이라는 두 가지 요소를 가진다. 이에 따라 기업용 토지의 지대곡선 기울기는 다음과 같다.

$$r_c(d) = r(m) + \frac{sQ(m-d)}{f}$$ 식 10-3

이제까지의 논의는 모든 기업이 동일한 생산 공정을 거쳐 동일한 생산품을 만들어 내고 있으며, 이때 사용되는 토지의 양도 같다는 가정하에 전개된 것이다. 하지만 생산 공정과 토지사용에 있어 다양성을 인정하였을 경우 기업 유형에 따라 입지 선정이 달라진다.

기업의 유형을 표시하기 위하여 아래 첨자 i를 사용하면 각 기업의 산출수준은 Q_i, 토지사용은 f_i, 화물터미널까지의 거리단위당 운송비용은 s_i가 된다. 단위토지당 산출물 생산성이 높고 산출물 운송비가 많이 드는 기업은 $\frac{s_iQ_i}{f_i}$의 비율이 높을 것이며, 반대로 단위토지당 산출물 생산성이 낮은 기업은 상품의 운송비가 적게 들고 $\frac{s_i Q_i}{f_i}$의 비율이 낮을 것이다.

기업의 이윤이 '0'이 되는 지대의 기울기는 단위토지당 산출물의 비율과 같기 때문에, 도시지역의 균형상태에서 각 기업은 그들의 단위토지당 산출물의 비율에 따라 자연스럽게 공간적으로 분리되게 된다. 즉 단위토지당 높은 산출물을 생산하고, 산출물의 이동에 비용이 많이 드는 유형의 기업은 도심(CBD)에 근접한 토지를 차지하려 하고 지대경사도 매우 급하다.

한편, 단위토지당 생산성이 낮은 기업 또는 상품의 운송비가 낮은 기업의 지대곡선의 기울기는 상대적으로 완만하다. 이에 도심(CBD)에서 멀리 떨어져 지대가 낮은 곳에 입지하려 할 것이다. 반면 도심은 언제나 가장 높은 지대를 지불할 수 있는 기업에게 배분되는 경우 단위토지당 가장 높은 생산성을 갖는 기업이 차지할 가능성이 높다. 또한 단위토지당 생산성은 기업의 토지사용량(f)과 역(negative)의 관계이기 때문에 CBD에 입지하는 기업들은 아주 조밀하게 입지하려는 경향을 가진다. 바로 이러한 이유 때문에 현대사회에서 단위토지당 가장 높은 수익을 낼 수 있는 4차 산업, 즉 업무용 사무실이 도심에 밀집하여 들어서는 현상이 많은 도시에서

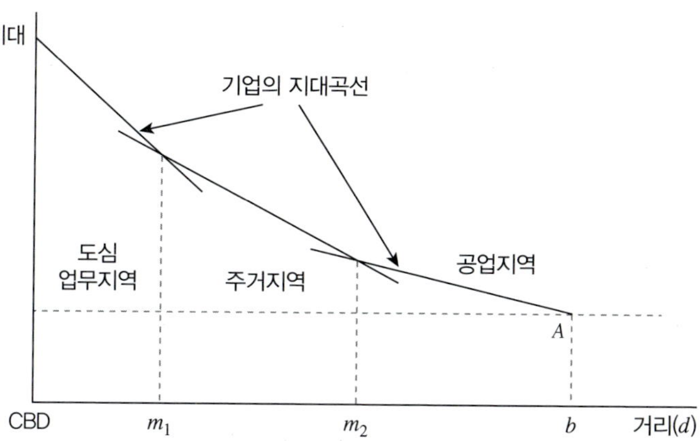

그림 10-5 제조업의 입지

목격된다.

19세기의 도시에는 사무실, 제조업, 도 · 소매업이 모두 도심에 위치하였다. 그렇지만 시간이 경과하면서 도심을 빠져나가는 분산(탈중심화)현상이 발생하게 되는데 그 선두는 제조업이었다. 제조업의 분산현상을 가져온 것은 기술의 발전, 즉 교통발달과 생산 및 저장기술의 발전으로 설명이 가능한데 이는 기술진보가 이윤을 '0'으로 하는 균형상태의 지대곡선 기울기를 매우 완만하게 만들었다는 것을 뜻한다.

먼저, 교통의 발달을 살펴보면, 19세기의 도시들은 주로 항구를 중심으로 발달하였기 때문에 대표적인 도시들은 거의 항구도시였다. 하지만 20세기 들어 철도와 도로가 발달하면서 도시는 점차 분산된 형태를 띠게 된다. 즉 기업들이 기차와 자동차라는 새로운 화물운송수단에 의존하게 되면서 더 이상 도심기능을 수행하는 지대가 비싼 항구를 통하여 상품을 이동하거나 원료를 수입할 필요가 없어지게 되었다. 이에 특히 제조업의 경우는 도심 지향적인 특성이 퇴색하면서 기울기가 가파른 지대곡선은 사라지게 된 것이다.

교통발달과 더불어 생산 및 저장기술의 발달 덕분에 기업은 단위생산물당 사용하는 토지의 양을 급격하게 증가시킬 수 있었다. 산업혁명 후반부터 기업들은 이른바 통합된 수평조합라인에 기초한 생산 공정을 갖게 되었다. 이와 같은 생산기술은 많은 토지를 필요로 하기 때문에 생산기업들은 단위토지비용을 줄이기 위하여 지대가 싼 도심 외곽으로 이동하게 되었다. 오늘날 새로운 공장 건물들이 거의 도시 외곽에 건설되는 것도 이러한 논리에 의한 것이다.

[그림 10-5]는 상업지역, 주거지역, 그리고 제조지역으로 공간이 분리된 도시의 모습을 보여주고 있는데 여기서 도심 업무지역에는 상업이나 사무실이 입지하게 되고 m_1에서 m_2까지는 주거지역이 그리고 m_2부터 도시경계까지는 낮은 밀도의 공업지역이 입지하게 된다. 결과적으로 제조업의 입지는 특정한 곳에 입지하려는 명백한 요인에 의하여 결정되었다기보다 다른 용도로 사용되지 않았기 때문에 결정된 것이라고 할 수 있다. 예를 들어, 주요 고속도로나 공항 가까이에 위치한 부지는

소음과 미관상의 문제로 인하여 용도상에 많은 제약이 따르기 때문에 가격이 비교적 저렴할 것이다. 그러므로 제조업 또는 넓은 부지를 요하는 창고업 등이 입지하게 되는 것이다.

3) 부도심의 출현과 기업의 토지이용

단일도심도시모형은 주택과 마찬가지로 기업들이 도심이 입지할 때, 노동자들이 지대의 차이를 통하여 도심으로의 통근을 보상받는다고 이해하였다. 하지만 모제스(Moses, L. N.)[2]는 중심지에 입지한 기업이 근로자들의 주거지 가까이 이동함으로써 노동비를 절감할 수 있다고 주장하였다. 다시 말해서 기업이 도심으로부터 이동하여 지역 노동자들의 주거지 근처에 입지하게 되면 노동자들에게 발생하는 통근비용의 감소를 반영해서 도심에서 지급하던 임금보다 낮은 임금을 지급할 수 있다는 것이다. 이는 도시에는 지대곡선 외에 위치에 따라서 임금곡선이 있으며 결국 노동시장은 토지시장과 밀접하게 관련되어 있다는 것을 설명하는 것이다.

이에 대하여 좀 더 자세하게 살펴보도록 하자. [그림 10-6]에서 사무실이 몰려 있는 중심업무지구의 지대는 r_c로 고정되어 있으며 d_1까지 동일한 것으로 하자. d_1에서 d_5사이에 거주하는 근로자들은 중심업무지구로 통근하고 있으며 이들의 통근비용은 입지지대를 반영되어 $r(d)$로 표시한다. 이때 r^a는 앞서와 마찬가지로 농업용 토지의 지대이다. 이 도시에서 어떤 기업이 사무실을 d_2와 d_3사이로 이전하게 되면 기업과 근로자가 동일하다는 전제하에 이 기업은 주변지역에서 새로운 근로자들을 고용할 수 있다. 새로이 고용된 근로자들은 이제 도심으로 통근할 필요가 사라지고 자신들의 주거지와 근접한 곳으로 통근하게 되었으므로 통근비용 감소에 따라 지대를 더 많이 지불할 의사가 생긴다. 이 결과 분산기업에 고용된 근로자들은

2) Moses, L. N. (1962). Towards a Theory of Intra-Urban Wage Differentials and Their Influence on Travel Patterns. Papers of the Regional Science Association, 9. DiPasquale, D., & Wheaton, W. (1996). 재인용.

d_4와 d_5에서부터 분산기업까지 거리에 따라 주거용 지대가 상승하게 된다. 분산기업이 d_2와 d_3 사이의 토지를 실질적으로 차지하기 위해서는 이 기업이 지불하는 지대가 근로자들이 지불하는 주거용 지대와 일치해야 할 것이다.[3)]

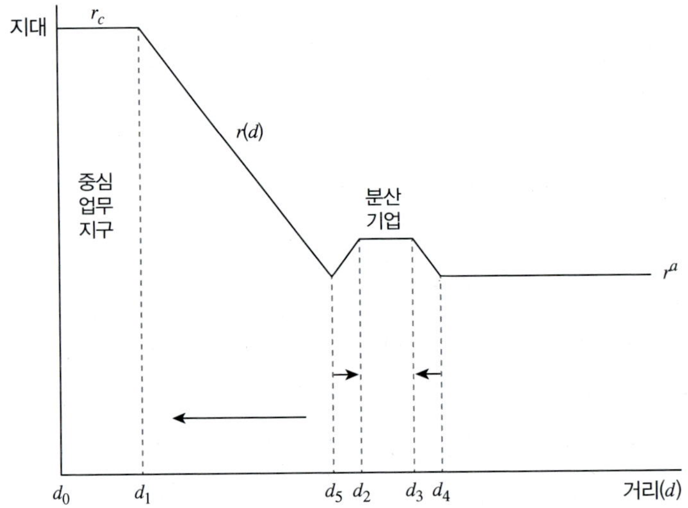

그림 10-6 기업의 분산

여기서 우리는 중요한 두 가지 시사점을 도출할 수 있다.

첫째, 기업이 중심업무지구로부터 멀리 떨어진 곳을 선택하였다면, $(d_2 - d_5)$의 거리는 고정되어 있더라도 중심지로부터의 거리 $(d_0 - d_5)$는 연장된다는 것이다. 이것은 기업이 점차적으로 임금을 더 낮게 지불할 수 있음을 시사한다. 따라서 대도시에서는 도심에서 도시외곽으로 기업이 이동함에 따라 임금곡선 또한 변화하

3) 분산기업은 근로자들에게 통근비용 감소를 고려하여 중심업무지구의 w_i 임금과 동일한 순수입을 가져오는 w_2 임금을 지불해야 한다. 만일 통근비용이 단위거리당 k라면, d_5에서 주거하는 근로자들에게 다음 균형조건의 만족을 필요로 한다.

$$w_2 - r(d_5) - k(d_2 - d_5) = w_1 - r(d_5) - k(d_5 - d_1);$$

$$or \quad w_2 = w_1 - k(d_5 - d_1) + k(d_2 - d_5)$$

게 된다.

둘째, 다른 비용보다 임금으로 인하여 도심을 벗어나 분산을 계획하는 기업은 도시경계지역에 입지하고자 한다는 것이다. 왜냐하면 그곳에서 근로자들의 절반은 d_3과 도시경계인 d_4 사이에 주거지가 있기 때문에 가장 임금이 저렴한 지역이 되기 때문이다.

[그림 10-7]은 도시에서 모든 기업이 완전하게 분산을 한 이상적인 형태를 표현한 것으로 여기서 도시는 부심들로 이루어진 완전분산의 모습을 띠고 있다.

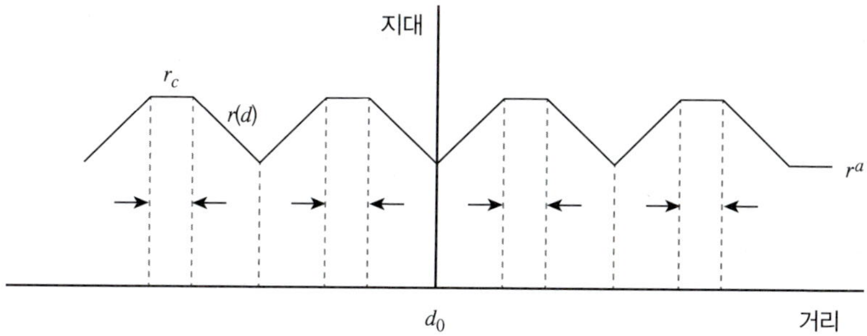

그림 10-7 부도심의 확산

그렇지만 이와 같은 기업분산은 현실 속에서 실현될 수 없는 제약점을 가지고 있다. 우선 우리는 가정에서 모든 근로자들이 동일한 노동시장을 설정하였다. 이는 분명히 비현실적인 가정이다. 모든 기업은 숙련도에 차이가 나는 근로자들을 다른 임금조건으로 고용하기 때문이다. 분산을 시도하는 기업이 중심업무지구에 위치한 다른 기업들과 똑같은 질의 노동력을 도시외곽에서 구하지 못하기 때문에 결과적으로 기업이동이 자유롭지 못한 경우가 많다. 또한 많은 도시들이 교외에서부터 중심업무지구까지 근로자들이 쉽게 이동할 수 있는 대규모 운송체계를 발달시켜 왔다는 점도 기업분산의 실현을 가로막는 장애요소가 되고 있다. 최근 지하철로망의 확대, 순환고속도로의 건설은 근로자들의 도심통근을 가능하게 하였기에 어떤 측면에서는 중심화(centralization)현상을 강화시켰다고 볼 수 있을 것이다.

이외에도 기업이 완전분산하여 입지하는 것을 제한하는 요소들로써 주택재고량, 지방정부, 기반시설 등이 거론되고 있다. 그렇지만 실제로 대도시라도 거의 완벽에 가까운 분산의 형태를 보이는 도시도 있고, 반대로 분산기업이 몇몇 하위중심에 모이는 현상을 보이는 도시들도 있다. 물론 후자의 경우가 더 많다. 이에 대하여 몇몇 경제학자들은 큰 부도심에 입지할수록 기업들이 생산성 향상, 기술혁신 제고, 생산비 감소와 같은 집적이익을 얻을 수 있다고 설명하지만, 이를 검증하는 충분한 연구결과가 있는 것은 아니다(DiPasquale, D. & Wheaton, W., 1996).

이제 기업이 지출하는 비용이 부도심에 크기에 따라 어떻게 영향을 받는가를 살펴보도록 하자. [그림 10-8]에서 종축은 기업의 생산비용을 횡축은 부도심의 규모를 나타낸다.

우선 임금(w)곡선은 부도심의 규모에 따라 상승하고 있는데 이는 부도심이 크면 클수록 근로자들이 지출하여야 되는 통근비용이 증가하기 때문에 이를 보상하기 위하여 임금 또한 상승해야 된다는 것을 의미한다. 임금곡선이 원점에서 시작되고 있지 않는 이유는 근로자들이 일정수준 이하의 임금에서는 일을 하지 않는다는 임금의 하방경직성을 반영한 것이다.

집적비용(A)곡선은 부도심의 규모가 커질수록 감소하고 있는데 이는 8장에서 논의하였던 바와 같이 도시의 직접이익은 규모의 경제(economy of scale)의 특징을 띠기 때문이다. 즉 상대적으로 인구가 많이 집중되고 기간시설도 대규모일 때 기업은 산출량을 증가시킬 수 있고 이에 따라 비용도 저감시킬 수 있다는 것이다. 그런데 여기서 주목해야 할 점은 부도심의 규모가 계속 커진다고 해도 집적비용이 '0'이 되지는 않는다는 것이다. 따라서 궁극적으로 집적비용곡선은 수평축과 평행할 것이다. 총비용곡선($w+A$)은 임금과 집적비용을 합한 것으로 처음에는 감소하다가 통행비가 계속 증가하면 이를 보상하기 위하여 임금이 계속 상승하게 되고 결국 집적이익의 효과를 상쇄한 이후 증가하게 된다.

정보통신기술이 발전하면 사람들은 이제 꼭 만나서 정보를 주고받을 필요성이

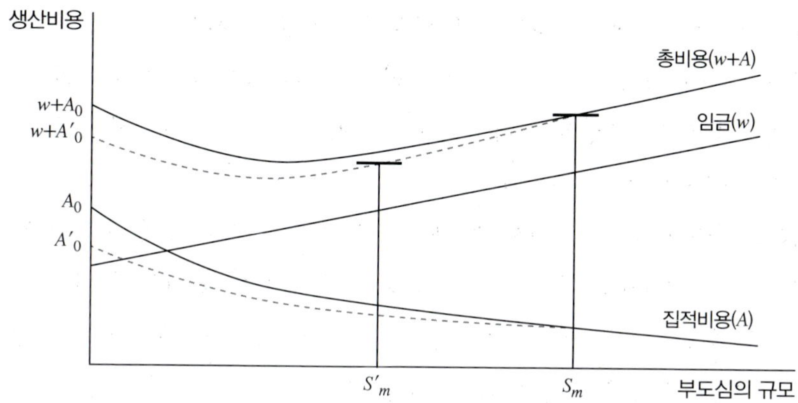

그림 10–8 부도심의 규모와 기업의 비용곡선

줄어들기 때문에 접촉비용 또는 정보비용이 떨어지게 된다. [그림 10-8]에서 정보통신기술의 발달이 집적비용을 A_0에서 A_0'로 떨어뜨리는 것은 바로 이러한 이유이다. 집적비용의 변화는 결국 총비용곡선의 변화를 가져와 더 볼록한 U형태의 $w+A_0'$ 곡선이 된다.

요약하면 [그림 10-8]에 보이는 실선 아래에 있는 점선($w+A_0'$)은 정보통신기술의 발달에 의한 비용감소 효과라 할 수 있다. 그렇다면 기업의 생산비가 [그림 10-8]과 같이 주어졌을 때 부도심이 왜 그리고 어떻게 형성되는지 알아보도록 하자.[4]

새로운 기업이 중심지를 벗어나 외곽 지역으로 이동할 때에는 가장 생산비가 적게 소요되는 곳에 입지를 정하고 공장이나 설비를 투자하게 마련이다. 왜냐하면 일단 투자가 이루어지면 투자의 회수불가능성으로 인하여 생산비가 더 적게 들어가는 입지를 발견한다 해도 그곳으로 이동할 수 없기 때문이다. 기업의 입장에서 투자의 회수불가능성 또는 매몰비용(埋沒費用, sunk cost)은 기업 이동 및 생산 활동을 제약하는 중요한 요인이다. [그림 10-8]에서 나타난 바와 같이 부도심이 아직 존재하지 않은 종축(이는 하나의 도심이 중심지 역할을 수행하고 있음을 말한다)에서 집적비

4) Helsley, R. & Sullivan, A.(1991). Urban Sub-center Formation. *Regional Science and Urban Economics*, 21, 2. DiPasquale, D., & Wheaton, W. (1996). 전개서. 재인용.

용(A_0)은 임금을 초과한다. 그러나 부도심이 성장함에 따라 중심기능이 커지고 이에 따라 임금은 계속 상승하지만 이에 반하여 집적비용이 감소하면 임금이 직접비용보다 커지게 된다. 그렇지만 아직까지 총비용($w + A_0$)이 여전히 높은 경우 새로운 중심지의 필요성이 제기되지는 않는다.

부도심의 규모가 계속 커져서 S_m에 도달하게 되면 총비용의 수준이 처음 도심의 수준까지 도달하게 되어 새로운 중심지 즉 부도심이 출현하게 된다. 그렇다고 해서 구도심에 입지하는 기업들은 이동에 따른 신규투자의 부담 때문에 새로운 부도심으로 이동하지는 않을 것이다. 하지만 새로운 기업들에게 S_m은 상당히 매력적인 곳이다. 마찬가지 논리로 두 번째의 부도심이 성장하여 S_m의 크기가 되면 또 다른 부도심이 형성되게 되며 이와 같은 과정을 반복한 결과 S_m 규모의 여러 부도심과 이 보다는 작은 부도심이 형성되게 된다.

정보통신기술의 발전은 도시에 있는 기업의 수가 동일할 경우 부도심의 출현을 조기에 실현시킨다. [그림 10-8]에서 보듯이 부도심의 규모가 S_m보다 훨씬 작은 S_m'에서 총비용의 수준은 부도심의 형성을 유도하게 된다. 즉 집적이익 또는 면접접촉의 중요성이 떨어지게 됨에 따라, 비용을 최소화하려는 기업은 부도심에 입지함으로써 잠재적인 임금절감효과를 누릴 수 있게 되는 것이다.

2. 상업용 부동산시장

1) 고전적 소매경쟁이론

앞서 설명한 중심지이론(central place theory)은 소매상점 입지에 대한 최초의 규범적 이론으로 이는 후에 고전적 소매경쟁이론(Classical Retail Competition Theory)으로 발전하게 된다. 고전적 소매경쟁이론은 동일한 재화를 공급하는 소매업자들

간의 가격경쟁 행태 및 소매시설의 밀도, 즉 상점 간 평균거리를 간단하지만 명료하게 설명할 수 있다는 장점이 있다. 이때 개별상품이나 재화가 각각 별도의 소매상점에서 판매되는 것으로 간주된다. 논의를 좀 더 구체화시켜 보도록 하자.

어떤 도시에 소비자들은 선형으로 된 공간에서 균일한 밀도(F)로 거주하고 소매상점들은 D라는 동일한 간격으로 입지한다고 가정하자. 소매업자 '갑'씨는 평균적인 재화의 상품가격을 P로 설정하였고, 그의 경쟁업자들은 P_0로 상품가격을 결정하였다고 한다. 이때 '갑'씨를 포함한 경쟁업자들은 모두 동일한 상품판매에 동일한 비용을 지불하고 있다고 한다.

이제 소비자들은 연간 상점을 방문하는 빈도가 일정하고 한 번 상점에 갈 때마다 재화 한 단위를 구매한다고 가정하자. 소비자들이 최종적으로 상품구매를 위하여 지불하는 금액은 운송비용과 구매가격(P 또는 P_0)의 합이 되며, 구매하는 상품의 품질은 모두 동일하기에 소비자들은 운송비용이 가장 낮은 상점에서 상품을 구입할 것이다.

이에 따라 [그림 10-9]에서 각 상점마다 좌우로 상향하는 직선(k)은 소비자들이 구매하는 거리가 증가함에 따라 지불해야 되는 운송비용을 나타내게 된다. 이 직선들이 경쟁업자의 운송비용 직선과 교차할 때 그 상점의 시장규모(market boundary, 상권)가 결정된다. 즉 '갑'씨의 상점을 중심으로 양방향의 거리 T는 소매업자 '갑'씨가 확보한 시장규모가 된다. 상품가격을 P라고 책정한 소매업자 '갑'씨의 판매수입은 자신의 상점이 확보한 시장규모의 크기와 그 안에 거주하는 소비자들의 밀도에 비례하여 결정된다. 물론 시장규모는 자신의 판매상품의 운송비용과 경쟁상점의 운송비용이 같아지는 거리 T까지가 된다.[5)]

[그림 10-9]에 따르면 소매업자의 상품가격 결정은 그의 경쟁상점에 따라 결정된다. 즉 한 상점에서 높은 가격은 책정했다면 그의 경쟁상점도 따라서 가격을 올릴

---

5) 이를 식으로 표현하면 다음과 같다.

$$p = kT = P_0 + k(D - T) \rightarrow T = \frac{P_0 - P + kD}{2k}$$

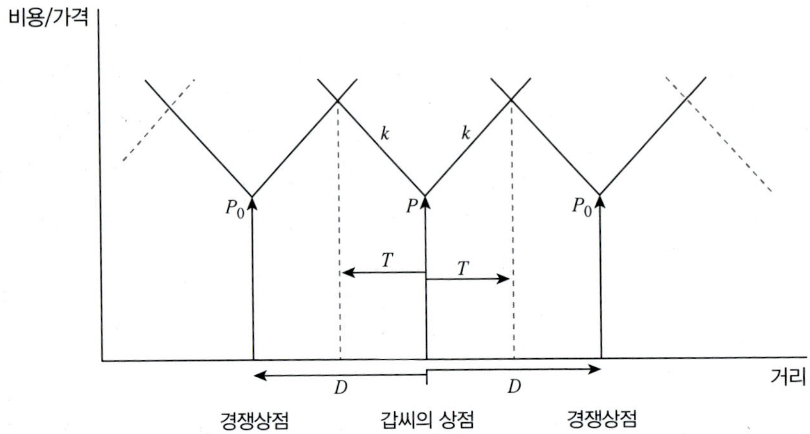

그림 10-9 소매시장의 분포

것이고, 반대로 가격을 내리게 되면 경쟁상점도 가격을 내리게 된다. 결과적으로 모든 상점에서 책정한 상품에 대한 가격은 동일하게 되어 균형상태에 이르게 될 것이다($P = P_0$).

그런데 소매상점들이 멀리 떨어져 입지하면 할수록(즉 D가 커질수록) 운송비용이 증가하게 되여 상품가격을 올려 받을 수 있게 되고 이에 따라 이윤도 증가한다. 이러한 현상이 발생하는 원인은 비싸진 운송비용과 상점사이에 넓어진 간격이 각각의 소매상점에 보다 강력한 독점력을 제공하여 소매상점이 가격을 상승시킨다 해도 그의 경쟁자가 멀리 떨어져 있으므로 시장규모의 감소율이 그리 크지 않다는 사실에서 찾을 수 있다.

사실 소매상점의 수요곡선은 경쟁업체가 멀리 떨어져 접근성이 떨어질 때 더욱 비탄력적이 되기 마련이다. 물론 구매빈도가 높은 제품이나 신선도를 요하는 식품을 취급하는 상점은 밀도가 높아질 가능성이 크고 이에 따라 경쟁이 심하기 때문에 가격을 올려 이윤을 증대시킨다는 것이 매우 어렵다. 반대로 구매빈도가 낮은 특정한 제품을 파는 상점의 경우는 고정비용이 높다 치더라도 상점의 밀도가 낮기 때문에 이윤의 폭을 증가시킬 수 있다.

고전적인 소매경쟁이론은 단순하지만 현대의 시장에서 소매입지를 설명함에 있어 매우 유용한 측면이 있다. 예를 들어 백화점의 경우 고정비용이 많이 필요하지만 구매빈도가 낮은 고급의류와 같은 상품들을 판매하여 이윤을 증가시키는 경향이 높으며 반대로 고정비용은 낮지만 구매빈도가 높은 재화를 판매하는 상점의 경우는 매우 밀집하여 입지하게 된다. 우리가 식료품처럼 구매빈도가 잦은 재화들을 판매하는 상점들을 주변에서 쉽게 발견하고, 가구점처럼 고정비용이 높고 구매빈도가 낮은 재화는 특정 장소에서만 발견할 수 있는 것은 바로 고전적인 소매이론에 의하여 설명될 수 있는 것이다.

2) 신고전소매이론

앞서 살펴본 고전적 소매이론은 상점들이 가격과 입지라는 두 가지 차원에서 서로 경쟁을 하고 있으며 이에 따라 구매빈도가 높은 상품을 판매하는 지역상점들이 너무 근접하여 입지하게 되면 소매가격경쟁이 지나치게 심하여 이윤을 제대로 확보할 수가 없기 때문에 장기적으로 상점들은 그들의 이윤이 최대가 되는 입지를 선택하게 된다고 설명하고 있다. 이에 따라 다양한 소매업 유형들의 상점밀도와 입지에 대한 장기적인 변화를 예측할 수 있다.

하지만 고전적 소매이론은 소비자들이 쇼핑을 할 때 단 한 가지의 물건만을 구입하지 않고, 여러 종류의 물건을 구입함으로써 운송비용을 절약한다는 사실을 간과하고 있다. 하지만 이런 소비자들의 행위가 대형쇼핑센터나 쇼핑몰에 다양한 상점들이 집단적으로 입지하게 하는 원인이 되는 것이 현실이다.

신(新)고전소매이론(Neoclassical Retailing Theory: Joint Purchases and Shopping Centers)은 이처럼 서로 다른 상점이 몰려서 영업하는 소매군집의 현상을 설명하기 위해서 개발된 것으로 소매상점들을 모으는 힘이 무엇인지 파악하고, 그 힘이 어떻게 상점들을 모으고 있는지를 분석한다.

소비자들은 고전적 소매경쟁이론에서 설명하고 있듯이 하나의 상품을 구입하기 위해서 매번 상점까지 가기도 하지만, 시간에 쫓기는 현대인들일수록 쇼핑시간과 비용을 절감하기 위하여 한번에 여러 가지의 상품을 구입하는 추세가 두드러진다.

하지만 아직까지 소비자들이 어떤 재화들을 함께 구매하고 있는지에 대한 구체적인 연구가 국외나 국내 모두 진행되고 있지 않은 실정이다. 다만 의류, 신발, 장신구를 판매하는 상점들처럼 함께 입지하려는 경향이 높은 업종들이 분명히 있다는 사실에서 소비자들이 상점을 방문시 함께 구매하려는 상품들이 존재하고 있음을 추론할 뿐이다.

이와 같은 복합구매통행(joint purchase trip)의 존재는 상점수요를 예측할 때 해당 상점에서 소비자들이 구매할 확률뿐만 아니라 이 상점이 입지한 쇼핑센터를 소비자들이 방문할 확률까지도 고려해야 한다는 점을 강조한다. 그렇다면 쇼핑센터에 소비자들이 방문할 확률은 어떻게 결정되는가? 여기에서 경영자의 능력이 강조된다. 경쟁하는 쇼핑센터에 비하여 교통이 편리하다든지, 어떠한 상점들로 쇼핑센터를 구성할 것인지, 상점들의 종합적 가격정책을 어떻게 결정할 것인지 등은 바로 쇼핑센터의 경영진들에 의하여 좌우될 것이며 이는 소비자들이 쇼핑센터를 얼마나 자주 방문할 것인지를 결정하는 중요한 요인이 된다. 일단 소비자들이 쇼핑센터에 오면 어떤 상품을 구매할 것인지는 개별상점에서 판매하는 상품의 유형과 가격에 의하여 결정된다.

여기서 우리는 고전적 소매경쟁이론에서는 언급하지 않은 상점구성(retail mix)의 중요성을 인식하게 된다. 쇼핑센터의 경영진은 상점구성을 함에 있어 임차인들의 전체이윤이 극대화되도록 할 것이다. 이것이 자신들의 임대수익을 극대화시켜주기 때문이다.

일반적으로 상가임대료는 고정된 기본임대료(ground rent)와 가변적인 매상비례임대료(overage rent)의 두 가지 유형으로 구성되어 있다. 매상비례임대료는 임차인의 총 판매액에 기반을 둔 임대료로 기초 공제액을 초과한 판매액에 대하여 일정비율로 부과된다. 이에 임차인의 사업이 번창하면 매상비례임대료도 따라서 오르게 마련이다. 매상비례임대료가 정착되어 쇼핑센터의 주요한 수입원천이 되는 것은 흔한 사례이다. 이런 점에서 쇼핑센터의 운영상 상점구성을 어떻게 하고 임대료를 결정하는가는 매우 중요하다. 쇼핑센터에 빈 점포를 임대할 경우, 이 공간에 대하여 가장 높은 임대료를 제시하는 임차인은 쇼핑센터 내방고객의 수를 가장 높이 평가하는 임차인일 것이다. 이론적으로 쇼핑센터가 기본임대료만을 받는다면 가장 높은 임대료를 제시하는 임차인에게 임대할 것이다. 반대로 쇼핑센터 경영자가 매상비례임대료를 받는다면 기존 상점의 판매도 촉진시킬 수 있는 임차인을 선호할 것이다. 이런 경우 복합구매통행을 유발하는 상점들로 쇼핑센터가 구성되는 것이 전체 수익 측면에서 유리하다는 것을 경영자는 알고 있다. 물론 임차인에게도 이것이 가장 매력적인 상점구성이 될 수 있다.

복합구매통행을 유발할 수 있는 상점구성을 위하여 쇼핑센터 측은 종종 다른 유형의 상점에 대하여 동일한 공간이라도 기본임대료를 다르게 설정한다. 개별적인 명성을 가지고 쇼핑센터에 이동고객을 많이 끌어들이는 이른바 핵심점포(anchor store)는 기본임대료를 할인받고 반대로 쇼핑센터를 방문하는 고객들에게 의지하는 경향이 높은 상점들은 더 많은 기본 임대료를 부담하게 되는 것이다.

쇼핑센터의 고객 흡인 정도는 상점구성뿐만 아니라 전체적인 가격정책에도 영향을 받게 되므로 쇼핑센터 내 소매상가들 간에 두 번째 형태의 상호의존성이 존재한다. 어떤 상점에서 바겐세일을 하면 이를 이용하려는 소비자들이 방문하게 되는데, 이때 세일을 하는 상점의 상품만 구입하는 것이 아니라 주변 상점에서도 상품을 구입하는 경우가 있다는 것이다. 백화점 세일행사가 대표적인 예이다.

흔히 마케팅에서 미끼상품이라는 것이 있는데 이것은 소비자들을 유인하기 위하여 몇몇 상품을 대폭 할인하여 판매하면서 이와 보완적인 상품의 판매를 늘리고, 또한 별 상관이 없는 다른 상품의 판매도 촉진시키는 전략이다. 이 전략도 상품들 간의 상호의존성을 이용한 것이라고 볼 수 있다.[6] 물론 어떤 상점이든 가격이 경쟁

6) 하지만 이와 같이 교차가격(cross-pricing)결정의 형태는 전문점의 집중이 하나의 소유주에 의해 소유되는 경우만 가능하지 개별적으로 소유되는 작은 상점들이 집단적으로 모여 있는 상가에는 시행하기 어려울 것이다.

적이지 못하게 되면 정상적인 고객을 이끌지 못할 것이고 이에 따라 쇼핑센터 내 모든 상점들의 판매가 부진하게 될 것이다.

3) 상권분석

상권은 상거래에 의하여 형성되는 공간적 범위이다. 상권은 거래하는 상품이나 서비스의 종류에 따라 규모가 다르나, 같은 종류 제품의 경우 상권의 크기는 생산비, 수송비 등의 비용요인과 상품가치의 보존성에 영향을 주는 시간요인과 고객밀도에 의하여 결정된다. 먼저, 비용요인에 있어 생산비가 감소하면 초과이윤이 커지고, 수송비가 감소하면 상권은 확대된다. 시간요인에 영향을 주는 상품가치의 보존성이 커지면 장거리 수송이 가능하여 상권이 또한 확대된다. 고객밀도는 인구밀도뿐만 아니라 인구의 소득수준도 고려하여야 한다. 왜냐하면 인구가 증가하였으나, 소득이 증가하지 않는다면 상거래가 증가하기 어렵기 때문이다.

상권분석에 대한 대표적인 경제이론들을 다음과 같다.

첫째, 레일리(Reily, W. J.)의 소매인력법칙이다. 소매인력법칙은 뉴턴의 '만유인력의 법칙'을 상권에 응용한 이론으로써 두 도시간의 고객흡인력은 두 도시의 인구규모에 비례하고 두 도시의 분기점으로부터의 거리의 제곱에 반비례한다는 것이다. 레일리의 소매인력법칙에 의하면 A도시와 B도시 간의 인구가 같을 경우에 두 도시간의 상권의 경계는 중간지점이 되며, A도시가 B도시보다 2배 크다면 A : B = $\sqrt{2}$: 1이 된다.

만약 A도시와 B도시 사이에 C도시가 입지할 경우, C도시가 흡수하는 상권의 범위를 레일리의 법칙으로 표현하면 다음 (식 10-4)와 같다.

$$\frac{B_a}{B_b} = \left(\frac{P_a}{P_b}\right) \times \left(\frac{D_b}{D_a}\right)^2 \qquad \text{식 10-4}$$

여기서 B_a는 A도시가 중간의 C도시에서 흡수하는 상권범위이고, B_b는 B도시가 중간의 C도시에서 흡수하는 상권범위이다. P_a는 A도시의 인구이고 P_b는 B도시의 인구이고, D_a는 중간의 C도시에서 A도시까지의 거리를 말하며 마찬가지로 D_b는 C도시에서 B도시까지의 거리를 의미한다. 레일리의 소매인력법칙은 소매점이 여러 개인 경우 상권분할점등식(breaking point equation)으로 치환된다.

둘째, 레일리의 소매인력법칙을 발전시킨 유사이론들로써 컨버스, 코헨과 아펠바움(Cohen, S. & Applebaum, W.)의 이론들이 있다. 우선 컨버스(Converse, P. D.)의 신소매법칙에서 컨버스는 거대도시와 소도시 간에는 레일리가 주장하였듯이 상권이 거리비의 제곱에 반비례하는 것이 아니라 3제곱에 반비례한다고 한다고 하였다. 즉 거대도시의 영향력을 고려한 것이다. 코헨과 아펠바움은 레일리의 소매인력법칙의 A도시가 B도시 간의 거리를 고속도로에서 자동차 주행시간으로 나타내고 A도시와 B도시의 인구를 점포매장면적으로 나타내었다.

셋째, 허프(Huff, David L.)가 중력이론을 토대로 대도시에서 쇼핑패턴을 결정하는 확률을 제시한 모형으로써 이것은 상업입지를 측정하는 데 흔히 이용된다. 허프는 레일리법칙과 컨버스법칙에서 이용하는 인구, 거리에 매장의 크기(면적)를 더하여 소매 흡인율을 산출하였다. 즉 어떤 지점에 입지하고 있는 소비자가 특정 지역의 쇼핑센터에 갈 확률을 소비자와 행선지의 거리, 경쟁하는 쇼핑센터의 수, 쇼핑센터의 크기로 결정한다는 가정하에 (식 10-5)로 표현했다.

$$P_i = \left(\frac{S_i}{T_i^b}\right) \div \left[\sum_{i=1}^{n} \frac{S_i}{T_i^b}\right] \qquad \text{식 10-5}$$

여기서 P_i = 거주지역 i에서 특정쇼핑센터로 갈 소비자의 확률, S_i = 쇼핑센터의 크기(매장면적), T_i = i와 쇼핑센터의 소요시간, n = 경합하는 쇼핑센터의 수, b = 시간거리의 저항계수로 바로미터이다.

한편, 도시 내부에 소비자가 존재하는 지역이 많고 선택가능한 소매상점이 많은 경우 허프의 상권은 (식 10-6)이 된다.

$$T_j = \sum_{i=1}^{n} P_{ij} C_i$$ 식 10-6

여기서 T_j는 j의 상권, P_{ij}는 주어진 지역단위 i의 소비자가 j 상점에서 제품을 구매할 확률이고 마지막으로 C_i 해당 지역단위 i에 거주하는 소비자의 수이다.

따라서 허프모델은 어떤 지역에서 다수의 경쟁업체가 입지할 경우 각 점포의 이론적인 소비자의 유인흡인력 및 매상고를 추산하는 데 유용하다. 허프의 상권분석 모형을 이용하여 신규할인 매장의 이용객 수를 추정하여 보자. [그림 10-10]에서 보듯이 인구 5만 명의 도시근처에 규모가 4,000m^{2}인 할인매장이 2km 떨어져 있다고 가정한다. 공간(거리)의 마찰계수가 2라고 할 때, 만일 이 도시에서 3km^2 떨어진 장소에 규모가 9,000m^2 할인매장이 개장한다면 신규할인 매장에는 4만 명의 이용객을 예상할 수 있다.

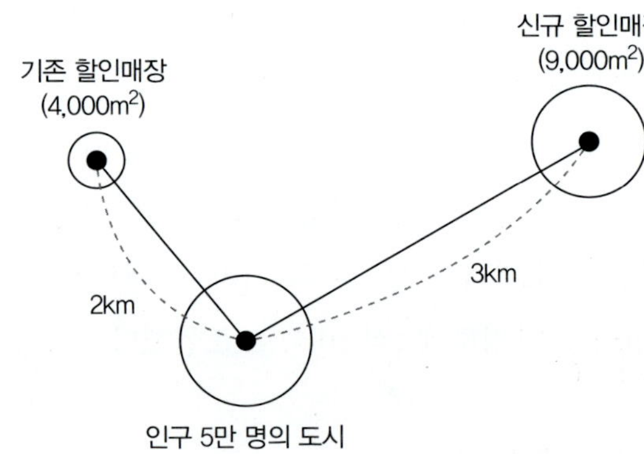

그림 10-10 허프의 상권분석 예시

마지막으로 넬슨(Nelson, R. L.)이 제시한 소매입지이론다. 넬슨은 최대이익을 추구할 수 있는 소매상점의 입지원칙으로 모두 8가지를 제시하였기에 점포입지의 8원칙 또는 입지선정을 위한 8가지 원칙이라고도 한다. 8가지의 원칙을 다음과 같다. 첫째, 수익을 올릴 수 있는 잠재력을 가진 상권이어야 한다. 둘째, 고객을 실질적으로 확보할 수 있어야 한다. 셋째, 향후 성장할 수 있어야 한다. 넷째, 고객의 주거지와 기존 점포의 중간에 위치하는 것이 적합하다. 다섯째, 비슷하거나 같은 점포가 몰려 있어야 한다. 여섯째, 서로 보완되는 상품을 취급하는 점포와 양립하면 유리하다. 일곱째, 경쟁자가 적어야 한다. 여덟째, 생산성과 성장성을 가진 경제적인 부지를 택하여야 한다.

한편, 넬슨은 8가지 원칙에 상권 내의 인구와 소득, 점포의 입지유형, 경합상태, 지가수준, 발전가능성을 종합적으로 분석하는 것이 필요하다고 주장한다. 넬슨의 소매입지원칙은 업종이나 규모와 상관없이 사업장이 갖추어야 할 절대적인 조건을 제시하여 창업을 위한 입지선정에 활용된다.

현실에서 상점의 상권을 분석할 때 사용하는 대표적인 상권분석은 부지평가법과 상권확정법이 있는데 전자는 상점을 입지시킬 몇 개의 대상지를 선정해 놓고 이에 대한 잠재 시장규모를 분석하는 것이고 후자는 주어진 입지에 적합한 업종을 찾아 상권 및 매출액을 추정하는 방법이다.

부지평가법은 평가기법에 따라 〈표 10-1〉에서 보이는 것처럼 경험법칙적용, 재고기술법, 순위법, 비율법, 회귀분석법, 입지배법 등 6가지로 구분된다. 상권 확정을 위한 방법은 공간독점법, 시장침투법, 분산시장접근법 있는데 자세한 내용은 〈표 10-2〉와 같다.

표 10-1 부지평가법

기법	비용	요구기술수준	대안 비교	판매량 추정	상점 종류
경험법칙 적용	거의 없음	경험	개별적	안 함	소규모, 확장
재고 기술법	$100~500/개소	경험 의존	개별적	안 함	성장 · 지역 민감성 산업
순위법	$100~500/개소	가중치 판단이 요구됨	여러 개의 대안비교	간접방법	체인점포
비율법	현장조사를 하지 않는 한 저렴	약간	시장지역	직접방법	신규 진출시
회귀 분석법	현장자료 요함 $100,000 이상	입지분석가 필요	비교계산	보다 직접적	대규모 체인, 실질평가 감시
입지-배분모형	$100,000 이상	입지분석가+컴퓨터프로그래머 필요	다른 입지에의 영향 측정		장기: 초대규모 체인 합병 및 신규전략

출처: Jones, Ken & Simmons, Jim (1990). *The Retail Environment*. London: Routledge; 조주현 (2002). 부동산학원론, p.222 재인용.

표 10-2 상권확정방법

접근법	공간독점법	시장침투법	분산시장접근법
상권형태	지역독점에 의한 확정상권	중첩부분 인정(가구수 비율에 의한 확률상권)	특정 지역만 공급하는 불연속 상권
공간획정	상권다각형(Thiessen Polygon) 동일 시간대, 1차상권	총매액의 60%를 기준*으로 1 · 2차 상권 구분, 거리조락 수요함수	시장분화를 전제로 하여 동일 지역 내에서도 그룹별로 차이를 둠
응용	편의품, 체인점, 표준적인 쇼핑센터	선매품, 전문상가, 경쟁점포	매우 전문화된 상품, 특정 소득, 특징 그룹 대상
적용사례	부지선정 및 시장구성	평가 및 전략수정	신규입지 및 판촌전략
적용상점 유형	주류판매점, 우체국	백화점, 슈퍼마켓	고급가구점
관련 분석절차	시장 profile 조사 vacuum방법 : 미래예측 소요치와 공급간의 격차에 의한 시장지역 예측	시장점유 모형** - 회귀분석 - Huff모형 - 유비(analog) 모형	중심성 연구

* CST(Consumer Spotting Technique)에 의해 인당 매출액이 높은 지역부터 합산하여 총매출액의 60%에 이르는 지역을 1차 상권으로 하고 기타 지역은 2차 상권으로 구분한다.

** 시장점유 모형의 분석절차는 ① (거리, 1마일 이내 경쟁점포의 매상고, 여성 인구비, 도시지역, 매장면적, 매장면적, 노령연구비), ② 계획점포의 속성입력으로 시장점유율 예측, ③ 각 지역별 자료입력 합산으로 이루어진다.

출처: Jones, Ken & Simmons, Jim (1990). *The Retail Environment*. London: Routledge; 조주현(2002). 부동산학원론. p.224 재인용.

3. 업무용 부동산(오피스)시장

현대사회에 있어 업무활동은 가장 대표적 산업이다. 업무(office)활동은 정보의 취급(handling), 처리(process), 그리고 전파(transmission)에 종사하는 활동을 말하는 것으로 가장 앞선 산업이라는 뜻으로 제4차 산업(quarternary industry)이라 부르기도 한다.

업무활동은 높은 생산성과 고용창출 효과를 나타내고 있으며 주로 대도시 도심에 입지하고, 업무활동에 종사하는 사람이 도시경제를 주도하는 등 국가 및 도시경제 내에서의 역할이 점차 증대되고 있다. 여기에서는 우선 오피스빌딩 임대시장의 매커니즘을 이해한 후 업무활동의 입지결정요인 및 입지행태를 알아보고 서울을 사례로 업무용(오피스) 빌딩의 공간적 분포 및 시장의 특징을 살펴보기로 한다.

1) 업무활동의 입지결정 요인

앞서 살펴본 기업의 입지선정 이론들은 교통비용과 같은 '비용의 최소화와 이윤의 극대화'라는 공통적인 설명의 축이 있었다. 그렇지만 이러한 이론들은 업무활동의 입지행태를 적절하게 다루지 못하는 한계점이 있다. 업무활동의 입지를 이윤극대화라는 합리적 기준에서 결정하기보다는 오히려 입지적 관성(慣性)과 같은 합리적이라고 볼 수 없는 요인이 작용하는 행태를 다분히 목격할 수 있기 때문이다.

행태적으로 업무활동의 입지를 설명하려는 입장은 흔히 사업체들 간에 어떤 업무연계와 그에 따른 상호접촉을 하고 있는지를 살펴보는데 관심을 가진다.[7] 즉 업체 간의 업무연계 또는 기능연계(functional association)가 그 업체들 상호 간에 장소적인 인접 또는 공간적 연계(spatial association)를 어느 정도 필요로 하는가에 그 초

7) Goddard, J. B. (1973). Office Linkages and Location: A Study of Communications and Spatial Patterns in Central London. London: Pergamon.

점을 맞추고 있다. 이들은 대체로 근대적인 교통 및 통신기술의 발달로 "기능적 연계는 반드시 장소적 연계를 필요로 하지 않게 되었다."라고 주장하고 있는데 오늘날 서구의 몇몇 대도시에서 나타나는 사무업체들의 분산(교외화)현상을 설명함에 있어 어느 정도 설득력이 있다고 할 것이다.

그렇지만 이 현상이 뚜렷하고 지배적인 흐름이라고 보기는 어렵다. 선진국을 비롯한 많은 나라에서 아직도 업무활동은 도심에 계속 입지하고 있기 때문이다. 이에 업무활동의 입지를 결정함에 있어 지가, 임대료[8], 노동력의 확보가능성 외 다른 중요한 요인들 예를 들어 장소적 위신(prestige), 전통, 입지적 관성 등에 관심을 기울이게 되었다.

이 중 대도시 중심업무지구에서 혼잡과 같은 높은 비용을 치르면서 기업체의 업무활동이 입지하려는 가장 설득력 있는 이유로 면접접촉의 중요성이 있다. 물론 앞서 정보통신기술은 접촉비용을 절감시킨다고 하였으나 업무활동에 있어서는 아직도 면접접촉의 중요성이 다음과 같은 이유로 강조된다.

첫째, 면접접촉이 모든 종류의 접촉방식 중에서 가장 유연하기 때문이다. 즉 정보를 주고받는 사람이 시간의 차질 없이 끊임없이 조정하면서 서로에게 적응할 수 있다는 것이다. 둘째, 면접접촉은 다양한 정보전달매체를 한꺼번에 그 이점에 따라 동원할 수 있다. 움직임, 자세, 의복, 얼굴표정과 같은 비구술적 신호(nonverbal cues)를 함께 이용하여 의사전달의 효과를 높일 수 있다. 셋째, 면접접촉에 참가하는 사람이 같은 환경에 처해 있음으로써 외부에서 생기는 소음 같은 장애물이 가져다 줄 의사교환의 차질을 줄일 수 있다. 그래서 오해의 소지가 있으면 금방 시정하고 전체적으로 불확실의 요소가 적어 다른 매체를 이용한 정보전달 때보다 훨씬 효과적이다(김형국, 1991).

공간적으로 면접접촉이 이루어질 수 있는 개연성은 비슷한 관심을 가진 사람들

---

8) 실제로 교통 · 통신비용을 조사한 연구결과에 따르면 사무실 임대료는 전체비용의 10%에도 미치지 못하고 있다고 한다. 보다 자세한 내용은 'Goddard, J. B. (1975). *Office Location in London and Regional Development*. London: Oxford Univ. Press'를 참조할 것.

의 밀도가 가장 높은 곳에서 가장 크다. 그래서 정확한 정보를 확보하기 위하여 신속한 접근을 중요시하는 업무활동은 전통적으로 대도시의 도심에 자리 잡아 왔다. 현대의 정보통신기술의 비약적 발전은 교통의 대체 가능성을 높이고 있지만 화상회의 같은 것에 대한 심리적 수용가능성, 사교적 분위기의 상실들로 인하여 얼마나 통신기술발전이 면접접촉을 대신할 것인지는 좀 더 관찰해야 할 것으로 본다. 다시 말해서 업무활동의 핵심적 수단인 면접접촉이 통신기술에 의해 대체될 수 있는 가능성은 면접접촉의 종류에 따라 달라질 것이다.

2) 우리나라 업무활동의 입지결정 요인

업무활동의 입지결정은 제약조건을 최소화하면서 입지에서 얻을 수 있는 기회를 극대화하는 방향에서 이루어진다. 논리적으로 제약조건의 극복 또는 해결은 기회의 극대화와 상통한다. 업무활동의 입지결정에 영향을 미치는 제약조건으로 권위적 제약(authority constraints), 능력적 제약(capability constraints), 연계적 제약(coupling constraints)을 들 수 있다. 또한 입지결정에 영향을 미치는 변수로 임기응변적 합리성 추구, 공간 편향적 기회추구가 있다.[9] 먼저 언급한 제약들을 극복하기 위한 입지결정 논리를 살펴보도록 하자.

첫째, 권위적 제약(authority constraints) 극복을 위한 기업의 입지이다. 우리나라에서 기업의 업무활동 입지에 영향을 미치는 결정적 제약으로 기업이 정부나 공공기관에 종속되어 있었다는 사실을 언급할 수 있다. 특히 1960~1970년대 경제성장이 정부주도의 국가자본주의(state capitalism)에 의해 이루어진 시기[10]에는 종속의 정도가 강한 만큼 대기업의 본사는 가능한 정부와 같은 권력기관에 최대한 가까이

9) 보다 자세한 내용은 '김형국 (1991). 국토개발의 이론연구, pp. 141-148. 박영사'를 참조할 것.

10) 발전도상국에서 기업들이 정부의 역할에 크게 의존하지 않을 수 밖에 없음에 대하여 Hamilton (1974)은 정부가 연구개발을 담당하는 주체일 경우가 많고, 어떤 기업보다 정보가 방대하면서 정교한 관료제를 유지하고 있는데다가, 정부 스스로 폭넓고 거대한 경제 · 사회 · 해외정책을 수행하고 있고, 정부 스스로 여러 투자활동을 벌이고 있기 때문이라고 설명하고 있다. 김형국(1991) 전게서 참조.

자리 잡고자 하였다. 이와 같이 기업이 정부에 종속되어 있는 것을 비대칭적 권력 관계(asymmetrical power relationship)라고 한다. 더구나 1997년 아시아외환위기 전까지 우리나라의 은행은 상당히 정부에 종속된 관치금융 성격이 강했던 만큼 기업자금의 조달은 곧 은행을 통제하는 정부에 의하여 결정된다고 볼 수 있었다. 이런 이유로 대기업의 본사는 금융시장의 핵심적 장소에 가까이 자리 잡고자 하였다.

둘째, 도시 간 및 도시 내 교통 · 통신으로 본 능력적 제약(capability constraints)이다. 업무활동은 정보의 취급 · 처리 · 전파에 종사하는 활동인 만큼 능률적이면서 편리한 교통 · 통신체계가 필수적이다. 이런 점에서 본다면 업무활동은 국내외 대도시를 연결할 수 있도록 고도의 접근성이 가능한 서울이 가장 우수한 입지적 조건을 갖추고 있다고 하였다. 물론 현대의 정보통신기술 발전은 능력적 제약에 의한 입지선정의 패러다임을 변화시키고 있다.[11)]

앞에서 우리는 권위적 제약과 능력적 제약이 서울로 업무활동이 입지하도록 끌어들이고 있다는 사실을 지적하였다. 이는 우리나라에서 기업의 업무활동이 주로 면접접촉에 의해 수행되고 있다는 사실과도 밀접히 관련되어 있다. 면접접촉이 중요한 만큼 업무활동의 입지결정자는 정부 및 권력기관과 직접적이고 손쉬운 접촉수단을 확보함으로써 연계적 제약(coupling constraints)을 최소화하고자 한다.

알론소(Alonso, 1968)는 최소한의 연계적 제약 속에서 면접접촉이 이루어져야 하는 이유를 다음과 같이 설명하였다. 우선, 선진국에 비해 표준화되지 못한 외부정보의 문제를 기업은 면접접촉을 통하여 해결하고자 한다는 것이다. 둘째, 기업 환경이 너무 자주 바뀌고 예측할 수 없다는 데 있다. 관련 규정이 복잡하고 거기다 수시로 바뀌는 데다가 정부기구도 개편되기 일쑤인 현실에서 기업은 영향력과 결정권, 정보원의 중심에 가까이 자리 잡아야만이 문제가 발생 시 해결할 수 있다.[12)] 마

11) 대표적 IT 업체인 다음(Daum)이 기업의 본사를 제주도로 이전한 것은 정보통신기술의 발전에 힘입어 입지선정의 패러다임이 변화하고 있음을 보여주는 예라고 할 것이다.

12) 우리나라 100명의 CEO들은 기업경영에 있어 어려움 중의 하나로 각종 제도적 규제과다(19%)를 꼽고 있었다. 즉 정부의 경제정책이 기업하기 좋은 환경 조성 및 시장경제 원리에 충실할 것을 요구하는 것으로 나타났다(중앙일보, 2004.12.19).

지막으로 지연(地緣)·학연(學緣)과 같은 인간적인 관계가 업무활동에 지극히 중요한 요소라는 점이다. 이러한 인간관계를 통해 영향력 있는 정보통으로부터 비록 간헐적이나마 정보를 얻을 수 있는 정보입수 경로를 항상 열어 놓아야 한다. 인간관계의 유지는 주로 식사나 주연(酒宴)을 곁들이면서 이루어지는 경우가 많다.

이상에서 설명한 것처럼 기업은 제약극복을 통한 입지결정 요인 외에도 기회 추구적으로 입지를 결정하기도 한다. 수출이 경제성장에 있어 중요한 동력인 기업에게 있어 업무활동의 입지는 수위도시(primate city)[13]에 한정시킨다는 외국의 경험(Evans, 1973)이 우리나라에도 그대로 적용되었다. 또한 우리나라 대기업은 상당수가 서울의 중심업무지구에 고층사옥을 스스로 확보하고 있는데 이는 대기업 또는 재벌들이 합병 또는 인수를 통해 비대해졌기에 그만큼 계열기업 간에 고도의 정보연계를 필요로 하고 이에 따라 업무활동을 가급적 소유한 오피스 건물 안으로 내부화할 필요성에 의한 것이었다. 또한 부동산투자는 기업입장에서 보면 대단히 유리한 투자수단이었다. 대체로 총자산에서 자기자본 비율이 낮은 대기업들은 오피스 건물에 투자함으로써 기업의 경영지표를 개선할 수 있었고 인플레 속에서도 부동산투자는 고정유형자산보다 유리한 측면이 많았다. 이런 점에서 입지결정자는 임기응변적 합리성으로 업무활동의 입지를 결정하기도 했다.

업무활동의 입지결정은 공간적으로 편향된 판단을 통하여 이루어지기도 한다. 전통과 위신(prestige)의 고려가 바로 그러한 측면이다. 도심에 오피스 건물을 가지는 것은 그 장소에 자리 잡는 것 자체가 기업 이미지에 기여하는 것이라 여겨졌다. 정부와 은행과 같은 기관이 입지한 곳에 연접하여 입지시키는 것이 불확실을 줄이는 방법이 되었고 이런 일이 누적되면 업무활동은 입지적 관성을 나타낸다. 이에 따라 특히 본사를 이름난 장소에 고급 오피스 건물로 세우면 직원모집이나 업무활동을 벌일 때 위신을 자랑하는 거점으로 이용할 수 있었던 것이다.

13) 8장에서 설명하였듯이 수위도시(primate city)란 도시인구가 제1위인 도시로서 그 다음 순위의 도시인구보다 여러 배가 되는 도시를 말한다. 이런 도시를 가진 도시공간조직을 과대분포라고 정의한다. 따라서 서울은 대표적인 수위도시라 할 수 있다.

3) 서울시 오피스시장

(1) 공간분포와 입지특성

[그림 10-11]에서 보이는 바와 같이 2014년 기준 서울시에서 연면적 1,652m^2 이상 오피스 건물의 공급 상황을 보면 도심권역(Central Business District: CBD), 강남권역(Kangnam Business District: KBD), 여의도(마포)권역(Yeido Business District: YBD)에 집중되어 있다. 김상일(2005)도 서울시에서 재산세 과제자료를 분석한 결과, 사무실 단일용도로 사용되고 지역도 이 지역에 집중되어 있다고 밝힌 바 있다. 이에 부동산 업계뿐만 아니라 학계에서도 서울시 오피스 공간을 이들 3개 핵심권역으로 구분하고 있다. 여기에서는 서울시 오피스빌딩의 공간분포와 입지특성을 도심권역, 강남권역, 여의도권역의 3개 핵심권역으로 구분하여 살펴보도록 한다.

우선 도심권역(CBD)은 종로, 을지로, 신문로, 남대문일대를 말한다. 1960년대부터 명동과 소공동, 종로 1 · 2 · 3 · 4가동을 중심으로 오피스가 꾸준히 증가해 왔으며 1980년대 후반부터는 종로구의 가회동과 교남동 방향으로 분포가 확산되는 양상을 보였다. 2000년대 들어 도심권에는 금융보험업, 대형 오피스(1만평 이하), 500대 기업 본사 등에서 입지우위를 보이고 있다.

강남권역(KBD)은 강남대로, 도산대로, 서초(교대역), 송파대로(잠실역), 삼성역, 양재역, 테헤란로, 학동/봉은사로 일대를 말한다. 강남권역은 강남지역 개발을 위한 토지구획정리사업 실시(1975년) 및 업무지구지정(1976년) 이후 오피스가 입지하기 시작하였으며, 역삼 제1 · 2동이 오피스 중심지역으로 나타났다. 1990년대 이후 서초구, 강남구를 중심으로 오피스의 분포가 급격한 증가를 보였으며, 2000년대 초반부터 인근 송파구, 광진구지역까지 분포가 확산되고 있는 것으로 나타났다. 강남권에는 대법원이 입지하고 있어 법률, 회계사무소가 대거 입주하고 있으며 그 외 사업서비스업, 부동산업 및 임대업, 제조업(사무직), 통신업을 비롯하여 중소규모 오피스(1만평 미만), 그리고 1000대, 3000대 기업 본사 등 다양한 업종과 규모에서

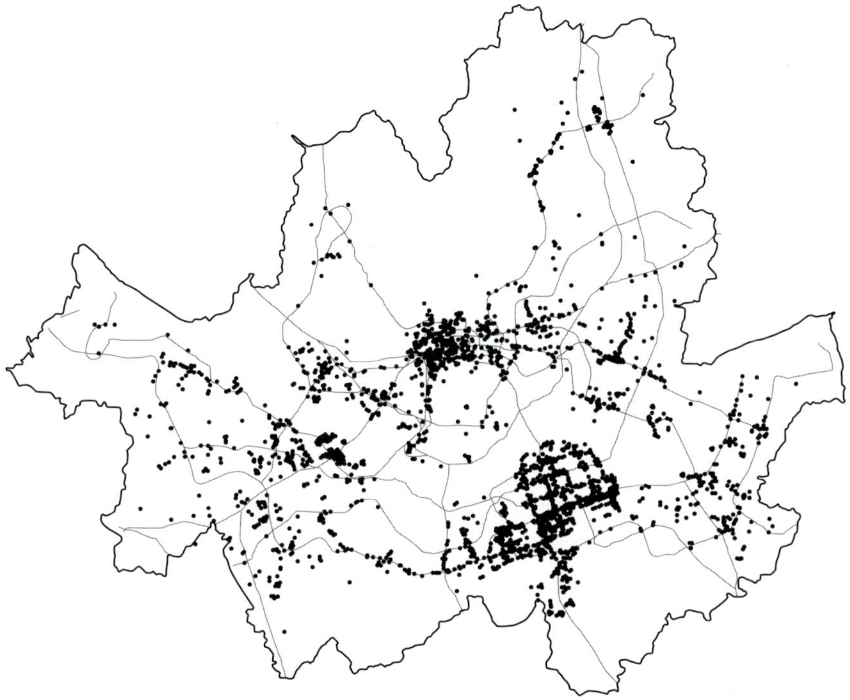

◆ 그림 10-11 서울시 연면적 1,652m^2 이상 일반건축물 오피스 공급현황

출처: 젠스타 (2014). 얼마나 올랐을까?: 오피스 매매지수.

입지우위를 보이고 있다.

여의도권역(YBD)은 동여의도, 서여의도, 그리고 마포구(공덕역) 일대의 오피스빌딩 밀집지역을 말한다. 1976년 여의도가 업무지구로 지정된 이후 여의도동이 오피스 중심지역으로 나타났고 이곳을 중심으로 분포가 확산되어 왔다. 1980년대 후반에는 도심방향으로, 1990년대 이후에는 양천구, 구로구, 동작구 등 외곽지역으로 분포가 확산되고 있는 것으로 나타났다. 여의도권역의 입지적 특성으로 금융관련 시설을 들 수 있는데 이로 인하여 이 권역에는 은행 및 금융업이 다수 입주하고 있다.

이들 3개 업무핵심권역은 점차 외부지역으로 확산되어 왔으나, 이러한 분산과정에서도 여전히 특정 지역으로의 집중현상이 나타나면서 오피스의 집중과 분산이

병행하는 특성을 보이고 있다. 그러나 권역별 비중변화는 1990년대부터 둔화되어 2000년대는 거의 변화하지 않는 것으로 나타났다.

〈표 10-3〉은 서울시의 3개 중심 권역 오피스 빌딩들의 미시적인 입지특성을 정리한 것이다.

표 10-3 권역별 오피스의 입지특성

권 역	입 지 특 성	비 고
도 심 권 역 (CBD)	• 공시지가가 높고 부정형의 필지가 많음 • 규모가 크고, 오래된 건물이 많음 • 접면 도로 폭이 좁음 • 대부분 법인이나 공공소유	• 옛 도시구조를 기반으로 성장 • 도심재개발 및 재건축의 영향
여 의 도 권 역 (YBD)	• 공시지가가 낮고 정 · 장방형의 필지가 많음 • 대중교통 및 주변 상업기능과의 접근성이 떨어짐 • 지하이용률이 높고, 내부에 많은 서비스 시설 보유 • 대부분 법인이나 공공 소유	• 계획적인 업무지구로 개발 • 주변 기능과의 확연한 분리로 내부에 서비스기능 입지
강 남 권 역 (KBD)	• 공시지가가 높고 정 · 장방형의 필지가 많음 • 규모가 작고, 신축 건물이 많음 • 접면 도로 폭이 넓음 • 대부분 개인소유	• 계획적인 업무지구로 개발 • 평균연면적 23,840㎡ • 대로를 중심으로 한 선형개발

출처: 여홍구 · 정선아 (2002). 서울시 오피스의 공간분포 및 입지특성에 관한 연구. 대한국토도시계획학회지. 국토계획, 37(7), p. 134.

(2) 오피스시장의 특성

오피스시장에 영향을 주는 요인은 크게 시장적 요인과 비시장적 요인으로 구분하여 생각해볼 수 있다.

우선, 시장적 요인은 업무용 공간, 즉 오피스 빌딩에 대한 수요와 공급으로 구분하여 볼 수 있다. 수요관련 요인은 해당 지역의 업무관련 산업활동이 얼마나 활발한 가를 나타내는 변수들로 해당 산업의 고용성장률과 종사자의 수 등이 있다. 공급요인은 오피스라는 부동산개발에 소요되는 각종 비용과 관련이 있다. 이중 오피스 공급에 필수불가결한 생산요소인 토지는 일반적인 상품이라면 가격이 높을수록 공급이 감소할 것이라 예상할 수 있으나, 토지는 가격이 높을수록 분양가격과 임대료가 올라가기 때문에 토지가격과 오피스 공급 간의 관계에 대하여는 신중한 접근이 필요할 것으로 판단된다. 또한 오피스 개발에는 막대한 자금이 소요되므로 이자율의 변화는 오피스 공급에 영향을 줄 수 있다. 즉 이자율이 올라갈 경우 자금조달을 위한 금융비용은 증가하나, 현금자본의 수익률은 증가하므로 오피스 공급에 부정적 영향을 줄 수 있다. 이 외 건축비와 같은 생산비용의 변화도 오피스 공급에 영향을 줄 것이다. 오피스는 다른 부동산과 마찬가지로 공급이 비탄력적이며 내구성이 있는 자산이다. 이에 오피스 공급자는 자본이득을 추구하기도 한다. 이에 따라 오피스 공급은 그 지역의 부동산가격이 장기적으로 상승할 것이라는 전망과 관련이 있다. 기본적인 수요와 공급의 논리는 임대료라는 가격지표를 중심으로 연동한다. 이때 비탄력적 오피스 공급 때문에 공실이 발생하기도 한다.[14)]

오피스시장에 영향을 주는 비시장적 요인으로는 정부의 관련 정책이 있는데 지하철 노선, 용적률 규제, 각종 개발사업 등을 들 수 있다.

[그림 10-12]는 1970~1990년대 서울시 오피스 스톡(S)의 연도별 추이를 보여주고 있는 것으로, 이 중 오피스 스톡(S_1)은 6층 이상의 오피스건물을 집계한 것이고 (S_2)는 화재보험협회 자료에 포함된 11층 이상의 대형 오피스건물을 집계한 것이다.[15)] 김경환, 손재영(2000b)의 연구결과에 따르면 서울시 오피스 스톡은 GDP(국내총생산)와 GRDP(지역총생산) 등의 전반적인 생산 활동 수준과 밀접한 관계가 있지만, 11층 이상 대형건물들은 생산 활동 수준과 무관한 것으로 나타났다. 물론 장기 균형 상태에서는 오피스 스톡이 생산이나 고용과 안정적인 관계에 있는 것으로 나타났다. 우리나라에서 1990년대까지 이처럼 대형 오피스건물이 전체 오피스건물에

14) 공실률은 오피스를 매매대상 재화로 보는 관점에서는 매우 중요한 지표이지만 반대로 오피스를 서비스로 인식할 경우 공실은 수요의 감소이기도 하다.

15) 규제완화 차원에서 화재로 인한 재해에 관한 특별법 시행령이 개정되어 1997년부터는 11층 미만 건물에 대한 보험가입이 의무가 아닌 임의가입으로 완화되었다. 따라서 이후 자료는 11층 이상만 해당한다.

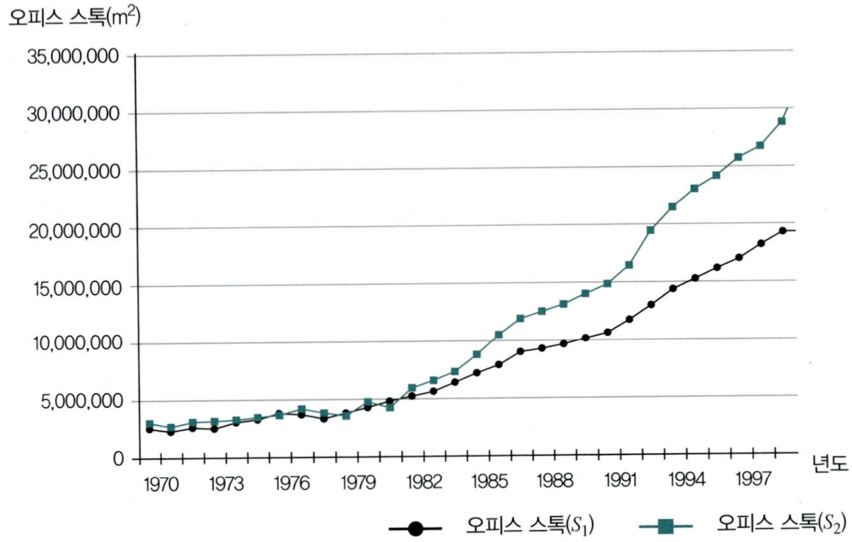

그림 10-12 서울시 오피스 스톡의 변화추이(1970~1998)

출처: 김경환 · 손재영 (2000). 서울시 오피스시장의 시계열분석. 주택연구, 8(2).

비하여 국내 또는 지역의 경제상황과 무관하게 나타나는 것은 대형 오피스건물들이 시장여건을 감안하여 전문적인 개발사업자(developers)에 의해 기획되어 개발되기보다는 자체 사옥을 마련하려는 기업의 수요를 충족시키기 위하여 건축되는 경향이 있기 때문이었다. 즉 앞서 오피스의 입지결정요인에서 설명하였듯이 우리나라 대형 오피스건축은 경제여건보다는 소유기업의 위상제고 등 비경제적 요인들에 의해 이루어졌다. 물론 건축된 오피스는 기업에게는 대단히 유리한 투자수단이기도 하였다.

1970~1990년대까지 오피스건물의 규모에 따른 이중적 공급구조는 [그림 10-13]을 통해 더욱 분명하게 확인할 수 있다. [그림 10-13]에서 CO_1은 6층 이상의 신규건설 오피스건물을 집계한 것이고, CO_2는 11층 이상의 신규건설 대형 오피스건물을 집계한 것이다. 이에 따르면 신규건설은 실질임대료가 높을수록, 사무직 근로자 수

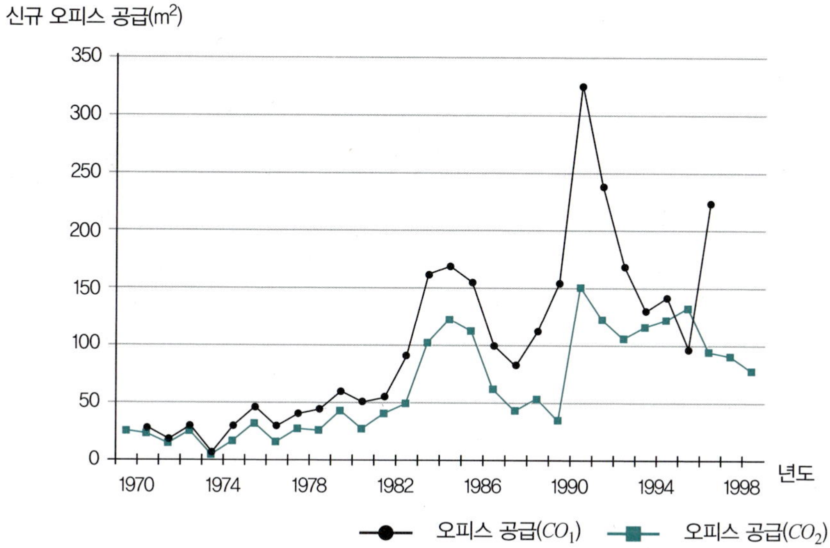

그림 10-13 서울시 오피스 신규건설추이(1970~1998)

출처: 김경환 · 손재영 (2000). 서울시 오피스시장의 시계열분석. 주택연구, 8(2).

의 증가폭이 클수록 6년의 긴 시차를 두고 늘어났다.[16] 6년이라는 시차는 중소형 오피스 공급에 적용하기는 매우 긴 시간이지만, 대형건물의 경우 1~2년의 준비기간 및 2~3년의 건설기간이 소요되기에 이와 같은 시차가 나타나는 것은 당연한 결과일 것이다.[17] 이처럼 김경환 · 손재영(2000b)의 연구는 1970년대부터 1990년대까지 서울시에서는 오피스 스톡과 마찬가지로 11층 이상의 대형건물의 경우의 공급은 경제변수의 설명력이 상대적으로 높지 않아 대형건물의 신축이 비시장적 요인들에 의해 영향을 받고 있을 가능성을 시사하고 있었다. 다시 말해서 서울시의 중소형 오피스건물의 공급은 시장상황에 상대적으로 민감하게 움직이는 반면, 대형

16) 또한 토지초과이득세 도입이 오피스빌딩의 신규건설을 촉진한 것으로 나타났으나 금융시장 여건과의 연계성은 보이지 않았다.

17) 참조로 DiPasquale and Wheaton(1996, p.306)에 의하면 San Francisco 오피스시장의 신규건설 방정식 추정에서는 시차가 4년으로 나타났다.

오피스건물 공급은 영향을 덜 받는 것을 알 수 있다.

이에 비하여 2000년대 들어 서울시의 오피스 공급은 경제변수와 정책변수에 의하여 좌우되기 시작하였다. 김상일(2005)의 연구에서는 업무관련 산업의 실질총부가가치, 취업률, 이자율, 서울시 및 서울시 권역 인구 등의 변수가 짧게는 2년 길게는 6년의 시차를 가지고 서울시 오피스 공급에 영향을 주고 있는 것으로 나타났다. 또한 정책적 변수의 영향력이 대단히 크게 나타나 기반시설접근성(지하철역), 도심재개발촉진정책과 토지초과이득세 등은 대형 오피스 공급에 영향을 미치고 있는 것으로 분석되었다. 서울시정개발연구원(2005)와 이경민 외(2009), 김지현(2014)의 연구도 오피스 신규건설은 업무관련 산업의 실질 GDP 증가율, 취업률, 이자율 등의 경제변수와 정부정책의 영향을 받는다고 하였다.

서울시 오피스 공급은 연 면적 기준으로 1991년 300ha가 증가(1990년 대비 12.1%)하여 가장 빠른 성장률을 보인 이후 2000년대 들어 해마다 116ha 증가(2004년 기준 2.89%)에 그쳐 증가속도가 둔화되어 2012년 기준, 지난 10년간 서울시에 신규 공급된 오피스는 연평균 28만평 수준이다.

한편, 서울시 임대료와 공실률은 권역별, 오피스빌딩의 규모별로 큰 차이를 보이고 있는 것으로 나타났다.[18] 임대료의 권역별, 오피스빌딩의 규모별 차이는 회귀분석 연구결과에서도 나타난 바 있다(김경환 · 손재형, 2000a; 김관영 · 김찬교, 2006; 김의준 · 김용환, 2006; 박한 외, 2008; 허윤경 · 김성진, 2008; 김진 · 서충원, 2009; 유강민 · 이창무, 2012; 김지현 · 강병록, 2013; 김지현, 2014).

[그림 10-14]와 [그림 10-15]는 2003~2013년까지의 10년 동안 서울시 전체와 권역별 오피스임대료와 공실률 추이를 보여주고 있다. 그림에서 보이는 바처럼 도심권역(CBD)은 강남권(KDB)과 여의도권(YDB)에 비하여 가장 높은 임대료 수준을 유지하고 있다. 세계금융위기로 인하여 2009년 오피스임대료는 하락세를 잠시 보인 뒤 상승하는 듯하였으나, 공급적체 영향에 따른 공실증가로 인하여 전반적으로 임

18) 김상일(2005)의 연구에 의하면 대형 오피스빌딩은 중소형 오피스 빌딩에 비하여 임대료는 높고 공실률은 낮게 나타나 대형 오피스 빌딩의 수요가 더 크다는 것을 알 수 있다.

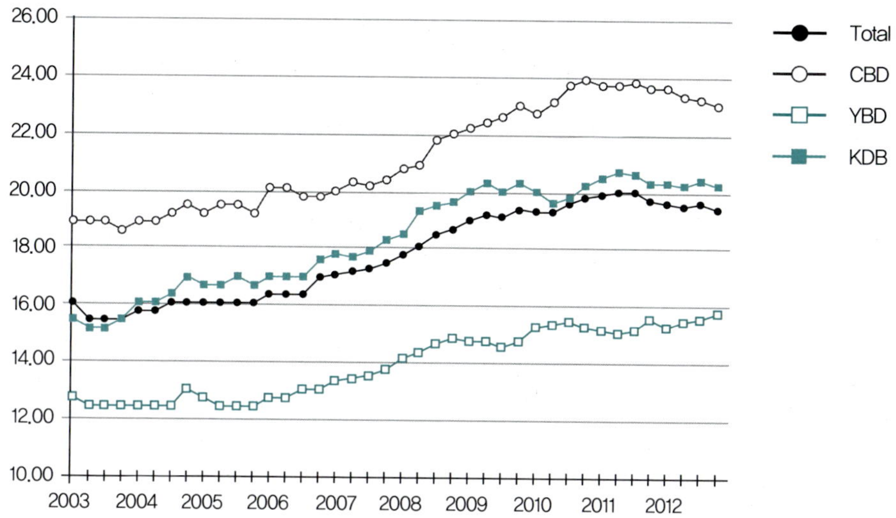

그림 10-14 서울시 오피스임대료 추이 (단위: 천원/m^2)

자료: 김지현 (2014). 서울시 오피스 임대시장의 장기균형과 단기조정 분석. 도시행정학보, 제55권, pp. 133~146. 한국도시행정학학회.

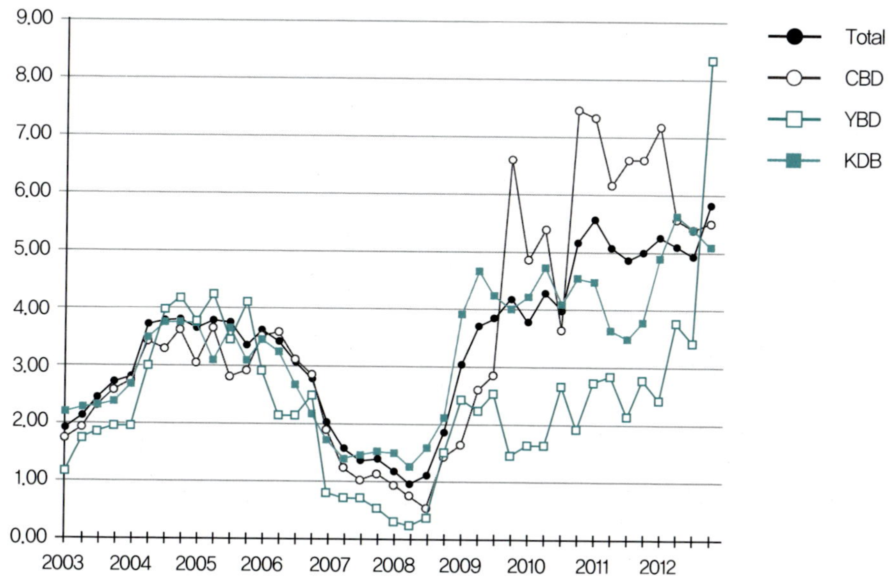

그림 10-15 서울시 오피스 공실률 추이 (단위:%)

자료: 김지현 (2014). 서울시 오피스 임대시장의 장기균형과 단기조정 분석. 도시행정학보, 제55권, pp. 133~146. 한국도시행정학학회.

대료는 약보합세를 보이고 있다(국토교통부, 2013). 특히 이런 현상은 여의도권에서 뚜렷하게 나타나고 있다. 국제금융센터(IFC)의 준공 이후 여의도권역의 오피스 공급량이 크게 증가하면서 공실률은 급격하게 증가하고 임대료는 감소세로 전환되었기 때문이다. 이처럼 최근 서울시 오피스임대시장은 권역별로 차이를 보이고 있으며, 특히 공실률의 경우는 그 정도가 심하다. 2013년도 4/4분기를 기준으로 이후 서울시 전체 오피스 월임대료는 56.8천원/3.3m^{2}인데 Prime급의 오피스 월임대료의 경우 86.0원/3.3m^2, C등급의 중소형 오피스는 44.7천원/3.3m^{2}로 나타났다.[19)]

오피스건물의 임대료를 상승시키는 요인들로 건물연면적, 지하철과의 접근성, 대형 소매시설과의 접근성, 용적률, 입주한 금융기관의 수 등이 언급되고 있고, 반대로 하락시키는 요인은 건물의 노후 정도, 식당, 휴게시설, 매점 등의 편익시설인 것으로 나타나고 있다(김진유 · 전상경, 2003; 전기석 · 이현석, 2006; 허윤경 · 김성진, 2008; 박한 외, 2008; 김진 · 서충원, 2009; 유강민 · 이창무, 2012). 이외에도 계약형태, 공공기관과의 접근성, 친환경건축물[20)] 등도 임대료 결정에 영향을 주는 것으로 나타났다.

[그림 10-16]은 1998년 1사분기부터 2010년 4사분기까지의 서울시 업무중심지역의 주요 오피스빌딩의 자본환원율(Cap Rate)과 Cap Rate Spread의 추이를 보여주는 것이다. Cap Rate Spread는 Cap Rate에서 대표적인 거시경제변수인 무위험상품인 3년 만기 국고채의 이자를 차감한 것으로, Cap Rate가 적정수준 이하가 되거나 급속한 경기변동으로 금리가 급속히 상승할 때 시장이 과열되는 지표로 볼 수 있다.

[그림 10-16]에 의하면 1998년 1사분기부터 1999년 3사분기까지 아시아 외환위기로 재벌기업들이 자회사들의 유동성 위기를 해결하기 위하여 사옥을 매각하거

19) 오피스빌딩의 관리를 담당하는 국내 부동산자산관리회사들은 임차인이 사무공간을 선택하는 기준을 물리적, 경제적, 입지적 요인에 따라 점수를 부여하여 Prime, A, B, C 등급으로 분류하고 있다. Prime 등급의 오피스빌딩은 상위 10% 내에 속하는 권역 내 랜드마크 수준의 빌딩을, A등급의 오피스는 상위 10~30%에 속하는 권역 내 우수한 빌딩을 말한다(김지현 · 강병록, 2013).

20) 김지현 · 강병록 (2013). 녹색건축인증제가 오피스시장에 미치는 영향분석. 부동산학보, 55, 한국부동산학회, 61~71.

나 M&A되면서 Cap Rate는 상승하였다. 이수정(2011)은 이 기간 Cap Rate Spread가 (−)이거나, 혹은 극히 낮은 수준으로 나타나는 이유를 오피스 매입의 목적이 사옥용도나 장기적인 경영관점에서 매입하였기 때문이라고 분석하였다. 2000년 이후 소폭의 등락이 있었으나[21], 2005년 이후 Cap Rate는 지속적인 하락세로 돌아섰다. 2008년 서브프라임 모기지 사태 직후 유동성 위기로 Cap Rate는 단기간 상승하였지만, 경기가 안정되어감에 따라 다시 하락하는 추세이다. 세빌스코리아(2014)의 자료에도 이런 경향은 최근까지 계속되고 있다. 한편, 상승추세를 보이다 2005년부터 하락하는 Cap Rate Spread는 2004년 간접투자자산운용법에 따른 부동산펀드의 활성화로 시장의 오피스 수요가 증가한 반면, 제한된 매물의 영향으로 Cap Rate가 하락하고 이로 인해 Cap Rate Spread가 축소되었기 때문이다.

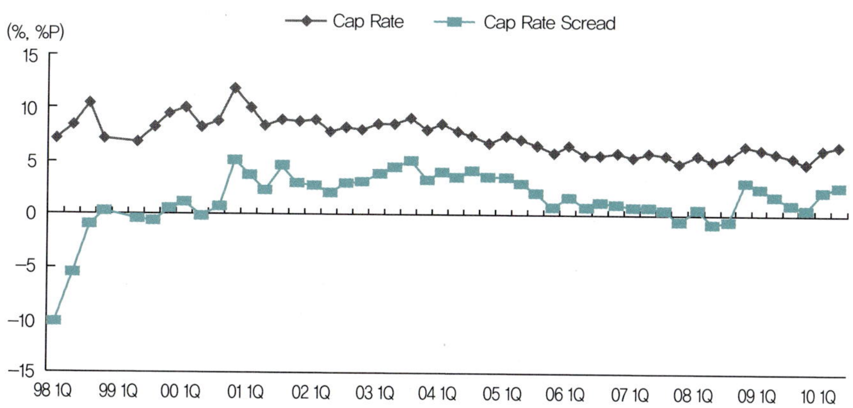

그림 10-16 오피스빌딩의 Cap Rate와 Cap Rate spread 추이

출처: 이수정 (2011). 서울 오피스시장에서의 투자행태와 cap rate 결정요인에 관한 연구. 건국대학교 박사학위논문.

21) 1999년 이후 2001년까지 지속적으로 상승하던 Cap Rate가 200년 2사분기에 갑자기 하락한 이유는 서울파이낸스센터, 예금보험공사빌딩과 같은 도심의 대형물들이 매각되었기 때문이다.

김지현(2014)[22]은 오차수정모형(Error Correction Model: ECM)을 적용하여 서울시 오피스 임대시장을 분석한 결과, 장기적으로 서울의 오피스 임대시장은 공실률과 신규오피스의 공급물량에 의해 결정되는 공급변수보다는 경기호황과 같은 수요변수에 좀 더 영향을 받았다고 주장하였다. 또한 서울시 오피스 임대시장은 균형상태가 깨진 후 다른 도시와 유사한 속도로 임대료가 균형 상태로의 돌아온다고 하였다. 한편, 류강민·이병현·이창무(2015)는 세계금융위기 전후로 오피스 임대료를 결정짓는 요인들의 변화가 있다고 주장하였다. 즉 2009년 이전에는 임대료와 공실률은 음(−)의 관계를 보여 왔으나, 이후에는 양(+)의 관계를 보인다는 것이다. 이는 오피스시장에서 임대인들은 명목임대료는 유지 또는 상승시켰지만 일정기간 임대료를 받지 않는 이른바 '렌트프리(rent free)'를 이용하여 실질임대료를 인하하는 것으로 추론할 수 있으나, 이에 대해서는 보다 추가적인 분석이 필요할 것으로 본다.

업무활동을 수행하고 지원하는 핵심공간인 오피스의 성장과 입지는 넓게는 도시공간구조 측면에서 좁게는 부동산개발시장에서 매우 중요하리라 판단된다. 실제로 1990~1997년 동안 비주거용 부동산건설투자가 주택건설투자의 약 80%에 달하는 큰 비중을 차지하고 있었다. 하지만 대부분의 관심은 주택시장에 집중되어 2000년대에 들어서기 전까지 오피스시장에 대한 연구는 제대로 이루어지고 있지 않았다. 그러나 외환위기 이후 국내 부동산시장이 완전히 개방되면서 외국인의 국내 부동산시장 진출이 눈에 띄게 증가하였고[23] 철저한 시장분석에 따라 투자를 결정하는 이들의 투자방식으로 인하여 오피스시장의 추이, 현황, 전망에 대한 연구와 자료가 축적되기 시작했다.[24] 더구나 부동산투자회사(REITs)와 부동산펀드(REF)의

22) 그러나 김지현(2014)의 연구는 데이터의 부족으로 2003~2012년이라는 짧은 기간을 대상으로 하며 장기균형 공실률을 정의함에 있어 한계가 있다.

23) 외국인들은 주로 서울의 큰 오피스 건물위주로 거래 및 보유를 하고 있으며 연평균 8.7%의 높은 수익률을 올리고 있는 것으로 파악된다.

24) 부동산 114, 신영에셋, 알투코리아부동산투자자문(주) 등이 정기적으로 오피스현황, 임대료, 공실률 등의 자료를 수집하고 발표하고 있는 것 역시 이런 예라고 할 수 있다.

발전으로 보다 수월하게 오피스시장에 투자할 수 있게 됨으로써 앞으로 오피스의 평가, 수익률전망 등 투자나 투자유치, 투자대상 선별을 위해서 필요한 체계적인 연구 및 자료축적이 가속화될 것으로 예상된다.

Theory of Real Estate Economy

PART 05

부동산과 국민경제

CHAPTER 11 부동산과 국민경제

1. 부동산과 국민경제
2. 부동산과 경기변동
3. 부동산투자의 효과

CHAPTER 11 부동산과 국민경제

1. 부동산과 국민경제

1) 자본으로서 부동산

부동산은 국민경제에서 저량(stock)과 유량(flow)의 개념으로 이해할 수 있다. 부동산 저량(stock) 또는 스톡이란 일정 시점에서만 측정이 가능한 개념으로 예를 들어 2016년 전국 아파트와 그 부속 토지 또는 비주거용 건물 등을 일컫는다. 부동산은 사용 유형에 따라 여러 가지로 분류될 수 있으므로 저량의 개념으로 부동산의 가치를 국민경제에 파악하면 국부(national wealth)를 구성하는 가장 큰 변수가 될 것이다.

우리나라의 경우 종래 10년 주기로 직접 조사하여 작성하던 '국부통계'를 1997년부터 1년 주기로 '국가자산통계'로 명칭을 변경하고 매년 간접 추계하는 방식으로 발표하고 있다.[1] 〈표 11-1〉은 통계청에서 발표한 2000년, 2010년, 2013(추정치) 자산별 순자산스톡의 실질가격과 비중을 보여주고 있다. 이에 따르면 2013년 말 해당 연도 기준으로 국가자산을 비금융생산자산과 비금융비생산자산으로 구분하였

1) 국부통계 범위는 UN의 국민경제(1993년 SNA) 체계상 유형 · 무형자산, 재고자산, 토지자산, 입목자산, 지하자산 및 내구재 등 7개로 구성되어 모든 부(富)를 포함하고 있는 것은 아니다.

◆ 표 11-1 자산별 순자산(실질가격) (단위: 조, %)

자산별	2000년		2010년		2013년*	
비금융생산자산	2,730	39.4%	4,348	46.8%	4,788	48.0%
고정자산	2,565	37.0%	4,070	43.8%	4,470	44.8%
건설자산	2,036	29.4%	3,280	35.3%	3,561	35.7%
(주거용건물)	622	9.0%	984	10.6%	1,043	10.5%
(비주거용건물)	599	8.6%	988	10.6%	1,111	11.1%
(토목건설)	816	11.8%	1,308	14.1%	1,408	14.1%
설비자산	417	6.0%	582	6.3%	657	6.6%
지식재산생산물	103	1.5%	208	2.2%	253	2.5%
재고자산	164	2.4%	278	3.0%	318	3.2%
비금융비생산자산	4,196	60.6%	4,946	53.2%	5,182	52.0%
토지자산	4,170	60.2%	4,906	52.8%	5,140	51.5%
주거용건물 부속토지	1,430	20.6%	1,701	18.3%	1,783	17.9%
비주거용건물 부속토지	768	11.1%	1,071	11.5%	1,180	11.8%
임야	387	5.6%	383	4.1%	381	3.8%
문화오락용 토지	58	0.8%	119	1.3%	142	1.4%
기타 토지	270	3.9%	290	3.1%	301	3.0%
지하자산	18	0.3%	23	0.2%	23	0.2%
입목자산	9	0.1%	17	0.2%	19	0.2%

출처: 통계청, 국가통계포털(www.kosis.kr)
*: 2013년은 잠정치

을 때 각각의 규모는 4,788조 원과 5,182조 원이다. 주목할 점은 2000년 총 국가자산의 60.6%에 달했던 비금융비생산자산의 규모가 감소하는 반면 비금융생산자산의 가치는 증가하여 2013년 기준 거의 두 자산의 가격격차가 좁아지고 있다는 것이다. 비금융생산자산 중 부동산에 해당하는 주거용 건물과 비주거용 건물은 고정자산의 약 절반가량을 차지하고 있었다. 특히 비주거용건물의 가치는 지속적으로 증가하여 2000년 599조 원에서 2013년 1,111조 원으로 증가하였다. 부동산은 토지가 기초자산인 만큼 비금융비생산자산의 거의 대부분을 차지하고 있다. 토지자산 중 주거용 건물 부속토지가 차지하는 비중이 가장 크지만, 점차 줄어들어 2000년 20.6%(1,430조 원)에서 2013년 51.5%(1,783조 원)로 감소한 반면, 문화오락용 토지는 같은 기간 가치가 2배 이상(58조 원 → 142조 원) 성장하였다.

이에 비하여 부동산 유량(flow)은 일정한 기간을 정하여 측정이 가능한 개념이다. 대표적으로 국내총생산(GDP)에 있어 연간투자로 표시되는 신규건축물의 연간 가치가 있다. 물론 신규건축물에는 부속 토지가 존재하나, 이때 토지는 생산된 재화(commodity)가 아니기에 유량에는 반영되지 않는다. 다시 말해서 토지의 가치는 건물에 부속되는 스톡 또는 부(wealth)일 뿐이다.[2)]

이처럼 부동산은 국민경제에서 거시경제지표에 따라 저량(stock) 또는 유량(flow)으로 측정되는데 특히 저량의 경우 국가자산에서 가장 큰 비중을 차지하고 있으며 영향력 또한 매우 크다. 즉 현대 자본주의사회에서 가장 중요한 자산으로 고려되는 금융자산 즉 주식, 채권, 주택저당채권(mortgage) 등의 가치를 실질적으로 결정하는 데는 그 사업체가 소유한 부동산의 가치가 상당한 영향력을 행사한다. 미국에서 부동산의 가치를 가장 직접적으로 반영하고 있는 모기지(mortgage) 총액수는 규모면으로 볼 때 거의 국가채무 수준에 육박한다. 이에 금융 선진국인 미국에서조차도 은행대출 시 부동산은 신용등급 결정에 가장 중요한 요인이 된다. 부동산을 소유하고 있거나 소유한 경력이 있으면 신용등급을 유리하게 받게 되고 이에 따라 낮은 실질이자율로 대출이 가능하다는 것이다. 이에 미국의 경제전문가 개프니(M. Gaffney)는 "신용의 기반은 한계생산성이 아니라 담보물의 안정성이다."라고 말한 바 있다.[3)]

---

2) 재산세의 부가방식이 건물분과 토지분을 구분하여 징수하였다는 사실을 보더라도 부동산을 건물과 토지로 구분하여 보는 견해는 일반적으로 수용된다고 볼 수 있다.

3) Gaffnery, M. (1994). Land as a Distinctive Factor of Production," in N. Tideman edited, *Land and Taxation*, London: Shepherd-Walwyn Ltd, p.72.; 이정전 (2006). 토지경제학. 박영사 재인용.

모든 자원은 생산성에 의하여 배분되어야 경제적 효율성을 달성할 수 있다는 것은 경제학의 기본 상식이다. 자본주의 경제하에서 자본은 경제를 움직이게 하는 동력이기 때문에 자본의 배분은 철저하게 생산성에 의하여 결정되어야 할 것이다. 그런데 이정전(2006)에 의하면 도시화와 산업화가 고도로 진척되면서 부동산을 통하여 자본이 축적되고 점차 자본가와 지주가 겹치는 현상이 두드러지게 나타나면서 다양한 형태의 자본이 대거 부동산시장에 투입되었다고 한다. 그 결과 소위 '부동산자본'이 형성되게 된 것이다. 더구나 보유자산의 가격변동에 따른 자본이득(capital gain)에 대한 기대가 증가하면서 부동산 거래의 규모와 빈도가 증가하고 이렇게 자본이 계속 부동산에 투자되면서 부동산은 확실하게 자본의 한 유형이 된 것이다.[4]

따라서 부동산이 수익자산이 되고 금융자산이 되고 자본의 한 유형이 된다는 것은 부동산시장을 미시적으로만 분석할 뿐만 아니라 국민경제와 연계하여 거시적으로 분석도 해야만 하는 필요성을 증가시킨다. 따라서 오늘날 부동산과 관련된 현상의 설명에서 거시경제이론의 틀이 점차 중요해졌다.

앞서 부동산시장에 있어 거시적 분석은 미시적 분석으로는 설명할 수 없는 시장성장과 역동성을 설명해 준다고 언급한 바 있다. 도시화와 산업화, 이제는 급속한 세계화 현상까지 급속도로 번져 한 나라의 경제도 다른 나라의 경제상황에 커다란 영향을 받게 되는 오늘날, 부동산시장의 역동적 변화의 설명에서 거시적 분석의 필요성이 또다시 강조되는 이유이다. 또한 거시경제의 안정 없이는 부동산가격의 안정화를 이룰 수 없다는 점도 기억하여야 할 것이다. 부동산과 관련된 문제가 거시경제 변수와 직결된다는 것은 일본의 경우에서 확인할 수 있듯이 농업사회가 아닌 고도산업사회에서도 부동산문제는 국가경제를 좌지우지할 수 있는 중대한 문제가 되고 있다.

4) 이정전 (2006). 토지경제학. 박영사.

2) 거시경제변수와 부동산

주택, 토지와 같은 부동산가격의 상승은 가계의 소비와 저축, 기업의 투자, 생산 원자재 등 총수요와 총공급에 영향을 미치고 반대로 거시경제 변수들은 부동산경기와 부동산가격에 중요한 영향을 미친다. 여기에서는 부동산과 거시경제와의 관계에 대하여 자세히 알아보기로 하자.

(1) 부동산과 총수요

부동산과 총수요와의 관계를 이해하기에 앞서 국내총생산(Gross Domestic Products: GDP)의 개념을 다시 한 번 정리할 필요가 있다.

GDP는 "일정기간 동안 어느 나라에서 생산된 모든 최종재화와 서비스의 시장가치"로 정의된다. GDP는 경제의 모든 구성원의 소득총액과 그 경제에서 생산되는 모든 재화와 서비스에 대한 지출총액이라는 두 가지 측면을 함께 나타낸다. 경제에서 자원이 어떻게 배분되고 사용되는지를 알아보기 위해 경제학자들은 GDP를 정부지출(G), 소비(C), 투자(I), 순수출(NX)의 4가지 요소로 나누는데 이 4가지 항목의 합은 반드시 GDP와 일치하는 항등식이 성립한다. GDP를 Y로 표시하고 이를 수식으로 표현하면 다음과 같다.

$$Y = C + I + G + NX$$

GDP는 언급하였듯이 소득과 지출이라는 두 측면을 함께 반영하고 있기에 GDP를 구성하는 정부지출, 소비, 투자, 순수출 모두 개별적으로 재화와 서비스에 대한 총수요에 포함된다. 부동산가격이 변화하면 정부지출은 정책변수로 고정된 것으로 가정하여 제외한다고 하더라도 총수요를 구성하는 소비, 투자, 순수출에 영향을 미치게 된다.

우선 부동산가격의 변화가 소비에 미치는 영향을 생각하여 보자. 소비자는 실질가처분소득이 증가하거나 보유하고 있는 자산의 실질가치가 상승할 때 소비를 늘리는 경향이 있다. 이에 소비는 실질가처분소득과 자산의 실질가치의 함수라고 한다. 부동산가격이 상승하면 가처분소득이 일정하더라도 소비자들은 더 부자가 된 것으로 생각하여 소비를 늘리므로 소비재에 대한 수요가 증가하는 이른바 자산효과(wealth effect)[5)]가 나타나 소비가 늘고 저축이 감소하게 된다. 이때 자산효과는 부동산의 매각을 통해 얻어진 일시적 소득으로 인한 소비증가와는 달리 부동산의 처분여부와 관계없이 작용한다는 차이가 있다. 자산을 매각하지 않더라도 증가한 부동산가치를 담보로 대출을 받아 소비를 늘릴 수 있기 때문이다. 실제로 2000년대 미국에서 주택가격이 상승하던 시기 많은 가계에서 기존 대출을 더 큰 대출규모로 재대출(refinancing)하여 현금화된 주택가치 증가분이 소비증가에 기여한 것으로 나타났다.[6)] 이러한 현상은 우리나라뿐만 아니라 세계 여러 나라에서 찾아볼 수 있다. 예를 들어 영국에서는 1980년대 주택가격의 폭등과 금융자율화로 인하여 주택관련 대출이 급속하게 증가되었고, 주택관련 대출의 증가는 주택에 축적된 자산의 현금화(equity withdrawal)를 가져왔으며 결국 내구재 및 수입소비재 구입의 증가와 개인저축률의 하락으로 연결되어 국제수지 적자와 해외자본 유입의 원인이 되었던 적이 있었다.[7)] 서승환(1994)의 연구에 의하면 우리나라의 경우도 1979~1992년 민간소비함수 추정결과 지가상승에 따라 자산효과가 비내구재를 중심으로 민간소비를 증가시킨 것으로 나타났다. 반대로 부동산가격이 하락하게 되면 자산효과로

5) 이를 피구효과(Pigou effect)라고 하기도 한다. 자산효과의 존재여부와 작동원리 및 규모에 대해서는 논란이 많다. 프리드만(M. Friedman)의 항상소득가설에 의하면 가계소비는 해당 연도의 소득보다는 장기적 기대소득, 즉 항상소득에 의하여 영향을 받는다고 주장하였다. 그러나 글레이저(Glaser, E., et al, 2008)와 비터(Buiter, W., 2008)는 주택가격 상승으로 인한 자산효과는 임차인과 자가보유 가구간에 상쇄되며 이들 집단 간 한계소비성향의 차이가 있거나 차입제약 해소효과를 제외하면 소비에 미치는 순증효과는 없다고 하였다.

6) 김경환 · 손재영 (2010). 부동산경제학, p. 345. 건국대학교출판부.

7) 보다 자세한 내용은 다음 논문을 참조할 것.
Muellbauer, John(1990). The Housing Market and the UK Economy: Problems and Opportunities. in *Housing and the National Economy*, ed. John Ermisch, Avebury, pp. 48-71.

인하여 총수요가 감소하게 된다.

다음으로 부동산가격의 변화가 저축에 미치는 영향을 살펴보자. 일반적으로 부동산가격이 오르면 상대적으로 수익률이 낮은 금융저축이 감소한다. 물론 주택가격의 상승은 주택매입에 필요한 자금규모를 증가시키므로 이에 따라 주택자금마련을 위한 저축이 늘어날 수도 있으나, 이것도 주택가격이 어느 정도 올랐을 때의 이야기이다. 즉 주택가격의 상승이 과도하게 일어나면 사람들은 주택매입의 가능성이 점차 희박해짐에 따라 주택매입 자체를 포기하고 대신 승용차 또는 기타 고가 내구재를 구입하고 저축을 줄일 가능성이 높기 때문이다. 실례로 2000년대 초 미국에서 주택가격이 지속적으로 상승하던 시기, 가계저축률은 0%까지 하락하고 가계부문의 적자문제가 심해지기 시작하였다.[8)]

부동산가격의 변화가 투자에 미치는 영향은 어떠할까? 일반적으로 기업의 설비투자는 자금의 조달비용 및 조달 가능금액, 투자의 기대수익률, 자본재의 상대가격 등에 의해 결정되는데 이러한 기업의 투자는 몇 가지 경로를 통해 부동산가격 상승의 영향을 받을 수 있다.

부동산가격이 상승하게 되면 이에 따른 자본이득(capital gain)에 대한 기대로 인하여 자금이 부동산시장으로 몰리게 되고 상대적으로 증권시장은 위축되게 된다. 주식과 채권은 기업이 자금을 확보하는 대표적인 수단이기 때문에 증권시장이 위축된다면 기업의 자금조달 비용이 높아지고 조달 가능금액도 감소하여 투자가 위축될 수밖에 없고, 잉여이익금으로 기업이 상대적으로 수익성이 높은 부동산을 구입한다면 설비투자 재원이 감소하여 투자가 줄 수밖에 없을 것이다. 또한 투자와 자본재가 생산에 있어서 보완관계에 있는 경우 지가상승으로 토지의 상대가격이 높아지면 토지의 투입량은 감소하고 따라서 보완적 생산요소인 기계설비의 투입량도 줄게 되어 투자 감소할 수 있다. 이외에도 지가상승은 토지취득을 전제로 하는 도로나 기타 사회간접자본에 대한 투자를 위축시켜 장기적인 생산성의 저하를

8) 김경환 · 손재영 (2010). 전게서. p. 346.

초래하며 부동산가격 상승으로 부(富)가 증가하여 화폐수요가 늘어난다면 시중금리가 상승하여 투자가 위축될 가능성도 있다. 이에 반하여 부동산가격이 하락하게 되면 기업은 담보제공능력이 떨어져 금융기관의 부실채권이 증가하여 대출이 감소하게 된다. 이에 따라 자동적으로 기업의 투자도 위축하게 된다.

마지막으로 부동산가격변화가 순수출에 미치는 영향은 다음과 같다. 부동산가격이 상승하면 일반물가가 상승하여 국산품의 대외경쟁력이 저하되고 실질자산가치의 증가로 수입재화 및 해외여행에 대한 수요가 증가하므로 수출은 줄고 수입은 늘어 순수출은 감소하게 된다. 앤드류(Andrew, C., 2010)는 주요 국가들의 실질 주택가격 상승률과 GDP 대비 경상수지 비율의 단계를 분석한 바, 주택가격이 상승하면 경상수지가 악화된다고 하였다.[9)]

이외에도 대규모 공영 택지개발을 위한 토지수용대금의 방출은 통화량을 증가시켜 총수요를 팽창시키는 요인으로 작용하기도 한다.

이제까지 부동산가격이 총수요에 미치는 영향에 대해 알아봤다. 부동산가격의 상승(또는 하락)은 총수요를 증가시키기도 하지만 감소시키기도 한다. 그런데 대부분의 국가 특히 선진국일수록 총수요에서 소비(*C*)가 차지하는 비율이 높기 때문에 부동산하락 시 자산효과로 소비가 감소하고 담보제공 능력이 떨어져 금융기관의 부실채권이 증가하여 대출이 감소하면 총수요가 감소할 가능성이 크다. 총수요가 감소하면 국민소득이 줄고 물가가 하락하기 때문에 경기침체를 유발하며 경기침체가 되면 부동산가격의 추가적인 하락을 가져와서 다시 총수요를 감소시킬 수 있다. 이러한 국민경제의 악순환(vicious cycle)을 자산 디플레이션(asset deflation)이라고 한다. 정부는 경기침체 시 자산 디플레이션이 발생하지 않도록 주의를 기울이는 것이 필요하다.

9) 김경환 · 손재영 (2014). 부동산경제학. 건국대학교출판부. 재인용.

(2) 부동산과 총공급

이번에는 부동산과 총공급과의 관계를 살펴보도록 하자. 우선 부동산가격의 변화는 근로자에게 영향을 줄 수 있다. 예를 들어 주택가격이 상승하면 근로자들의 생계비가 상승하고 이것이 생산성 증가 없이 임금인상에 반영되면 제품생산비용은 상승하게 된다. 또한 부동산가격의 상승은 부동산 보유에 따른 자본이득을 누린 근로자들에게 근로소득을 상대적으로 과소평가하게 만들어 여타 근로자들의 근로의욕을 저해하여 전반적인 노동생산성을 저하시킬 수 있다.

주택가격의 상승은 노동의 지역 간 이동을 저해하여 인력수급의 괴리를 초래하고 실질임금에 영향을 줄 수 있다. 즉 노동수요가 많은 지역의 주택가격과 임대료가 크게 상승하면 다른 지역으로부터 근로자들이 이주하기 어렵게 되어 어떤 지역에는 노동의 초과수요가 발생하고 다른 지역에는 노동의 초과공급이 지속되는 등 인력수급에 차질이 생겨 자원배분이 왜곡되고 생산성이 저하될 수 있다.

한편 부동산가격의 변화는 생산요소가격에도 영향을 미친다. 상업용 부동산이나 공장 등과 같은 제조용 부동산의 가격 또는 임대료가 토지의 생산성 증가보다 큰 폭으로 상승하게 되면 생산비용이 상승한다. 또 지가가 상승하면 일정규모 이상의 건물을 필요로 하는 업종에 대한 신규기업의 참여가 어려워져서 시장구조가 독과점화되어 생산요소가격의 상승이 제품가격에 더 쉽게 전가될 수 있고 자원배분의 왜곡으로 인해 가격이 상승할 수 있다. World Bank(1993)에 의하면 영국에서는 이러한 현상으로 인하여 전국 실업률이 2% 정도 상승한 것으로 보고된 바 있다.[10)]

(3) 부동산가격과 거시경제

이상에서 본 바와 같이 부동산가격의 변화는 총수요와 총공급에 영향을 미쳐 궁

10) 김경환 · 서승환 (1994). 도시경제론. 홍문사. 재인용.

극적으로 실질 GDP[11]와 일반물가에 영향을 미치게 된다. 실질 GDP가 증가하고 경제성장률이 높아지면 주택 및 공장부지에 대한 수요가 증가하여 소비재 또는 생산요소로서의 부동산에 대한 수요가 증가하게 된다. 또한 일반물가가 상승하면 인플레 헷지(inflationary hedge)[12] 역할을 할 수 있는 부동산에 대한 자산수요가 증가하여 부동산가격과 수익률이 상승하고 주택 및 기타 건물의 생산비가 증가하여 궁극적으로 부동산가격이 상승하게 된다. 그러나 부동산가격 상승은 기업에게 자금조달비용과 생산요소비용의 상승을 가져와 투자가 위축되고 생산성이 저하되어 경제침체를 유발할 수도 있다. 물론 경기위축은 부동산가격을 하락시키는 요인으로 작용할 수 있다. 이처럼 경제성장과 물가와 같은 거시경제변수와 부동산가격은 서로에게 상당한 영향을 미치고 받을 수 있는 것이다.

앞서 거시경제지표와 부동산시장 간의 관계를 설명하면서 제시된 [그림 10-1]을 다시 살펴보도록 하자.[13] [그림 10-1]은 1980년부터 2010년까지 경제성장률, 소비자물가상승률, 총통화증감률과 같은 거시경제변수와 지가변동률, 주택매매가격지수 증감률의 변화를 보여주고 있다. 이에 따르면 대체적으로 1980년대 후반 이후 경제성장률은 지가와 주택가격과 함께 변화하는 경향을 보였다. 특히 외환위기 직후 1998년 급격한 경제성장률 하락은 토지의 공급 및 수요의 감소를 동시에 초래하여 급격한 지가하락을 유발한 바 있다. 즉 1990년대까지 경제성장률은 지가 및 주택가격과 크게 상관이 없는 듯하나, 1997년 외환위기로 경기가 급속하게 위축될 때 부동산가격도 함께 급락하였다. 그러나 2001~2002년에는 경제성장률이 떨어지는 추세에도 불구하고 저금리로 인하여 주택시장으로 자금이 대거 유입되어 주택가격이 급등하였으나, 정부의 강력한 규제정책으로 다시 주택가격이 빠르게 하락하

11) 실질 GDP는 재화와 서비스 생산가치를 기준연도 가격(불연가격)으로 계산한 것이다. 이에 비해 명목 GDP는 해당 연도 가격(현재가격)으로 계산한 것이다.

12) 인플레이션 헷지(inflationary hedge)란 인플레이션에 의한 화폐가치의 하락으로 인하여 현금, 예금, 공사채 등 보유자산의 가치가 실질적으로 감소하는 것을 방지하기 위하여 귀금속, 토지, 가옥, 주식 등에 투자하는 것을 말한다.

13) [그림 2-1]과 [그림 11-1]은 같은 그림임.

는 모습을 보인다.

크루그먼(Krugman, 1998)은 아시아 외환위기는 자산가격의 거품생성과 소멸이 원인이라고 지적한 바 있으나, 김경환 · 서승환(2000)은 지가 및 주택가격의 상승률이 경제성장률보다 낮았으며 외환위기가 시작되기 전 부동산가격은 폭락하지 않았기에 우리나라의 경우 부동산가격 거품이 꺼지면서 경제위기가 발생한 것이 아니라 경제위기가 부동산가격의 일시적 폭락을 야기하였다고 주장하였다. 실제로 외환위기 이후 부동산가격이 다시 빠르게 회복하여 김경환 · 서승환(2000)의 주장을 뒷받침하고 있다.

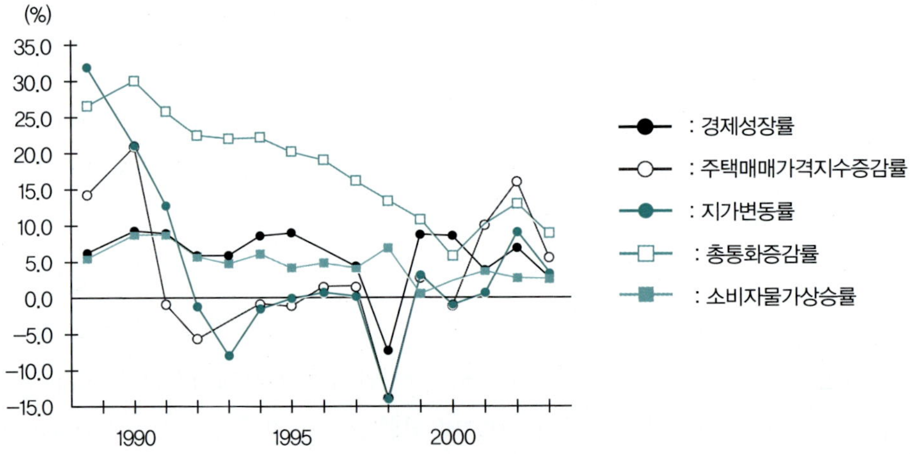

그림 11–1 주택매매가격지수와 거시경제 지표의 비교

출처: 전해정 · 박헌수(2012). 주택시장과 거시경제변수 요인들 간의 동태적 상관관계 분석. 주택연구, 20(2), pp. 125~147. 주택학회.

한편 지가는 주택가격보다 약간 앞서 움직이기도 하고 함께 움직이기도 하였으나, 마찬가지로 주택가격 급등 시기에는 지가상승률이 주택상승률의 증가폭에 미치지 못하고 있었다. 주택가격급등현상은 지속적이었던 통화량 감소세(減少勢)가 2001~2002년 동안 급격한 증가세(增價勢)로 돌아간 것과도 무관하지 않다. 반면 같은 시기에 물가가 오히려 소폭 하락한 점은 특이하다고 볼 수 있다.

실제로 1997년 외환위기 이후 부동산학계에서는 부동산가격과 거시경제들 간의 관계가 중요하다는 인식이 점차 확산되면서 이들간의 관계를 규명하기 위한 시도들이 많아졌다. 이들 연구들은 그랜저(Grandger) 인과관계 검정, 벡터자기회귀모형(vecto auto regression: VAR)분석, 공적분 검정 등을 이용하여 분석하였으며 외환위기 이전에는 부동산가격이 국내총생산(GDP), 통화량, 물가, 금리 등 거시경제 변수들과 일정한 장기균형관계를 형성하지 못한 채 부동산시장 내의 요인들에 의하여 주로 영향을 받았으나, 외환위기 이후에는 기초 경제여건의 중요성이 더욱 높아졌다는 점을 뒷받침하고 있다.

이러한 결과는 부동산에 대한 과세강화나 투기억제 주택공급 등의 수단만으로 부동산가격의 안정을 모색하는 정부의 정책이나 계획이 실효를 거두기 어렵다는 것을 시사한다. 물론 단기적으로 주택공급이 늘면 주택가격이 다소 진정될 수 있으나, 장기적으로 주택투자의 증가로 인한 실질 국민소득과 일반물가의 상승으로 인해 주택 및 토지가격이 오히려 상승하므로 신규주택의 대량공급만으로는 주택가격의 안정이 불가능할 수도 있다는 것이다. 이 같은 결론을 받아들인다면 일반물가의 안정을 통해서만 주택가격을 안정시킬 수 있으므로 주택가격의 안정은 주택정책의 영역을 떠나게 되는 셈이다. 즉 부동산이 더 이상 특별한 정책대상으로 취급될 필요성이 감소하며, 일반적인 경제정책과 같은 맥락에서 새로이 정립될 필요성이 제기된다.

마찬가지로 거시경제의 안정 없이는 부동산 과세 강화와 같은 수단으로 부동산가격을 안정시킬 수 없게 된다. 일본의 지가폭등이 진정된 가장 중요한 원인도 금융긴축에 있었다는 사실이 이를 입증하고 있다. 따라서 통화관리 등 거시경제의 합리적 운영이 지가 및 주택가격 안정에 필수조건이라는 결론에 도달하게 된다.

2. 부동산과 경기변동

자본주의 경제체제하에서 경기변동(economic fluctuation)은 경제활동의 상승국면과 하강국면이 주기적으로 이어지며 나타나는 현상을 말한다. 경기변동은 역사적·자연적·우발적 요인에 의해서도 발생하기도 하지만 주로 경제적 요인에 의해 주기적·순환적으로 나타나기에 경기순환(business cycle)이라고도 한다. 보통 일반경제를 대상으로 정립된 경기순환을 흔히 일반경기라 할 때 이를 부동산에 적용한 것을 부동산경기라고 한다.

여기서는 부동산경기변동의 특징 및 발생 이유를 설명하는 다양한 이론들을 소개하고 부동산경기 변동주기와 지표, 분석방법 등에 대하여 살펴보기로 한다.

1) 부동산경기변동의 특성

부동산경기변동은 부동산시장이 일반 경기변동처럼 상승과 하강국면이 반복되는 현상을 말한다. 즉 부동산경기도 일반경기처럼 크게 회복, 호황, 후퇴, 불황의 주기로 움직이는데 얀센(Janssen, 1994)은 부동산경기를 벌집순환모형(Honeycomb Cycle Model)으로 체계화하였다. 즉 부동산시장의 거래량과 가격의 관계가 [그림 11-2]에 보이는 바처럼 6개의 전환점에 의해 벌집모형의 시계 반대방향으로 순환하면서 변동한다고 하였다. 벌집순환모형에서는 부동산거래량과 가격 간의 관계는 부동산시장의 외부환경인 일반경기와 공정 때문에 부동산의 건설에 지체효과(lagging effect)가 존재하여 신규부동산과 중고부동산의 수요자와 공급자의 반응에 차이가 있음을 가정한다.

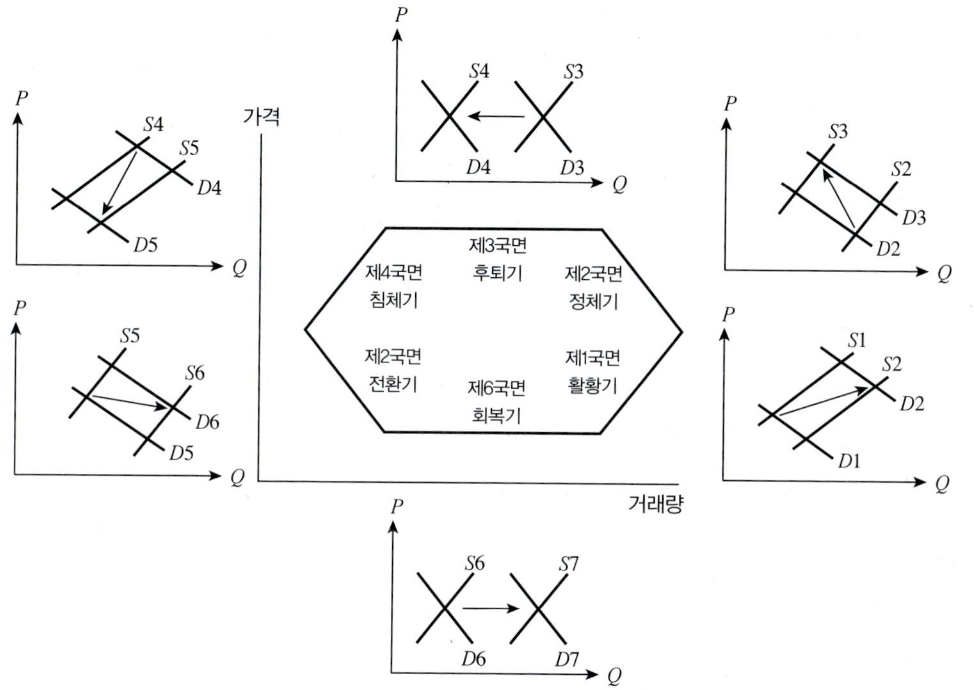

그림 11-2 벌집순환모형과 국면별 수요와 공급

출처: 서수복, 최승영 (2011). 재인용 p.94.

우선 1국면은 경제전망이 순탄한 국면(active)으로 1차 시장에서 신규부동산 구매자가 증가(*D*1→*D*2)하면 공급도 증가(*S*1→*S*2)하여 부동산가격이 가격이 상승하고 거래량도 증가한다. 그런데 중고부동산이 거래되는 2차 시장에서는 공급이 증가한다고 해도 가격에는 영향을 미치지 못한다.

2국면은 정체기(stagnating)로 경기전망을 부정적으로 보는 시각이 증가하는 단계이다. 부동산건설(1차 공급)의 착공이 연기됨으로써 공급이 감소(*S*2→*S*3)하고 거래량도 감소한다. 수요는 가격 상승 전 시장진입을 원하는 1차 수요가 증가(*D*2→*D*3)하므로 가격은 아직도 상승중이나 2차 시장에서도 부정적 시장전망 때문에 거래량은 감소한다.

3국면은 침체로 진입하는 시기(recession)로 부동산경기는 나쁘게 전망된다. 1차 수요는 감소($D3 \rightarrow D4$)하고, 1차 공급자의 신규부동산 건설도 감소($S3 \rightarrow S4$)한다. 이처럼 수요와 공급 이 감소하여 거래량은 추락하고 가격은 정지상태가 된다. 그러나 건설(생산)의 지체효과(시차) 때문에 이미 착공되었던 주택공급은 계속된다. 2차 시장의 수요와 공급 역시 감소하여 거래량 도 감소한다.

4국면은 모든 가계가 경제적 슬럼프에 빠져 있는 침체국면(inactive)이다. 1차수요의 감소는 빠르게 진행되며($D4 \rightarrow D5$) 이에 따라 주택공급도 더 감소한다($S4 \rightarrow S5$). 이미 완공물량이 수요보다 많아 가격하락과 거래량 감소가 뚜렷하다. 2차 시장도 마찬가지로 거래량이 하락하고 경직되어 있다.

5국면에는 불황기이나 경제적 낙관론이 팽배하기 시작하면서 주택시장의 전환점(turning point)에 놓치게 된다. 1차 수요는 증가($D5 \rightarrow D6$)하고, 1차 공급은 신규공사를 착공하지만 아직 수요보다 공급이 많아($S5 \rightarrow S6$) 가격하락이 지속되지만 거래량은 증가한다. 2차 시장은 거래량이 증가하면서 가격하락이 나타난다.

6국면은 경기가 회복기(recovering)로 진입한다. 1차 수요는 증가($D6 \rightarrow D7$)하나, 1차 수요증가만큼 1차 공급이 활발하지 않기에($S6 \rightarrow S7$) 가격이 안정되고 거래량 차츰 증가한다. 2차 수요는 연기된 주거이주를 실현하는 경향으로 거래량이 증가한다.

이상의 6국면에서 나타나는 수요와 공급의 변화를 정리하면 다음 〈표 11-2〉와 같다. 그러나 현실에서 부동산경기변동은 부동산시장을 구성하고 있는 각 부문에서 순환(cycle)변동만이 발생하는 것은 아니다. 즉 부동산경기변동은 추세(trend), 계절(season), 무작위(random) 변동으로도 나타난다. 추세변동은 경제성장으로 건축허가량이 지속적으로 증가하는 일정한 경향을 보여주는 변동을 일컫는다. 이에 비하여 계절적 변동은 계절에 따라 나타나는 현상으로 봄과 가을 이사수요가 많아지면서 주택거래 건수가 증가하는 것이 대표적인 예라 할 것이다. 대학교 근처의 임대주택이 방학을 주기로 공실률이 높아지는 것은 계절적 변동에 속한다. 무작위적 변동이란 예기치 못한 사태로 초래되는 비순환적 경기변동 현상을 말한다.

◆ 표 11-2 자벌집순환모형의 수요와 공급의 반응과 부동산시장 순환

국면	시장	1차시장		2차시장		부동산시장 순환	
		수요	공급	수요	공급	가격	거래량
1	활황기	+	0/+	0/+	0/+	+	+
2	정체기	+	0/+	-/0	-/0	+	-
3	후퇴기	-/0	-/0	0/-	-/0	0	-
4	침체기	-	-/0	-/0	-/0	-	-
5	전환기	0/+	+	0/+	0/+	-	+
6	회복기	+	+	+	+	0	+

주: +: 상승(증가), −: 하락(감소), 0: 안정(정체)

이처럼 부동산경기변동은 반드시 순환변동만이 있는 것이 아니다. 그러나 장기적으로 관찰시 순환적 변동을 보이는 경우가 많다. 그러나 순환적 경기변동을 보이더라도 순환주기가 일정하지 않은 경향이 있으며 부동산의 유형에 따라 각각 다른 변동특성을 보이기도 한다.

2) 부동산경기변동과 일반경기변동 간의 관계

일반적으로 부동산시장이 시장에서 결정된 가격을 매개변수로 하여 자율적으로 조정되는 경제에서는 부동산건설경기의 변동이 거시경제활동의 경기변동과 선행 혹은 후행하는 경향이 있다고 알려져 있다. 경제학자들은 일반경기변동과 부동산경기의 경기순환 정점과 저점이 서로 엇갈려 나타날 가능성이 높음을 실증 분석하였다.

일반적으로 부동산경기순환은 주로 건설경기를 지칭할 때가 많다. 건설경기는 주택, 사무실, 공장 등의 건설 활동에서 볼 수 있는 순환적 파동이며, 일반경기순환과 비교할 때 더 장기적이며 보다 규칙적인 주기(15~20년)를 갖는 것으로 알려졌다.

건설 활동은 수요의 증가 및 감소가 있다 해도 확대 및 축소에 있어 상당한 시간적 지연이 발생하게 되므로 건축순환 · 경기순환에 대해 지대한 영향을 미치지 않을 수 없기 때문이다.

[그림 11-3]에서 보이는 것처럼 경기 확장기에 부동산의 초과수요는 건설부문을 자극한다. 앞서 설명한 것처럼 부동산공급은 단기간에 이루어지지 않기에 더욱 더 가격상승을 유발하여 부동산가격의 거품(bubble)을 조성할 가능성이 크며 이에 따라 초과건설(overbuilding)이 이루어지게 된다. 이에 경기가 후퇴기에 들어서게 되더라도 부동산경기는 한동안 상승국면을 지속한다. 그러나 시장에서 초과공급에 따라 공실률이 발생하게 되고 임대료가 하락하게 되어 조정을 받게 되면 부동산경기의 위축은 일반경기의 폭보다 더 크게 지속될 가능성이 높다. 일반경기가 수축기를 지나 회복단계로 넘어가게 되고 기업의 투자가 증가하게 되면 부동산부문은 조금씩 추가적 개발(건설)을 고려하게 된다.

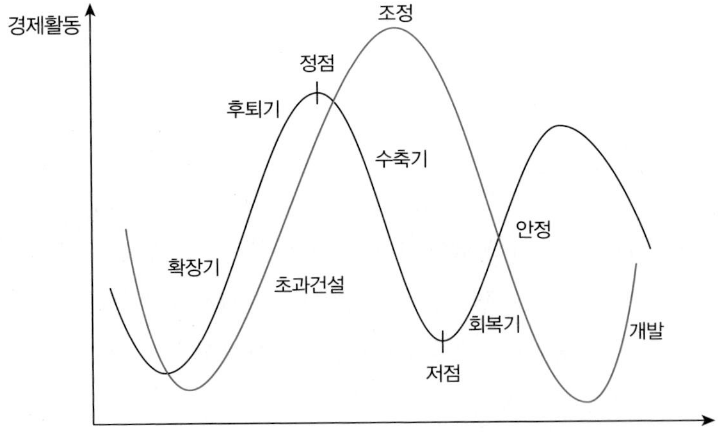

그림 11-3 일반경기와 부동산경기

따라서 부동산시장이 시장에서 결정된 가격을 매개변수로 하여 자율적으로 조정되는 경제에서는 부동산건설경기의 변동이 거시경제활동의 경기변동과 선행 또는 후행하는 경향이 있다고 경제학자들은 주장한다. 즉 일반경기변동과 부동산경기의 경기순환 정점과 저점이 서로 엇갈려 나타날 가능성이 높다는 것이다. 대표적으로 거튼각(Guttengag, 1961)은 거시경제가 호황일 때 주택투자가 침체되고 반대로 거시경제의 불황일 때는 주택투자가 활발해지는 양 경기변동사이의 역순환변동(counter-cyclical movements)이 발생한다고 주장하였다.[14] 이는 잉여사용자가설(residual user hypothesis)로 설명된다. 즉 부동산 중 특히 주택부문은 상당수 국가에서 거시경제 운영상 투자운선순위가 낮기 때문에 거시경제활동의 경기순환과정상 호황기에 접어들면 기업의 투자활동이 활발해지므로 금융시장의 대출자금은 기업들에게 우선적으로 배분되게 되기 때문에 발생한다고 설명한다. 물론 침체시기에는 주택건설투자재원이 쉽게 마련되어 주택투자활동이 활발하다.

주택금융 공급축소로 인한 주택수요 감소는 주택건설부문을 위축시킨다. 주택 이외의 다른 경제활동부문은 활발하여도 주택투자활동이 위축될 수 있는 것이다. 단기적인 측면에서 주택건설 경기순환의 가장 큰 원인은 주택에 대한 수요를 결정하는 주택금융의 공급량의 변화이며, 주택부문은 호황 시에 자본시장에서 신용할당(credit rationing)[15]을 받게 되어 일반경제활동과는 역순환변동, 즉 주택투자활동은 위축되는 현상이 나타나게 된다.

요약하면 경기변동을 경제 내 한 부문의 팽창 또는 수축이 다른 부문의 팽창 또는 수축을 유도 혹은 선도하는 축적된 과정이라고 볼 때 단기적으로는 거시경제활동의 호황 또는 불황으로의 변화가 부동산건설부문을 반대방향으로 움직이게 하며, 장기적으로는 부동산투자활동의 변동이 거시경제활동의 경기변동을 완화시키는 작용을 한다는 것이다.

이처럼 부동산부문은 장기적으로 거시경제활동의 경기변동에 대한 일종의 자동

---

14) Guttengag, J. M. (1961). The Short Cycle in Residential Construction. *American Economic Review*, 51(3), pp. 275-298.

15) 신용할당이란 금리가 자금의 수요와 공급을 일치시키는 균형수준보다 낮게 결정되어 자금의 공급이 수요에 미치지 못하는 경우 금융기관 또는 정책당국이 마치 식량을 배급하듯이 자금의 수요자들에 한정된 자금을 나누어주는 것을 말한다.

안정화장치(automatic stabilizers)[16]의 역할을 수행하고 단기적으로 거시경제활동의 경기변동에 대해서 수동적인 역할을 하는 것으로 알려져 있다. 이에 선진국의 많은 제도권 금융기관에서는 투자 포트폴리오를 구성함에 있어 일반경기변동과 밀접한 관계가 있는 주식, 채권과 함께 부동산을 포함하여 투자의 위험요소를 감소시키고 있다.

이상 일반경기변동과 부동산경기변동과의 관계를 살펴볼 때 과거 우리나라의 경우 정부주도로 경제발전을 이룩하였던 시기 상대적으로 주택금융의 역할이 제한적일 수밖에 없으므로 주택시장과 일반경제활동이 역순환관계를 보이기가 어렵다는 것을 감지할 수 있을 것이다.

김관영(1998)이 우리나라 주택건설호수에 대한 시계열자료를 분석한 결과는 시중자금사정 특히 통화량 및 실업률과 주택건설의 경기변동이 밀접한 관계를 유지해 왔음을 보여준다. 아파트분양가 상한선 설정, 채권입찰제의 도입, 신규 주택건설 물량할당제 등 주택건설에 대한 각종 규제조치 및 신도시 건설계획, 공공부문 분야 주택제도의 변경 등 주택부문에 대한 정부의 직 · 간접 개입 등이 심화되어온 1980년대는 정순환변동(pro-cyclical movement)을 보인 것으로 나타났다.[17] 물론 이는 주택시장이 안정되어 있고 주택금융이 발달된 국가에서 일반경제의 경기순환과 주택건설의 경기순환이 역순환변동인 것과는 대조적인 현상이다.

앞서 [그림 11-1]에서 보았듯이 1990년대 초 · 중반 부동산경기는 일반경제와 유사한 움직임을 보이다 1997년 외환위기로 인하여 부동산가격과 경제성장률이 동시에 크게 하락하였다. 이후 부동산가격은 상승하는 국면에 있으나, 경제활동은 위축되어 부동산경기와 일반경기 간에는 역순환움직임이 나타나기 시작하였다. 그러나 계속되는 경기침체로 인하여 최근 일반경기와 부동산경기가 모두 침체하는 양상을 보였다. 2010년대 중반부터는 경기불황을 벗어나고자 정부에서 인위적으

16) 자동안정화장치는 경기침체가 발생할 때 정부가 별도의 조치를 취하지 않더라도 총수요가 증가하도록 만드는 재정정책의 변동을 말한다.

17) 김관영 (1998). 주택시장의 경기변동에 관한 연구. 주택연구, 6(1), pp. 5-35.

로 부동산경기를 활성화시키면서 역순환변동의 양상을 띠고 있다.

3) 부동산경기변동이 발생하는 이유

여기서는 부동산경기변동이 발생하는 이유를 설명하는 다양한 이론을 소개하기로 한다.

(1) DW모형에 의한 부동산경기변동

우선 5장에서 공부했던 DW(Dipasquale and Wheaton) 모형을 이용하여 부동산시장이 호황과 불황이 주기적으로 발생하는 이유를 설명하도록 한다. DW모형은 부동산시장의 단기적 균형이 깨지면서 장기적으로 다시 균형을 찾아가는 과정을 거치면서 부동산경기변동이 일어나고 있음을 보여준다. 부동산시장이 단기적으로 균형이 깨지는 원인은 수요의 변화와 같은 부동산 공간시장 내의 내생변수의 변화에 의해서도 찾을 수 있지만 자본시장의 변화와 같은 외생변수의 변화에 의해서도 야기된다. 그렇다면 우선 공간시장에서 수요가 변화할 때 어떤 변화가 있는지 살펴보도록 하자.

[그림 11-4]는 공간시장에서 수요가 증가하였을 경우 공간시장과 자산시장에 미치는 영향을 설명하고 있다. 우선 제1사분면 공간시장에서 인구증가 또는 가구 수의 증가로 수요가 증가하여 수요곡선이 D_0에서 D_1으로 이동하였다고 하자.

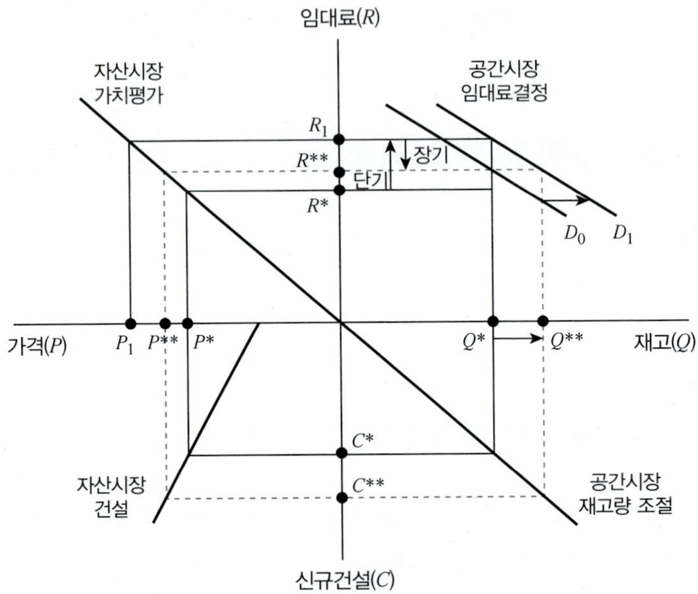

그림 11-4 공간시장에서 수요증가의 영향

단기적으로 공간에 대한 추가적인 공급이 이루어질 수 없기에 현재의 공간공급 Q^*의 수준에서 임대료는 R^*에서의 R_1으로 인상된다. 그러나 이와 같이 인상된 임대료가 장기적으로 지속되는 것은 아니다. 수요곡선 D_1에 대한 새로운 장기균형상태는 점선으로 이루어진 사각형이 되기 때문이다.

그림에서 보이는 새로운 균형 임대료 R^{**}는 처음의 균형 임대료 R^*보다는 위에 있지만 단기임대료 R_1보다는 아래에 있다. 이것은 공간시장에서 공간사용 수요증가는 임대료를 상승시키고 높은 임대료는 높은 자산가격 상승의 원인이 되어 신규건축을 초래하지만, 증가한 만큼의 자산가격을 고스란히 모두 반영하여 신규건축이 이루어지지 않는다는 사실을 보여준다. 왜냐하면 만약 단기적으로 상승한 자산가격을 모두 고려하여 신규건축이 이루어지면 장기한계비용곡선 상에서 그만큼 개발비용이 상승하는데 다른 재화와 달리 부동산의 경우 일단 토지에 구조물이 건설되게 되면 이를 철거하거나 대체하기가 매우 어렵기 때문에 공간시장에서 추가

공급된 공간이 빠르게 소화되지 못한다면 건설회사는 큰 타격을 받기 때문이다. 따라서 건설회사 입장에서는 신축건축량에 대하여 신중한 의사결정을 내리게 된다. 결과적으로 추가건설된 공간의 장기균형량은 처음의 균형점보다는 높게 결정된다($Q^{**}>Q^{*}$). 이때 새로운 균형점을 연결한 굵은 점선의 사각형 모양은 각 사분면의 곡선탄력도에 따라 결정된다.

예를 들어 제3사분면에서 신규건축되는 건축량이 자산가격에 대하여 매우 민감하다면, 다시 말해서 공급곡선의 가격탄력성이 크다면, 새로운 균형가격과 균형임대료의 수준은 비탄력적인 경우보다 상승폭이 낮지만, 균형건축량과 균형재고량은 상당히 증가하게 될 것이다. [그림 11-4]는 제3사분면의 건설곡선이 증가하고 있는 한계비용을 반영할 때, 공간수요의 증가가 가지고 오는 새로운 균형은 항상 처음 균형상태를 나타내는 직선 사각형의 바깥쪽에 점선 사각형의 모습으로 형성된다는 점을 강조한다. 임대료와 부동산가격은 오르고 부동산공간의 재고량도 모두 증가해야만 하는 것이다. 그렇지만 변수마다 상승의 정도는 다르다. 즉 증가폭은 공급과 수요의 상대적 탄력성과 자본시장의 부동산투자에 대한 태도에 따라 다르다. 특히 수요증가에 따라 임대료가 상승할지의 여부는 제3사분면의 건설곡선의 탄력도와 관련이 있다.

다음은 자본시장의 투자가들 사이에 부동산투자수요가 증가하였을 경우 부동산시장에 미치는 영향에 대하여 살펴보도록 하자. 투자자들의 선호가 변화하여 제2사분면의 자산시장에서 Cap Rate가 11%에서 8%로 하락하여 수요곡선이 D_0에서 D_1으로 이동하였다고 하자.

Cap Rate의 하락은 부동산에 대한 가치가 실질적으로 상승하였다는 것을 의미한다. 실질 임대료가 그대로라고 가정하면 부동산가치는 37.5%가 상승하게 된다(1/0.11 → 1/0.08).[18] 따라서 투자자가 근시안적이어서 자산시장에 투입되는 부동산 신규건설을 자극하는 금융자본 흐름의 속성을 파악하지 못할 때, 부동산가격은

18) 공간시장에서 공간이용에 대한 수요와 공급에 변화가 없다면, 처음에 임대료는 상승하지 않고 그대로 있을 수도 있다.

일시적으로 P^*에서 P_1으로 상승하게 된다. 그러나 이 수준이 장기적으로 지속될 수 있는 것은 아니다.

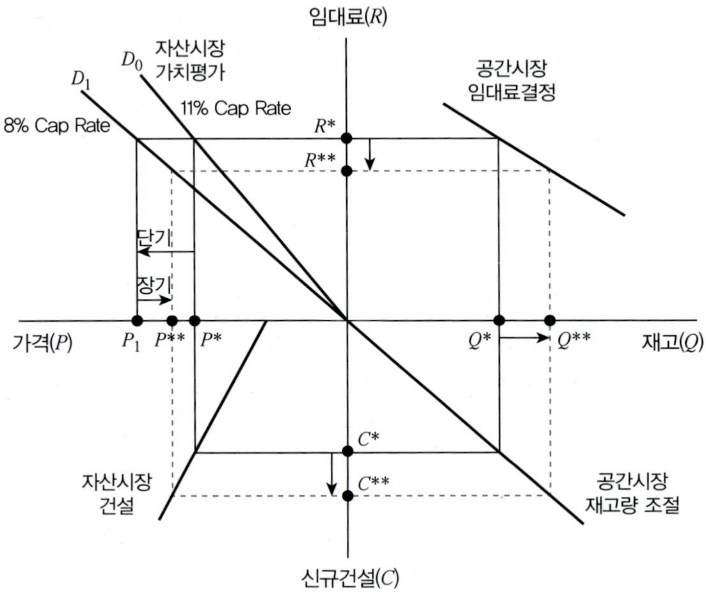

그림 11-5 자산시장에서 Cap Rate 변화의 영향

[그림 11-5]에서 새로운 장기균형은 Cap Rate 8%에 근거한 굵은 점선의 사각형으로, 여기에서 새로운 균형량(Q^{**}), 임대료(R^{**}), 가격(P^{**}), 건설량(C^{**})이 결정된다. 주목할 점은 새로운 균형상태는 추가건설로 인하여 공간시장의 부동산 재고량이 Q^{**}으로 실질적으로 증가하여 부동산개발사업의 호황을 반영하고 있다는 것이다.

결과적으로 부동산자산에 대한 투자자들의 선호로 인하여 자산시장으로 유입된 금융자본(financial capital)이 물적 자본(physical capital)증가의 결과를 초래하였다. 새로운 균형상태에서는 임대료가 하락하였고 ($R^{**}<R^*$), 이에 따라 원래의 균형상태보다 더 많은 공간이 사용된다($Q^{**}>Q^*$). 낮아진 임대료는 자산시장에서 떨어진

Cap Rate가 초기에 예상하였던 만큼의 높은 부동산가격을 지탱할 수 없음을 보여준다. 이에 균형상태의 부동산가격은 P^*보다는 높지만, P_1보다 낮은 수준인 P^{**}에서 결정된다.

이상에서 본 바와 같이 자산시장에서 투자수요의 증가는 Cap Rate를 낮추고, 이에 따라 처음의 균형상태보다 부동산가격 및 공간의 재고량을 증가시키고, 임대료는 하락시킨다. 그러나 변화의 폭은 변수마다 다르다. 이는 앞서 공간시장의 수요변화에서 본 것과 같이 각각 사분면의 수요와 공급의 탄력성에 따라 결정되기 때문이다.

(2) 가속도-승수이론

가속도-승수이론은 투자가 저축을 초과함으로써 경기변동이 야기된다는 과잉투자이론을 종합하여 동태모형화한 경기순환이론이다.

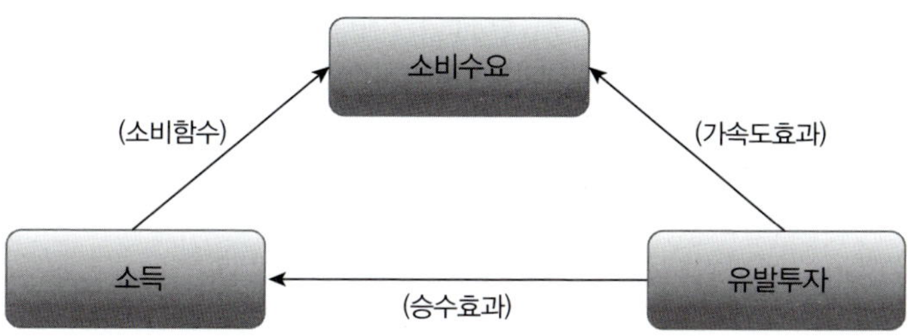

그림 11-6 가속도효과와 승수효과의 결합

[그림 11-6]에서 보이는 바와 같이 부동산에 대한 소비수요가 늘면 이에 대응하여 생산(공급)증가를 초래하게 되고 이러한 생산증가는 다시 투자수요의 증가를 초래한다. 이때 투자재의 불가분성 때문에 유발투자의 증가율은 일반적으로 소비수요의 증가율보다 더 높게 나타나는데 이를 가속도원리(acceleration principle)라고 한다.

예를 들어 매년 부동산 100단위를 공급할 수 있는 건설회사가 중장비 1대를 가지고 부동산 수요 100단위를 충족시키고 있다고 가정하자. 만약 부동산 수요가 110단위로 증가하게 되면 해당 건설회사는 10단위의 부동산을 더 공급하기 위하여 건설 중장비를 1대 더 추가적으로 구입하여야 한다. 그 결과 10%의 부동산 소비증대에 대응하여 유발투자는 중장비 1대에서 2대로 100% 증가하게 되어 과잉투자가 이루어진다.

이러한 가속도원리로 인해 유발투자가 확대되면 승수효과(multiplier effect)로 인해 유발투자의 증가몫보다 더 빠른 속도로 소득증가가 나타나게 되고, 소득증가는 다시 소비수요를 더욱 확대시키는 연쇄적 효과가 나타난다. 이처럼 가속도-승수이론은 가속도효과와 승수효과의 상호작용으로 부동산경기가 누적적으로 상승하거나 하락하게 된다고 설명한다.

새뮤얼슨(Samuelson, Paul)과 힉스(Hicks, John)가 주장한 가속도-승수이론은 부동산경기변동에 있어서 확장에서 수축국면으로 다시 수축국면에서 확장국면으로의 전환을 설명하는 데 다소 부족한 점이 있지만, 부동산경기변동에 있어서 각 국면의 누적적인 특성을 설명하는 데 상당히 효과가 있다고 할 수 있다.

(3) 화폐적 경기변동이론

화폐적 경기변동이론은 화폐부문의 충격, 특히 통화공급과 신용변동에 의해서 경기변동이 발생한다는 주장으로 프리드먼(Friedman, Milton)과 루커스(Lucas, Robert Jr.)에 의해 제시되었다. 화폐적 경기변동이론은 총수요 · 총공급 측면을 모두 아우르는 종합적인 분석틀로서 동태적 최적화 원리를 이론에 포함시켜 경제활동의 순환적인 변동이 경제 주체들의 합리적인 선택을 반영한다고 본다. 그리고 경기순환현상은 균형상태이므로 균형상태에서는 사회후생(social welfare)이 극대화되기 때문에 경기순환현상이 후생수준의 손실을 초래하지 않는 점을 강조하기에 균형경기변동이론이라고 불린다.

프리드먼에 의하면 명목통화량의 변화는 경제 주체들의 포트폴리오 재조정과정(portfolio readjustment process)에 의해서 나타난다. 즉 예상하지 못한 상황에서 통화공급량이 증가하면 경제 주체들은 통화를 매각하고 대신 부동산 등의 자산을 보유하려 하며, 이 과정에서 각종 자산의 가격이 상승하며 수익률이 하락하게 된다. 따라서 물가수준이 상승하면서 인플레이션이 발생한다. 그런데 사람들은 인플레이션을 즉시 인지하여 대응하지 못하므로 실제 균형인플레이션보다 낮은 수준의 물가상승이 이루어질 수 있다. 이에 사람들은 실질적인 잔고(real balance)가 너무 많다고 판단하면서 이를 처분하려 하고 이로 인하여 인플레이션은 더욱 높아지며, 결과적으로 장기균형 수준보다 더 높게 상승하는 현상(overshooting)이 나타난다. 이러한 과정을 거쳐 경제가 새로운 균형상태에 도달하게 되면 경제의 생산과 고용, 소비들이 일시적으로 장기균형 수준보다 높아지는 경기확장현상이 발생한다.

루커스는 합리적 기대가설(rational expectation theory)을 적용하여 프리드먼의 아이디어를 거시경제이론에 도입함으로써 경기순환현상을 체계적으로 설명하였는데 그의 화폐적 경기변동이론을 부동산시장에 적용하면 다음과 같이 설명될 수 있다.

부동산시장은 지역적으로 분리된 다수의 시장으로 구성되어 있으며 지역시장간에 가격정보의 전달이 즉각적으로 이루어지지 못한다는 특성을 갖고 있다. 그런데 각 지역시장에서의 생산(공급)은 지역가격과 예상평균물가수준과의 비율로 정의되는 예상 상대가격에 따라 변화한다. 평균물가수준에 관한 기대는 합리적으로 형성되지만 경제 주체들이 소유한 정보는 불완전하기 때문에 통화팽창과 같은 예상하지 못한 충격이 주어지면 총수요가 증가하게 되고 따라서 각 시장에서의 지역가격도 상승하게 되면 평균물가수준도 상승하게 된다. 그러나 불완전한 정보를 소유한 경제 주체들이 실제 관찰할 수 있는 가격은 지역가격뿐이기 때문에 각 시장의 경제 주체들은 이러한 지역가격의 변화에 근거해서 상대가격의 변화를 파악해야 하는 정보추출(signal extraction)문제[19]에 직면하게 된다. 이 문제를 해결하기 위해

19) 정보추출문제란 실제 관찰하고 있는 정보로부터 자신이 원하는 정보만을 추출해 내는 문제를 말한다. 경제 주체들이 알고자 원하는 정보가 실제로는 기타 여러 정보들과 혼합된 형태로 나타나기에 경제 주체들

서는 각 시장에서의 지역가격 변동이 총체적 충격에 의해 야기된 것인지 아니면 그 시장에서만 발생하는 국지적 충격에 의하여 유발된 것인지를 명확히 구분할 수 있어야 하는데, 정보부족으로 경제 주체들은 지역가격의 상승을 상대가격의 상승으로 잘못 인식하게 되는 인식의 오류(price misperception)를 유발하게 된다. 이처럼 예상 상대가격의 상승을 잘못 인식하고 이를 명시적으로 고려할 수 있게 되면 부동산의 생산(공급)을 확대시키게 되어 결과적으로 화폐적 충격이 부동산가격을 상승시키게 하여 그 결과 부동산경기가 발생하게 되는 것이다.

(4) 거품경기변동이론

거품경기변동이론은 경제의 객관적인 상태와는 전혀 상관없이 경제 주체들의 주관적인 요소, 즉 시장심리에 의하여 경기변동이 발생하는 것을 말하는데 우리나라의 2000년대 초반 부동산투기현상과 관련하여 많이 인용되고 있다.

현재와 미래의 의사결정은 상호 밀접한 관련을 가지면서 동시적으로 결정된다. 현재와 미래가 연결되어 있기 때문에 현재의 경제상태가 변하면 미래의 경제상태에 관한 예상이 바뀌고 반대로 미래의 경제상태에 대한 예상이 변하게 되면 현재의 경제상태도 달라지기 때문이다. 따라서 모든 경제 주체들이 미래의 경제가 자신들이 예상하는 대로 진행될 것이라고 확신을 하고 행동한다면 경제는 실제로 그렇게 되어간다. 예를 들어 부동산투자가들 모두가 향후 1년 후 부동산가격이 100% 상승하리라 예상하여 부동산수요가 계속 증가하면 1년 뒤에 실제 부동산가격은 100% 상승하게 될 것이다. 결과적으로 부동산투자가들은 자신의 예상을 스스로 실현시키게 되는 것이다. 그런데 경제 주체들의 미래에 대한 이러한 기대는 부동산의 내재적 기본가치(fundamentals)와 반드시 관련이 있는 것이 아닌 충격(shocks)에 의한 것일 수도 있는데, 이러한 단순한 충격들이 실질효과를 갖게 됨으로써 경기변동현

은 자신이 직접 관찰하는 혼합된 정보로부터 자신이 원하는 정보만을 추출하여 의사결정을 내리는 경향이 있다는 것이다.

상이 발생하게 된다는 것이다.[20] 이처럼 경제 주체들의 미래에 대한 기대가 자기충족적인 예언(self-fulfilling prophecy)을 가능하게 하는 상황하에서는 부동산시장이 경쟁적이고 가격기구가 신축적으로 작용한다 하더라도 기대에 의하여 유발된 경기변동이 발생하게 된다. 이때의 경기변동이 경제의 내재적 가치와 관련이 없이 발생한다는 점에서 거품(bubbles) 혹은 투기적 거품(speculative bubbles) 경기변동이라 한다.

애컬로프(Akerlof, George A.)와 실러(Shiller, Robert J.)[21]는 케인스(Keynes, John M.)가 그의 저서 《고용, 이자 및 화폐의 일반이론(The General Theory of Employment, Interest and Money)》에서 언급한 사람들의 경제적 결정에 중요한 역할을 하는 '야성적 충동(animal spirits)'의 개념을 2008년 전 세계 금융위기를 비롯한 경기변동의 원인을 설명하는 데 적용하였다. 애컬로프와 실러는 부동산시장의 주기적 경기변동은 두 가지 원인에 의하여 야기된다고 주장하였다. 첫째는 사람들은 입지와 상관없이 집값이 오를 것이라는 순진하거나 직관적인 믿음이다. 언급한 화폐착각으로 말미암아 인플레이션을 고려하지 않고 명목상 주택가격이 상승하였다는 사실은 이 믿음을 현실화시켜 주는 듯한 착각으로 인하여 더욱 돈독해진다. 주택가격이 좋은 투자수단이라고 기대할 만한 '합리적' 이유가 없음에도 불구하고 부동산가격은 시간이 지나면 오른다는 믿음은 전염되고 사람들에게 주택매입을 할 수 있는 원동력이 된다. 즉 두 번째 원인은 전염력이다. 대표적인 예로 2000년대 중반 미국에서 경제 활성화를 위한 금리인하는 이런 믿음에 기름을 부으며 주택투자에 너도나도 없이 뛰어들게 만든다. 더구나 금융권의 야성적 충동에 의한 도덕적 해이(moral hazard)까지 더해지면서 상환능력이 부족한 사람들에게까지 주택담보대출이 수월해지면서[22] 사람들이 주택투자에 떼 지어 동참하면서 집값은 더욱 상승하게 된 것

20) 본서 5장에서 부동산 자산가격의 결정 및 거품에 대하여 설명한 바를 참조할 것.

21) Akerlof, George A. & Shiller, Robert J. (2009). *How much Phycology Drives the Economy, and Why It Matters for Global Capitalism?*, Princeton University Press.

22) 이것이 바로 서브프라임 모기지(sub prime mortgage)이다.

이다. 실러(2005)는 사람들의 이와 같은 비이성적 과열(irrational exuberance)에 의해 충분한 정보도 없이 가장 비싼 내구재인 주택매입에 뛰어드는 이른 바 떼 짓기 행동(herd behavior)행동에 의해 주택가격 상승을 견인하고 이런 믿음은 구두에 의한 전염력도 강하여 주택매입을 더욱 촉발함으로써 가격상승을 더욱 부추겨 가격거품(bubble)을 야기한다고 주장하였다.[23] 거품은 약간의 외부충격 또는 내부요인으로도 쉽게 꺼지는 바, 금리상승이나 또는 사람들의 가격이 너무 올랐다는 불안감이 조장되면 걷잡을 수 없이 매입한 주택을 매각하려 할 것이고 유동성이 낮은 주택이 시장에 쏟아지게 되면 가격은 급속도로 하락하게 되고 그 결과 가격거품은 꺼지게 된다.

최근 이와 같은 심리요인(consumer sentiment)이 부동산시장에 미치는 영향에 관심이 높아지면서 신고전경제학에서 설명하지 못하거나 부족한 현상을 보다 풍요롭게 해석하고자 대안으로 등장한 행동경제학(Behavioral Economics)[24]이 주목을 받고 있다.

(5) 정치적 경기변동이론

정치적 경기변동이론은 유권자들이 낮은 실업율과 낮은 인플레이션을 선호하지만 매우 근시안적(myopic)이어서 단기간 실업과 인플레이션 간의 상충관계, 즉 필립스곡선(Phillips Curve)[25]을 모르고 있으며 오직 과거의 경험과 선거기간 중의 경제상태를 근거로 투표를 한다고 가정한다. 한편 선거의 승리를 유일한 목표로 하는

23) 보다 자세한 내용은 다음을 참조할 것. Shiller, Robert J. (2005). *Irrational Exuberance*. Princeton University.

24) 행동경제학은 20세기 대표적인 경제학인 신고전경제학(Neoclassical Economics)에서 가정하는 합리적인 인간에 대한 비판세력으로 등장하였다. 행동경제학은 신고전경제학의 기대효용이론 또는 합리적 선택이론과 달리 재화에 대한 선호에 있어 사람들의 비일관성이나 불안정성을 고려한다(홍훈, 2013).

25) 필립스곡선(Phillips Curve)은 인플레이션과 실업률 사이의 단기적 상충현상을 보여주는 것으로 1958년 영국의 경제학자 필립스(Phillips, A. W.)에 의하여 발표되었다.

집권당에는 유권자들이 원하는 저실업, 저물가수준을 유지하기 위하여 선거 전에는 경기부양정책을 실시하여 실업률을 최대로 낮추고, 선거후에는 긴축정책을 실시하여 필립스곡선의 상충관계를 이용하는 것이 최적의 전략이다. 즉 선거 직후 강력한 긴축정책을 실시하여 인플레이션을 낮추고 실업률을 높여 놓아야 차기 선거에 실업률을 정책변수로 활용할 수 있기 때문이다. 이와 같이 집권당이 경제정책을 집행할 경우 실업률과 인플레이션간의 반복적 고저현상이 나타나며 이에 따라 선거기간을 주기로 하는 경기변동이 발생하게 된다.

정치적 경기변동이론은 노드하우스(Nordhaus, William)에 의하여 주장된 이론으로써 선거에서 당선이라는 목적으로 가지고 있는 집권당의 정치적 전략에 의해서 경기변동이 나타날 수 있음을 논리적으로 보여준 시도이며 여러 학자들에 의하여 실증적 근거가 제시되었다. 우리나라도 선거 직후 부동산가격이 폭등한 경험이 있기에 우리의 실정과도 부합되는 이론이다.

이외에도 몇몇 학자들은 인구, 소득과 경제가 상호작용하면서 부동산 판매와 건설량의 주기적인 증가와 감소, 즉 부동산경기변동을 유발한다고 주장하고 있다. 이러한 변화는 계절과 관련된 활동의 수준과 경제상황과 상관관계가 있다. 예를 들어 계절상 여름에 건설 관련 활동이 왕성하다. 그러나 계절적인 변동과 상관없이 건설활동과 부동산 판매는 3~7년 정도(또는 그 이상)의 주기로 움직이는 것 같다.

부동산건설과 판매활동은 다른 어떤 요인보다는 재원조달비용과 밀접하게 관련이 있다는 주장도 있다. 예를 들어 미국의 경우 신용부족이 발생하였던 1960~1961년, 1969~1970년, 1973~1974년, 1979~1982년에 이자율이 상승하였고 그 결과 미국의 주택산업이 급격하게 얼어붙었다. 2007년 세계금융위기도 미국 정부의 갑작스런 금리인상이 단초가 되어 부동산시장 및 자본시장이 걷잡을 수 없는 소용돌이 속으로 빠져들었다. 따라서 투자자들과 개발업자들은 새로운 사업을 시행할지 하지 않을지를 결정하기 위하여 경제관련 데이터보다는 현재와 향후 금융정책(monetary policy)을 더 주시하는 경향이 있다.

4) 부동산경기 변동주기와 지표

부동산경기 변동주기는 여러 가지 측면에서 파악될 수 있으며 이를 결정하는 영향요인도 다양하다. 우선 건설주기를 생각할 수 있다. 건설주기는 지역별 공급과 수요의 차이, 개발가능한 토지량, 건축설비의 변화, 시장흡수율, 공실률에 의하여 결정된다.

언급하였듯이 부동산경기순환은 주로 건설경기를 지칭할 때가 많다. 건설경기는 주택, 사무실, 공장 등의 건설 활동에서 볼 수 있는 순환적 파동이며, 일반경기순환과 비교할 때 더 장기적이며 보다 규칙적인 주기(15~20년)를 갖는 것으로 알려졌다. 건설 활동은 수요의 증감이 있다 해도 확대 및 축소에 있어 상당한 시간적 지연이 발생하게 되므로 건축순환 · 경기순환에 대해 지대한 영향을 미치지 않을 수 없기 때문이다.

즉 일반경기의 하향전환이 건설순환의 상승기에 일어나면 활성화되고 있던 건설 활동이 경기에 반영되어 불황이 심각하게 되는 현상을 저지할 뿐만 아니라 침체된 경기회복도 빠르게 될 것이며, 반대로 건축순환의 하강기와 일치한다면 불황은 심각해지고 장기화될 것이다. 건설경기 파동은 장기적이기 때문에 경기순환에 중대한 영향을 미친다고 여겨진다.

또한 부동산경기 변동주기는 도시 자체 및 인근지역의 주기, 용도별 주기, 방학 및 결혼시즌과 관련된 이사철 계절주기, 선호도 주기 등에 의해 영향을 받을 수 있다. 도시 자체 및 인근지역의 주기는 앞서 7, 8장에서 설명한 도시구조물의 수명과 근린(neighborhood) 및 도시 자체의 생성, 성장, 교외화, 그리고 쇠퇴 등의 도시 생애주기의 동향과 관련 있다. 용도별 주기는 아파트, 오피스, 상가 등에 있어 수급의 변화와 새로운 수요 등에 따라 영향을 받을 것이다. 또한 노령인구 및 단독인구의 증가, 소비자 권리의식의 강화, 환경의식의 증대와 같은 사회변화를 반영한 선호의 주기도 점차 중요한 부동산경기주기로 인식되고 있다.

부동산경기 변동주기를 파악하기 위하여 전체 시장의 지표와 하위시장(submarket)의 지표를 구분하여 이용하기도 하고 가격, 건설(허가, 착공, 분양, 준공)물량, 거래량, 미분양물량 등을 지표로 설정하기도 한다. 그리고 건설 및 주택사업자의 경기전망 실시지표 등도 많이 사용된다.

그런데 이러한 부동산경기지표들은 다음과 같은 문제점을 공통적으로 지니고 있다. 첫째, 가격과 물량을 종합한 지표의 산출이 곤란하다는 점이다. 둘째로 전체 시장과 하위시장 간의 괴리가 존재한다. 셋째는 건설기간의 장기화로 착공과 준공 간의 시차가 발생하는 경우 정확한 지표가 될 수 없다는 점이다. 마지막으로 사회적 요인 및 거시경제적 변화와 정책의 영향이 부동산시장에 미치는 영향이 워낙 크기 때문에 부동산경기지표 자체의 한계가 있다.

5) 부동산경기분석과 예측방법론

(1) 외삽법(Extrapolation)

과거의 시계열 자료에 의거하여 시간의 변화에 따른 자체 추세(self-trend)를 예측하는 것을 말한다. 예를 들어 미래의 지가를 예측하기 위하여 과거 지가상승률의 변화를 보고 그 추세를 연장하여 예측하는 것이다. 그런데 과거의 변화가 추세를 설명함에 있어 한계가 있는 것은 분명하다. 과거의 자료는 특정한 시기의 불규칙한 변동을 포함하고 있기 때문이다. 따라서 불규칙한 변동치를 제거하여 순환 변동치를 구하는 이동평균(moving average) 등의 지수평활법을 활용하여 보다 정확하게 미래의 지가를 예측하기도 한다.

(2) 단순상관관계분석

지가상승률, 주택매매가격지수와 같은 부동산 시장지표와 GDP, 이자율, 주가지수, 소비자물가상승률, 통화량과 같은 거시경제 변수들 간의 경기주기는 여러 가지 측면에서 산출될 수 있으며 이를 결정하는 영향요인도 다양하다. 단순상관관계분석은 부동산시장지표와 다양한 거시경제지표들 간의 상관관계를 살펴보는 것이다.

〈표 11-3〉은 우리나라의 1975~2009년까지의 부동산과 거시경제변수 간의 상관관계를 보여 주고 있다. 이에 의하면 지가상승률, 주택가격상승률 등의 부동산가격 변동률은 소비자물가 상승률, 명목 GDP 증가율 등 거시경제변수 변동률과 전체 기간에 걸쳐 상관관계를 보이나, 기간별로는 차이가 있다.

표 11–3 부동산과 거시경제변수와의 상관관계

1975~2009	주택가격	지가	명목 GDP	소비자물가
주택가격	1.0000			
지가	0.7609***	1.0000		
명목 GDP	0.7599***	0.7465***	1.0000	
소비자 물가	0.7148***	0.4164**	0.7156***	1.0000
1975~1997	**주택가격**	**지가**	**명목 GDP**	**소비자물가**
주택가격	1.0000			
지가	0.7595***	1.0000		
명목 GDP	0.8348***	0.7354***	1.0000	
소비자 물가	0.7292***	0.3384*	0.6623***	1.0000
1998~1997	**주택가격**	**지가**	**명목 GDP**	**소비자물가**
주택가격	1.0000			
지가	0.6347**	1.0000		
명목 GDP	0.2637	0.2931	1.0000	
소비자 물가	-0.1127	-0.4498	-0.0897	1.0000

***: p-value〈0.01, **: p-value〈0.05, *: p-value〈0.1

출처: 김경환 · 서승환 (2014).

(3) 시계열 인과모형분석

부동산경기지표와 거시경제지표들 간의 시계열적 인과관계를 추정하여 인과관계의 성립여부와 강도를 측정하는 것이다. 이를 위해서 그랜저 인과관계(Grangercausality test)검정을 수행하는 경우가 많다. 그랜저 인과관계검정은 회귀분석(regression)에서 독립변수와 종속변수에 대한 문제는 이미 경제이론에 의해 결정된 것으로 간주하고, 이에 대한 인관관계를 확인하는 것이 일반적이다.

그랜저(Granger, C. W. 1969)의 정의에 의하면 Y를 예측할 때 Y의 과거 값과 함께 X의 과거 값도 함께 사용하는 것이 Y의 과거 값만으로 예측하는 것보다 설명력이 있을 경우 X에서 Y로의 그랜저 인과관계가 존재한다고 판단한다(식 11-1 참조). 마찬가지로 X의 예측이 자신의 과거 값에 의존하는 것보다 Y의 과거 값이 포함됨으로 설명력이 향상될 경우 Y에서 X로의 그랜저 인과관계가 존재한다고 판단하게 된다(식 11-2 참조). 만일 두 방향 모두 성립될 경우 X와 Y는 쌍방의 인과관계가 존재하는 것으로 볼 수 있다.

$$Y_i = \sum_{i=1}^{p} a_i X_{t-i} + \sum_{j=1}^{p} b_i Y_{t-i} + e_{1t} \quad \text{식 11-1}$$

$$X_i = \sum_{i=1}^{n} c_i X_{t-i} + \sum_{j=1}^{n} d_i Y_{t-i} + e_{2t} \quad \text{식 11-2}$$

이때 e_t는 오차항으로 상호 독립적이며 등분산이다. X변수의 과거치가 Y변수에 대한 예측을 유의하게 개선시키는지를 결정하는 데는 다음의 F검정이 사용된다.[26] 여기서 주의할 점은 X가 Y의 그랜저 원인으로 판명되어도, X가 Y의 진정한 원인이라는 것을 확인할 수 없다는 것이다. 이는 X가 Y와 어떤 일정한 관계를 가지며 선

26) $F = \frac{(RSS_0 - RSS_1)/p}{(RSS_1)/(T-2p-1)}$

여기서 관측치수, p: 제약조건이 부과된 회귀계수의 수, RSS_0: 제약조건을 부여했을 때 잔차제곱합, RSS_1: 제약조건을 부여하지 않았을 때 잔차제곱합

행하므로 Y의 예측에 있어 X의 자료가 도움이 된다는 의미에 국한된다. 즉, X가 Y의 충분조건이거나, X를 조작함으로써 Y와 관련된 일정목표를 달성할 수 있다거나 하는 의미를 갖는 것이 아니다.

(4) 벡터자기회귀(Vector Auto-Regression: VAR) 모형분석[27)]

벡터자기회귀모형(Vector Auto-Regression: VAR)은 다변량 자기회귀모형으로 예측 및 내생변수의 변화에 따른 효과분석 등과 관련하여 자주 활용된다. VAR모형은 연립방정식 체계와 비슷하나 모형의 오차항을 구조적으로 해석하며 식별 제약의 일부가 오차항의 공분산행렬에 가해지는 특성으로 인해 다음과 같은 특징을 갖고 있다. 첫째, 충격반응분석(impulse response analysis)을 통하여 어떠한 한 변수의 변화가 내생변수에 미치는 동태적 효과를 파악할 수 있다. 둘째, 분산분해(variance decomposition)를 통하여 각각의 내생변수의 변동 중에서 이들 변수들이 전체변동에 기여한 부분의 상대적 크기를 설명할 수 있다. 셋째, VAR모형은 경제이론보다는 실제 관찰되는 시계열 자료들이 주는 정보로부터 도출되는 결과를 분석한다. 즉, VAR모형은 모형내의 모든 변수들에 대한 시치변수들을 동시에 설명변수로 이용하여 결과를 분석하고자 한다. VAR모형은 부동산가격의 결정요인 등 부동산경기변동에 영향을 주는 거시경제변수들의 변화를 분석하는 데 많이 사용되었다. 만약 변수상호 간의 공적분 관계가 존재하는 경우에는 벡터오차수정수정모형(Vector Error Correction Model: VECM)을 사용한다.

(5) 사회실험모형분석

부동산시장을 하나의 모형으로 정립하고 정책변수를 조작하여 그 영향을 측정하

27) 보다 자세한 내용은 문권순(1997)을 참조할 것.

는 방법이다. 예를 들어 주택경기지표(투자 및 건설호수)를 설명하는 모형을 구성하고 부동산조세, 주택금융, 공공주택건설과 같은 여러 가지 정책대안이 경기진폭의 감소에 미치는 영향을 측정하여 그 중에 가장 효과적인 정책안을 도출하는 것이다.

3. 부동산투자의 효과

이제까지 우리는 부동산이 국민경제의 중요한 부분을 차지하면서 또한 경제에 커다란 영향을 주고받는다는 것을 이해하였다. 그렇다면 부동산투자도 국민경제 및 지역경제에 미치는 파급효과가 상당하리라 짐작할 수 있다.

1) 부동산투자가 국가경제에 미치는 효과

부동산투자가 국가경제에 미치는 경제적 효과는 크게 3가지로 구분하여 볼 수 있다.

첫째, 생산유발효과이다. 생산유발효과는 사회간접자본의 확충과 타 산업의 생산활동의 촉진을 통해 나타나게 된다. 우선 부동산건설은 항만, 고속도로, 공항과 같은 사회간접자본을 직접 공급하는 것일 수도 있고 그러지 않다 해도 많은 경우 사회간접자본의 확충을 동반하게 된다. 예를 들어 주택을 건설하는 경우 그 기능을 원활하게 발휘하기 위해서는 기본적 생활편익시설인 전기, 상하수도, 도로, 공원 등의 사회간접자본의 투자가 필요하다.

사회간접자본의 확충은 주택산업뿐만 아니라 타 산업의 생산촉진을 유발하게 된다. 즉 부동산투자는 직접적으로 건설산업을 부흥시킬 뿐 아니라 철근・시멘트・목재・도료 등의 자재부문, 부동산 매매와 보수관리에 관련된 판매 및 관리부문, 융자・손해보험 등과 같은 금융 산업부문, 그리고 상가・백화점 등 소비활동과 임대에 관련된 이용부문 등 제반 산업활동 등을 촉진시키는 파급효과를 갖는다. 이처럼 부동산투자는 국민경제를 구성하는 생산부문의 생산을 유발시킴으로써 전체 산업의 활동을 촉진한다.

2004년 건설교통부의 투입-산출분석(input-output analysis)에 따르면[28] 주택투자[29]가 1조 원 증가하는 경우 직접투자금액 1조 원 이외에 간접적으로 1조 848억 원이 유발되어 총 2조 848억 원의 생산유발효과를 가져온다고 한다. 산업별로 보면 1차 금속 · 비금속광물 · 화학 등의 기초소재업종에 4,847억 원, 부동산 및 사업서비스 · 금융 및 보험 등의 생산자서비스업종에 2,046억 원, 그리고 전기 및 전자 · 일반기계 등의 조립가공업종에 1,145억 원의 생산이 각각 유발되는 것으로 분석되었다. 이처럼 주택부문 투자의 생산유발효과는 매우 높아서 우리나라에서 생산유발효과가 가장 큰 자동차부문 다음으로 확인되었다. 또한 주택건설업에 직접적으로 4,145억 원의 부가가치(소득)가 발생하고 기초소재업종 및 생산자서비스업종 등의 다른 부문에서는 간접적으로 4,464억 원이 발생하여 모두 8,309억 원의 부가가치를 유발하는 것으로 나타났다. 또한 최차순(2011)은 부동산임대 및 공급부문의 부가가치 유발효과가 매우 높다는 것을 실증분석한 바 있다. 2000년대 중반부터 우리나라 부동산산업 내 부문 간 연관효과가 심화되고 있는 것으로 나타나고 있다. 즉 부동산과 사업서비스업 및 금융보험업의 연계성이 강화되고 있으므로 앞으로 추후 이들 산업과의 연계발전을 통한 융 · 복합개발의 필요성이 중요시되고 있다(박재운 · 김현욱, 2011).

둘째, 고용창출효과이다. 부동산건설은 단순 노동자부터 상당한 기술을 지닌 노동자에 이르기까지 다양한 노동력을 필요로 한다. 우리나라는 산업구조의 고도화와 기술수준의 향상과 더불어 물가상승 및 임금상승으로 인하여 주택건설 고용유

28) '건설교통부 (2004). 주택건설투자의 경제적 파급효과분석.'에서는 2000년 산업연관분석 데이터를 이용하여 분석하였다.

29) 주택투자는 주거용건물의 신축비용에서 토지가액을 제외한 금액과 기존 주택의 증 · 개축분의 가치를 더한 수치이다.

발계수(10억 원당 고용유발인원)가 1990년 이후로 현저히 하락하고 있지만 그래도 여전히 높은 고용창출효과를 갖고 있는 것으로 파악되고 있다.

앞서 건설교통부(2004)의 같은 보고서에 의하면 주택건설투자 1조 원 증가 시 주택건설업에서 16,669명의 고용이 유발되고, 제조업에서 3,340명, 서비스업에서 3,341명, 농림어업 및 광업에서 147명의 고용이 창출되는 것으로 나타났다. 고용 및 취업은 주택건설업이 가장 많이 창출하고 있어 제조업보다 적게는 2배, 많게는 4배 이상 차이가 나는 것으로 분석되었다. 물론 주택건설업은 노동자의 이동이 매우 심한 단순노무인력의 고용[30)]인데 비하여, 반도체 등의 제조업종은 숙련인력의 고용이 유발되는 등 인력고용의 질적인 차이가 존재하므로 보다 구체적인 질적 분석이 필요하겠지만 내수부진, 실업률 등의 경제침체시기 정책수립 시 고려할 만한 사항이라고 생각한다.

마지막으로 경기조절효과이다. 앞서 우리는 부동산시장과 금융시장이 원활하게 작동하는 경우 부동산경기는 일반경기와 역순환관계를 보인다는 사실을 알았다. 이런 점을 활용하여 정부에서는 경제 전반적으로 경기가 침체된 경우 경기부양을 위해 부동산투자를 늘리게 되며, 반면에 경기가 과열된 경우 경기를 진정시키기 위해 부동산투자를 억제하게 된다. 미국의 경우 주택부문에서 국내 경기활성화와 경제순환을 조절하는 수단으로 부동산투자가 적극적으로 활용되는 것이 바로 이러한 이유 때문이다. 이처럼 부동산투자는 정부의 경제운용 및 경기조절의 주요한 수단이 되고 있다.

하지만 일부 경제학자들은 주택의 자본-산출량 비율(capital-output ratio)이 높아 투자의 효율성이 낮은 분야라고 주장하기도 한다. 그러나 부동산투자가 경제에 미치는 긍정적 파급효과는 간과할 수도 없고 간과해서는 안 될 것이다. 또한 주택은 내구성이 높고 유지비용이 저렴하여 잔존기간에 걸친 순수익의 현재가치(present

30) Burns & Grebler(1977)은 이러한 현상은 주택건설의 경기순환적 특성과 안정적이지 못한 자본시장의 영향이라 하였다. 보다 자세한 내용은 다음을 참조. Burns, L. S., & Grebler Leo (1977). *The Housing of Nations*. (p. 194). Macmillan Press.

value)[31]가 높을 뿐 아니라 신규주택의 경우 해당 지역의 주택공급증대와 함께 주택의 질적 수준을 향상시키게 된다. 주거수준의 향상은 주택투자에 의한 생활편익시설의 향상과 더불어 근로자들의 생산성을 높이고 근로의욕을 고취하는 효과까지 있으므로 이런 모든 점들을 고려하면 사회적 수익성은 매우 높다고 볼 수 있다.

또한 주택투자는 경제효과뿐만 아니라 사회복지효과도 있다. 인간다운 삶을 영유하는 데 있어서 반드시 필요한 안정적인 주거생활 확보에 있어 주택은 매우 중요하기 때문이다. 많은 국가에서 사회 복지적 차원에서 노후화된 주택의 개량 · 재개발이 활발히 진행되고 있으며, 특수집단으로 분류되는 노령가구 · 도시빈민 · 장애자들을 대상으로 다양한 주택정책 프로그램이 수행되는 것도 이러한 이유 때문이다.

이런 점에서 한 국가의 주택투자는 그 나라의 경제수준과 관계가 깊다는 주장이 있다. 스트라스맨(Strassmann, W. P.)과 쿠즈네츠(Kuzents, S.)[32]의 연구는 경제가 발전함에 따라 주거수요가 양적 · 질적으로 증가하게 되며 이에 따라 신규주택 투자도 확대되지만 경제발전이 어느 정도 수준에 도달하여 국민들의 주거수요가 상당히 만족되면 주택투자는 줄어들게 되어 결국 1인당 GDP 대비 주택투자율(share of housing to output: SHTO) 사이에는 [그림 11-7]과 같이 역U자모양의 관계가 성립한다고 주장하고 있다.[33]

[그림 11-7]에서 보이는 바처럼 주택투자의 세계적 평균치는 GDP의 2~8% 정도이나, 1980년대 들어 주택투자율이 감소한 것은 높은 금리와 관계가 있다고 한다.

31) 이자율이 연 10%일 때 은행에서 100만 원을 예금하면 1년 후 원리금과 함께 110만 원이 된다. 따라서 1년 후에 받게 될 110만 원을 당장 받는다면 100만 원에 해당하는데 이를 현재가치라 한다. 일반적으로 이자율이 연 r%이면 1년 후에 받을 X원의 현재가치는 $X/(1+r)$이고 2년 후에 받을 X원의 현재가치는 $X/(1+r)^2$이다. 순수익의 현재가치는 매년 발생하는 수입에서 비용을 뺀 금액을 이런 방식으로 환산한 수치로서 투자사업을 평가하는 데 사용된다.

32) '하성규 (2000). 전게서'와 '김경환 · 서승환 (2002). 전게서' 재인용.

33) 고철 · 김경환(1997)에 따르면 1970~1995년의 한국에는 이러한 관계가 성립하지 않았다고 한다.

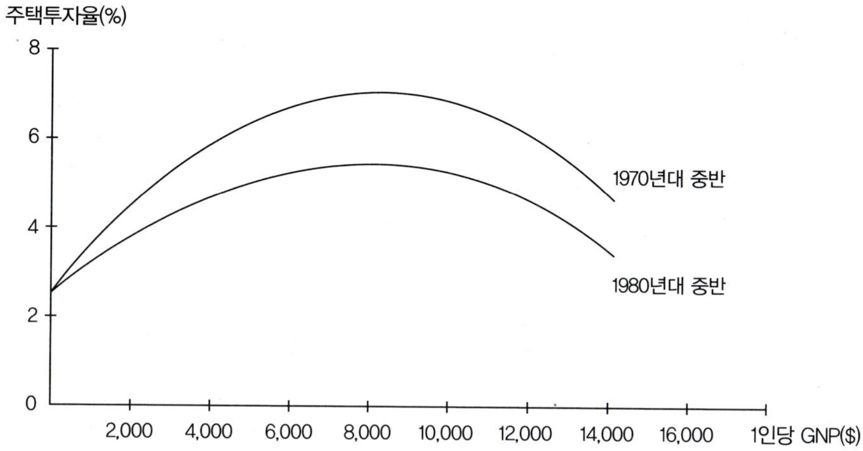

그림 11-7 GDP 대비 주택투자율 간의 관계

출처: 김경환 · 서승환 (2000). 도시경제. 재인용.

[그림 11-8]은 1970~2009년까지 우리나라 주택투자의 추이를 보여주고 있다. 이에 따르면 주택투자율, 즉 GDP 대비 주택투자의 비율이 1988년 이전까지는 4~5% 수준이었으나 1989년부터 주택 200만 호 건설계획이 추진되면서 급격히 상승하여 1991년에 8.5%로 정점을 이룬 후 감소하였다. 2000년대는 연간 약 5%의 수준을 유지하고 있다. 한편, 총투자에서 주택투자가 차지하는 비율은 2000년대 후반 약 15% 수준이다.

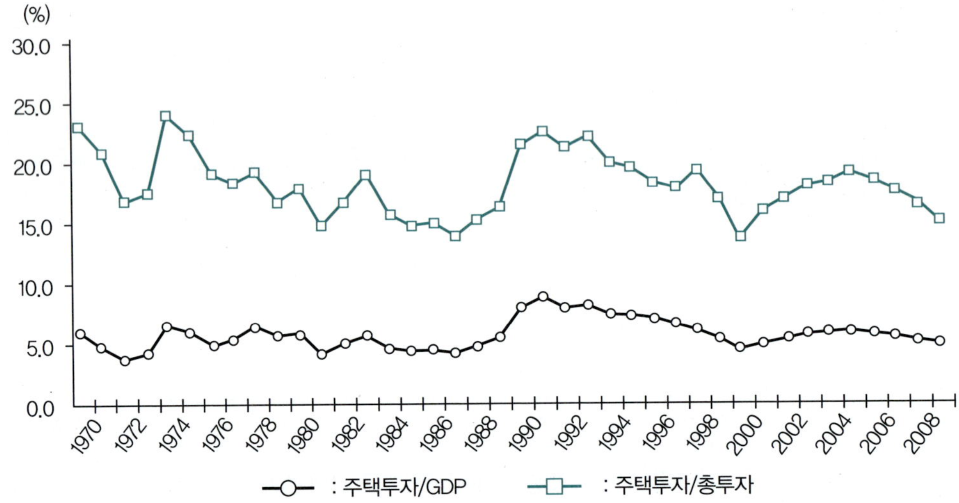

그림 11-8 우리나라 주택투자의 추이(1970~2009)

출처: 김경환 · 서승환 (2014).

주택부문에 대한 투자가 어느 정도인 것이 바람직한 것인가는 중요한 정책논점이다. 우리나라는 산업화 과정에서 주택부문에 대한 자원배분에 우선순위가 매우 낮아 주택투자가 부족하였다. 그러나 나라마다 주택문제의 본질이 다르고 같은 금액을 주택에 투입하더라도 택지, 건축자재, 노동 등의 주택 생산소요의 가격과 건설되는 주택규모와 질 등에 따라 주택 수가 달라지기 때문에 일률적으로 주택투자율에 대하여 적정성 여부를 말하기는 곤란하다. 따라서 주택부문에 대한 적정투자는 주택의 사회적 투자수익률이 다른 부문의 투자수익률과 같게 한다는 측면에서 접근하여야 할 것이다(김경환 · 서승환, 2002).

2) 부동산투자가 지역경제에 미치는 효과

국가경제에 있어서 부동산투자는 정부의 경제운용 및 경기조절의 주요한 수단이 되고, 부동산건설을 통하여 관련 산업 및 공공부문의 활성화를 유발한다는 점에서 그 중요성이 인정되었다. 지역경제적 관점에서 보았을 때 경기조절수단으로써의 부동산투자는 상대적으로 중요성이 떨어지겠지만 국가경제와 마찬가지로 지역 내 부동산관련 산업의 생산유발효과와 사회간접자본 건설의 증대 및 지역고용의 창출에 이바지한다. 특히 부동산투자는 특정 지역에서 이루어지기 때문에 해당 지역경제는 국가경제에서 나타나는 효과보다 훨씬 뚜렷하고 강력하다.

예를 들어 지역 내 전기 · 가스 · 도로 · 통신 · 공원과 같은 지역하부구조 시설과 공공서비스의 제공은 지역경제 활성화에 매우 중요한 역할을 한다. 또한 부동산건설부문은 특별한 기술 없이 비공식적 또는 노동현장의 경험만으로도 고용이 가능하므로 단순노동자의 실업률이 높은 지역의 고용창출효과가 특히 높다고 할 수 있다.

부동산투자가 지역경제에 미치는 파급효과는 각각 독립적인 것이 아니라 상호 밀접하게 연관되어 있다. 이러한 관련성을 고려하여 부동산투자가 지역경제에 미치는 효과를 개념적 틀로 구성하여 보면 다음 [그림 11-9]와 같다.

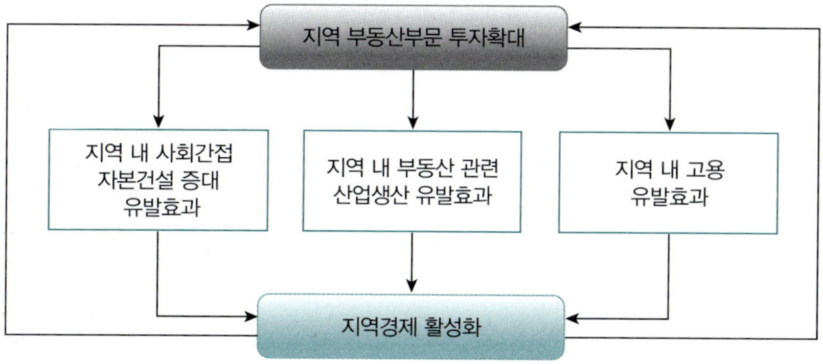

그림 11-9 부동산투자가 지역경제에 미치는 효과

CHAPTER 12 지역경제와 지역부동산시장

1. 지역경제의 이해

2. 지역경제성장과 부동산시장

CHAPTER 12 지역경제와 지역부동산시장

앞 장에서 국가경제와 부동산과의 관계를 분석하였다면 이 장에서는 지역 또는 대도시의 경제상황이 부동산시장과 어떻게 상호 영향을 주고받는가를 살펴보도록 한다. 이를 통하여 우리는 지역성장에 따라 향후 지역 부동산시장의 수요를 예측할 수 있을 것이다. 부동산시장의 지역적 특성을 고려한다면 어떤 지역의 경제성장 증가율과 규모는 그 지역 부동산시장의 변화와 발전가능성을 예측하는 중요한 결정 요인이기 때문이다. 이때 가계나 기업이 지역 내에서 어떻게 입지하는지와 같은 미시적 분석은 시도하지 않고 하나의 시장으로서의 활동만을 고려하도록 한다.

1. 지역경제의 이해

1) 국가경제와 지역경제의 구분

우선 지역경제(regional economies)를 이해하기 위해 국가경제와 지역경제를 구분할 필요가 있다. 가장 큰 차이점으로 거론되는 것은 지역경제는 국가경제와 달리 개별화폐를 갖고 있지 않다는 것과 완전하게 개방되어 있다는 것이다.

지역 자체의 화폐가 존재하지 않는 것은 지역경제정책에 있어 통화공급의 확장 또는 긴축과 같은 금융정책을 사용할 수 없다는 것을 의미한다. 따라서 지역경제는 국가경제에 영향 아래 놓일 수밖에 없는 것이다.[1)]

다음으로 지역경제가 폐쇄적 또는 개방적이라는 것은 경제행위가 외부에 얼마나 영향을 받느냐에 따라서 결정된다. 지역경제는 타 지역과 재화와 서비스 및 정보를 교환하기 때문에 폐쇄성(closeness)이 존재하기 어렵고, 상호의존적인 경제체계의 특성을 가진다. 물론 개방성(openness)의 정도는 지역에 따라 차이가 있지만, 경제개발 정도가 저조한 곳의 공간적 하부시스템(spatial subsystems)은 경제개발 정도가 높은 지역보다 상호의존도가 낮은 경향이 있다.

이에 반하여 국가경제는 외부세계에 개방적이며 그 영향을 받고 있지만 어느 정도는 폐쇄성이 가능하다. 이런 점에서 국가경제는 지역경제보다 자율성을 확보할 수 있으며, 국가경제의 규모가 크면 클수록 자율성도 높아진다. 그러나 역사적으로 완벽하게 자율적인 국가는 없었다.

2) 지역경제의 특성[2)]

한 지역의 초기 경제성장을 유도하는 선도적 힘은 보통 외부에서 오는 경향이 있다. 외부에서 이러한 선도적 힘을 잘 이끌어 오는 지역은 그 지역의 특정 자원의 조합이 외부수요(external demand)를 효과적으로 공급하는 데 있어 상대적 이점(comparative advantage)을 갖고 있는 경우가 많은데, 여기서 상대적 이점은 자연적으로 발생하기보다는 인간의 노력에 의하여 만들어진 경우가 많다. 잘 정비된 교통망과 같은 사회기반시설 또는 물류시스템, 기술적 혁신, 제도정비 등이 좋은 예라고 할 수 있다.

---

1) 홍콩과 마카오는 중국에 속한 자치 시(市)이지만, 자체 화폐를 가지고 있기 때문에 중국 본토와 독립된 경제정책을 수립하여 실행할 수 있으며 이에 따라 경제활동이 거의 독립국가처럼 영위될 수 있다.

2) 보다 자세한 내용은 다음을 참조할 것. John Friedmann (1970). *Regional Development Policy: A case Study of Venezuela*, pp. 20-28. The M.I.T. Press.

선도적 경제부문은 수출로 연결되기가 쉽다. 그런데 수출부문의 성장이 곧 그 지역경제성장으로 직결되는 것은 아니다. 수출로 벌어들인 소득이 지역주민의 주머니로 들어가지 않고 외부지역으로 모두 빠져나간다면 해당 지역은 경제성장을 이룩했다기보다는 착취당했다고 할 수 있다. 수출부문이 그 지역 내수시장의 성장으로 발전하지 못하고, 계속 외부경제의 지배하에 있는 것을 이른바 식민적 지배(colonial domination)라 하며 식민지배적 경제구조는 지역경제성장에 이바지할 수 없다. 따라서 수출이 내수부문의 성장으로 성공적으로 연결되는 것이 무엇보다 중요한데 이를 위해서는 그 지역의 사회·정치적 구조(socio-political structure)와 소득분배 및 소비유형이 중요한 역할을 한다.

한편, 수출과 같이 초기 지역경제성장을 유도하는 자극으로부터 얼마만큼의 지역소득이 산출되고 생산유발효과를 가져오는가는 지역경제의 승수효과(multiplier effect)로 표현된다. 승수효과에 대한 지역의 반응을 결정하는 여러 가지 복합적인 변수들은 기업가들의 투자의욕, 지방정부의 사회간접기반시설의 제공능력 및 의지, 수출구조, 소비자수요 등이 있다. 이때 특히 지역의 리더십(local leadership)은 외부변화를 성공적으로 정착화시키는 데 매우 중요하다.

상대적 이점 측면에서 지역경제성장은 특정자원의 보유보다는 그 지역의 인프라 및 생산적 투자에 의하여 결정되는 경향이 있으며 이는 그 지역의 리더십에 의하여 크게 영향을 받기 때문이다. 그렇지만 대부분 국가의 공공부문 경제는 중앙집중적 특성을 갖고 있기 때문에 지역 리더십의 발현은 그렇게 쉽지 않고 이에 따라 지역차원의 개발계획을 실현하기가 어려운 것이 또한 현실이다.

3) 지역수출과 제품수요의 변화

지역수출에 영향을 미치는 거시적인 요인으로는 일반경기변동, 산업의 구성(industrial mix), 제품주기와 지역경제주기 등이 있다.

국가의 일반경기변동은 지역수출과 고용에도 일정한 영향을 주기 마련이다. 예를 들어 전국의 산업성장률이 10%라면 지역산업의 성장가능성도 10% 내외가 될 것이다. 그렇지만 장기적으로 관찰한 결과 어떤 산업은 다른 산업보다 빨리 성장하거나 쇠퇴하기도 한다.

8장의 입지상(*LQ*)에서 이미 설명하였듯이 성장산업의 비중이 큰 지역은 그렇지 않은 지역보다 성장속도가 훨씬 빠르다. 이러한 원리에 따라 지역에 있어 산업의 구성효과를 분석하는 것이 변이할당모형(shift-share model)이다. 이 모형에 의하면 지역의 성장은 우선 할당(share)부분과 변이(shift)부분으로 나누어지고 변이부분은 다시 산업구성효과(industrial mix effect)와 경쟁효과(competitive effect) 부분으로 나누어진다. 할당부분은 전국적으로 전 산업이 성장한 비율로 해당 지역의 전 산업이 성장할 것이라 예상하는 부분이고, 경쟁효과부분은 전국의 해당 산업성장률과 지역의 해당 산업성장률과의 차이를 반영하는 부분이다. 이를 수식으로 표시하면 다음과 같다.

$$\sum e_i n_i = \underbrace{\sum e_i N}_{\text{할당(share)}} + \underbrace{\underbrace{\sum e_i (N_i - N)}_{\text{산업구성(mix)}} + \underbrace{\sum e_i (n_i - N_i)}_{\text{경쟁(competitive)}}}_{\text{변이(shift)}} \qquad \text{식 12-1}$$

여기서 N, n은 전국 및 해당 지역의 전 산업 고용성장률이고, N_i와 n_i는 전국 및 해당 지역의 i산업 고용성장률이다. e_i는 해당 지역의 i산업 고용자 수를 나타낸다.

가상적인 예를 들어 각 효과들을 계산하여 보도록 하자. 〈표 12-1〉은 2015년과 2016년 '갑' 지역과 '을' 지역에서 A, B산업에 고용된 인원을 보여준다.

◆ 표 12-1 지역별 산업별 고용인원에 대한 가상자료 (단위 : 명)

산업 \ 지역	2015년 갑	2015년 을	2015년 산업 총고용	2016년 갑	2016년 을	2016년 산업 총고용
A	100	50	150	150	100	250
B	100	150	250	120	180	300
지역 총고용	200	200	400	270	280	550

〈표 12-1〉의 자료를 (식 12-1)에 대입하면 2015년을 기준으로 '갑' 지역의 A산업의 고용에 대하여 다음과 같은 결과가 도출된다.

$$\begin{aligned}150 &= 100 \times \frac{550}{400} + 100 \times \left(\frac{250}{150} - \frac{550}{400}\right) + 100 \times \left(\frac{150}{100} - \frac{250}{150}\right) \\ &= 137.5 + 29.1 - 16.6\end{aligned}$$

즉 할당효과는 137.5이고 산업구성효과는 29.1, 경쟁효과는 −16.6이 된다. 전국의 산업별 경제성장률의 예측치가 있다면, 해당 지역의 산업별 경쟁률과 전반적인 성장률을 이와 같은 방법으로 계산할 수 있다.

한편, 수출수요와 산업체의 부문별 성장은 제품주기로도 설명할 수 있다. 제품주기론에 따르면 하나의 새로운 상품이 개발되어 대량생산하게 되면 표준화가 이루어진다. 산업부문이나 소득면에서 보면 새로운 상품은 고안된 직후에 가장 빠른 성장이 이루어진다. 이 단계에서 기업들은 동종 산업끼리 모이는 군집현상(agglomeration)을 보이며, 이로 인한 경제적 이익을 지방화 경제(localization economy)라 한다. 그렇지만 현실에서 새로운 산업이 반드시 종래의 산업집적지에서 일어난다고는 할 수 없다.

혁신과 생산개발은 일정한 입지에서 발생하기도 하지만 생산품이 완성되어 대량생산 단계가 되면 기업들은 총생산비용이 가장 낮은 지역에 입지하고자 한다. 어떤 지역이 비용절감에 유리한 조건들을 제공한다면 해당 지역은 지속적으로 성장할 수 있을 것이다. 이런 측면에서 지역의 경제발전은 기업의 입지문제로 간주할 수 있다. 지역경제가 위축되어 있는 곳의 지방자치단체장들이 각종 혜택을 주며 기업을 입지시키기 위해 노력하는 것도 바로 이런 점을 반영하는 것이다.

기업들이 입지를 결정함에 있어 경제적으로 중요한 요건을 나타내는 입지투입(location inputs)[3)]은 특정 제품의 생산수준과 특정 지역의 전반적 경제활동수준에 의하여 결정되는데 주로 교통, 생산요소와 상품시장의 지리적 입지, 생산요소의 공급, 생산함수 또는 투입-산출비율(기술력), 상품에 대한 수요 등이 이에 해당한다. 어떤 지역이 기업의 입지를 유도하기 위해서는 특화된 지역이점(입지투입)이 특정 산업의 입지에 요구되는 사항들을 만족시켜야만 할 것이다.

그렇다면 지역의 경제성장은 지역 부동산시장에 어떠한 변화를 불러올 것인가? 그 답은 다음 소개하는 지역경제성장의 3부문 모형 속에서 찾아보도록 하자.

2. 지역경제성장과 부동산시장

여기에서는 경제성장과 지역 부동산시장의 관계를 보다 잘 이해하기 위해서 디파스퀠리와 위튼(DiPasquale & Wheaton, 1996)의 모형을 소개하기로 한다. 이 모형에서 지역경제는 지역생산물(상품)시장, 노동시장, 부동산시장으로 나뉜다.

먼저 앞서 설명한 바와 같이 지역상품에 대한 수요는 기본적으로 수출에 의해 주도된다. 이에 단기적으로 수출량은 다른 지역에서 수출을 위하여 제조된 유사 제품의 가격에 따라 달라질 수 있다. 따라서 수출은 지역생산물 가격에 대하여 음(negative)의 함수로 고려할 수 있다. [그림 12-1 (a)]의 생산물시장에서 지역의 모든

3) 비슷한 개념으로 입지지점(location points)은 입지투입이 특정 도시 또는 도시지역과 같은 공간적 하부시스템(spatial subsystems)에서 결정되는 것을 뜻한다. 일반적으로 경제성장은 도시(입지지점)를 기반으로 이루어지는 경향이 있는데 경제적 하위시스템으로써 도시는 노동, 원자재, 에너지, 교통 등을 상대적으로 동일한 수준으로 공급할 수 있기 때문이다.

재화와 서비스의 생산물에 대한 수요량(Q_d)은 가격(P)이 올라가면 수요량이 감소하고, 가격이 내려가면 수요량이 증가하므로 우하향하는 수요곡선의 모습을 띠고 있다.

한편 지역경제의 공급능력을 좌우하는 생산요소는 그 특징을 고려하여 분석할 필요가 있다. 먼저 중간투입물과 원재료는 대부분 다른 지역으로부터 수입하기 때문에 모든 지역에서 가격이 비슷하다. 이는 중간재의 가격이 일반적으로 지역 간 상대적 생산비용에 영향을 별로 주지 않는다는 것을 의미한다. 또한 자본의 이동도 비교적 신속하고 자유로워 지역 간 차이가 별로 없다.

그렇지만 생산요소 중 노동력과 부동산의 경우는 지역적인 차이가 존재하므로 생산비용의 차이를 야기한다. 노동과 부동산시장에는 대체물이 없다고 가정하면 생산물의 각 단위에서 생산에 필요한 노동과 부동산은 고정되게 된다. 산출물 단위당 생산비용은 다음과 같이 표현할 수 있다.

$$a_K r + a_L w = C$$ 식 12-2

여기서 aK와 aL는 산출한 생산물 단위당 부동산과 노동의 생산비용이고 r은 지대, w는 임금이다. 산출물 단위당 생산비용(C)은 고정되어 있기에 (a) 생산물시장 그림에서 수평선으로 표현된다.

[그림 12-1 (b)]는 노동시장을 나타낸 것으로 생산물시장에서 결정된 생산수준을 달성하기 위하여 노동이 얼마나 투입되어야 하는지, 즉 노동수요(L_d)를 보여준다. 여기에서 노동의 수요(L_d)는 생산물 산출량(Q)과 생산물당 노동의 생산비용(a_L)의 곱에 의하여 결정된다($a_L Q = L_d$). 여기서는 대체요소가 없다고 가정하고 있으므로 수요는 가격에 영향을 받지 않고 다만 생산량에 의하여 결정될 뿐이다. 이에 수요곡선은 완전 비탄력적인 수직선으로 나타나 있다. 이때 종축의 노동가격, 즉 임금은 이 지역의 재화와 서비스의 가격수준에서 표현되는데 이를 지역의 효율적 임금(w/p)이라 한다.

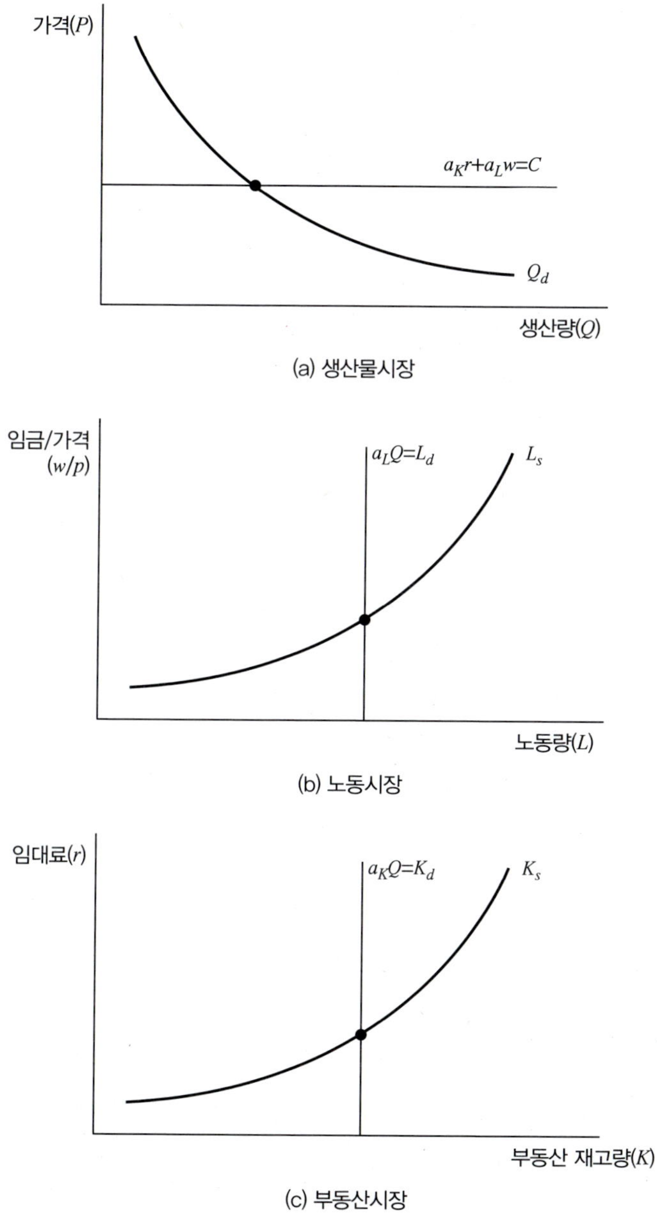

그림 12-1 지역경제의 생산물시장, 노동시장, 부동산시장

지역의 효율적 임금은 지역 내의 생계비와 물가수준에 의해 조정되는데 장기적으로 지역의 노동공급(L_s)을 결정한다. 왜냐하면 임금수준이 올라가게 되면 타 지역에서 이 지역으로 사람들이 이주하게 되어 노동공급이 증가하게 되고 반대로 임금수준이 내려가게 되면 이 지역 주민들이 타 지역으로 이주하여 노동공급이 줄어들기 때문이다. 노동공급곡선의 기울기가 수평에 가까우면 노동공급이 탄력적이어서 다른 지역으로부터의 노동력 유인이 수월하며 이에 반해 수직에 가까우면 비탄력적이어서 다른 지역으로부터의 노동력 유인이 어렵다는 것을 의미한다.

[그림 12-1 (c)]의 부동산시장은 노동시장과 매우 유사하다. 그림에서 볼 수 있듯이 종축은 건축물과 토지를 포함한 임대료(r)를 나타내고 횡축은 부동산 재고량(K)을 나타낸다. 생산물시장에서 결정된 생산수준을 달성하기위한 부동산수요량(K_d)은 노동시장과 같은 논리에 의하여 부동산생산비용(a_K)와 생산량(Q)의 곱에 의하여 결정된다($a_KQ = K_d$). 공급곡선(K_s)은 임대료(r)수준에 따라 변화하는 부동산 재고량을 보여준다. 대도시 지역에서는 부동산개발 수요가 많기 때문에 이에 따른 임대료 상승은 필연적이라 할 것이다. 이외 지형적 제한, 건축제한, 그리고 개발제한구역 등은 공급곡선을 비탄력적으로 만들 것이다. 반면 개발제한이 거의 없는 지역에서의 공급곡선은 보다 탄력적이 된다.

이와 같이 생산물시장, 노동시장, 그리고 부동산시장은 밀접하게 연계되어 있다. 생산물시장에서 수요곡선이 주어지면 임금과 임대료에 의하여 생산비용이 결정되어 생산수준을 결정하게 된다. 노동시장과 부동산시장에서는 생산물시장에서 주어진 생산수준에서 각각 수요가 결정되며 이는 공급곡선과 만나 해당 생산요소의 가격을 결정한다. 결과적으로 생산물시장에서 결정된 생산량(Q)과 생산물가격(P)은 부동산시장의 임대료(r)와 노동시장의 임금(w)을 결정하는 것이다. 이러한 균형상태에서 지역의 생산물시장, 노동시장, 부동산시장은 안정적이고 더 이상의 성장은 없다.

이제까지 살펴본 지역경제모형에 있어서 우리는 2가지의 경제성장을 가능하게 하는 원동력을 발견할 수 있다. 우선 수요주도의 성장은 지역의 산출물에 대한 수요가 증가할 때 나타나고 공급주도의 성장은 생산요소(노동과 부동산)가 증가할 때 나타난다. 그렇다면 수요와 공급이 어떻게 지역경제 성장을 유도하는지 좀 더 자세히 살펴보도록 하자.

(1) 수요주도의 지역성장(Demand-induced regional growth)

지역 생산물의 질과 디자인이 개선되거나 가격경쟁력이 제고되면 수출에 대한 수요가 증가할 것이다. 그렇다면 지역상품의 수요가 변화하였을 때 어떤 변화가 초래되는가를 분석하여 보자.

[그림 12-2]에서 보이는 것처럼 먼저 지역의 3부문 시장의 초기균형 상태를 Q^0, P^0, L^0, w^0, K^0, r^0로 표시하자. 지역상품의 수요가 증가하게 되면 수요곡선은 Q_d에서 Q'_d로 이동하게 된다. 수요곡선이 우상향 방향으로 이동하게 되면 단기적으로 현재의 생산비 C^0에서 수요량은 Q''로 크게 증가하겠지만 이것이 장기적으로 지속되지는 못하고 생산비의 상승으로 결국 Q'로 떨어지게 된다.

그 이유는 다음과 같다. 우선 생산량이 증가하면 이에 따라 노동시장과 부동산시장에서 수요곡선이 각각 $a_L Q^0$에서 $a_L Q'$로, $a_K Q^0$에서 $a_K Q'$로 이동하게 되는데 이는 노동시장에서는 명목임금 w'의 상승을 초래하여 효율적 임금이 w'/p'으로 상승하고, 부동산시장에서는 임대료의 상승(r')을 초래한다. 이처럼 생산요소의 새로운 가격 w'와 r'은 생산비용을 인상시켜, C^0에서 C'로 이동하게 되고, 상품수요곡선 Q'_d와 만나는 지점에서 각 생산요소 공급에 상응하는 수요를 초래한다. 결과적으로 새로운 균형점은 Q', P', L', w', K', r'이 된다.

이상의 분석을 통해 우리는 지역상품에 대한 수요가 증가하게 되면 지역의 산출물, 고용, 부동산재고가 모두 증가할 뿐만 아니라 생산물의 가격, 임금, 부동산 임대료도 상승하는 것을 알게 된다. 반대로 지역상품에 대한 수요가 감소하게 되면 지역의 생산물, 고용, 부동산재고가 모두 감소할 뿐만 아니라 생산물의 가격, 임금, 부동산 임대료도 하락한다. 이때 수요변화에 따라 얼마나 생산요소의 가격이 증가 또는 감소하는지는 각 생산요소 공급의 탄력성에 좌우된다.

예를 들어 부동산과 같이 공급이 비탄력적인 생산요소의 경우 지역 상품의 수요가 큰 폭으로 증가하더라도 이에 맞추어 공급이 증가할 수 없으므로 가격이 큰 폭으로 상승하게 된다. 이에 따라 부동산을 소유한 사람은 이익을 보게 되지만 지역의 물리적 성장은 크게 이루어지지 않는다. 반대로 탄력적인 공급곡선을 보이는 생산요소의 경우, 해당 생산요소를 소유한 사람은 가격상승폭이 크지 않기 때문에 이익은 크게 볼 수는 없지만 공급량 자체가 크게 증가함에 따라 지역의 물리적 성장은 급속하게 이루어질 수 있다. 다시 말해서 생산물의 가격, 임금과 임대료보다 생산량, 고용, 부동산재고가 더 빨리 증가한다는 것이다.

미국의 경험으로 볼 때 지역성장에 기여하는 중요한 요소들은 기후, 기업의 혁신, 생산비용 그리고 노동의 원활한 유입 등이 거론되었다. 그렇지만 이러한 요소들이 잘 갖추어졌다 해도 지역이 경쟁력 있는 실질임금으로 노동력을 유인할 수 없다면 지역의 노동공급은 서서히 감소한다.

이런 점을 고려할 때 명목임금이 다르더라도 전 지역의 실질임금은 거의 같게 된다는 주장이 제기된다. 즉 임금과 생활비용 간에는 강한 상관관계가 있으며 명목임금의 차이는 생활비의 차이를 반영하는 것이다. 그러므로 구매력을 기준으로 한 전국의 지역 실질임금은 명목임금의 차이에도 불구하고 수렴하는 현상을 보이게 된다. 그런데 한 지역의 생활비를 결정하는 데 가장 큰 영향을 주는 것은 주택가격이다. 따라서 한 지역의 수요증가로 경제성장이 이루어진다 해도 주택공급이 쉽게 이루어지지 않는다면 그 성장은 임대료를 상승시켜 실질임금을 감소시킨다. 결국, 주거 및 산업부분에 부동산을 합리적인 가격으로 풍부하게 공급할 수 있는 능력이 다른 지역과의 경쟁에서 중요한 장점으로 작용할 수 있는 것이다.

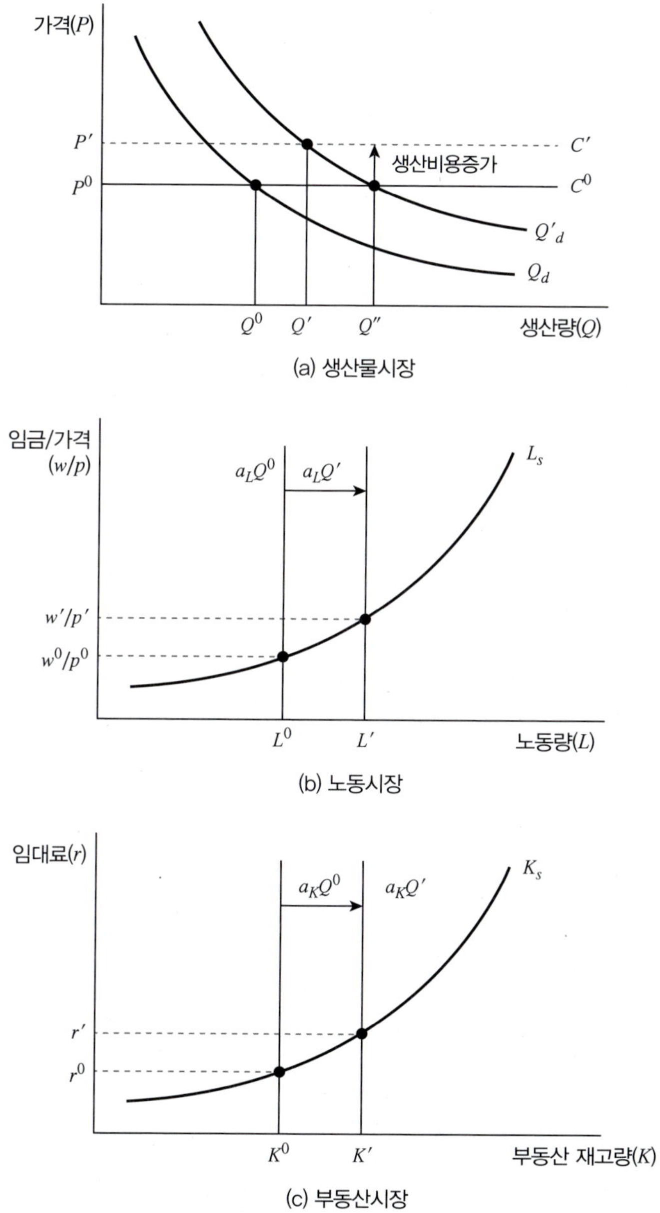

그림 12-2 수요가 주도할 때 지역경제 3부문의 변화

(2) 공급주도의 지역성장(Supply-induced regional growth)

지역성장이 공급주도로 이루어지는 대표적인 경우는 인구유입에 의하여 노동공급에 변화가 발생하는 것이다. 임금이 올라간다거나 또는 어떤 사건이 발생하여 특정 지역으로 인구가 많이 유입되게 되면 노동공급곡선 자체가 오른쪽으로 이동하게 되는데 이러한 변화가 지역성장에 어떠한 영향을 주는지를 살펴보도록 하자.

앞서 [그림 12-2]와 마찬가지로 [그림 12-3]에서 지역의 3부문 시장의 초기균형 상태를 Q^0, P^0, L^0, w^0, K^0, r^0로 정의한다. 이 지역에 인구유입으로 노동공급곡선이 L_s에서 L_s'로 이동하게 될 경우 노동수요($a_L Q^0$)가 변화하지 않는다면, 생산은 이전의 규모로 계속되기 때문에 실효임금은 w'/p'으로 하락하게 되며 이로 인해 초기에 유입된 노동자들은 이 지역을 떠나게 될 것이다. 그렇지만 임금하락에 따라 생산물시장에서 생산비용이 하락하게 되어 생산비곡선은 C'가 되고 상품생산량은 Q^0에서 Q'로 증가하게 되어 노동수요를 $a_L Q^0$에서 $a_L Q'$로 증가시킨다. 이에 따라 임금은 다시 상승하여 최초의 임금수준보다는 낮고 단기임금수준보다는 높은 w''/p''이 되고 고용수준은 L^0에서 L'로 증가한다. 결국 이 지역으로 유입한 신규 노동력 중 일부만이 생산비용 감소에 따른 생산증가로 인하여 고용되는 것이다.

특정 지역의 노동공급의 증가는 지역상품의 가격과 임금을 하락시키는 반면 부동산시장에서는 임대료를 상승(r')시킨다. 왜냐하면 새로운 생산과 고용증가를 수용하기 위해서는 보다 많은 부동산개발이 이루어져야 하기 때문에 부동산수요가 증가할 것이고 이는 곧 임대료 상승을 부추기기 때문이다. 이때 부동산임대료의 상승폭은 임금의 하락폭보다 클 수 없다. 만약 임대료 상승이 너무 크다면 생산가격이 증가하여 생산물에 대한 수요가 감소하게 되고 이에 따라 부동산수요가 감소하기 때문이다. 이처럼 공급주도의 성장은 상품가격의 하락폭보다 큰 실효임금의 하락을 가져오지만 부동산임대료는 생산, 고용, 부동산의 재고량과 함께 상승한다.

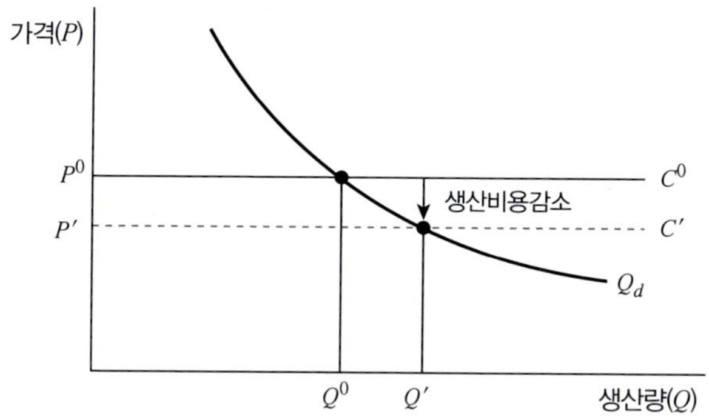

(a) 생산물시장

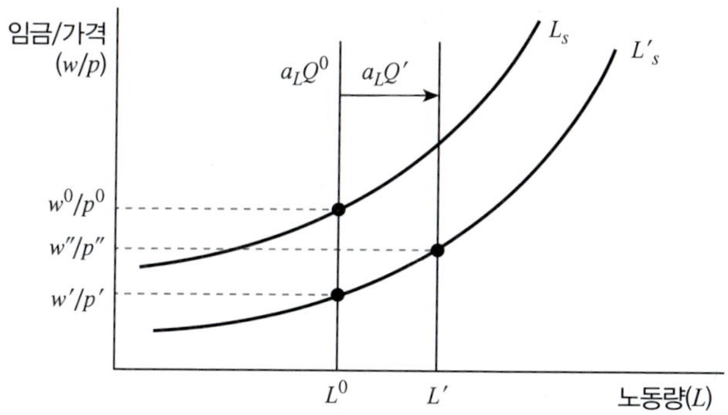

(b) 노동시장

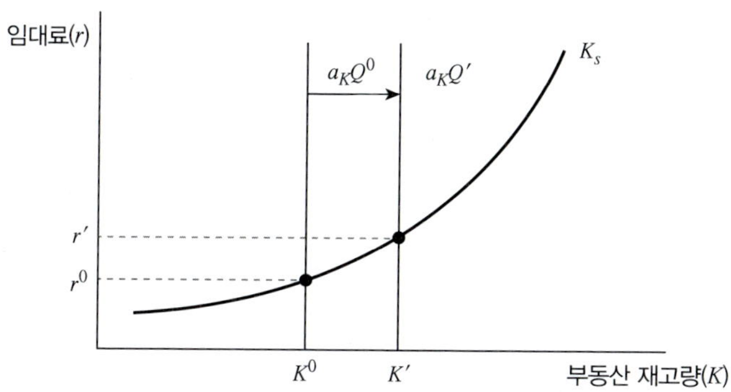

(c) 부동산시장

그림 12-3 공급이 주도할 때 지역경제 3부문의 변화

그런데 생산량, 노동량, 부동산 재고량(각 그림의 횡축)의 변화와 생산물, 노동, 부동산시장의 가격변화(종축)는 지역생산물의 수요의 탄력성 정도에 달라진다. 만약 이 지역생산품의 수요곡선이 매우 탄력적이라면 공급곡선 이동에 의한 제품가격 하락폭에 비하여 생산량이 많이 늘어날 것이고 생산량의 증가는 유입된 노동력을 노동시장에 그대로 흡수할 것이다. 물론 부동산시장의 경우는 생산과 고용이 큰 폭으로 증가했기 때문에 임대료도 상승하고 재고량도 증가하게 된다. 반대로 지역생산품의 수요가 비탄력적이라면 가격이 하락한다고 하더라도 생산량이 크게 증가하지 않기 때문에 고용증가가 미미할 것이고, 이에 따라 부동산시장의 임대료도 크게 상승하지 않을 것이다.

CHAPTER

13 부동산시장과 자본 · 금융시장

CHAPTER 13 부동산시장과 자본 · 금융시장

외환위기 이후 부동산시장의 가장 주목할 변화는 부동산 부문이 국가경제의 동맥인 자본 · 금융시장과 점차 통합되어 부동산시장과 국가경제의 긴밀성이 더욱 높아졌다는 점이다. 새로 도입된 자산유동화 및 주택저당채권유동화제도, 그리고 2001년에 도입된 리츠(REITs) 등은 부동산 분야와 자본시장을 연계하는 대표적인 수단으로써 부동산금융제도가 시장경쟁을 통한 경제운용을 그 기조로 삼고 있다는 것을 보여준다. 본 장에서는 부동산금융을 개괄적으로 살펴본 후 부동산시장과 자본시장의 관계를 조망하고 부동산간접투자시장을 살펴보기로 한다. 마지막으로 막대한 자금을 요하는 부동산개발사업에 자본 및 금융시장을 어떻게 활용할 것인가에 대한 사례를 소개하기로 한다.

1. 부동산금융이란

1) 부동산금융의 개념과 특징

부동산금융(real estate finance)은 부동산을 개발 또는 취득하려는 목적 아래 화폐와 신용(credit)을 이전(transfer)하기 위하여 사용되는 제도, 시장, 그리고 수단과 관계된 영역을 지칭한다. 따라서 부동산 금융은 기본적으로 자산금융(asset finance)의 일종인 금융자산이 아니라 부동산을 운용대상(investment project)으로 하여 자본을 조달하는 일련의 과정이라고 할 수 있다. 일반 기업금융(corporate finance)이 주식, 채권 등의 가격과 수익률을 분석하고 이자율의 결정, 투자수익분석, 자산구성 등에 보다 주목하는 데 비하여 부동산금융은 주택저당채권(mortgage), 지분(equity), 프로젝트 파이낸싱(project financing) 등에 주력한다.

부동산업은 개발 · 분양 · 임대 · 서비스 등 다양한 분야가 존재하는데 전문지식이 필요한 서비스업을 제외한 모든 분야는 상당한 자본이 필요하기 때문에 자금차입이 중요한 변수로 등장하며, 이로 인하여 금융업과 밀접한 관련을 맺는다. 즉 부동산은 경제적 가치가 크고 그 활동도 장기화되는 경향이 있으므로 부동산활동 주체의 자본조달에 제약이 따르기 때문에 부동산금융이 이를 해결하는 수단이 되는 것이다.

부동산금융은 부동산 공급자를 주 대상으로 하는 개발금융(develop -ment financing)과 수요자를 주 대상으로 하는 소비금융(consumption financing)으로 구분하기도 한다.

먼저, 개발금융(development financing)은 필요한 부지 확보 및 건설에 소요되는 자금을 조달하고 운용하는 체계이다. 부동산개발금융이 필요한 이유는 건설활동에서 현금유입과 지출의 시점이 다르고 부동산이라는 상품의 속성 상 생산활동에 투입되는 자금의 규모가 커서 건설업체들은 외부차입에 대한 의존도가 높을 수밖에 없기 때문이다. 부동산개발은 부채비율이 높고 사업 위험이 높게 인식되고 있으므로 건설업체들이 기업금융에 의해 적시에 충분하게 외부자금을 확보하기 어렵다. 소비금융(consumption financing)은 소비자들이 부동산을 구입 또는 임차하는 데 필요한 자금을 금융기관으로부터 대출(loan), 저당채권(mortgage) 또는 정부의 주택보조금 등을 통하여 제공받는 것을 말한다. 부동산금융은 양 부분 자금배분에 균형을 취해야만 부동산시장의 거래를 원활히 하고 수요와 공급의 안정을 기할 수 있다.

〈표 13-1〉는 우리나라의 부동산금융제도를 개발금융과 소비금융과 제도권과 비

제도권으로 구분하여 정리한 것이다.

표 13-1 우리나라의 부동산금융제도

	제도권 금융	비제도권 금융
개발금융	• 국민주택기금(국민은행 등) • 농촌주택개량자금(농협 등) • 대출(간접금융) • 주택금융공사 주택건설자금보증 • 프로젝트 파이낸싱 • ABS, REITs • 부동산펀드(REF)	• 주식과 회사채(직접금융) • 공제조합 • 주택선분양제도의 선납금
소비금융	• 주택금융공사 보금자리론, e-모기지론, 대출구조전환보금자리론, 전세자금보증 • 생애최초주택매입자금 • 근로자 · 서민 주택매입 및 전세자금대출 • 주택담보대출 • 그 외 부동산담보 대출	• 사채, 계, 부모 및 친지들의 보조금 • 전세보증금 • 재개발 및 재건축 이전비

부동산금융이 일반금융과 다른 것은 담보기능이 있다는 점과 감가상각 및 차입금 이자에 대한 세금감면의 혜택을 누릴 수 있다는 점, 투자수익률도 개발사업단위보다는 기업이나 개인의 포트폴리오(portfolio)[1] 차원에서 다루어진다는 점이다.

개별 부동산투자사업에서의 수익성 여부는 경우에 따라 중요하지 않을 수 있는데, 이는 부동산 손실이 실제 현금손실보다는 감가상각과 같은 장부상의 손실로 인한 부분이 많으며, 이러한 과표상의 손실은 개인이 행한 다른 투자사업의 이익에서 세금계산 시에 손실분으로 공제될 수 있기 때문이다. 따라서 투자수익률은 전체 포트폴리오의 수익률에서 접근하는 것이 타당하며, 이러한 관점에서 부동산투자에서는 간혹 손실을 인수하여 세금을 절약하려는 경우도 있다.

1) 투자 시 투자대상을 다양화하여 분산투자함으로써 위험을 낮추고 수익을 극대화하는 방법이다.

2) 부동산금융의 기능

부동산금융의 중요한 기능 중 첫째는 부동산의 개발 및 건설 소요자금의 공급을 통해 부동산공급의 확대에 직접 기여할 수 있다는 점이다. 둘째는 부동산구입능력의 제고이다. 국민들의 자가(自家)보유를 장려하는 국가의 경우, 부동산금융이 주택수요를 유효(有效)수요로 전환시키는 역할을 함으로써 자가소유(自家所有)를 촉진하기 때문에 정부에서는 다양한 방법으로 부동산금융의 기능을 강화하기도 한다. 그런데 부동산활동의 특성상 공급자던 수요자던 간에 금융대출은 차입기간이 길고 회수도 장기화되기 때문에 안정적인 자금조달과 대출이 필요하며 이에 따라 특수한 금융기법이 요구된다. 이러한 이유로 도입된 것이 부동산저당채권의 유동화제도(liquidation of mortgage)이다. 이 제도는 부동산금융에서 수요와 공급을 원활히 해주는 역할을 하고 있다. 또한 부동산관련 금융거래와 관련하여 위험을 감소시키기 위해 금융신용보완제도도 운용되고 있다. 마지막으로 장기적이고 거시적 차원에서 부동산금융은 부동산거래를 활성화시키고 이를 통해 간접적으로 부동산 개발 및 건설활동을 자원함으로써 부동산 개발산업을 육성시키는 중요한 기능을 수행한다.

3) 부동산금융의 종류

부동산금융은 자본조달의 방식에 따라 부채금융(debt financing)과 지분금융(equity financing)으로 구분된다.

부채금융이란 저당권설정이나 사채발행을 통해 타인자본을 조달하는 것으로 자금조달자의 장부에는 부채(채무)가 증가하게 된다. 부채금융의 종류에는 저당금융(mortgage financing), 신탁증서금융(trust deed financing), 주택상환사채, 자산담보부증권(asset-based securities: ABS), 프로젝트 파이낸싱(project financing) 등이 있다.

주택저당채권 또는 모기지로 불리는 저당금융(mortgage financing)은 소유자가 소유권을 보유한 채 대상 부동산에 저당을 설정하고 금융기관으로 직접자금을 대출받는 방법이다. 채무자가 원금과 이자를 상환하지 못하는 경우가 발생되면 채권자는 저당이 설정된 부동산에 대한 처분권을 가지게 된다. 신탁증서금융(trust deed financing)은 담보신탁을 통해 대출을 받는 방법이다. 주택상환사채는 주택법에 의하여 주택건설업자가 발행하는 채권으로 일정 기간이 지나면 주택으로 상환받을 수 있는 기명식 보증사채이다.[2)]

자산담보부증권(asset-based securities: ABS)은 자산유동화에 관한 법률에 근거하여 여러 유형의 자산을 담보로 ABS를 발행하는 방법이다. 따라서 부동산을 담보로 하는 저당담보부증권(또는 모기지유동화증권, mortgage-backed securities: MBS)도 ABS에 포함된다.

프로젝트 파이낸싱(project financing)은 기업 전체의 자산이나 신용이 아닌 사업자체의 수익성과 사업자산을 담보로 융자를 받거나 회사채를 발행하여 자금을 조달하는 방법이다. 이는 차입자의 담보보증 등에 근거해 금융기관이 각종 여신을 지원하는 전통적인 기업금융(corporate finance)에 대응하는 개념으로 해당 프로젝트 혹은 사업으로부터 미래에 창출될 현금흐름을 근거로 필요한 금융지원을 제공하는 방식이다.

한편, 지분금융은 기업의 주식발행이나 지분권 판매로 자기자본을 조달하는 것으로 부동산 신디케이트(syndicate, 기업조합 또는 연합), 조인트벤처(joint venture), 부동산신탁회사(Real Estate In- vestment Trusts: REITs), 부동산펀드(real estate fund) 등이 있다.

2) 주택상환사채는 신규주택을 분양받고자 하는 자는 아파트 값의 일부를 미리 내고 사채를 매입, 만기가 되면 아파트를 분양받을 수 있는 제도이다. 주택상환사채의 만기일은 발행일로부터 3년 이내로 되어 있으나 대개 1년 6개월에서 2년을 기한으로 발행된다. 아파트의 일반청약 때와 같이 청약예금 가입자만이 사채를 매입할 수 있다. 발행가구수는 총분양가구수의 50%가 상한이며 발행가격은 예상 분양가의 60% 이하로만 발행할 수 있다. 이 제도는 신도시 건설로 인한 건설업체들의 자금난을 덜어주기 위해 도입되어 군포, 산본지구를 필두로 분당, 평촌 등지의 아파트에 적용되었다. 그러나 여유자금이 있는 계층이 아니면 혜택을 볼 수 없어 무주택자에 대한 주택공급 확대와는 거리가 멀다는 비난을 들었다.

부동산 신디케이트란 여러 명의 투자자가 부동산전문가의 경험을 동원하여 공동의 부동산 프로젝트를 수행하는 것이다. 부동산 신디케이터(syndicator)는 이러한 조직에서의 핵심적 역할을 하는 일종의 사업주를 말하며 이들은 부동산의 취득 · 관리 · 판매업무를 수행함으로써 수수료를 받는다. 신디케이트는 부동산 개발 시에도 투자자 모집을 위해서 종종 사용되는데, 이때는 개발업자 자신이 신디케이터가 되기도 한다. 미국에서 신디케이트의 대표적 유형은 파트너십(partnership)으로 무한책임파트너(general partner)는 몇 개의 부동산을 묶어서 하나의 투자 사업으로 만들고 이 사업에 투자할 유한책임투자자(limited partner)를 사모(private offering)방식으로 모집하는 것이 일반적이다. 실제 파트너십에는 부동산을 특정하지 않고 모집하는 블라인드 풀(blind pool offering), 공모(public offering)방식 등 다양한 방식이 있다. 투자자는 투자한도 내에서 책임을 지며 출자비율에 따라 배당을 받는다. 한편 개발업자는 무한책임파트너로서 관리와 운영의 책임을 진다. 파트너십의 장점은 유한책임의 투자자들을 유치할 수 있으며, 운영손실을 개별투자자에게 배당하여 소득세 계산에서 혜택을 볼 수 있고, 투자와 관련된 모든 위험은 유한책임파트너와 사업주인 무한책임파트너 간의 협약에 의하여 배분한다는 점이다.

조인트벤처(joint venture)는 지분투자의 한 형식으로 미국의 세법상 20~50%의 투자파트너를 지칭한다.

부동산신탁회사(Real Estate Investment Trusts: REITs)는 다수의 투자자로부터 자금을 모집하여 부동산 또는 부동산관련 대출, 유가증권 등에 투자하여 발생하는 수익을 투자자에게 배당하는 회사 또는 투자신탁을 말한다. 미국에서는 1960년 부동산신탁법(Real Estate Investment Act)의 시행으로 REITs가 본격화되었는데 일반 투자자로부터 자금을 모아 회사의 경영능력으로 수익을 내서 이를 투자자의 출자비율에 따라서 배당하는 일종의 뮤추얼 펀드(mutual fund)의 성격을 지니는 투자기구(investment vehicle)라고 할 수 있었다. REITs는 일정한 요건을 만족할 경우 법인세가 면제되고, 투자자들에게는 배당소득세만으로 세금문제가 해결되어 법인세와 소득세의 이중과세 문제를 해결할 수 있기 때문에 세법으로 창출된 일종의 투자도관체(investment conduit)라 할 수 있다.[3] REITs는 주요 수입원에 따라 지분형(euqity) REITs와 모기지형(mort-gage) REITs로 구분하기도 하는데, 전자는 실물자산을 소유하여 운영하는 것으로 대부분의 수입은 부동산임대료에서 발생한다. 지분형 REITs은 부동산의 가치상승과 임대료 상승을 동시에 기대할 수 있다. 모기지형 REITs는 토지매수, 개발, 건설저당 등의 대출을 해주거나 기타 채권을 발행하여 수익을 올리는 형태이다. 지분형 REITs에 비하여 위험이 높으며 시장금리 동향에 민감한 편이다. 혼합형(hybrid) REITs는 지분형 REITs와 모기지형 REITs의 투자전략을 혼용하여 부동산 소유와 대출에 적절한 비율로 투자하는 형태를 말한다. 혼합형은 부동산 가치상승에 따른 자본이득과 이자수입을 동시에 향유할 수 있다는 이점이 있다. 이외에도 REITs는 주식의 추가발행 여부 및 투자자의 환매요구에 언제든지 응할 수 있는 개방형(open-end) REITs와 환매요청이 불가능하고 증권시장에서 주식을 매도하여 투자한 자금을 회수해야 하는 폐쇄형(closed-end) REITs로 구분된다.

우리나라에서는「부동산투자회사법」이 2001년 제정되었고, 수차례에 걸친 개정으로 보다 자유롭게 REITs 회사설립이 가능해졌을 뿐만 아니라 투자대상 · 회사형태 · 투자방법 등을 운영주체가 결정할 수 있도록 하였다. 뒤에서 보다 자세히 논의하겠지만 우리나라의 REITs 도입은 본격적인 부동산 간접투자의 시대를 열었다는 점에서 큰 의의가 있다.

마지막으로 부동산펀드(real estate fund)이다. 부동산펀드는 간접투자자산운용업법에 의한 부동산간접투자기구로서 명목회사인 부동산투자 목적의 특수목적회사(special purpose company: SPC)를 통한 자본조달방법을 말한다. 부동산간접투자기

---

3) 미국에서 REITs는 1960~1970년대에 건설개발금융의 수단으로 많이 이용되었는데 이는 각종 규제에 대한 회피가 가능하며 일반 투자보다 3.5~4% 높은 수익률을 실현했기 때문이었다. REITs는 1970년대 초까지 성행하다 후반기부터 일반 이자율의 상승으로 주춤하였으나, 1980~1990년대 손실배당 등 조세상의 이점으로 파트너십 형태의 투자가 증가하고, 금융위기로 경매자산의 구입조건이 좋아지기 시작하여 파트너십의 지분과 REITs 주식 간의 교환거래가 많이 이루어졌다. 즉, UPREIT(umbrella partner real estate investment trusts)라 하여 투자와 관련된 모든 위험을 유한책임파트너와 무한책임파트너 간의 협약에 의하여 배분하는 형태가 1990년대 초까지 유행하였다. 미국에서 REITs는 1990년대 급격하게 증가하여 400억 달러의 시장으로 성장하였다.

구는 2009년 제정된「자본시장과 금융투자업에 관한 법률」에 의하여 부동산집합투자기구(Real Estate Fund: REF)로 승계되었다.

2. 부동산시장은 왜 자본시장과 연계되는가?

1) 저량(stock)의 부동산에서 유량(flow)의 부동산으로

이제까지 우리나라 부동산시장은 자산을 중심으로 한 저량(stock)의 경제에 기반을 두고 움직여왔다. 서구에서는 주택수요에서 소득과 고용의 안정이 중요한 변수이지만, 우리나라는 자산의 규모와 가치가 중요한 것으로 인식되었다. 이는 근본적으로 담보금융 위주의 부동산 대출관행과 높은 이자율에 기인한 것으로, 결과적으로 융자 제약이 자산을 많이 보유한 계층에게 부동산투자로 인한 이익이 더 많이 흘러 들어가게 함으로써 '부익부(富益富) 빈익빈(貧益貧)' 현상을 낳게 하였다.

대표적인 사례로 주택매입 시 필요한 자금을 제도권 금융기관에서 자유롭게 대출[4]할 수 없었던 현실은 세계에서 유일한 전세라는 제도를 만들었다. 전세제도는 제도권 금융의 불완전성을 극복하면서 주거문제를 해결할 수 있는 제도로 전세금의 수준은 주택가격 상승률과 시장이자율에 의하여 결정되었다. 전세금이 주택가격보다 낮은 이유는 전세금을 통하여 집주인은 자연스럽게 금융권의 융자제약을 극복할 수 있을 뿐 아니라 주택가격이 상승할 때는 높은 매매차익도 기대할 수 있기 때문이다. 그러나 9장에서 논의된 것처럼 전세는 주택 사용에 대한 단순한 임대료가 아니라 매매시장의 가격 움직임에 크게 영향을 받는 복합적인 성격을 지니고 있기에 순수월세에 기초한 주택임대시장의 임대사업자와 전세라는 레버리지를 활

4) 이를 부동산 소비금융(consumption financing)이라 한다.

용한 주택투자자는 투자행태가 다르다. 즉 주택가격 상승에 의한 자본이득(capital gains)이 투자수익률을 결정하기에 임대시장보다는 매매시장에 영향을 받는다. 결국 전세는 주택을 자산으로 소비하게 하는 구조를 형성시킴으로써 사회적 형평성에 부담을 주고, 동태적인 시장효율성을 저해하는 사회적 부작용을 발생시킬 수 있다. 향후 주택가격이 안정되고 저성장으로 인하여 시장이자율이 지속적으로 하락하면 주택가격 대비 전세금의 비율은 상승압력을 받게 되며, 전세금 수준의 지속적인 상승은 결국 월세로의 전환을 야기할 수밖에 없게 된다. 다만 보증금을 이용하여 주택을 구입한 임대사업자가 상당한 수준의 보증금을 돌려주고 순수한 월세로 전환하기가 용이하지 않기 때문에 향후 우리나라 주택시장은 전세의 월세화가 진행되기는 하더라도 그 전환속도와 정도는 점진적으로 이루어질 것으로 판단된다.[5] 그러나 이와 같은 주택임대시장의 변화는 부동산의 유량적 특성이 강화되고 있음을 보여준다.

부동산은 저량(stock) 상품으로서 구입하는 데 많은 돈이 필요하며 분리하여 소비하기 어렵고 환금성이 낮다는 고유의 특성을 지니고 있다. 그러나 외환위기를 겪으면서 이러한 부동산의 특성은 주택저당담보대출(mortgage)과 부동산 저당채권유동화(증권화)[6]를 통해서 서서히 극복되고 있다. 또한 부동산신탁제도가 도입되고 「자산유동화에 관한 법률」(ABS법), 「주택저당채권유동화회사법」(MBS법), 「부동산투자회사법」(REITs법)이 발효됨으로써 저량(stock)으로서의 부동산을 유량(flow)으로 바꾸는 다양한 제도가 정비되고 이에 따라 부동산금융의 활용이 본격화되기 시작하였다.

5) 이로 인한 국민들의 주거비부담도 자산을 통한 소비에서 소득을 통한 소비로 전환이 예상된다. 이와 같은 변화는 적응에 상당한 어려움을 발생시킬 것이다.

6) 부동산 저당채권유동화(liquidation of mortgage)는 유동성이 낮은 자산인 부동산 또는 부동산 관련 채권을 유동성이 높은 자본시장의 증권으로 전환하는 것을 말한다. 뒤에서 보다 자세히 설명하기로 하자.

2) 폐쇄시장에서 개방시장으로

외환위기 이후 외국인에게 국내 부동산시장이 완전 개방되면서 외국인의 국내 부동산투자는 빠르게 증가하고 있다. 특히 오피스빌딩시장에 대한 외국인의 투자가 현저하게 증가하고 있다. 1997년 외환위기 이후 2003년까지 국내의 주요 빌딩 거래사항을 보면 외국인이 총 54개 동, 약 64만 평, 약 4조 1천억 원을 차지하고 있는데[7], 이는 서울시 전체 중 · 대형 오피스의 공급면적(지상 10층 이상, 연면적 3,000평 이상)의 21%를 차지하는 것이다. 2008년 세계금융위기 이후 공실률 상승과 오피스빌딩 공급과잉 등으로 수익률이 악화되자 점진적으로 국내에서 외국인의 부동산투자는 위축되는 듯하였으나, 2013년부터 대기업 등 안정적인 임차인이 입주해 있고 서울 도심에 위치해 공실 위험이 낮은 대형빌딩을 중심으로 부동산 직접투자가 증가하고 있다고 한다.[8]

부동산시장이 외국인에게 개방되면서 우리의 부동산시장활동에도 많은 변화가 일어났다. 예를 들어 부동산투자가치의 평가에서 수익환원법[9]의 중요성이 부각되고 부동산 자산관리에 대한 관심이 높아지고 있다. 외국인의 국내 부동산투자 증가는 종래의 매매차익을 중심으로 한 부동산투자관행에서 벗어나 임대료수입과 운영관리비의 적정화 등 운영수익을 극대화하기 위한 투자행위로의 변화를 촉진하고 있다.

부동산시장 개방은 자본시장의 통합 및 정보화에 힘입어 세계시장과 상호관련성을 보이기 시작하고 있다. 물론 부동산시장은 입지적 고정성 때문에 주식시장과

7) 이에 반하여 국내기업들은 총 86개 동, 약 70만 평, 약 3조 6천억 원의 매매규모를 보이고 있다.

8) 한국경제(2014.6.13). 빌딩 큰손 외국인 귀환. "2008년 금융위기 이후 국내 부동산시장에서 관망세를 보여온 외국인 투자자들이 지난해부터 서울 도심 업무용 빌딩을 중심으로 부동산 매입을 늘리고 있다. 13일 빌딩 중개업계에 따르면 1,000억 원 이상 대형 건물에 대한 외국인 투자금액은 2012년 3,500억 원에서 지난해 1조1,270억 원으로 늘어난 데 이어 올 들어 이날 현재까지 이미 1조 원에 달했다. 작년 상반기 외국인의 대형 빌딩 투자금액이 5,070억 원이었던 것과 비교하면 올 들어 두 배가량으로 늘어난 것이다."

9) 수익환원업은 대상 부동산에 대한 순운용소득을 확인하고 시장으로부터 전반적인 소득환원율을 도출하여 대상 부동산에 대한 시장가치를 추정하는 방법이다.

같이 각국의 증시가 같은 방향으로 움직이는 경향이 높은 이른바 동조화 현상을 보이기는 어렵다 하더라도 우리나라 부동산시장에서 국제적인 거시경제변수들은 앞으로 점차 그 영향력을 확대해 나갈 것이다.

그리고 부동산시장의 개방화에는 정보통신기술 발전에 힘입은 인터넷활용도 큰 몫을 담당하고 있다. 종래 부동산시장에서는 미공개 독점정보에 의해 가치가 창출되는 경향이 많았기 때문에 시장의 자원재분배기능이 제대로 실현될 수 없었다. 그러나 인터넷의 보급이 급속히 확산되고 상당한 수준의 실시간 고급정보들이 온라인상에서 공유됨으로써 정보의 불완전성이 점차 극복되고 있다.

부동산 정보망의 발달은 부동산업 내부는 물론 타 산업 혹은 외국의 동종 업종간의 네트워크화를 촉진하고, 이러한 경향은 자격제도를 중심으로 배타적으로 발전해온 우리나라의 부동산 업종에도 큰 변화를 초래할 것이다. 그러므로 이제는 부동산업을 종합산업으로 육성할 필요가 있다. 아울러 부동산 정보산업의 발달은 새로운 마케팅 전략을 중심으로 한 부동산 업무관행의 변화도 가져올 것으로 예상된다.

3) 부동산시장과 자본 · 금융시장

1970년대 이후 부동산시장은 미국을 선두로 자본시장과 밀접하게 연계되면서 세계 금융시장에 통합되고 있다.

뉴욕의 증권거래소(New York Stock Exchange)와 같이 부동산 현금흐름(cash flow)에 기초한 새로운 유가증권은 공개시장에서 거래되고 있으며 동산과 부동산전문가 모두 온라인상에 있는 방대한 양의 데이터를 사용할 수 있다. 부동산을 포함한 '금융시장(financial markets)'에 대한 새로운 연구결과들이 쏟아져 나오고 있고 부동산의 주요 결정에서 복잡하고 새로운 형식의 지표에 전통적인 금융기법을 도입하기도 한다. 세계화된 금융시스템에서는 자산으로써의 부동산이 주요한 위치를 점하고 있다. 부동산이 금융시장 안에서 성장하고 있다는 증거는 여러 전문가들에 의

해 증명되고 있다.[10)]

앞서 설명한 대로 우리나라에서도 최근에는 금융의 세계화와 부동산과 자본시장의 긴밀한 연계 추세에 발맞추어 새로운 금융제도들이 정비되었다. 이로써 부동산시장과 금융시장은 분리되어 생각할 수 없다. 따라서 실물 부동산뿐만 아니라 부동산을 기저로 한 부동산증권 및 다양한 부동산간접투자상품과 경제의 관계파악이 주요 연구대상이 되고 있다.[11)]

3. 주택저당채권과 MBS

주택금융시장의 핵심적 역할을 수행하고 있는 주택저당채권(mortgage)과 주택저당채권 유동화증권(Mortgage Backed Securities: MBS)을 이해하기 위해서는 주택담보대출시장과 주택저당증권시장을 구분하여 접근할 필요가 있다. 주택담보대출시장은 주택금융이 필요한 주택매입자에게 자금을 대출해 주고 해당 주택에 담보권을 설정하는 시장이다. 이에 비해 주택저당증권시장은 주택담보대출을 근거로 증권화상품을 만드는 주택저당채권 유동화시장을 말한다. 따라서 주택담보대출시장을 제1차시장이라고 하고, 주택저당증권시장을 제2차시장이라고 한다. 이하에서는 두 시장의 구조를 바탕으로 주택저당채권과 주택저당증권(MBS)의 기능을 설명하기로 한다.

10) 주로 금융시장이 부동산 임대에 미치는 영향과 부동산 임대의 변화가 환류(feedback)되어 금융시장에 미치는 영향을 분석하고 있다.

11) 오동훈 · 이용만 · 이재순(2015)에 따르면 우리나라 학계에서는 1997년 외환위기 상태 이후 저금리가 지속되면서 새로운 투자대안으로 부동산투자신탁과 리츠, 부동산펀드 등의 부동산투자가 활성화되고 주택연금제도가 본격화되면서 부동산투자 및 금융에 대한 연구가 확대되고 있다고 한다.

1) 주택담보대출시장

(1) 국내 주택담보대출시장의 추이와 특성

우리나라의 본격적인 제도권 주택담보대출은 1981년 국민주택기금이 설치되고 이를 한국주택은행에 업무위탁하면서 시작되었다. 국민주택기금의 설치목적은 주택건설자금의 원활한 공급을 통해 국민주택건설을 촉진하고 저리의 주택자금을 지원하여 무주택서민의 주거안정을 도모하기 위한 것이었으나, 자금규모의 한계로 인하여 크게 성장하지는 못하였다. 즉 국민주택기금과 주택금융신용보증기금으로 구성되어 있는 공공부문이 전 주택담보대출시장의 80% 이상을 점유하고 있어 발전단계가 낮은 편이었다. 주택담보대출시장이 본격적으로 확대되기 시작한 것은 1997년 IMF 구제금융사건 이후, 시중은행 및 보험사들이 적극적으로 주택담보대출시장에 참여한 1998년부터이다. 한국주택은행이 2001년 국민은행에 인수되었고 외환위기 이후 신용위험관리의 중요성이 강조되면서 정부가 주도하던 신용배분구조가 금융기관의 자율적 기능에 의한 배분구조로 전환되었다. 자금운용을 위해 시중은행 및 보험사들은 대손위험이 낮은 주택담보대출 중심의 가계대출을 선호하게 된 것이다. 이에 반해 금융산업의 구조조정과 기업의 구조조정으로 기업의 차입비율 축소 및 직접시장의 활용도 제고로 은행은 운용처가 제한되면서 주택담보대출 규모는 빠르게 증가하기 시작하였다. 더욱이 2000년대 들어 저금리 및 주택시장이 활황을 맞으면서 주택담보대출시장은 급속도로 성장하여 2000년 51조, 2006년 298조, 2012년에는 404조로 확대되었다. 최근 정부의 주택담보대출 규제완화[12)] 와 저금리 기조 속에 전세가격의 급등으로 주택임차수요가 주택매매수요로 전환되면서 2015년 3/4분기 기준 약 480조로 급격히 증가하였다.

우리나라 주택담보대출의 가장 큰 특징은 평균 3년 만기의 단기대출 및 변동금

12) 최근까지 정부에서는 주택금융의 급속한 팽창을 주택가격상승의 원인으로 지목하여 강력한 대출규제를 시행한 덕분에 평균적으로 LTV가 50% 내외로 해외에 비하여 낮은 상황이라고 할 수 있다.

리, 만기 시 원금을 일시상환하는 형식이 주류를 이루고 있다는 것이다. 최근 들어 장기대출 및 분할상환이 증가하고 있으나, 아직도 3년 이하 만기가 약 25%를 차지하고 일시상환조건이 약 40%에 육박한다. 따라서 대출소비자들이 급격한 금리변동 및 주택가격하락 등의 위험을 대부분 부담해야 하는 구조라고 할 수 있다. 또한 금융권에서 소득대비 상환액인 총부채상환비율(debt to interest ratio: DTI)보다는 담보비율(loan to value ratio: LTV)의 심사를 강조해왔다. 즉 LTV는 대출총액 조절수단으로 활용되었다.

(2) 주택저당채권

① 주택저당채권의 개념과 시장구조

주택저당채권 또는 모기지(mortgage)란 부동산을 담보로 제공하고 신용을 제공받는 금융의 형태로 저당대출, 저당증서, 저당금융제도 등을 뜻하는 경우가 많다.

우리나라에 '주택저당채권유동화제도'가 도입되기 전까지 미국에서 사용되는 '모기지(mortgage)'와 한국에서 사용되는 '저당(loan)'의 개념에는 상당한 차이가 있었다. 우선, 모기지는 어떤 부동산을 담보로 하여 자신이 필요한 일정 금액을 융통하는 것이며, 금융기관에서는 그 부동산을 담보로 하여 채권을 발행하여 제2차 시장에서 거래 · 매매한다. 한편 우리나라에서는 융자를 보통 저당(loan)이라 표현하는데 현재 자신이 소유하고 있는 주택과 같은 부동산가치에 대한 한정된 융자만을 의미하는 것으로 부동산의 저당을 근거로 금융기관에서 발행하는 채권을 포함하지 않았다. 또한 대출자가 저당권을 타인에게 양도할 수 없게 되어 있었다.

보다 자세히

미국의 모기지론(mortgage loan)과 우리나라 주택담보대출의 차이점

1. 대출기간: 현재 우리나라는 2~3년의 대출기간이 보편적이나 미국에서는 30년 기한의 모기지론(mortgage loan)으로 주택을 구입하는 것이 보편적이다. 미국에서는 이자가 상대적으로 저렴한 15년이나 5년의 모기지론은 재융자의 형태를 띠고 운용된다. 우리나라의 은행도 주택담보대출이 안전하고 중요한 수입원이기에 장기대출을 유도하고 있으며, 그 결과 최근 장기대출의 비중이 상당히 높아지고 있다.
2. 대출한도: 미국의 모기지론은 주택 실거래가격의 80% 정도를 대출해 주고 20%만 down payment라고 해서 처음 주택매입시 본인이 지불한다. 대출한도는 그 사람의 신용도에 따라 70~80%이다. 신용도가 아주 좋을 경우, 거래가격의 100%까지 대출이 가능하나, PMI(Private Mortgage Insurance) 보험에 가입해야 한다.
3. 이자형태: 우리나라는 고정금리가 변동금리보다 상당히 높기 때문에 대부분의 대출자가 변동금리를 선택하나, 미국은 변동금리, 고정금리, 두 개의 변형, 이자의 유예형태 등 대출자의 자금운용계획에 맞춰 대출이자의 형태를 선택할 수 있다.
4. 세제혜택: 미국의 경우 모기지론(mortgage loan)에 의해 은행에 내는 이자 전액을 소득세신고시 과표(과세표준액)에서 공제해 준다. 우리나라에서도 2014년 가계부채 구조개선방안을 마련하여 10~15년 이상의 장기대출에 대해서는 1,800만 원 한도로 소득공제를 해주고 있으며 공제한도도 확대하고 있다.

② 모기지의 종류

모기지는 담보물의 유형에 따라 주거용 모기지(residential mortgage)와 상업용 모기지(commercial mortgage)로 구분된다.

주거용 모기지는 저당물이 주택인 저당채권으로 정부가 주거용 모기지시장의 안정을 위해 보증을 해주는 경우가 많다. 정부가 주거용 모기지 시장에 개입하는 이유는 주택은 시장에서 생산되고 소비되는 상품이지만 국민들의 주거권이라는 공익적 성격을 가지고 있으며 국민들의 주거생활이 안정되지 못할 경우 국가경제에도 커다란 악영향을 줄 수 있기 때문이다.

미국에서는 채무자가 채무를 이행하지 않거나 파산한 경우에 연방정부가 그 손해에 대하여 보상을 보증해 주는 연방주택관리국(Federal Housing Administration:

FHA)의 FHA프로그램, 재향군인청(Department of Veterans Affairs: VA)의 VA 프로그램과 같은 정부보증프로그램이 있다. 이외의 모기지는 일반적 또는 전통적 모기지(conventional mortgage)라고 하는데, 일반적으로 주택을 구입하려고 하는 경우 자기자본이 총주택 매입가격의 20% 미만일 경우 반드시 민간모기지보험회사(Private Mortgage Insurance Company: PMIC)의 모기지보험에 가입하도록 규정하고 있다. 채무불이행 시 PMI가 그 책임을 지도록 하는 것이다. 물론 PMI의 이자율은 FHA 프로그램이나 VA 프로그램에 비하여 높은 편이다. 미국에서는 대출의 표준화와 채무불이행을 위한 PMI보험, 그리고 1930~1970년대까지 계속된 연방정부의 노력으로 주거용 모기지의 제2차 시장이 원활하게 운용되고 있다.

상업용 모기지는 미국이나 싱가포르와 같이 금융시장이 발달된 국가에서 상업용 부동산을 대상으로 이루어는 저당채권이다. 미국에서 상업용 모기지는 단독임대주택이나 소득창출을 목적으로 하는 상업용 빌딩 등의 건설 프로젝트의 자금을 조달하기 위하여 단기간(보통 1~3년)에 이루어지는 건설저당대출(construction loan)과 완공된 소득창출용 자산에 대하여 장기간 대출이 이루어지는 장기저당대출(permanent loan)로 구분된다.

개발업자(developer)가 특정 건설 프로젝트에 대하여 건설저당대출을 요구하면 금융기관은 대출 여부와 함께 사업의 위험도에 따라 이자율을 결정한다. 프로젝트가 진행되면서 대출자는 필요한 자금을 점진적으로 지급하며, 차입자는 대출만기일인 건설이 완료되는 시점까지 대출자에게 차입자금을 상환할 필요가 없다. 건설저당대출은 채무불이행 위험이 건설기간 내내 존재하지만, 상대적으로 이자율 위험(interest risk)이 적은 편이다. 왜냐하면 이자율 위험을 방지하기 위하여 변동이자율을 적용하는 경우가 대부분이기 때문이다. 건설저당대출을 취급하는 금융기관은 상업은행(commercial bank), 모기지은행, 상호저축(thrift institution) 등으로 대부분 프로젝트 발주지역에 소재하고 있어 해당 지역의 경기상황에 정통하고 공사 진행과정을 면밀히 관찰할 수 있어 여타 금융기관에 비하여 상대적으로 유리한 위치에 있다.

건설 프로젝트가 완공되고 분양 또는 임대가 시작되면 여타 금융기관(주로 보험회사와 연기금)에 의하여 건설저당대출은 장기저당대출에 의해 상환되며 이때 완공된 건물에 대하여 근저당이 설정되는 경우가 많다. 따라서 장기저당대출의 경우 대출자는 일시에 대출금액을 차입자에게 지급하며, 대출기간 동안 차입자는 이자와 함께 원금을 상환해야 한다. 상업용 모기지시장에서 안정적인 건설자금을 제공하기 위하여 건설저당대출과 장기저당대출을 함께 일으키는 경우가 많은데 이를 지출대출(持出貸出, take-out loan)이라고 한다.

주거용 모기지와 상업용 모기지를 간단히 비교하여 보자. 주거용 모기지는 일반인들이 주택매입을 하기 위해 필요한 자금을 대출하기 때문에 평균 대출금액은 상업용 모기지에 비하여 적은 반면, 건수(件數)는 상당히 많다. 또한 주거용 자산은 소득을 창출하지 않기에 대출기관에서는 차입자들의 상환능력, 즉 소득을 중시하게 된다. 따라서 금융기관 대출금액을 산정할 때 총소득에서 부채의 연간원리금 상환액이 차지하는 비율인 총부채상환비율(debt to interest ratio: DTI)에 따라 대출금액을 제한하기도 하고 정부에서도 주택시장의 과열을 방지하기 위해 DTI 규제를 시행하기도 한다. 이에 비하여 상업용 모기지는 담보로 하는 자산의 소득창출(임대수입 등) 정도를 중시한다. 상업용 모기지는 1990년대 미국에서 상업용 모기지의 증권화(commercial mortgage-backed securities: CMBS)가 확산되면서 발달하기 시작하였다.

2) 주택저당증권(MBS)시장

(1) 모기지의 유동화

모기지의 유동화(liquidation of mortgage)는 대출자가 소유한 모기지, 즉 저당권을 다른 사람에게 양도하여 신용을 재창조하는 것으로 모기지시장의 구조는 크게 저당대출을 원하는 수요자와 저당대출을 제공하는 금융기관으로 이루어지는 제1차(저당)시장(primary mortgage market)과 저당대출기관과 다른 기관투자가들 사이에 저당을 사고파는 제2차 (저당)시장(secondary mortgage market)으로 구성되어 있다.

[그림 13-1]과 같이 제1차 (저당)시장은 저당대출을 원하는 수요자와 저당대출을 제공하는 금융기관으로 이루어지는 시장으로써, 제1차 저당대출자(mortgage lender)들은 주택과 같은 부동산을 구입하고자 하는 일반 수요자와 새로 부동산을 공급하고자 하는 건설업자에게 저당을 설정하고 자금을 대출하고 있다. 제1차 저당대출자들은 설정된 저당을 자신들의 자산 포트폴리오(portfolio)의 일부로 보유하기도 하고 자금의 여유가 없을 경우에는 제2차 시장에 팔기도 한다.

제2차 (저당)시장은 저당대출기관과 다른 기관투자가들 사이에 기존의 저당을 사고파는 시장이다. 1차 대출기관은 제2차 시장에서 그들이 설정한 저당권을 팔고 필요한 자금을 조달한다. 이 시장은 저당대출을 받은 원래의 저당차입자(mortgage borrower)와는 직접적인 관계가 없다. 즉 주식이나 채권발행자와는 상관없이 공개시장(open market)에서 자유롭게 교환된다. 제2차 시장은 저당이 유동화되는 데 결정적인 역할을 담당한다. 만약 이와 같은 제2차 시장이 없다면 1차 대출기관은 자금이 고갈되어 더 이상 저당대출을 할 수 없게 되기 때문이다.

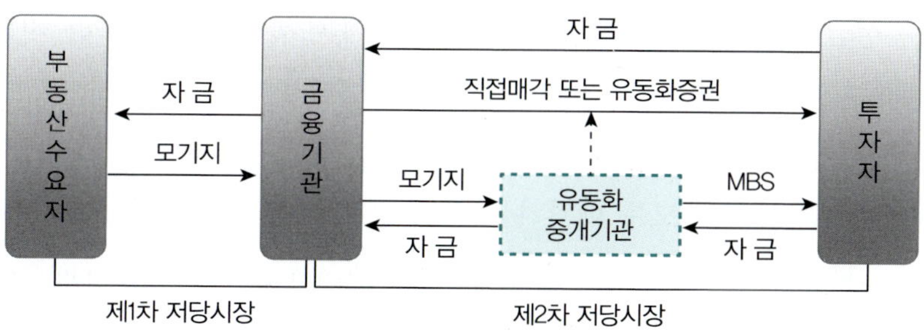

그림 13-1 모기지의 유동화

이처럼 모기지 또는 저당채권의 유동화(liquidation of mortgage)는 유동성이 낮은 자산인 부동산 또는 부동산 관련 채권을 유동성이 높은 자본시장의 증권으로 전환함으로써 부동산시장과 자본시장이 연계되고 부동산금융을 공급하는 매우 중요한 역할을 담당하게 된다.

(2) MBS의 개념과 종류

모기지유동화(liquidation of mortgage)란 유동성이 낮은 자산인 부동산 또는 부동산 관련 채권을 유동성이 높은 자본시장의 증권으로 전환하는 것을 말한다. 대부분의 모기지유동화(또는 부동산증권화)는 부동산 혹은 부동산 관련 자산을 유동화 중개기관인 특수목적회사(special purpose company: SPC)에 양도하고 SPC는 이를 담보로 증권을 발행하여 투자자에게 매각하여 자금을 조달한다.[13)]

MBS(mortgage-backed securities)는 저당대출기관, 저당회사나 기타 투자자들이 자신들이 설정하거나 사들인 저당물을 담보로 해서 발행하는 모기지유동화증권 또는 저당담보부증권을 말한다. MBS는 기저자산이 주택일 경우 RMBS(residential mortgage-backed securities)라 하고 상업용 부동산일 경우 CMBS(commercial mortgage-backed securities)[14)]라고 하는데, 우리나라에서 대부분의 MBS는 주거용 모기지(주택저당채권)를 유동화한 것이기에 주택저당증권을 의미한다.

MBS는 현금흐름과 모기지의 소유권을 누가 가지고 있는가에 따라 지분형(equity)과 채권형(bond), 혼합형(hybrid)의 세 가지 형태로 나뉜다. 지분형 MBS는 모기지 풀(pool)에서 발생하는 자금흐름에 대한 지분권과 저당대출의 소유권을 증권에 투자하는 투자자에게 모두 매각하는 방식이다. 미국에서는 해당 REITs의 지분인 주식을 파는 형태로 주로 원리금자동이체증권(mortgage pass-through securities: MPTS)의 발행을 통하여 이루어지고 있다. 채권형 MBS는 모기지 풀의 자금흐름

---

13) 부동산유동화에서 ABS(asset-backed securities)와 MBS(mortgage-backed securities)의 가장 큰 차이는 증권의 기저자산인 ABS는 부동산을 포함한 일반자산을 포괄하지만, MBS는 주택저당채권(mortgage)에만 한정된다는 데 있다.

14) CMBS의 기초자산인 상업용 모기지는 경기변동에 민감하며, 지역별 · 유형별 차이가 심하여 RMBS에 비하여 상대적으로 활성화되지 못하다가 1990년 들어 미국에서 해당 부동산 및 대출구조에 대한 분석과 신용평가가 제공되면서 활성화되기 시작하였다.

과 소유권을 발행기관이 가지면서 저당대출을 담보로 하여 일종의 CP(commercial paper)[15]를 발행하여 자금을 조달하는 방식으로 주택저당채권(mortgage-backed bond: MBB)이 대표적이다. 혼합형 MBS는 지분형과 채권형의 특성이 결합된 것으로 모기지 풀의 현금흐름은 지분형 MBS처럼 투자자에게 이체되지만 저당대출의 소유권은 채권형 MBS처럼 발행기관이 갖게 되는 형태이다. 혼합형 MBS는 투자자의 위험을 줄이는 방향으로 발전된 것으로 REITs의 활성화와 관련이 깊다.

MBS는 발행목적, 증권형태, 증권특성 등의 차이에 따라서 MBB, MPTS, MPTB, CMO 등으로 분류된다. 언급하였듯이 주택저당채권인 MBB는 채권형 MBS이다. MBB는 발행기관이 신용으로 채권을 발행하기 때문에 위험이 발생기관에 집중되어 유통성이 떨어지며 MBB 액면가 이상의 담보가 필요하다. 이체증권(mortgage pass-through securities: MPTS)은 지분형 MBS로 관련 위험이 투자자에게 이전되는 주택저당 담보부채권을 말한다. MPTB(mortgage pay-through bond)는 혼합형 MBS로 발행기관이 MPTS를 담보로 하여 채권을 발행하면서 모기지를 보유하고 투자자에게 원리금 수취에 따른 지분권을 이전하는 주택저당 담보부채권으로, 다른 조건이 같은 경우 MBB보다 작은 규모의 초과담보물을 요구한다. 마지막으로 CMO(collateralized mortgage obligation)은 MBS의 파생상품으로 MBTB와 동일한 발행기초를 갖지만 다양한 만기구조를 갖고 만기구조별로 수익률이 다르다. 이에 따라 CMO의 전체 조기상환위험은 MPTS와 같으나 계층선택에 따라 조기상환위험이 달라진다.

15) 신용도가 높은 우량기업이 자금조달을 목적으로 발행하는 단기의 무담보(無擔保) 단명(單名)어음을 말한다. 우리나라에서는 기업어음이라 하여 금리자율화정책(金利自律化政策)에 따라 국내 우량기업이 금융시장 실세금리 수준으로 어음을 발행하고 있는데, 금융회사가 이를 인수하여 일반고객에게 판매하고 있다.

패니메(Fannie Mae)와 프레디 맥(Freddie Mac)

Fannie Mae(Federal National Mortgage Association, 연방저당권 협회)와 Freddie Mac(Federal Home Loan Mortgage Corporation)는 미국의 대표적 모기지 유동화회사이다.
Fannie Mae는 1938년 대공황 때 채권시장 활성화를 위해 설립된 것으로 1968년 미상원위원회의 결의를 거쳐 정부에서 보증하는 기관(Government-sponsored enterprise: GSE) 형식의 주식회사로 전환하였다. Fannie Mae의 주된 역할은 주택매입자에게 금융기관에서 지속적으로 대출을 제공할 수 있도록 금융기관으로부터 모기지를 구입하는 것과 모기지의 유동화를 통해 자금조달방법을 증권형태로 바꾸는 것이다. Freddie Mac은 Fannie Mae와의 경쟁을 통해 효율성을 강화하고 제2차 시장을 활성화시키기 위하여 정부에 의하여 설립되었다. Freddie Mac과 Fannie Mae은 미국 모기지 시장의 절반에 가까운 5조 4천억 달러에 달하는 모기지를 보증하거나 매입하여 왔으며, 이를 MBS 형태로 유동화하여 자금을 조달하여 왔다. 그러나 서브프라임 모기지 사태로 2007년 모기지 순손실액만 약 150억 달러에 달하자 미 정부에서는 공적자금을 투입하여 두 모기지 회사를 모두 국영화하였다. 즉 GSE에서 정부관리체제(conservatorship)로 전환하였다.

미국의 서브프라임 모기지 사태

미국의 주택담보대출은 신용등급에 따라 프라임(prime), 알트A(alt-A) 서브프라임(sub-prime)으로 구분된다. 서브프라임 모기지(sub-prime mortgage)란 비우량주택담보대출로써 소득이 적어 신용등급이 낮거나 금융거래 기록이 없는 사람들을 위한 주택담보대출이다. 이에 서브프라임 모기지는 프라임 모기지에 비하여 대출금리가 2~4%가량 높다.
모기지 회사들은 서브프라임 모기지상품을 통해 저소득층의 주택매입 자금을 제공하는 대신 매달 원리금을 받고 모기지를 금융회사에 매각하여 자금을 확보하였다. 금융회사는 이 모기지를 기초자산으로 MBS 등의 금융상품을 매각하여 판매하였다. 서브프라임 모기지는 미국의 주택경기 활황에 힘입어 2005~6년 전체 모기지 시장의 약 16%가량을 차지하기도 하였다. 그러나 2005년 이후 17차례에 걸친 금리인상과 함께 주택경기가 둔화되면서 모기지 이자를 연체하거나, 채무불이행을 선언하는 가구들이 점차로 늘어나게 되었다. 이에 따라 서브프라임 모기지 부실문제가 불거지기 시작했고, 2007년 뉴센츄리 파이낸셜 등 관련 업체가 파산하였다. 이후 프랑스 BNP Pariba 은행 등 거대 국제은행들이 서브프라임 모기지와 연동된 펀드의 가치가 급락하자 환매를 중단하였고 독일, 캐나다, 네덜란드 등의 펀드에서 큰 손실이 발생하는 등 서브프라임 모기지 부실의 영향이 전 세계적으로 확산되었다.

(3) 한국주택금융공사

우리나라에서는 모기지제도의 활성화를 위해서 2004년부터 한국주택금융공사(KHFC)를 설립하여 운용하고 있다. 모기지제도가 활성화되기 이전 우리나라 주택금융은 대부분 3년 이하의 만기일시상환 대출로서 주요 선진국들이 20년 이상인 만기구조를 갖고 있는 것에 비하여 지나치게 단기에 집중되어 있다. 이에 따라 가계입장에서는 3년마다 원금을 상환하여야 하므로 부담이 크고, 금융기관입장에서는 주택가격의 변동에 따른 건전성 문제가 항상 지적되었다. 또한 채권시장도 단기위주로 발달하게 되었다. 이에 정부는 공신력을 기반으로 저리로 자금을 조달하여 장기저리주택자금을 공급하여 서민 · 중산층의 내 집 마련을 촉진하고, 가계대출 연착륙과 장기채권시장 발달을 유도하기 위하여 2004년 3월 한국주택금융공사를 설립하였다.

한국주택금융공사는 공신력 제고를 위해 자본금을 정부(한국은행 포함)가 전액출자하고 손실보전의 근거를 마련하며, 주택보증을 수행해온 주택신보와 유동화에 대한 전문성을 축적해 온 한국주택저당채권유동화(주)(KoMoCo)의 재산 · 인력을 통합하여 시너지 효과를 창출하도록 하였다. [그림 13-2]는 한국주택금융공사의 운영방식을 그림으로 나타낸 것으로 먼저 은행, 보험회사 등 금융회사가 주택매입자에게 주택을 담보로 구입자금을 대출해 주고 이를 통하여 취득한 모기지, 즉 주택저당채권을 한국주택금융공사에게 양도한다. 한국주택금융공사는 모기지의 양도 등을 금융위원회에 등록하고(계획등록, 양도 및 신탁등록) 모기지를 기초로 주택저당증권(MBS)이나 주택저당채권담보부채권(MBB)을 발행하여 자본시장에서 투자자에게 판매한다. 금융위원회는 투자자 보호를 위해 한국주택금융공사가 등록한 주택저당채권 명세 등을 공시하게 된다. 한국주택금융공사는 MBS 또는 MBB의 판매대금을 금융회사에 지급하고 금융회사는 이를 활용하여 새로운 주택매입자에게 주택자금을 대출하게 된다.

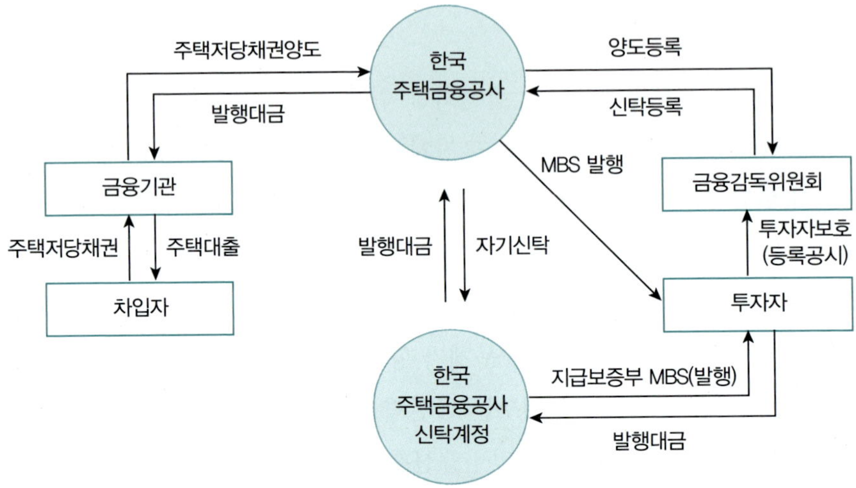

그림 13-2 한국주택금융공사의 운영방식

출처: 한국주택금융공사(www.khfc.co.kr).

(4) 국내 MBS 발행현황

정부는 한국주택금융공사가 MBS를 보다 원활하게 발행할 수 있도록 관공서로 의제하여 촉탁등기를 할 수 있는 등기특례를 마련함으로써 등기관련 비용을 절감하고, 최적의 MBS 발행시점을 선택할 수 있도록 주택저당채권을 매입하여 일정기간 보유할 수 있는 근거를 마련하였다.

〈표 13-2〉는 2004년에서 2015년 12월 11일까지 한국주택금융공사에서 만기별 발행한 MBS의 현황을 보여주는 것으로 5년과 7년 만기의 MBS가 가장 많이 발행된 것으로 나타났다. 주목할 점은 2005년 이후 감소추세를 보여주었던 MBS 발행이 2009년도부터 급격하게 증가하였는데 이는 21년을 초과하는 민간유동화 실적이 함께 계상되었기 때문이다. 2012년부터 주택시장침체와 저금리의 지속으로 주택담보대출의 기간이 단기에서 장기로 전환됨에 따라 장기채권의 투자가 활발해지면서 한국주택금융공사에서 인수하고 보유한 10년 이상의 MBS 발행이 크게 증

가하고 있으므로 MBS시장도 주택시장경기와 밀접하게 연계되어 있다는 것을 알 수 있다.

표 13-2 한국주택금융공사 MBS 만기별 발행현황

(단위: 억 원, %)

구분	1년	2년	3년	5년	7년	10년	15년	21년	21년 초과	합계
2004	100	320	4,840	5,900	6,400	6,000	4,900	1	-	30,161
2005	1,820	2,590	4,900	7,300	7,550	7,050	5,650	1	-	38,611
2006	1,824	2,200	2,200	3,550	3,200	2,400	1,750	7	-	17,531
2007	2,251	3,260	2,950	4,700	3,800	2,900	1,450	23	-	21,884
2008	1,863	2,800	3,250	5,300	5,350	4,550	2,650	17	-	26,480
2009	3,536	4,400	6,100	7,900	6,000	5,150	2,500	116	49,365	85,867
2010	5,362	9,050	8,600	12,300	9,300	7,800	3,300	120	20,841	77,973
2011	9,329	10,850	14,300	15,500	9,700	8,000	3,300	177	12,568	85,224
2012	19,042	27,500	25,400	44,200	29,300	24,400	8,400	466	18,305	200,313
2013	24,670	35,500	32,600	54,100	29,900	24,800	6,300	322	8,587	219,979
2014	17,448	26,100	20,600	51,000	11,500	7,300	2,600	180	6,518	145,046
2015	55,346	74,300	66,300	169,400	73,500	59,200	36,400	1,077	4,470	552,193
합계	148,258	207,370	201,100	396,700	206,850	175,050	89,800	2,559	120,655	1,579,042
비중	9.39	13.13	12.74	25.12	13.10	11.09	5.69	0.16	7.64	100.00

주: 21년 후순위 증권, 21년 초과 : 민간유동화 실적
출처: 한국주택금융공사(www.khfc.co.kr).

4. 부동산간접투자시장

1) 부동산간접투자시장의 정의와 발전

부동산간접투자시장은 "주식이나 수익증권 등의 발행을 통하여 다수의 투자자로부터 자금을 모집한 후 이를 부동산, 부동산관련 유가증권, 부동산 관련 대출 등으로 운용하고 그 수익을 투자자에게 분배하는 간접투자시장"으로 정의할 수 있다. 부동산간접투자는 〈표 13-3〉에 보이는 바처럼 부동산직접투자에 비하여 안정성이나 세제혜택의 장점이 많음에도 불구하고 우리나라에서는 자본시장에서 상대적으로 부동산간접투자시장이 발달하지 못했다.

부동산간접투자시장은 간접투자시장의 일부분으로 하위 집합을 이루고 있기에 간접투자시장의 본질적 성격과 같으며, 다만 운용대상 자산이 부동산이기 때문에 자산의 본질에 따라 간접투자시장의 자본조달 및 운용행태가 달라질 뿐이다. 즉 유가증권은 보유 그 자체는 편의성을 제공하지 못하며 배당 및 이자와 같은 수익과 자본이득(capital gains)을 통해 가치를 창출하는 반면, 부동산은 자산가치와 함께 실제 생활에서 사용가치를 동시에 내포하고 있다.

표 13-3 부동산간접투자와 직접투자의 비교

	부동산간접투자	부동산직접투자
안정성	소액투자를 통해서 안정적이고 검증된 대형부동산투자가능 안정적인 배당수익 및 매각차익 전문운용인력에 의한 리스크 관리	개인에 의한 투자로 안정성 하락 및 투자위험 증가
세제혜택	취・등록세 30% 감면 토지분 보유세 분리과세 양도소득세 비과세(상장주식)	세제혜택 없음(토지분 누진과세, 종합부동산세 과세, 국민주택채권 매입의무)

출처: 코람코자산신탁(www.koramco.co.kr).

우리나라의 부동산간접투자시장은 1991년 「신탁업법」에 의한 부동산신탁의 도입으로 출발하여 1998년 「자산유동화에 관한 법률」에 의하여 자산유동화증권(asset-backed securities: ABS)이 도입되었으나 그다지 활성화되지는 않았다. 외환위기를 거치면서 부동산간접투자시장의 전문성이 결여된다는 문제가 부각되면서 상당한 변화를 경험하기 시작하였다. 즉 외환위기 전 부동산 관련 투자 및 금융제도는 부동산신탁과 은행대출로 한정되었으나 2000년 7월 부동산투자신탁상품이 처음으로 판매되었고 2001년 「부동산투자회사법」이 제정됨에 따라 2002년 1월 최초의 부동산투자회사(Real Estate Investment Trusts: REITs)가 인가를 받게 됨에 따라 부동산간접투자시장이 본격적으로 확대되었다. 그러나 기대하였던 것과는 다르게 REITs는 구조조정 기업의 부동산처분이라는 역할에 치중하여 일반적인 투자기구로서의 역할이 축소되었고, 은행의 부동산투자신탁 또한 과거의 건설자금 대출 등과 유사하여 2002년 이후 은행의 프로젝트대출(Project Financing)이 활성화되면서 수탁고가 주춤거리는 양상을 보여 주었다.

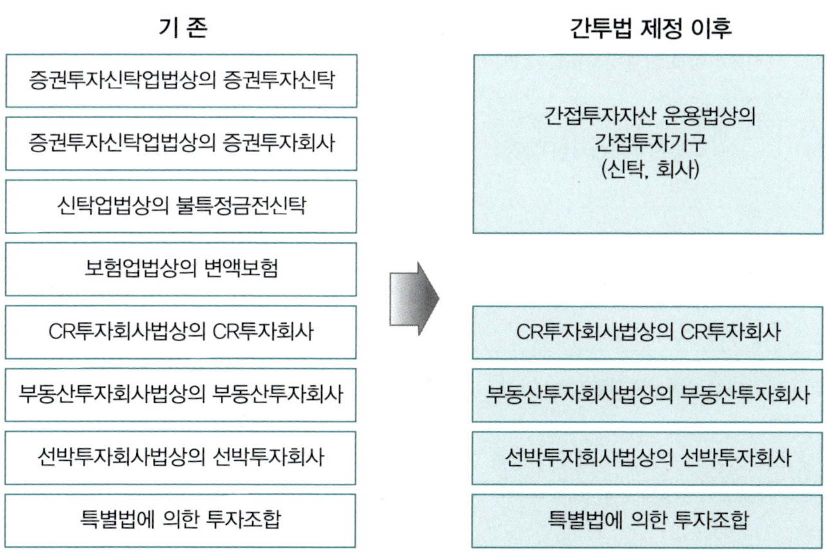

그림 13-3 간접투자자산운용업법 제정 이후 우리나라의 간접투자기구

표 13-4 우리나라 부동산간접투자제도의 연혁

연도	부동산간접투자 관련 법률	부동산간접투자 관련 상품
1991.2	신탁업법	부동산신탁(자산신탁) 도입 (부동산관련 상품으로 최초 도입)
1998.4	신탁업법	은행의 부동산신탁 도입 (2000.7 최초로 은행부동산신탁 판매)
1998.9	자산유동화에 관한 법률	자산담보부증권(ABS) 도입
1999.1	주택저당채권 유동화회사법	주택저당증권(MBS) 도입
2001.7	부동산투자회사법	부동산투자회사(K-REITs) 도입 (자기관리, 즉 실체 회사형 REITs 성격) 기업구조조정 부동산투자회사(C-REITs) 도입
2004.1	간접투자자산운용업법	부동산간접투자기구(REF) 도입 (계약형 형태인 부동산투자신탁만 허용)
2004.12	간접투자자산운용업법 (개정)	부동산간접투자기구(REF) 확대 (회사형 형태인 부동산투자신탁만 허용)
2005.4	부동산투자회사법 (개정)	부동산투자회사(K-REITs) 확대 (위탁관리(명목회사) 부동산투자회사 도입)
2007.10	부동산투자회사법 (개정)	부동산투자회사(K-REITs) 확대 (개발전문 부동산투자회사 도입)
2009.2	자본시장과 금융투자업법에 관한 법률	부동산집합투자기구 도입 (간투법상 부동산간접투자기구)
2010.4	부동산투자회사법 (개정)	REITs의 규제완화 (최저자본금 인하, 개발리츠 운용요건 완화, 현물출자 대상확대 등)
2012.12	부동산투자회사법 (개정)	REITs의 자율성 확대 (1인당 주식소유한도 완화(40%), 공모의무기한 연장(1년6개월), 공모예외 기관 추가 확대(2013년 12월 기준 국민연금 등 23개 기관)
2013.6	부동산투자회사법 (개정)	자기관리 REITs의 감독강화 및 위탁관리REITs의 법인이사, 감독이사 제도 도입

출처: 유상철 (2012). 리츠(REITs)의 운영성과 및 특성. 강원대학교 박사학위논문.
코람코자산신탁(www.koramco.co.kr)

2002년부터 간접투자시장에 대한 근본적인 접근방식의 변화가 시도되기 시작하였다. 즉 본질적으로 동일한 기능을 가진 행위가 권역의 차이로 인해 다른 규제를 받은 점을 지양하고, 보다 자유롭고 완전한 시장환경 조성을 위해서 2003년 10월 「간접투자자산운용업법(간투법)」이 제정되고 2004년 3월 시행령이 제정됨으로써 은행 · 투신 · 보험 등으로 나누어진 권역별 규제체계를 간접투자행위라는 기능에 대해 규제하는 기능별 규제체계로 통합하였다([그림 13-3] 참조).

2009년 2월부터 「자본시장과 금융투자업에 관한 법률(자본시장법)」[16)]이 시행됨으로써 금융투자업 상호간 겸영 허용, 포괄주의 규제로 전환, 투자자 보호 확대, 증권사에 대한 지급결제업무 등이 허용되었다. 자본시장법은 간투법상의 부동산간접투자기구를 승계하여 부동산집합투자기구를 도입하였다.

현재 우리나라의 부동산간접투자제도는 「부동산투자회사법」에 의한 부동산투자회사(REITs)와 「자본시장과 금융투자업법에 관한 법률」에 의한 부동산집합투자기구(REF)로 대표된다. 이하에서는 리츠(REITs)와 부동산펀드(REF)에 대하여 좀 더 알아보기로 하자.

2) REITs

REITs(Real Estate Investment Trusts)로 더 잘 알려져 있는 부동산투자회사는 다수의 투자자로부터 자금을 모집하여 부동산 또는 부동산 관련 대출, 유가증권 등에 투자하여 발생한 수익을 투자자에게 배당하는 회사(corporation) 혹은 투자신탁(business trust)을 말한다. REITs의 특징과 도입에 따른 기대효과는 [그림 13-4]와 같다.

16) 일명 자본시장법은 종전의 증권거래법과 선물거래법, 간접투자자산운용업법, 신탁업법, 종합금융회사에 관한 법률, 한국증권선물거래소법 등 자본시장과 관련된 6개 법률을 통합하여 제정된 법률(법률 제8635호)로서 2007년 8월 3일 공포되어 2009년 2월 4일부터 시행되고 있다.

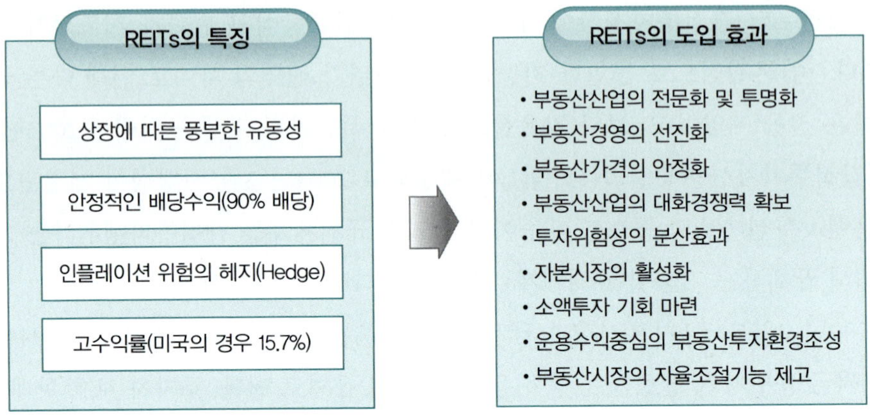

그림 13-4 REITs의 특징과 도입에 따른 기대효과

부동산금융의 대표적 선진제도로 꼽히는 REITs는 외환위기 이후 한국 부동산시장의 낙후성을 혁명적으로 변화시킬 대안이라는 민간업계와 공공 그리고 학계 및 전문가의 공통된 인식 속에서 활발한 논의가 전개되다가 부동산투자회사법이 2001년 7월 제정됨에 따라 본격적으로 도입되었다. 이 법에 의하면 REITs는 기업구조조정용 부동산에 투자하는 한시적 법인형태의 기업구조조정부동산투자회사(CR-REITs)와 모든 부동산에 대한 투자가 가능한 일반부동산투자회사(일반-REITs)로 구분되었다.

그런데 초기 부동산투자회사법은 CR-REITs에 비하여 일반-REITs를 지나치게 규제하여 일반-REITs의 활성화가 매우 어려웠다. 실제로 법제화 이전부터 설립을 준비 중이던 일반-REITs는 투자자 보호 목적으로 지나친 진입장벽 및 인허가 절차, 기존 자본시장과 부동산시장의 관행 및 시스템과의 부조화 그리고 세제 측면의 지원 부족 등으로 당초 기대와는 달리 대부분 시장진입 자체를 포기하였다. 그러나 CR-REITs의 경우 부동산 ABS 등 타 경쟁상품에 비하여 절차 및 제도적 제약에도 불구하고 일반-REITs에 비해 상대적으로 유리한 세금감면 · 면제혜택, 자산운용의 특례조항 그리고 공신력 있는 기관 중심의 참여 등을 통해 K-REITs 시장에서 주도적 형태로 위치를 점하였다.[17] 그러나 기업의 구조조정이 어느 정도 마무리되고 부동산가격상승으로 적정 투자수익률을 얻을 수 있는 자산을 확보하기 어렵다는 난관에 봉착하게 됨으로써 제도상의 변화가 필요하게 되었다. 이에 「부동산투자회사법」은 2004년 4월 개정되어 자본금을 낮춰(500억 원에서 250억 원으로 하향조정) 회사설립을 자유롭게 하고, 투자대상, 회사형태, 투자방법 등을 운영주체가 결정할 수 있도록 하는 등 제도가 완화되어 시장규모가 급격하게 증가하여 2006년 4월 기준 2조 원을 돌파하게 되었다. 그러나 2003년 제정된 「간접투자자산운용업」에 의하여 부동산펀드의 운용이 상대적으로 유리해지자, 건설교통부(현 국토교통부)에서는 2006년과 2007년 부동산투자회사의 설립 및 운영에 대한 규제완화를 내용으로 「부동산투자회사법」을 개정하였다. 이에 따라 REITs의 사업범위가 오피스 중심에서 호텔, 물류시설 등까지 다양화되고 REITs의 설립 및 운영 절차의 간소화로 부동산시장에서 외국자본과의 경쟁력을 확보할 수 있게 되었다. 이후 2009년 국토해양부에서는 또다시 「부동산투자회사법」을 개정하여 REITs의 자본금 인하 및 현물추가자 대상을 확대함으로써[18] 중소규모의 부동산투자회사 설립을 용이하게 하고 회사의 자본금 마련 부담을 감소시키며 상품구성이 용이하도록 하였다. 2011년 REITs의 부동산투자에 대한 자율성을 확대하여 개발전문 REITs의 규제를 완화하여 개발사업이 아닌 일반 사업(매입 · 임대)에 투자할 수 있도록 허용하였다. 또한 현금유동성 확보를 위해 현물추자 비율을 자율화하였다.

현재 K-REITs의 유형은 〈표 13-5〉에서 보이는 바와 같이 실체회사인 자기관리

17) 시장규모 측면에서 2001년 7월 법령이 시행된 이후 2003년 4월 기준 자산이 약 6,000억 원 정도의 시장이 형성되었다. 투자자 분포를 살펴보면 미국의 경우 뮤추얼펀드가 50%, 연금이 10% 이상을 점하고 있는데 비하여 우리나라의 CR-REITs의 투자자 분포는 보험회사와 은행이 48.1%로 초기 투자의 선도를 하고 있다. CR-REITs의 부동산에 대한 유형별 투자형태를 살펴보면 오피스 73%, 소매업(retail) 18%, 주거용 9%이다. 즉 일부 상업시설과 기업 보유 사원아파트를 제외하고는 대부분이 서울의 중대형 오피스 빌딩 중심으로 이루어졌다. 이는 현재 한국의 부동산 중 현금흐름에 기초하여 수익을 창출할 수 있는 대표적 유형이 오피스 빌딩이기 때문이다. 보다 자세한 내용은 R2Korea & 부동산114(2003). 리츠투자 및 평가기준설정을 위한 국제세미나 자료집을 참조할 것.

18) REITs의 설립자본금은 10억 원에서 5억 원으로, 최저자본금은 100억 원에서 실체형 70억 원, 명목형 CR-REITs는 50억 원으로 현물출자는 부동산에서 부동산 사용권 및 부동산신탁 수익권까지 확대하였다.

REITs와 명목회사인 CR-REITs와 위탁관리 REITs로 구분된다. 개발전문 REITs는 실체회사 또는 명목회사로 설립될 수 있다.

표 13-5 K-REITs의 유형과 내용

유형	형태	투자대상	내용
자기관리 REITs	실체회사	일반부동산	자산의 투자 · 운용 등 전반적인 자산관리를 자체 자산운용 전문인력으로 직접 수행하는 형태
위탁관리 REITs	명목회사	일반부동산	자산의 투자 · 운용 등 전반적인 자산관리를 외부의 전문자산관리회사에 위탁하는 형태
기업구조조정 REITs (CR-REITs)	명목회사	기업구조조정용 부동산	기업의 채무상환을 위해 매각하는 부동산을 대상으로 설립되고 자산관리는 외부의 전문자산관리회사에 위탁하는 형태
개발전문 REITs*	실체회사 또는 명목회사	개발가능 부동산	부동산 개발사업에 투자하고 자산의 투자 · 운용 등 전반적인 자산관리를 직접 또는 외부의 전문자산관리회사에 위탁하는 형태(개발전문-REITs는 이론상 실체형인 자기관리 REITs, 명목회사형인 위탁관리 REITs, CR-REITs 모두 가능하나, 실무적으로 운용기간 중 CR-REITs 요건에 해당되는 부동산 자산을 구성하는 개발 REITs는 설립하기 어려움)

* 개발전문 REITs는 현재 상정중인 리츠의 개발사업 투자 자율성을 강화하는 부동산투자회사법 개정안이 통과될 경우 폐지 예정임.

출처: 코람코자산신탁(www.koramco.co.kr).

REITs의 구조는 [그림 13-5]와 같이 기관 및 개인투자자에게 투자에 대한 수익을 제공한다. REITs의 수익창출은 임차인에게 시설을 임대해준 대가로 징수한 임대소득과 부동산매각으로 인한 자본이득이다. REITs는 상법상의 주식회사로서 이사회 및 주주총회에서 중요한 의사결정을 수행하며, REITs의 자산(현금, 부동산 등)은 신탁회사 또는 금융기관에 보관토록 하여 투명성을 확보한다. 위탁관리 REITs는 자산의 투자 · 운용업무는 자산관리회사에, 주식발행업무 및 일반사무는 사무수탁회사에 위탁하여 운영한다.

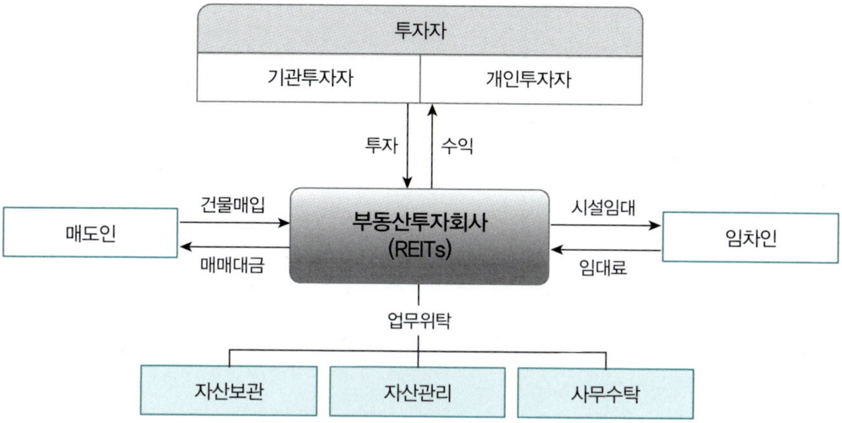

그림 13-5 REITs의 기본구조

[그림 13-6]에서와 같이 국내 REITs는 빠르게 성장하여 2014년 12월 말 기준 REITs 회사는 총 98개, 총자산규모는 13.7조 원에 달하고 있다. 추후 REITs 공시시스템이 도입되어 운영의 투명성 확대와 정보접근성이 개선되면 REITs 투자는 더욱 활발해지고 시장규모도 커질 것으로 예상된다.

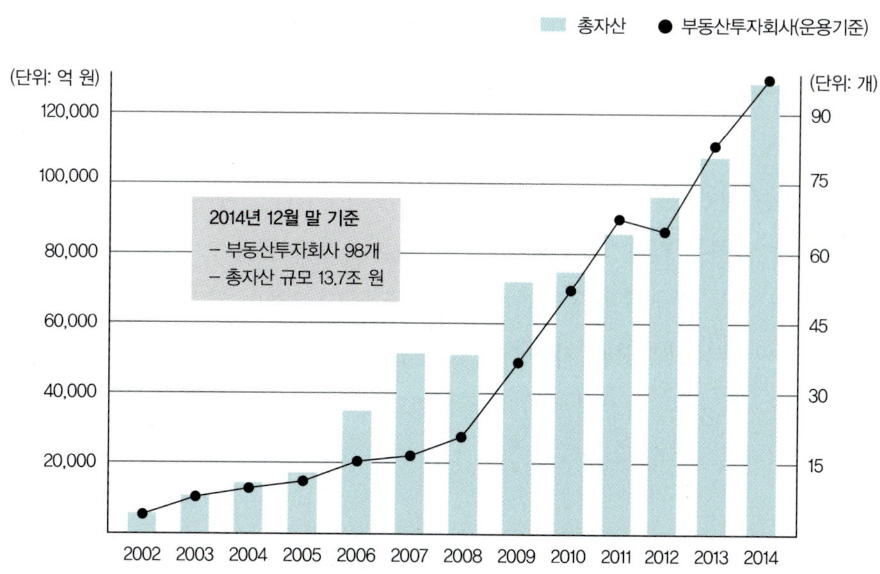

그림 13-6 REITs와 총자산규모의 추이

출처: 코람코자산신탁(www.koramco.co.kr).

3) 부동산펀드

부동산펀드(Real Estate Fund: REF)란 부동산의 집단적 · 간접적 투자를 위한 법적 수단 내지 기구(vehicle)로서 투자자들로부터 자금을 모아 전문적인 지식과 경험을 가진 펀드운용자가 부동산개발사업, 수익성 부동산, 프로젝트 파이낸싱 및 부동산 관련 유가증권(ABS) 등에 투자하여 그에 따른 수익을 투자자에게 배당하는 부동산 간접투자상품을 통칭한다. 부동산펀드 구조는 [그림 13-7]과 같다.

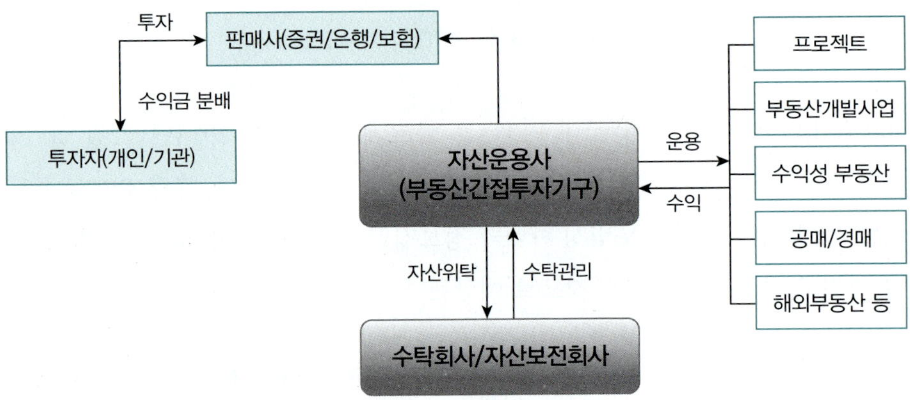

그림 13-7 부동산펀드의 구조

우리나라는 2004년 「간접투자자산운용업법(간투법)」이 제정됨으로써 부동산펀드는 실질적 의미를 갖게 되었고, 2009년 「자본시장과 금융투자업법에 관한 법률」이 제정되어 간투법상의 부동산간접투자기구를 승계하여 부동산집합투자기구를 도입함으로써 부동산시장과 자본시장의 통합이 보다 심화될 계기를 맞게 되었다. [그림 13-8]은 부동산투자시장에서 부동산펀드의 위치를 보여 주고 있다.

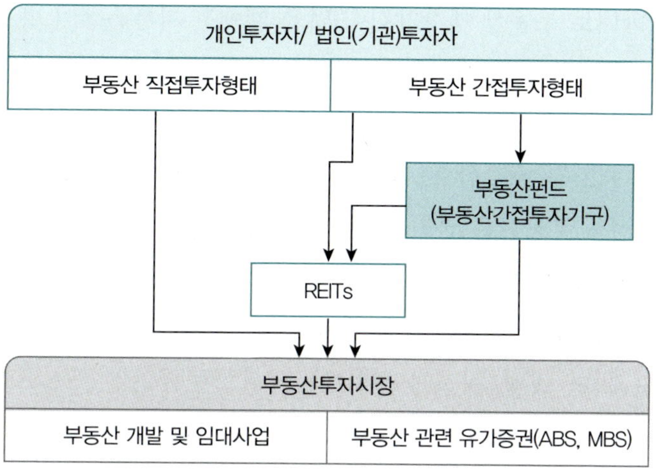

그림 13-8 부동산투자시장에서 부동산펀드의 위치

출처: 하나금융경영연구소(http://hanaif.re.kr).

부동산펀드는 자산운용의 대상에 따라 구분될 수 있다. 우선, 대출형 또는 PF형 부동산펀드(project financing REF)는 아파트, 상가, 오피스텔 등을 신축하거나 리모델링하는 등의 부동산 개발 관련 사업에 소요되는 자금을 대출형태로 빌려주고 부동산개발회사로부터 사전에 약정한 대출이자를 받아 이를 재원으로 부동산펀드 투자자에게 이익을 지급한다. 이 펀드는 부동산개발회사(시행사)에 대한 자금대출 또는 대출채권이 주된 운용방법이므로 PF형 부동산펀드라고 불린다. 펀드는 자금을 제공하고 확정된 이자를 받는다는 점에서 회사채에 투자하는 것과 유사한 성격을 가지고 있다. 둘째, 수익형 또는 임대형 부동산펀드(buy and lease REF)는 업무용이나 상업용 부동산을 매입하여 임대하는 것을 주된 운용방법으로 하는 펀드이다. 이 펀드의 주된 수입원인 임대수입은 임대료와 공실률에 의하여 결정되므로, 이에 영향을 미치는 경제상황이나 주변 상권분석이 중요하다. 또한 펀드만기 이전에 부동산을 매각하여야 하기 때문에 향후 부동산가격에 대한 예측 또한 중요하다. 수익형 펀드는 부동산 매입가격 대비 매각가격이 높을 때는 자본이득이 발생한다는 장점이 있으나, 반대로 부동산 매각가격이 낮을 때에는 자본손실이 발생하여 펀드수익을 감소시키기도 한다. 셋째, 경매 · 공매형 부동산펀드는 법원이 실시하는 경매나 자산관리공사, 은행이 실시하는 공매를 통해 주로 상업용 부동산을 저가에 매입하여 임대하거나 또는 매각함으로써 임대수익과 자본이득을 추구하는 펀드이다. 업무용이나 산업용 부동산은 권리분석이나 명도과정이 복잡하고 경매 · 공매 참여자금도 크기 때문에 일반인들의 참여가 용이하지 않아 낙찰가율도 상대적으로 낮게 유지되므로 대부분의 경매 · 공매형 부동산펀드는 상업용 부동산을 대상으로 주로 개발되고 있다. 넷째, 직접개발형 부동산펀드는 부동산펀드가 시행사의 역할을 수행함으로서 직접개발에 참여하여 분양 또는 임대를 통해 개발이익을 추구하는 형태를 띠고 있다. 마지막으로 해외부동산펀드는 해외부동산에 투자하는 펀드로써 2004년 12월 한국투자증권이 사모형태로 탑스미국 부동산특별자산투자신탁을 판매한 것이 시초라고 할 수 있다. 해당 펀드는 오피스빌딩을 매입하여 고급아파트로 개조 후 분양하는 사업을 시행하였다. 이처럼 해외 부동산에 직접 투자도 하지만, 해외부동산펀드나 부동산 관련 기업의 주식이나 리츠에 투자하는 경우도 있다.

부동산펀드는 2004년 6월 초 첫 상품이 나오자마자 곧바로 매진사례를 빚는 등 저금리시대의 투자대안으로 각광을 받으며 성장하고 있다. 〈표 13-6〉에 나타난 바처럼 금융투자협회에 의하면 우리나라에 부동산펀드가 도입된 이후 지속적으로 성장하여 부동산펀드의 순자산총액상으로 2014년 말 기준 약 29.7조 원에 달한다. 아직 부동산펀드는 펀드상품에서 차지하는 비율은 매우 낮으나, 시장이 성장하고 있는 것은 분명하다. 경제성장이 제한적이고 전반적으로 시장금리가 낮은 상황에서 부동산간접투자상품은 비교적 안정적인 수익확보가 가능하고 투자의 포트폴리오를 다양하게 운영할 수 있다는 장점을 고려할 때, 앞으로 지속적인 성장이 예상된다.

표 13-6 부동산펀드 순자산총액의 추이

(단위: 억 원)

기준일자	합계		투자신탁		투자회사		투자유한회사	
	금액/수	증감	금액/수	증감	금액/수	증감	금액/수	증감
2014.12.31.	297,413	54926	285,089	52430	5,290	-4537	7,033	7,033
2013.12.31.	242,486	43474	232,659	43441	9,827	32	-	
2012.12.31.	199,012	34718	189,217	33379	9,795	1339	-	
2011.12.30.	164,294	22981	155,838	21864	8,456	1117	-	
2010.12.31.	141,313	25725	133,974	24958	7,339	767	-	
2009.12.31.	115,588	26686	109,016	26461	6,572	225	-	
2008.12.31.	88,902	18301	82,555	18047	6,347	254	-	
2007.12.31.	70,602	28849	64,508	24707	6,093	4142	-	
2006.12.29.	41,753	15806	39,801	15729	1,952	77	-	
2005.12.30.	25,947	17316	24,073	15442	1,874	1874	-	

출처: 금융투자협회(www.kofia.or.kr).
주: 투자유한회사는 2014년 처음으로 설립되어 이전 실적이 없다.

〈표 13-7〉은 지금까지 살펴본 부동산간접투자의 대표적 상품인 REITs와 부동산펀드를 비교한 것으로 법적 성격과 구조에서 상당한 차이가 있다는 것을 알 수 있다. 부동산펀드는 자본시장법에 의하여 회사형과 신탁형으로 구분되며, 회사형인 경우 REITs에 비하여 규제 정도가 약해 개발사업의 제한이 없다. 신탁형은 투자신탁의 일종이기 때문에 이중과세의 문제가 없으며 투자신탁 설정액에 제한 또한 없으며 법인세 과세대상도 아니다. 자산운용에 대한 규제는 대통령령으로 결정하므로 자산운용에 유연성을 가진다. 물론 상대적으로 운용제약이 컸던 REITs도 부동산투자회사법의 개정을 통하여 설립자본금 및 최소자본금 규모를 낮춰 중소규모의 부동산투자회사의 설립을 용이하게 하고 현물출자의 범위를 확대하여 자본금 마련의 부담을 감소시키고 상품구성을 용이하게 하였다.

표 13-7 K-REITs와 부동산펀드의 비교

구 분	K-REITs		부동산펀드
	일반 REITs	CR-REITs	
근거법령	부동산투자회사법		자본시장과 금융투자업법에 관한 법률
설 립	국토교통부 인가	국토교통부 인가(금감위 협의)	금융위원회 등록 또는 신고
법적 성격	영속회사/명목회사	한시적 명목회사 (존속기간 5년 내외)	투자신탁(법인격 없음)
최소자본금	자기관리: 70억 원 위탁관리 : 50억 원	50억 원	규제 없음
투자대상	총자산의 70% 이상 부동산 & 총자산의 80% 이상 부동산 및 부동산 관련 유가증권 또는 현금 대출불가	총자산의 70% 이상 기업구조 조정부동산 & 총자산의 80% 이상 부동산 및 부동산 관련 유가증권 또는 현금 대출불가	부동산 PF 대출 회사형 펀드는 부동산(총자산 의 50% 이상 70% 미만) 신탁형 펀드는 부동산 투자 시 운용비율 제한 없음. 부동산신탁 수익권
개발사업	총자산의 30% 이상(개발전 문-REITs의 경우 100% 가능)	좌동	제한 없음
법인세	위탁관리의 경우 배당가능액 90% 배당시 배당소득공제	배당가능액 90% 배당시 배당 소득공제	신탁형 펀드의 경우 해당사항 없음

출처: 코람코자산신탁www.koramco.co.kr).

5. 프로젝트 파이낸싱

1) 프로젝트 파이낸싱의 개념

프로젝트 파이낸싱(project financing: PF)은 특정 프로젝트로부터 미래에 발생할 현금흐름을 담보로 해당 프로젝트를 수행하는 과정에 필요한 자금을 조달하는 금융기법을 말한다. 전통적인 기업금융(corporate financing)은 금융기관이 프로젝트의 수익성이나 부채상환능력과는 별도로 프로젝트 추진기업의 신용도 및 담보능력에 기초하여 자금을 대출한다. 이와는 대조적으로 PF는 금융제공 의사결정이 프로젝트 자체의 수익성과 향후의 부채상환능력에 기초한다.

과거 PF는 대규모 천연자원 개발 시 활용되었으나, 1980년대부터 적용범위가 확대되어 장기간에 걸쳐 대규모 투자가 요구되는 에너지 개발사업, 사회간접시설(SOC) 및 부동산 개발 등 다양하게 적용되고 있다. 우리나라는 1994년「사회기반시설에 대한 민간자본유치촉진법(민자유치법)」이 제정된 이후, 민간부문의 자본을 활용한 SOC의 건설 및 운영 프로젝트의 자금조달기법으로 이용되기 시작하였다. 민자유치법은 2005년「사회간접자본시설에 대한 민간투자법」으로 제정되어 시행되고 있다.

부동산 개발 PF는 부동산 개발에 소요되는 토지비 및 공사비 등 대규모 자금을 개발업자에게 제공하는 금융을 일컫는데 통상 시공사의 연대보증이나 채무인수 등 신용보강이 요구된다는 점에서 일반 PF와 차이가 있다. 부동산 개발 PF는 금융회사의 대출(loan)을 통하여 자금을 조달하거나, 자본시장을 통하여 ABS(자산담보부증권)이나 ABCP(자산담보부기업어음)[19]를 발행하거나 부동산펀드를 통하여 조달하기도 한다. [그림 13-9]은 부동산 개발 PF의 단계별 사업 주체의 참여과정을 보여준다.

19) ABS는 자산유동화법상 SPC를 이용하여 자금을 조달하고 ABCP는 상법상 SPC를 이용하여 자금을 조달한다는 점에서 차이가 있다.

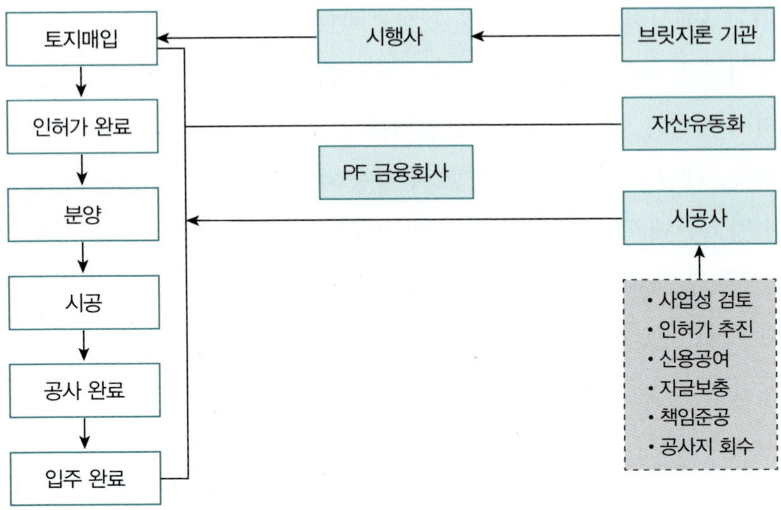

그림 13-9 부동산 개발 PF 단계별 사업 주체의 참여과정

2) 프로젝트 파이낸싱의 특징

프로젝트 파이낸싱(PF)의 특징은 다음과 같다. 첫째, PF는 사업성 그 자체가 담보가 되며 채권상환의 청구권이 프로젝트 자체의 자산 및 현금흐름 내에서만 가능한 비소구금융(non-recourse financing) 또는 제한적 소구금융(limited recourse financing)이다. 이는 채무자의 책임한계가 담보로 한정되고 개인적 혹은 스폰서 기업의 책임이 없는 융자를 의미한다. 하지만 실제로는 여러 가지 형태의 보증이나 보험을 대출요청자에게 요구하는 것이 일반적이다. 둘째, 사업주가 그의 기업과는 법적으로 별개로 프로젝트만을 담당하는 특수목적회사(SPC)를 설립하게 되면 그 프로젝트로부터의 현금흐름은 모기업의 부채비율에 영향을 받지 않고 완전히 분리되어 소요자금을 조달하는 부외금융(off-balance sheet financing)적 특징을 보인다. 이에 따라 해당 프로젝트의 현금흐름 및 채무관계가 모기업의 대차대조표상에 나타나지 않고 이로 인해 프로젝트의 성공 여부는 모기업의 신용도와 재무구조에 영향

을 미치지 않는다. 따라서 회사의 신용이 약하더라도 사업성이 우량한 개발사업에 융자가 가능하다. 셋째, 사업주와 금융기관은 프로젝트의 위험을 양자의 합의에 의하여 적절하게 배분할 수 있다. 이로 인해 금융기관은 프로젝트의 현금 유출입에 대하여 철저한 감독 및 통제를 요구한다. 넷째, PF은 일반적 대출에 비하여 계약 및 금융구조가 복잡하여 많은 양의 대출 및 담보계약서가 수반되며 이로 인해 상대적으로 높은 이자율 및 수수료 등 금융비용이 많이 소요된다. 마지막으로 대부분의 PF은 자금공급에 따른 위험배분을 위하여 특정 금융기관을 주간사로 설정하여 컨소시엄 형태의 자금공여단 또는 신디케이터(syndicator)에 의하여 자금대출이 이루어진다. 주간사는 유가증권 인수기구의 일원으로서 증권발행회사와 협의를 거쳐 그 해 유가증권의 모집, 주선 및 인수업무에 다른 제반 사무를 주관하는 회사이다.

이러한 특성을 가지는 PF의 장점은 다음과 같다. 첫째, 프로젝트의 수혜자 혹은 사업주는 자신의 신용상태 혹은 대차대조표상에 아무런 영향도 주지 않고 소구권이 없는 조건의 자금조달이 가능하다는 회계처리상의 이점이 있다. 이는 사업주의 채무를 숨기려는 것보다 프로젝트의 신용 위험을 사업주와 프로젝트 간에 정확히 구분해 주는 역할을 하게 된다. 두 번째, 이해관계자에게 위험을 할당하여 위험부담을 감소할 수 있다는 장점이 있다. 즉 프로젝트가 실패할 경우에도 각 이해관계자의 비용부담은 제한적이라는 것이다. 마지막으로 사업주를 구속하는 각종의 제약을 회피하는 수단으로 이용될 수 있으므로 사업주의 활약을 장려한다는 이점이 있다. 즉 자금공여기관이 요구하는 법적 요건을 사업주가 충족하지 못해도 프로젝트 자체에 의해서 충족시킬 수 있고 사업주 혼자서 조달하기 어려운 자금의 조달이 가능하다. 또한 사업주 혼자 교섭하기 어려운 각종의 보증원을 통해 보증을 제공받게 된다. 결과적으로 사업주의 신용이 취약할 경우에도 보다 장기적이고 저렴한 이자비용으로 자금조달이 가능하고 적은 자기자본으로 높은 레버리지(leverage effect)를 얻을 수 있게 된다.

그러나 PF는 다음과 같은 단점이 있다. 우선, 업무추진비, 보험료 등을 포함한 채무비용이 일반 기업금융보다 더 많이 소요된다는 것이다. 이는 PF 추진과정이 매우 복합적이며 서류작성도 복잡하기 때문에 시간이 많이 소요되고 정치적 위험 등에 대한 다양한 보험비용을 부담하여야 하기 때문이다. 또한 참여자가 다수인 경우 혹은 합작기업의 형태로 추진될 경우 PF 계약과 운영계약을 작성하는 데 많은 인내가 필요하다. 합작 및 조인트벤처(joint venture: JV) 형태로 추진하게 되면 각 당사자가 다양한 이해관계 및 목적을 가지고 있기 때문에 의사결정이 어렵기 때문이다.

이상에서 살펴본 바와 같이 PF는 미래의 현금흐름을 부채상환의 기본 재원으로 삼아 대출되는 상품이기에 프로젝트로부터 창출되는 현금흐름이 충분해야만 한다. 즉 PF는 사업 주체의 모기업과 절연된 SPC에 의해 추진되므로 안정적 현금흐름의 창출이 PF 성공에 있어 무엇보다 중요하다. 이를 위해서 부채상환비율(debt service coverage ratio DSCR)의 1.2~1.5배를 요구하거나 다양한 신용보강장치를 요구하게 된다. 또한 프로젝트 추진과정 중 발생가능한 다양한 위험을 최적으로 분산하여 특정 위험의 발생에 따른 부정적 영향을 최소화하여야 한다. 이를 위해서는 해당 프로젝트의 철저한 위험분석이 선행되어야 할 것이다.

6. 부동산 개발과 자본 · 금융시장

1) 부동산 개발자금의 자본 · 금융시장 활용방안

일반적으로 막대한 자금이 요구되는 부동산 개발을 성공적으로 이끌기 위해서는 필요한 자금 확보가 가장 중요한 사안이 된다. 여기에서는 부동산 개발사업의 자금을 확보하기 위하여 자본 · 금융시장 활용방안을 모색하여 본다. [그림 13-10]에서 보이는 것처럼 실체형 SPC(special purpose company)를 설립하는 방법, 프로젝트금융투자회사(project financing vehicle: PFV)를 활용하는 방법, 사업시행자가 금융기관과의 업무협약을 통하여 공동 추진하는 방식의 3가지 유형을 소개하기로 한다.

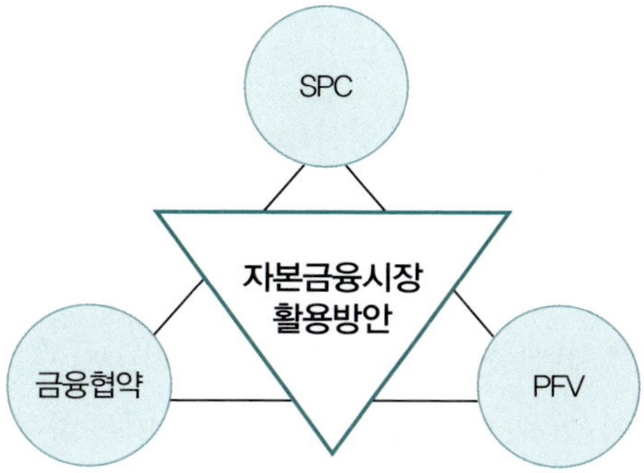

그림 13-10 부동산개발의 자본금융시장 활용방안

(1) 실체형 SPC 사업방식

실체형 SPC(special purpose company, 특수목적회사) 사업방식이란 특정사업을 위하여 설립된 법인으로, 공공 및 민간의 다양한 주체들이 참가할 수 있다. 우리나라에서 지방자치단체는 출자비율의 제한이 없고(지방재정법 제37조), 시의회의 의결을 거쳐 시유지 등의 현물 또는 현금출자가 가능하다. 정부투자기관은 이사회 의결을 거쳐 출자가능하다. 단, 20% 이상의 출자에 대해서는 자회사 설립에 대한 규제가 적용(독점규제 및 공정거래에 관한 법률)된다. 또한, 자금조달방식은 외부 차입, 채권발행, 주식발행이 모두 가능하다. SPC는 법인세법상 실체 법인으로, 법인세, 취득세, 등록세 등의 세제지원이 불가하다.[20]

20) 발생이익에 법인세 및 출자자 배당소득에 소득세 등 이중과세: SPC출자 구조에 따라 토지수용권의 허용방식이 상이하다. 또한 공공지분이 50% 이상이거나, 민간지분이 50% 이상이면 SPC에게 전면적인 토지수용권을 부여한다. SPC는 대상토지의 2/3 이상 매입 후, 토지소유자의 1/2 이상 동의가 필요하다.

(2) PFV 사업방식

2004년 3월부터 프로젝트금융투자회사(project financing vehicle: PFV) 관련 법인세법(제51조의2) 및 시행령(제86조의2)이 개정되어 시행되면서 이전에는 상법 이외에 개별적인 설치근거법률이 있는 명목회사[21]가 이익의 90% 이상을 배당하는 경우 지급배당을 비과세했으나, 본 개정으로 SOC 투자 · 플랜트 건설 및 주택건설 등의 투자사업을 영위하기 위해 일정 요건을 갖추어 명목회사로 설립된 PFV가 이익의 90% 이상을 배당하는 경우 지급배당이 비과세되어 법인세와 배당소득세가 이중으로 과세되는 문제가 해결되었다.

PFV의 장점은 배당가능이익의 90% 이상을 배당하는 경우에는 그 금액을 소득금액에서 공제를 한다는 것이다. 그리고 부동산취득에 따른 취득세, 등록세 50% 감면한다(※법인세법시행령 제86조의2 제3항 참조).

PFV의 자격요건은 다음과 같다. 첫째, 회사의 자산을 상당한 기간과 자금이 소요되는 특정사업에 운용하고 그 수익을 주주에게 배분해야 한다. 둘째, 본 범위의 영업소를 설치하지 않고 직원과 상근 임원을 두지 말아야한다. 한시적으로 설립된 회사로서 존립기간이 2년 이상이어야 한다. 셋째, 상법 그 밖의 벌률 규정에 의한 주식회사로서 발기 설립의 방법으로 설립해야 한다. 마지막으로 발기인, 이사, 감사 등이 적정 요건을 충족해야 한다.

PFV의 설립요건은 다음과 같다. 우선, 발기인 중 1인 이상이 적정한 금융기관이어야 한다. 둘째, 금융기관인 발기인이 5%(다수인 경우에는 이를 합산) 이상의 자본금을 출자해야 한다. 셋째, 자본금이 50억 원 이상이어야 한다. 넷째, 자산관리 · 운용 및 처분에 관한 업무를 다음 각목에 해당하는 자(자산관리회사)에 위탁해야 한다. 다섯째, PFV에 출자한 법인이어야 한다. 여섯째, PFV 출자자가 단독 또는 공동으로 설립한 법인이어야 한다. 마지막으로 자금관리업무를 신탁업법에 의한 신탁

21) 사무실과 상근임원 및 직원이 없고 자산운용회사가 자산운용을 형태의 법인을 칭한다. 투자회사(Mutual Fund), 기업구조조정투자회사(CRV), 선박투자회사 등이 명목회사의 대표적인 예들이다.

업을 영위하는 금융기관(자금관리사무위탁회사)에 위탁해야 한다.

그 외 기타 고려사항으로 PFV의 회사채 발행가능 여부는 실질적으로 신용등급을 받기 때문에 신설법인은 이용이 힘들 것으로 예상된다. 다른 외부 보증업체를 통해 발행하던지 아니면 사모사채로 발행(등급 불필요)해야 한다. 또한 여러 사업장을 계속 개발할 수 있는지 여부를 고려해야 하며 출자지분의 차별화 가능 여부를 고려해야 한다.

PFV 관련 조세법이 개정되면서 PFV 및 출자자의 소득에 대한 이중과세문제가 해결되어 향후 프로젝트 파이낸싱(PF)이 활성화되고 부동산 개발사업의 자금조달 구조에 상당한 변화가 올 것으로 전망된다. 즉, 사업규모가 크고, 사업기간이 장기이면서 전체 사업기간 중 매출발생시점이 후반부에 놓여 있는 부동산 개발사업은 'PFV 구조'를 선호할 것으로 예상된다.

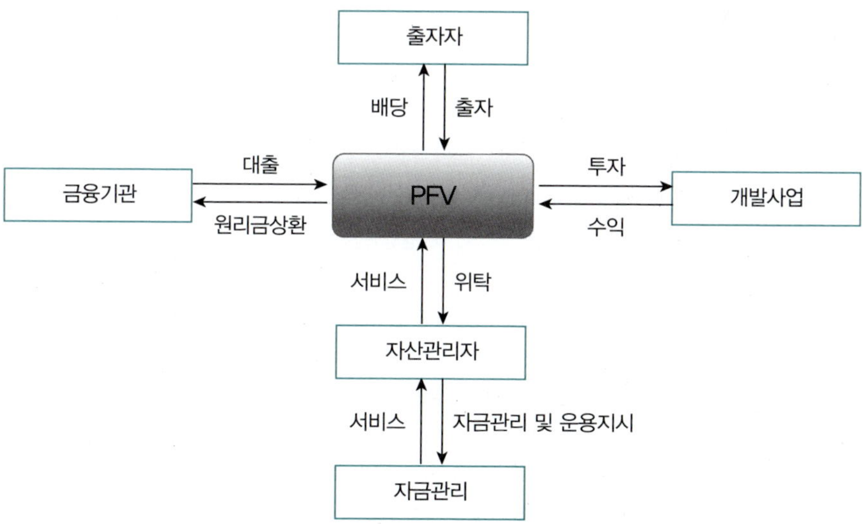

그림 13-11 PFV 사업방식 구조

PFV에 대해서는 조세특례제한법 제119조 및 제120조에 의해 지방세가 감면된다. 구체적으로 SOC 건설 등 장기 프로젝트를 수행할 목적으로 설립된 명목상의 회사인 PFV에 대해서는 CR-REITs와 마찬가지로 부동산 취득 시 취득세 및 등록세를 50% 감면해 주고 과밀억제권역 내에서 법인설립등기를 하거나 부동산을 취득하는 경우에도 등록세 중과세(일반세율의 3배)를 배제해 주고 있다. 이는 PFV에 의한 대규모 투자사업 활성화를 지원하고 PFV가 명목상의 회사(paper company)이기 때문에 수도권 등 과밀억제권역에서의 과밀 유발과는 관계없으므로 중과세 적용에서 제외한 것이다.

(3) 금융협약방식

금융협약방식이란 사업시행자인 공공기관(정부투자기관 및 지방공사 등)이 금융기관(은행, 보험사, 종금사, 증권사, 저축은행, 부동산펀드, REITs, 연기금 등)과의 업무협약을 통하여 공동 추진하는 방식이다. 정부투자기관 및 은행/보험사는 각각 20%

표 13-8 세 가지 사업방식의 비교

구 분		실체형 SPC방식	PFV방식	금융협약방식
출자자		공공/민간기관	공공/민간/금융기관	공공기관
금융설계	자금조달	외부차입(PF) 및 채권/ 주식발행	PF (출자기관이 대주단 구성)	공공/금융가권이 공동투자 (협약상 비율)
	자금관리	에스크로 계좌	자금관리회사	에스크로 계좌
	수익배당	출자비율에 따라 이익배당	출자비율에 따라 이익배당	출자비율에 따라 수익배분
	위험관리	손실발생 시 출자비율로 부담	손실발생 시 출자비율로 부담	손실발생 시 사업부지 현물배당
장점/단점		• 민간부분의 참여로 개발사업의 활성화 • 세제지원이 없고, 이중과세의 문제로 법인설립 기피	• 법인세, 취·등록세 등 세제 감면혜택 • 명목회사에 대한 불신으로 법인설립 기피	• 기존 공영개발방식과 유사하여 토지수용 등 유리 • 시행자의 타 사업에 의해 영향을 받음

출처: 김성제·유병권 (2006). 부동산금융을 활용한 지역개발사업방식에 관한 연구. pp.149-163.

및 15% 출자비율 제한 적용하고 있으며, 협약상 분담비율에 따라 사업비의 공동투자와 사업수익에 배분된다. 자금집행/관리는 결제수탁계정(escrow account)으로 실시하며 사업시행자인 공공기관에게 전면적인 토지사용권이 보장된다.

〈표 13-8〉은 이상에서 살펴본 부동산개발사업의 자금을 확보하기 위하여 자본 · 금융시장 활용방안을 모색한 세 가지 사업방식을 정리한 것이다.

2) 도시재생사업과 재원조달

부동산 개발사업에서 자본 · 금융시장을 활용하여 필요한 재원을 확보하는 것은 매우 중요하다. 우리나라에서도 그 중요성과 필요성이 점차 확대되고 있는 도시재생사업에 필요한 재원의 조달기법을 살펴보자. 이를 위해서 먼저 해외 사례를 살펴보고 우리나라 현황에 적합한 방안을 모색하여 보기로 한다.

(1) 해외의 도시재생 사례와 금융구조

① 일본 카스미가세키(Kasmigaseki)

카스미가세키 사업은 2001년부터 도시재생촉진프로젝트로 시행되었으며, 개발 면적은 부지면적 24,200m^2에 사업비가 1조 1480억 원에 달한다. 본 사업은 기존의 재생사업과 마찬가지로 비용이 크고 장기간 시행되는 특성상 민간투자의 필요성이 있었으며, 이를 이용하기 위해 BTO(Build Transfer-Operation)방식을 통한 PFI(Private Finance Initiative)사업을 시행하여 재원조달을 하였다. 여기서 BTO방식이란 민간이 건물을 짓고, 공공기관 또는 정부에 소유권을 이관한 다음, 민간이 이 건축물 등에 대한 운영을 통한 수익을 가져가는 방식이다. PFI사업은 건축비용을 SPC를 통해 조달하여 임대료나 기타 수익과 같은 현금흐름을 이용하여 상환하는 형태이다. 카스미가세키의 경우 대부분의 토지가 국유지이기에 국가 또는 지방자치단체의 재정 부담이 낮은 수준에서 사업을 시작할 수 있다고 판단된다. 이러한 점에서 [그림 13-12] 같은 재원조달구조가 구성될 수 있었다. 우선 사업의 시행자는 UR이라는 도시재생기구이며 사업을 총괄하고 국가와 민간토지소유자로부터 권리조정을 하는 역할을 한다. 여기서 국가가 채결한 사업, 즉 카스미가세키 사업을 UR이 설계 또는 건설과 관련된 사업을 민간기업에게 업무를 발주하게 되고, 이에 대한 비용을 부동산사업자에게 마스터리스계약을 통하여 충당한다. 이후 부동산사업자는 카스미가세키를 통째로 운영하게 되며 각 임차인을 유치하고 관리를 시행함으로써 발생되는 수익을 통해 투자금을 회수할 수 있다. 여기서 PFI사업자는 특수목적회사(special purpose company)이다.

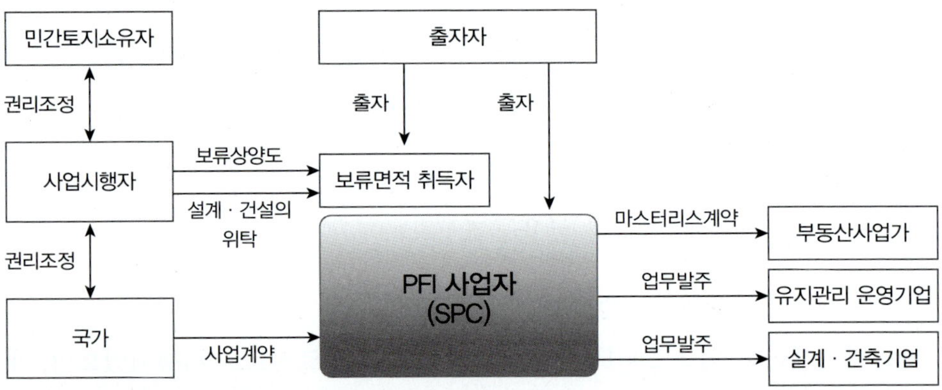

그림 13-12 일본 카스미가세키 재원조달구조

출처 : Kasumigaseki common gate 도시재생기구 홍보자료 발췌 재구성 : 서울연구원(2010). p.80에서 재인용.

② 일본의 민간도시개발추진기구(MINTO) 금융지원 사례

일본의 민간도시개발추진기구(MINTO)는 「민간도시개발 추진에 관한 특별조치법」(1987.6 재정), 「도시재생특별조치법」, 「도시개발자금의 대부에 관한 법률」 등을 근거 법으로 하여 수익성과 위험(Risk)에 따라 각기 다른 형태의 금융지원을 한 사례가 있다. MINTO는 자본금 56억 엔을(금융기관, 종합건설회사 등이 출연함) 통해 설

립되었으며, 도시재생을 지원하기 위해 민간도시개발사업을 지원한다. MINTO는 수익성 사업의 경우 위험 정도에 따라 지원을 달리하고 있다.

즉, 지방자치단체가 지정한 도시재생정비계획지역에서 민간사업자가 도시개발 사업을 실시할 때 위험이 적은 수익성 사업의 경우, MINTO는 출자를 통한 지원을 하게 된다. 이처럼 사업의 경우 위험이 적기 때문에 민간은행도 자금조달에 참여하게 되고 위험을 분산시켜 더욱 낮출 수 있는 효과가 있다.

이에 비하여 우량한 민간도시개발사업을 지원할 때 위험이 중위험 정도로 지원하기가 까다롭다면 MINTO의 경우 메자닌금융(Mezzanine Financing)을 이용하여 지원하였다. 메자닌금융이란 자기자본과 타인자본의 중간이라는 의미로써 후순위 채권 또는 BW(Bond with Warrant)와 같은 형태의 융자를 의미한다. 이는 초기사업을 시작할 때 융자가 힘든 민간사업자들이 높은 위험을 가지게 되는데 정부기관(MINTO)의 후순위조건은 다른 민간금융의 참여를 촉진시킬 수 있으며 사업 초기의 위험(risk)을 낮출 수 있다. 이러한 금융지원에는 지원 사업을 통해 해당 지역의 녹지나 광장 등의 공공시설을 정비하여야 하는 조건이 필요하다. 예를 들어 MINTO는 아카사카 1쵸메지구 제1종시가지 재개발사업과 칸조 2호선 1신바시, 그리고 토라노몬지구 시가지 재개발사업의 경우 메자닌금융을 이용하여 도로 및 환경 그리고 지역의 고층건물을 설립을 지원하였다. 아카사카 1쵸메지구의 경우 158억 엔을 메자닌금융을 통해 지원해 주었고 이자율은 일반 금융기관보다 높게 책정하였다. 상환기한은 20년으로 설정하였다.

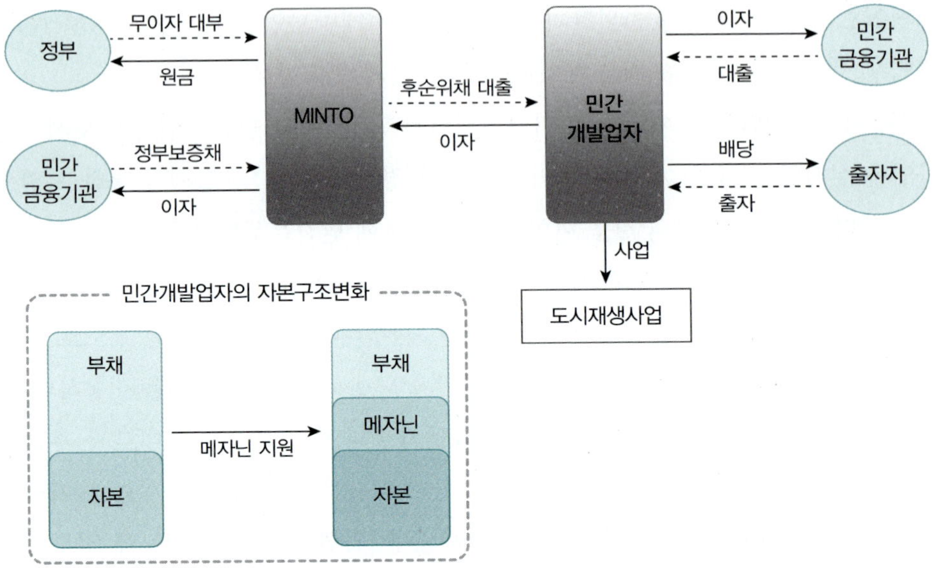

그림 13-13 일본 MINTO의 메자닌 금융 재원조달 구조

출처 : 국토교통부(2014.2.26) 보도자료, 국토교통부(2013.12.16) 보도자료, 국토교통부(2013.11.25) 보도자료, 경기도 국공유지 현황분석 및 활용방안(경기도의회, 2013.11) 참고.

위험이 높을 경우 민간사업자들은 사업을 시행하는 데 금융과 관련해 애로사항을 겪게 된다. 즉 대출 진행이 어렵고 이로 인해 사업이 이루어지기 힘들게 된다. 금융관련 애로사항을 해소하기 위해 MINTO는 채무보증을 이용하여 자금조달을 지원하기도 한다. 대표적으로 2009년 시행된 롯폰기지역 개발사업 중 모리타워의 경우 채무보증을 통해 사업을 실시하였다.[22] 채무보증의 경우 인증사업자를 대상으로 실시하며 국가기관인 MINTO의 보증으로 인하여 민간사업자는 상대적으로 금융기관 또는 민간투자자에게서 원활한 자금조달이 가능해진다.

수익성이 전혀 없는 도시재생사업의 경우 민간사업자들은 사업에 주도적으로

22) MINTO의 모리타워 채무보증금액은 50억 엔이며, 보증기간은 완제 시까지로 설정하였다. 사실 채무보증사업의 경우 높은 위험성이 있기 때문에 채무보증금액을 무한정으로 설정할 수 없으므로 총사업비의 30% 또는 공공시설정비에 필요한 금액 중 적은 쪽을 선택한다.

투자하지 않을 가능성이 높기 때문에 재생사업 자체가 이루어지지 않을 수도 있어 MINTO는 정부에서 보조금을 지원받아서 비수익성 사업의 펀드 구성을 지원하게 된다. 비수익성 사업에 지원하는 만큼 지원금은 크지 않으며 지원하는 사업자체도 저비용 사업들이 주를 이루게 된다. 예를 들어 세타가야사업의 경우 연간 500만 엔씩 총 3,000만 엔의 지원금이 투입되었으며, 근대건축물과 마을경관 보존이 주된 목적으로 사용되었다.

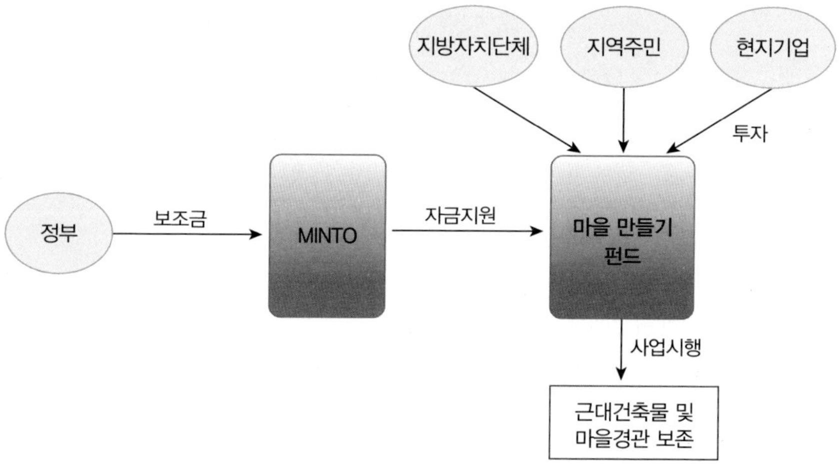

그림 13-14 일본 MINTO의 채무보증 구조

출처: 국토교통(2014.2.26) 보도자료, 국토교통부(2013.12.16) 보도자료, 국토교통부(2013.11.25) 보도자료, 경기도 국공유지 현황분석 및 활용방안(경기도의회, 2013.11) 참고.

③ 영국의 사례

영국의 경우 도시재생에 1990년대부터 집중적인 관심을 가지기 시작하고, 1980년대에 운용하던 기존 도시개발보조금과 도시재개발 보조금을 지역재생을 위해 통합하였다. 이때 영국정부는 공모방식과 배분방식을 통해서 재생사업을 배분하고 지역의 도시재생을 활성화하였다. 2000년대에는 도시재생을 위한 예산을 통합예산(Single Budget: SB)으로 변경하고 현재까지 운영하고 있다. 또한, 1999년 도시재생회사(Urban Regeneration Companies: URCs)를 설립하고 지방정부의 차원에서 도시재생을 추진하였다. 이때 URCs의 예산은 지방정부, 지역개발청(RDA), 주택·지역사회청(HCA)가 각각 1/3씩 출자하는 형태를 갖추었으며 보조금을 이용하여 사업자금을 지원하는 것이 원칙이다.

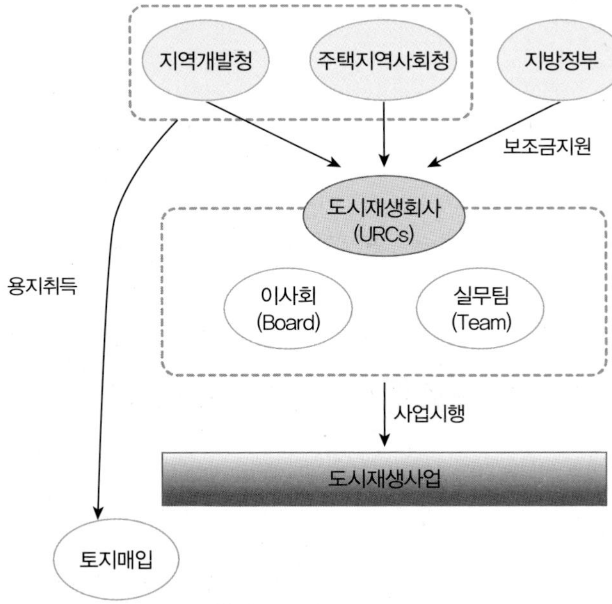

◆ 그림 13-15 영국의 URCs의 사업구조

출처: 박은철 (2011). 주요 선진국의 도시재생체계와 정책적 시사점.

(2) 우리나라 도시재생 재원조달 방안

1981년 7월 20일 한국주택은행에 설치된 국민주택기금은 초기에는 저소득층의 주택문제를 해결하기 위한 목적으로 이용되었으나, 최근 주택도시기금으로 개편하여 도시재생분야로 기금의 활용을 확대하려 하고 있다. 국민주택기금의 재무현황은 2012년 기준 총자산 95조 1,784억 원이며 부채는 83억 2,924원으로 구성되어 있고, 당기순이익은 −4,032억 원으로 손실을 기록하고 있다. 아래의 〈표 13-9〉는 국민주택기금의 재무상황 추이를 보여주고 있다.

표 13-9 국민주택기금의 재무현황 추이

(단위: 억 원)

구분	2006년	2007년	2008년	2009년	2010년	2011년	2012년
총자산 (대출금)	607,485 (550,262)	637,420 (595,676)	677,606 (634,020)	773,182 (681,612)	847,956 (708,152)	890,656 (737,142)	951,784 (795,288)
부채 (자본)	554,773 (52,712)	567,948 (69,472)	591,856 (85,749)	672,013 (101,169)	734,619 (113,337)	769,632 (121,024)	832,924 (118,860)
당기순이익	6,449	7,920	6,697	△6,320	△1,584	△5,468	△4,032

출처: 우리은행 (2014). 국민주택기금 운용현황 참고 및 인용.

표 13-10 조성 재원 및 도시계정 포함 여부

재원명	내용	도시계정 포함 여부
제1종 국민주택채권	등기 등록 건설공사도급계약 등	
제2종 국민주택채권	주거전용면적 85m^2 초과 분양가상한제 적용주택 공급 시 발행	
청약저축	국민주택 등을 공급받기 위해 가입해야 하는 저축	
농특회계 예수금	농어촌구조개선특별회계의 예탁금	
공공자금관리기금 예수금	공공자금관리기금의 예탁금	포함
복권기금전입금	복권기금에서 전입	
일반회계전입금	일반회계에서 전입	포함
재건축초과이익징수금	재건축초과이익징수	
예수금	공무원 사학 국민연금기금 등	포함
융자금 회수	만기가 도래한 기금대출금 회수	
이자수입 등	대출금의 이자수입 등	

출처: 우리은행 (2014). 국민주택기금 운용현황 참고 및 인용.

국민주택기금은 다양하게 조성된 재원이 존재한다. 2016년 1월 6일에 제정된

「주택도시기금법」에 의하면 일반회계로부터의 출연금 또는 예수금 그리고 공공자금관리기금으로부터의 예수금 등을 통해 도시계정을 구성하고 이를 통해 도시재생사업의 기금으로 사용하려 한다. 〈표 13-10〉은 국민주택기금을 조성하는 재원과 주택도시기금으로 변경될 시 도시계정에 포함되는 재원들의 항목이다.

기존 국민주택기금의 주요 운용용도는 크게 경상사업(국민임대출자, 주택신용보증기금출연, 한국주택금융공사출자 등)과 융자사업(임대주택건설, 분양주택건설, 주택전세 · 개량 등) 그리고 기금운영비 등으로 구성되어 있었다. 2012년 기준으로 총조성금 45조 3,722억 원 중 차입금 상환에 32.5%, 융자사업비에 31.8% 그리고 여유자금운용에 24.9%가 구성되어 있다. 그러나 2014년의 경우 차입금상환의 경우 44.4%로 증가하였고, 융자사업비가 30.2%로 여유자금운용에 12%로 계획되어 있다. 다음 〈표 13-11〉을 참고했을 시 국공채와 청약저축원금상환에 13조 5,617억 원과 7조 1,013억 원으로 구성되며 국공채의 상환금이 증가하는 것을 알 수 있다. 즉,

표 13-11 2012~2014 국민주택기금 조성 및 운용 개요 (단위: 억 원)

구분	2012년 실적	2013년 계획 (A)	2014년 계획 (B)	증감 (B-A)	비율
총조성	453,722	417,180	465,128	47,948	11.5
자체재원	133,271	140,658	146,035	5,377	3.8
내부수입 등	118,230	97,873	118,241	20,008	20.4
차입금	97,370	95,000	95,000	-	-
여유자금회수	104,851	83,648	105,852	22,204	26.5
총운용	453,722	417,180	465,128	47,948	11.5
융자사업비	193,227	186,200	140,510	△45,690	△24.5
차입금상환	147,566	171,658	206,630	34,972	20.4
국공채원금상환	90,955	100,418	135,617	35,199	35.1
청약저축원금상환	56,611	71,240	71,013	△227	△0.3
여유자금운용	112,928	59,321	58,631	△690	△1.2

출처: 국토교통부 (2014). 2014년도 국민주택기금 업무편람.

기금만으로 도시재생사업의 지속적인 재정확보를 구성하는 것과 채권발행을 통해서 재정을 구성하는 것은 어려운 것으로 판단된다.

① 도시재생 펀드의 재원조달방안

정부는 도시재생사업을 도시경제기반형 그리고 근린재생형으로 구분하고 각 사업지역마다 250억 원, 100억 원을 나누어 집행하기로 하였다. 그러나 이를 위해서는 매년 350억 원 이상의 예산이 필요하며 국민주택기금이 주택도시기금으로 변경되어 도시계정만으로 도시재생사업을 시행하기에는 적절치 못하다. 즉, 도시재생사업을 위해 민자유치를 통한 펀드형태의 재원조달방안이 필요하다. 특히, 부동산펀드의 경우 은행 또는 기타 여신기능이 있는 금융기관이 아님에도 불구하고 예외적으로 부동산 개발에 관련된 대출이 가능하다는 점에서 재원조달에 적합하다고 판단된다.

도시재생사업은 쇠퇴한 도시의 부동산에 대한 재생사업을 시행하는 것이기에, 도시재생사업의 기금은 부동산펀드 형태 또는 부동산투자회사(REITs)의 형태를 구성하는 것이 바람직하다. 앞서 살펴보았듯이 부동산펀드의 종류는 신탁형과 회사형이 존재하는데, 신탁형 펀드의 경우 「자본시장과 금융투자업에 관한 법률」에 따르면, 최저자본금의 제한이 없으며 부동산 운용비율과 개발 사업에 제한이 없는 것이 장점이다. 따라서 신탁형 펀드를 구성하면 아래와 같이 주택기금과 대한주택보증이 출자자로 연기금 또는 금융기관과 함께 출자하고 도시재생사업으로 인한 운용수익을 배당의 형태로 수취할 수 있다. 그리고 출자된 금액을 집합투자업자가 운용을 하며 수수료를 받고, 신탁회사, 투자매매업자, 투자회사는 각각의 위탁된 업무를 수행하며 수수료를 취득한다. 이때 펀드의 성격상 주택기금 또는 주택보증이 간접투자기구에 출자하는 형태이기 때문에 운영방안에 대해서 집합투자업자와 구체적인 운영방식의 협약이 필요하다. 신탁펀드를 이용하면 펀드의 운용으로 인해 수익형사업에 투자할 경우 수익이 발생하게 되는데 이를 비수익형 사업에 투자하기 위한 기금으로 활용하는 것이 바람직하다. 즉, 주택기금과 기관투자자들이 도시재생 신탁펀드에 출자하고 이 펀드가 각 재생사업에 재투자하는 형태를 통해 비수익형사업에도 지원을 할 필요가 있다.

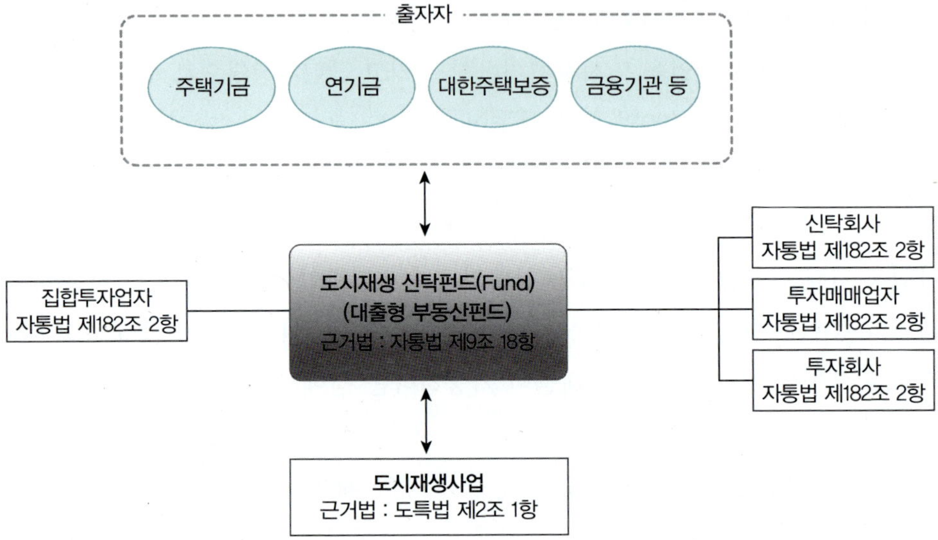

그림 13-16 신탁형 펀드의 재원조달구조

주: 자통법 - 자본시장과 금융투자업에 관한 법률
도특법 - 도시재생 활성화 및 지원에 관한 특별법
출처: 정성훈 (2013). 토지비축 재원조달 및 운영방안 참고.

부동산투자회사(REITs)의 경우 앞서 설명하였듯이 펀드와 달리 부동산투자회사법, 즉 국토교통부가 주무관청이며 주주가 집행이사의 지위형태라는 점에서 신탁펀드와는 차이가 있다. 펀드의 경우 집합투자업자의 역할이 중요한데, 자금의 운용이 집합투자업자에 의해 이루어지기 때문이다. 반면, 부동산투자회사는 정부 또는 민간이 출자자로 민간과 공공의 금융협약Pool을 형성하여 부동산투자회사의 자본과 부채에 다양한 출자와 대출을 하여 형성하며 회사가 직접 사업을 집행한다. 우선, 금융협약Pool은 일반적으로 일정수준 출자하고, 한도를 정해 대출을 해주고 부동산투자회사는 상환을 하는 형태로 구성한다. 다음으로 펀드를 이용하여 출자하

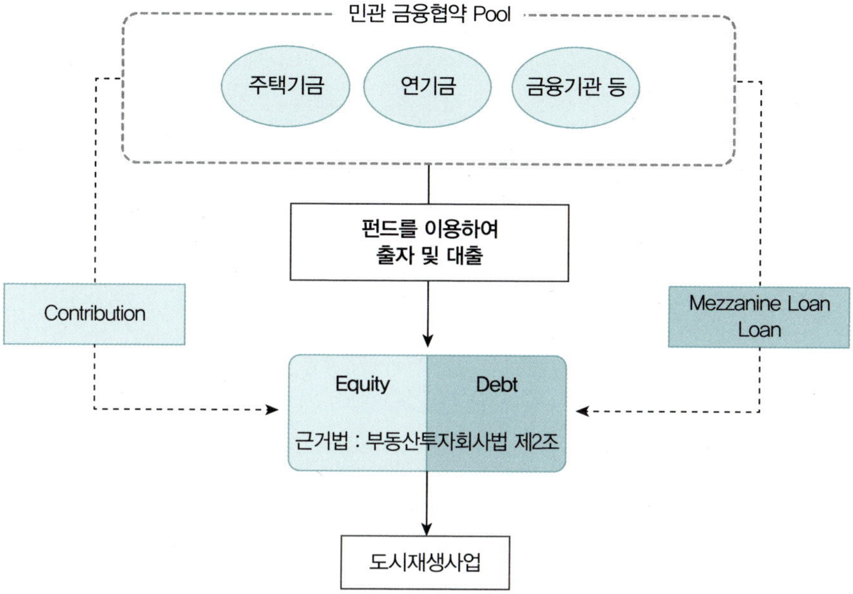

그림 13-17 REITs의 재원조달구조

출처: 정성훈 (2013). 토지비축 재원조달 및 운영방안 참고.

는 방식은 금융협약Pool이 전체를 펀드에 투자하고 펀드가 REITs에 다시 재출자 및 대출을 해주는 형식이며, 민간의 경우 일반대출을 통해 지원하고, 정부기관의 경우 후순위대출을 활용하여 민간금융기관의 유인이 필요하다고 판단된다. 부동산투자회사를 이용할 시 세금면에서 부동산펀드와 유사하나 회사형이라는 점에서 법인세가 존재한다. 만약 90% 이상 배당을 하게 된다면 「조세제한특례법」에 의해 소득공제가 되고, 주식으로 거래하기 때문에 유동성이 높다는 장점이 있다. 하지만 개발프로젝트사업(토지재생사업)에 직접 참여해야 하고 대출이 불가하기 때문에 펀드에 비해서 단점이 있다.

Theory of Real Estate Economy

PART 06

정부와 부동산시장

CHAPTER

14 부동산문제와 정부개입

1. 부동산문제에 대한 정부개입의 명분

2. 정부개입의 유형

3. 정부개입의 효과와 한계

CHAPTER 14 부동산문제와 정부개입

시장기능을 대단히 중시하는 경제학자라 할지라도 국가의 개입자체를 부정하는 자는 없을 것이다. 다만 정부와 시장의 바람직한 역할분배에 대한 견해 차이가 있을 뿐이다. 이 책의 전반부에서 살펴보았듯이 부동산시장만큼 이른바 완전경쟁시장과 다른 모습을 보이는 시장도 없을 것이다. 이는 바로 정부개입의 여지가 많을 수밖에 없음을 암시한다.

본 장에서는 부동산시장에 정부가 개입하는 이유와 정부개입의 효과, 그리고 정부의 개입이 시장에서 발생하는 문제를 해결하지 못하고 오히려 더 큰 폐해를 낳을 수 있다는 주장에 대하여 살펴보기로 하겠다.

1. 부동산문제에 대한 정부개입의 명분

1) 시장에 의한 자원배분 효율성

현대사회에서 대표적인 자원배분기구는 시장(market)과 계획(planning)이라 할 수 있다. 시장에 의한 자원배분이 효율적이 되려면 완전경쟁시장이어야만 하고, 완전경쟁시장에서 형성된 가격은 시장의 자원배분기능에서 절대적 역할을 수행한다.

4장에서 설명하였듯이 시장에서 형성된 가격은 수요자와 공급자들에게 적정 수요량과 적정 공급량을 결정하도록 하는 신호등과 같은 능동적 지표의 역할을 하게 된다. 이에 가격이 오르면 생산자는 생산을 확대하고 반대로 소비자는 소비를 줄이게 되는 것이다. 역으로 생산자와 소비자의 행동이 변화하게 되면 가격에 반영한다. 이에 가격은 수요자와 공급자의 의사수렴의 역할을 수행하기도 한다. 따라서 시장의 작동기제를 가격기구 또는 수요-공급의 원리라고 한다.

한편, 계획경제에서는 누가, 언제, 무엇을 생산하고, 생산된 재화와 서비스가 어떻게 교환되고 소비되는지를 정부에서 일일이 계획하고 집행한다. 자유방임 경제의 폐해에 대한 반발로 시작한 사회주의 국가들이 자원배분에 주로 이용한 기제가 바로 계획이었다. 하지만 역사적으로 사회주의 국가들이 정치적으로 전체주의에 빠졌고 경제적으로 낙후되어 결국 체제 자체가 붕괴되는 경험을 겪으면서 자본주의의 자원배분기구인 시장이 계획보다 우월하다고 믿게 되었다.[1)]

2) 경제적 후생

앞서 시장은 가격이라는 기제를 통하여 가장 효율적으로 자원을 배분한다고 하였다. 이처럼 시장의 가격기구에 의해서 수요와 공급은 균형상태에 이르게 되며, 시장균형에서 경제 전체의 경제적 후생(economic welfare)이 극대화된다고 한다. 경제적 후생은 소비자잉여와 생산자잉여가 극대화되는 것을 의미한다.

(1) 소비자잉여

소비자는 어떤 재화와 서비스를 구입하기 위하여 지불하고자 하는 금액이 있다.

1) 시장에 의한 자원배분이 효율적이라는 것을 후생경제학자 데브루(Debreu, G.)가 수학적으로 증명함으로써 1983년 노벨경제학상을 수상한 바 있다.

이를 지불용의(willingness to pay) 금액이라고 하는데 소비자잉여(consumer surplus)는 수입자의 지불용의금액에서 실제로 지불한 금액을 뺀 나머지 금액, 다시 말해서 소비자가 시장에 참여하게 얻게 되는 금액이다.

[그림 14-1]에서 수요곡선의 높이는 해당 재화에 대한 소비자들의 지불용의액을 나타낸다. 따라서 균형가격에서 해당 재화를 구입할 수 있다면 소비자가 누리는 가치에서 소비자가 지불한 금액을 제외한 점AEP의 삼각형 넓이만큼의 소비자잉여를 얻게 된다. 이때 수요곡선은 우하향하기 때문에 소비자잉여의 크기는 수요곡선의 기울기에 따라 달라진다. 만약 수요곡선이 동일한 균형점을 지나고 기울기가 더 완만하다면 소비자잉여는 감소하게 된다.

소비자잉여는 소비자들의 재화와 서비스에 대한 평가를 보여주므로 소비자의 선호를 존중한다는 의미에서 경제후생을 측정하는 좋은 지표라고 할 수 있다.

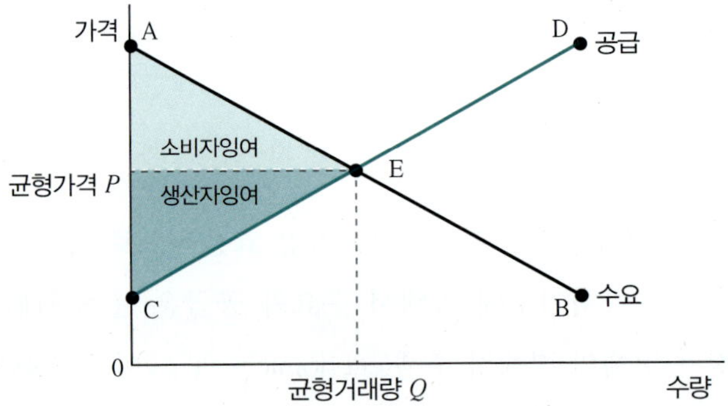

그림 14-1 시장균형과 총잉여

(2) 생산자잉여

[그림 14-1]에서 보이는 수요곡선의 높이가 소비자의 지불용의액을 나타낸다면 공급곡선의 높이는 공급자가 재화나 서비스를 한 단위 공급하기 위해서 받으려 하

는 최소의 금액을 나타낸다. 공급자는 재화를 한 단위 생산하는 데 필요한 한계비용(marginal cost)이 그 재화의 가격과 같아지는 지점까지 공급량을 결정한다. 생산자잉여(producer surplus)는 공급자가 실제로 받은 금액에서 공급자비용이라 할 수 있는 한계비용을 뺀 나머지 금액이다. 즉 생산자가 시장에 참여하여 얻게 되는 이득이 생산자잉여인 것이다.

생산자잉여는 생산자후생(producer welfare)에 대한 시장성과의 평가라고 할 수 있다. 따라서 소비자잉여와 함께 경제후생(economic welfare)을 측정하는 좋은 지표이다.

(3) 총잉여와 경제적 후생

총잉여(total surplus)란 사회전체의 경제적 후생(social welfare)수준을 보여주는 지표로써 자원이 얼마나 효율적으로 배분되었는지를 보여준다. 총잉여는 소비자잉여와 생산자잉여를 합친 것으로 [그림 14-1]에서 ACE 삼각형 면적에 해당한다. 총잉여가 의미하는 바는 [그림 14-2]로 설명된다. [그림 14-2]에서 해당 재화나 서비스를 구입한자가 누리는 가치에서 실제로 소비자가 지불한 금액을 제외한 소비자잉여와 공급자가 받는 금액에서 해당 재화를 판매함에 따라 소요되는 비용을 제외한 생산자잉여를 더한 것이 총잉여가 된다. 요약하면 총잉여는 매입자가 누리는 가치에서 공급자가 치른 비용을 제외한 부분이 된다. 이와 같은 균형상태에서 소비자잉여와 생산자잉여가 극대화되므로 가장 효율적인 자원배분이 되었다고 한다.

경제적 후생(economic welfare)은 총잉여로써 측정되는데 사회 전체로 보면 총잉여가 가장 큰 자원배분의 상태를 가장 효율성(efficiency)이 있다고 한다.

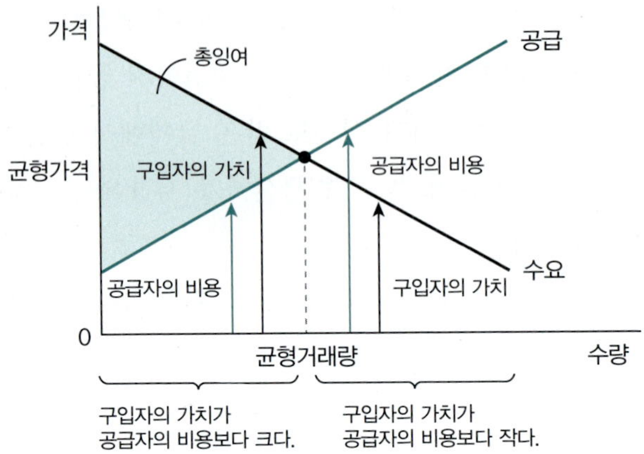

그림 14-2 균형상태의 효율성

3) 시장실패

언급하였듯이 시장이 완전경쟁의 요건을 갖추게 되면 자원배분이 사회적으로 최적 상태를 이룰 수 있으나 현실적으로 그렇지 못하는 경우가 많다. 특히 부동산시장은 완전경쟁시장의 4가지 조건 중 하나도 제대로 충족시키지 못하는 전형적인 불완전경쟁시장의 모습을 띄고 있다. 시장이 어떤 구조적 원인으로 인해 자원의 용도별 효율적 배분에 실패하는 현상을 시장실패(market failure)라고 하는데 바로 시장의 실패현상이 부동산시장에 대한 정부개입을 정당화하는 가장 큰 명분이 된다. 시장실패를 초래하는 원인으로 외부효과, 공공재, 정보의 편재(偏在), 독과점과 같은 문제가 있다. 이중 부동산시장과 관련해서 외부효과와 공공재가 문제가 되는 경우가 가장 흔하다.

외부효과(外部效果, external effect) 또는 외부성(externality)이란 어떤 경제주체가 제3자에게 미친 영향에 대한 응분의 보상이나 대가를 지불하지 않고 제3자의 생산방법이나 생산량 혹은 소비자들의 복지에 직접적으로 영향을 미치는 것을 뜻한다.

따라서 외부효과는 '가격을 통하지 아니한 효과' 또는 '시장을 통하지 아니한 효과'라 정의된다. 외부효과는 부정적 외부효과(negative externality)와 긍정적 외부효과(positive externality)로 구분되는데 환경오염과 같이 사회적으로 바람직하지 못한 부정적 효과는 지나치게 많이 발생하는 경향이 있고 환경미화와 같은 사회적으로 바람직한 긍정적 효과는 지나치게 적게 발생하게 되는 경향이 있다. 효과가 긍정적이든 부정적이든 간에 이와 같은 현상을 경제학에서는 자원배분에 왜곡이 발생하였다고 한다.[2)]

거의 모든 경제활동은 토지 위에서 이루어지므로 당연히 대부분의 외부효과문제는 토지이용과 결부되어 토지 위에서 발생할 수밖에 없다. 즉 외부효과가 현저하게 존재할 때는 토지라는 자원의 배분에 있어 가격을 통하여 효율성을 달성하기 어렵기 때문에 시장실패가 발생하게 된다.

사실 외부효과를 둘러싼 토지용도 사이의 갈등은 주거단지 근처의 쓰레기매립장, 화장터, 쓰레기소각장, 원자력발전소, 기타 혐오시설로 이용되는 토지 등 우리 주위의 도처에서 볼 수 있는 현상이다. 만일 이런 혐오시설이 발생시키는 부정적 외부효과가 혐오시설에서 생산되는 재화와 용역의 가격에 충분히 반영된다면 아마도 대부분의 혐오시설은 경제성을 상실하게 될 것이다(이정전, 2006). 이와 같이 용도별 토지배분이 가격을 통해서 순조롭게 이루어지지 못할 때에는 정부개입에 의한 토지이용규제가 강력한 대안이 된다.

실제로 화장터나 쓰레기매립장 등 혐오시설이나 공업단지와 같이 주거지역과 잘 조화되지 않는 토지이용은 공간적으로 격리시킴으로써 전체적으로 토지용도들 사이의 조화가 잘 이루어지도록 사전에 토지이용계획을 작성하고 이에 따라 토지이용을 법적으로 규제하는 방법이 보편화되어 있다.

2) 그렇지만 외부효과가 우리가 생각하고 있는 것과 달리 정부개입 없이 시장에서 그 원인자의 경제적 손익계산속에 충분히 고려되는 내부화(內部化, internalize)가 이루어지는 경우도 종종 발생하기도 한다. 대표적인 예로 과수원과 양봉업자를 들 수 있다. 즉 과수원 가까이 양봉을 치게 되면 과실수확이 증가하는 외부효과가 존재하지만 현실에서 과수원 주인은 과수원에서 양봉을 치도록 대가를 양봉업자에게 지불하여 외부효과를 내부화시키고 있다.

다음으로 공공재(公共財, public goods)의 경우를 살펴보자. 공공재는 소비의 비경합성(non-rivalness)과 비배제성(non-exclusiveness)을 갖고 있는 재화를 말한다. 비경합적 소비라는 공공재의 특성은 어느 한 개인의 특정 공공재 소비가 다른 개인의 해당 공공재 소비에 영향을 미치는 않는다는 것을 의미하며 비배제성은 어떤 한 개인 또는 집단이 타인의 공공재 소비를 막을 수 없다는 것을 의미한다.

이러한 특성으로 소비자가 공공재의 소비에 대하여 대가를 지불하지 않으려는 '무임승차의 문제(free rider's problem)'가 발생한다. 무임승차나 확산효과(spill-over effect) 등 수혜자와 비용부담자간의 괴리가 생길 때 공공재는 우리 생활에 꼭 필요한 매우 유용한 재화임에도 불구하고 시장을 통해서 원만하게 공급되지 못하므로 결국 정부가 직접 공급하게 된다. 다시 말해서 정부가 토지를 직접 보유하거나 또는 직접 개발하는 주된 이유 중의 하나는 경찰서, 군기지, 기상대, 공원 등 각종 공공재를 공급하기 위함이다.

기본적으로 국가는 시장규율이 어느 누구에게나 공평하게 적용되도록 감시 · 감독하여 시장의 자원배분이 효율적이 되도록 한다. 이에 부동산시장의 불완전경쟁으로 인한 문제를 해결하고 시장실패를 개선한다는 명분 아래 정부가 부동산시장에 개입하고 각종 공적 수단을 동원하는 것이다.

그러나 실제로 효율을 명분으로 한 정부의 개입은 부동산시장의 구조적 결함 문제보다는 시장실패로 인한 문제, 특히 부동산의 이용과 결부된 부정적인 외부효과 문제해결과 공공재 공급을 위한 토지확보에 주력하는 경향이 있다. 바로 이런 점에서 장욱 · 송미령(1999)은 자본주의 사회에서 정부의 공적개입과 계획의 정당성이 정당한 사회적 기능으로 수용될 수 있다고 주장하였다.[3)]

3) 계획이 국가 기능의 일부분으로 흡수되었던 계획의 제도화(institutionalization of planning)를 통하여 시장이라는 사회적 발명품의 보조 장치에 지나지 않게 되었고 바로 이런 점에서 정부개입과 계획은 시장경제를 바탕으로 둔 자본주의 사회에서 정당한 사회적 기능으로 받아들여진다고 주장하였다. 장욱 · 송미령(1997). 계획의 정당성과 시장실패. 국토계획, 제32권 4호.

4) 또 하나의 이유: 형평성

우리는 이제까지 정부개입의 근거로써 시장 실패를 살펴보았다. 정부개입을 뒷받침하는 또 하나의 중요한 근거는 아마도 "경제적 약자에게도 인간다운 삶을 보장한다."거나 "사회적 위화감을 없앤다."라는 인간본성에 내재한 형평성 확보의 욕구일지도 모른다.[4] 시장이라는 기구를 통하여 확보하기 힘든 형평성은 그 자체로서 가치가 있는 정책목표이며 형평에 대한 욕구가 제대로 충족되지 못할 경우에는 경제성장과 같은 중요한 정책에 대한 국민적 역량도 모으기가 쉽지 않게 된다.

우리나라도 경제적 빈곤에서 어느 정도 벗어나기 시작한 1980년대 말 이후부터 형평에 대한 요구가 봇물처럼 터져 나오고 있으며 정부에서도 이를 정책적으로 수용하기 시작하였다. 특히 부동산시장은 구조적 결함으로 인하여 효율성의 제고도 어려울 뿐만 아니라 종종 토지이용의 문제가 형평의 문제로 비화되어 정부의 개입수단들이 다각도로 개발되어 왔다.

정부의 개입이 자원배분의 효율성을 어느 정도 상실시킨다고 해도 형평상의 효과가 이를 상쇄하고 이에 대하여 국민적 합의가 이루어지고 이를 정치적 과정을 통하여 입법화하여 제도로 시행한다면 문제가 될 것이 없을 것이다. 그러나 문제는 이제까지 형평성 문제에 초점을 맞춘 정책들이 형평성을 제고하지도 못하면서 효율성의 손실만을 가져온 경우가 많다는데 있다. 이에 부동산가격 상승을 억제하기 위한 강력한 수요억제 정책들은 단기적으로 주택가격을 안정시킬 수 있지만 장기적으로 신규주택건설의 축소, 건설업체의 부도 등의 역효과를 낼 수 있다고 지적된 바 있다.[5]

형평성을 제고하는 정책들이 실패하는 중요한 이유로써 손재영(1999)은 어떤 상태가 형평성이 충족되는 상태인지에 대한 정의가 없다는 점을 지적하였다. 즉 사

4) 손재영 (1999). 자유주의 경제학과 토지정책. 김형국 편. 땅과 한국인의 삶. 나남출판사.

5) 2004년 말 '세계화시대의 한국주택산업의 선진화'라는 주제로 개최된 국제 부동산세미나에서 왁터 교수 등 선진국의 전문가들이 우리 정부의 주택정책을 평가하면서 언급된 내용이다.

안마다 제각기 다른 의견이 있을 것이고 이 많은 의견들의 수렴을 정치권에서 해야 하지만 일반적으로 정치인들은 형평의 제고와 효율의 저하간의 균형을 잘 찾아내지 못할 뿐 아니라 오히려 그 균형을 찾으려고 노력할 유인조차 없다는 것이다. 왜냐하면 정치인들의 궁극적 관심은 유권자의 표를 획득하는 것이므로 정책이 가져올 장기적이고 거시적인 파급효과를 엄밀히 따져 보기보다는 현재에 즉시적으로 나타날 결과를 선호하기 때문이다.

결과적으로 형평성을 제고하기 위해 정부가 시장에 적극적으로 개입하여야 한다고 주장할 수는 있으나, 이를 위한 효과적인 수단을 찾아내고 집행하는 것이 쉽지는 않다. 효율성의 저하를 상쇄시키는 형평상의 편익이 있는 경우도 매우 드물다. 형평을 표방하는 주거생활안정, 지가안정과 토지의 적절한 배분, 국토균형개발 등과 관련된 대부분의 계획이나 정책들의 실질적 효과가 국민들에게 형평을 제고하는데 실제로 기여한 바가 많지 않았다는 이제까지의 경험은 이러한 주장을 뒷받침한다고 하겠다.

2. 정부개입의 유형

정부개입의 유형은 크게 직접개입, 규제, 간접개입의 세 가지로 구분된다. 첫째, 직접개입은 정부나 공공기관이 부동산시장에 직접개입하여 수요자 및 공급자의 역할을 적극적으로 수행하는 방법이다. 직접개입은 늘어나는 부동산수요에 능동적으로 대처하기 위하여 공급을 원활하게 하고 가격을 안정시키는 데 주력한다. 직접개입의 예로는 정부가 공공임대주택을 직접 건설하여 공급하는 것이다. 이외에도 토지은행(Land banking), 토지구획정리(land readjustment), 공영개발 등이 있다.

둘째, 규제는 부동산의 이용행위를 사회적으로 바람직한 방향으로 유도하기 위하여 법적 · 행정적 조치에 의거하여 개인의 부동산 이용, 거래, 소유규모를 구속하고 제한하는 방법을 총칭한다. 이 방법은 형식상 법적으로는 개인의 소유권을 변경시키지 않는 범위 내에서 수행된다는 점에서 직접개입과 다르다. 부동산관련 규제 중에서 가장 대표적인 것으로 토지이용규제가 있다. 토지이용규제의 구체적인 방법으로는 토지이용계획 또는 도시계획 및 지구상세계획, 지역 · 지구제(zoning), 토지구획규제(subdivision regulation), 신규 및 재건축규제, 정부의 각종 인 · 허가제가 있다. 또한 주택의 거래와 배분을 통제하는 방법, 신규주택 공급가격의 규제 등이 있다.

마지막으로 간접개입은 기본적으로 시장 기구의 기능을 통해서 간접적으로 소기의 효과를 노리는 방법을 의미한다. 간접개입은 비록 간접적으로 영향을 준다고는 하지만, 특히 부동산관련 조세는 대체로 전국 혹은 넓은 지역에 걸쳐 획일적으로 적용되면서 그 효과가 무척 광범위하기 때문에 상당히 강력한 영향력을 가진 정책수단이라고 할 수 있다. 그러나 이 방법은 시장 기구를 통해서 수행되기 때문에 그 효과가 불확실하고 광범위해서 실시결과를 예측하고 통제하기 매우 어렵다는 문제를 안고 있다. 간접개입의 유형은 경제적 동기를 조정하는 방법과 부동산시장이 원활하게 작동하도록 여건을 조성하거나 부동산시장의 원활한 기능을 저해하는 요인들을 줄이기 위한 각종 행정상의 지원이 있다. 전자의 대표적인 예로 부동산 관련 조세(일반재산세), 부동산개발 및 이용에 대한 각종 금융지원 또는 보조금이 있다. 미국의 경우에는 자가보유 가구의 주택대출 이자상환액과 지방세인 재산세 납부액을 연방소득세의 과세대상 소득에서 공제하는 것이다. 금융에서는 정부기관 등의 보증을 통해서 장기의 고정금리 모기지(mortgage) 공급을 지원한다. 미국의 세제와 금융지원은 국민들의 자가보유를 촉진하고 있다. 부동산시장의 작동을 원활하게 도와주는 정책수단으로는 부동산거래에 필요한 양질의 자료 및 정보체제의 구축, 지적 및 등기를 통한 부동산소유권의 명확한 설정, 부동산관련 정부부서 간의 협조체제 구축 등이 있다.

3. 정부개입의 효과와 한계

이제까지 우리는 정부의 시장개입의 근거에 대하여 논의하였다. 그렇다면 정부가 시장에 개입하여 얻는 효과는 무엇인가를 정리해 볼 필요가 있다.

첫째, 정부개입은 부동산시장에 있어 원천적으로 부정확하기 마련인 정보와 자료의 문제를 개선하여 사회적, 그리고 장기적으로 부동산시장의 효율성을 높일 수 있다. 시장을 불완전하게 만드는 요인으로 필요한 정보취득의 문제가 있다. 특히 부동산시장의 경우 지역별, 용도별로 부동산가격이 형성되고 거래되기 때문에 정보취득이 더욱 어렵다. 더구나 개인들은 현재 부동산자원 활용에 있어 미래 세대의 필요를 충분히 고려할 아무런 동기가 없기 때문에 당장 더 빠른 시간 안에 확실하게 경제적 이익을 가져다주는 용도로만 이용할 것이다.

이처럼 적절한 정보의 부재로 인하여 부동산이라는 자원의 이용을 시장에 맡겨놓을 경우 사회적 유용성을 정확하게 반영하기 힘들게 된다. 이런 것을 고려할 때 미래의 바람직한 토지이용에 대한 자료와 정보는 개인보다는 정부나 전문 공공기관이 더 많이 수집하고 더 잘 관리할 수 있다고 주장하게 되는 것이다(이정전, 2006).

둘째, 정부개입은 부정적인 외부효과가 발생했을 때 이를 내부화(internalization) 시킬 수 있다. 이때 내부화란 외부효과가 원인자의 경제적 손익계산 속에 충분히 반영되는 현상을 말한다. 외부효과로 인하여 시장이 효율적인 성과를 내지 못할 때, 정부는 지시-통제(command and control)를 통한 규제나 시장기능을 활용한 정책(market based policies or economic incentives)을 사용하여 대응한다.

셋째, 정부개입은 공공재 공급을 수월하게 한다. 앞서 우리는 공공재는 소비의 비경합성과 비배제성으로 인하여 시장에서 원활한 공급이 어렵다는 점을 설명하였다. 실제로 도로, 항만, 다리, 국립공원과 같은 재화의 공급은 정부에 의하여 주도되고 있다. 그런데 대체비용 또는 다른 이권을 통합시키기 어렵다는 문제로 인하여 특정 용도로 한 번 사용된 공공재를 가까운 미래에 다른 용도로 이용하기는 수월하지 않다. 또한 공공재를 공급하는 대부분의 사업은 여러 부문에 영향을 미치는 대규모 사업으로써 신중한 선택을 하지 않을 경우 발생하는 피해의 범위가 공간적으로 넓게, 시간적으로 장기적으로 나타날 가능성이 높다. 이에 공공재 공급을 위한 공공투자사업 선정에는 사업에 대한 충분한 사전 검토 및 분석을 통하여 현명한 의사결정이 이루어질 수 있도록 비용편익분석(Cost-Benefit Analysis: CBA)[6]을 시행하는 경우가 많다.

넷째, 정부개입은 자원 활용의 유용성을 높일 수도 있다. 여러 가지 이유로 시장에서 나타나는 수요와 공급의 변화에 대하여 자원이 즉각 반응하지 않는 경우가 종종 있다. 예를 들어 어떤 지역의 산업 활동이 왕성한데 비하여 주택공급이 원활하지 않는다면 노동력을 추가로 확보하는 데 어려움이 발생할 수도 있다. 이럴 경우 새로운 공장 건설 허가에 맞추어 정부당국이 주택공급 계획을 수립하거나 택지를 조성한다면 노동력이라는 자원 활용의 유연성을 개선할 수 있을 것이다.

마지막으로 정부개입은 소득 재분배의 효과가 있다. 예를 들어 지가가 비싼 도심에 노동자를 위한 주거지를 제공할 경우 시장에서 형성된 것 보다 낮은 임대료를 책정하여 저소득계층이 이곳에 거주할 수 있게 하는 것은 소득 재분배를 지향하는 정책이 된다. 미래 세대를 위하여 환경이나 역사적 건물을 보전하는 것도 세대간 소득재분배이다. 이런 점에서 소득재분배는 경제적 논리보다는 정치적 논리가 앞선다고 할 수 있다.

시장실패와 관련하여 정부개입의 정당성은 우선 시장실패로 인한 폐해가 존재하여야 하며 국가가 과연 그 시장실패에 따른 폐해를 교정할 수 있어야 확보될 수 있다. 하지만 시장실패보다 더 심각한 문제는 시장실패로 인한 위험과 폐해가 과장되었다는 점과 국가의 능력을 과대평가하고 있다는 점일 것이다(장욱 · 송미령, 1999). 바로 이 점이 정부실패라는 결과를 낳게 한다.

6) 비용편익분석이란 공공사업 수행에 따르는 사회적 비용과 사업으로 인하여 발생하리라 예상되는 사회적 편익을 현재가치로 비교하여 사업의 타당성을 평가하는 것을 말한다.

정부실패(government failure)란 시장의 실패를 교정하기 위한 정부개입이 오히려 효율적인 자원배분을 더 저해하는 상황을 말한다. 그렇다면 정부실패가 일어나는 원인에 대하여 생각하여 보자.

첫째, 정부가 올바른 정책을 수립해서 집행하는 것이 가능하도록 완전하고 충분한 지식과 정보를 갖고 있는가의 문제를 생각할 수 있다. 일반적으로 정부는 정보취득에 있어 기업보다 우월하지 않는 것으로 알려져 있다.

둘째, 일단 정부가 시장개입을 시작하면 자원배분은 효율성보다는 공공복리라는 추상적인 정책목표를 추구하는 가운데서 이루어지는 경향이 높다. 원칙대로 한다면 공공복리의 구체적 내용을 해석하고 정책목표를 구체적으로 정하고 수단을 선택해야 할 것이다. 하지만 공공복리를 추구하는 가운데 정책의 기본목표로 인식되는 효율과 형평은 상충관계(trade-off)에 놓이는 경우가 대부분이므로 이 두 목표를 한 가지 정책수단으로 조화시키기는 상당히 어렵다. 따라서 대부분의 정부개입의 수단은 이 중 어느 한 가지에 더 치중하고 다른 것은 희생시키는 경향이 있다. 물론 가장 나쁜 경우는 두 가지를 모두 희생시키는 것이다. 그렇다고 해서 정부가 정책집행의 결과를 제대로 평가할 수 있는 능력이 있는가라고 했을 때 긍정적인 답이 선뜻 나오지 않는다는 것도 문제다.

셋째, 일반적으로 정부와 공공부문은 민간에 비하여 경직적이고 관료적인 경향이 있다. 따라서 공공부문이 사회적으로 자원배분을 주도하여 담당하게 되면 창의성과 유연성이 결여되고 근시안적이어서 장기적으로 경쟁력이 떨어질 수 있다는 문제가 있다. 또한 정부의 개입은 독점의 폐해를 가져오는 경우가 많다.

넷째, 양적 · 질적으로 충분한 그리고 조직적인 행정력과 법적 뒷받침이 갖추어지지 않은 상태에서의 정부개입은 그 효과도 제대로 거두지 못한 채 예산만 낭비하고, 게다가 각종 부작용까지 겹쳐서 결과적으로 막대한 사회적 손실만 남길 수 있다. 이러한 문제는 특히 자본과 고급인력이 부족한 개발도상국에서 더욱 심각한 것으로 알려져 있다. 법적 · 행정적 체제와 관련하여 행정 관료의 높은 자질과 부동산 관련 정부 부서간의 협조체제, 그리고 관련 법제들 사이의 체계는 특히 중요시되는 사항이다.

다섯째, 정부와 공기업 조직의 이해, 조직 내 일하는 개인의 이해, 그리고 정치권의 이해가 국민 전체의 이해와 일치하는가의 문제가 있다. 일반적으로 정부 부처와 공기업은 모두 조직의 존재가치를 높이고, 권한을 확보하고, 예산을 늘리기 위하여 필요 없는 일이라 해도 일을 부풀리는 경향이 없지 않다. 이런 행태는 시간이 흐를수록 규제와 각종 명목의 부담금, 분담금 등 각 부처의 자체 재정확보를 위한 준조세들이 많아지는 현상을 통해 가늠할 수 있다.

따라서 부동산시장의 정부개입은 필요하지만, 정부실패라는 부작용을 막기 위해서 정책목표 및 수단의 설정과 집행에 신중을 기해야 할 것이다.

CHAPTER 15

부동산정책의 경제적 효과분석

CHAPTER 15 부동산정책의 경제적 효과분석

앞서 우리는 부동산문제에 대하여 정부가 개입하는 이유와 효과 및 한계에 대하여 살펴보았다. 여기에서는 구체적으로 부동산정책이 부동산시장에 미치는 영향을 경제이론에 바탕을 두고 분석함으로써 정부개입의 긍정적 효과와 함께 부정적 효과에 대하여 생각하여 보기로 한다.

1. 부동산관련 조세정책의 영향분석

1) 조세정책의 경제적 이해

조세정책은 기본적으로 시장기구의 기능을 통해서 간접적으로 부동산 이용행위를 사회적으로 바람직한 방향으로 유도하는 정책수단 중의 하나이다. 조세는 대체로 전국에 걸쳐 어느 정도 획일적으로 적용되기 때문에 그 효과는 무척 광범위하고 상당히 강력한 영향력을 미친다. 여기서는 일반적으로 조세가 매입자와 매각자에게 미치는 효과에 대한 신고전경제학파의 이론부터 살펴보기로 한다.

먼저 어떤 재화의 매입자에게 조세가 부과되는 경우(소비세)를 살펴보기로 하자.

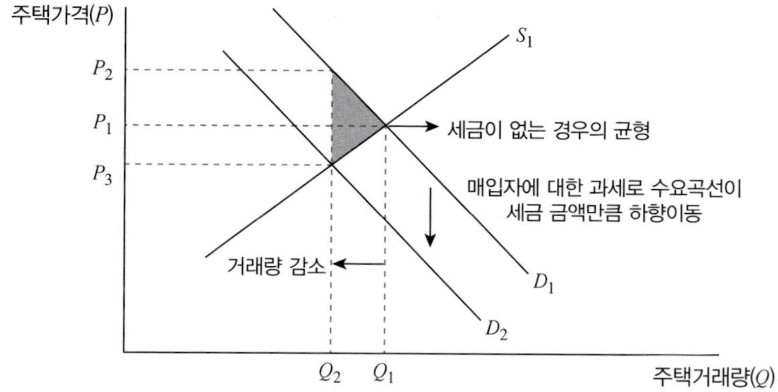

그림 15-1 조세가 수요에 미치는 효과

정부가 주택매입에 대하여 세금을 부과하였다고 가정하자. 이럴 경우 부과된 세금은 우선 주택 수요에 영향을 미치게 된다. 즉 세금이 부과되어도 주어진 가격에서 주택공급자들의 경제적 유인에는 변화가 없기 때문에 공급곡선은 이동하지 않겠지만, 매입자는 주택공급자들에게 값을 치러야 할 뿐만 아니라 정부에도 세금을 납부하여야 하므로 수요곡선은 하향 이동하게 된다. 즉 [그림 15-1]에서 보이듯이 수요곡선이 D_1에서 과세금액만큼 아래쪽 D_2로 이동한다.

이에 따라 균형거래량은 Q_1에서 Q_2로 감소하고 주택매각자들이 받는 가격은 P_1에서 P_3로 하락하게 된다. 이에 반하여 주택매입자들이 지불하여야 하는 가격은 P_2로 상승하게 된다. 결과적으로 세금은 주택매입자에게 부과되지만, 주택매입자와 마찬가지로 매각자도 공동으로 세금을 부담하게 된다.

이상을 통해서 어떤 재화에 조세가 부과되면 균형거래량이 줄어들어 시장거래가 억제되며 재화의 매입자와 매각자 모두 세금을 공동으로 부담한다는 것을 알 수 있다. 새로운 균형에서 매입자들은 전보다 더 높은 금액을 내고, 매각자들은 전 보다 더 낮은 금액을 받기 때문이다.

이번에는 조세가 주택매각자에게 부과되는 경우를 살펴보도록 하자. 이 세금은 우선 주택공급에 영향을 미친다. 즉 세금이 주택매입자에게 부과되지 않으므로 주어진 가격에서 주택의 수요량은 변화가 없기 때문에 수요곡선은 이동하지 않으나, 매각자의 입장에서 보면 공급비용이 상승하므로 주어진 가격에서 주택공급량은 감소하게 된다. 따라서 공급곡선은 S_1에서 과세금액만큼 위쪽 S_2로 이동하고 이에 따라 균형거래량은 Q_1에서 Q_2로 감소한다.

한편, 주택매각자들이 받는 가격은 P_1에서 P_3으로 하락하고 주택매입자들이 지불하여야 하는 가격은 P_2로 상승하게 된다. 즉 앞의 경우와 마찬가지로 세금은 매각자에게 부과되지만, 실질적으로 주택을 매각자와 매입자 모두 공동으로 세금을 부담하게 된다. 이에 [그림 15-1]과 [그림 15-2]의 빗금 친 부분은 조세 부과로 인하여 주택매입자와 매각자가 입게 되는 사회적 후생손실이 된다.

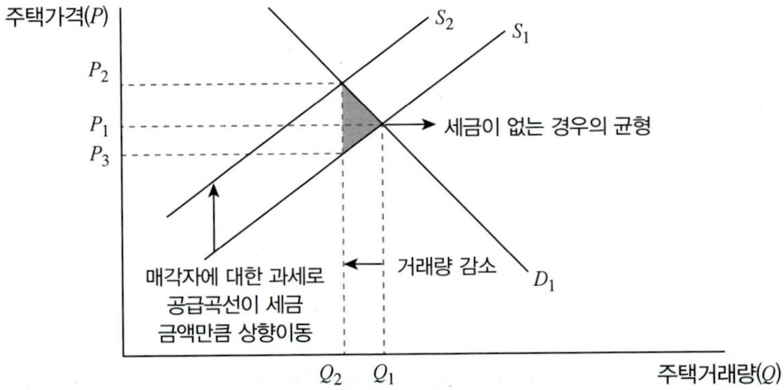

그림 15-2 세금이 공급에 미치는 효과

[그림 15-1]과 [그림 15-2]는 우리에게 매우 중요한 원칙에 도달하게 해준다. 이는 주택수요자에게 부과되는 세금이나 공급자에게 부과되는 세금의 효과가 동일하다는 것이다. 두 경우 모두 세금이 부과되면 수요자가 내는 가격과 공급자가 받는 가격 사이에 간격이 발생하며 이러한 가격 차이는 세금이 누구에게 부과되든 동일하다. 즉 어느 경우든 이 가격으로 인해 수요곡선과 공급곡선의 상대적 위치가 달라지며 새로운 균형에서 소비자와 공급자는 세금을 나누어 부담한다. 유일한 차이점

은 누가 더 많은 세금부담을 하느냐 하는 것이다.

그렇다면 세금부담 몫은 어떻게 결정될까? 결론적으로 말하자면 반반씩 부담하는 경우는 매우 드물다. 세금을 누가 부담하는가에 대한 문제는 조세의 귀착(tax incidence)이라고 한다. 세금부담의 배분은 [그림 15-3]으로 표현되는 바 수요곡선과 공급곡선의 탄력성의 상대적 크기에 달려 있다.

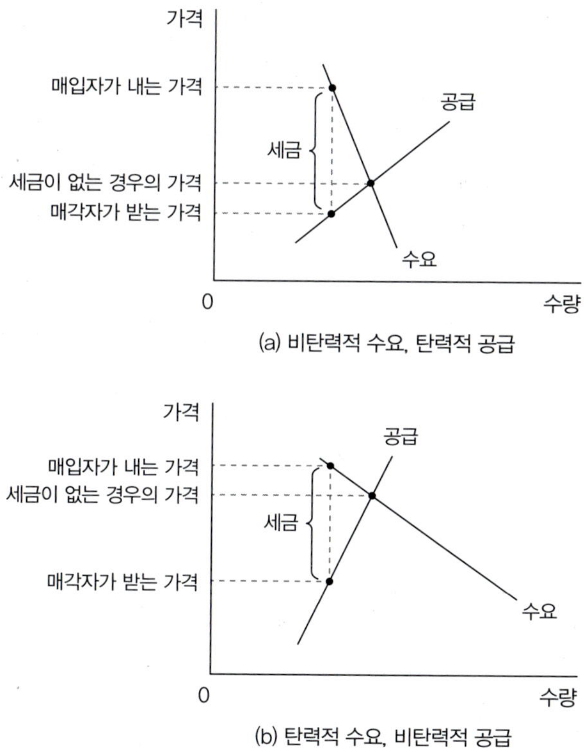

그림 15-3 세금부담의 배분

출처: Mankiw, N. Gregory (2001). *Principles of Economics*. 김경환 · 김종석 역. 맨큐의 경제학. 교보문고.

[그림 15-3 (a)]는 공급이 탄력적이고 수요는 상대적으로 비탄력적인 시장을 나타낸다. 이 경우 세금이 부과되면 매각자가 받는 가격은 큰 폭으로 하락하지 않으므

로 세금부담이 작은 반면에 매입자들이 내는 가격은 큰 폭으로 상승하여 세금의 대부분을 부담하게 된다. 이에 반하여 [그림 15-3 (b)]는 공급이 상대적으로 비탄력적이고 수요는 탄력적인 시장이다. 이 시장에 세금이 부과되면 매입자가 내는 가격은 큰 폭으로 상승하지 않지만 매각자가 받는 가격은 큰 폭으로 하락한다. 따라서 대부분의 세금을 매각자가 부담하게 된다.

[그림 15-3]은 세금부담의 배분에 관한 일반적인 원칙을 보여주고 있는데, 그 원칙이란 탄력성이 낮은 쪽이 더 많은 세금을 부담하게 된다는 것이다. 그 이유는 본질적으로 탄력성은 매입자나 매각자가 시장여건이 불리해졌을 때 시장을 떠나려는 의지를 나타내고 있기 때문에 수요의 탄력성이 낮다는 것은 매입자가 세금이 부과된 재화를 대체할 다른 재화를 찾기 어렵기 때문에 수용할 수밖에 없음을 의미하기 때문이다. 마찬가지로 공급의 탄력성이 낮다는 것은 매각자가 세금이 부과된 재화를 대체하여 생산할 만한 재화를 찾아내기 어렵다는 것을 의미이다. 어떤 재화에 세금이 부과될 때, 대체재를 찾기 어려운 쪽이 큰 몫의 세금을 부담할 수밖에 없는 것이다.

2) 토지세의 전가와 귀착의 문제

토지세 부과에 따른 경제적 효과는 토지세의 전가와 귀착문제의 측면에서 살펴볼 필요가 있다. 물론 이러한 문제도 토지 공급곡선의 탄력성 정도와 밀접한 관계가 있다.

단순히 물리적인 토지의 특성만을 고려해 보자. 이런 경우 토지공급은 고정되어 있고 토지의 공급곡선은 완전 비탄력적이라고 할 수 있다. 공급이 가격에 무관하게 고정되어 있다면 가격은 주로 수요에 의해 결정되므로 수요에 의해 크게 이익을 볼 수도 있고 손실을 볼 수도 있다.[1)]

---

1) 이와 같은 관점은 리카르도(Ricardo, D.)의 지대론을 반영한 것으로써 토지로부터의 소득을 불로소득으로 규정하고 지대의 추구가 비도덕적이며 비생산적이라고 주장하게 된다.

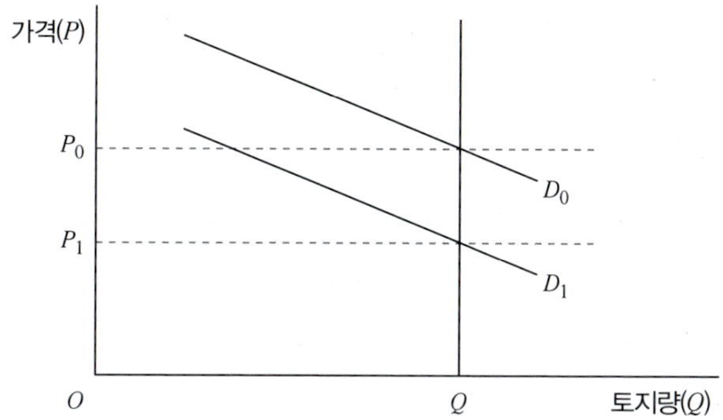

그림 15-4 토지공급이 고정되어 있을 때 토지세의 효과

지주들이 향유하는 불로소득을 사회적으로 환수한다는 의미로 헨리 조지(Henry George)가 주창한 토지세를 부과한다고 하자. [그림 15-4]에서 보이는 바와 같이 토지소유자에게 세금이 부과된다 해도 토지공급곡선은 움직이지 않는다. 이에 반하여 수요곡선은 D_0에서 D_1으로 이동하여 지가는 P_0에서 P_1으로 떨어지게 되므로 토지세는 전가되지 않는다. 결과적으로 사회 전체적인 효율성의 상실을 초래하지 않으면서 소득재분배효과만을 가질 뿐이다.[2)]

그렇다고 토지공급이 고정되어 있다는 사실 하나만으로 토지세가 전가되지 않고 완전 귀착되었다고 주장하는 것은 성급한 판단일 수 있다(이정전, 2006). 만약 이 토지가 농업용 토지라고 하고, 농업용 토지에 아주 무거운 세금을 부과하면 장기적으로 농산품 생산이 감소하여 농산물 가격이 상대적으로 높아질 것이다. 이렇게 되면 지가가 다시 뛰면서 원래 수준으로 복귀할 수도 있다. 지가가 원래 수준으로 되돌아간다는 것은 토지세의 부담을 지주가 아닌 다른 사람이 부담한다는 뜻이다. 즉 전가(轉嫁)될 수 있는 가능성이 있는 것이다.

이제 토지의 용도별 이용을 고려하여 보자. 토지의 용도별 이용을 고려한다는 것은 토지의 용도변경에 따라 토지공급의 변화가 발생하므로 앞서와는 달리 토지

2) 이것이 바로 헨리조지(Henry George)가 토지단일세를 주장한 논거이기도 하다. 보다 자세한 내용은 이정전(2006)을 참조할 것.

공급곡선이 우상향의 형태를 보이게 된다. 즉 어떤 특정용도의 토지가격이 상승하면 다른 용도로 사용되던 토지들이 전용되어 공급되기 때문에 토지공급량이 증가한다는 것이다. 따라서 특정용도의 토지에만 세금을 부과하거나 중과세할 경우 토지세의 부과는 다른 사람에게 전가되게 된다. 이는 앞에서 본 [그림 15-2]와 같은 효과가 있다는 것을 의미한다.

여기서 우리는 토지세의 부과목적을 다시 한 번 생각해 볼 필요가 있다. 만약 토지세의 부과목적이 조세수입에 있다면 모든 토지용도에 관계없이 동일한 세금을 부과하는 것이 바람직할 것이다. 그렇지만 토지세의 부과목적이 개발이익의 환수나 토지이용을 특정방향으로 유도하기 위한 것이라면 토지용도별이나 지역별로 세금의 크기를 다르게 할 필요가 있는 것이다.

3) 부동산관련 조세의 경제적 효과

재산세(property tax)는 부동산 보유에 대하여 정기적으로 부과되는 세금을 말한다. 재산가액의 일정률로 부과되는 보유세는 임대소득의 일정 부분에 해당하는 소득세와 동일하다. 미국의 경우는 재산세를 철저한 지방세로 인식하여 지방정부가 제공하는 공공서비스에 대한 대가라고 여기므로 이익세 또는 응익세(benefit tax)라고 부른다.

부동산은 토지와 건물로 구성되므로 재산세의 과세대상도 토지와 건물이다. 토지와 건물은 공급특성이 차이가 있으므로 재산세의 이상적인 형태는 이러한 토지와 건물의 공급특성의 차이를 감안하여 설계되어야 한다. 모든 토지에 대하여 단일한 세율을 적용해야 한다는 헨리 조지의 주장대로라면 토지에 대해서만 재산세를 부과해야 하나, 현실적으로 재산세를 부과하는 여러 나라에서는 토지와 건물을 합한 부동산가격의 추정치를 과세대상으로 삼고 있다.[3] 미국의 일부 도시는 토지와

3) 비크리(William Vickrey, 1999)는 재산세는 가장 바람직한 세금인 토지세와 가장 바람직하지 못한 건물분

주택의 공급 특성이 차이를 고려하여 건물보다는 토지에 대해 높은 세율로 재산세를 부과하는 차등세율재산세(two rate property tax)를 적용하고 있다. 실제로 차등세율 재산세는 공급이 가변적인 건물보다 공급이 비탄력적인 토지에 대하여 높은 세금을 부과함으로써 재산세의 경제적 비효율성을 감소시키고 고밀도 개발을 촉진함으로써 무분별한 교외지역으로의 저밀도 개발을 막아 도시의 교외화 현상(urban sprawl)을 방지하는 효과가 있다고 한다.

(1) 재산세와 부동산가격

재산세가 부동산가격에 미치는 효과는 5장의 자산가격결정이론을 통해 설명할 수 있다. 주지하듯이 부동산의 자산가격(P)은 그 부동산에서 창출되는 임대료(R)의 현재가치와 같다. 따라서 부동산가격에 거품이 발생하지 않는다면 가정할 경우, 부동산가격은 부동산이용수익의 자본화가치(capitalization value)와 같기 때문에 다음 식으로 표현된다.

$$P = \frac{R}{i}$$

이제 자산가격에 세율(t)의 재산세가 부과되면 연간 순임대료는 tP만큼 감소하므로 순임대료의 현재가치는 다음과 같이 표현될 수 있다.

$$P = \frac{(R - tP)}{1 + i} + \frac{(R - tP)}{(1 + i)^2} + \cdots \frac{R - tP}{i}$$

$$P = \frac{R}{i + P}$$

식 15-1

재산세를 조합한 세금이라고 혹평한 바 있다(김경환 · 서승환 (2014). 재인용).

(식 15-1)에 의해서 재산세 부과로 인하여 자본환원율이 i에서 $(i+t)$로 증가 하였다는 것을 알 수 있다. 즉 자산가격에 일정률(t)로 부과되는 재산세의 경제적 효과는 임대소득에 대한 과세와 근본적으로 성격이 같다.

이번에는 임대소득에 대해 %의 세율이 적용되면 연간 순임대료는 $(1-\tau)$가 되므로 순임대료의 현재가치는 다음의 (식 15-2)와 같다.

$$P = \frac{(1-\tau)R}{1+i} + \frac{(1-\tau)R}{(1+i)^2} + \cdots = \frac{(1-\tau)R}{i} \qquad \text{식 15-2}$$

(식 15-1)과 (식 15-2)를 정리하면 (식 15-3)이 된다.

$$\frac{R}{i+t} = \frac{(1-\tau)R}{i}, \ \tau = \frac{t}{i+t} \qquad \text{식 15-3}$$

(식 15-3)은 임대소득세의 효과와 재산보유세의 효과가 동일하다는 것을 보여준다. 즉 두 세금 모두 자본환원율의 상승과 이에 따른 자산가격의 하락을 가져온다. 이처럼 재산세는 부동산소유자에게 자본환원율을 상승시켜 수요를 감소시킨다. 다시 말하여 사용자비용(user cost)을 구성하는 조세비용이 증가하여 수요 감소를 유발하는데 이를 그림으로 표현하면 [그림 15-5 (a)]가 된다.

이번에는 임차인의 경우를 생각해 보자. 재산세 부과는 부동산임대소득에 대하여 세금을 부과하는 것과 동일한 효과를 가지기 때문에 임대인의 입장에서는 임대소득이 감소하므로 이를 보상하기 위해 임대료를 인상하거나 건물의 개·보수를 줄일 것이다. 그리고 장기적으로 수익성이 낮아진 부동산임대에 대한 투자가 감소할 것이다. 그 결과 임대 부동산의 공급이 감소하여 임대료는 상승하고 거래량은 감소한다. 이를 표현한 것이 [그림 15-5 (b)]가 된다.

2010년대 들어 전세주택 가격의 고공행진은 일부 시민단체를 중심으로 '전월세 상한'을 정치권에 요구하게 만들었다. 그러나 [그림 15-5 (b)]에서 보듯이 전세가격에 상한선을 두게 될 경우, 장기적으로 수익성 악화로 인한 임대주택의 공급감소로 이어지면 오히려 임대주택가격이 올라갈 수 있다는 사실을 인식해야 한다.

부동산에 대한 재산세의 부과가 거래량을 감소시킨다는 측면에서 부동산 소유자나 임차인에게 모두 차이는 없다. 하지만 부동산가격의 변화와 그에 따른 조세부담의 귀착 측면에서는 자가거주 또는 사용하는 부동산의 경우 가격의 하락을 통해 소유자가 재산세를 부담하지만, 임대부동산의 경우는 임대료의 상승을 통해 임차인에게 전가한다는 점에서 차이가 난다.

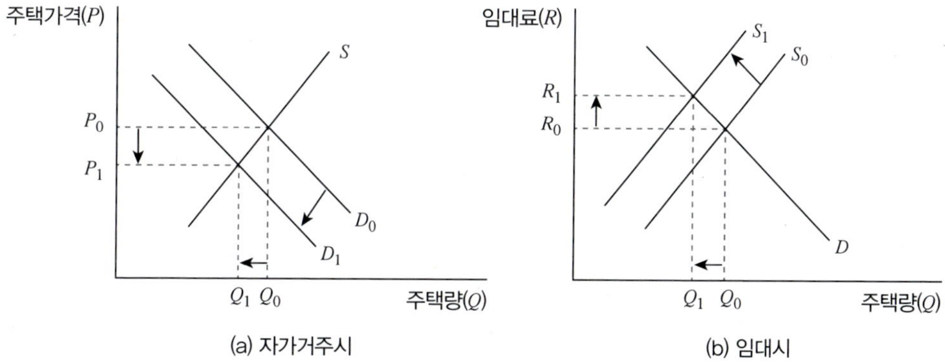

그림 15-5 재산세 부과의 효과

재산세의 귀착에 대한 이제까지의 설명에는 재산세 수입을 재원으로 각 지방정부에서 납세자들에게 제공하는 공공재의 편익은 고려되지 않았다. 만약 어떤 도시에서 제공하는 공공재의 양과 질이 다른 도시들에게 제공하는 공공재에 비하여 월등히 뛰어나고 각 지방정부에서는 재산세로 지방의 공공재를 공급하는 데 소요되는 비용으로 충당한다고 가정하자. 이런 상황에서 주민들이 자신의 취향과 부담능력에 따라 주거지를 선택할 수 있다면 각 지방정부의 공공재 공급수준 및 재산세 부담수준의 격차는 주택가격에 반영될 수 있다.

(2) 양도소득세의 효과

부동산양도소득세[4]는 부동산 소유 후 양도 또는 처분에 따라 발생하는 자본이득(capital gains)에 대하여 세금을 부과하는 제도이다. 양도소득세가 부과되면 앞서 설명하였던 것처럼 부동산의 사용자비용, 즉 자본환원율을 상승시켜 결과적으로 신규 부동산공급을 위축시킨다. 그러데 이런 경제적 효과는 동결효과(lock-in-effects)의 유무와 그 정도에 따라 거래량, 가격 및 조세의 귀착이 달라진다.

여기서 동결효과란 가격이 오른 부동산의 소유자가 양도소득세를 납부하지 않기 위해 부동산처분을 기피함으로써 부동산공급이 감소하는 효과를 말한다. 만약 부동산공급의 동결효과가 없다면 양도소득세 부과효과는 앞의 재산세의 효과와 동일하여 사용자비용 상승과 이에 따른 수요와 거래량의 감소, 그리고 가격의 하락을 초래한다. 즉 [그림 15-6]에서 수요곡선이 D_0에서 D_1로 이동함에 따라 가격은 P_0에서 P_1로 떨어지고 거래량은 Q_0에서 Q_1으로 감소한다. 그러나 부동산공급의 동결효과가 있는 경우 공급이 급격하게 감소한다면 공급곡선이 S_0에서 S_1으로 이동함으로써 거래량을 대폭 감소시켜(Q_2), 수요감소에 따른 가격하락의 효과를 상쇄시키면서 결과적으로 가격이 오히려 상승해 버리는 현상($P_1 \rightarrow P_2$)을 초래한다.

물론 부동산공급의 동결효과로 인하여 가격이 언제 어디서나 상승하는 것은 아니다. 그러나 위의 분석은 양도소득세가 통상 부동산가격안정을 위한 투기억제정책으로 운용되나, 이를 지나치게 강화할 경우 오히려 가격을 상승시킬 수 있음을 보여준다. 특히 주택에 부과되는 양도소득세는 저소득층의 주거비용 부담의 증가와 중 · 고소득층의 조세납부 연기로 인한 소득보전의 효과로 인하여 소득분배를 악화시키고 주거이동과 노동이용의 제약을 가져와 생산요소의 효율적 배분을 저해할 가능성이 있다.

4) 양도소득세는 우리나라 세제 체계상 국세의 내국세 중 소득세에 해당한다. 과세방식으로 종합소득인 이자, 배당, 사업, 근로, 연금 및 기타는 종합과세방식이 적용되는 반면, 양도소득세는 퇴직소득과 함께 분리과세방식이 적용된다(손경숙 · 김지현, 2015).

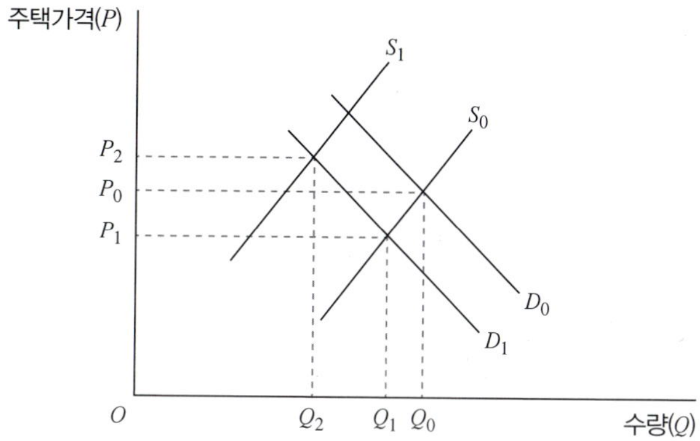

그림 15-6 양도소득세 부과의 효과

종합부동산세의 효과

종합부동산세(이하 '종부세')는 2005년 부동산 보유에 대한 조세부담의 형평성을 제고하고 부동산가격 안정을 도모함으로써 지방재정의 균형발전과 국민경제의 건전한 발전에 이바지하기 위하여 국세(國稅)로 도입되었다. 종부세 도입이전에는 부동산에 대한 세금으로 지방자치단체가 부과하는 종합토지세가 있었는데 종부세는 추가적으로 특정 가격이 넘는 부동산을 가지고 있을 경우 부과되는 누진세이기에 매우 진보적인 특징을 가지고 있다.

종부세가 최초 도입된 2005년에는 인별(人別) 합산, 과세기준금액 9억 원(주택분), 과표적용률 50%에서 시작하였으나, 2006년에는 세대별 합산, 과제기준금액 6억 원, 과표적용률 70%로 대폭 강화됐다. 또 2007년에는 과표적용률이 80%로 상향조정되었고, 그동안의 부동산 가격급등에 따른 공시지가 상승으로 인해 세 부담이 크게 올랐다. 그 결과 2005년에 4,413억 원이었던 세수(稅收)는 2007년 2조 2,947억 원에 이르렀고 납세자도 2005년 7만여 명에서 2007년에는 48만6천 명으로 급증했다.

이러한 종부세가 주택시장에 미치는 영향력은 상당할 것으로 예상할 수 있다. 실제로 종부세의 효과를 실증 분석한 김지현(2008)의 연구는 종부세가 주택가격에 자본화(capitalization)되어 해당 주택의 가격을 크게 하락시킬 가능성이 상당히 높다는 것을 보여주고 있다. 또한 고가(高價)의 대형아파트의 수요는 감소하고 저가(低價)의 소형아파트 수요는 증가하여 고가 아파트와 저가 아파트의 가격 차이가 좁아지게 된다.

그러나 2008년 11월 헌법재판소에서 종부세에 대하여 일부 위헌 및 불합치 결정을 내리게 되면서 종부세는 새로운 국면을 맞게 되었다. 즉 종부세의 가구별 부부합산 과세에 대해 "개인별로 과세하는 독신자나 사실혼 관계 부부 등에 비해 불리하게 차별 취급하는 조항"이라며 위헌결정을 내렸고 1주택 보유자에 대한 종부세 부과에 대해서도 "주거목적으로 일정기간 이상 보유하거나 별다른 재산이나 소득이 없는 경우 종부세 납부예외를 두거나 감면해줘야 하는데도 부차별적으로 고율 누진세를 적용한 것은 과도한 재산권 제한"이라며 헌법불합치 결정을 내렸다.

이에 맞추어 정부에서도 세율인하 및 공제기준금액 조정 등을 내용으로 2009년 4월 종합부동산세법을 개정함으로써 종부세는 거의 무력화되었다.

우리나라 양도소득세의 정책목표는?

우리나라에서 양도소득세는 경기조절을 위한 수단으로 적극적으로 활용되어 제도의 안정성 및 예측가능성이 미흡하다. 〈표 15-1〉에서 보듯이 현 양도소득세는 부동산보유요건 및 종류에 따라 다양한 세율 및 특별공제 조항이 있으며 산출과정도 복잡하다. 더구나 2007년부터 양도세 과표기준이 실거래가가 되면서 1세대 1주택 보유자를 제외한 납세자들의 조세부담이 급격하게 증가한 점을 고려할 때 부동산시장의 왜곡을 가져올 수도 있다는 점을 무시할 수 없다.

특히 주택의 경우, 양도소득세의 1세대 1주택 비과세와 장기보유특별공제는 과연 정책목표와 방향이 옳은가에 대하여 다시 한 번 생각해봐야 한다고 생각한다.

우선, 1세대 1주택 비과세가 지향하는 주택정책 목표의 성격에 대하여 고민할 필요가 있다. 1세대 1주택에 대하여 비과세 혜택을 부여하는 것은 1가구 1주택 소유를 이상적인 상황으로 상정한 것이다. 그런데 프랑스, 호주와 같은 국가들은 자가점유자(owner-occupier)의 안정적 주거생활 영유를 지원하는 것을 주택정책의 목표로 삼기 때문에 주택의 소유보다는 거주요건(principal of residence)을 충족할 경우 비과세혜택을 주고 있다. 그런데 우리나라의 양도세는 소유요건으로 비과세혜택을 주고 있기 때문에 중간소득계층의 주거안정보다는 자산형성을 지원하는 것이라 할 수 있다. 또한 1세대 1주택이라는 물리적 주택보유수 기준을 적용함으로써 똑같은 자본이득이라 할지라도 주택보유 수에 따라 납세금액이 달라져 수평적 형평성을 저해한다. 그뿐만 아니라 고가주택 1호로부터 수억 원의 자본이득을 거둔 사람도 비과세혜택을 볼 수 있어 수직적 형평성에

표 15-1 부동산양도소득 세율

구분	과세표준액	세율	누진공제액	적용시점
2년 이상 보유자	1,200만원 이하	6%	-	2014년 1월 1일~
	1,200만원 초과~4,600만원 이하	15%	108만원	
	4,600만원 초과~8,800만원 이하	24%	522만원	
	8,800만원 초과~1.5억 이하	35%	1,490만원	
	1.5억 초과	38%	1,940만원	
단기보유 주택자	1년 미만 주택, 조합원 입주권	40%	지정지역 내 10% 추가과세 항구적 적용	2014년 1월 1일~
	2년 미만 주택, 조합원 입주권	6~38%		
다주택자	양도세 중과 폐지	6~38%		
1주택자 (비과세)	1주택 보유기간: 2년 이상 기존주택 처분기간: 3년 이내	대체취득: 기존주택 취득 후 1년 후에 취득하는 경우에만 처분기간 3년 인정		2012년 6월 29일~
비사업용 토지	2014.12.31.까지 기본세율 적용 (지정지역 제외)	장기보유특별공제 배제		
중과대상	일반 부동산 중 미등기: 70% 1년 미만: 50%, 2년 미만: 40%	장기보유특별공제 배제		

출처: 국세청(http://www.nts.go.kr) (2015.01.14. 검색).

도 위배된다. 세 번째, 양도가액 9억 원 이상이라는 고가주택의 판단 기준이 양도 당시의 시가(양도가액)이므로 취득 시 일반주택이 양도 시 고가주택으로 바뀔 경우, 주택소유자는 예측하지 못한 양도소득세 부담으로 주택의 매각을 보류하거나, 동일한 주거서비스를 제공하는 주택으로의 이전이 불가능할 수 있다. 고가주택은 양도차익이 적게 나더라도 일부가 과세대상이 된다. 가격이 높은 주택을 매매하는 것과 매매에 따른 자본이득이 크다는 것은 다른 사안임에도 불구하고 고가주택으로 판정되면 '응능부담의 원칙'과 반대되는 불합리한 결과가 발생하는 것이다. 마지막으로 1세대 1주택 비과세혜택은 역으로 보면 다주택자의 중과세와 맞물린다. 2014년 1월부터 다주택자에 대한 중과세가 폐지되었지만, 그전까지 조세부담의 집중화 현상은 상당히 심하여 2009~2012년 양도소득세 납세자의 2~3%가 징수세액의 50%를 부담하였다(손재영 외, 2012). Musgrave and Musgrave(1984, 손재영 외, 2012 재인용)에 의하면 '좋은 조세구조'란 자신의 공평한 몫(fair share)을 부담하는 것이기에 소수의 납세자들에게 대부분의 양도세부담을 지우게 하기 보다는 과세베이스의 확대를 지향하여야 할 것이다.

자본이득은 물가인상 등에 의한 이익이 상당부분 포함되어 있고, 처분시점에서 일시에 과세되기 때문에 누진세율 체계 하에는 지나치게 조세부담이 커질 수 있는 '결집효과'가 있다. 이러한 두 가지 문제를 해결하기 위하여 현 양도소득세제도는 3년 이상 보유한 건물, 토지, 주택에 대하여 장기보유특별공제 제도를 운영하고 있다. 그런데 1세대 1주택의 경우 연 8%, 최대 80%를 그 외에는 연 3%, 최대 30%를 양도차익에서 차감하여 과세표준을 결정하므로 1세대 1주택의 공제율은 현재의 인플레이션을 고려할 때 지나치게 높은 경향이 있다. 이에 비해 다주택 소유자는 보유기간이 길다고 해도, 그 기간 중에 인플레이션을 충분히 반영받지 못할 가능성이 있다. 더구나 장기보유특별공제의 도입취지인 인플레이션으로 인한 명목이득 과세를 조정하는 역할에 비추어 볼 때, 비사업용 토지의 공제적용 배제는 타당하지 않다고 판단된다.

출처: 손경숙 · 김지현(2015)에서 부분 발췌.

2. 토지이용규제의 영향분석

1) 용도지정의 효과

토지이용규제의 구체적 수단은 여러 가지가 있을 수 있으나, 우리나라를 비롯하여 가장 보편적인 것은 용도지역제이다.[5)]

어느 지역의 토지가 제1전용주거지역과 제2전용주거지역의 두 가지 용도로만 사용되고 있다고 가정하자. 제1전용주거지역은 단독주택 중심의 주거환경을 보호하기 위한 지역이고, 제2전용주거지역은 아파트와 같은 공동주택 중심의 지역이기

5) 2002년 제정된 「국토의 계획 및 이용에 관한 법률(국토계획법)」은 전국토를 포괄하는 기본적인 용도지역 · 용도지구 · 용도구역을 지정하도록 하고, 각종 개별법에 의해서도 용도지역 · 용도지구 · 용도구역 등을 구획 · 지정할 수 있도록 하고 있다. 여기서는 이정전(2006)의 용도지역제의 경제적 효과에 대한 설명을 소개하기로 한다.

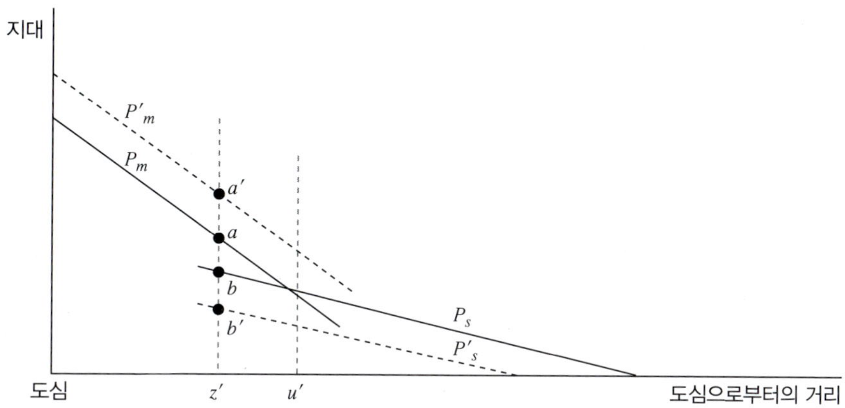

그림 15-7 용도지정의 효과

출처: 이정전 (2006). 토지경제학. 박영사.

때문에 각각의 용도에 대한 입찰지대곡선은 [그림 15-7]에서 보이는 바와 같이 P_m(아파트주거지역)와 P_s(단독주택주거지역)라고 가정하자. 이에 따라 도심지로부터 u'까지는 아파트주거지로, u'의 밖은 단독주택주거지로 이용될 것이다. 왜냐하면 아파트용 토지는 고밀도로 이용되기 때문이다.

그런데 정부에서 z'까지를 제2전용주거지역으로 지정하게 되면 어떤 변화가 발생할 것인가? 결론부터 이야기하면 지가상승으로우발이익을 얻는 지역과 지가하락으로 우발손실을 입게 되는 지역 간의 형평성의 문제가 발생하게 된다. 토지이용규제가 없었을 경우 아파트용 토지로 이용되었을 z'부터 u'까지의 토지가 단독주택주거지로 이용될 수밖에 없게 되므로 이 지역의 지가는 전반적으로 떨어지게 된다. 즉 z' 지역의 지가는 종전에는 az'이었지만 이제는 bz'로 떨어진다. 따라서 얼핏 보면 토지소유자는 최대 ab만큼 손실을 입게 된다.

하지만 토지이용규제의 효과는 토지에 대한 수요의 전반적 변화를 야기하므로 여기서 그치지 않는다. 우선 아파트를 건설할 수 있는 지역이 축소되었으므로 이 지역의 지가는 더욱 상승하게 되고 반대로 단독주택용 토지의 공급이 그만큼 늘어났기 때문에 지가는 더 하락한다. 따라서 [그림 15-7]에서 점선으로 나타난 아파트용 토지가격 상승으로 인하여 새로운 입찰지대곡선 P_m' 이 되고 반대로 단독주택용 토지공급이 z' 부터 u' 까지의 증가한 만큼 입찰지대곡선이 P_s' 로 하락하게 될 것이다. 그 결과 도심으로부터 z' 까지의 토지소유자들은 aa' 만큼의 지가상승으로 인한 우발이익을 얻게 되고, 반대로 z' 밖의 토지소유자들은 bb' 만큼의 지가하락으로 우발손실을 입게 될 것이다. 토지이용규제로 인한 우발이익과 우발손실의 문제와 갈등은 두 용도가 인접한 접경지대에서 가장 첨예하게 발생하게 된다. [그림 15-7]에서 z' 부근의 단독주택토지의 소유자들은 종전에는 똑같이 아파트용 토지였는데 토지이용규제로 z' 바로 안의 토지는 지가가 $a'z'$ 이고 z' 바로 밖의 지가가 $b'z'$ 이 되기 때문에 결국 $a'b'$ 만큼 우발손실을 입게 되었다고 주장할 수도 있다. 하지만 이해당사자가 아닌 경우는 토지이용규제전의 상태를 기준으로 삼아 사실상의 우발손실은 ab' 라고 주장할 것이다. 물론 나름대로 양자 간에 내세우는 이유가 반드시 틀리다고는 볼 수 없다. 이에 따라 입장차이 간 갈등이 빚어지게 될 수도 있다.

2) 건축물 규제의 효과

이번에는 또 다른 형태의 토지이용규제방법으로 대지면적이나 건폐율 또는 용적률 등 토지구획이나 건축물에 대한 규제가 어떠한 효과를 나타내고 있는지에 대하여 알아보자.

우선 정부의 용적률 규제에 대한 효과는 9장에서 설명한 디파스퀠리와 위튼(1996)의 개발밀도모형을 이용하여 설명할 수 있다. [그림 15-8] 위에 있는 그림에 보이는 주택의 지불용의가격선(P)은 주택용적률(바닥면적/토지면적, FAR)의 함수로서 용적률이 올라갈수록 주택단위면적당 가격이 떨어지고 있다. 그 이유는 다른 모든 조건이 동일할 때 가구들은 보다 큰 면적이거나 더 낮은 주거밀도를 선호하기 때문이다.

반면 주택건설비를 반영하는 곡선(C)은 개발밀도가 높을수록 더 높은 비용이 요

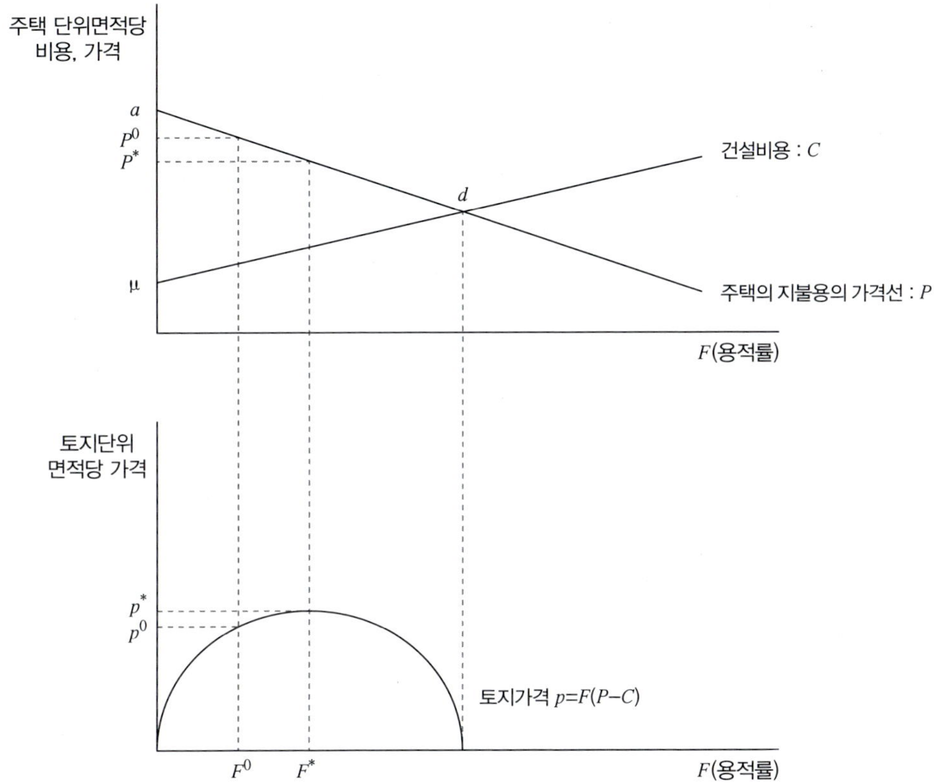

그림 15-8 용적률 모형

구되기 때문에 용적률이 올라갈수록 건설비용도 올라가게 된다. 주택단위면적당 이익은 그림에 보이는 바와 같이 단순히 P와 C곡선의 차이에서 발생하게 된다. 즉 d보다 낮은 용적률에서는 주택가격이 공사비보다 높기 때문에 주택을 건설하게 되면 이익을 낳을 수 있지만, d보다 높은 용적률에서는 공사비가 주택가격을 초과하게 되기 때문에 더 이상 이익을 기대할 수 없게 되는 것이다. 따라서 d 이상의 용적률로 주택건설은 이루어질 수 없게 된다.

한편 [그림 15-8]에서 둥근모양의 p곡선은 토지단위면적당 이익을 나타내는데 8장에서 이미 설명한 것처럼 용적률(F)을 위 그림의 주택 바닥면적의 단위규모에 이익을 곱함으로써 p를 유도한다.

최적의 용적률 F^*에서 주택개발은 토지단위면적당 최고의 이익 p^*를 만들어낸다. 정부의 개입이 없다면 F^*는 개발업자들에 의해 선택된 용적률 또는 밀도의 수준이 될 것이며 p^*는 토지에 대한 경쟁적인 시장가격이 될 것이다. 그런데 정부가 시장에 개입하며 용적률을 F^0으로 하향조정($F^0 < F^*$)하도록 하였다고 하자. F^0에서 토지의 가격(또는 이익)은 단지 p^0이며 이는 p^*보다 낮은 수준이다. 이를 다시 위의 그림으로 이동시켜 보면 주택단위면적당 가격이 상승($P^0 > P^*$)하게 되는 것을 발견할 수 있다.

이상과 같이 정부가 개입하여 용적률을 지나치게 하향조정할 경우 오히려 주택가격을 상승시키고 미개발토지의 가치를 감소시킬 수 있다는 것을 알 수 있다.

최막중(2001)은 수도권을 대상으로 용적률 및 개발용도 규제강화가 주택가격과 지가에 미치는 영향을 이론적으로 분석하였는데, 주택가격이 상승할 때, 가구들이 동일한 효용수준을 유지하기 위하여 다른 지역으로 이주할 것인가, 계속 남아 거주할 것인가에 따라 개방형 도시(open city)와 폐쇄형 도시(closed city)로 구분하여 모형을 상정하였으며 그 결과는 〈표 15-2〉와 같다.

표 15-2 주택용적률 및 개발용도 규제강화가 주택가격과 지가 변화에 미치는 영향

해당 시/군/구			개방형도시		두 지역모형				폐쇄형 도시	
			서울시		경기도		수도권			
용적률 규제강화	주택가격	주택소유자	·	·	상승	+	상승가능성	(+)	상승	+
		세입자		·		-		(-)		-
	지가	토지소유자	하락	-	상승?	(+)?	상승가능성	(+)	상승	+
개발용도 규제강화	주택가격 (기개발지)	주택소유자	·	·	상승	+		+	상승	+
		세입자		·		-	상승	-		-
	지가(기개발지)	토지소유자	·	·	상승	+	상승	+	상승	+

주: +: 편익, −: 비용

출처: 최막중 (2001). 용적률 및 개발용도규제의 변화가 주택가격과 지가에 미치는 영향에 관한 이론적 분석. 국토계획. 대한국토 · 도시계획학회지, 36(3), p.97.

이에 따르면 용적률 규제의 변화에 따른 주택가격과 지가의 변화는 인구나 경제활동 규모 등에서 용적률 규제가 변화되는 지역이 동일 주택과 토지시장권내에서 차지하는 상대적인 크기, 용적률 규제의 변화 강도의 측면에서 동일 주택 및 토지시장권 내 다른 지역에서 시행 중인 용적률 규제 수준과의 상대적인 차이, 동일 주택과 토지시장권 내에서 지역 간 주택가격의 상대적인 차이에 따른 주거입지의 이동가능성 등에 따라 다르게 나타난다고 주장하였다.

이는 개별 지방자치단체에서 용적률 규제를 강화 또는 완화하고자 할 때 해당 지자체의 상황뿐만 아니라 주변 지역과의 상대적 관계를 종합적으로 고려하여 규제변화의 효과를 검토하여야 함을 시사한다.

정의철 · 이창무(2004)는 주거의 환경적 측면에 대한 관심이 증대되고 고밀도개발에 대한 기반시설 과부하 등의 문제로 지방정부가 주거지역 세분화에 따라서 용적률을 규제하고 있는데 이러한 규제를 통한 개발밀도의 하향화가 토지단위당 창출할 수 있는 공간규모를 감소시킴으로써 밀도규제에 영향을 받는 토지의 가치를 감소시킬 수 있음을 보여주었다. 물론 이 효과의 크기는 해당 토지의 달성가능용적률 및 추가 달성가능용적률이 밀도규제 강화에 따라 얼마나 영향을 받는지, 그리고 밀도규제 강화로 인해 추가적으로 창출될 수 없는 공간(예를 들면 주택)의 규모 및 이로 인한 주택공급 감소가 주택서비스의 임대료를 얼마나 변화시키느냐에 따라 차이는 있다.[6)]

건축규제는 해당 주택과 토지의 가격변동만을 유도하는 것으로 그 파장이 끝나지 않는다. 예를 들어 어느 지역의 토지이용이 [그림 15-9]에서 보이는 것처럼 도심에서 z까지의 토지는 오피스용(P_u), z에서 z'까지는 주거지용(P_s), z'밖은 농업용(P_a)으로 이용된다고 가정하자. 여기서 실선은 각 용도별 토지의 입찰지대곡선이다.

그런데 이 지역의 공공재 확보 또는 환경개선의 여러 가지 명분으로 지방정부에

6) 정의철 · 이창무 (2004). 잠재개발밀도가 지가에 미치는 영향 분석. 국토계획, 제39권 2호. 대한국토도시계획학회.

서 주거지용 토지의 평균밀도를 낮추기 위해서 최소건축대지면적에 대한 제약을 가했다고 하자. 이렇게 되면 주거지 안에 이미 개발된 토지의 지가는 상승할 것이다. 반면 미개발에 대한 택지개발수요는 하락할 것이다. 지가가 충분히 하락해 주지 않으면 새로운 최소대지면적 규제에 부합한 주택건설의 채산성이 없어지기 때문이다. 결과적으로 개발되지 않은 택지의 지가하락은 일부 지역의 지가상승을 압도하여 주거지용 토지곡선은 [그림 15-9]의 점선으로 나타낸 새로운 입찰지대곡선 P_s'가 된다.

한편, 건축규제가 없었을 경우 구 주거지에서 살 수 있었던 사람들은 신규주택이 더 이상 공급되기 어렵게 되므로 도심이나 외곽으로 이동하게 된다. 이에 따라 도심지역이나 외곽의 농촌지역에 택지수요가 증가하게 되고 결국 도심과 외곽지역의 지가가 상승하여 각각 새로운 입찰지대곡선인 점선 P_u'와 P_s''가 된다. 결과적으로 도심의 토지는 더 고밀도로 이용되게 되고, 종래 농업용 토지였던 z'에서 z''까지의 토지는 새롭게 주거지로 이용되는데 오히려 기존의 주거지보다 고밀도로 이용될 가능성이 높다.

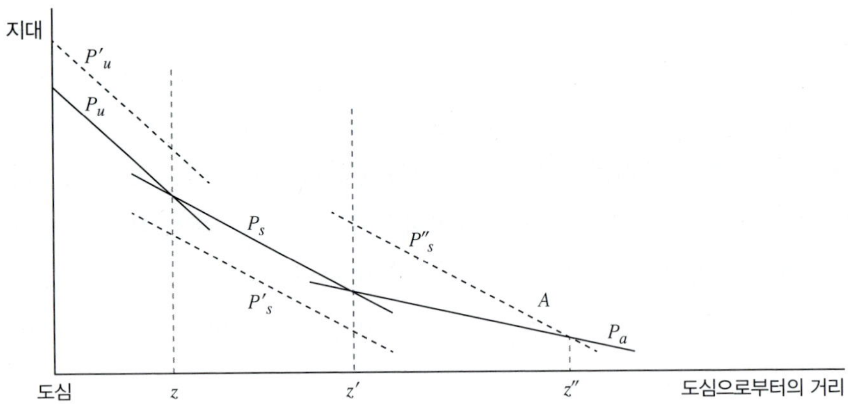

그림 15-9 건축규제의 효과

디파스퀠리와 위튼(DiPasquale & Wheaton, 1996)의 모형에서 설명한 바와 같이 토지와 주택시장을 제대로 고려하지 못한 용적률의 지나친 하향조정은 장기적으로 주택가격 및 임대료를 상승시킬 가능성이 있다. 또한 이정전(2006)에서 나타난 바와 같이 토지이용규제는 해당 지역의 지가를 떨어뜨리기도 하지만, 많은 경우 기존 주거지의 지가를 올리거나 택지로 개발가능한 주변지역의 지가를 인상시키는 경향이 있다. 이는 사회적으로 형평의 문제를 악화시키는 결과를 초래할 수 있다.

3. 분양가규제의 효과

주택수요금융이 제대로 발달되지 못했던 1970년대 주택가격이 크게 상승하자, 정부에서는 주택가격의 상승을 억제하고 무주택자의 주거안정을 위한다는 목적하에 일률적으로 공동주택의 분양주택가격을 균형시장가격보다 낮은 임의의 수준으로 통제하는 이른바 분양가상한제를 실시하였다. 분양가규제는 정부가 인위적으로 주택가격을 규제하기 때문에 시장에 미치는 영향력이 대단히 크다.

1) 신규주택의 공급감소와 품질저하

분양가상한제는 신규분양주택을 시장가격보다 저렴하게 구입할 수 있는 일종의 '최고가격제(price ceiling)'이다.[7] [그림 15-10 (a)]에서 분양가격이 시장에서 이루어지는 가격 P_N^* 보다 낮은 P의 수준으로 통제가 되면 가격하락으로 주택건설업체는 더 이상 Q_N^* 만큼의 주택을 공급할 수 없게 된다. 일반적으로 물가와 주택자재비는 시간의 변화에 따라 오르기 마련인데 가격규제로 인하여 신규주택의 분양가격

7) 최고가격제란 어떤 재화의 판매가격에 대하여 법정 최고치를 설정하는 것이다. 이에 반하여 최저가격제(price floor)란 어떤 재화의 판매가격의 법정 최저치를 정부에서 강제적으로 설정하는 것을 말한다.

이 이를 반영하지 못하다면 건설업체는 공급이 위축되기 때문이다. 이에 주택공급량이 감소하게 된다.[8] 또한 분양가상한제를 실시하게 되면 공급자는 재화나 서비스의 질을 낮추더라도 정부의 통제가격이 소비자의 최대 지불의사액(willingness to payment)보다 낮기 때문에 소비자는 불만을 갖지 않는다. [그림 15-10 (a)]에서 분양가 상한선 P에서 주택공급량이 Q_{N1}일 때, 소비자는 신규주택에 대하여 P_{N1}까지 지불의사가 있기 때문에 신규주택의 품질을 낮추더라도 분양에는 문제가 없게 되는 것이다. 공급자가 주택품질을 낮춘 결과 한계비용이 하락하게 되면 공급곡선이 S_N에서 S_N'로 이동할 것이다.[9]

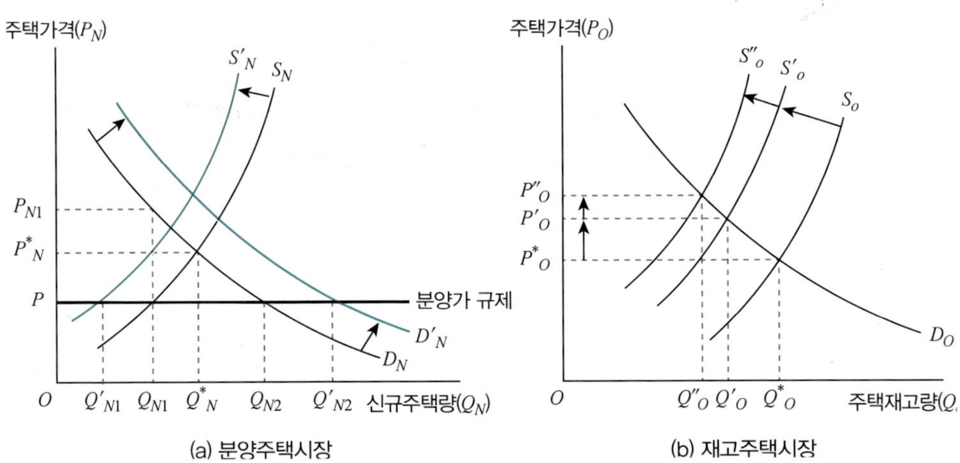

그림 15-10 분양가규제가 분양주택시장과 재고주택시장에 미치는 효과

8) 주택공급의 감소효과는 특히 민간택지에 주택을 건설할 때 나타날 가능성이 크다. 그 이유는 일반적으로 주택건설비에서 택지비용이 60% 이상을 차지하며, 민간택지의 경우 정부가 제시한 가격(감정평가가격 또는 이의 120%에 해당하는 실 구입가격)과 기업이 택지확보를 위해 투입한 실제 비용 간의 불일치가 크기 때문이다. 반면, 공공택지의 경우 기업의 실제 구입비용과 정부가 제시한 가격 간에 차이가 없으므로 공공택지를 매입하여 주택을 건설할 경우, 정부가 정한 건축비 한도 내에서 건축을 할 수 있다면 사업위험 없이 주택을 공급할 수 있으므로 분양가상한제에도 불구하고 주택공급량 감소가 크지 않을 수도 있다.

9) 물론 소비자가 분양가상한제로 신규주택의 품질이 하락하였다는 것을 인식하게 된다면 소비자의 지불의사액도 낮아져 수요곡선이 좌하향(左下向)으로 이동할 수 있다. 이런 과정을 거쳐 소비자는 정부의 통제가격에 해당하는 품질이 저하된 주택을 낮은 가격에 구입하게 된다.

분양가상한제로 인한 주택품질저하의 문제와 공급량 감소문제는 상호 대체적인 성격을 갖고 있다. 즉 주택공급자는 품질저하를 통해 한계비용을 낮추게 되므로 공급량 감소효과는 줄어들게 되나, 품질저하를 통해 한계비용을 낮추기 어렵다면 공급량을 감소시키게 된다. 분양주택의 경우 감추어진 특성에 의한 정보의 비대칭(asymmetric information)이 존재할 가능성이 크기 때문에 분양가상한제의 실시는 주택공급자로 하여금 신규주택의 품질을 낮추려는 동인으로 크게 작용할 가능성이 있다. 수분양자는 신규주택의 부실시공 여부를 알기 어렵기 때문이다. 실제로 건설사를 대상으로 실시한 설문조사에서 약 38.9%에 해당하는 건설사들이 분양가상한제가 실시되면 브랜드 품질이 하락하게 될 것이라는 의견을 보인 바 있다.[10] 역으로 손재영(2009)은 실증분석을 통하여 분양가가 자율화되었던 시기 신규아파트의 품질이 향상되어 시장가격에 반영되었다는 것을 밝힌 바 있다.

2) 신규주택의 배분문제와 분양프리미엄

분양가상한제가 실시되면 공급량은 감소하는 반면, 만약 주택품질의 저하가 제한적이라면 수요는 주택가격하락으로 인하여 [그림 15-10 (a)]에서 보이듯이 Q_{N2}로 증가하기 때문에 결국 만성적인 초과수요($Q_{N2}-Q_{N1}$)가 존재하게 된다. 이 경우 분양경쟁률은 $\frac{OQ_{N2}}{OQ_{N1}}:1$이 된다.

분양가규제가 시행되면 신규주택의 가격은 재고주택의 가격보다 항상 낮기 때문에 시장균형가격에서 주택을 구매할 의사가 없던 가구들조차 낮은 분양가격으로 인하여 자본이득(capital gains)을 추구할 수 있게 된다. 만약 청약과 전매에 대하여 어떠한 제약도 없다면 자산의 무위험차익거래(arbitrage trade)가 가능하기 때문에 자본이득을 추구하는 투자자 또는 소위 투기수요가 신규 분양주택시장으로 몰

10) 주택산업연구원, 한국건설산업연구원 (2008). 주택공급규제 개선을 위한 토론회.

리게 된다. 분양주택에 대한 투기수요는 분양가와 시가(時價)의 차이가 클수록 증가하기 마련이므로 분양주택에 대한 수요는 더욱더 확대되어 수요곡선이 D_N에서 D_N'로 이동하게 된다. 한계비용 하락으로 공급곡선이 S_N'로 이동하였다면 그 결과 분양시장에서 초과수요가 $(Q_{N2}'-Q_{N1}')$으로 확대된다.

이처럼 신규분양주택의 배분기준은 수요자들의 행동에 영향을 미치게 될 것이며 이러한 행동변화는 새로운 자원배분의 비효율성문제를 야기할 수 있다. 초과수요량이 어느 정도 존재하는 가는 시장균형가격과 정부통제가격간의 격차, 그리고 공급자의 품질저하 정도와 이에 대한 소비자의 인식 정도에 따라 달라진다. 즉 시장균형가격과 정부통제가격 간의 격차가 클수록 초과수요가 커지게 되며, 반대로 신규주택의 품질저하를 소비자들이 잘 알수록 초과수요는 줄어들게 된다.

정부에서는 분양가상한제로 인한 자본이득을 추구하는 수요의 진입을 막고 실수요자들에게 신규주택이 배분될 수 있도록 청약제도 변경과 전매제한강화 등 또 다른 규제를 강화하게 된다.

신규주택의 배분문제는 분양프리미엄과 밀접한 관련이 있다. 언급하였듯이 분양가상한제로 인하여 통제된 분양가(P)와 소비자들의 지불용의액(P_{N1}) 간에는 차이가 발생하게 되므로 분양을 받은 사람은 $(P_{N1}-P)$에 해당하는 자본이득을 얻게 되는데 이를 분양프리미엄이라고 한다. 분양프리미엄은 일반적인 재화에 대해서는 암시장(black market)이라는 단어로 설명되는데 첫 번째 매입자(수분양자)가 또 다른 수요 측에서 제시하는 높은 가격에 주택을 재매각할 수 있음을 뜻한다.[11)]

분양프리미엄이 존재하는 근본적 원인은 분양가상한제에 따른 공급량 감소이다. 따라서 공급량 감소효과가 크지 않다면 분양프리미엄의 크기도 크지 않게 된

11) 분양가규제로 인한 분양프리미엄의 문제는 판교 신도시 개발과정에서 그대로 나타난 바 있다. 당시 정부는 서민을 위시한 실수요자의 당첨확률을 높이기 위하여 1가구 2주택자에게는 청약기회를 아예 주지 않았고 중소형 주택당첨자들에게는 5년, 중대형 주택당첨자에게는 10년 동안 주택매각을 금지시켰다. 또한 국세청까지 동원하여 당첨자들을 대상으로 투기조사까지 벌이기도 하였다. 그럼에도 불구하고 수많은 사람들이 판교분양 청약에 참가하였고 수분양자들은 마치 '로또'에 당청된 것처럼 기뻐하였다. 이는 분양가상한제로 인한 분양프리미엄이 얼마나 많은 사람들을 주택시장에 수요자로 진입시키며 이로 인하여 시장이 왜곡되고 있는 것을 보여주는 것이라 하겠다.

다. 또한 분양프리미엄의 크기는 분양가상한제에 따른 공급량 감소효과, 수요곡선의 탄력성, 신규주택의 품질, 소비자의 인지들에 따라 달라진다.

3) 재고주택가격의 상승

경제학적 관점에서 신규주택과 재고주택은 대체재이기 때문에 두 재화의 시장은 상호연관성이 있다. 즉 분양경쟁률이 높아져 신규분양으로 주택을 매입한다는 것이 복권에 당첨되는 것처럼 어려워지게 되면 수요자들은 분양시장에서 재고주택으로 관심을 돌리게 된다. 이에 따라 재고주택 보유자들은 신규주택의 공급이 한정되는 반면, 수요가 증가함으로써 향후 주택가격이 상승할 것이라는 기대감을 갖게 된다.[12] 이에 따라 시장에 주택매물이 줄어들게 되어 [그림 15-10 (b)]에서 공급곡선이 S_O에서 S_O'로 이동하게 되고 재고주택시장의 가격은 P_O^*에서 $P_O^{*\prime}$로 상승하게 된다. 물론 S_O''로 공급이 더 감소함다면 가격도 P_O''로 상승할 것이다.

그런데 재고주택가격의 상승은 다시 분양주택에 대한 투기적 수요 형성에 이바지하게 된다. 왜냐하면 재고주택의 가격상승은 신규주택의 가격을 상대적으로 더 낮추게 되므로 실수요자이든 투자수요자이든 신규주택을 분양받게만 되면 상당한 분양프리미엄이 예상되기 때문이다. 분양주택의 수요증가는 또다시 분양경쟁률을 높여 분양주택의 수요곡선을 우상향 이동시키고, 이에 따라 재고주택의 공급곡선을 또다시 좌상향 이동시킴으로써 분양경쟁률을 높이는 악순환(vicious cycle)현상이 발생할 수 있다.[13]

12) 김지현 · 최윤영(2015)의 실증연구에 의하면 주택가격이 상승할 것이라는 기대감이 커질수록 주택거래량이 감소하는 것으로 나타났다.

13) 주택공급이 전반적으로 부족한 시기는 이런 현상이 현저하게 나타날 수 있으나, 주택보급율이 100% 이상이 된다면 반드시 분양주택이 재고주택의 가격과 연동된다고 할 수 없다.

4) 우리나라의 분양가규제

1977년 '주택가격의 상승을 억제하고 무주택자의 주거안정을 위하여' 일률적으로 공동주택의 분양가격에 상한선을 설정하는 신규주택의 분양가규제가 최초로 도입되었다. 그러나 앞서 설명한 것처럼 분양가규제는 정상적인 시장의 가격기능을 허용하지 않음에 따라 주택시장 전반이 왜곡되는 문제가 사회적으로 점차 심각해지게 되었다. 이에 1989년 정부는 '주택 200만 호 건설'을 추진하면서 건설사를 유인하기 위하여 분양가격을 택지비 및 건축비를 합한 가격이하로 연동시키는 원가연동제를 도입하여 분양가규제에 다소간 융통성을 주었다. 그럼에도 불구하고 1990년대 들어 계속적인 주택공급 감소와 건설사 수익성 악화로 인하여 건설업체의 도산이 심각해지게 되자, 1995년 양질의 주택공급을 확대하고 주택산업의 선진화를 위해 일부지역 85m^2 이하의 주택분양가격을 자율화하기 시작하였다. 분양가 자율화는 점차 확대되어 1999년 국민주택기금의 지원을 받는 60m^2 이하의 주택을 제외하고 모든 신규주택에 적용됨으로서 분양가규제는 사실상 폐지되었다.

표 15-3 서울시 아파트의 평당 분양가와 도시근로자 및 물가상승률 (단위: 만 원, %)

구 분	1998년	1999년	2000년	2001년	2002년	2003년
평당 분양가	543	632	686	687	823	1,102
	100.0	116.3	126.3	126.5	151.5	202.9
도시근로자소득	213	222	238	261	279	282
	100.0	104.2	111.7	122.5	130.9	132.3
물가상승률	100.0	100.8	103.4	107.9	111.4	115.7

출처: 국토교통부 주택국, 통계청, 김용창 (2004). 한국의 토지 주택정책. 부연사. 재인용.

그러나 분양가격을 자율화한 이후 분양가격이 상승하고 이에 따라 재고주택가격까지 상승하게 되면서 사회적 갈등을 야기하게 되었다. 실제로 1998~2003년까지 물가상승은 약 15%에 불과하였으나 같은 기간 동안 서울시 아파트의 분양가격은 약 103%나 상승하였다(〈표 15-3〉 참조).

이에 따라 시민단체에서는 현 선분양제도하에서 건설업체들은 건설가에 적정이윤을 더한 것으로 분양가격을 책정하는 것이 아니라, 인근 주변 주택의 시세 및 프리미엄까지 고려하여 분양가격을 책정함으로써 주변 아파트가격까지 상승시켜 주택시장 전반을 불안하게 만들고 있다고 하면서 분양원가공개 및 분양가규제의 재도입을 강력하게 주장하게 되었다.

분양가규제에 대한 사회적 요구가 점차 커지게 되었고 주택가격 상승에 따른 정치적 부담감으로 정부는 2005년 분양가 원가연동제와 분양원가를 일부 공개하는 분양가규제를 재도입하였다. 분양규제 대상은 점차 확대되어 2006년부터 공공택지의 모든 분양주택, 2007년부터는 민간택지에서 건설 · 공급되는 20세대 이상의 모든 공동주택까지 분양가상한제를 적용받고 있었다. 그러나 2010년대 들어 경제전반을 위시한 부동산시장의 침체가 지속되면서 부동산규제가 점차적으로 완화되면서 분양가규제도 완화하여야 한다는 주장이 지속적으로 제기되고 있다. 그러나 몇몇 시민단체를 위시한 분양가규제 옹호론자들은 분양가규제는 주택가격을 안정화시키는데 기여할 수 있다고 주장하고 있는데 이는 앞서 살펴본 경제학적 관점과 상이한 부분이 있다. 이처럼 분양가규제가 주택가격을 안정화시킬 수 있을지, 반대로 주택공급을 축소시켜 장기적으로 주택가격을 상승시킬 것인지에 대하여 상반된 주장이 맞서고 있는 가운데 학계에서는 신규아파트의 분양가격이 주변의 재고아파트의 가격상승을 부추긴다고 보기는 무리가 있다는 실증연구들이 발표되고 있다.[14] 이들 연구들은 신규아파트가 분양된 후 가격이 상승하는 이유는 개별 주택

14) 대표적인 연구들은 다음과 같다.

이창무 · 나강열 · 구자훈 (2004). 아파트 분양가조정과 개발이익분배. 주택연구, 제12권 2호, 한국주택학회, pp.89~110.

권태연 · 이창무 · 최막중 (2004). 아파트 분양가와 입주 후 시장가격 간의 관계분석. 국토계획, 제39권 7호, 대한국토 · 도시계획학회, pp.159~173.

윤승봉 · 장봉규 · 정창무 (2005). 서울시 분양아파트시장의 평형별 분화에 관한 연구. 국토계획, 제39권 1호, 대한국토 · 도시계획학회, pp.235~249.

김지현 · 최충익 (2007). 아파트 분양가격과 건설사 수익성간의 관계에 대한 연구. 한국지역개발학회지, 제19권 2호, 한국지역개발학회, pp.33~56.

김성욱 · 김지현 (2010). 주택분양시장 추이를 통해서 본 분양가상한제의 의의와 한계: 공분산분석을 이용하여. 한국지역개발학회지, 제22권 3호, 한국지역개발학회, pp.97-118.

이 속한 지역시장에서 완공 후 사람들이 기대하는 분양프리미엄을 반영한 것이며 재고아파트의 가격은 각 지역시장의 수요특성에 따라 형성된다고 보는 것이 합리적이라고 보고 있다. 특히 김성욱 · 김지현(2010)은 2007년 재도입한 분양가상한제는 가격상한이 부동산시장에 영향을 줄 만큼 낮게 설정되지 않은 경우가 많기에 규제의 효과성에 대하여 강한 의혹을 제기하고 있다. 또한 권주안(2006)은 수량 면에서 신규분양주택은 전체 주택의 3%에도 미치지 못하므로 분양주택이 재고주택 가격에 영향을 미치는 데 한계가 있으므로 효과가 있더라도 미미하다고 하였다.

결과적으로 이들 연구들은 신규아파트의 분양가격을 규제한다고 해도 주변 아파트 가격변동에 대한 소비자들의 기대로 인하여 입주시점에 신규아파트의 가격이 상승하므로 주택시장 안정화에 기여하는 바가 별로 크지 않다고 주장하고 있다.

분양가규제개혁의 방향

분양가규제는 주택가격 결정구조를 왜곡시켜 주택공급의 감소와 품질저하 및 투기적 수요를 증가시켜 주택가격안정이라는 정책의 도입목적과 반대로 오히려 주택시장의 불안을 조장하는 결과를 초래할 수 있다. 이에 시장의 자율적 기능을 복원하여 가격기능이 제대로 역할을 수행하여 자원배분을 효율적으로 도모할 수 있도록 분양가규제를 전면적으로 폐지하는 것이 바람직하다고 본다. 만약 규제를 당장 폐지할 수 없다면 부분적으로 보완하여 시장기능에 가까운 결과를 도출할 수 있도록 분양가규제를 완화하여야 할 것이다.

분양가규제의 완화 내지 폐지 후 발생하는 행정규제의 공백은 시장의 자율규제(self-regulation)의 강화에 의하여 보완되어야 할 것이다. 시장의 자율규제는 사후적 규제로 실효적인 '시장에서의 상시규제'를 의미한다. 이는 분양가가 자율화될 경우 건설업체의 자유로운 경제활동이 보장되지만 이에 따른 책임이 강화되어야 한다는 것을 의미하는 것이기도 하다. 예를 들어 건설업체에서 지나치게 높은 분양가를 산정하지 않도록 업계 스스로의 규율이 강화되어야 할 것이다. 또한 주택공급은 사업위험과 분양시장에서의 판매경쟁 및 지역별, 규모별 주택수요의 차이를 고려하는 등 보다 사업성을 철저하게 분석하여 이루어져야 할 것이다. 한편, 정부는 부동산시장에서 기본적으로 준수해야 할 기준 내지 틀만을 제시하고 만약 시장에서 이를 준수하지 않을 경우 누구에게 책임이 있다는 것만을 명시하는 '책임의 법리'를 적용하는 것이 바람직할 것이다.

주택시장의 정상화는 건설사와 관련 금융회사의 공정하지만 치열한 협력과 경쟁을 의미하기도 하므로 자율규제의 강화는 건설업계뿐만 아니라 금융기관에서도 필요하다. 즉 사업성에 대한 철저한 분석을 기반으로 대출이 이루어지도록 대출기관의 책임 있고 전문적인 의사결정이 요구된다. 궁극적으로 시장경쟁에서 살아남지 못한 기업은 자연적으로 도태되어야 할 것이다. 정부는 시장기능을 인정하여 시장의 경쟁과 차별화 기능을 유지하고 보다 잘하는 경제주체가 그만큼 더 보상받는 사회적·경제적 시스템을 구축하는 것이 가장 중요한 역할임을 인식하여야 할 것이다. 이에 모든 건설회사와 대출기 관을 살리기 위하여 국민의 혈세를 이용하여 대책을 수립하기 보다는 분양가규제와 같은 시장경제 원리와 맞지 않는 불필요하고 과도한 규제를 제거하는 것이 필요하다. 이와 함께 현재와 같이 금융시장의 불안이 고조되는 상황에서 주택투기를 차단하고 주택시장의 부실이 금융시장에 전이되지 않고 금융시장의 과잉유동성 문제가 주택시장을 교란시키지 않도록 주택담보인정비율(LTV)과 총부채상환비율(DTI) 등의 금융규제는 존치 또는 강화하는 것이 필요하리라 본다. 이것이 규제의 투명성, 일관성, 형평성을 추구하는 규제 합리화가 될 것이다.

그러나 주택은 가치재(merit goods)의 성격을 가지고 있다는 사실을 주목해야만 한다. 가치재란 공익성이 크게 요구되는 상품이지만 시장에서 생산되고 소비되는 상품을 말한다. 가치재는 시장기재에 의하여 배분될 경우 효율성을 추구할 수는 있지만 형평성 측면에서 바람직하지 못한 결과를 초래할 수 있다. 따라서 정부와 민간 기업이 함께 공급자로 등장하는 경우가 많다. 분양가규제와 같은 시장왜곡과 비효율성을 야기하는 규제를 폐지하여도 정부개입은 계속 유지되어야할 필요가 여기에 있는 것이다. 이에 분양가규제개혁은 '정부와 민간의 역할을 재정립하기 위한 노력'으로 간주되어야 할 것이다. 여기에서는 정부와 시장이 주택시장을 공동관할하는 협치(governance)의 모형을 적용할 것을 제안한다.

우선, 민간건설업체가 보다 적극적으로 주택공급을 할 수 있도록 관련 규제를 완화하여 합리적인 분양가산정을 유도하도록 하고, 정부에서는 공공주택이나 사회적 취약계층을 위한 주택공급에 보다 집중함으로써 시장과 정부의 효율성을 증대시키도록 한다. 분양가 산정에 있어 택지비가 차지하는 비중을 고려할 때, 보다 저렴하게 택지가 공급되어야 할 것이다. 물론 현재에도 공영개발에 의하여 개발된 택지는 민간주택에 비하여 공공주택에 저렴하게 공급되고 있지만 아직도 택지비가 높다는 의견이 팽배하다. 정부는 공익을 실현한다는 소신으로 가급적 개발이익을 발생시키지 않도록 노력함으로써 국민과 기업들에게 신뢰감을 주어할 것이다.

끝으로 현재의 상황에서 후분양제 도입은 주택사업의 금융비용과 사업 리스크가 커져 분양가를 상승시키고 중소 건설업체에게 피해를 줄 수 있으나, 궁극적으로 주택시장이 안정화되면 후분양제를 전면적으로 도입할 필요가 있다. 후분양제에서 공공 또는 민간건설업체들은 주택의 미래수요에 대한 예측을 통해 주택의 공급물량을 결정함으로써 사업리스크를 피하기 때문에 수요와 공급의 균형을 맞추는 시장의 자율기능이 정상화될 수 있다. 또한 건설사들은 미분양을 우려해 주택품질 향상을 위해서 노력해야 하고 치밀한 사업성 판단 등 경영 효율화를 통해 경쟁력을 강화할 수밖에 없다.

이처럼 정부와 민간이 서로 더욱 잘 할 수 있는 분야에 집중하는 과정이 바로 규제개혁이기도 한다.

출처: 김지현 (2010). '부동산가격규제개혁' 중에서 부분 발췌

Theory of Real Estate Economy

PART

07

부동산투자와 심리

CHAPTER 16 부동산시장과 행동재무론

1. 부동산시장과 심리
2. 행동재무론 소개
3. 처분효과와 부동산시장가격
4. 과도한 자신감과 떼짓기행동에 의한 부동산시장가격 왜곡
5. 부동산시장에서 투자자들의 편향적 사고의 유형

CHAPTER 16 부동산시장과 행동재무론

1. 부동산시장과 심리

부동산시장의 가격결정은 대체적으로 정부정책에 의한 가격결정 요인과 수요-공급에 의한 가격결정 요인에 의하여 정해진다고 볼 수 있다. 역사적으로 봤을 때 우리나라의 정부정책 가격결정은 주로 거래, 보유, 이용에 관한 규제로 인한 부동산시장의 버블현상을 차단하는 정책인 반면에, 수요-공급에 의한 가격결정 요인은 효용 및 유효수요가 영향을 미치며, 상대적 희소성은 공급에 영향을 주어 서로 상호작용에 의해 결정된다고 볼 수 있다. 그러나 이러한 상호작용은 종종 부동산시장의 가격을 왜곡하는 버블현상을 나타나게 하는 원인이 되고는 한다. 본 장에서는 이러한 부동산버블이 왜 나타나는지에 대해 수요자와 공급자 간 투자심리적 측면에서 설명하고자 한다. 실제 금융시장뿐만 아니라 부동산시장에서도 개인투자자의 투자 행태를 살펴보면 이성보다는 감성에 근거한 경우가 많은 것으로 일부 학계 연구(behavioral finance, behavioral economics)에서 나타나고 있다. 합리적인 투자기준과 체계적 원칙에 근거해 매매하는 기관투자자 및 외국인투자자에 비해 개인투자자들은 무분별한 원칙으로 인해 초라한 투자성과를 거두는 경우도 많이 나타나고 있다. 그렇다면 부동산시장의 비효율적 시장가치는 왜 자주 나타나는가? 이에

1) 정성훈 (2011). 부동산시장의 버블현상에 대한 소고 : 투자심리관점에서. 건설정책저널 참조.

대한 해답은 행동재무론(behavioral finance)에서 근거를 찾을 수 있다. 최근 들어 지속적으로 학계에서 새로운 주목을 받고 있는 행동재무론은 이성뿐만 아니라 인간의 감정적인 측면을 연구하는 학문이다. 올센(Olsen, 1998)은 행동재무론을 "인간의 투자행위 이해와 심리적 메커니즘을 금융적으로 판단하는 데 중요한 요인"이라고 정의하였다. 즉, 기존 금융학에서 벗어난 비합리적 현상을 연구하는 금융의 새로운 패러다임이라고 정의한 것이다. 기존의 정통 금융이론으로는 설명되지 않는 이례현상[2]들이 나타나는 원인 중 한 요인이 인간의 지속적이고 체계적인 행동오류에 기인한다고 보았으며, 이러한 현상을 인간의 심리적 측면에서 연구하는 학문분야이다. 행동재무론은 투자자들이 오인된 신념을 갖고 있거나 비이성적 시장현상에 대한 연구모델을 사용하고 있는데, 이 모델은 심리학에서의 판단과 인지오류의 개념을 그 기반으로 하고 있다. 여기에는 과도한 낙관(over-optimism), 과도한 자신감(overconfidence), 인지부조화(cognitive dissonance), 확인오류(confirmation bias), 유지오류(conservatism bias), 근거 찾기(anchoring), 손실회피(loss aversion), 심적 계산(mental accounting), 선호 역전(preference reversal), 대표성 임의부여(representative-ness heuristics), 과잉 · 과소반응(over & underreaction), 군집행동(herd behavior) 등 많은 심리적 요인이 내포되어 있다. 행동재무론에 따르면, 투자자들은 과거의 행복한 경험(가령, 부동산매매 이익)에 대해서는 과도한 낙관론을 가지는 반면, 과거의 불행한 경험(가령, 부동산매매 손실)에는 지나친 비관에 빠지는 경향이 있다고 한다. 결론적으로 이러한 심리적 요인은 투자자의 과거 경험이 현재의 투자의사결정에 많은 영향을 줄 수 있다.

그렇다면 어떠한 심리적 요인으로 부동산시장에서 왜곡현상이 나타나는지 생각해보자. 우선, 부동산시장에서 개인투자자는 왜 기관이나 외국인투자자에 비해 손

2) 효율적 부동산시장에서는 모든 정보가 부동산에 반영되므로 부동산의 수익률이 정상수익률보다 초과수익을 얻을 수 없어야 하지만 어떤 특정한 성격이나 특정 사건을 갖는 부동산들은 효율적 시장에서 위험에 상응하는 정상수익률보다 더 높은 초과수익률을 계속적으로 얻고 있다. 이러한 비정상적인 현상을 이례현상(anomalies)이라고 한다.

실이 많이 발생하는가라는 질문을 던진다면 어떠한 대답을 할 것인가? 추측해 보면, 기관이나 외국인투자자들은 개인투자자들보다 정보력에서 앞서기 때문에, 또는 투자기법이 전문적이기 때문에, 또는 자금력이 크기 때문에 등 여러 요인을 들 수 있다. 이러한 요인들을 일컬어 환경적 요인이라고 한다. 지금까지 학계에서는 환경적 요인에 대해서만 대부분 연구가 진행되어 왔다. 그러나 환경적인 요인의 영향뿐만 아니라 심리적 요인을 간과할 수 없다. 예를 들어, 부동산투자 시 심리적 오류(bias)를 가지고 투자한 건 아닌지, 이익에 대해서는 위험회피적인 성향, 손실에 대해서는 위험추구적인 성향으로 투자한 건 아닌지, 비이성적인 투자자로 투자한 적은 없는지 등 많은 심리적인 요인이 존재한다. 결론적으로 환경적인 요인과 심리적인 요인 때문에 부동산시장에서 개인투자자는 기관이나 외국인투자자에 비해 손실이 많이 발생할 수도 있다. 본 장에서는 환경적인 요인보다 그동안 연구가 미진하였던 심리적인 요인을 분석하고자 한다. 즉 투자자들이 얼마나 더 정확하게 정보를 분석하였는가, 투자성향이 위험을 감수하거나 회피하는가, 예측할 수 없는 투자행동인가 등에 대해서 살펴본다.

2. 행동재무론 소개

1) 행동재무론의 학문적 정의

기존의 정통 재무이론으로는 설명되지 않는 이상현상의 원인 중에 한 요인으로 인간의 지속적이고 체계적인 인지행위적 오류가 지목되고 있다. 이러한 현상을 인간의 심리적 측면에서 연구하는 학문분야를 행동재무론, 약칭 B · F(Behavioral Finance)라고 한다. 여기서 말하는 인간의 지속적이고 체계적인 인지행위적 오류로 나타나는 현상들은 최근까지 연구된 처분효과와 하우스머니효과(house money effect)[3] 등이 있다. 오류가 발생하는 원인은 과도한 낙관과 자신감, 인지부조화, 확인오류, 근거 찾기, 손실회피, 심적계산, 선호역전, 임의부여 등 많은 심리적 요인들 때문이다.

2) 전통적인 재무학

재무경제학의 이론은 2가지 측면에서 합리적이라는 가정을 기초한다. 첫째는 기대효용이론에 따라 의사결정을 한다. 둘째는 미래의 불편(unbiased)을 예측해 극단적인 형태의 모든 것은 이론에 따라 행동한다고 가정하는 것이다. 경제학자들도 극단적인 형태는 비현실적이라고 인정한다. 이는 주위의 많은 사람들이 잘못된 의사결정을 내리는 것을 알고 있기 때문이다. 그러나 '한계투자자'가 합리적인 결정을 내리는 한, 일부 참여자가 최적이 아닌 결정을 내리는 것은 문제가 되지 않는다. 왜냐하면 자산가격은 부동산시장의 대부분인 합리적 투자자에 의해 결정되기 때문이다. 여기서 전통경제학이 주장하는 이론의 본질적인 문제점은 자산 가격이 합리적 투자자에 의해 결정된다고 하더라도 시장에 참여한 개인투자자들의 행동을 이해하는 것은 흥미로운 일이라는 것이다.

시장에 두 종류의 투자자가 존재한다고 가정해 보자. 합리적인 투자자는 전통경제학의 이론대로 행동하고 유사합리적(quasi-rational) 투자자는 올바른 의사결정을 하려고 최대한 노력하지만 예측가능한 실수를 한다고 가정하고, 가치가 동일한 2종류의 자산 X, Y가 존재한다고 하자. 합리적 투자자는 자산의 가치를 올바르게 인식할 것이고 유사합리적 투자자는 자산 X의 가치가 Y보다 높다고 인식한다. 이는 나중에 바뀔 수 있다. 시장에 합리적인 투자자만 존재하는 것과 같이 X와 Y의 가격이 동일하게 되기 위해서는 다음과 같은 필수적인 조건이 필요하다. 첫째, 합리적인 투자자가 '한계투자자'가 되기 위해서는 총자산 측면에서 유사합리적인 투

3) 하우스머니효과란 쉽게 얻었거나 예상치 않게 들어온 돈으로는 고위험자산에 투자하는 경향을 말한다.

자자의 비중이 너무 크지 않아야 하고 공매[4]가 가능하고 이 공매비용은 값이 0이어야 한다. 또한, 합리적 투자자만이 공매가 가능하다. 이는 값이 같으면 유사합리적 투자자는 Y를 공매할 것이기 때문이다. 둘째, 일정기간 후에는 X와 Y의 진짜 가치가 알려져야 한다. 그러나 이러한 가정은 현실성이 없는 가정이다. 즉, 전통적인 재무이론 연구도 중요하지만 행동재무론과 같이 현실성이 있는 연구 또한 중요하다.

3) 행동재무론의 의의

행동재무론은 심리학적 의사결정의 원리를 적용하여 금융시장 참가자들의 행동을 설명하려는 연구분야이다. 인간의 의사결정을 연구하는 형태론적 인지심리학과 재무학을 연결한 것이라고 볼 수 있으며 부동산투자자들이 주어진 정보를 어떻게 해석하고 정보에 따라 행동하는지에 집중한다. 이는 부동산투자자들이 계량적 모형들에서의 예측처럼 항상 합리적이고 예측가능하며 편향되지 않게 행동하지는 않음을 학문적 연구대상으로 인식하였음을 의미한다. 따라서 행동재무론은 여러 형태의 이례현상이 투자자 행동에 의해 야기된다는 점을 강조한다.

행동재무론의 연구로 슬로비치(Paul Slovic, 1969, 1972)의 위험판단 심리학에서부터 트버스키와 카네만(Tversky & Kahneman, 1974, 1979)의 의사결정의 심리학, 카네만, 슬로비치와 트버스키(Kahneman, Slovic & Tversky, 1982)의 불확실한 상황에서의 판단, 드 본트와 테일러(De Bondt & Thaler, 1985) 방법론, 쉐프린과 스테이트맨(Shefrin & Statman, 1985) 등이 대표적이다. 행동재무론의 장점은 투자자의 체계적 결정을 더 잘 설명할 수 있게 하고 투자자의 감정과 인지적 오류를 고려하여 의사결정에 어떻게 영향을 미치는지를 판단할 수 있게 한다. 또 기존 정통 재무이론의 일부가 아니라 인간 본성에 대한 보다 나은 모형을 제시하는 대체이론이며 투자심리의

4) 말 그대로 '없는 걸 판다'란 뜻으로 주식이나 채권을 가지고 있지 않은 상태에서 매도주문을 내는 것을 말한다. 이렇게 없는 주식이나 채권을 판 후 결제일이 돌아오는 3일 안에 주식이나 채권을 구해 매입자에게 돌려주면 된다. 약세장이 예상되는 경우 시세차익을 노리는 투자자가 활용하는 방식이다[네이버 지식백과].

분석을 통해 예측가능한 특성을 분석하여 올바른 투자기회를 제공하기도 한다.

행동재무론은 특히 부동산 종사자들에게 중요한 이론이다. 부동산종사자들은 특정 오류를 범할 가능성이 있으며 몇몇 오류는 심각한 결과를 야기하기 때문이다. 또한, 행동재무론은 부동산종사자들로 하여금 자신들의 오류뿐만 아니라 남의 오류도 인식할 수 있도록 도와준다. 무엇보다 좋은 것은 실수의 원인을 이해할 수 있으며 실수를 피할 수 있게 도와준다.

행동재무론은 2가지의 대표적 예시를 제시한다. 첫째는 발견적 학습법(heuristics)에 의한 오류이다. 부동산산업 종사자들은 경험법칙(rules of thumb)에 의존함으로써 실수를 저지른다. 이는 데이터를 처리하는데 발견적 학습법(heuristics)이라 불리는 경험법칙을 사용하는 데서 비롯된다. 이때 전통적 재무학에서는 올바른 통계방법을 사용한다고 가정한다. 예를 들어, 경험법칙을 가지고 있는 부동산펀드 투자자는 과거실적이 미래실적의 최고 예측치이며 이를 바탕으로 지난 5년간 최고의 실적을 올린 부동산펀드에 투자한다. 이처럼 부동산산업 종사자들은 과거 실적만으로 인지하는 오류를 가지는 편향된 믿음을 가지고 있다. 둘째는 틀에 의존(frame dependence)하는 것이다. 부동산산업 종사자들은 의사결정에 고정관념인 틀에 의존한다. 부동산산업 종사자들의 위험과 수익에 대한 견해는 객관적인 사항 이외에도 고정관념에 크게 영향을 받는다.

위의 두 사례가 나타나는 시장을 비효율적이라고 한다. 비효율적 시장에서는 잘못된 의사결정이 본질 가격에 어떻게 영향을 주는가에 주목한다. 행동재무론은 발견적 학습법의 오류와 틀효과(framing effects)[5]로 인해 시장가격이 본질가치에서 벗어난다고 주장한다. 첫 번째 사례에서 발견적 학습법에 의한 오류는 사람들이 시행착오를 통해 본질가격을 찾아가는 과정을 설명하는데 시행착오는 종종 사람들로

5) 의사전달을 어떤 틀 안에서 하느냐에 따라 전달받은 사람의 태도나 행동이 달라지는 것 또는 효과, 즉 제시되는 정보의 배열에 따라 효과가 달라지는 것이다. 예를 들면, A형태의 정보 제시: 새로운 암 치료제는 45%의 생존율을 보인다. B형태의 정보 제시: 새로운 암 치료제는 55%의 사망률을 보인다. 즉, 똑같은 제품인데도 정보 제시의 형태를 어떻게 바꾸느냐에 따라 평가가 급격하게 바뀔 수도 있다(네이버 지식백과).

하여금 경험법칙(rules of thumb)[6]을 발견하게 한다.

3. 처분효과와 부동산시장가격

쉐프린과 스테이트맨(1985)은 처분효과(disposition effect)에 대해, 투자자들이 손실을 보고 있는 투자자산은 오래 보유하고 이익을 보고 있는 투자자산은 급히 매각하는 성향이라고 정의하였다. 이를 부동산시장에 접목하면, 손실을 보고 있는 부동산은 오래 보유하고 이익을 보고 있는 부동산은 급히 매각한다는 것이다. 이러한 현상이 나타나는 이유는 인간은 이익에 대해서는 위험회피적인 성향을, 손실에 대해서는 위험추구적인 성향을 나타내기 때문인 것으로 검증되었다. 즉, 인간은 이익과 손실에 대해 합리적인 의사결정을 하지 못하고 비대칭적인 비합리적 의사결정을 한다는 것이다. 이러한 주장은 전통적인 신고전학파 경제이론[7]에 반하는 것으로 학계에서는 커다란 충격이었다.

처분효과는 카네만과 트버스키(Kahneman & Tversky, 1979)가 발표한 전망이론[8]

6) 경험에 의하여 체득된 지식 및 법칙을 말하는 것으로 실험법칙이라고도 한다. 반드시 학리상의 이해하기 어려운 법칙에 한하는 것은 아니며 일상생활에서 수학 · 자연과학에 이르기까지의 모든 사물 및 현상의 일반적 성장 및 인과관계에 관한 지식 · 법칙을 대상으로 한다. 지구는 둥글다거나, 밤이 되면 어두워져 사물을 볼 수 없다거나 술을 마시면 취한다거나, 지문은 만인이 다르다거나, 혈액형이 O형인 부부사이에서는 A형의 자녀는 출생하지 않는다는 것이 그 예이다. 법관은 사실의 인정에 있어서 경험법칙에 따라야 하지만, 이 경우 일반적 상식적인 경험법칙은 별론으로 하고, 특별한 학식 · 경험에 일임하여야 하는 것은 감정 등의 방법에 의하여야 한다[네이버 지식백과].

7) 전통 경제이론은 이익과 손실의 크기가 같다면, 인간이 느끼는 효용가치는 같다는 것이다.

8) 전망이론은 위험하에서 소비자의 선택행위를 설명하기 위하여 광범위하게 이용된 기대효용이론을 비판하고 소비자의 선택은 잘 짜여진 선호의 순서에 따라 이루어지는 것이 아니라 선택문제의 제시방식이나 선택문제와 결부된 다른 상황적인 요소들에 의하여 판단이나 선택이 영향을 받아 비일관된 선택경향을 나타낼 수 있음을 제시하고 있다(Tversky, Sattath & Slovic, 1988). 전망이론은 기대효용이론과 네 가지 측면에서 차이가 있다고 볼 수 있다(Payne, Bettman & Johnson, 1992).
첫째, 가치함수는 준거점인 0을 기준으로 손실인 영역에서는 오목(convex)하고 이득의 영역에서는 볼록(concave)하다. 그리고 기울기는 손실의 영역에서 더욱 기울기가 가파르기 때문에 소비자는 일반적으로에 주요한 이론적 근거를 두고 있다. 처분효과를 이해하기 위해서는 전망이론에 대해서 살펴볼 필요가 있다. 전망이론은 손실회피와 심적 계산 등 심리적 요인에 의해 만들어진 메커니즘이다. 인간은 이익과 손실의 크기가 같더라도 이익보다 손실을 볼 때 개인의 고통이나 실망감이 훨씬 크다고 한다. 부동산투자자들은 이익과 손실을 선택할 상황에 직면하면 사람들은 S자 모양의 가치함수를 극대화하는 행동을 나타낸다고 한다. 이것은 이익의 영역에 대해서는 볼록한 형태를 나타내고, 손실의 영역에 대해서는 오목한 형태로 나타난다. 또한, 이익보다 손실에 대해서 더욱 가파른 형태로 나타난다.

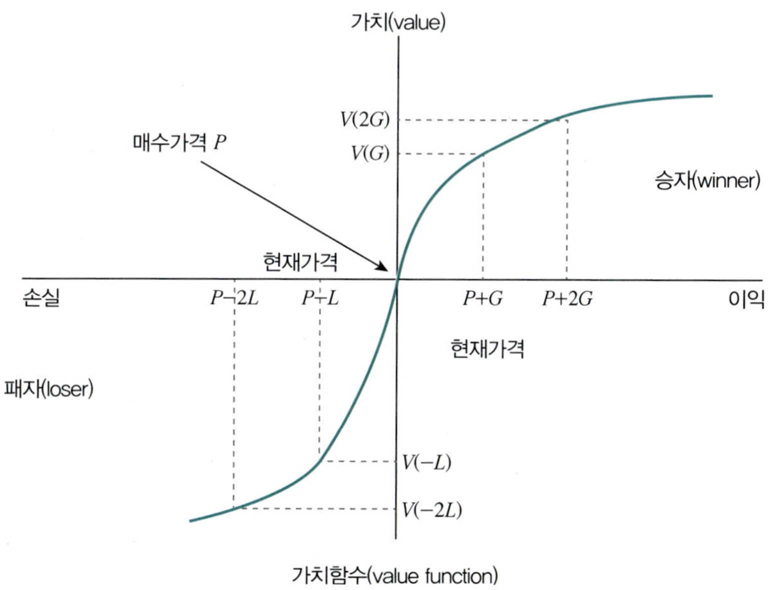

그림 16–1 전망이론

손실을 더욱 크게 지각한다는 의미를 내포하고 있다. 둘째, 준거점(reference)의 위치가 지각적 구성(perceptual framing)에 의하여 변한다. 따라서 기대이론에서는 같은 선택 대안이라도 준거점이 어떻게 정해지느냐에 따라 이득이나 손실로 인식할 수 있다. 셋째, 확률함수는 객관적인 확률과 일치하지 않는다. 또한 낮은 확률을 객관적인 확률에 비하여 과대평가(overweighting)하는 경향이 있다. 넷째, 확률값의 추정에 편집과정이 포함된다. 즉 확률을 부호화(coding), 결합(combination), 소거(cancellation) 등의 과정을 거쳐서 단순화시키게 된다.

부동산투자자들은 기대이익이 적정하게 평가되는 부동산보다 가격이 하락하는 부동산에 대해서 더 큰 거래동기를 부여한다고 볼 수 있다. 예를 들어, 부동산투자자가 두 개의 부동산 자산을 가졌을 경우 한 자산은 상승하고 다른 한 자산은 하락한다면 상승한 자산에 대한 더 이상의 새로운 정보가 없을 경우 상승한 부동산 자산을 매각할 것이다. 처분효과는 이러한 전망이론을 이론적 바탕으로 투자행위를 하는 것을 말하고, 행위적 선택이론(alternative behavioral theory)[9]으로 보다 자세하게 설명하고 있다.

1979년 카네만과 트버스키의 전망이론은 가치함수(효용함수)는 부(wealth)의 수준이 아니라 부의 변화, 즉 이익과 손실의 차원에서 정의된다고 하였다. [그림 16-1]에서 보이는 바처럼 이익과 손실은 확정된 준거점(reference point)과 비교하여 결정되는데 효용함수는 이익구간에서는 원점에 대해서 오목한(concave) 형태를 취하는 반면, 손실구간에서는 원점에 대하여 볼록한(convex) 형태를 갖는 S자 모양을 가진다. 투자자가 이익구간에서는 위험회피성향을, 손실구간에서는 위험선호성향을 나타낸다. 이익과 손실의 크기가 동일한 경우, 이익에서 얻는 만족보다는 손실이 발생했을 때 느끼는 후회가 더 큰데 이것을 손실실현 회피성향이라고 한다.

카네만과 트버스키는 의사결정자가 불확실성하에서 선택에 직면했을 때, 실제로 어떻게 행동하는지에 대한 이론을 제시했다. 가치함수는 이익과 손실의 크기에 대해 비대칭을 보여주며 이것은 손실회피(Loss Aversion)의 요인이 될 수 있다는 것이다. 손실인식은 이익인식보다 2배 정도의 가중치를 둔다고 한다. 예를 들어, 사람들은 100만 원의 이득을 올렸을 때보다 100만 원의 손실을 보았을 때 2배의 고통을 느낀다는 것이다. 카네만과 트버스키(1991)는 도박에서 손실을 경험했을 때의 현상을 손실회피의 현상과 같은 맥락으로 보고 있다. 투자자들이 보유하고 있는 손

9) 인간의 행위는 어떤 목적을 추구하는 의도적인 성격을 지닐 때가 많다. 인간이 갖고 있는 욕구와 필요를 전제로 이를 얻기 위한 의식적이며, 의도적인 행위가 자주 나타난다. 이러한 의도적인 행위가 행위학적 선택이론이다. Andeassen, Paul (1988). Explaining the price-volume relationship: The difference between price change and changing prices. *Organizational Behavioral and Human Decision Processes*, Vol. 41, pp. 371-389.

실포지션에서 언젠가는 부동산가격이 회복할 거라는 믿음을 갖는다는 것은 전망이론하에서 근거를 찾아볼 수 있다. 즉, 손실에 대해 위험추구적인 행태를 보인다는 것이다.

전망이론이 나타나는 또 다른 심리적 요인은 심적 계산(mental accounting) 때문이다. 심적 계산은 같은 속성을 기초로 한 심적 계산의 사건보다 각기 다른 심적 계산의 특정사건을 사람들이 더 선호하는 경향이 있다고 한다(Shiller, 1998). 즉, 선호되지 않는 요인들의 합이 선호하는 요인들의 합보다 나은 심적 조건이라고 설명하고 있다. 심적 계산을 기초로 한 연구에는 의사결정자가 분리된 사고로 선택에 직면할 경우, 도박의 심리형태로 분리하는 경향이 있다고 주장하였다(Goldberg, von Nitsch, 2001). 즉, 전체(aggregate)의 이익실현의 합보다 분리(segregate)된 이익실현의 합을 더욱 선호한다는 것이다. 예를 들면, 부동산투자자들이 400만 원의 이익을 한 번에 얻기보다는 200만 원씩 두 차례에 걸쳐 이익을 실현하는 것을 더 선호한다는 것이다. 결론적으로 부동산버블은 처분효과 때문에 부동산시장가격을 왜곡하는 것으로 이해할 수 있다.

4. 과도한 자신감과 떼짓기행동에 의한 부동산시장가격 왜곡

베노스(Benos, Alexandros V., 1998), 바비와 오딘(Barber & Odean, 2000), 오딘(Odean, 1998a)은 투자자들의 이익에 대한 자산거래 빈도가 높은 것은 과신감 때문이라고 주장하였다. 즉, 그들은 너무 많은 거래를 하고 그리고 위험한 자산을 보유하지만, 과도한 자신감 때문에 부정적 정보에 대해서는 지나치게 과소반응을 한다는 것이다. 부동산시장에서 재개발 · 재건축이라는 호재가 뉴스에 발표되면, 투자자들은 과잉반응을 하여 떼짓기행동(herd behavior)을 보이고 결국 부동산버블을 야기한다는 것이다. 예를 들면, 아프리카 초원을 거닐던 수만 마리의 들소 떼가 악어 때문에 강물에 뛰어들지 못할 때 겁 없는 한 마리의 들소가 과감히 뛰어들면 수만 마리가 같이 뛰어드는 것과 같은 비합리적 행동이 야기되는 것이다. 인간의 떼짓기행동은 이성적 판단에 근거한 합리적 의사결정으로 설명하기 어려운 부분이다. 이러한 현상은 비효율적 시장상황을 연출하며 심리현상과 깊은 관련이 있다고 볼 수 있다. 즉, 부동산투자자들이 상승추세에서 심리적 요인 때문에 투자자산에 대한 지각적 오류를 범하고 이로 인하여 가격왜곡현상이 나타난다고 볼 수 있다. 상승추세일 때, 부동산 자산의 내재가치(본질가치, intrinsic value)[10]를 과대평가하고, 하락추세일 때 내재가치를 과소평가한다는 것이다. 다시 말해 부동산투자자들은 좋은 또는 나쁜 정보에 과민반응을 하며 이와 같은 심리적 요인이 부동산시장의 가격을 왜곡시키는 것이다.

결론적으로 위에서 설명한 심리적 요인들은 투자 시 실패할 확률을 높이므로 투자자들은 행동오류(behavioral bias)를 최소화해야만 투자이익을 창출할 수 있고 부동산시장도 왜곡되지 않을 것이다. 그러나 인간이 합리적이지 않기 때문에 그리 쉽지는 않다. 효율적 시장이론은 부동산시장의 특별한 매매유형과 상관없이 내재가치에 의해서 결정된다고 한다. 현대 금융학에서도 아직까지 지배적인 이론은 투자자들의 합리적 가정을 기초로 한 시장의 효율성을 기반으로 한다(Ross, 1976). 즉, 행동오류가 효율적 시장에서 단기적으로 추가적인 거래유형[11]을 일으키고 있으나, 장기적으로는 효율적 시장가설이 지지된다고 주장한다(Fama, 1998). 그렇지만 금융시장뿐만 아니라 부동산시장에서도 효율적 시장가설로는 설명되지 않는 이상현상이 자주 관찰되었고 이러한 이상현상은 인간의 심리적 오류에 의해 부동산시장에서 투자손실을 발생시키고, 효율적인 시장원리를 왜곡시키고 있다. 이러한 관점에서 볼 때 학계에서 부동산시장에서의 투자심리연구가 활성화된다면, 향후 투자

10) 내재가치란 특정정보에 대한 반응을 나타내는 부동산의 가치로 부동산시장의 과대 혹은 과소평가되어 있는 자산을 찾기 위한 기준을 제공한다.

11) 추가적인 거래유형의 예로 비효율적 현상 중 한 행태인 과민반응(overreaction)현상을 들 수 있다. 과민반응현상은 부동산시장에서 부동산투자 시, 추가적인 부동산가격상승과 부동산가격하락으로 거래를 발생시켜 부동산의 내재가치를 벗어나는 것을 말한다.

자들에게 올바른 부동산투자 원칙을 알려줄 수 있는 기회가 될 것이다. 아울러 부동산시장 투자에 기업들이 이러한 심리적인 요인들을 활용하면 투자에 적용하는데 큰 도움이 될 것이다.

5. 부동산시장에서 투자자들의 편향적 사고의 유형

1) 과신

말콤 포브스(S. Forbes, Malcolm)가 "너무나 많은 사람들이 가치 없는 일들을 과대평가하고 가치 있는 일들은 과소평가한다"라고 언급하였듯이 인간이 가지는 가장 기본적인 편견은 과신(overconfidence)이다. 이는 실제 사람이 가지고 있는 정보 및 예측력과는 별개로 자기 자신에 대한 강한 믿음을 가지고 있음을 뜻한다.

지금까지 많은 실증 사례연구에서 부동산투자자는 투자능력을 과신하고 있는 것으로 나타났다. 이를 예측력 과신(prediction overconfidence)이라 하는데, 자신들이 모든 것을 다 알고 있으며 훨씬 많은 정보력을 가진 것으로 판단하는 것을 의미한다. 이런 과신은 미래의 부동산시장 가치평가 시 예상했던 것보다 적은 수익을 얻게 되는 경우를 발생시킨다. 다시 말해, 부동산투자자들이 보유한 부동산포트폴리오 수익의 하락 위험(down risk)을 평가절하할 수 있다는 것이다. 그리고 자신감 넘치는 투자자들은 상승 위험(upside risk)에는 전혀 관심이 없다. 부동산업계종사자들에게 정보나 조언을 듣거나 인터넷에서 그에 관련된 정보를 습득하여 자신들이 정보의 우위를 점하고 있다고 판단하여 부동산투자에 대한 의사결정을 내리기도 한다. 또한 사람들은 자신들의 이러한 예측을 확실시하는 경향이 있는데 이러한 과신을 확실성 과신(certainty overconfidence)이라 한다. 부동산투자자들은 확실성 과신을 겪으면서 투자를 하는 경우가 많다. 이들은 정보의 양과 질을 같은 정도의 크기로 취급하는 오류를 범하면서 더욱 큰 자신감을 갖기도 한다. 예를 들어, 토지투자를 결정할 때 손실을 간과하기도 한다. 투자한 부동산수익률이 음(−)이라면, 투자자 본인은 깊은 자괴감이나 후회에 빠질 수도 있다.

과신은 옳지 못한 부동산투자행동의 원인이 되기도 한다. 이에 투자자들은 과신에 대한 대비책을 강구해야 하고 자문사에서는 항상 이 문제를 생각하고 있어야 한다. 과신을 줄이려는 일이야 말로 실질적으로 부동산투자 목표를 달성하는 지름길일 것이다.

Case Study

세종시 아파트 거래 분석

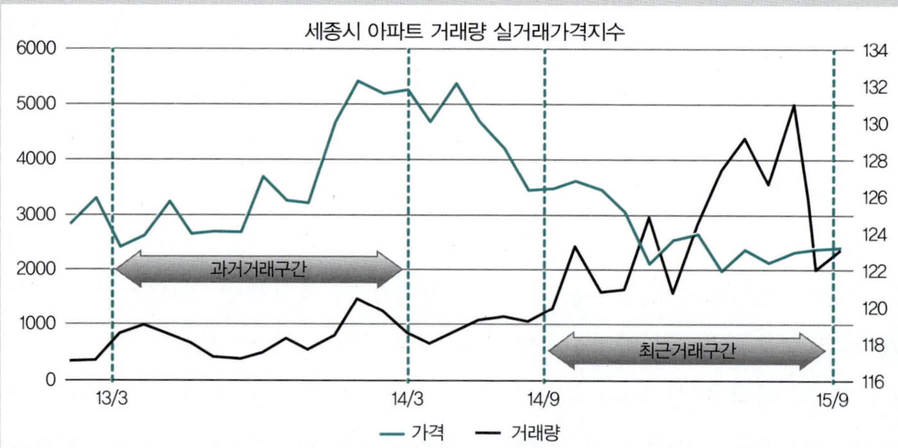

1. 과거 거래 내역
   - 2013년 3월 세종시 아파트 매입 〉 2014년 3월 세종시 아파트 매각
2. 추가 거래 내역
   - 2014년 8월 세종시 아파트 매입 〉 2015년 8월 세종시 아파트 매각

3. 매매 내용

- 2013년 3월 세종시의 아파트를 매입, 2014년 3월 매각하여 약 6.97% 수익을 얻었다. 과거 수익을 얻은 경험으로 2014년 8월 세종시 아파트를 다시 매입하였다. 그 결과 2015년 8월 매각하여 약 2.53% 손실을 얻었다.

4. 매매에 대한 편견 해석

- 과거 거래구간에서 실제 순기대수익이 양(+)의 값일 경우에는 거래량이 낮았으나, 최근 거래구간을 보면 실제 순기대수익이 음(−)의 값일 경우에도 거래하게 된다. 과신한 투자자들은 자신이 선택한 부동산의 가치가 남들이 선택한 부동산의 가치보다 훨씬 정확하다고 과대평가한다. 부동산 가치에 대한 잘못된 확신은 견해 차이를 낳게 되고, 이것이 거래에 영향을 미치게 된다. 투자자는 부동산 매입이나 매도에 대해 경고하는 부정적 신호를 무시하고, 부동산을 평가할 때 자산의 능력을 과대평가를 하여 결국엔 낮은 수익(또는 손실)을 경험하게 된다.

2) 대표성 편견

대표성 편견(representative prejudice)은 부동산투자 시 기존의 부동산 표본을 고려하지 않고 의사결정을 하는 것이다. 사람들은 객관적인 사실보다는 자신의 경험에 의해 판단하는 편견을 가지고 있다. 다시 말해 부동산투자자들은 소수의 법칙(the law of small numbers)에 의존한다. 작은 수의 표본들로 모수 전체 표본을 대표한다고 판단하여 과학적 통계에 의존하지 않고 투자하는 것이다.

대표성에 대한 두 가지의 해석을 사람들에게 적용할 수 있다.

첫째 기본적 수익률의 무시(base-rate neglect)이다. A라는 부동산기업이 있다고 하자. 사람들은 이 기업의 성공을 잠재적으로 확신한다. 사람들은 A기업을 가치부동산(Value property)이라는 범주로 구분시키고 동일한 범주 안에 따르는 위험이나 이익 등을 정해 버린다. 하지만 부동산투자에 막대한 영향을 줄 수 있는 변수들을 무시하게 되어 투자에 그릇된 결과를 낳기도 한다. 대부분의 사람들이 투자의사결정을 할 당시에 거의 이러한 잘못을 반복하는 성향이 있다.

둘째, 표본크기의 무시(sample-size neglect)이다. 투자자들이 종종 표본의 크기를 무시하며 특정 부동산의 결과가 어떻게 될 것이라고 판단을 내리면 판단의 근거가 되는 표본 크기를 가늠조차 하지 못한다. 투자자들은 작은 포본으로도 모수의 대표성(representative)을 지닌다고 생각하는 오류를 범한다. 이러한 현상을 소수의 법칙(the law of small numbers)이라고 한다.

Case Study

전국, 서울 아파트 거래 분석

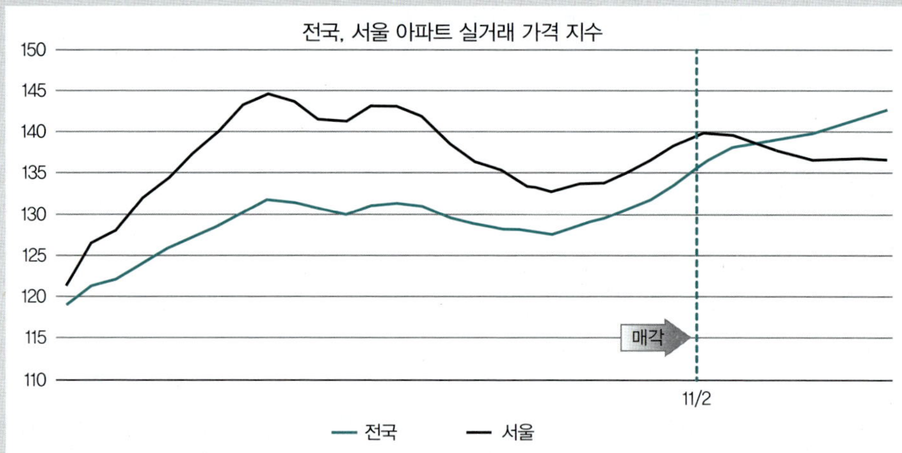

1. 과거 전국, 서울 아파트 가격 흐름

- 과거 서울 아파트 가격 흐름이 전국 아파트 가격 흐름과 비슷한 경향을 보였다.

2. 매매 내용

- 과거 서울 아파트 가격 흐름과 전국 아파트 가격 흐름이 비슷하여 서울 아파트 가격이 전국 아파트 가격을 대표하는 것으로 판단, 2011년 2월 이후 서울 아파트 가격이 떨어질 것으로 판단하여 서울 외 지역에 매입한 아파트를 매각하였다.

3. 매매에 대한 편견 해석

- 투자자는 과거 서울과 전국의 아파트 가격 흐름이 비슷하게 흐르는 것으로 판단하여, 서울 지역 아파트 가격이 전국 아파트 가격을 대표하는 것으로 판단하는 비이성적인 투자 행동을 하여 2011년 2월 과거 매입한 아파트를 매각하였다. 하지만 2011년 2월 이후 서울 지역 아파트 가격은 떨어졌으나, 전국의 아파트 가격은 상승하여 추가 수익을 얻을 수 있는 기회를 놓치는 오류를 범하게 되었다. 이러한 투자 행태는 대표성 편견으로 볼 수 있다.

3) 고착화 및 수정 편견

우리가 정확하게 모르는 크기나 규모를 정해야 할 때, 보통 사람들은 아무런 숫자 하나를 생각하게 되는데 이 숫자는 정보를 전달받거나 자료를 얻어 미세한 수정을 거쳐 최종 수치가 된다. 고착화와 수정(anchoring and adjustment)은 사람들이 직관적으로 판단을 하는 방법에 영향을 미치는 심리적인 휴리스틱[12)]이다. 투자자들이 왜곡된 렌즈를 통해 새로운 정보를 인식한다는 의미이다.

어떤 부동산을 매입한 이후 해당 부동산가격이 상승과 하락을 반복하게 되면 부동산투자자들은 혼란을 느끼게 되고 그 부동산을 계속 보유해야 할지에 대한 여부를 판단하기 위해 상황을 평가해야 한다. 합리적인 투자자라면 부동산의 매각 및 보유 등의 판단을 하지만, 비합리적인 투자자들은 합리적인 투자결정을 해야 하는 과정에서 혼란을 겪은 후에도 자신들의 판단을 흐리게 하는 인지적 오류를 범하게 된다.

고착화와 수정의 과정을 이해할 수 있다는 것은 성공하는 투자가 될 수 있는 전략의 기본적인 원칙이다. 위의 예에서도 볼 수 있었듯이 하향이나 상향의 가격 전망이 발표되었을 때 투자전문가들은 최초 추정치에 고착화(고정)되어 있는 오류를 범하곤 한다. 투자전문가는 최초 이익의 전망치에 고착화되어 있어 추후 발표되는 이익과 손실을 과소평가하는 경향이 있다. 따라서 하향전망치가 제시되었을 경우

12) 의사결정과정 단순화한 지침, 규약 휴리스틱은 문제를 해결함에 있어 그 노력을 줄이기 위해 사용되는 고찰이나 과정을 의미한다. 오늘날 기업이 당면한 경영환경은 매우 복잡하고 변화가 심하다. 기업이 어떤 사안의 의사를 결정하려면 다양한 변수를 고려해야 한다. 그러나 기업은 현실적으로 정보의 부족과 시간제약으로 완벽한 의사결정을 할 수 없다. 제한된 정보와 시간제약을 고려해 실무상 실현가능한 해답이 필요하다. 이것이 바로 휴리스틱 접근법이다. 휴리스틱 접근법은 가장 이상적인 방법을 구하는 것이 아니라 현실적으로 만족할 만한 수준의 해답을 찾는 것이다. 모든 변수와 조건을 검토할 수 없기 때문이다. 휴리스틱은 정형적이며 포괄적이다. 즉 일정한 규칙과 지침을 갖고 판단과 의사결정이 이루어지고 전체 상황 · 가정 · 전제조건 등을 모두 고려한다. 일반적으로 사용되는 휴리스틱 접근법은 분석의 초기단계에서는 모든 변수를 고려하지 않고 중요한 변수만을 분석하고 점차 변수의 범위를 넓혀간다. 문제 상황을 여러 부문으로 구분하고 이를 각각 분석해 가장 이상적인 방법을 구한 후 전체적인 관점에서 종합한다[네이버 지식사전].

Case Study

전국 아파트 거래 분석

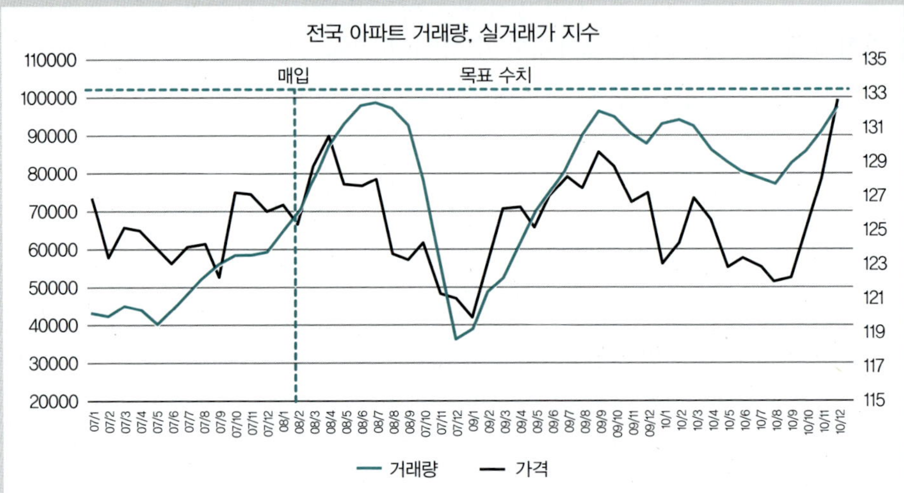

1. 거래 내역

- 2008년 2월 아파트 매입

3. 매매 내용

- 투자자는 부동산 분석을 치밀하게 하여 2008년 2월 전국 아파트 수치와 동일한 흐름을 가진 지역의 아파트를 매입, 목표 수익은 5.71%로 설정하였다.
- 2008년 8월 매입가 기준 4.92%의 수익을 얻었으나, 5.71%의 수익을 얻기 위하여 아파트를 매각하지 않았다.
- 이후 2008년 서브프라임모기지 사태가 발생을 하였고, 2008년 12월 매입가 기준 -5.79% 수준으로 하락하였다.
- 투자자는 -10.21% 정도 손실을 입었다고 느끼고 있으며, 다시 매입가 기준 수익 4.92% 수준으로 상승되길 기다렸다가 매각해야겠다고 판단하고 있다.

4. 매매에 대한 편견 해석

- 투자자들은 투자한 부동산의 가격이 올랐다가 다시 떨어질 때 혼란에 빠지게 되고, 이 부동산을 계속 보유할지 여부를 결정할 때 비이성적인 투자자라면 혼란으로 인하여 인지적 오류를 범하게 된다. 사례의 투자자는 매입가격 기준 4.92% 수준에 고정되어 이 수준에 도달하지 못한다면 절대로 매각을 하지 않을지도 모른다. 이러한 형태의 반응은 비이성적인 행동 편견을 반영하고 있으며, 이는 투자자가 피해야 할 것 중 하나이다.

즉시 매도를 하는 것이 가장 좋은 방법이다. 왜냐하면 투자전문가들은 하향예상치를 과소평가하기 때문이다.

요약하면, 고착화 및 수정 편견은 투자에 대한 포트폴리오에 악영향을 미칠 수 있는 확실한 이해가 필수적이고, 투자전략의 선정이나 협상의 과정에는 이를 유용하게 활용할 수 있다는 것을 배우게 된다.

4) 인지부조화 편견

인지부조화(cognitive dissonance)란 부동산투자자들의 기존 지식과 새로운 지식이 서로 결합할 때, 원하는 정보만 습득하며 나머지는 무시하게 되는 경향을 일컫는다. 어떤 감정이 이입되는 과정에 부조화를 일으킨다면 두려움으로 나타나게 된다. 사람들은 대부분 상충되는 부조화를 원하지 않으며, 심리적 갈등을 피하기 위해 심지어 관련 정보를 무시할 때도 있다.[13] 이론적으로 의사결정과정에서 야기되는 인지부조화를 두 가지 관점에서 정의해 보자.

첫째, 선택적 인식(selective perception)이다. 선택적 인식을 하는 사람들은 선택을 하는 상황에서 확신하는 정보만을 인식한다. 이 때문에 현실에 대한 감각은 불확실하며 불완전하다고 볼 수 있다. 이러한 사람들은 사용할 수 있는 정보를 자기중심적으로 이해하기 때문에 착각을 일으킬 가능성이 높아진다.

둘째, 선택적 의사결정(selective decision making)이다. 이는 단적으로 원래 의사결정을 할 가능성이 높을 때에만 나타나는 현상인데, 상당한 경제적인 비용을 야기할 때에도 그 과정을 유지하려고만 하는 행동을 말한다. 예를 들어, 부동산투자자들은 자신이 이미 결정한 투자 사안에 대해 스스로 옳다고 강요한다는 의미이다.

인지부조화의 좋지 않은 영향을 이겨내기 위한 기초적인 전제는 투자자들이 잘못된 생각을 하고 있다는 것을 스스로 인지하는 것이다. 인지부조화에 대해 인지하

13) 조지호 외 (2007). 투자자가 주의해야 할 20가지 편견: 행동재무학과 자산관리.

Case Study

전국 분석

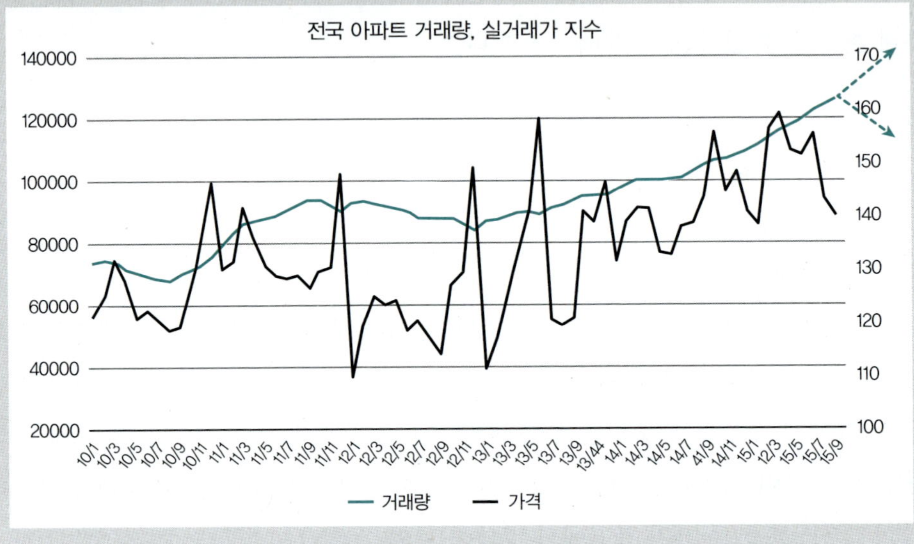

1. **부동산 환경 분석**
   - 2015년 초 가계부채 위험을 언론에서 경고하고 있으며, 미 금리가 인상될 것으로 판단된다고 경고를 하고 있다.
   - 하지만 아파트 가격이 상승하고 있으며, 거래량 또한 2015년 1월부터 5월까지 크게 증가하였다.
   - 2015년 9월 이후 아파트 가격이 어떠한 추세를 보일지 판단을 하기 힘들다.

2. **편견 해석**
   - 투자자들은 인지부조화에 의해 새로운 투자안에 대한 객관성 및 합리성을 갖지 못한 채 자신의 초기 의사결정을 확신한 나머지 새로운 부정적인 정보가 기존에 알고 있던 지식(부동산가격은 지속적으로 오를 것이다)과 상충된다면, 투자자들은 종종 기존의 투자 입장을 고수하게 된다.
   - 투자자들은 인지부조화에 의해 "이번에는 다르다."는 믿음을 갖게 된다. 즉 2015년 초 부정적인 뉴스가 있음에도 불구하고 아파트 가격은 지속적으로 증가한다고 믿고 투자한다.

기 위해 어떠한 신념이나 행동을 취하기보다는 사람들이 적절한 합리적인 행동을 취할 때 불편함을 느끼는 마음을 스스로 인식하는 것이다. 좋지 않은 의사결정을 내렸다고 생각이 되었을 때는 그 의사결정에 대하여 분석을 해보아야 한다. 불안함을 느끼는 심기가 옳은 것이라고 판단되면 즉시 문제를 해결해야 하고 상황을 수정해야 한다. 이런 행동을 통해 장기적으로 좋은 투자자가 될 수 있다.

5) 유용성 편견

유용성 편견(availiability)은 부동산투자자가 과거 경험으로 A부동산이 친숙하고 익숙하다면, 확률적으로 이익 창출이 낮더라도 A부동산에 투자하는 것을 말한다. 유용성 편견은 4가지로 구분할 수 있다. 첫째 회복력(retrievability), 둘째 범주화(categorization), 셋째 짧은 경험(narrow range of experience), 넷째 동조화(resonance)이다.

첫째, 회복력은 쉽게 회복될 거라는 생각은 꼭 그렇게 되지는 않는다고 해도 가장 믿음이 가는 것처럼 보인다. 둘째, 범주화는 대표성 편견(representativeness biases)에서 어떻게 인지하고 이해하게 되는지를 실험하였다. 이 실험에서는 사람들이 어떤 예와 일치하는 정보를 범주화하고 찾아내는지를 살펴보는 것이다. 셋째, 짧은 경험이다. 어떤 사람들이 특정한 경험에 큰 영향을 받는다면, 이때의 특정한 짧은 경험의 편견이 작용할 수 있다는 것이다. 넷째는 동조화이다. 어떤 상황이 주어졌을 때 개인의 상황과 동조화되면 판단에 영향을 미칠 수 있다는 것이다. 일반적으로 유용성 편견을 극복하기 위해서는 투자자들은 부동산투자를 하기 전에 고심하여 의사선택을 해야 한다. 투자자들은 유용성 편견에 의해 미디어의 주목을 끄는 정보에 대한 신뢰감이 떨어지게 된다. 많은 양의 정보를 겪어본 적이 있는 투자자들은 스스로를 훈련하거나, 경험 혹은 정보를 제대로 해석하는 의지가 부족하다는 사실을 잊곤 한다. 결국 이들은 실제보다 더 자신들이 정확한 정보를 습득했다

Case Study

전국 분석

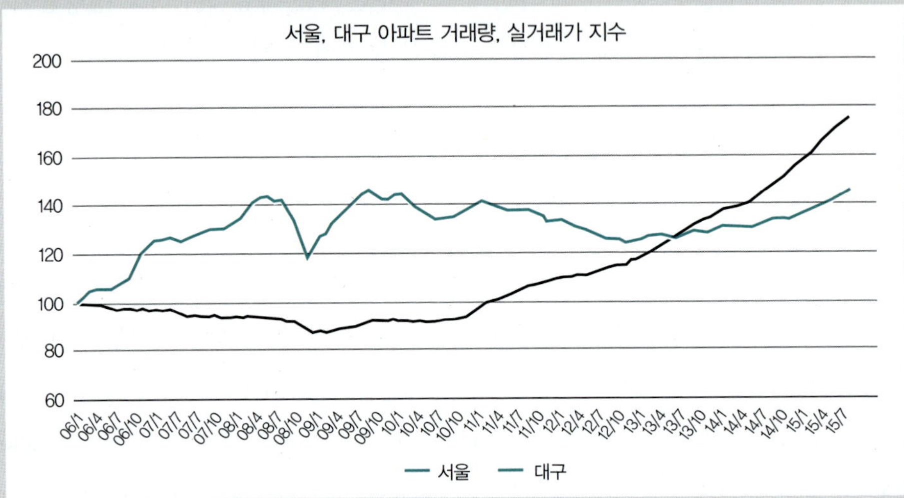

1. 투자 내역

- 과거 서울 지역에서 지속적으로 투자를 한 A 투자자는 2012년 말 투자 대상을 찾고 있었다. A 투자자는 기존 서울 지역에서만 투자를 하였기 때문에 다시 서울 지역에 투자를 하였다.

2. 편견 해석

- A 투자자는 자신들의 기억 속에서 가용한 목록에 기초하여 투자안을 선택한다. 마음속에서 다른 범주는 쉽게 떠오르지 않기 때문에 무시하게 된다. 즉, 서울 지역에만 투자한 A는 다른 지역보다 친숙하고 익숙한 서울 지역에 확률적으로 이익 창출이 낮더라도 서울 지역에 투자하게 된다. 하지만 결과적으로 대구 지역에 투자를 하는 것이 서울 지역에 투자하는 것보다 상대적으로 수익률이 높게 나타났다. 투자자는 투자 정보가 유용하지 않을 때 다른 정보를 찾아보려는 수고도 없이 가용한 정보에만 의존하여 의사결정을 내리기 때문에 좋은 투자안을 무시하게 된다. 본 상황은 유용성 편견 중 짧은 경험에 속한다.

고 믿게 되는 것이다. 유용성 편견은 새로운 정보를 객관적으로 잘 받아들인다면 줄일 수 있다.

6) 자기귀속편견

"앞면이 나오면 내가 이긴 것이고, 뒷면이 나오면 그것은 운 때문이다."라는 말이 있다. 부동산투자자들이 부동산투자 시 성공하면 자기의 능력 때문이라 생각하고, 실패하면 좋지 않은 운이나 외부 탓으로 돌리는 것을 자기귀속편견이라고 한다.

자기귀속편견(self-attribution)에 사로잡힌 부동산투자자들은 자신의 투자가 성공했다면 본래 자신이 가지고 있는 기질 덕분이라고 판단하고, 실패할 때에는 다른 외부적인 요인에 의해 실패했다고 생각한다. 다음은 자기귀속편견 행동에 대한 문제점이다.

첫째, 부동산투자자는 적절한 투자기간(3개월 단위 또는 1년)이 경과한 후 투자가 성공적이었다면 자신의 통찰력이 성공의 요인이라고 생각한다. 이런 투자자들은 자신이 가지고 있는 투자능력을 과하게 신뢰함으로써 감당하기 힘든 위험도 감수하고자 한다. 둘째, 적정한 수준 이상으로 자주 매매를 한다. 투자의 성공이 운이 아닌 자신의 통찰력이라고 믿고 있어 매매를 자주하게 되는데, 이는 투자이익에는 부정적인 결과를 야기하는 것으로 분석된다. 셋째, 투자자는 듣고 싶어 하는 것만을 듣는다. 부동산의 투자를 선택하는 것에 있어 확신을 가지며 정보가 주어졌을 때 자신의 명석함을 먼저 내세우게 된다. 넷째, 적절한 분산이 이루어져 있지 않은 부동산 포트폴리오를 보유하게 하는 요인이 될 수 있다. 회사가 성공적인 투자를 할 수 있었던 이유를 자신의 통찰력이라고 판단한다. 그러나 투자의 성공은 개개인이 가지고 있는 기술이라기보다는 운과 다른 여러 요소들 때문이다. 따라서 부동산투자자가 단 하나의 부동산에 집중적으로 투자를 하는 것은 피해야 할 행동이다.

이전의 성공적이지 못한 투자를 분석할 때 자신의 행동이나 스스로 알지 못하는

Case Study

인천, 서울 아파트 거래 분석

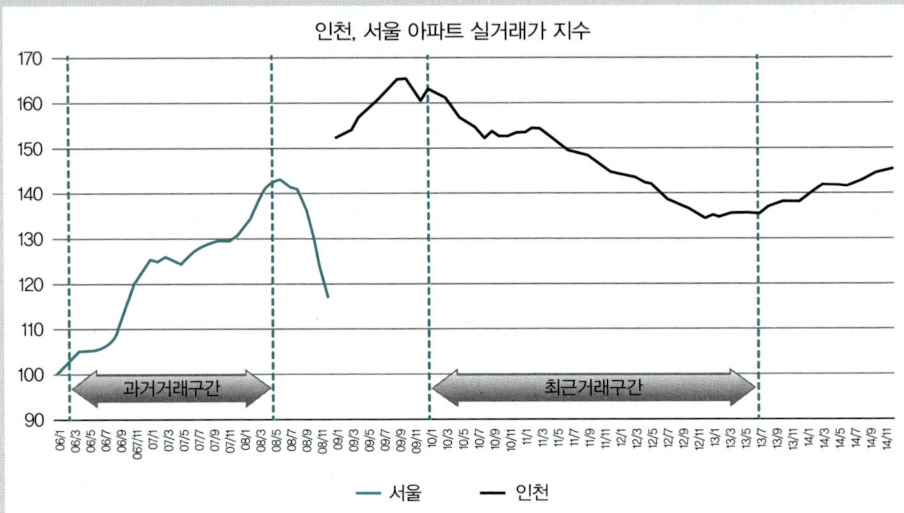

1. 과거 거래 내역

- 2006년 3월 인천시 아파트 매입 〉 2008년 5월 인천시 아파트 매각

2. 추가 거래 내역

- 2010년 1월 서울시 아파트 매입 〉 2013년 7월 서울시 아파트 매각

3. 매매 내용

- 2006년 3월 인천시의 아파트를 매입, 2008년 5월 매각하여 약 57.36% 수익을 얻었다. 과거 수익을 얻은 경험으로 2010년 1월 서울시 아파트를 매입하였다. 그 결과 2013년 7월 매각하여 약 12.42% 손실을 얻었다.

4. 매매에 대한 편견 해석

- 투자자는 과거 인천시의 아파트 매매를 통하여 57.36%의 수익을 얻은 것이 자신의 통찰력 때문이라고 생각하고, 2010년에 서울시에 투자를 하였다. 그 결과 12.42% 손실을 얻어 투자에 실패하게 되었다. 이러한 사례는 자기귀속편견에 해당한다. 자기귀속편견에 빠진 투자자는 자신의 날카로운 통찰력 때문에 성공한 것으로 착각한다. 이러한 행동은 투자자가 자신의 행동에 지나치게 과신함으로써 너무 많은 위험을 감수하도록 하는 원인이 될 수 있다.

것들을 기록하고 이를 계속 머릿속에 기억해야 한다. 자기귀속편견은 투자자가 가지고 있는 좋지 못한 습관이므로, 이러한 자신의 습관을 이겨내는 것이 많은 도움이 될 것이다. 자신이 저질렀던 실수를 인지하고 실수를 통해 배우는 것이 현명하며, 이 점이 후에 성공적인 투자자가 되기 위한 요인임을 명심해야 한다.

7) 통제착각편견

사람이 부동산투자에 대해서 통제할 수 있다고 착각하거나 최소한의 영향력을 발휘할 수 있다고 생각하는 현상을 통제착각편견(illusion of control)이라고 한다. 현실세계에서 통제 불가능한 위험이 상당부분 존재함에도 불구하고 나는 통제할 수 있다고 판단하는 것은 귀인오류의 일종과 유사하다.

통제착각의 편견에 속한 사람들은 주변 부동산투자환경에서 자신이 할 수 있는 것보다 더 많은 통제권을 가지고 있다고 느끼게 된다. 아래에는 통제착각편견에 빠진 부동산투자자의 3가지 오류행동을 소개하겠다.

첫째, 인간의 투자심리는 적정한 수준보다 잦은 매매를 하도록 유도한다. 투자자들 중 특히 온라인 매매를 하는 투자자들은 자신이 가지고 있는 능력보다 자기통제를 더 잘한다고 믿는다. 이 때문에 지나치게 많은 거래를 하게 되는데 이는 수익률 감소로 직결된다. 둘째, 투자자들은 투자를 분산시키지 못하고 한 곳에 투자하는 경우가 많은데 이는 자기가 확실하게 통제할 수 있다고 믿기 때문이다. 하지만 이런 생각은 착각이며 골고루 분산이 되어 있지 않은 포트폴리오는 투자자에게 많은 위험을 야기시킬 것이다. 셋째, 부동산투자자가 과신에 빠지도록 유도한다.

위와 같은 통제착각편견으로부터 벗어나는 첫 번째 방법은 한 발 물러서서 부동산시장이 얼마나 복잡한지를 인식해보면 된다. 아무리 합리적인 투자자라도 자신이 하는 행동의 결과에는 통제권이 전혀 없음을 알아야 한다. 간혹 통계적으로 통제할 수 있지만 이는 우연의 일치일 뿐 아무런 인과관계도 지니고 있지 않다. 따라

Case Study

서울 아파트 거래 분석

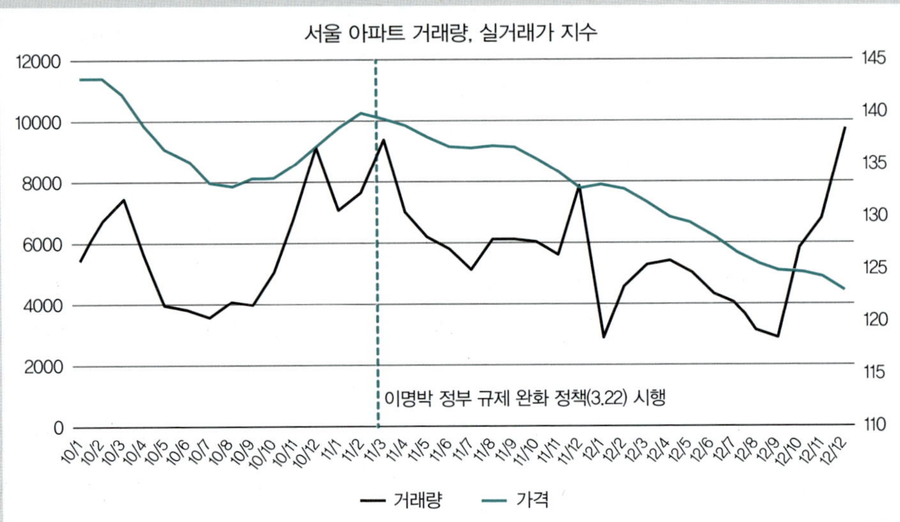

1. 거래 내역

- 2011년 3월 아파트 매입

3. 매매 내용

- 투자자는 정부에서 부동산 규제완화정책인 취득세 50% 감면으로 인하여 부동산 가격이 오를 것으로 판단하였다. 2011년 3월 부동산 분석을 치밀하게 하여 투자자금 모두를 서울 아파트 매입자금으로 사용하였다. 하지만 아파트 가격은 점차적으로 하락하였고, 그 결과 현재까지 보유 중이다.

4. 매매에 대한 편견 해석

- 사례의 투자자는 부동산 규제완화정책으로 인하여 부동산거래가 활성화되며, 가격이 상승할 것으로 판단하였다. 하지만 가격은 오히려 하락하여 큰 손실을 얻는 실수를 범하였다. 투자자는 통제착각편견으로 본인이 부동산투자에 대해서 통제할 수 있다고 착각하거나 최소한의 영향력을 발휘할 수 있다고 생각하는 오류를 범하였다. 정부의 부동산거래 활성화 정책만을 고려하였고 다른 요인에 의하여 부동산 가격이 하락할 것이라는 정보는 통제하지 못하였다. 이러한 비이성적인 투자행동을 통제착각편견이라고 한다.

서 우연성을 바탕으로 하여 부동산투자를 선택하면 안 된다.

8) 보수성 편견

새로운 정보보다 과거 주관적 판단에 의존하고 자신의 의견을 바꾸지 않는 심리적 과정을 보수성 편견(conservatism)이라고 한다. 고착화와 보수성은 유사성이 있다. 보수성 편견은 부동산투자에 대해 자신의 의지에 따라 과대평가 또는 과소평가하게 만든다. 합리적인 사람이라면 정확한 정보에 대해서는 보수성 편견으로 반응하지 못한다. 보수성 편견으로 인한 부동산투자자의 편견은 다음과 같이 3가지로 요약된다.

첫째, 부동산투자자가 새로운 부동산 정보를 접했음에도 불구하고 이를 지나치게 무시하는 행동을 하게 한다. 둘째, 부동산투자자가 새로운 정보를 접할 때 보수성 편견에 사로잡혀 있으면 매우 느리게 반응한다. 셋째, 부동산투자자가 새로운 정보를 접할 때 본질적인 어려움을 일으킬 수 있다. 복잡한 데이터를 볼 때 사람들은 스트레스를 느끼기 때문에 이런 경우에는 본래 가지고 있는 대안에 의존을 하는 것이다.

보수성 편견은 성공적인 의사선택을 위한 과정에 걸림돌이므로 부동산투자자들은 이전의 대안에만 의존하지 말고 새로운 정보에 대해서도 반응을 해야 한다. 전문가들의 조언을 듣는 것이 아마도 보수성 편견의 함정에 빠지지 않는 가장 안전한 방법일 것이다.

Case Study

인천 아파트 거래 분석

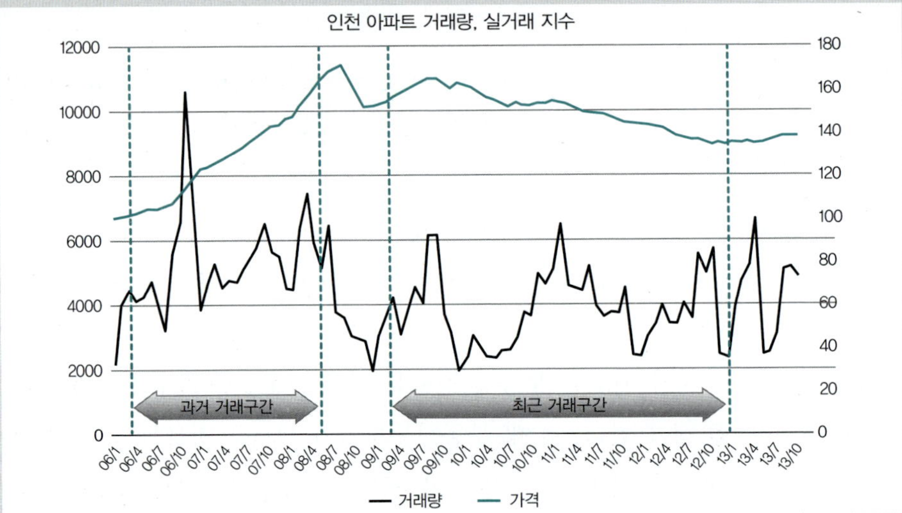

1. 과거 거래 내역

- 2006년 4월 인천시 아파트 매입 〉 2008년 7월 인천시 아파트 매각

2. 추가 거래 내역

- 2009년 4월 인천시 아파트 매입 〉 2013년 4월 인천시 아파트 매각

3. 매매 내용

- 2006년 3월 인천시의 아파트를 매입, 2008년 5월 매각하여 약 57.36% 수익을 얻었다. 과거 수익을 얻은 경험으로 2009년 4월 인천시 아파트를 매입하였다. 그 결과 2013년 7월 매각하여 약 13.37% 손실을 얻었다.

4. 매매에 대한 편견 해석

- 투자자는 과거 인천시 부동산은 지속적으로 오를 것이라는 주관적 판단으로 인천시의 아파트 매매를 통하여 57.36%의 수익을 얻은 기억이 있다. 그래서 투자자는 2009년 인천시에 다시 투자를 하려고 고려 중이였다. 이때 다른 지역에서 부동산 가격이 오를 것이라는 소식이 들려왔으나, 투자자는 과거 예측했던 판단으로 인천도 지속적으로 오를 것으로 판단하여 투자를 하였다. 그 결과 약 13.37% 수준으로 손실을 얻게 되었다. 이러한 사례는 보수성 편견에 해당한다. 보수성 편견의 3가지 중 새로운 부동산 정보를 접했음에도 불구하고 지나치게 무시하는 행동을 한 경우에 속한다.

9) 모호성 회피편견

사람들은 확률이 불확실할 때 위험한 것을 선택하지 않는다. 사람들은 일반적으로 확실한 것을 선택하려는 성향이 있는데, 이러한 현상을 모호성 회피(ambiguity aversion)라고 한다.

다음은 모호성 회피에서 나타날 수 있는 투자자의 실수들이다.

첫째, 부동산투자자들은 해외 부동산시장보다는 국내 부동산시장이 더 친밀하기 때문에 국내 투자만 한정하여 투자하려는 성향이 있다. 모호성 회피로 인하여 지리적으로 가까운 부동산을 선호하고 거리가 먼 부동산투자는 고려하지 않는 것이다. 그러나 특정한 나라나 지방에 국한되어 부동산을 투자한다면 새로운 수익을 얻을 수 있는 기회를 찾지 못할 수 있다. 둘째, 부동산투자자들은 자신이 속한 지역의 부동산을 다른 지역의 부동산보다 더 안전하다고 믿으려는 경향이 있다. 이는 다른 지역의 부동산시장에 대해서는 모호하게 생각하기 때문이다. 셋째, 능력효과는 모호성 회피가 가지고 있는 독특한 측면인데, 부동산투자자들이 확실하지 않은 부동산에는 조심하는 경향이 있다. 하지만 특정된 부동산을 자신이 잘 파악하고 있고 어느 정도 통제가 가능하다고 판단하는 경우에는 자신이 감당할 수 있는 위험보다 더 큰 위험을 선호하는 경향이 있다.

Case Study

서울 아파트 거래 분석

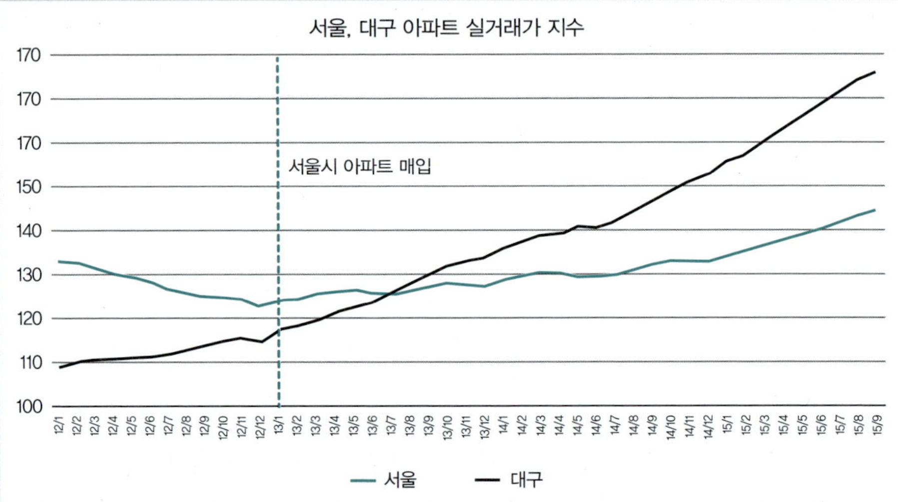

1. 거래 내역

- 2013년 1월 서울시 아파트 매입

3. 매매 내용

- 서울 지역에 사는 투자자는 서울 및 그 외 지역의 부동산 가격이 오를 것이라는 확실한 정보를 얻었다. 그래서 서울 지역에 위치한 아파트에 투자를 하였다.

4. 매매에 대한 편견 해석

- 사례의 투자자는 서울 및 그 외 지역의 부동산 가격이 오를 것이라는 확실한 정보를 얻었다. 그렇다면 이성적인 투자자는 서울과 서울 외 다른 지역의 부동산투자 수익률을 분석하고 어느 지역의 투자 수익률이 더 높은지 비교하여 투자를 하여야 한다. 하지만 사례의 투자자는 자신이 속한 지역의 부동산이 다른 지역의 부동산보다 더 안전하다고 믿고 투자를 하였다. 서울 지역의 아파트에 투자를 하는 것보다 동일 기간 대구 지역의 아파트에 투자를 하였을 경우 기존 투자안보다는 더 많은 투자 수익을 얻을 수 있었지만 확실하지 않은 부동산으로 판단하여 추가 투자 수익률을 포기하였다. 이러한 편견을 모호성 회피 편견이라고 한다.

10) 소유편견

본전심리에 의해 내가 가지고 있는 것은 남이 가지고 있는 것보다 소중하다고 느낄 때 이를 소유편견(endowment)이라 한다.

소유편견으로 인해 일어날 수 있는 투자자의 실수는 다음과 같다.

첫째, 부동산투자자들이 특정된 부동산을 계속 보유하는 것이 현명한 선택인지에 대해서 이성적으로 판단하지 않고 계속 보유하도록 한다. 이러한 행동은 때때로 특정 부동산 매각을 주저하게 만들고 이로 인해 손실이 증대되는 실수를 범하곤 한다. 둘째, 부동산투자자가 상속을 받거나 매입을 한 부동산을 계속 보유하게 하는 요인이 되기도 한다. 부동산을 매매함으로써 발생되는 여러 거래비용의 부담을 회피하고 싶기 때문이다. 하지만 이런 비용은 수익성이 좋지 않은 부동산을 보유하다가 매각함으로써 얻게 되는 손실보다 현저히 작은 대가일 수 있다.

소유편견을 줄이기 위해서는 객관적인 수수료비용과 보유 손실가능성에 대해 조언을 자주 들어야 하지만, 조언을 들어도 결국엔 본인 스스로 판단하여 결정하곤 한다.

Case Study

인천 아파트 거래 분석

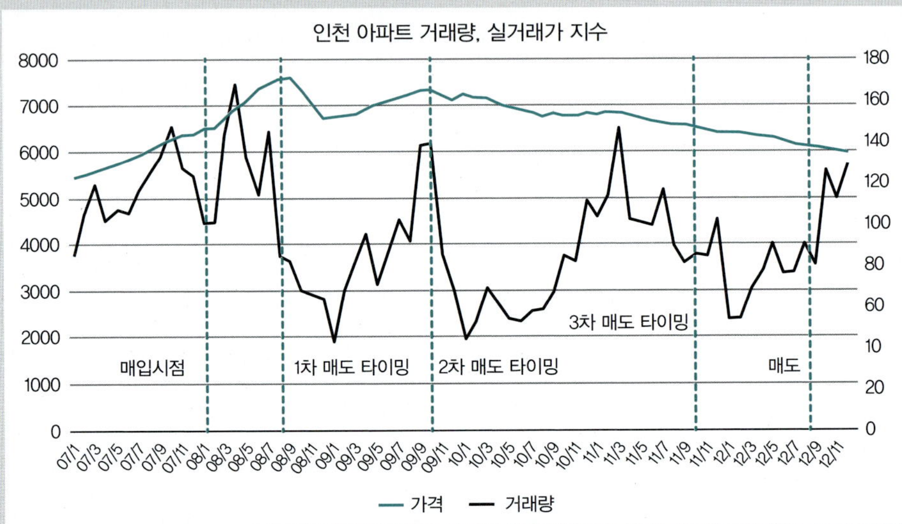

1. 거래 내역

- 2008년 1월 인천시 아파트 매입가격 > 2012년 9월 인천시 아파트 매도가격

3. 매매 내용

- 투자자는 2008년 1월 인천시에 위치한 아파트를 첫 투자대상으로 선정, 매입하였다. 매입 후 아파트 가격은 상승하였으며, 2008년 9월 인천시 아파트를 매도를 할지 고민하였다. 하지만 첫 투자대상이며, 추가적인 수익이 발생할 것으로 판단하여 계속 보유하기로 하였다. 이후 부동산 가격이 하락하였지만, 다시 상승하여 2009년 11월 다시 매도를 할지 고민하였으나 추가적인 수익의 아쉬움으로 더 보유하기로 하였다. 인천시에 위치한 아파트 가격은 계속 하락하였고 그 결과 손해를 보고 2012년 9월에 매도하였다.

4. 매매에 대한 편견 해석

- 사례의 투자자는 2008년 9월 1차 매도 타이밍을 놓치고 2009년 11월 추가 매도 타이밍을 놓쳤다. 마지막 매도 타이밍인 2011년 11월에 매도를 했어야 하나, 그 마저 보유하기로 잘못된 판단을 하여 결국 2012년 9월에 손실을 얻으며 매도를 하였다. 본 사례의 투자자는 소유편견으로 인하여 오류를 범하였다. 앞서 소유편견으로 인해 일어날 수 있는 투자자의 실수 중 특정된 부동산을 계속 보유하는 것이 현명한 선택인지에 대해서 이성적으로 판단하지 않고 첫 투자대상으로 과도한 수익률을 얻으려는 비이성적인 판단을 하여 계속 보유하도록 하는 소유편견이 발생하였다.

11) 낙관주의 편견

사람들이 가지는 편견 중 낙관주의 편견(optimism)은 미래를 객관적으로 예측하기보다는 자신의 의견에 대해 더 높게 평가하는 경향으로 해석하고 예측하는 편견을 말한다. 즉 부동산투자자들은 과거에 유사한 상황의 결과를 대부분 무시하고 현재시점에서 자기한테 관대하게 평가함으로써 나타나는 편견이다.

낙관주의 편견으로 인해 일어날 수 있는 투자자의 실수는 다음과 같다.

첫째, 낙관주의 편견은 부동산투자자들이 자신이 속한 지역의 부동산을 계속 보유하도록 하는 요인이 될 수 있다. 이는 다른 지역의 부동산이 자신이 속한 지역의 부동산보다 가격이 더 하락할 것이라고 생각하기 때문이다. 또한 자신이 속한 지역의 부동산에 투자를 하는 것이 다른 지역의 부동산에 투자를 하는 것보다 더 위험이 적다고 판단한다. 둘째, 낙관주의 편견은 부동산투자자들이 평균적인 수익률과 비슷하게 수익을 낼 수 있다고 생각하는 것이다. 이에 수익률을 떨어뜨리고 장기적으로 수익을 방해하는 인플레이션이나 세금 등을 간과한다. 셋째, 낙관주의 편견은 부동산투자자들이 좋은 예측이나 전망을 보여주는 부동산투자자문사의 보고서를 읽고 자신이 생각하는 논리에 끼워 맞추는 요인이 되기도 한다. 그 결과, 자신이 투자한 부동산에 대한 좋은 뉴스만을 선호하고 낙관주의에 빠지게 된다. 넷째, 낙관주의 편견은 부동산투자자들이 다른 사람들에 비해 자신이 좋은 투자자라고 생각하거나 부동산 영역에서만큼은 평균 이상이라고 생각하게 하는 요인이 되기도 한다.

Case Study

서울, 대구 아파트 거래 분석

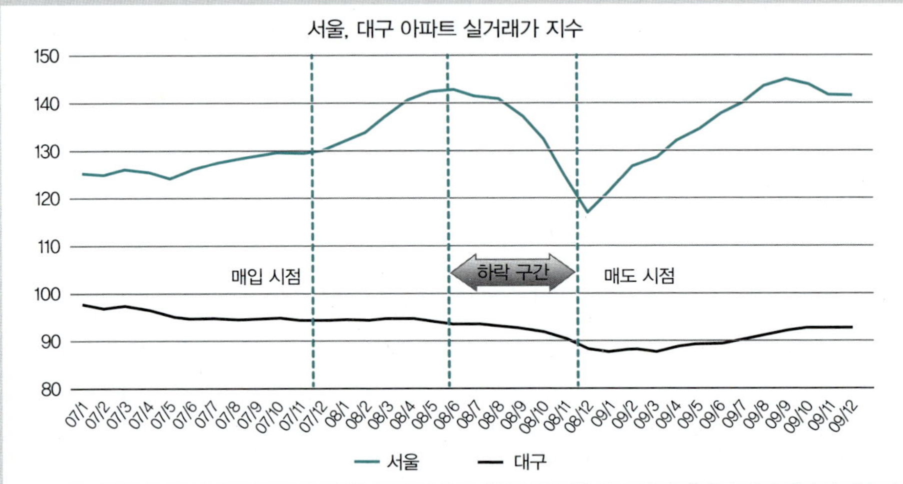

1. 거래 내역

- 2007년 12월 서울시 아파트 매입 〉 2008년 12월 서울시 아파트 매도

3. 매매 내용

- 투자자는 2007년 12월 서울 지역 아파트를 투자 목적으로 매입하였다. 이후 아파트 가격이 지속적으로 상승을 하였으나 2008년 6월을 기점으로 가격이 하락하였다. 매도에 대한 고민을 하였으나, 계속 보유를 하였고 결국 투자자는 2008년 12월 손실을 얻으면서 매도를 하였다.
- 대구시 지역은 2007년 1월부터 2009년 12월까지 꾸준히 가격이 하락하였다.

4. 매매에 대한 편견 해석

- 사례의 투자자는 2007년 12월 매입을 하여 매입 시점을 기준으로 2008년 6월에 매도를 하는 것이 최대수익을 얻을 수 있었으나 계속 보유하기로 판단하였다. 2008년 6월부터 2008년 12월까지 지속적으로 하락을 하므로 빨리 매각을 하였어야 했다. 하지만 투자자는 본인이 투자한 지역의 부동산 가격하락이 타 지역의 부동산 가격하락에 비하여 낮을 것으로 판단하여 낙관주의편견인 비이성적 행동을 하였다. 객관적으로 평가를 하지 않고 자신의 예측에 대하여 더 높이 평가하는 오류를 범하였다.

12) 심적 회계편견

심적 회계편견(mental accounting)은 우리 마음 속의 계산과 실제 계산이 다르게 이루어지는 것을 말한다. 즉 금전적으로 의사결정을 할 때, 마음속 인지적 오류에 의하여 임의적 계산을 하는데 이러한 심적 계산이 심적 회계이다.

다음은 심적 회계편견으로 인해 일어날 수 있는 투자자의 실수들이다.

첫째, 심적 회계편견은 부동산투자자들이 자신의 투자가 특정된 범주에 있다고 상상하는 요인이 될 수 있다. 예를 들어, 부채를 이용한 부동산투자로 벌어들이는 이익과 노동을 통해 얻는 소득을 달리 인지하는 것이다. 아마 부동산투자로 얻은 이익에 대해 좀 더 관대하게 인지하여 과감히 소비하거나 공격적으로 투자할 것이다. 이는 부동산투자에 많은 문제점을 야기할 수 있다. 둘째, 심적 회계편견은 부동산투자자들의 투자수익을 공돈효과(도박 등으로 벌어들이는 돈)로 인식해 큰 위험을 감수하고서라도 더 높은 수익을 창출하려는 경향을 낳게 한다. 이는 재무의사결정을 그릇되게 하여 부동산 포트폴리오를 위험하게 만들 수 있다.

이러한 문제점을 해결하기 위해서는 벌어들이는 모든 돈은 같다고 인지하여 객관화하려는 노력이 필요할 것이다.

Case Study

근로수익과 투자수익 소비 패턴

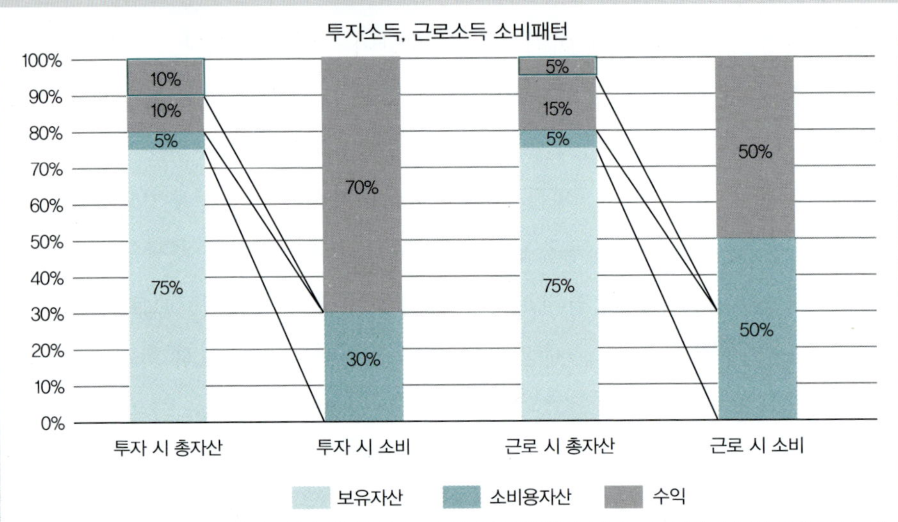

1. **편견 해석**

- 총자산은 투자와 근로의 경우 크기가 같으며, 소비의 크기도 같다고 가정을 한다. 이러한 경우 투자소득의 경우 총자산 대비 20%의 비중에서 50% 정도가 소비로 사용된다. 투자 시 소비의 70% 비중이 투자소득이며, 총자산의 5% 수준이 투자 시 소비의 30% 비중으로 소비하게 된다. 근로소득의 경우 총자산 대비 20%의 비중에서 25% 정도가 소비로 사용된다. 근로시 소비의 50% 비중이 근로소득이며, 총자산의 5% 수준이 근로 시 소비의 50% 비중으로 소비하게 된다. 즉, 부동산투자로 얻은 이익은 근로로 얻은 이익에 비하여 상대적으로 관대하게 인지하여 과감히 소비하게 되는 경우가 심적 회계편견이라고 할 수 있다.

13) 확증편견

확증편견(confirmation)은 자기가 믿으려는 정보는 확실하게 증명하려 하고 자기가 믿지 않으려는 정보는 확실하게 아니라고 증명하려는 성향을 말한다. 확증편견은 부동산투자자들이 특정 지역에 투자할 때 자주 나타난다. 마음속에 이미 특정 지역에 투자할 마음을 정해둔 상태에서 자기 판단이 옳았다는 것을 증명하기 위해 계속해서 정답을 찾고 싶어 하는 과정이라 볼 수 있다. 이러한 편견 때문에 손실이 증대되는 경우를 주변에서 자주 볼 수 있다.

확증편견을 이길 수 있는 최적의 방법은 이 편견이 자신에게 존재한다는 것을 인지하는 것에서 출발해야 한다. 이후에 투자자가 투자 결정을 할 때 반대되는 정보를 찾아보려는 노력을 함으로써 그 결정을 수정할 수 있다. 다른 반대되는 정보가 존재한다고 해서 그 투자가 좋지 못한 투자라고 단정짓는 것이 아니라는 사실을 인지하는 것이 중요하다.

Case Study

전국 아파트 거래량 및 실거래가 지수

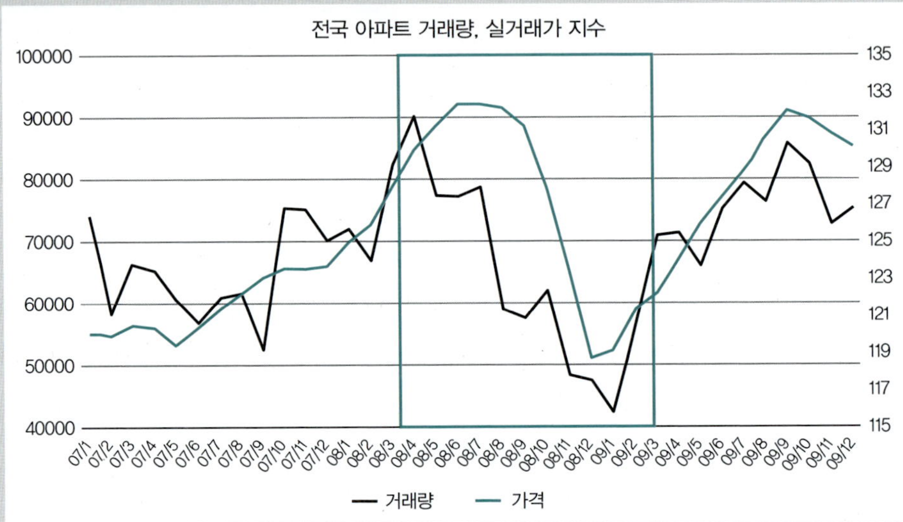

1. 편견 해석

- 확증편견은 투자자들이 믿음에 반하는 것을 과소평가하면서 믿음을 확증하는 개념을 강조하는 선택적 지각의 한 유형을 의미한다. 아파트 가격은 2007년 1월부터 2008년 07월까지 지속적으로 상승하였고, 우리나라의 부동산은 과거 1960년부터 상승하였다. 이러한 정보를 투자자는 믿고 2008년 말 서브프라임모기지 사태 때 가격이 크게 하락한 것은 일시적인 현상으로 판단하여 매도를 하지 않고 보유 포지션을 유지하는 행동이다. 위의 그래프를 살펴보면 2008년 9월부터 2008년 12월까지 가격이 급격히 하락하였다. 또한 거래량도 큰 폭으로 하락한 것으로 나타난다. 그러므로 부동산 투자에도 자신들의 주장(부동산은 지속적으로 상승한다.)을 과대평가하고 자신들의 주장을 평가절하할 우려가 있는 증거는 무시하거나 과소평가하는 확증편견을 행하게 된다.

14) 사후예측편견

판단에 있어서 결과론적으로 해석하는 편견을 사후예측편견(hindsight)이라고 한다. 예를 들어 마음속으로 '부동산시장이 좋아질 거야.'라고 50%만 믿고 있는데, 실제로 미래에 그렇게 되었다면 '거봐 내가 뭐라고 했어. 내가 좋을 거라고 그랬지.'라고 예측하는 편견을 사후예측편견이라고 한다. 본인이 100% 예측할 수 없었음에도 불구하고 예측할 수 있었다고 편견을 가지는 경향을 말한다. 이미 나온 결과에 대해서는 어쩔 수 없었다고 주장을 하고 그것이 발생하지 않을 수는 없었다며 자기를 합리화하는 편이 더 쉬운 것이다. 이로 인해 투자자들은 자신의 예측력 수준을 과장하게 만든다. 이를 통해 배울 수 있는 교훈은 부동산투자자가 투자의사를 결정할 때 잘못된 안정감을 가지게 한다는 점이다. 이는 과도한 위험을 감수하는 행동으로 나타나며 이러한 행동은 부동산포트폴리오를 위험하게 한다.

다음은 사후예측편견으로 인해 일어날 수 있는 투자자의 실수이다.

첫째, 사후예측편견은 특정한 부동산을 평가할 때 마치 자신이 예측을 할 수 있었던 것처럼 과거의 자신을 긍정적으로 바꾸어 기억을 재구성하기도 한다. 자기합리화는 과도한 위험을 감수하도록 하는데, 투자자 자신은 그럴 능력이 없음에도 불구하고 이를 알지 못하고 자신이 탁월한 예측능력을 가지고 있다고 믿기 시작한다. 둘째, 사후예측편견은 부동산투자자들이 이전의 투자실패로 인한 당혹감을 지워버리기 위해 스스로 과거를 다르게 재구성한다. 이는 인지부조화와 유사한 측면이 있는데 이로 인해 자신의 실수로부터 아무것도 배우지 못하게 된다. 셋째, 사후예측편견은 부동사투자자들이 투자를 실패했을 때 그 이유를 다른 데서 찾으려고 한다. 그 결과 반복적으로 실수하고 실수를 극복하지 못한다. 반대로 투자가 성공했다면 운이 좋았음에도 불구하고 성공을 자기 탓으로 돌린다.

Case Study

전국 아파트 거래 분석

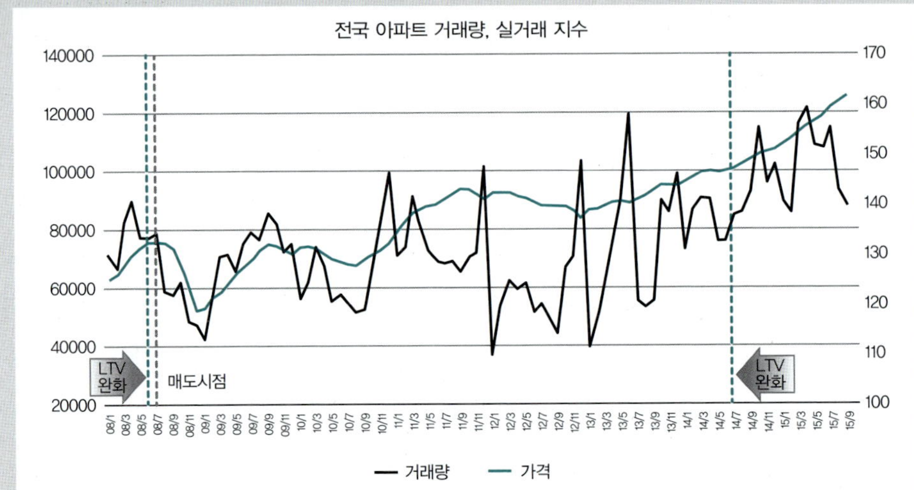

1. 거래 내역

- 2008년 6월 전국 가격지수와 같이 반응하는 지역의 아파트 매도
- 2014년 7월 전국 가격지수와 같이 반응하는 지역의 아파트 투자 고려 후 철회

3. 매매 내용

- 투자자는 2008년 6월 정부의 LTV 규제완화정책이 부동산시장에 크게 긍정적인 반응을 보이지 않고 가격이 하락할 것으로 판단하여 2008년 7월 매도를 하였다. 2014년 7월 정부는 LTV 규제완화정책을 진행하기로 하여, 과거 부동산시장 반응과 동일할 것으로 판단하여 투자계획을 철회하였다.

4. 매매에 대한 편견 해석

- 사례의 투자자는 과거 정부의 정책이 크게 긍정적인 반응을 보이지 않을 것으로 판단, 매도를 하여 큰 손실을 막았다. 하지만 차후 똑같은 정부의 정책이 실행할 것에 대하여 과거의 시장 반응과 동일시하여 추가적인 투자 수익 기회를 놓치게 되었다. 이러한 경우 사후예측편견으로 분류된다. 과거 부동산을 평가할 때 자신의 정확한 예측으로 매도에 성공하였다고 생각한다. 이는 자신이 탁월한 예측능력을 가지고 있다고 믿고 있기 때문이며, 그 결과 차후에 추가 투자 수익을 얻을 기회를 놓쳐버렸다.

15) 손실회피편견

손실회피편견(loss aversion)은 부동산투자자들이 이익을 얻고자 하는 심리보다 손실을 회피하고자 하는 심리를 더 강하게 느끼는 것을 말한다. 이러한 편견이 나타나는 이유는 이익에 대해서는 위험을 회피하려는 성향이 더 강하고 손실에 대해서는 위험추구적인 성향이 더 강하기 때문이다. 이를 본전심리라고 하는데 예를 들면 부동산투자자가 1억 원에 주택을 매입했는데, 이후 계속해서 가격이 하락한다면 쉽게 매각하지 못하고 본전이 될 때까지 막연하게 보유함으로써 손실에 대해서 위험추구적으로 행동하는 것이다. 반대로 계속해서 부동산가격이 상승한다면 하락에 대한 압박으로 불안하여 빨리 팔고 싶을 것이다. 이러한 행동은 손실을 키울 것이고 나중에 후회하게 될 것이다.

이러한 문제를 해결하기 위해서는 손실에 대해 인지하고 과감한 결단이 필요하다. 즉 잘못된 방향으로 수익이 움직인다면 과감히 매각해야 조금이나마 손실을 줄일 수 있을 것이다. 물론 손실로 인하여 자주 매매한다면 이로 인하여 손실이 증대될 것이다. 그러므로 처음 부동산 매입 시 신중한 접근이 필요하다.

Case Study

대전 아파트 거래량 및 실거래가 지수

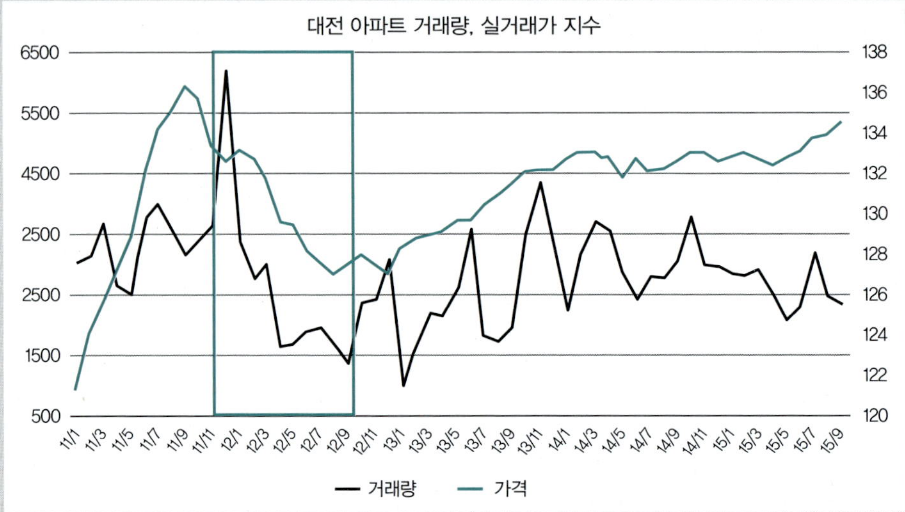

1. 편견 해석

- 손실회피편견은 이익에 대해서는 위험을 회피하려는 성향이 더 강하고 손실에 대해서는 위험추구적인 성향이 더 강하다. 본 사례를 살펴보면, 2012년 1월부터 2012년 9월까지 대전시 아파트 실거래가 지수가 큰 폭으로 감소하였다. 거래량 또한 크게 감소하였다. 손실회피편견으로 가격이 감소하여 손실이 발생하면 위험추구적인 성향이 나타나는 결과라고 할 수 있다. 즉, 가격이 다시 오를 것이라는 본전심리로 인하여 계속 보유하게 되는 행동으로 인하여 거래량이 크게 감소하게 되었다.

16) 최근성 편견

사람들은 과거보다 최근에 발생한 사건에 대해 더 크게 인지하고 받아들이는 오류를 최근성 편견(recency)이라고 한다. 예를 들어, 부동산투자펀드 수익률 중에서 최근 실적이 가장 우수한 펀드를 선택하여 투자하는 것이다. 사람들은 최근에 수익이 큰 펀드는 미래에도 수익이 클 것이라는 막연한 기대에서 투자하기 때문이다.

최근성 편견은 부동산투자자들이 최고점에 부동산을 매입하게 만드는 잘못을 저지를 수 있게 한다. 최근의 수익률이 높은 것이 실력이 아니라 운(luck) 때문이라면 이러한 잘못이 나타날 확률이 더 크다. 최근성 편견은 부동산자산 포트폴리오에 부정적인 영향을 미치게 되고 수익률이 좋지 않게 만든다. 인간의 심리는 최근의 수익률에 흥분하게 되고 이성을 잃어버릴 수도 있다. 이러한 문제점을 해결하기 위해서는 냉정하게 자신을 바라봐야 하며 보다 장기적인 안목으로 분석기간을 보다 길게 잡고 부동산펀드를 검토해야 할 것이다.

Case Study

전국 가계부채 및 실거래가 지수

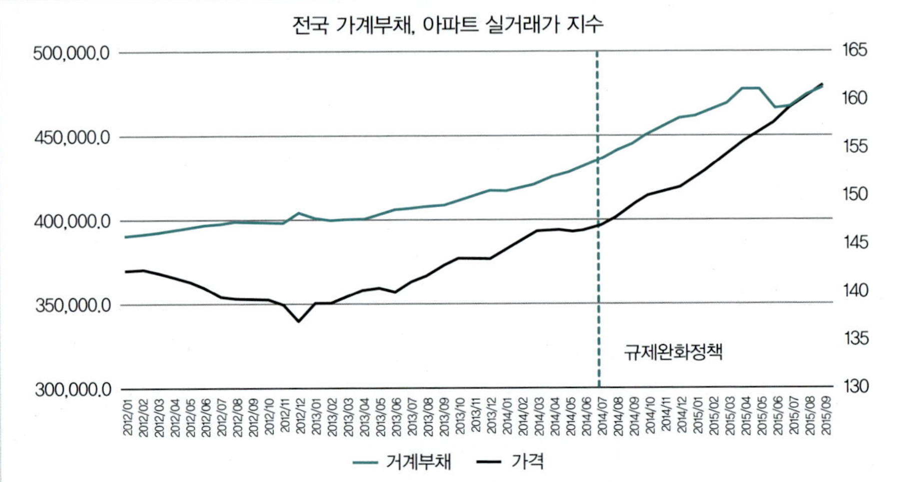

1. 편견 해석

- 최근성 편견은 과거의 정보보다 최근의 정보를 더 중요시하는 인지성향을 말한다. 사례를 살펴보면 과거 2012년 12월을 기점으로 저금리 기조에 따라 가계부채(주택담보대출)가 높아졌으며 언론에서 가계부채의 위험성을 지속적으로 알리고 있었다. 하지만 2014년 7월 정부의 규제완화정책(LTV, DTI 완화)으로 인하여 가계부채증가율이 과거 증가율보다 상대적으로 크게 상승한 것을 파악 할 수 있다. 즉, 최근에 보도된 LTV, DTI 이슈에 대해 더 크게 반응한다.

17) 후회회피편견

사람들은 후회하고 싶어하지 않는다. 그래서 부동산투자 시 보다 보수적으로 접근하려는 경향이 있다. 왜냐하면 후회하기 싫기 때문이다. 또한, 후회의 고통을 미리 예상하여 이를 두려워하는데, 금전적인 것만 후회하는 것이 아니라 자신의 투자에 대한 책임을 자신이 져야 한다는 것을 두려워하는 이유도 있다. 이러한 경우 나타나는 대표적인 현상이 가격착시효과이다. 즉, 가격이 비싼 부동산투자보다 가격이 저렴한 부동산에 더 투자하기 쉽다는 것이다. 왜냐하면, 향후 가격하락에 대한 후회를 회피하기 위해서이다.

Case Study

전국 규모별 거래량 흐름

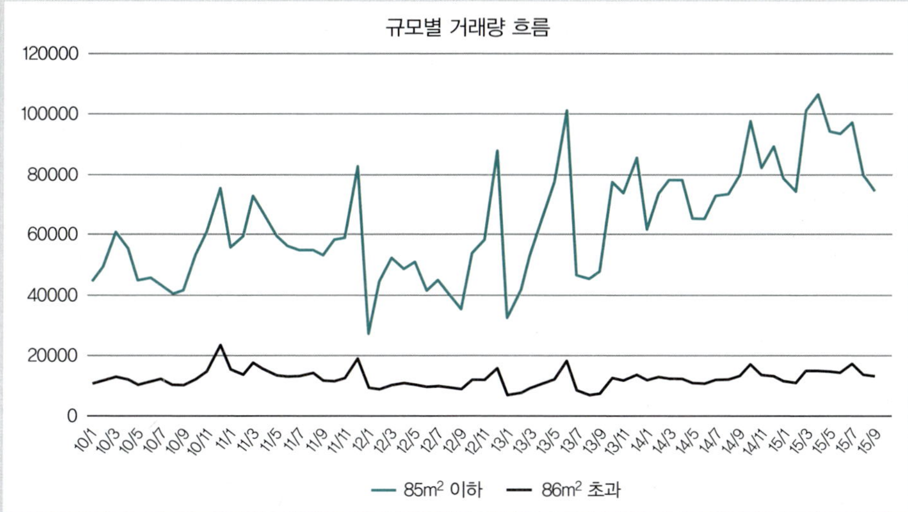

1. 편견 해석

- 아파트 면적 85m^{2}의 기준으로 분류한 거래량 지표를 살펴보면, 85m^2 이하(소형)의 아파트의 거래량이 85m^2 초과(대형)의 아파트 거래량보다 상대적으로 높다. 그 이유는 후회회피편견이 나타나는 것이라고 볼 수 있다. 즉, 대형의 아파트는 소형의 아파트보다 가격이 높고 향후 하락압박이 더 크다고 판단되기 때문에 가격이 비싼 대형 아파트 투자보다 가격이 저렴한 소형 아파트에 더 투자를 하여 향후 손실에 대한 후회를 회피하기 위해서이다.

18) 현상유지편견

현상유지편견(status on)이란 현상을 유지하려는 인간의 투자심리가 현상을 바꾸려고 하는 인간의 투자심리보다 더 크다는 편견을 말한다. 왜냐하면 현상을 유지했을 때 손실의 기억이 현상을 바꿨을 때 손실의 기억보다 더 작기 때문이다. 이로 인해 투자 시 소극적인 태도가 자주 나타나게 되고 이로 인해 잘못된 판단으로 부동산매입은 해도 매각하려 하지 않는 현상이 종종 나타나기도 한다.

현상유지 편견을 극복하기 위해서는 주변 사람들의 객관적이 의견을 잘 받아들여야 하고 아울러 본인 스스로 자기귀속적인 생각을 바꿔야 한다.

Case Study

아파트 가격 흐름

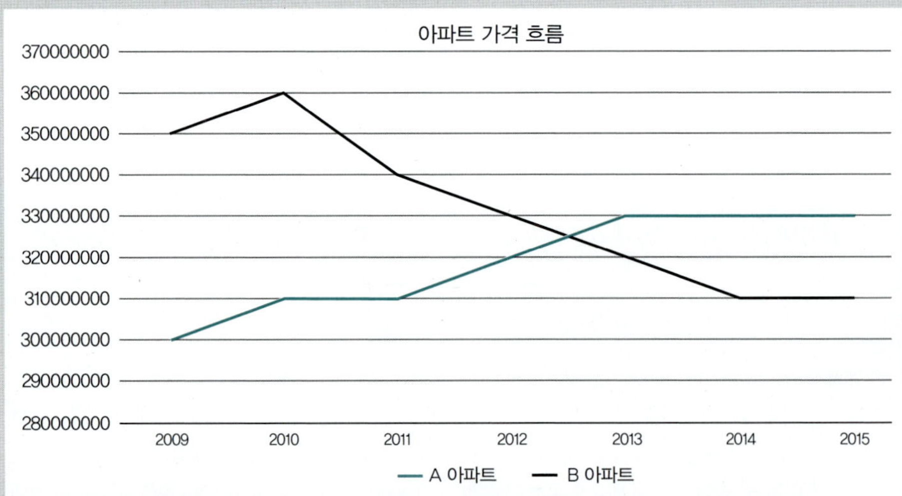

1. 편견 해석

- 투자자는 2009년부터 2011년까지 상대적으로 가격이 높은 B아파트를 보유하고 있다. 시간이 흘러 2012년 A아파트 가격이 B아파트 가격보다 높아질 것이라는 확실한 정보를 얻었다. 투자자는 B아

파트를 매도하고 A아파트를 매입할지 고민하였으나 계속 보유하기로 결정하였다.

- 이러한 사례는 현상유지편견으로 볼 수 있다. 그 이유는 투자자는 2012년에 B아파트를 매도하고 A아파트를 매입할 시 차익거래(arbitrage)를 실현할 수 있으나, 거래를 하지 않고 현상을 유지하려고 하기 때문이다. 그러므로 현재 A아파트 가격이 높으나, 과거의 추세를 보았을 경우 일시적인 현상으로 파악하여 차후 B아파트 가격이 오를 것이라는 비이성적인 투자행동인 현상유지편견이 나타났다.

참고문헌

강대기 (1987). 현대도시론. 민음사.

강원철 · 김복순 (1997). 지가변동요인 분석: IMF 체제와 지가변동을 중심으로. 감정평가연구원.

강원철 · 최정엽 (2002). 우리나라 오피스시장 규모전망. 부동산학연구, 제8권 1호. 한국부동산분석학회.

건설교통부 (1998). 주택시장의 경기변동에 관한 연구. 주택연구, 제6권 1호. 한국주택학회.

_________ (2002). 주택업무편람.

_________ (2004). 주택건설투자의 경제적 파급효과분석.

_________ (2007). 국토의 계획 및 이용에 관한 연차보고서.

경제정의실천시민연합 (2004). '수도권 공공택지개발지구의 택지비 검증' 기자회견 자료.

고민욱 · 김장열 (2014). The Price-Rent Ratio on the US Housing Market. 국제지역연구, 제18권 제1호. 국제지역연구센터.

국토연구원 (1988). 주택시장 수급체계 분석연구-필터링을 중심으로.

_________ (2002). 장기주택정책방향 2003~2012. 미발표자료.

국토해양부 (2009). 전국 미분양 주택현황 보도자료 (2006.6.9).

권주안 (2006). 분양가규제의 부작용과 개선방안. *ssue Paper* 12. 한국경제연구원.

권태연 · 이창무 · 최막중 (2004). 아파트 분양가와 입주 후 시장가격 간의 관계분석. 국토계획, 제39권 7호. 대한국토 · 도시계획학회.

권혁부 (2004). 2005년 한국 부동산시장전망. 대신증권 · 대신경제연구소.

기경묵 (2012). 가구구조변화에 따른 주거규모축소 가능성 진단. KB금융지주 경영연구소, 10월호.

김경환 (2013). 새 정부 주택정책에 관한 제언. 국토, 통권376호. 국토연구원.

김경환 · 서승환 (2002). 도시경제론(제3판). 홍문사.

김경환 · 손재영 (2000a). 서울 오피스 임대료의 횡단면 분석. 학술진흥재단 공모과제.

____________ (2000b). 서울시 오피스시장의 시계열분석. 주택연구, 제8권 2호. 한국주택

학회.

_____________ (2014). 부동산경제학. 건국대학교출판부.

김관영 (1998). IMF 체제 이후의 부동산시장 장기전망. 한국부동산분석학회 세미나 발표자료.

김관영 · 김찬교 (2006). 오피스 빌딩임대료 결정요인에 관한 실증연구. 부동산학연구, 제12집 2호. 한국부동산분석학회.

김근용 (1998). 주택가격 예측을 위한 모형설정과 검정. 국토, 통권197호. 국토연구원.

김근용 · 김용순 · 이용만 (2014). 공공임대주택의 공급 및 관리 현황과 문제점, 그리고 개선방안. 임대주택시장의 중장기 발전을 위한 정책과제 연구. 조만 편. 한국개발연구원.

김대원 · 유정석 (2013). 주택가격에 대한 심리적 태도가 주택 매매 거래량에 미치는 영향분석. 주택연구, 제21권 2호. 한국주택학회.

김리명 · 홍석민 (2010). 수요변화에 따른 주택공급 방안. 주택산업연구원.

김문성 · 배형 (2015). 주택가격지수의 순환주기변동과 거시경제변수의 영향 분석. 부동산연구, 제25권 3호. 한국부동산연구원.

김상일 (2005). 서울시 업무 공간 수요예측 및 공급가능성 진단연구. 서울시정개발연구원.

김선재 (2004). 행정수도의 대전 · 충청권 이전이 지역 및 도시경제에 미치는 파급효과분석. 산업경제연구, 제17권 4호. 한국산업경제학회.

김성식 (2002). 주택가격 버블가능성진단. LG주간경제, 10월호.

김성욱 · 김지현 (2010). 주택분양시장 추이를 통해서 본 분양가상한제의 의의와 한계: 공분산분석을 이용하여. 한국지역개발학회지, 제22권 3호, 한국지역개발학회.

김성재 · 유병권 (2006). 부동산금융을 활용한 지역개발사업방식에 관한 연구: 지역종합개발사업을 중심으로. 국토계획, 제41권 6호. 대한국토 · 도시계획학회

김수현 (2009). 선진국 자가소유 논리와 우리나라에 대한 정책적 시사점. 경제와 사회, 제83권. 비판사회학회.

김영곤 · 안상인 · 오준석 · 이창석 · 정상철 (2002). 부동산금융론. 형성출판사.

김용창 (2004). 한국의 토지주택정책. 부연사.

김원수 (2008). 주택분양가 규제정책이 가격변동에 미친 효과분석. 한국정책학회 춘계학술대회 자료집.

김윤영 (2013). 한국 주택가격 변동은 펀더멘탈에 의해 주도되는가?. 경제학연구, 제61권 4호. 한국경제학회.

김의준 · 김용환 (2006). 서울시 오피스 임대료 결정요인의 변화분석. 지역연구, 제22권 2호.

한국지역학회.
김정수 · 이주형 (2004). 가구특성에 따른 주택선택행태에 관한 연구. 국토계획, 제39권 1호. 대한국토 · 도시계획학회.
김정호 (1991). 주택공급 및 규제제도 개선방향. 국토정보, 6월호. 국토개발연구원.
김지은 · 변서경 (2013). 에코세대 주택수요 특성분석. 주택산업연구원, 6월호.
김지현 (2008). 종합부동산세의 자본화효과: 중동 신도시를 사례로. 도시행정학보, 제21집 2호, 한국도시행정학회.
______ (2010). 부동산가격규제개혁. 한국법제연구원.
______ (2014). 부동산경제학의 이해. 이프레스.
______ (2014). 서울시 오피스 임대시장의 장기균형과 단기조정 분석. 도시행정학보, 제55권. 한국도시행정학학회.
______ (2015). 제도권 민간매입임대주택 공급결정요인에 대한 연구. 도시행정학보, 제28집, 제3호. 한국도시행정학회.
김지현 · 강병록 (2013). 녹색건축인증제가 오피스시장에 미치는 영향분석. 부동산학보, 제55권. 한국부동산학회.
김지현 · 최윤영 (2015). HLM을 활용한 소비심리의 주택시장 설명력 검증에 관한 연구: 아파트거래량을 중심으로. 2015 국토연구원 부동산시장 연구논문공모전 최우수상 수상. 국토연구원.
김지현 · 최충익 (2007). 아파트 분양가격과 건설사 수익성간의 관계에 대한 연구. 한국지역개발학회지, 제19권 2호. 한국지역개발학회.
김진 · 서충원 (2009). 오피스 임대료 추정에 있어서 공간자기상관에 관한 연구. 국토계획, 제44권 2호, 대한국토 · 도시계획학회.
김진유 · 전상경 (2003). 부동산 위탁경영의 결정요인. 국토계획, 제38권 3호. 대한국토 · 도시계획학회.
김창석 (2002). 서울시 상류계층(파워엘리트)의 주거지역 분포특성과 형성요인에 관한 연구. 국토계획, 제37권 5호. 대한국토 · 도시계획학회.
김태경 (2013). 임대인과 임차인의 입장에서 본 전 · 월세 선호원인에 관한 연구. GRI연구논총, 제15권 제3호. 경기개발연구원.
김태현 · 권영덕 (2010). 주택필터링개념을 활용한 주택공급효과 실증분석. 서울시정개발연구원.
김현재 (2003). 서울시 아파트 매매 및 전세가격 결정요인의 분석. 부동산학보, 제21호. 한국부동산학회.

김형국 (1991). 국토의 개발과 이론연구. 박영사.

남정현 · 정창무 · 이상경 (2001). 공간 · 자본시장 이론에 의한 수도권 주택시장 시계열분석. 주택연구, 제9권 2호. 한국주택학회.

노춘희 · 김일태 (2001). 도시학개론. 형설.

대한국토 · 도시계획학회 (1998). 도시계획론. 보성각.

대한주택공사 (2003). 주택통계편람.

류강민 · 이병현 · 이창무 (2015). 글로벌 금융위기 이후 오피스 임대시장 구조변화 분석. 국토연구, 제85권. 국토연구원.

문권순 (1997). 벡터자기회귀(VAR)모형의 이해. 통계연구, 제2권 제1호. 통계청.

박미선 · 강미나 · 손학기 (2014). 임차시장 구조변화에 따른 맞춤형 주거안정 제고방안 연구. 국토연구원.

박재룡 (2004). 최근 주택경기 진단과 향후과제. 삼성경제연구소.

박재룡 (2009). 주택정책의 오해와 진실: 주택시장을 이해하기 위한 5가지 핵심질문. 삼성경제연구소.

박한 · 장동민 · 한명규 · 성민희 · 홍세진 · 이창무 (2008). 1인당 오피스 점유면적에 대한 결정 요인 분석 및 오피스 입지특성에 대한 연구. 대한국토도시계획학회 정기학술대회 발표 논문.

박헌수 · 이지아 (2009). VAR 모형을 이용한 부동산가격 변동에 관한 연구. 부동산연구, 제9집 1호. 한국부동산연구원.

박헌주 · 정희남 · 박철 · 문경희 (2000). 토지시장의 구조변화 및 전망 연구. 국토연구원.

박혜자 (2003). 광주 · 전남 공동발전을 위한 協力機制 구축방안. 광주전남발전을 위한 세미나 발표논문. 광주전남발전연구원.

방경식 · 장희순 (2002). 부동산학개론. 부연사.

배영균 (2012). 주택공급의 가격탄력성과 주택가격변동성. 대한부동산학회지, 제30권 1호, 대한부동산학회.

삼성금융연구소 (2003). 주택담보대출의 부실화 가능성 점검.

서수복 · 최승영 (2011) 지역주택시장의 순환 변동에 관한 연구. 한국지적학회지, 제27권 1호, 한국지적학회.

서승환 · 김갑성 (2000). 부동산 가격행태 변화의 실증적 분석. 주택연구, 제8권 1호. 한국주택학회.

서원석 · 김리영 (2014). 도시형생활주택의 광역주택시장 공급결정요인 비교연구: 수도권과 비수도권을 중심으로. 도시행정학보, 제27권 제1호. 한국도시행정학회.
서정렬 · 신우진 · 신정철 · 한동철 · 한정희 (2013). 부동산학개론. 이프레스.
서후석 · 서현우 · 서성원 · 양철원 · 이용만 · 조우성 (2005). 부동산펀드의 자산운용전략: 간접투자자산운용업법의 이해. 부동산114.
소비자문제를 연구하는 시민의 모임 (2003). 서울시 아파트 분양가 평가 및 신청서식 표준화 마련을 위한 공청회 자료.
손경숙 · 김지현 (2015). 부동산 양도소득세 개선을 위한 스마트리그제 도입방안에 관한 연구. 부동산연구, 제25집 1호. 한국부동산연구원.
손경환 (2002). 주택시장의 변화와 향후 전망. 국토, 통권253호. 국토연구원.
손경환 · 이수욱 · 박천규 (2007). 미국 서브프라임 모기지위기의 실체와 시사점. 국토정책 Brief, 제52호. 국토연구원.
손은경 (2011). 베이비붐 세대 은퇴에 따른 주택시장 변화. KB금융지주 경영연구소, 7월호.
손재영 (1999). 자유주의 경제학과 토지정책. 김형국 편. 과 한국인의 삶. 나남출판사.
______ (2009). 주택공급제도 개선방안. KDI 정책포럼 213호.
손정식 · 김관영 · 김용순 (2003). 부동산가격 예측모형에 관한 연구. 주택연구, 제11권 1호. 한국주택학회.
송동훈 · 최민섭 (2014). 부동산개발비용 투자결정요인에 관한 연구: 개발전문 자기관리형 REITs를 중심으로. 부동산학연구, 제20집 2호. 한국부동산분석학회.
신영에셋 (2004). 오피스시장 동향 보고서 2004년 4/4분기, 2013년 4/4분기.
안국신 (2008). 부동산가격과 거시경제모형. 경제발전연구, 제41권 1호. 한국경제발전학회.
안정근 (1995). 현대부동산학. 법문사.
알투코리아 · 부동산 114 (2003). 리츠투자 및 평가기준설정을 위한 국제세미나 자료집.
양재섭 · 김정원 (2004). 서울대도시권의 업무공간입지변화분석연구. 서울시정개발연구원.
여윤경 · 윤지영 (2003). 소비자의 주택 점유형태 선택의 결정요인. 대한가정학회지, 제41권 5호. 대한가정학회.
여홍구 · 정선아 (2002). 서울시 오피스의 공간분포 및 입지특성에 관한 연구. 국토계획, 제37권 7호. 대한국토 · 도시계획학회.
오규식 · 이왕기 (1997). 아파트 가격에 내재한 경관조망 가치의 측정. 국토계획, 제32권 3호. 대한국토 · 도시계획학회.
오동훈 · 이용만 · 이재순 (2015). 부동산학연구 게재논문의 연구경향 분석: 1995-2014. 부동산학연구, 제21집 2호. 한국부동산분석학회.

왕세종 (2004). 수도권 아파트 가격의 지역 간 상관관계 분석. 주택금융월보, 12월호. 주택금융공사.

유강민 · 이창무 (2012). 서울시 오피스 임대시장의 공실률과 임대료의 상호결정구조 분석. 부동산학연구, 제18집 2호. 한국부동산연구원,

유상철 (2012). 리츠(REITs)의 운영성과 및 특성. 강원대 박사학위논문.

윤승봉 · 장봉규 · 정창무 (2005). 서울시 분양아파트시장의 평형별 분화에 관한 연구. 국토계획, 제39권 1호. 대한국토 · 도시계획학회.

윤주현 · 김혜승 (2000). 주택시장의 경기동향 및 단기전망 연구. 국토연구원.

이건수 (2011). 오피스 시장 예측을 위한 오피스 공급 결정요인 분석: 정태적, 동태적 패널모형을 이용한 서울시 권역별 오피스 시장 분석. 서울대학교 석사학위논문.

이경민 · 정창무 · 이건수 · 유상균 (2009). 서울시 오피스 공급 결정요인에 관한 연구. 서울도시연구, 제10권 4호. 서울연구원.

이동영 · 정윤 (2009). 부동산경기변동과 정부의 시장개입. 부동산학보, 제37집. 한국부동산학회.

이수욱 · 박천규 · 최윤경 · 선우덕 · 이범수 · 김완중 (2011). 사회 · 경제구조 전환기의 주택정책과 패러다임 정립방안 연구. 국토연구원.

이수정 (2011). 서울 오피스시장에서의 투자행태와 cap rate 결정요인에 관한 연구. 건국대학교 박사학위논문.

이영수 (2008). 한국의 주택가격과 거시경제: SVAR 분석. 부동산학연구, 제14집 3호. 한국부동산분석학회.

이용만 (1998). 금융위기와 토지시장. 토지연구, 제9권. 한국토지공사.

______ (2007). 분양제도 개편이 주택시장에 미치는 영향. 건설교통저널. 제24권 7호. ㈜건설교통저널.

이용만 · 이상한 (2004). 강남지역의 주택가격이 주변지역의 주택가격을 결정하는가? 국토계획, 제39권 1호. 대한국토 · 도시계획학회.

이재수 · 성수연 (2013). 도시형생활주택의 공급특성 및 효과평가: 서울시를 사례로. 국토계획, 제48권 제4호. 대한국토 · 도시계획학회.

이정전 (2006). 토지경제학. 박영사.

이주형 (1989). 住居選擇 및 住宅移動決定에 學群이 미치는 影響에 관한 연구. 국토계획, 제24권 2호. 대한국토 · 도시계획학회.

이중희 (1997). 주택경제론. 박영사.

이진순 (1993). 한국의 지가: 토지투기와 시장실패. 손재영 편. 토지시장의 분석과 정책과제. 한국개발연구원.

이창무 (2010). 다주택자에 대한 사회적 논란과 그 해법. 주택연구, 제18권 제1호. 한국주택학회.

______ (2012). 레버리지 위험을 고려한 전월세시장 균형모형. 주택연구, 제20권 제2호. 한국주택학회.

______ (2014). 민간임대주택시장의 변화추세와 장기전망. 공간과 사회, 제24권 제2호. 한국공간환경학회.

이창무 · 나강열 · 구자훈 (2004). 아파트 분양가조정과 개발이익분배. 주택연구, 제12권 2호. 한국주택학회.

이창무 · 정의철 · 최소의 (2009). 아파트임대시장의 전월세전환율 결정구조. 주택연구, 제17권 제2호. 한국주택학회.

임덕호 (1993). 분양가 규제의 경제적 비효율성에 관한 연구. 주택연구, 제1권 1호. 한국주택학회.

______ (2004). 후분양제의 도입 필요성과 도입방안. 주택연구, 제12권 1호. 한국주택학회.

______ (2005). 아파트분양권 공개의 경제학적 고찰. 주택연구, 제13권 1호. 한국주택학회.

장기용 (2014). 민간매입임대주택사업 관련 세제의 합리적 개선방안. 대한부동산학회지, 제32권 제2호. 대한부동산학회. 213-236.

장병기 · 심성훈 (2004). 주택시장에서 기초경제여건의 영향력에 관한 연구: 구조변화를 고려하며. 국토연구, 제41권. 국토연구원.

장욱 · 송미령 (1997). 계획의 정당성과 시장실패. 국토계획, 제32권 4호. 대한국토 · 도시계획학회.

장태일 (2006). 중대형 민간임대주택사업 참여에 대한 재무적 투자자 특성분석 연구. 주택연구, 제14권 제2호. 한국주택학회.

전기석 · 이현석 (2006). 위계적 선형모형을 이용한 오피스 임대료 결정요인 분석. 국토연구, 제49권. 국토연구원.

전웅 (2014). 지역별 전월세전화율 차이 결정구조 분석. 건국대학교 석사학위논문.

전인수 (2014). 베이비붐 세대의 은퇴 후 주거특성 분석 및 시사점. KB금융지주 경영연구소. 2월호.

전해정 · 박헌수 (2012). 주택시장과 거시경제변수 요인들 간의 동태적 상관관계 분석. 주택연구, 제20권 2호. 한국주택학회.

정무영 (2009). 간접투자시장에서 부동산펀드의 분산투자효과에 관한 연구: 수익률 실증자료 중심. 목원대학교 산업정보대학원 석사학위논문.

정성훈 (2015). 부동산시장에서의 조세정책에 따른 투자행태 연구: 부동산시장의 행정구역을 기준으로. 조세세정네트워크 Working Paper 발표문.

정성훈 · 박근우 (2015). 부동산시장에서 투자자들의 투자행태와 심리에 관한 연구: 처분효과에 대한 검증. 부동산연구, 제25권 3호. 한국부동산연구원.

정승영 · 도희섭 (2011). 서울시의 상권분류에 관한 연구. 대한부동산학회지, 제29권 제2호. 대한부동산학회.

정은주 · 정봉현 (2014). 주택시장의 임대수요와 임대거래량 산정에 관한 연구. 주택연구, 제22권 3호, 한국주택학회.

정의철 (2002). 도시가국의 주택점유형태 및 주택유형선택에 관한 연구. 주택연구, 제10권 1호, 한국주택학회.

정의철 · 이창무 (2004). 잠재개발밀도가 지가에 미치는 영향 분석. 국토계획, 제39권 2호. 대한국토 · 도시계획학회.

정현주 (1998). 서울시 오피스기능의 다중심화 현상에 관한 연구. 대한지리학회지, 제33권 1호 대한지리학회.

정희남 · 김창현 (1997). 거시경제정책이 토지시장에 미치는 영향분석. 국토연구원.

젠스타 (2014). 얼마나 올랐을까? 오피스 매매지수.

조덕훈 (2013). 한국 임대주택 공급정책의 변화과정 연구. 공간과 사회, 제23권 제4호. 한국공간환경학회.

조만 · 조영하 · 김경환 · 석용팡 (2012). Housing Supply Elasticity and Housing Price Dynamics: The Case of Global Cities. 한국개발연구원 발표논문.

조주현 (1998). 住居密度가 住宅價格에 미치는 影響에 관한 硏究. 사회과학논총, 제3권. 건국대학교사회과학연구소.

조주현 (2002). 부동산학원론. 건국대학교출판부.

조창신 · 김종진 (2014). 임대주택 사업의행자의 인식분석에 관한 연구. 사회과학논총, 제29권 제2호. 전주대학교 사회과학연구소.

조태진 (2014). 심리지수가 주택시장에 미치는 영향에 관한 연구. 주택연구, 22권 3호. 한국주택학회.

조현민 · 김경민 (2011). 한국 부동산시장 및 자본시장과 부동산투자회사(REITs) 간의 연관성 분석. 국토연구, 제71권. 국토연구원.

주택산업연구원, 한국건설산업연구원 (2008). 주택공급규제 개선을 위한 토론회 자료집.

차문중 · 손재영 · 정의철 (2004). 주거 여건의 추이와 장기주거수요 전망. 제2절 2장. 차문중 편, 주택시장 분석과 정책과제 연구. 한국개발연구원.

최경관 · 조주현 (2011). 공동주택부지 가격형성요인에 관한 연구: 공동주택가격 및 용적률을 중심으로. 부동산연구, 제21집 제3호. 부동산분석학회.

최막중 (2001). 용적률 및 개발용도 규제의 변화가 주택가격과 지가에 미치는 영향에 관한 이론적 분석. 국토계획, 제36권 제3호. 대한국토 · 도시계획학회.

최윤기 (2002). 주택정책이 부동산시장에 미치는 효과분석. 한국건설산업연구원.

최창규 · 지규현 (2007). 전세와 월세에 대한 구조적 해석: 금융조건 및 임차인의 자산 제약을 중심으로, 국토계획, 제42권 제3호, 대한국토 · 도시계획학회.

______________ (2008). 전세와 주택 금융차입 하에 임대인의 공급 선택에 대한 해석. 국토계획, 제43권 제6호. 대한국토 · 도시계획학회.

하성규 (2006). 주택정책론(개정판). 박영사.

하성규 · 허재완 (1990). 주택투자의 지역경제파급효과분석. 국토계획, 제25권 1호. 대한국토 · 도시계획학회.

한국감정평가원 · 삼성에버랜드 (2004). 오피스시장동향 2003년 4/4분기.

허문종 (2015). 국내 주택임대시장의 환경 변화와 향후 전망. 주간 금융경제동향, 제4권 11호. 우리금융경영연구소.

허세림 · 곽승준 (1994). 헤도닉 가격기법을 이용한 주택특성의 잠재가격 추정. 주택연구, 제2권 2호. 한국주택학회.

허윤경 (2011). 국내 민간임대주택산업의 문제점과 육성방안: 기관 임대사업자를 중심으로. 한국주택학회 · 한국부동산분석학회 2011년 상반기 공동정책세미나 발표자료.

허윤경 · 김성진 (2008). 서울 오피스 임대료시장의 공간적 영향력 분석. 국토연구, 제58권. 국토연구원.

현대경제연구원 (2015). 최근 주택임대차시장의 특징과 시사점. 현안과 과제, 제15권 제11호.

현무준 (2008). 민간임대주택산업 활성화 방안에 관한 연구: 제도권 민간매입임대주택을 중심으로. 명지대학교 석사학위논문.

현무준 · 김영우 · 문영기 (2012). 다주택자의 임대사업자 전환 유인에 대한 연구. 주택연구, 제20권 제1호, 한국주택학회.

현무준 · 방경식 · 문영기 (2012).민간매입임대주택 공급자의 행태. 부동산연구, 제22권 제3

호. 한국부동산연구원.

홍훈 (2013). 신고전학파 경제학과 행동 경제학. 신론사.

e-나라지표 www.index.go.kr

국가통계포털 www.kosis.kr

국민은행 www.kbstar.co.kr

국세청 www.nts.go.kr

국토교통부 www.mltm.go.kr

금융감독원 www.fss.or.kr

서울연구원 www.si.re.kr

세빌스코리아 www.savills.co.kr

코람코 www.koramco.co.kr

통계청 국가통계포털 www.kosis.kr

통계청 www.nso.go.kr

한국감정원 www.kab.co.kr

하나금융경영연구소 www.hanaif.re.kr

한국개발연구원 www.kdi.re.kr

한국주택금융공사 www.khfc.co.kr

현대경제연구원 www.hri.co.kr

Abler, Ronald, Adams, Johns & Gould, Peter (1971). *Spatial Organization*. Prentice Hall Inc.

Abraham, J. & Hendershott, P.H. (1996). Bubbles in Metropolitan Housing Markets. *Journal of Housing Research*, 7, pp. 191-207.

Ahiller, Robert J. (1990). Speculative Prices and Popular Models. *Journal of Economic Perspectives*, 4(2).

Akerlof, George A. & Shiller, Robert J. (2009). *How much Phycology Drives the Economy, and Why It Matters for Global Capitalism?*, Princeton University Press.

Alonso, William (1968). *Industrial Location and Regional Policy*, Berkely: Institute of Urban and Regional Development.

Appelbaum, R. & Gilderbloom, J. (1986). Supply-Side Economics and Rents: Are Rental

Housing Markets Truly Competitive?" in *Critical Perspectives on Housing* edited by Bratt, Hartman, and Meyerson, Temple University Press, Philadelphia.

Baber, Brad M. & Odean (2001). Boys will be boys: Gender, Overconfidence, and Common Stock Investment. *Quarterly Journal of Economics*, February, 116(1), pp.261-292.

Benos, Alexandros V. (1998). Aggressiveness and Survival of Overconfident Traders. *Journal of Financal Markets*, 1(3-4), pp.353-383.

Bourne, Larry S. (1981). *The Geography of Housing*. NY: John Wiley & Sons.

Brounen, D. & Jennen, M. (2009). Asymmetric Properties of Office Rent Adjustment, *Journal of Real Estate Finance and Economics*, 39, pp.336-358.

Brueggeman, William B. & Fisher, Jeffry D. (1997). *Real Estate Finance and Investment*. MacGraw-Hill.

____________________ (2005). *Real Estate Finance and Investment* (12th ed.). McGraw-Hill.

Burns, L. S. & Grebler, Leo (1977). *The Housing of Nations*. Macmillan Press.

Ciemniak, Robert (2015). 충격에 대한 대비? 미연준, 채권수익률, 통화 및 Cap Rate: 과거 오피스 시장 분석을 토대로. 미국 금리인상이 세계 부동산시장에 미치는 영향 2015 SREF 창립기념 세미나.

Colwell, Peter F. (2002). Tweaking the DiPasquale-Wheaton Model. *Journal of Housing Economics*, 11(1), pp. 24-39.

Dietz, Robert & Haurin, Donald R. (2003). The Social and Private Micro-level Consequences of homeownership. *Journal of Urban Economics*, 54, pp.401-450.

DiPasquale, Denise & Wheaton, C. Wheaton (1996). *Urban Economics and Real Estate Market*. Prentice-Hill.

Dua, Pami & David Smyth (1995). Forecasting US Home Sales Using BVAR Models and Survey Data on Households'Buying Attitudes for Home. *Journal of Forecasting*, 14, pp.217-227.

Fama, Eugene F. (1998). Market efficiency, long-term returns, and behavioral finance. *Journal of Financial Economics*, 49, 283-306.

Friedmann, John (1970). *Regional Development Policy: A Case Study of Venezuela*. The MIT Press.

Geltner, David & Miller, Norman G. (2001). *Commercial Real Estate Analysis and Investments*. South-Western.

Goddard, J. B. (1973). *Office Linkages and Location: A Study of Communications and Spatial Patterns in Central London*. London: Pergamon.

Goldberg, Joachim, von Nitsch, Rudiger (2001). translated by Morris, Adriana, *Behavioral Finance*. John Wiley & Sons Ltd.

Goodman, Allen C. & Thomas G. Thibodeau (2008). Where are the speculative bubbles in US housing Market?, *Journal of Housing Economics*, 17, pp.117-137.

Graaskamp, James (1981). *Fundamentals of Real Estate Development*.

Guttengag, J. M. (1961). The Short Cycle in Residential Construction, *American Economic Review*, 51(3).

Harvey, Jack (1999). *Urban Land Economics*. 노태욱 역 (2004). 부동산경제학. 부연사.

Hendershott, P., MacGregor, B. & White, M. (2002). Explaining Real Commercial Rents using an Error Correction Model with Panel data, *Journal of Real Estate Finance and Economics*, 24, pp.59-87.

Hendershott, P., MacGregor, B., & TSE, R. (2002). Estimation of the Rental Adjustment Process, *Real Estate Economics*, 30, pp.165-183.

Ibanez, M. & Pennington-Cross, A. (2013). Commercial Property Rent Dynamics in U.S. Metropolitan Areas: An Examination of Office, Industrial, Flex and Retail Space, *Journal of Real Estate Finance and Economics*, 46, pp.232-259.

Kahneman, D. & Riepe, M. (1998). Aspects of Investor Psychology. *The Journal of Portfolio Management*, 24, pp.52-65.

Kahnenman, Daniel & Tversky, Amos (1979). Prospect Theory: An Analysis of Decision Under Risk. *Econometrica*, 47(2), pp.263-291.

Kahnenman, Daniel, Tversky, Amos & Slovic, Paul (1991). Loss Aversion in Riskless Choice: A Reference-Dependent model. *Qurterly Journal of Economics*, (November), pp.1039-1061.

Kent, Daniel, Hirshleifer, David & Subrahmanyam, Avanidhar (1998). Investor Psychology and Security Market Under and Overreactions. *Journal of Finance*, 53(6), pp.1839-86.

Lakonishok, Josef & Seymour Smith (1986). Volume for winners and losers: Taxation and other motives for stock trading, *Journal of Finance*, 41, pp.951-974.

Lambertini, Luisa, Caterina Mendicino and Maria T. Punzi (2013). Expectation-driven cycles in the Housing Market: Evidence from survey data. *Journal of Financial Stability*, 9 (August), pp.518-529.

Lee, Seong Young (1994). Natural Environment and Real Estate Value, Technical Papers presented at 17th Pacific Congress of Real Estate Appraisers, Valuers and Counselors. Yokohama. Japan. May 15-20.

Leung, Andrew, Jia-na Xu and Wing Shum Tsui (2009). A heterogeneous boundedly rational expectation model for housing market. *Applied Mathematics and Mechanics*, 30(10), pp.1305-1316.

Mankiw, N. Gregory (2001). *Principles of Economics*. 김경환 · 김종석 역. 맨큐의 경제학. 교보문고.

McDonald, John F. & McMillen, Daniel P. (2011). *Urban Economics and Real Estate* (2nd ed.). Blackwell.

McKenzie, Dennis J. & Betts, Richard M. (1992), *Essentials of Real Estate Economics*. NJ Prentice-Hall, Inc.

Mellbauer, John (1990). The Housing Market and the UK Economy: Problems and Opportunities. in *Housing and the National Economy*, ed. Ermishch, John, Avebury.

Odean, Terrance (1998). Are Investors Reluctant to Realize Their Losses?. *Journal of Finance*, 3(5), pp.1775-1798.

Odean, Terrance (1998a). Volume, Volatility, Price, and Profit When All Traders Are Above Average. *Journal of Finance*, 53(6), pp.1887-1934.

____________ (1999). Do Investors Trade Too Much?. *American Economic Review*, 89(5), pp.1279-1298.

Olsen, Robert (1998). Behavioral Finance and Its Implications for Stock-Price Volatility. Association for Investment Management and Research. *Financial Analysts Journal*, 54(2), pp.10-18.

Peter, J. Paul & Tarpey, Lawrence X. (1975). A Comparative Analysis of Three Consumer Decision Strategies. *Journal of Consumer Research*, 2(June), pp.29-37.

Punj, G. N. & Staelin, R. (1983). A Model of Consumer Information Search Behavior for New Automobiles. *Journal of Consumer Research*, 9(Mar), pp.366-380.

Richardosn (1988). Monocentric vs. Policentric Models: The Future of Urban Economics in Regional Science. *Annals of Regional Science*, 22(2).

Rosen, Kenneth & Resnick, M. (1980). The Size Distribution of Cities: An Examination of the Pareto Law and Primacy. *Journal of Urban Economics*, 8.

Rosen, Kenneth & Sherwin (1974). Hedonic Price and Implicit Market: Product Differentiation in Pure Competition. *Journal of Political Economy*, 82.

Samuelson, Paul (1954). The Pure Theory of Public Expenditure. *Review of Economics and Statistics*, 36.

Shafir, Eldar, Diamond, Peter & Tversky, Amos (1997). Money Illusion. *Quarterly Journal of Economics,* 12(2), pp.341-374.

Shefrin, Hersh & Stateman, Meir (1985). The disposition sell winners too early and ride losers too long: Theory and evidence. *Journal of Finance*, 40, pp.777-790.

________________________ (1993). Behavioral Aspects of the Design and Marketing of Financial Products. *Financial Management*, 22(2), pp.123-134.

________________________ (1985). The disposition sell winners too early and ride losers too long: Theory and evidence. *Journal of Finance*, 40, pp.777-790.

________________________ (2000). Behavioral Portfolio Theory. *Journal of Financial and Quantitative Analysis*, 35(2), pp.127-151.

Shiller, Robert J. (1998). Human Behavioral and the Efficiency of the Financial System. *National Bureau of Economic research Working Paper,* No, W6375.

Shiller, Robert J. (2005). *Irrational Exuberance*. Princeton University.

Shilling, James D. (2002). *Real Estate*. South-Western.

Stevenson, S., & McGough, T. (2006). Exploring the Intra-metropolitan Dynamics of the London Office Market, Paper presented at the Pacific-Rim Real Estate Society Annual Conference.

Tversky, A., Sattath, S. & Slovic, P. (1998). Contingent Weighting in Judgment and Choice. *Psychological Review*, 95, pp.371-384.

Tversky, A., Slovic, P., & Kaheneman, D. (1990). The Cause of Preference Reversal. *The American Economic Review*, 80, pp.204-217.

찾아보기

◈ 저자 소개

김지현(金知炫)

김지현은 서울대학교에서 소비자경제학을 공부하고 동 대학 환경대학원에서 도시계획학 석사 및 행정학 박사 학위를 취득하였다. Fulbright 장학생으로 미국의 MIT에서 Special Program for Urban and Regional Studies 과정을 수료하였으며, 서울시정개발연구원(현 서울연구원)에서 연구원과 국토교통부 중앙부동산평가위원회의 위원을 역임한 바 있다. 현재는 한양사이버대학교 부동산도시미래학부 교수로 재직 중이며 정부위원회 여성위원으로 위촉되어 있다. 저서로는 "부동산자산관리", "공동주거관리이론"이 있고 역서로는 "환경가치, 경제정책, 그리고 지속가능성"이 있다. 논문으로는 "HLM을 활용한 소비심리의 주택시장 설명력 검증에 관한 연구", "제도권 민간매입임대주택 공급결정요인에 대한 연구", "서울시 오피스 임대시장의 장기균형과 단기조정 분석" 등 다수가 있다.

정성훈(鄭聖勳)

정성훈은 성균관대학교에서 경영학을 공부하고, 서강대학교 재무관리 박사 및 서울시립대학교 세무전문대학원 세무학 박사 학위를 취득하였다.
현대경제연구원 연구위원 및 주택산업연구원 연구위원 등을 역임한 바 있다. 현재는 대구가톨릭대학교 경제통상학부 교수로 재직 중이며, 한국선물포럼 회장, 한국사학진흥재단 위험관리위원회 위원으로 위촉되어 있다. 논문으로는 "부동산시장에서 투자자들의 투자행태와 심리에 관한 연구", "처분효과 검증을 통한 투자심리 연구" 등 다수가 있고, 저서 및 역저로는 "부동산자산관리", "현대재무관리", "당신은 현명한 투자자인가?" 등 다수가 있다.

부동산경제론

2016년 2월 5일 1판 1쇄 인쇄
2016년 2월 11일 1판 1쇄 발행

지 은 이 김지현 정성훈
펴 낸 이 최용구
펴 낸 곳 이프레스

주　　소 (04316) 서울시 용산구 원효로 89길 19 (원효로1가)
전　　화 02) 537-1720(영업부), 537-1721(편집부), 537-1711(팩스)
이 메 일 epress01@naver.com
홈페이지 www.epress1.com
등　　록 2009년 12월 10일 제16-2710호

기획마케팅 최용구 장만동 송대용
책임편집 석기은 황가연
본문편집 다인
표　　지 SDY

ISBN 978-89-90245-93-9 93320

정가 29,000원